中国歴史読本

「簡明中国歴史読本」編纂グループ 編
谷口建速 訳

科学出版社 東京

中国社会科学院歴史研究所
『簡明中国歴史読本』編纂グループ

執筆

卜憲群（緒論）　　　　　　　　　王震中（第一章、第二章第一節）

宮長為（第二章第二・三・四節、第三章）　楊振紅（第四章）

梁満倉（第五章）　　　　　　　　黄正建（第六章）

梁建国（第七章）　　　　　　　　関樹東（第八章）

陳時龍（第九章）　　　　　　　　呉伯婭（第十章）

林永匡（第十一章）　　　　　　　張　偉（第十一章）

王　芸（資料調査）

編集

卜憲群・童　超

図1 紅山文化・女神像
(中国国家博物館編『文物中国史 史前時代』山西教育出版社、2003年版、156頁の彩図より)

図2 紅山文化・玉龍
(中国国家博物館編『文物中国史 史前時代』山西教育出版社、2003年版、137頁の彩図より)

図3　二里頭一号宮殿復原図
(『中華古文明大図集』編輯委員会『中華古文明大図集3』人民日報出版社、1992年版、111頁の彩図より)

図4　二里頭文化・緑松石龍形器
(杜金鵬・許宏主編『偃師二里頭遺址研究』科学出版社、2005年版、図版五より)

図5 三星堆・青銅凸目夔龍額飾面具
(四川省地方志編纂委員会『三星堆図志』四川出版集団・四川人民出版社、2005年版、47頁より)

図6 商・司母戊大方鼎
(『中国青銅器全集』編輯委員会『中国青銅器全集』第二巻、文物出版社、1997年版、図版四七より)

図7　西周・利簋および銘文
(『中国青銅器全集』編輯委員会『中国青銅器全集』第五巻、文物出版社、1997年版、図版四九より。銘文は「図版説明」63頁の図四九を参照)

図8　西周・玉茎鉄芯銅剣
(王斌主編『虢国墓地的発現与研究』社会科学文献出版社、2000年版、彩図10頁右下より)

図9 殷墟・甲骨卜辞
(郭沫若主編、中国社会科学院歴史研究所編『甲骨文合集』第一冊、中華書局、1982年版、彩図三より)

図10 春秋・蓮鶴方壺
(『中国美術全集』編輯委員会『中国美術全集 工芸美術編・青銅器下』文物出版社、1986年版、図版一三より)

図11　戦国・彩絵出行図夾紵漆奩
(『中国美術全集』編輯委員会『中国美術全集 工芸美術編・漆器』文物出版社、1989年版、図版二四より)

図12　戦国・『人物御龍帛画』
(『中国美術全集』編輯委員会『中国美術全集 絵画編・原始社会至南北朝絵画』人民美術出版社、1989年版、図版四四より)

図13　秦・始皇陵兵馬俑一号坑
(秦始皇兵馬俑博物館編『秦始皇兵馬俑博物館』文物出版社、1999年版、61頁の図版十五より)

図14　漢・馬王堆帛画
(『中国美術全集』編輯委員会『中国美術全集 絵画編・原始社会至南北朝絵画』人民美術出版社、1989年版、図版五六より)

図 15　漢・加彩楽舞雑伎俑群
(『中国美術全集』編輯委員会『中国美術全集 彫塑編・秦漢彫塑』人民美術出版社、2006 年版、図版六三より)

図 16　西魏・敦煌『歩騎対陣図』
(軍事科学院主編、朱大渭・張文強著『中国軍事通史』第八巻『両晋南北朝軍事史』軍事科学院出版社、1998 年版、彩図より)

図17　北魏・大同雲崗石窟第20窟
(雲崗石窟研究院編『雲崗石窟』文物出版社、2008年版、104-105頁より)

図18　晋・顧愷之『女史箴図』
(『中国美術全集 巻軸画1』黄山書社、2009年版、第14頁より)

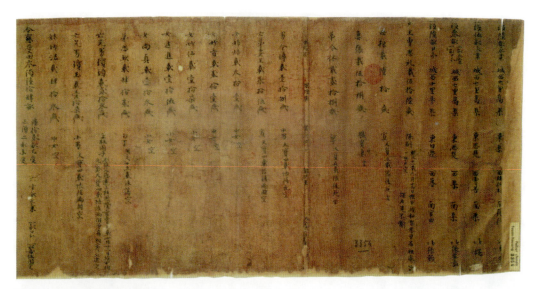

図 19　唐・敦煌戸籍文書
（上海古籍出版社、法国国家図書館編『法蔵敦煌西域文献』第 23 冊、上海古籍出版社、2002 年版、彩版七より）

図 20　唐・李賢墓壁画『客使図』
（陝西省博物館・陝西省文物管理委員会編『唐李賢墓壁画』文物出版社、1974 年版、図二五より）

図21　遼・陳国公主墓壁画
（内蒙古自治区文物考古研究所・哲里木盟博物館編『遼陳国公主墓』文物出版社、1993年版、彩版二図二より）

図22　宋・定窯孩児枕
（『中国美術全集』編輯委員会『中国美術全集 工芸美術編・陶磁中』文物出版社、1988年版、図版一六九より）

図 23 宋「清明上河図」〈部分〉
(『中国美術全集 絵画編・両宋絵画』編輯委員会『中国美術全集 絵画編・両宋絵画』人民美術出版社、1989年版、図版五一より)

図24 宋・大足石刻養鶏女
(『中国美術全集』編輯委員会『中国美術全集 彫塑編・四川石窟彫塑』人民美術出版社、1989年版、図版六三より)

図25 『元 世祖出猟図』
(『中国美術全集』編輯委員会『中国美術全集 絵画編・元代絵画』人民美術出版社、1989年版、図版三三より)

図26　元・青花纏枝牡丹紋罐
(『中国美術全集』編輯委員会『中国美術全集 工芸美術編・陶磁下』文物出版社、1988年版、図版二八より)

図27　元『雑劇図』
(『中国美術全集』編輯委員会『中国美術全集 絵画編・寺観壁画』人民美術出版社、1989年版、図版八七より)

図 28 明『南都繁会図』〈部分〉
(中国国家博物館編『中国国家博物館館蔵文物研究叢書 絵画巻（風俗画）』上海古籍出版社、2007 年版、52 頁より)

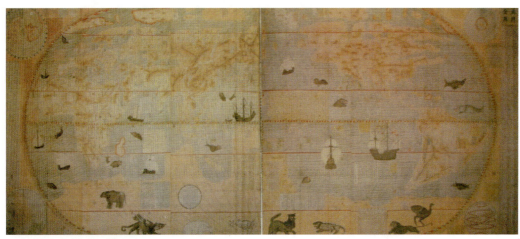

図 29 明『坤輿万国全図』
(黄時鑒・龔纓晏著『利瑪竇世界地図研究』上海古籍出版社、2004 年版、図版四より)

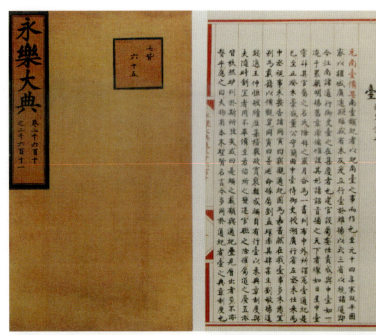

図30 明『永楽大典』
（故宮博物院編『盛世文治――清宮典籍文化』紫禁城出版社、2005年版、126頁より）

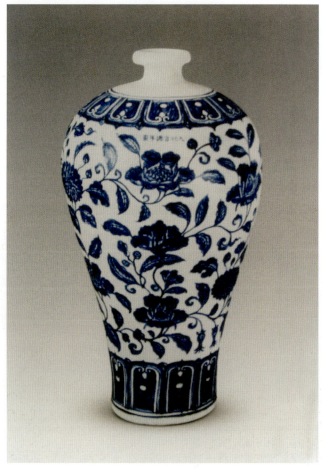

図31 明・宣徳款青花纏枝蓮大梅瓶
（王健華「明代磁器的発展及明代磁器的鑑定」『紫禁城』2010年第1期より）

図32 清・西蔵金本巴瓶
（故宮博物院編『清史図典』第6冊、紫禁城出版社、2002年版、187頁より）

図33 清・軍機処値房
（故宮博物院編『清史図典』第5冊、紫禁城出版社、2002年版、115頁より）

図34 清『康熙帝南巡図』〈部分〉
(故宮博物院編『清史図典』第5冊、紫禁城出版社、2002年版、9頁より)

図35　清『乾隆万樹園賜宴図』
(故宮博物院編『清史図典』第6冊、紫禁城出版社、2002年版、64頁より)

図36　清・璣衡撫辰儀
(故宮博物院編『清史図典』第6冊、紫禁城出版社、2002年版、236頁より)

図37　金陵機器製造局原址
（故宮博物院編『清史図典』第12冊、紫禁城出版社、2002年版、334頁より）

図38　武昌起義軍政府旧址
（彭卿雲主編『華夏勝迹 近現代史巻（下）』山東教育出版社、1993年版、67頁より）

目次

緒　論　中国史の発展の道筋 ………………………………………………… 1

第一章　中国の原始社会と文明の起源 ……………………………………… 14

　　第一節　古人類と旧石器時代 ……………………………………………… 14
　　　　一　サルからヒトへの進化 …………………………………………… 14
　　　　二　中国の古人類と旧石器文化 ……………………………………… 16
　　第二節　新石器時代と太古の社会の発展変化 …………………………… 18
　　　　一　農業の起源と平等な農耕集落社会 ……………………………… 18
　　　　二　中心集落の出現と社会的不平等の発生 ………………………… 21
　　　　三　邦国文明の出現 …………………………………………………… 24
　　第三節　古史伝説と太古の社会 …………………………………………… 27
　　　　一　三皇伝説の時代的特徴 …………………………………………… 27
　　　　二　五帝の伝説と太古の社会の変遷 ………………………………… 28

第二章　夏商西周時代 ………………………………………………………… 33

　　第一節　夏王朝 ……………………………………………………………… 33
　　　　一　夏王朝の建国 ……………………………………………………… 33
　　　　二　夏王朝の国家構造と政治制度 …………………………………… 35
　　　　三　二里頭遺跡と夏文化の探索 ……………………………………… 36
　　第二節　商王朝 ……………………………………………………………… 38
　　　　一　商王朝の建立と発展 ……………………………………………… 38
　　　　二　商王朝の政治制度 ………………………………………………… 40
　　　　三　商王朝の社会経済 ………………………………………………… 41
　　　　四　商王朝の滅亡 ……………………………………………………… 43
　　第三節　西周 ………………………………………………………………… 45

一　西周の建立と分封 …………………………………………………… 45
　　　二　西周の階級構造と社会経済 ………………………………………… 48
　　　三　西周王室の衰微 ……………………………………………………… 51
　　第四節　夏・商・西周時代の思想文化と科学技術 ……………………… 53
　　　一　哲学思想 ……………………………………………………………… 53
　　　二　文化と教育 …………………………………………………………… 54
　　　三　科学技術 ……………………………………………………………… 57

第三章　春秋戦国時代 ……………………………………………………… 59

　　第一節　春秋五覇の興亡 …………………………………………………… 60
　　　一　平王の東遷と諸侯の争覇 …………………………………………… 60
　　　二　社会生産の発展と封建的生産関係の出現 ………………………… 64
　　　三　奴隷・平民の反抗闘争と卿大夫の権力奪取 ……………………… 67
　　第二節　戦国七雄の兼併 …………………………………………………… 70
　　　一　変法運動と政治改革 ………………………………………………… 70
　　　二　封建経済の発展と封建的生産関係の確立 ………………………… 73
　　　三　兼併戦争と秦王政の中国統一 ……………………………………… 76
　　第三節　春秋戦国時代の思想文化と科学技術 …………………………… 79
　　　一　諸子百家 ……………………………………………………………… 79
　　　二　文学と史学 …………………………………………………………… 85
　　　三　芸術・スポーツと娯楽活動 ………………………………………… 86
　　　四　科学技術 ……………………………………………………………… 87

第四章　秦漢時代 …………………………………………………………… 89

　　第一節　統一的専制主義中央集権封建国家—秦王朝— ………………… 90
　　　一　秦の始皇帝と専制主義的中央集権封建国家体制の創設 ………… 90
　　　二　統一を強化する政策 ………………………………………………… 92
　　　三　統一的多民族国家の形成 …………………………………………… 95
　　　四　陳勝呉広の起義と秦王朝の滅亡 …………………………………… 96
　　第二節　前漢王朝の盛衰 …………………………………………………… 98
　　　一　前漢の建立と漢初の「黄老無為」政治 …………………………… 98

二　前漢前期における諸侯の割拠勢力との争い ……………………… 101
　　三　前漢武帝の文治と武功 …………………………………………………… 102
　　四　前漢中後期の政治 ………………………………………………………… 109
　　五　王莽の改制と新莽の滅亡 ………………………………………………… 111
　　六　前漢中後期の辺境と民族関係 …………………………………………… 112
　第三節　後漢の社会変動と王朝政治 ……………………………………………… 114
　　一　後漢の建国と前期の政治 ………………………………………………… 114
　　二　豪族勢力の発展 …………………………………………………………… 115
　　三　外戚と宦官の専権交替 …………………………………………………… 117
　　四　清議と党錮 ………………………………………………………………… 118
　　五　黄巾起義と後漢の滅亡 …………………………………………………… 119
　　六　後漢の民族関係と対外関係 ……………………………………………… 120
　第四節　秦漢時代の社会と経済 …………………………………………………… 123
　　一　社会階級と階層 …………………………………………………………… 123
　　二　戸籍・土地と賦役制度 …………………………………………………… 124
　　三　農業と手工業 ……………………………………………………………… 126
　　四　商品経済 …………………………………………………………………… 128
　第五節　秦漢時代の思想文化と科学技術 ………………………………………… 129
　　一　経学と今文古文の争い …………………………………………………… 129
　　二　史学・文学と芸術 ………………………………………………………… 130
　　三　仏教の伝来と道教の勃興 ………………………………………………… 133
　　四　科学技術 …………………………………………………………………… 134

第五章　魏晋南北朝時代 ………………………………………………………………… 136

　第一節　三国の建国と統治 ………………………………………………………… 136
　　一　曹操と曹魏政権 …………………………………………………………… 136
　　二　蜀漢の建国と諸葛亮による統治 ………………………………………… 138
　　三　江南における孫呉の建国 ………………………………………………… 141
　第二節　西晋による短い統一 ……………………………………………………… 142
　　一　西晋の建国と全国統一 …………………………………………………… 142
　　二　八王の乱と西晋の滅亡 …………………………………………………… 144
　　三　門閥制度と門閥士族の形成 ……………………………………………… 146

第三節　十六国時代の北方情勢 …………………………………… 147
　　　　一　「五胡」の内遷と十六国時代前期の北方 ………………… 147
　　　　二　後趙と前秦における民族政策の違い ……………………… 150
　　　　三　淝水の戦いと北方の再分裂 ………………………………… 152
　　　第四節　東晋の門閥政治と南朝政権の交代 …………………… 153
　　　　一　東晋の建国と北伐西征 ……………………………………… 153
　　　　二　士族の内争と東晋の門閥政治 ……………………………… 154
　　　　三　南朝政権の移り変わり ……………………………………… 156
　　　　四　南朝の寒人庶族の興起と門閥士族の衰微 ………………… 158
　　　　五　侯景の乱とその社会的影響 ………………………………… 160
　　　第五節　北朝の社会の発展と政治の変遷 ……………………… 161
　　　　一　北魏の北方統一と前期の民族関係 ………………………… 161
　　　　二　孝文帝の改革と北方の民族融合 …………………………… 163
　　　　三　六鎮の起義と北魏の分裂 …………………………………… 164
　　　　四　関隴集団と北方の再統一 …………………………………… 166
　　　第六節　魏晋南北朝時代の社会経済と階級関係 ……………… 167
　　　　一　土地制度の変遷と北方の社会経済の曲折した発展 ……… 167
　　　　二　移民の波と江南の経済開発 ………………………………… 169
　　　　三　社会の階級階層及び労働者の地位 ………………………… 171
　　　第七節　魏晋南北朝時代の思想文化と科学技術 ……………… 173
　　　　一　思想と宗教 …………………………………………………… 173
　　　　二　文学と芸術 …………………………………………………… 176
　　　　三　史学 …………………………………………………………… 178
　　　　四　科学技術 ……………………………………………………… 180

第六章　隋唐時代 ……………………………………………………… 181

　　　第一節　隋の統一と滅亡 ………………………………………… 181
　　　第二節　唐代前期の繁栄 ………………………………………… 184
　　　　一　唐の太宗と「貞観の治」 …………………………………… 185
　　　　二　女性皇帝武則天 ……………………………………………… 187
　　　　三　唐の玄宗と開元の繁栄 ……………………………………… 189
　　　第三節　唐代後期の衰亡 ………………………………………… 190

　　　　一　安史の乱と藩鎮の割拠 ……………………………………… 190
　　　　二　朋党の争いと宦官の専権 ……………………………………… 192
　　　　三　王仙芝・黄巣の起義と唐朝の滅亡 ………………………… 194
　　第四節　隋唐の政治制度 ……………………………………………… 197
　　　　一　三省六部と使職・差遣 ……………………………………… 197
　　　　二　科挙制の確立 ………………………………………………… 198
　　　　三　律令格式の完備 ……………………………………………… 200
　　　　四　府兵制と募兵制 ……………………………………………… 201
　　第五節　隋唐の社会経済と階級構造 ………………………………… 203
　　　　一　均田制とその崩壊 …………………………………………… 203
　　　　二　租庸調制から両税法へ ……………………………………… 205
　　　　三　都市と商業 …………………………………………………… 206
　　　　四　階級構造 ……………………………………………………… 208
　　第六節　隋唐の民族関係と中外関係 ………………………………… 209
　　　　一　突厥・回紇・西域 …………………………………………… 209
　　　　二　吐蕃・南詔・渤海 …………………………………………… 211
　　　　三　中外関係 ……………………………………………………… 213
　　第七節　隋唐時代の思想文化と科学技術 …………………………… 215
　　　　一　思想と宗教 …………………………………………………… 215
　　　　二　史学と文学 …………………………………………………… 217
　　　　三　芸術と科学技術 ……………………………………………… 218

第七章　五代十国と遼・宋・西夏・金時代 …………………………… 221
　　第一節　五代十国と契丹の勃興 ……………………………………… 222
　　　　一　五代の変遷 …………………………………………………… 222
　　　　二　十国の割拠 …………………………………………………… 224
　　　　三　契丹の勃興 …………………………………………………… 226
　　第二節　北宋の建立と政治改革 ……………………………………… 227
　　　　一　北宋の建立とその局所的統一 ……………………………… 227
　　　　二　北宋の統治施策 ……………………………………………… 230
　　　　三　北宋の統治の危機と農民起義 ……………………………… 231
　　　　四　王安石の変法 ………………………………………………… 234

第三節	遼・西夏・吐蕃・回鶻・大理 …………………………………… 235
	一 遼の北方統治 ………………………………………………… 235
	二 西夏政権の勃興と発展 ……………………………………… 236
	三 吐蕃・回鶻・大理 …………………………………………… 238
第四節	金と遼・両宋の対峙 ……………………………………………… 241
	一 金の建立と遼・北宋の滅亡 ………………………………… 241
	二 南宋と金が対峙する局面の形成 …………………………… 243
	三 金の統治と滅亡 ……………………………………………… 244
	四 南北対峙の局面確立後における南宋の政局と滅亡 ……… 246
第五節	遼・宋・西夏・金の社会経済と階級構造 ……………………… 248
	一 社会経済 ……………………………………………………… 248
	二 階級構造 ……………………………………………………… 252
第六節	遼・宋・西夏・金時代の思想・文化と科学技術 ……………… 254
	一 宋学 …………………………………………………………… 254
	二 宗教 …………………………………………………………… 256
	三 史学 …………………………………………………………… 258
	四 文芸 …………………………………………………………… 259
	五 科学技術 ……………………………………………………… 260

第八章　元代 ………………………………………………………………… 262

第一節	モンゴル族の勃興 ………………………………………………… 263
	一 チンギス＝ハンのモンゴル草原統一と大モンゴル国の創建 …… 263
	二 モンゴルの西征と四大ハン国の建立 ……………………… 265
第二節	統一的多民族国家のさらなる発展 ……………………………… 267
	一 元朝の建立と全国統一 ……………………………………… 267
	二 中央行政と地方行政 ………………………………………… 270
	三 民族地域と辺境の効果的な統治 …………………………… 271
第三節	民族等級制度及び元の政治の衰微 ……………………………… 274
	一 四等人制 ……………………………………………………… 274
	二 元中後期の政局と統治の崩壊 ……………………………… 276
第四節	元代の経済と階級関係 …………………………………………… 278
	一 社会経済の回復と発展 ……………………………………… 278

二　土地制度と階級関係 …………………………………………………… 280
　第五節　元代の思想文化と科学技術 ……………………………………………… 283
　　一　思想と宗教 …………………………………………………………………… 283
　　二　史学・文学と芸術 …………………………………………………………… 284
　　三　科学技術 ……………………………………………………………………… 286

第九章　明代 …………………………………………………………………………… 288

　第一節　明朝の建立とその強化 …………………………………………………… 289
　　一　元末の群雄蜂起と朱元璋の明朝建立 ……………………………………… 289
　　二　君主専制統治の強化 ………………………………………………………… 290
　　三　屯墾と賦役制度の建立 ……………………………………………………… 293
　　四　明の世祖による民族地域と辺境の経営 …………………………………… 294
　第二節　明中期の政治制度の変遷 ………………………………………………… 295
　　一　仁宣の治から弘治中興まで ………………………………………………… 295
　　二　内閣制度と宦官の政治参与 ………………………………………………… 297
　　三　巡撫総督制度の建立 ………………………………………………………… 299
　第三節　明後期の危機と張居正の改革 …………………………………………… 301
　　一　明後期の政治的危機 ………………………………………………………… 301
　　二　南倭と「北虜」……………………………………………………………… 302
　　三　張居正の改革 ………………………………………………………………… 304
　第四節　明代の商品経済と資本主義の萌芽 ……………………………………… 305
　　一　商品経済の繁栄と市民階層の興起 ………………………………………… 305
　　二　海外貿易と銀の流入 ………………………………………………………… 307
　　三　資本主義の萌芽 ……………………………………………………………… 308
　第五節　明朝の滅亡と清軍の入関 ………………………………………………… 310
　　一　明末の政治の腐敗 …………………………………………………………… 310
　　二　満州族の勃興と後金・明朝の戦争 ………………………………………… 312
　　三　李自成の起義と明朝の滅亡 ………………………………………………… 314
　　四　清兵の入関と山海関の戦い ………………………………………………… 315
　第六節　明代の中外関係 …………………………………………………………… 316
　　一　鄭和の西洋下り ……………………………………………………………… 316
　　二　明朝と朝鮮・日本及び中央アジアとの関係 ……………………………… 318

三　明朝とヨーロッパの接触 ……………………………………… 319
　第七節　明代の思想文化と科学技術 …………………………………… 321
　　　一　思想と宗教 ………………………………………………………… 321
　　　二　文学芸術及び文化事業 …………………………………………… 323
　　　三　科学技術 …………………………………………………………… 325

第十章　清代前期 ……………………………………………………… 327

　第一節　清朝の北京定都と全国統治の確立 …………………………… 328
　　　一　清朝の建立と清初における各地の抗清運動 ………………… 328
　　　二　統治集団内部の争いと少年君主の親政 ……………………… 330
　　　三　三藩の乱の平定と台湾の統一 ………………………………… 332
　第二節　康雍乾時代の民族地域と辺境の安定 ………………………… 333
　　　一　康熙帝のガルダン親征と駆準保蔵 …………………………… 333
　　　二　雍正帝による民族地域の安定と辺境政策 …………………… 335
　　　三　乾隆帝のジュンガル部・回族平定と天山南北の統一 ……… 337
　　　四　民族地域と辺境の行政管理と清朝の民族政策 ……………… 340
　第三節　清代前期の中央と地方の行政制度 …………………………… 343
　　　一　中枢の輔政機構と中央行政機関 ……………………………… 343
　　　二　地方直省の行政機構 …………………………………………… 345
　第四節　清代前期の賦役制度と社会経済 ……………………………… 346
　　　一　賦役制度の改革 ………………………………………………… 346
　　　二　社会経済の発展 ………………………………………………… 349
　　　三　人口の膨張と社会・階級対立の激化 ………………………… 351
　第五節　清代前期の中外関係 …………………………………………… 354
　　　一　清朝と近隣諸国との関係 ……………………………………… 354
　　　二　中国に来航した宣教師及び天主教に対する清政府の政策 … 356
　　　三　イギリス使節団の中国来航と中英の衝突 …………………… 358
　第六節　清代前期の思想文化と科学技術 ……………………………… 360
　　　一　清初の啓蒙思想と三大思想家 ………………………………… 361
　　　二　清廷の文化政策 ………………………………………………… 362
　　　三　思想学術 ………………………………………………………… 363
　　　四　文学と芸術 ……………………………………………………… 365

五　科学技術 ………………………………………………………………………… 366

第十一章　清代後期 ……………………………………………………………… 369

　第一節　列強の中国侵略と国勢の衰微 ………………………………………… 369
　　　一　二度のアヘン戦争と「南京条約」などの一連の不平等条約の締結 …… 369
　　　二　中仏戦争（清仏戦争）と「中仏新約」の締結 ………………………… 373
　　　三　中日甲午戦争と「馬関条約」の締結 …………………………………… 373
　　　四　八か国連合軍の侵入と「辛丑条約」の締結 …………………………… 375
　第二節　主権喪失下における晩清の社会と政治制度の変化 ………………… 376
　　　一　外国製品の侵入が封建的自然経済に与えた衝撃 ……………………… 376
　　　二　晩清の政治制度の変遷 …………………………………………………… 377
　第三節　人民大衆による反抗闘争と志士仁人による救亡図存の主張 ……… 378
　　　一　三元里の人民による反英闘争 …………………………………………… 378
　　　二　洪秀全と太平天国の起義 ………………………………………………… 379
　　　三　捻軍の起義と義和団運動 ………………………………………………… 380
　　　四　志士仁人による救亡図存の主張 ………………………………………… 381
　第四節　洋務運動による求強求富の試み ……………………………………… 383
　　　一　「同光新政」と洋務運動の興起 ………………………………………… 383
　　　二　陸海軍の編練と鉱工業・交通・新式学校の振興 ……………………… 384
　　　三　洋務運動の失敗 …………………………………………………………… 387
　第五節　空前の民族的危機と変法維新の失敗 ………………………………… 387
　　　一　中国瓜分の狂騒と『時局図』…………………………………………… 387
　　　二　戊戌の変法とその失敗 …………………………………………………… 389
　　　三　康有為の『大同書』における君主専制制度に対する糾弾 …………… 391
　第六節　清末の「新政」の夭折と辛亥革命の勃発 …………………………… 392
　　　一　孫中山が主導する同盟会と広州起義 …………………………………… 392
　　　二　清末の「新政」と「予備立憲」の夭折 ………………………………… 394
　　　三　辛亥革命の勃発と清帝の退位 …………………………………………… 396

参考書目 …………………………………………………………………………… 399

訳者あとがき ……………………………………………………………………… 402

緒　論

中国史の発展の道筋

一

　中国は、太古の人類の起源において重要な地域であり、中華文明は、人類最古の文明の一つである。黄河流域・長江流域・珠江流域・遼河流域及び北方の草原文化の地域は、いずれも中華文明の揺籃の地である。中華文明は多元一体であり、古えから延々と続いてきた。早期文明は竜山時代に形成され、その後、絶えることなく発展し、受け継がれ、今に至るまで5000年以上の歴史を有している。考古学の発見により、中華文明の起源は本土性と多元性を備え、自己の道筋の特徴と風格を展開したことが明らかとなっている。

　中国の原始文化は、変化に富み表情豊かである。それは旧石器時代早期の元謀人・北京原人より始まった。彼らは既に火の使用と管理を身に付け、狩猟・漁労と採集の生活を営んだ。旧石器時代晩期に至ると、人工的に火を取り、研磨と穿孔の技術を用いて労働生産の道具を製造する技能を身に付け、穀物の栽培と動物の家畜化を試みるようになった。この時代の人々は、母系氏族社会の組織の生活を営んだ。おおよそ1万年以上前、新石器時代に入ると、社会経済は漁猟採集から農耕牧畜の段階へと移行し、先人たちは安定した集落生活を営むようになった。社会組織は、母系氏族共同体の段階から、次第に父系氏族共同体の段階へと発展した。この時代は、おおよそ中国の古史伝説の時代に相当する。

　生産道具が進歩し、農業と牧畜業が出現したことは、生産力を大きく発展させ、またこれにともない社会の不平等も生み出された。氏族社会の内部では貧富の分化が生じ、私有制が出現し始めた。生産力が低い原始公有制に対して私有制が誕生したことは、人類史における大きな進歩であり、これは原始社会から階級社会への移行を直接的に促進した。大汶口文化・紅山文化・陶寺文化には、みな階級分化と階層分化の特徴が明確に反映されている。氏族の顕貴は奴隷主となり、氏族の公共の事務を掌管する機構は文明時代の国家政権に発展した。史書では常々「万邦」の語を用い、夏王朝以前の竜山時代の社会を形容している。これはまさに、中国の早期国家の形成過程における特徴である。堯・舜・禹は邦国の国君であり、また邦国連盟の盟主であった。禅譲に関する伝説は、盟主の職位が邦国

連盟内で移動し、引き継がれた状況を描述しているのである。およそ前21世紀には、中原地域に建てられた中国史上最初の「天下共主」をもって最高統治者とする奴隷制国家——夏王朝が開かれた。

二

　夏・商（殷）・西周は、中国の古代奴隷制的生産様式が形成され、発展し、全盛へと向かってゆく時代である。この時代の土地所有制は、マルクスが唱えるアジア的生産様式の特徴を備えている。多くの共同体の上に立ち、社会全体の代表となった国君は、最上級の土地所有者であった。等級に応じた分封によって田邑を獲得した各級の貴族たちは、土地の占有者であった。家族共同体や農村共同体の農民たちは、土地の使用者、すなわち実際の耕作者であり、また共同体は、共同体の農民たちが集団で耕種する「公田」と、定期的に輪換する「私田」を組織し、管理した。戦国時代以前には、「田里鬻がず」及び「三年して一たび土を換え居を易う」[1]という井田制が存在した。井田制は、中国の奴隷制社会における土地所有制の様式の一つであり、その名称は、排水や灌漑の需要による当時の溝洫[2]制度と関係がある。井田で耕作する農民たちは、分け与えられた土地、すなわち「私田」を耕種するほか、奴隷制国家や各級の貴族のために「公田」を耕種しなければならなかった。

　中国史上の奴隷制は、古代東方型に属し[3]、家内奴隷制が充分に発展していたのみならず、家族共同体と農村共同体の2種の共同体が併存し、古代ギリシャや古代ローマの奴隷制とは異なるものであった。甲骨文や金文には、商周の社会に「臣」・「妾」・「僕」・「隷」などの厳格な意味での奴隷が少なからず存在したことが明示されている。大量の家内奴隷は各種の雑役に従事し、生産奴隷は主に手工業や牧畜業の生産及び山林川沢の開発に使役された。商周時代の農業生産の主な労働者は「衆人」と「庶人」であり、彼らは家族共同体或いは農村共同体の成員であった。共同体内の本族や盟族の平民たちは、ある程度の政治的権利を享有したものの、その生存条件と労働条件は厳格な管理と監督を受けており、真の意味での自由民ではなかった。征服された族群の原住民や徙民に至っては、その社会的地位はさらに低く、事実上の奴隷に近かった。秦漢以降も、奴隷制の名残は長期にわたって存在した。

　西周後期、奴隷主貴族内で田地の争奪、土地の譲渡などの現象がみられるようになり、

1　『公羊伝』宣公十五年の何休注より。3年ごとに耕作地と居住地を変更する、という意。
2　排水や灌漑のためにつくられた用水路のこと。
3　商周の社会形態の性質と主な農業生産労働者の身分については、学術界で諸説が紛々としており、さらに深い探求が待たれる。本書では、古代東方型奴隷制社会説を採用した。

共同体内の農民の各家庭間にも貧富の分化が密かにはびこっていった。鉄器の使用と普及は、生産力を急速に向上させ、私有制の発展は止めることのできない歴史の潮流となった。こうして春秋戦国時代に至り、生産関係に大きな変革が引き起こされた。戦国時代の列国の変法は、それぞれの国において封建的生産関係が奴隷制的生産関係に取って代わるのをさらに促進した。

秦漢時代から明清時代にかけては、封建的国家土地所有制と封建的地主土地所有制、自作農的小土地所有制が、中国封建社会における土地所有制の3つの基本形式を構成した。これらの中では、封建的地主土地所有制が終始主導的な地位を占めていた。封建的地主土地所有制と封建地主の階級区分は、中国の封建社会制度の経済的基礎であり階級の基礎であった。

国有地は封建時代を通じて存在したが、時代によってその強弱の度合いは様々であった。総じていえば、国有地は国家の経済活動において主要な地位は占めておらず、財政収入においても最重要の来源ではなく、またしばしば私有制による侵食排斥を被った。封建国家は通常、屯田制或いは租佃制の方式を採用して国有地を経営し、また授田制を実施して一定の基準により一部の国有地を分配した。宋代以前、封建国家は幾度も法令を発布し施行して限田制・占田制・均田制などを実施し、政府による土地所有権の確認を通じて土地の占有・譲渡・継承を制限し、全国の土地の占有関係を制御することに努めた。その目的は、土地の国有制を守ることではなく、主に土地の兼併や集中を抑制し、国家の賦役の負担者である自作農を育成することにあった。

自作農の小土地所有制は、戦国時代にはかなり普遍的にみられ、「一夫 五口を挟み、田百畝を治す」[4]という単独経営の農家が当時の基本的な生産単位であった。自作農は小土地所有者であり、また封建社会において最も数の多い労働生産者であった。「男耕女織」の小農経済は、封建国家の重要な賦税の来源であり、自作農経済の繁栄或いは衰退は、往々にして封建国家の盛衰の重要な指標となった。ただし、それは社会の経済形態の性質を決定するものではなかった。生産規模が小さく分散的な自作農経済は、天災や人災の打撃に耐えられず、封建社会のそれぞれの時代において、多くの自作農が貧困や地主に土地を奪われたことにより、没落して地主の土地を小作する佃農となった。

中国封建社会の経済形態の性質を決定する所有制は、封建的地主土地所有制である。中国の封建的地主土地所有制には3つの特徴がある。第1の特徴は、土地の継承方法が長子による継承ではなく主に諸子の均分であり、また土地の売買が可能であること。このことは、中国封建社会の土地不動産が分散しやすく、長期にわたる安定的な占有が困難となる

---

4 『漢書』巻24上・食貨志上に引く李悝の言より。当時の標準的な自作農の家が5人家族であり、100畝程度の田地を耕作したことが分かる。

ことを決定づけた。第2の特徴は、地主が土地を取得するにあたり、必ずしも政治権力や等級身分によらないこと。中国の封建社会にも等級制度があり、爵位や官職の高低に応じて占有できる土地を定めた法令が、国家の名義で幾度も発布されている[5]。しかし、宋代に土地の管理を調整する政策が行われて以降、官僚地主と貴族の地主、庶民の地主との間の土地占有に、等級面での制限はなくなった。富裕者が必ずしも高貴な者ではなくなったのである。第3の特徴は、租佃制が地主的土地所有制における主要な経営方式であること。董仲舒のいう「或るもの豪民の田を耕し、什の五を税せらる」[6]という経済搾取の方式は、秦漢時代から明清時代に至るまで常に存在した。ただし、個別の時期や地域を除き、租佃農民は通常、西欧の領主制下の農民のように強制的に土地に固定されることはなかった。地主は土地を農民に貸し出して地租を収取し、またその封建的租佃関係が隷属型或いは契約型のいずれに属する場合であっても、地主は農民に対して経済外的強制を備え、農民は地主に対して一定の人身依附の関係にあった。ただし、地主が農民に対する行政権や司法権を持つことはなかった。

　唐代以前、地主的土地所有制の発展は、封建国家の多くの制限を受けたが、依然として「富者の田は阡陌（せんぱく）を連ね、貧者は立錐の地無し」[7]という状況がみられた。唐代後期に均田制が廃れた後、地主的土地所有制は大きく発展した。土地の売買と兼併が日に日に盛んとなり、「千年、田は八百主を換う」[8]と謳われるまでに至った。中国封建社会の賦税制度は、両税法以降、口税と丁税、戸税を重んずるものから田税と財産税を重視するものへと移行した。このことはまさに、国家の財政制度と土地制度の発展・変化が大きく関連していたことを示している。

　地主的土地所有制の経営方法は、前後で若干の変化がみられる。唐代以前は、分租制（定率小作料）が普遍的に実施された。唐代からは一部の地域で定額租がみられるようになり、南宋以降は定額租が次第に普及した。地主が「奪佃増租」する事件が次々と発生したため、農民階級は反抗闘争を進め、明清時代に至ると、多くの地域で永佃制がみられるようになった。永佃制とは、地主が土地を売った後も耕作権は変わらず、もとの佃戸が耕種して租を納めるものである。完全な永佃制のもとでは、地主が意のままに増租奪佃したり佃農の耕作に干渉する権利はなく、これに対して佃農は、退佃や転租（また貸し）、耕作権を典売

5　例えば商鞅変法では、井田制が廃止されて名田制が実施され、爵位の高低に応じて異なる面積の土地を占有することが規定された。秦代及び前漢初期は引き続きこの制度が実施された。西晋の占田制や北朝・隋・唐の均田制の中にも、官品に応じた占田の規定がある。
6　『漢書』巻24上・食貨志上に引く董仲舒の言より。豪民の田を小作している者の中には収穫高の50％もの小作料を納めている者がいる、という意。
7　富者の田は阡陌（あぜ道）が連なるほどだが、貧者は錐も立たないほどの土地しか所有していない、という意。
8　辛棄疾『最高楼』（鄧広銘『稼軒詞編年箋注』巻3、上海古籍出版社、1993年版）より。千年の間に800人の田主が入れ替わる、という意。

する自由を持っていた。永佃権を享有する佃農の耕作権は、長期経営が可能な「田面権」に変成し、地主の土地所有権は「田底権」に変わった。土地をまた貸しする場合、直接の生産者はまず土地の所有者に大租を納め、さらに佃権の所有者にも小租を納めなければならなかった。永佃制と大租小租制の形成は、封建的土地所有制において土地所有権と経営権の初歩的な分離がみられるようになったことを反映するものである。

　西欧の封建領主制経済とは異なり、中国封建社会の経済構造は、自然経済と商品経済の結合という特徴を備えている。戦国時代、商品生産はすでにある程度発展していた。秦漢時代から明清時代にかけては、地主経済、自作農経済を問わず、生産と生活の需要、及び封建国家への賦税納入の需要から、一部の生産品を市場に投じ、貨幣を手に入れなければならなかった。商人資本の活躍は、封建的商品経済をいびつな形で発展させた。ただし、自給生産を特徴とする自然経済は、なお主導的地位を占めていた。中国封建社会において、土地は常に最重要の財産とみなされ、人々は「末を以て財を致し、本を用いて之を守る」[9]ことを治生の信条とした。明朝後期には、商品経済の発展がもたらした資本主義の萌芽により、一部の地域や一部の業種で社会の転換が芽生えたが、封建経済の構造はなお未解体であった。

三

　中国は、古えより一つの多民族国家である。それぞれの歴史時代において、生産様式や生活様式がそれぞれ異なる多くの少数民族が出現した。いくつかの少数民族は後に消滅し、またいくつかの少数民族は長きにわたって中国史の中で生存してきた。現在、中国は56の民族が共同で築き上げた中華民族の大家族であり、それぞれの民族の歴史は、みな中国の歴史を構成する一部である。

　漢族の前身は、華夏族である。「華夏」の語が最初に見えるのは、『尚書』周書の武成篇である。『左伝』定公十年の孔穎達『疏』に「中国に礼儀の大有り、故に夏と称し、服章の美有り、之を華と謂う」とあるように、「華夏」の連称はもともと衣冠が華麗で、礼儀を重んじることを意味し、先秦時代では中原の地域や国家、族群を指す呼称であった。したがって、『尚書正義』に「華夏は中国を謂うなり」とあるように、本義は華夏が居住する天下の中心を指す「中国」の一語もまた、伝統的文献の中で様々な意味を持ち、あるときは国家の政治の中心である京師を、あるときは中原地域を、あるときは中原王朝を意味した。しかし、統一的多民族国家が発展するにしたがい、「中国」が含む意味も大きく変

---

[9] 末業である商業で財を蓄え、本業である農業によってそれを守る、という意。

化した。清初に至ると、「中国」は統一的多民族国家の専称として、主権国家の意味を備えるようになった。そして辛亥革命後、「中国」は近代的な意味を備えた正式な国家の名称となったのである。

　春秋時代、華夏族が分布する地域は、史書中で諸夏・華夏と呼ばれ、また或いは「中国」と呼ばれた。華夏族の周囲には、蛮・夷・戎・狄と呼ばれる少数民族が分布していた。華夏族と周辺民族の間には経済や社会の発展の面で一定の違いが存在し、ときに民族間の衝突も発生したが、民族の接触が増加し、深まり、また華夏文明が拡散することで、民族同化と民族融合の歴史が始まった。西北の秦と北方の三晋地域、南方の楚と呉・越では、それが特に明確にみられた。

　戦国時代、兼併戦争が加速するにつれ、統一が歴史の日程表として掲げられるようになった。こうして、儒家を代表とする文化的な大一統の観念が、民族関係の変化に重要な影響をもたらし始めた。戦国時代を成書年代とする『礼記』王制篇では、「中国・蛮・夷・戎・狄」の言語や風俗習慣が異なることに言及している。ただしその作者は、「其の教を修めて其の俗を移さず、其の政を斉えて其の宜を易えず」と主張し、政と教での統一の前提のもと、各民族が文化面での相対的な独立性を保持することを認めている。このような多元一体の政治的アイデンティティと文化的アイデンティティの観念は、後の中国歴代王朝における民族関係と、統治階級による民族政策に重要な影響をもたらした。

　秦漢王朝は、統一的多民族的な専制主義の中央集権封建国家である。先秦時代以来の民族融合は、統一された国家の範囲内でさらに強固となり、また発展し、民族間の交流も、政治・経済・文化によってもたらされる需要により、日に日に盛んとなっていった。東は遼東以遠より、西は西域に至り、南は交趾より、北は居延沢以北・大漠の南縁に至るまで、秦漢王朝は直接統治を実施した。地域内における政治・経済・文化的な活動を共にすることで、民族間の交流と融合が促進され、民族間の交流と融合によってさらに漢民族の壮大な発展が促進され、多くの少数民族がこの時期に漢民族の共同体に溶け込んだ。秦漢の政治の舞台では、多くの少数民族出身者が活躍した。統一的多民族的な秦漢王朝は、彪炳[10]たる世界、絢爛たる中華文明を創造し、強大な民族の団結力を展開した。

　周辺民族との関係をいかにうまく処理するかは、歴代の中原王朝にとって考慮せざるを得ない重大な政治問題であった。中原王朝は、周辺の少数民族に対して、或いは行政機構を設置して直接統治を行い、或いは羈縻[11]・和親政策を採用し、少数民族の政権に相対

10　光り輝く、きらびやかで美しい、という意。
11　中国王朝が周辺民族に対して執った統御政策。羈は馬の手綱、縻は牛の鼻綱のことで、周辺民族を繋ぎ止めることを意味する。周辺民族の国王や首長に中国の官を授け、彼らがもともと有していた統治権を中国の官吏として行使させた。

な独立性を保たせ、中原王朝に対して貢納称臣させた。また、少数民族が中原王朝に対してときに争い、ときに和親する状態を展開することもあった。さらには、中原王朝を撃破し、中原に入ってその主となり、新たな王朝を建てた少数民族の政権もあった。北魏・元朝・清朝はいずれもこの実例である。ただしいずれの状況であっても、それぞれの少数民族の歴史は、みな中国の歴史と分かつことのできない構成部分であり、中華民族の歴史は、それぞれの民族が共同で創造したものである。

魏晋南北朝時代における民族大融合は、中華民族の発展史における一里塚である。「中華」の語が出現したのは、この時代である[12]。400年近くに及んだ歴史の過程の中で、匈奴・羯・氐・鮮卑・羌のいわゆる「五胡」、及び烏桓・柔然・高車・蛮・俚・僚などの多くの周辺民族と漢族との間、及びそれぞれの少数民族の間に、密接で複雑な関係がみられた。民族対立が幾度か緊張すると共に、民族同化と民族融合の歩みも加速した。漢化によって表現される封建化は、少数民族の社会経済の急速な発展を促進し、中華文明がさらに広範に伝播し、アイデンティティとなった。また少数民族の内遷[13]は、中華民族に新たな生命力と活力を注入した。空前の繁栄を極めた隋唐文化の基礎は、こうして堅く定められていったのである。

隋唐時代は、中国領内の多くの民族が勢いよく興起した、重要な発展段階である。魏晋南北朝時代に活躍した多くの諸民族は、すでに影も見えなくなったが、封建社会後半期の主な少数民族は、そのほとんどがこの時代まで遡ることができる。強大な国力の影響力と魅力により、突厥や西域の諸族、回紇・吐蕃・南詔・契丹・靺鞨などの少数民族は、隋唐王朝と政治・経済・文化面で緊密な関係を持った。唐の太宗は、「古えより皆な中華を貴び、夷狄を賤しむ。朕独りのみ之を愛すること一の如くす」[14]と言った。このような思想指導のもと、太宗は北辺諸民族の尊敬を得、「天可汗」[15]の尊称を奉られた。唐代の領域は、以前よりさらに広大となり、統一的多民族国家はさらに安定さを増し、民族の団結力はさらに強化された。

元は、モンゴル族が建てた王朝である。元の統一は、中国の版図をさらに拡大した。チベットと台湾は共にこの時代に中央政府の直接の管轄下に入り、東北・漠北などの民族地域と辺境もまた有効な行政管理のもとに置かれた。新たに創立された行省制度のもと、中央と地方の連係は強化され、再び多民族国家の統一という盛大な局面が顕現した。元朝の

---

12 『晋書』巻98・桓温伝に引く桓温の『還都洛陽疏』に「強胡の陵暴してより、中華は蕩覆し、狼狽して據を失う」とあり、『北斉書』巻21・高昂伝に「時に、鮮卑共に中華の朝士を軽んじ、唯だ昂に憚服するのみ」とある。
13 漢民族の居住する内地に移住すること。
14 『資治通鑑』巻198・唐太宗貞観二十一年五月条より。統治者は古くから中華民族を尊び、周辺民族を賤しんだが、私だけは彼らを同じように愛する、という意。
15 読みはテングリカガン。北方民族の君主である可汗のさらに上に立つ君主を意味する称号。

統治階級は、不平等な民族政策を実施したが、「必ず漢法を行わば、乃ち長久たるべし」[16]という客観的現実から、元朝の統治者は立ち遅れた生産様式を棄てて中原の先進的な文明を吸収せざるを得ず、漢族の士大夫たちを吸収して国家の政策決定に参与させることに力を注いだ。こうして民族間の交流と連係は、この時代にかつてないほど強化された。元朝は、中華民族の発展の歴史において重要な地位を占めているのである。

清代は、中華民族がかつてないほどの発展を遂げ、またその歴史の命運に重大な転換が起きた時代である。入関当初、清の統治者たちは一度、激烈な民族圧迫と差別的な政策を実施した。しかし漢族の人民の堅い反抗により、この政策はついに改められた。康雍乾時代、清朝政府は軍事的施策と政治的施策を通じ、統一の大業を完成した。こうして清朝の国土は、東は台湾・庫頁島（樺太）から、西はパミール・バイカル湖に至り、北は外興安嶺・サヤン山脈に及び、南は南沙群島の曽母暗島まで達した。漢族を主体とするこの多民族国家は、人口が非常に多く、国土は広大で、総合的な国力では当時の世界の先頭に立っていた。統一国家内の民族間の政治・経済・文化的交流は日に日に盛んとなり、また不可分なものとなり、民族的な一体感と団結力は大きく増強され、中華民族の発展は前代未聞の高みに到達した。これが、中華民族の歴史に対する清朝の貢献である。清朝後期に至ると、欧米列強が中国を侵略し、中華民族の歴史の命運に重大な転換——世界の諸民族の先頭に昂然と立ちながら、亡国滅種の深刻な危機に瀕するまでに陥る——が生じた。

清末に、梁啓超が初めて「中華民族」の語を使用した[17]。中華民族は、果てしなく長い歴史の過程で形成されてきたものであり、各民族が共同で築き上げたものである。歴史を通観すると、中華民族は苦難を経験し、その発展の過程は紆余曲折し、分裂し、後退し、特にアヘン戦争後は列強の虐げを被ってきた。しかし、困難に直面しながらも、中華民族は終始強大な団結力と不屈の奮闘精神を示し、一回また一回と人類文明の煌めき輝く最高峰に立ってきた。これは、歴史が私たちに残した貴重な財産である。

四

中国史における東周時代は、前770年に周の平王が東遷し、前221年に秦の始皇帝が中国を統一するまでを指す。東周時代はまた春秋時代と戦国時代の2つの歴史段階に分かれる。この時代は、中国古代における国家形態の発展の重要な転換期である。それぞれの諸侯国では、変法を通じて中央集権に新たな発展がみられた。とくにそれは、中央が直接管轄する郡や県などの地方行政機構がみられ始めたことに表れている。国家の統治方法は、

---

16 『元史』巻158・許衡伝より。漢の法を活用すれば、長きにわたって政権は安定する、という意。
17 梁啓超「歴史上中国民族之観察」『飲冰室合集』第八冊・専集四十一、中華書局1989年影印版。

分封制から直接的な行政管理への過渡にあった。また世卿世禄[18]の貴族世襲制は、非世襲の官僚制へと移行した。各級の官僚の選抜・任用・昇遷・罷免が取り決められる際に君主の意思が徹底して執行される官職制度では、任官資格は宗法に基づく血縁身分ではなく、才能を主とした。官僚制と地方行政制度の確立は、列国の君主の専制権力を大きく強化した。こうして複合制国家は、単一制国家への転換を開始した。

秦王朝によって創始された統一的専制主義の中央集権国家は、中国史上において深遠な意義を備えている。秦の統一は、戦国時代の歴史発展の必然の結果であった。秦王朝が創建した制度は、この後2000年以上に及ぶ封建国家の政治体制の基本モデルの基礎を定めたのである。これは主に、以下の諸方面で現れた。

まず、秦朝は「皇帝」を至尊とする君主専制体制を打ち立てた。前221年、秦王嬴政は六国を滅ぼした後、自身の功が五帝よりも高く、三皇に匹敵すると考え、それぞれから一字を取って皇帝の称号を創始した。皇帝の称号は、以降の歴代王朝でも踏襲された。これにともない、皇帝権の独尊を体現する一連の施策や儀礼制度も制定され、歴代王朝で次第に強化された。

君主専制は、専制主義の形式の一つであり、その本質的な特徴は、皇帝権力が社会全体の上に立ち、皇帝が最高の権力を一身に集めるということにある。中国古代の君主制の萌芽は、三代の時代にさかのぼることができる。ただし、君主専制が一種の政体として正式に確立し、全国に広く実施されたのは、始皇帝に始まる。君主専制の政体は、東洋の古代国家の専売特許ではなく、西洋の歴史にもみられる。ただし中国古代の君主専制の政体は、始皇帝から清の滅亡に至るまでの長大な時間にわたり、世界史上稀に見るものである。

次に、秦朝は中央集権の国家統治モデルを創建し、これも歴代王朝で踏襲され、継承された。秦では、統一を達成したその年に、どのような地方行政体制を実施するかをめぐり、朝廷で激烈な議論が展開された。始皇帝は、最終的に廷尉の李斯の建議を採用し、分封制を廃止し、郡県制を全面的に実施した。これより「海内を郡県と為し、法令は一統に由る」[19]こととなり、それまで列国でそれぞれ異なっていた制度が一律となり、広大な国土に統一された地方行政管理の施策が実行されたのである。

郡県制では、地域を行政単位に画分し、郡・県の下に郷・里を設け、厳密な戸籍制度によって全ての民衆を国家の支配のもとに置き、中央から直接派遣された主要官吏が統治した。中国古代の地方行政制度は、時代や王朝によって完全には同じではなく、例えば辺境や少数民族の地域では、往々にして現地の情勢の需要に応じて特別な行政制度が実施され

---

18 地位や禄を代々受け継ぐ職官制度。
19 『史記』巻6・秦始皇本紀より。中国の周りには東西南北の四海があると考えられていたため、天下のことを海内と称した。

た。行政区画の名称や管理する区域の範囲は、歴代王朝で絶えず変動したが、中央が直接支配するという様式は基本的に変わらなかった。県及び県以下の行政組織は、より強い安定性を備えていた。

　貴族分封制の残滓は、歴代王朝にも残っていた。前漢の初め、諸侯王が中央集権の統一と安全に深刻な危機を及ぼした。しかし中央政府がこれに厳しく打撃を加え、前漢武帝以降の歴代王朝は、わずかな時期を除き、受封された貴族のほとんどは「惟だ租税に衣食するを得るのみ」[20]となり、封国内における経済的利益は享受したものの、民衆を統治する権限は持たなかった。郡県制が分封制に取って代わったのは歴史の必然であり、歴代の有識者たちはこの点にはっきりと目を向けている。例えば、唐代の柳宗元は『封建論』の中で、「封建は、聖人の意に非ざるなり」、「今国家 尽く郡邑を制し、守宰を連置す。其の変うべからざるや固よりなり」と説き、秦が早くに滅んだことについては、「失は政に在りて、制には在らず」[21]としている。また明清交代期の顧炎武は、「秦、古えの制を復さんと欲すると雖も、一一之を封ずるは、亦た能わざる所有り」としている[22]。これらはいずれも卓越した見解である。

　中央集権は、中央と地方の関係を指し、専制主義と関連はするが違いもある。専制主義は必ず中央集権を拠りどころとするが、中央集権は必ずしも専制主義に依存しない。中央集権は、分封制と相対立し、また地方分権とも互いに消長し合う。高度な中央集権制のもとでは、地方政府の政治・経済・軍事権は全て中央から授与されるものであり、独立性はない。中国史上で実施されたのは、中央集権式の行政管理であるが、歴代の中央政府は具体的な状況に応じ、ある種の特殊な地域には他地域に比べてやや緩やかな政策ないし分治・自治を与えた。県以下の郷村には、宗族・豪強・士紳などの地方社会勢力が存在したため、中央集権の関与には限りがあり、時代によってその度合いに差があった。おおよそ、中央集権が衰弱し、或いは危機に瀕したときには、地方社会勢力は往々にして国家と対立し、分裂割拠の勢力を形成した。一方、中央集権が強大なときには、地方社会勢力は国家の統制下におかれ、利用された。社会勢力と国家権力の連動性のある関係は、長期にわたって存在した。歴代の中央政府は、強幹弱枝[23]のため、地方の宗族・豪強などの勢力に対して、規制や抑圧、或いは打撃を与える政策を採用することが多かった。ただし、両者は共生共存の関係にあり、宗族・地主豪強などを代表とする社会勢力と民間の社会組織の勢力は、

20　『漢書』巻14・諸侯王表二より。
21　「封建は聖人の考えに依るものではなかった」、「いま唐の国家は全て郡県を制度とし、地方長官を連ね置いている。この制度を変更すべきでないのは当然である」「その失敗は政治にあり、制度にあったのではない」という意。
22　『日知録』巻22・郡県より。郡県制は秦の統一以前から各地で行われ、歴史の趨勢となっていたため、秦が古い制度を復活しようとしたとしても、一つ一つ封建するようなことはできなかったであろう、という意。
23　幹である中央政府に権力を集中させて、枝である地方の権限を抑え弱めるたとえ。

国家の基層の権力構造の中で常に一角を占め、国家権力を補っていたのである。

　地方政府は、ほとんどの時代においては中央の命令に従っていたが、ときには賭けに出ることもあった。通常、中央集権が強大なときには、地方政府は中央に服従し、中央政府の強力な支えとなった。しかし、ひとたび中央政府の政策が不当であったり、中央政府に危機が生じたりした際には、地方勢力は拡大し、中央集権を瓦解させる勢力を築くこともあった。後漢末の州牧や唐代中期以降の藩鎮・節度使は、この例証である。

　統一は、中国の歴史の大勢であるが、専制主義的中央集権国家にもまた、分裂を生み出す様々な温床が存在した。中国の歴史を実際に見てみると、統一国家の分裂は、経済や文化ではなく、主に政治や民族関係を原因とする。歴代の中央集権王朝の衰微と崩壊の原因はそれぞれ異なるが、地方政府や地方社会の勢力との関係及び民族関係をうまく処理できなかったことが重要な原因の一つであることは疑いない。いうまでもなく、新たに建立された王朝もまた、経済的基礎と歴史の伝統に基づき、結局は中央集権への道を進んでゆくのである。

　最後に、秦王朝は整備された官僚制という行政管理体制を打ち立てた。秦は統一の後、本国の歴史的基礎に立脚し、戦国時代以来各国で築かれていた官僚制度を全て受け入れ、中央行政機構として皇帝権力の支配のもと丞相を筆頭とする公卿制度を創設し、地方では郡守・県令（長）を首とする地方官僚制度を打ち立てた。各級の官吏は、イデオロギー面でも管理の面でも皇帝の権威に絶対的に服従し、中央の政令を厳格に執行しなければならなかった。

　秦王朝が打ち立てた、職業化された封建的官僚体制は、具体的な官職設置の面では後世に大きく調整され、また改変されたが、その基本精神は変わらなかった。第1に、官僚選抜制度は次第に優れたものに変わっていった。秦朝の薦挙・軍功用人制から漢代の察挙制、魏晋南北朝時代の九品中正制へと至り、最終的には隋唐の科挙制が定型となり、清朝まで続いた。このように、統治階級は時代の発展や変化に基づいて、絶えず官僚選抜制度を調整してきた。その歩みは、基本的には道徳と才能を重視する方向へと発展した。またその目的は、官僚選抜の範囲を最大限まで拡大することで、封建統治政権がさらに広い社会的基礎を擁し、さらに多くの優秀な人材を集められるようにすることにあった。この点には、封建統治全体の秩序の安定及びそれが途絶えることなく続いてゆくことを保障するという、非常に重要な意義があった。特に科挙制が行われた時代は、その効果が最も顕著であった。いうまでもなく、それは官本位にも弊害をもたらした。明清以降、この選抜制度は日に日に硬化し、時代の変化による需要に適応しなくなっていった。官僚選抜は、イデオロギーの支配を相当に受けるものであり、中国史上では、道家・法家・儒家の思想が封建社会の吏治観に影響をもたらしてきた。それぞれの時代において、統治階級は社会環境の需

要に基づき、通常はそれらの思想を取捨し、それに従って官僚集団の構造を調整したが、やはり主要な地位を占めていたのは儒家と法家の思想であった。文吏や儒生は、中国史における官僚集団の主要な類型であり、外儒内法が、中国史上の官僚行政の基本的特徴であった。第2に、官僚行政の中枢は、絶えず調整され変化が加えられた。中国史上には、秦の始皇帝や朱元璋のように独裁専権的で、自ら大量の文書を処理した皇帝もいたが、このような場合においても、厖大な政務の処理を補佐する行政の中枢が必要であった。歴史上、行政中枢組織は幾度も変化したが、総じていえば、個人が開府する宰相制から、組織機構化された宰相制へと移り変わっていった。丞相府・三公府・尚書台・三省六部・中書省・枢密院などは、いずれも中枢組織としての機能を担った。明代に宰相制度が廃止されると、内閣が事実上中枢の機能を担った。清代では、中枢機構は議政王大臣会議・内閣から軍機処へと移り変わり、これにともなって専制主義の発展はピークに達した。皇帝権力が他者の手に移ることを防ぐため、専制君主は絶えず中枢組織に調整を加え、その権力を分散しなければならなかった。このため、中枢組織は絶えず変化することになり、名実がともなわなくなる重大な原因の一つとなった。歴代の行政中枢組織は、ときに皇帝権力と衝突することもあった。特定の状況のもとでは、行政中枢組織もまた皇帝権力をわずかながら制限し、皇帝権力の悪質な発展を阻止し、制限することもあった。第3に、専制主義的中央集権下における官僚集団の忠誠と官僚機構の正常な運用を保証するため、官僚の査定・監督・管理に関する体系的な施策が形成された。この施策は、歴代王朝で完全には同じでなかったが、総体的な趨勢としては、日に日に制度化されてゆく方向へと発展した。中国史において、政治が比較的公明正大で、社会が比較的安定した時代とは、通常は吏治が比較的良好であった時代である。「明主は吏を治めて民を治めず」[24]とは、封建政治の文化における重要な経験の一つである。

官僚に対する監督・監察制度をより優れたものとするため、歴代王朝は、汚職の処罰に関する多くの律令を制定し、発布してきた。また民本思想の影響のもと、統治階級の内部にも清官循吏が出現した。しかし、これらは封建統治階級の貪婪な本質を改変することはできず、汚職や残虐さが不治の病となってしまった。中国封建社会における基本的な対立は、農民階級と地主階級の対立であるが、封建国家は地主階級の政治的総代表であり、かつ経済的利益の強力な保護者である。そのため、農民と封建国家の対立がさらに多く集中的にみられたのである。官逼民反は、歴代の農民蜂起の通例であった。封建搾取階級による幾重もの圧迫のもと、中国史上の農民蜂起は規模が大きく、反抗も激烈であった。これは、世界史上でも例が少ない。時代的な限界のため、農民階級が新たな政治体制を創立す

---

24 『韓非子』外儲説右下より。賢明な君主は、官吏を治めて民を治めない、という意。

ることは困難であり、また新たな社会制度を創建することもできなかった。しかし歴代の農民蜂起は、一度また一度と地主階級の腐敗した統治に打撃を与え、自身の権益を勝ち取り、歴史を前進させた。これらはみな、疑いなき進歩の意義である。

　秦朝から始まる封建的専制主義の中央集権政体は、1911年に清朝が辛亥革命によって転覆するまで、2000年以上にわたって踏襲された。正常に運営された中央集権は、大規模な人力物力を集中させ、公共の工事建設を進めることに利があった。また、生産技術の伝播と商業貿易の流通に利があり、社会経済の発展が促進された。さらには外敵の侵略を食い止め、分裂を防ぐことに利があり、統一的多民族国家の形成とその強化が推し進められた。漢・唐・明・清などのいくつかの時代に最盛の局面が訪れたのは、明らかにこの政体が創造した政治的社会的環境と関係があり、その積極的な効果を認めないわけにはいかない。しかし、封建的専制主義の長期にわたる継続と中央集権の過度の膨張は、中国史の発展にとって大きな障害となった。この政体を維持するため、国家は大量の官僚と軍隊を養わねばならず、その重い負担はいうまでもなく各種名目の賦税として民衆の上にのしかかり、社会経済に損害をもたらした。労働人民は、専制君主・貴族・官僚・地主による幾重もの圧迫と搾取を受け、その苦難は深刻であった。また思想文化の分野では、思想的束縛・文化的専制が断行され、民主と科学の精神の誕生と伝播が圧殺されたのである。

　近代に入って以降、強大な経済力と軍事力を背に押し渡る資本主義の列強が、手段を選ばぬ武力掠奪という方法で、時代遅れの中国の大門を叩き割った。腐敗した清の政府は、一連の不平等条約の締結を余儀なくされ、中国の主権は失われ、一歩また一歩と半植民地・半封建社会の深い淵へと落ちていった。こうして、中華民族は危急存亡の重大な危機に直面し、反帝・反封建が近代中国の歴史の主題となった。この危機に直面し、清政府内の有識者たちは、いくつかの改良運動を進めた。また亡国を救い民族の生存を図るため、多くの仁人志士がたゆまず奮闘し、血みどろになりながら抗争し、救国救民の道を模索し、多くの心を揺さぶる壮烈な事績を残した。しかし、改良の道と旧民主主義革命は、共に失敗に終わった。これより、反帝・反封建の革命闘争を主導し、民族の独立と人民の解放を勝ち取るという重い責任は、中国共産党の党員にかかることとなった。これは、歴史における必然的な選択である。

　怒涛かつ壮大な中華五千年の文明史は、独自の風格と特徴を呈している。しかし中国史の発展の道は、マルクス主義で論じられている人類史の発展の基本法則から逸脱するものではない。歴史の統一性は、歴史の多様性の中に宿っているのである。中国史の発展の基本法則と具体的過程、豊富な経験はいずれも、歴史と人民が中国共産党の指導のもとで中国の特色ある社会主義の道を歩んでゆくことを選択した必然性を、雄弁に証明するものである。

第一章

中国の原始社会と文明の起源

　中国は、太古の人類の起源における重要な地域の一つである。遠く今から800万年前、雲貴高原の深く生い茂った森林に「ラマ古猿」（ラマピテクス）の禄豊種が広く生息してより、サルからヒトへの悠久の進化の歴史が始まった。

　中国の歴史における最初の社会形態は、世界の多くの古代民族と同様、原始社会である。中国の原始社会は、約200万年前、重慶の巫山人から始まった。その後、社会組織の形態は原始群を経て氏族共同体（母系氏族共同体と父系氏族共同体を含む）[1]へと進み、考古学上の文化の時代区分では旧石器時代から新石器時代へと進展していった。6000〜5000年前には、中心集落と一般集落とが結合した定住農耕社会の共同体が、華夏の大地の至るところに、まるで天上の星々のように点在した。各集落間及び集落内の社会的関係は、平等から、不平等の初期段階へと変化し、次第に早期文明の兆しが醸成されていった。

　中国は、世界の古代文明国の一つである。5000〜4000年前、中国の各地で城邑が次々と成立し、小邦小国が並び立ち、やがて邦国が集まって邦国連盟が結成された。邦国は初歩的な国家の形態を備え、まるで天上の星々が煌めくがごとく邦国都邑文明を形成した。これが中国の早期文明時代であり、華夏の先人たちが原始社会に別れを告げ、階級社会へと突き進んでゆく過渡期の段階である。

　原始社会は、個々人が平等で労働の成果を共に享受する原始共産主義社会であり、また経済と社会の発展の度合いが低く、成員の平均寿命が短く、社会全体が貧困で、野蛮な初期段階の社会形態である。人類の歴史という大河の中で、階級社会が原始社会に取って代わり、文明が野蛮に勝利したことは、時代を画する意義を持つ偉大な進歩であった。

第一節　古人類と旧石器時代

一　サルからヒトへの進化

　近代以来の科学的研究により、人類は類人猿から進化したことが明らかとなっている。一般的には、1200〜800万年前に生息した「ラマ古猿」（ラマピテクス）が人類の祖先とされている。この古猿の化石は、インドとパキスタンが国境を接するシワリク丘陵で初め

て発見され、その後、ケニア・ハンガリー・ギリシャや我が国の雲南省などでも発見された。このうち雲南省禄豊県で発見された化石資料は、最も豊富かつ重要なものであり、学術界では「ラマピテクス禄豊種」と命名されている。これまで大多数の人々が、人類の起源はアフリカにあり、そこから世界各地に拡散したと考えてきた。我が国の古人類学者は、ラマピテクスの化石資料を根拠に、人類の起源は「アジア南部であると考えられる」としている。ラマピテクス禄豊種の発見は、中国が世界の人類の起源における重要な地域の一つであることを我々に示している。

ラマピテクスに続くのは、500～400万年前に生息し、ヒト科に属する「南方古猿」（アウストラロピテクス）と、300～200万年前の「能人」（ホモ・ハビリス）と呼ばれる早期人類である。我が国の国土では、湖北省・広西省などの地でアウストラロピテクスの化石が発見されているが、ホモ・ハビリスの化石は現在もなお発見されていない[2]。

サルからヒトへの変遷は、主にアウストラロピテクスからホモ・ハビリスへと至る体質形態面での長大な進化と、労働技能の絶えることのない向上の過程で完成されていった。この進化の過程で決定的な意義を持っているのは、手足の分化と直立二足歩行、道具の製作である。古猿はもともと、群れをなして樹上で生活していた。長きにわたる登攀生活の中で、彼らは前足で果実を摘み取ること、木の棒や石で野獣から身を守ることを覚えた。このように少しずつ、手足の役割が分かれていったのである。ただし、歩行時はなお半直立の姿勢で、補助のために常に手を使っていた。その後、気候の変化によって森林が減少し、一部の古猿たちは地上での生活を余儀なくされた。環境の変化により、手にはますます足とは異なる動きが求められるようになっていった。こうして彼らは、歩行時に手を使う習慣から脱却し、直立二足歩行をするようになっていったのである。直立二足歩行は、アウストラロピテクスが自然環境の変化に対してとった選択の一つであり、サルからヒトへの進化を完成させる決定的な一歩であった。直立二足歩行をすることにより、彼らの手と足は異なる動作に従事するようになった。特に手が解放されたことは、簡単な道具を製作するための前提となった。労働は、道具の製作から始まったのである。これにより、人類はサルとは異なり、簡素な生産道具と僅かではあるが自然を支配する力を備えることとなった。また、大脳は思考能力を備え、音節が明確な言語もこれにともなって発達していった。

---

1 原始社会の時代区分について、学術界は「三分説」と「二分説」とに分かれている。その焦点は、「原始群時代」と「氏族共同体時代」の間に「血縁共同体時代」を入れるか否かにある。原始群時代の古人類については、研究者の間に異なる見方があり、形成期のヒト（ラマピテクスからアウストラロピテクスまで）とする見解と、直立人（ホモ・エレクトス。元謀人・北京人など）と早期智人（早期ホモ・サピエンス。丁村人など）とする見解とがある。本書では後者の説を採用した。
2 国外の古人類学者は、東アフリカで発見された早期直立人を「ホモ・ハビリス」と呼んでいる。我が国の古人類学者は、今から170万年前に生息した雲南元謀人は「ホモ・ハビリス」時代の晩期に相当すると考えている。

第一章 中国の原始社会と文明の起源

二 中国の古人類と旧石器文化

　一般的に、文字の出現以前の人類の歴史は、先史と呼ばれる。先史時代の社会形態は、原始社会である。考古学者は、人類が使用した生産道具の性質に基づき、先史時代を旧石器時代と新石器時代の２つの段階に分けている。旧石器は打製石器、新石器は磨製石器である。旧石器時代は人類の歴史における最古の段階であり、人類が打製石器を主な道具とし、狩猟と採集の生活を営んだ、人類の幼年時代である。

　旧石器時代早期の人類は、「直立人」（ホモ・エレクトス）、または「猿人」と呼ばれる。ホモ・エレクトスは、おおよそ200万〜20万年前に生息した。我が国ではホモ・エレクトスの化石が多数発見されており、このうち巫山人・元謀人・北京人が重要である。

　これまでに我が国の国土で発見されている最古の人類は、巫山人である。巫山人の化石は、1985年に重慶市巫山県龍坪村の龍骨坡で発見された。このとき発掘されたのは、下顎骨１点と上門歯１枚であり、また共に２点の打製石器も出土した。巫山人が生息したのは204万〜201万年前であり、旧石器時代早期に属する。

　巫山人よりやや遅れるのが、170万年前の元謀人である。元謀人の遺跡は、雲南省元謀県上那蜂村付近の小丘陵上に位置する。1965年に、歯の化石２枚と数点の簡素な石器及び大量の炭屑や焼けた骨片、哺乳類動物の化石などが発見された。この遺跡から出土した炭屑と焼けた骨より、元謀人はすでに火の使用を知っていたと考えられる[3]。元謀人と巫山人は、早期ホモ・エレクトスに属する。

　北京人は、世界で最も有名な後期ホモ・エレクトスである。北京人の化石は、1927年に北京市西南の周口店龍骨山の山洞の中から発見された。最初に発見されたのは、歯と下顎骨である。1929年には、我が国の若手古人類学者であった裴文中が頭蓋骨を発見して世界を驚かせ、その後も新たな発見が次々と続いた。このように、北京人の遺跡が次々と発掘される中、計40体以上の男女の個体と十数万点の石器や石片、100種類以上の動物の骨格、さらには火の使用を示す痕跡として厚さ６mに達する灰燼層が発見された。北京人遺跡は、世界で最も豊富に古人類の遺骨や痕跡が出土した遺跡の一つである。

　北京人の頭蓋骨は扁平で、頭骨は分厚く、多くの原始的な形状を備えており、平均的な脳容量は約1075ccである。男性の平均身長は1.62m、女性は1.52mであり、現代の中国人よりもやや低い。各種の測定によると、北京人が生息した年代は、71万〜23万年前である。

3　元謀人より早い火の使用の事例として、今から180万年前の山西省芮城県の西侯度遺跡がある。この遺跡では、錘撃法（直接打法）によって製作された砸器や刮削器（スクレイパー）など30点以上の打製石器や人工的に叩き切られた痕跡のある鹿角や焼けた骨も発見されている。ただし、ホモ・エレクトスの化石は発見されていない。

北京人は洞窟を住み家とした。洞内の各地層に堆積した灰燼は、北京人が火の使用を知っていたばかりか、火種を保存し、火を管理する能力を備えていたことを示している。火の使用により、人類は「毛を茹らい血を飲む」[4]という原始的な境遇から脱却し、食料を加熱調理するようになった。これより消化の過程が短縮され、食物から豊富な栄養を摂取できるようになり、体質面での発達が大きく促進された。また火の使用により、原始人が野獣と戦う能力が向上し、大自然に対する力も増強された。このように、火の使用は人類の歴史において特に重要な意義を持っているのである。

　北京人は、狩猟と採集の生活を営んだ。この時代の周口店一帯は、森林が生い茂り、野草が群生し、猛獣も出没した。北京人は可食の植物の葉を採集し、根茎を掘り出し、各種の果実や種子を集めて食用とした。狩猟の面では、小動物を仕留めたのみならず、比較的大型の動物も捕獲した。狩猟と採集の生活は、北京人に広範な食料の供給源を提供した。北京人の経済と社会生活は、ホモ・エレクトスの時代全体を代表するものといえる。

　20万〜5万年前、時代は旧石器時代中期に入った。この時代の人類は、早期智人（早期ホモ・サピエンス）と呼ばれる。大荔人・丁村人に代表される早期ホモ・サピエンスの体質的特徴は、脳容量が大きいこと（1300 cc 以上）である。この時代には、打製石器の製作技術がさらに進歩し、その類型も豊富となった。また狩猟の際に、石球を投擲する飛石索をよく使用するようになったことも、この時代の顕著な特徴である。狩猟技術の発展により、肉食が顕著に増加した。生活様式や栄養の改善により、早期ホモ・サピエンスは20万年に満たない間に晩期智人（新人）へと進化したのである。

　5万〜1万年前の新人は、すでに現代人と体質形態面での違いはなく、世界の三大人種の基本も形成された。この時代の石器文化は大きく進歩し、旧石器時代晩期に入る。

　我が国の新人の化石と文化遺存は全国各地に分布しているが、中でも北京の周口店上洞人が最も有名である。上洞人の年代は約1.8万年前であり、青年女性、中年女性、老年男性の3つの比較的完全な頭骨の化石がある。上洞人は打製石器を使用していたが、すでに研磨や穿孔の技術も備えていた。彼らは人工的に火を取得し、狩猟採集を生業とし、漁労に従事し、磨製の骨針を使用して衣服を縫い綴った。また上洞人は、埋葬の習俗も生み出した。人骨の周囲には赤鉄鉱の粉末が撒かれ、多くの装飾品が供えられている。これらには特別な意味が込められていたと察せられ、また彼らが美意識を備えていたことが分かる。

　人工的な火の取得と弓矢の発明は、旧石器時代晩期における二大発明である。人類は火の使用を知ってから相当の長い期間、自然に発生した火を利用していた。旧石器時代晩期

---

4 「茹」は食らう、の意。原始人が火を使用していなかった頃の食生活を描写する言葉。『礼記』礼運に、「未だ火化有らず、草木の実、鳥獣の肉を食し、其の血を飲み、其の毛を茹らう。未だ麻糸有らず、其の羽皮を衣（き）る。」とある。

に至り、研磨・穿孔・鋸の技術を掌握したことで、ようやく人工的に火を取得することを発明したのである。天然の火の利用から人工的に火を取るに至ったことは、また一つの大きな進歩であった。我が国の古代には、燧人氏が木を擦り合わせて火種を取ったという古史伝説があるが、これは偉大な歴史の進歩を伝えるものである。また、弓矢の発明と使用は、狩猟技術と武器の獲得における飛躍的な発展であり、原始的な狩猟経済に新たな活気をもたらした。エンゲルスは、弓矢の発明について「野蛮時代における弓矢は、未開時代における鉄剣や文明時代における火器と同様、決定的な武器であった」[5]と高く評価している。

　人類は200万〜300万年に及ぶ果てしない長旅を経て、ホモ・エレクトスから現代人へと進化を遂げ、人類の文化もまた、その体質の進化にともなって発展していった。旧石器時代の大部分の時間においては、人類の社会組織は原始群の状態であったが、旧石器時代末期に至り、ようやく氏族社会へと突入した。古史伝説に「其の母を知るも、其の父を知らず」とあるように、最初期の氏族社会は母系氏族社会である。この社会は、個々の単純かつ閉鎖的な母系氏族共同体で構成され、最も基本的な単位は氏族であり、部落はいくつかの近親氏族の結合体であった。各氏族はみな自分たちの居住地を持ち、動植物や無生物をトーテムとした。また、年長で能力が高く、豊富な経験と威信を持つ者が、氏族の成員によって民主的に推挙され、首領となった。氏族は外婚制を行い、その内部では厳格な母系の血縁関係が保持され、子供たちは「其の母を知るも、其の父を知ら」なかった。氏族の成員は平等な関係にあり、共同で生産し労働し、共同で居住し消費する、原始共産主義の生活を営んだ。旧石器時代末期には、労働技術の向上や生産活動の発展、装飾品の出現、埋葬習俗の萌芽、抽象的思索の発展がみられ、これらにともなって人類は多方面で進歩した。その中で最も注目すべきは、人々が高度な狩猟採集の経済の中で、動植物の生長規律に対する自己の認識に基づき、穀物の栽培と家畜の飼育を開始したことである。このように、高度な採集経済は農業と家畜の飼育業へと発展してゆき、原始社会は旧石器時代から新石器時代へと移行していったのである。

第二節　新石器時代と太古の社会の発展変化

一　農業の起源と平等な農耕集落社会

　今から1万年以上前、人類は原始社会における最初の大きな変革を迎え、考古学上で新石器時代と呼ばれる新たな時代へと突入した。打製石器の使用、狩猟と採集の生活形態が

5　恩格斯「家庭・私有制和国家的起源」『馬克思恩格斯選集』第四巻、人民出版社、1995年版、20頁。

旧石器時代の特徴であるのに対し、新石器時代の特徴としては、磨製石器の使用、陶器[6]の製造、農業と家畜の飼育の出現、村落の建設などが挙げられる。中でも最も根本的なものが農業の発明である。農業の発明と定住集落の出現は、世界中の全ての農耕民族に共通する、文明時代への起点である。

　中国における農業の起源は、1万年以上前に遡る[7]。現在までに中国南方で発見された、1万年以上前の稲作の標本を含む新石器時代早期の遺跡は、大多数が洞穴遺跡であり、例えば湖南省道県の玉蟾岩や江西省万年県の仙人洞が挙げられる。洞穴の入口に立って周囲を見渡すと、眼前には平原や沃野が広がり、食料となる植物性資源が豊富にある。太古の先人たちは、狩猟採集生活の中で、沃野の可食性植物を意識的に栽培し始めた。このような植物の採集から植物の栽培への過渡が、いわゆる農業の起源である。食物に占める農作物の比重が高まるにともない、先人たちは自然界から直接食物を獲得するだけの獲得経済から、生産経済へと発展したのである。こうして彼らは山洞から外に出て、農耕・種植に適した平原や河谷地帯への定住を図り、家屋を建てて村落を形成し、穀物を育て、野菜を栽培し、家畜を飼育し、陶器を焼成し、紡織を行う農耕集落生活へと入っていった。農業の起源にともない、中国の南方と北方では多くの新石器時代早期の農耕集落がみられるようになった。考古学的な発掘によると、全国各地において、新石器時代早期から中期・晩期にかけての比較的完全な考古学文化の発展系統が形成されており、新石器文化が多様に発展したことが明らかとなっている。中国の農業の起源と新石器時代早期の文化の多様化した発展は、中国古代文明の起源が中国独自のものであり、また多元的であることを示している。

　中国の原始農業で主に栽培されたのは、北方では小米と俗称される粟と、黄米と俗称される黍であり、南方では水稲であった。また最も早くから飼育された家畜は、イヌ・ブタ・ニワトリ・スイギュウであり、ブタが主要な家畜であった。8000年〜7000年前に至ると、中国北方及び南方の農業と農耕集落は大きな発展を遂げた。当時の主な耕作方法は次のようなものであった。まず石斧で樹木を切り倒し、日に晒してから火を放って焼き、新たな田地を開拓する。その後、石鏟・石鋤・骨耜・木耜などで土を掘り起こして種を蒔く。収穫時には、石鎌で刈り入れを行い、磨盤・磨棒で脱穀などの加工をした。耕作用の道具である耒耜[8]の出現とその普遍的な使用は、農業生産力を向上させた。河北省武安県磁山の

6　中国には「土器」という言葉はなく、素焼きのものも釉薬を用いたものも、土を用いた焼き物は全て「陶器」とされる。磁器の区別はある。
7　世界の農業起源の中心は、主に西アジアと東アジア、中南米の3ヵ所である。東アジアにおける農業起源の中心は、中国である。
8　中国古代の代表的農具で、耒は二叉もしくは三叉になった鋤系の農具、耜はスコップ状の鍬系の農具とされる。また、耒は鋤の木製の柄、耜は鋤の刃或いは刃をはめる部分であるとする説もある。『易』繋辞伝に、「神農、木を斲（けず）りて耜と為し、木を揉めて耒と為す。耒耜の利、以て天下に教う」とある。

集落遺跡では、発掘作業員によって88の穀物貯蔵用の窖穴が発見されたが、その中の穀物遺存の堆積から計算すると、貯蔵量は13万斤（6.5 t）余りに達した。また浙江省余姚県の河姆渡集落で貯蔵されていた稲籾は、20万斤（10 t）以上であった。このような大量の貯蔵穀物に加え、家畜の飼育、狩猟、漁労、採集などによって補充される食料は、300人以上の人口を擁する集落の1年分の需要を充分に賄えるものであった。

　農業生産力の向上と穀物の備蓄により、集落の安定した生活が保証された。安定した社会生活は、人々の精神生活を多方面で発展させた。8000年以上前の河南省舞陽県の賈湖遺跡からは、タンチョウヅルの大腿骨で作られた25点の骨笛が発見されている。骨笛には五孔・六孔・七孔・八孔のものがあり、七孔のものが最も多い。測定によると、これらの骨笛は完全な五声の音階のみならず、六声や七声の音階を吹くことができる。これは、中国音楽史及び楽器史における重要な発明である。この他、賈湖遺跡の墓葬からは多くの亀甲が出土し、その中にはそれぞれ異なる数の小石が入れられ、符号が刻まれたものもあった。研究によると、これらの亀甲と腹中の小石は占卜に用いられたものである。このことは、8000年以上前の舞陽県賈湖の先人たちが、原始的な宗教の意識を持っていたことを反映するものである。

　中国の先史時代における農耕集落社会の発展は、7000年～6000年前に、考古学における仰韶文化時代に突入した[9]。仰韶文化は、精美な彩陶によって世に聞こえるばかりでなく、その集落形態は、当時の平等な氏族部落社会の中で最も典型的なものである。陝西省臨潼県の姜寨集落遺跡（図1-1）を例にとると、環濠に囲まれた村落の中におおよそ100ほどの家屋があり、それらの家屋は5組の大きな群落に分かれ、5組の家屋が1400㎡以上の面積の広場を囲むという、共同生活の空間を構成している。各家屋の門はみな中央の広場を向いており、この典型的な円形求心の形の配置は、集落内の団結と結束を体現するものである。

　姜寨遺跡内の5組の家屋は、5つの大家族であろう。それぞれ100㎡前後の大型家屋と30㎡強の中型家屋が1軒ずつと、その他の15㎡前後の小型家屋が同時期に存在した。大型家屋は大家族が集会や話し合いなどの活動を行う公共の建物であり、中型家屋は家族長が使用し、小型家屋は家族内の3人から4人で使用したと考えられる。このように、姜寨集落の社会組織の構造は、まずいくつかの近親の親族で1つの大家族が構成され、さらに

9　仰韶文化は、1921年に河南省澠池県仰韶村で初めて発見され、その後の数十年間に河南省・陝西省・河北省・山西省・甘粛省東部などの地域で、類型の近い文化遺跡が数多く発見されたことから、仰韶文化と命名された。その年代はおおよそ7000～5000年前の範囲であり、早期・中期・晩期の3つの時期に区分される。仰韶文化時代には、農業・牧畜業・製陶業などが大きく発展した。農業は粟を主とし、牧畜業はブタ・イヌを主とし、製陶業では焼成された彩陶が最も有名である。西安市東郊の半坡遺跡と臨潼区の姜寨集落遺跡は、最も保存状態の良い仰韶文化早期の集落である。

図 1-1　陝西臨潼姜寨集落遺跡復原図
（中国国家博物館編『文物中国史 史前時代』山西教育出版社、2003 年版、119 頁図版より）

5つの大家族で1つの氏族が構成されていたのである。つまり、姜寨集落は1つの氏族共同体であり、その人口は約 300 〜 500 人であった。

　姜寨集落では、氏族の共同墓地が見つかっている。墓地内の各墓葬の副葬品は多くはなく、格差も大きくはない。このことは、当時の社会では貧富の分化が生じていなかったことを示している。姜寨集落の諸方面の状況を総合するに、氏族共同体の人々は強く団結し、結束していた。彼らは農業に従事し、また狩猟採集を営み、陶器を製作した。集落の経済は自給自足であり、内部の大小の血縁集合体及び個々人は、平等で仲睦まじい関係にあった。このように、姜寨集落に代表されるこの段階の社会は、依然として母系氏族社会に属しているが、氏族内にはすでに家族が発生していた。まず誕生したのは、母系家族である。この種の家族は、1人の始祖母に由来するいくつかの近親の親族で構成され、その成員たちが共同で暮らす母屋と原始共産制を保持していたが、次第に本家族の特別な利益と相対的な独立性が育まれ、遅かれ早かれ「勢利の争い無き」氏族社会から離れていく要素が注入されていく。これ以降の社会の変革は、母系家族の変化と父系家族の出現にともなって展開していく。

二　中心集落の出現と社会的不平等の発生

　農業を主とする生産経済は日ごとにますます発展し、母系家族内では男性が重要な労働力となり、女性は主に家庭内の労働と補助的な生産活動に従事するようになった。また有力な母系家族が余剰の消費財を所有して富を蓄える条件が促進された。このような状況は、母系家族に多方面に及ぶ変化を引き起こした。例えば、家庭内における男女の地位が逆転し、家族財産の私有制と私有の観念が芽生え、家族間の貧富の分化が始まった。また家庭と婚姻の形態は、男性が女性の家族に入居する形から、女性が夫に従って居住する形へと

第一章　中国の原始社会と文明の起源

変わっていった。対偶婚制から専偶婚制への移行により、古代アジアに特徴的な家父長家族制の共同体が誕生し、子女の直系親族の関係も「其の母を知るも、其の父を知らず」という旧伝統から脱却した。このように、日ごとにますます発展してゆく家族財産私有制の強力な推進のもと、母系家族は遂に父系家族へと転化し、父権制が母権制に取って代わったのである。こうして、平等な農耕集落社会には、6000～5000年前に至ると不平等が出現し始め、早期文明の兆しが醸成されていった。この種の不平等は、2つの面で現れた。1つは、集落内に貧富の分化が生じ、貴族の階層が出現したことである。もう1つは、集落と集落との間に、中心集落と一般集落が結合して規格や地位の高低が顕著となる状況がみられるようになったことである。中心集落には、規模が大きくて立派な特別の建造物があり、また高度な手工業生産と貴族階層が集中し、こうして周囲の一般集落との間に少しずつ不平等な関係が構成されていった。社会関係が不平等の初期段階に至った中心集落の形態は、まさに先史時代の平等な氏族社会から早期文明時代への過渡期であり、文明の起源の過程における重要な段階である。

　考古学的な発掘によって発見された、先史時代の中心集落遺跡の中で最も有名なものは、1959年に発掘された山東省泰安県の大汶口遺跡である。大汶口遺跡は、総面積82万㎡の大規模な集落である。大汶口の集落内の不平等は、墓地における大型墓と小型墓の格差に体現されている。いくつかの富裕な大型墓は、墓穴が広大で、木槨の葬具を使用し、精美な陶器や石器、骨角器が大量に納められている。あるものはその数が100点以上にも達し、また精美な玉器や象牙製品なども納められている。一方、小型墓は非常に簡素で、墓穴は僅かに遺骨が入るほどの大きさしかなく、副葬品も陶製の豆[10]や罐が1、2点あるのみで、1つも納められていないものもある。このような大型墓と小型墓との格差は、住民の内部に財産や社会的地位の分化が生じていたことを示している。大汶口の墓地は、同時代の周辺の集落遺跡と比べて大型墓の数が多い。また他の遺跡では、大型墓があったとしても玉器や象牙製品、鰐皮鼓などの特別な副葬品や、木槨がみられないものもある。したがって、大汶口の集落は地位が高く、周辺の他の集落と一種の主従関係にあったこと、大汶口の集落の貴族たちは、自身の集落の平民だけではなく、他の集落の人民も支配していたことがうかがえる。

　大汶口文化の陶器からは、10数種20以上の図像文字が発見されている。このうち最も代表的なものは、日と火を表現した「☉」と、日・火・山を表現した「☆」であり、両者は簡体と繁体の関係にある。「☉」は「炅」字に釈読され、その中の「○」は太陽であり、天空天象を表している。「☆」は天象と関係のある辰星大火、すなわち大火星（さそり座

10　中国古代に用いられた脚付き、蓋付きの食器。日本の高坏に当たる。

のアンタレス）を表している。太古の時代、大火星の観察と祭祀、天文観測をして暦を作成することを司る神職者は、「火正」と呼ばれた。この2つの図像文字は、当時の「火正」が大火星を観察し、祭祀を行い、天文観測により暦を作成していた可能性を示している。

大汶口文化の「☆」と「☉」は、山東のみならず安徽や湖北、浙江などの地でも発見されており、広く一般的なものであったようである。このことから、5000年以上前、春分の前後に辰星大火の出没を観察して農時を定める暦法が、山東・安徽・湖北・浙江などの広大な地域に普遍的に採用されていたことが分かる。当時、これらの神職者を設けて祭祀を担当させたことは、社会全体の生産・管理と不可分の関係にあった。貴族階層の誕生の来源と過程は多方面にわたるが、神職者の設置はその重要な過程の一つである。

一般的に、集落群の中心集落は、権力と経済の中心であるのみならず、宗教祭祀の中心でもあった。しかし、我が国の遼西地域と内モンゴル自治区東部地域の紅山文化で発見された女神廟や積石塚、原始的な天壇・社壇などの遺跡は、宗教センター或いは聖地に関するまた別の類型を提供してくれる。

紅山文化の女神廟は、1981年に遼寧省西部の凌源・建平両県が境を接する牛河梁と呼ばれる山の尾根上で発見された。女神廟は平面が「亞」字型を呈する半地下式の建築構造で、廟内から高度な芸術性を備えた泥塑人物群像が出土した。これらはいずれも女性の像で、頭部・肩臂・乳房・手など6体分が発見されている。多くはほぼ等身大であるが、人間の3倍もの大きさのものもある（口絵1）。女神廟遺跡の周囲には、多くの積石塚が分布し、祭壇も見つかっている。積石塚は、石を積み上げて墓壙とし、中には大きな石槨が置かれている。墓主の副葬品は、玉龍（口絵2）・玉箍・玉環・玉璧などの玉器を主とする。

女神廟と積石塚は、互いに関連している。女神廟には遠い祖先が祀られ、積石塚には最近死去した部落の首長が埋葬される。ときの経過にともない、死去したこれらの有名な首長たちは、やがて崇拝される祖先の列に入ってゆくのである。このように、紅山文化の女神廟と積石塚は、厳かな祖先崇拝が行われていたことを示すものである。

紅山文化は、女神廟・積石塚・大型祭壇や精美な玉器により、学術界から文明の曙光との栄誉を得ている。紅山文化の先人たちは、村落から遠く離れた場所に独立した廟と祭壇を造営し、大規模な祭祀センターを創り上げた。これは一氏族の部落が擁するものではなく、部落群或いは部族が共通の祖先を崇拝するための聖地であろう。これらの大型の原始宗教の祭祀活動は、当時の社会全体の公共の利益を代表するものであり、全人民を束ねる社会的機能を備えていた。原始社会の末期には、各地の首長は祖先崇拝と天地社稷[11]の祭祀の儀式を主導することで、自己の掌握する権力をより高め、拡大し、その地位をさらに

---

11 社（土地神を祭る祭壇）と稷（穀物の神を祭る祭壇）の総称。

強固なものに発展させた。その上で、権力そのものを神聖なものに変え、合法的なものであるという装いをまとったのである。

三　邦国文明の出現

　人類の社会は、平等から不平等へと複雑な過程を進んでゆくが、これは文明と国家の起源の過程でもあった。中国の先史時代の社会は、社会関係が不平等の初期段階にある中心集落期を経て、5000～4000年前に早期文明の時代を迎えた。この時代は、黄河流域に分布する先史文化が龍山文化に属することから、龍山時代と呼ばれる。龍山時代には、墓葬に反映される階級と階層の分化がますます顕著となり、黄河流域と長江流域、内モンゴル自治区中南部のオルドス地方などに、城邑と初期的な国家の形態——いわゆる邦国が出現した。これらはいずれも、中国の早期文明と国家の形成過程に際立つ現象である。

　考古学では、環濠に囲まれた村落は環壕集落と呼ばれる。この環壕集落は、城壁に囲まれた城邑へと発展してゆく。城邑の建造は、防御面における大きな進歩であり、また社会の管理の仕組みや、人力・物力を組織し配分する力の向上を体現するものでもある。中国の先史時代における城邑の出現はかなり早く、南方では、湖南省澧県城頭山に6000年前の大渓文化の遺跡があり、北方では、河南省鄭州県西山に5000年以上前の仰韶文化晩期の城址がある。しかし、これらの城邑は、いずれも早期文明時代の国家の都城ではない。国家の都城は、城内に宮殿や宗廟などの高級かつ規模の大きな建造物があり、階級と階層の分化が進み、手工業の専業化や分業化をともなうものである。これらは5000～4000年前の龍山時代に、階級と階層の分化の背景のもとにようやく出現した。龍山時代の城邑は、防御の機能を備えるのみならず、強制力を持つ権力機構の存在を示している。社会全体を覆い尽くす、強制力の大きいこの種の権力の成立は、まさに早期国家の形成における最も重要な特徴の一つである。

　『尚書』などの秦漢以前の典籍では、早期国家は邦国と呼ばれている。邦国内の各邦は、それぞれ自らの都城を持っているため、このような文明は邦国都邑文明[12]とも呼ばれている。龍山時代の多くの城邑のうち、陶寺遺跡は、当時の邦国都邑文明を理解する上で特に重要である。陶寺遺跡は、現在の山西省襄汾県陶寺村の南に位置する。古史伝説によると、陶寺のある臨汾盆地は帝堯陶唐氏の居住地であった。陶寺遺跡の年代はおおよそ4300～4000年前であり、都邑が存在したのは約4300～4100年前である。この年代の範囲は、夏代の前、堯舜時代に相当する。すなわち、陶寺遺跡は帝堯陶唐氏の都城である可能性が

12　世界最古の原生形態の文明は、メソポタミア文明・エジプト文明・インダス文明・中国文明・メソアメリカ文明・南アンデス文明の6つである。これらの中で、中国文明は唯一、現在に至るまで途切れることなく脈々と受け継がれている。

高いのである[13]。

　陶寺城址の規模はかなり広大で、城内からは、宮殿建築や貴族の居住区、倉庫区が発見され、また天文を観測して暦を作るための大型天文建築も発見されている。陶寺遺跡で出土した各種の遺物の中には、様々な彩色上絵が施された多くの陶器があり、中でも龍紋が描かれた陶盤は、礼器の一種と考えられている。彩色陶器からは、朱書された2つの文字が発見されており、1つは「文」、もう1つは「易」或いは「堯」と釈読されている。陶寺で発見された2つの文字の字形と構造は、大汶口文化の図像文字からさらに一歩進んだもので、中国最古の文字の一つといえる。陶寺の大型墓からは、鰐皮で鼓面を覆った鼉鼓が出土し、共に大型の石磬も出土した。鼉鼓と石磬はいずれも重要な礼器とみられ、この墓主は祭祀と軍事の大権を握る「邦君」のような人物かもしれない。また陶寺遺跡からは、純銅で鋳造された銅鈴と銅環が発見されており、当時すでに冶金業が出現していたことが明らかとなっている。この他、陶寺遺跡からは琮・璧・鉞・瑗・環などの多くの玉製や石製の礼器が発見されている。陶寺遺跡から出土した様々な材質や種類の礼器によると、当時すでに礼制が形成されており、「器を以て礼を載せる」、すなわち礼器の使用によって貴族の身分と尊卑の等級が体現されていたと考えられる。

　陶寺遺跡の墓葬資料は、階級・階層の分化を鮮明に指し示している。陶寺遺跡の墓地では1000以上の墓葬が発見されており、それらは大型墓・中型墓・小型墓の3大類と7〜8の等級に区分される。最上層に位置する大型墓葬甲種では、木棺が使用され、棺内には朱砂が撒かれ、多くの精美な副葬品が納められ、その数は100〜200点に上る。全墓数の80％以上を占める最下層の小型墓では、副葬品は骨製の笄のような小物が1〜3点あるのみで、何も副葬されないものも多い（図1-2）。小型墓の遺骨には、手足が欠損したものや頭骨を切られたものがある。その原因を追究するに、戦争による負傷ではなく、刑を受けたものと考えられる。これらのことから、前2400年から始まる陶寺の社会では、すでにピラミッド状の等級構造と階級関係が形成されていたとみなすことができる。

　陶寺遺跡における各種の考古学的発見を総合することで、次のような歴史の場面を描くことができる。陶寺の都邑と周囲の村邑の分布は、早期国家の構造を備えており、邦君の都城と貴族の宗邑、一般の村邑とが組み合わさり、結合した構造を見出すことができる。墓葬の等級制は、社会に階級と階層の分化が存在したことを示している。陶寺の経済生産は、発達した農業と牧畜業の他、製陶業・製玉業・冶金業などの手工業が農業から分離し誕生していた。生産の専業化により、生産品はこれまでにないほど豊富となった反面、絶

13　陶寺遺跡については、帝堯陶唐氏の遺存とする説、堯と舜の遺存とする説、夏禹の遺存とする説がある。本書では、最新の考古学的発見と炭素14年代測定法の測定結果に基づき、陶寺遺跡は帝堯陶唐氏の都邑であるとする説を採用した。

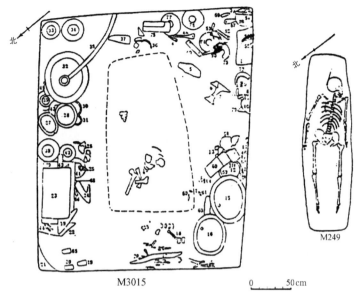

図 1-2　山西襄汾陶寺遺跡の大型墓と小型墓の対比図
(「山西襄汾県陶寺遺址発掘簡報」『考古』1980 年第 1 期の図一二、および「1978-1980 年山西襄汾陶寺墓地発掘簡報」『考古』1983 年第 1 期の図五より)

えず増加してゆく社会の富は、明らかに少数の人々の手に集中するようになった。陶寺の城址は規模が大きく、城内で発掘された出土品も非常に豊富であることから、陶寺文明は、当時の多くの邦国文明の中でも傑出した存在であったといえよう。

　陶寺の他、河南や山東などの龍山文化、浙江・上海の良渚文化、湖北の石家河文化などからも、城邑と貴族の墓葬が見つかっている。それらの社会でも、階級と階層の分化が発生し、また製玉業・冶金業・製陶業などの手工業の専門化が進んでいたことがわかり、ただ各地で発展の度合いが異なるのみであったことがうかがえる。龍山時代には多くの邦国が存在したが、これらは個々が分散して孤立していたのではなく、各地で相互に影響し合いながら誕生したのである。

　文献によると、夏代以前の堯・舜・禹の時代には「万邦」が存在した。例えば『尚書』堯典には、堯が「万邦を協和」したとある。『漢書』地理志では、堯舜時代に「万国を協和す」とあり、周初には 1800 の国があったとする。『左伝』哀公七年の条には、「禹、諸侯を塗山に合す。玉帛[14]を執る者万国あり」とある。ここでの「万邦」・「万国」の「万」字は、実数ではなく数が多いことを示している。その中には、すでに早期国家形態の政治的実態を備えるものがあり、また多くは原始社会の諸氏族・部落であった。ただし、「万邦」の概念は、多くの部族が各地に分布し、小邦小国が並び立っていた当時の実際の状況を表

14　玉と絹織物。中国古代、諸侯が朝覲や会盟の際の贈り物として用いた。

現したものである。これは紛れもなく、龍山時代に城邑が次々と誕生して各地に散居し、それぞれが統属関係にない情勢にあったとみられる、考古学上の状況と合致する。邦国は、国家の原初的形態を備え、またその国家の政治や文明をよく伝える最も重要な標識である。したがって、5000～4000年前の龍山時代、すなわち古史伝説における黄帝[15]・顓頊・帝嚳・堯・舜・禹の時代は、中国の早期文明―いわゆる邦国都邑文明の形成期であるといえよう。

第三節　古史伝説と太古の社会

一　三皇伝説の時代的特徴

　文字のない時代、人々は口伝によって歴史を保存し、伝達してきた。これらの内容は、後に文字で記録され、文献中の古史伝説となった。古史伝説には、神話的な要素や太古の時代の朦朧とした記憶や想像に関連するもの、太古の人々の宇宙や自然に対する解釈が含まれている。例えば、女媧が土を捏ねて人を造ったという伝説は、人類の起源を神話的に解釈したものである。また、共工が「怒りて不周山に触れ」たという神話伝説[16]は、ある意味において、西北が高くて東南が低いという地形や、多くの河川が東南に向って流れる中国の地理を解釈したものである。

　伝統的な史学では、中国の歴史は三皇五帝より始まる。三皇五帝は一種の固有名詞であり、戦国時代に出現した。『周礼』や『荘子』、『呂氏春秋』などの典籍では、「三皇五帝」が一つの概念として見えるが、三皇とは誰を指すのか、五帝とはどの五人の組み合わせであるのか、古代の文献では一定ではない。後漢末の王符は、『潜夫論』五徳志の中で「世に三皇五帝を伝うるもの、多くは伏羲・神農を以て二皇と為し、其の一は、或いは曰く燧人、或いは曰く祝融、或いは曰く女媧と。其の是と非、未だ知るべからざるなり」といっている。戦国・秦漢時代の人々は、太古の諸帝を統括する語として「三皇五帝」を用い、社会の歴史的推移と展開を表述し、社会発展の歴史観を表現したのである。このうち燧人・伏羲・神農の「三皇」に関する伝説には、それぞれ旧石器時代晩期と新石器時代早期の社会の特徴が反映されている。

　燧人氏は、「燧を鑽って火を取り」、人々に加熱して食べることを教え、「毛を茹らい血を飲む」という原始的な時代に別れを告げさせたと伝えられている。燧人氏が「燧を鑽り火を取」ったことは、人工的な火の取得を意味している。火鑽りによって火を取る方法を

15　黄帝の歴史の紀年については、古くから現在に至るまで諸説紛々しており、前2488年、前2491年、前2600年、前2697年、前2711年、前2997年などの説があり、数百年の違いがある。翦伯贊・斉思和等編『中外歴史年表』（中華書局、1961年版）は前2550年とする。
16　『淮南子』天文訓に、「昔者、共工、顓頊と帝と為るを争い、怒りて不周山に触れ、天柱折れ、地維絶たる。天、西北に傾き、故に日月星辰焉に移り、地、東南に満たず、故に水潦塵埃焉に帰す」とある。

発明するには、火や燃焼条件の充分な把握と、木材の性質に対する充分な知識を要するのみならず、磨（みがく）、鑽（うがつ）、鋸（ひく）といった加工技術も必要であり、それらが揃って初めて可能となる。考古学上の発見により、研磨、穿孔、鋸の技術はまさに旧石器時代晩期に発明されたことが明らかとなっている。すなわち、燧人氏が「燧を鑽り火を取」ったという伝説には、旧石器時代晩期に人工的に火を取得する術が発明された後の社会生活が反映されているのである。燧人氏は、一個人もしくはある一族の名称ではなく、一つの人格化された「時代を指し示す名詞」或いは「文化符号」である。

　伝説中の伏羲の文化的な特徴としては、「民に教うるに猟を以てし」、網を結んで魚を捕らえることを教えた他、「仰いでは則ち象を天に観、俯しては則ち法を地に観、鳥獣の文と地の宜を観、近くは諸れを身に取り、遠くは諸れを物に取る。是に於いて始めて八卦を作」った[17]ことが挙げられる。「始めて八卦を作る」とは、このときに原始的で素朴な論理的思考と弁証法的思考が出現したことを示している。また伏羲氏の時代の狩猟・漁労経済は、旧石器時代早期や中期の未熟なものではなく、旧石器時代晩期の高度なものに対応すると考えられる。

　伝説では、神農は農業を発明し、また耒耜を発明したとされる。しかし、考古学上の発見によると、農業の発明と農業生産における耒耜の農具の使用は、異なる2つの段階である。神農氏の伝説が農業の起源を示すものであるとすると、12000～9000年前の新石器時代早期の段階のことが反映されていることになる。一方、耜耕或いは鋤耕に関するものであるとすると、農業起源の後、すなわち9000～7000年前の新石器時代中期のことが反映されていることになる。

　中国の原始農業は、北方の粟黍の旱作農業と南方の稲作農業の2大系統に分けられる。黄河流域と長江流域、華南の各地では、いずれも農業の起源の段階に属する新石器時代早期の遺跡が見つかっている。すなわち、中国における農業は1ヵ所を起源とするものではなく、その起源は南北で異なるのである。したがって、神農氏を一個人とみなすことはできず、また農業も彼一人によって発明されたのではない。神農氏もまた、燧人氏・伏羲氏と同様、一つの人格化された「時代を指し示す名詞」或いは「文化符号」であり、彼らはみな偉大な歴史の進歩を具象化した存在なのである。

二　五帝の伝説と太古の社会の変遷

　三皇に続くのは、五帝である。『史記』五帝本紀に記載される五帝は、黄帝・顓頊・帝嚳・

---

[17] 『易』繋辞伝下より。上を見上げては天体の現象を観察し、下を見下ろしては大地の理法を観察し、また鳥獣の模様やそれぞれの土地の宜（よ）い事物を観察し、手近なところでは身体の部分を、遠いところではあらゆる物象を取り入れて、そこで初めて八卦を作った。

帝堯・帝舜である。黄帝は五帝の初めであり、他の四帝はみな黄帝の後裔である。顓頊は黄帝の子である昌意の子、すなわち黄帝の孫である。帝嚳の父は蟜極といい、蟜極の父は玄囂、玄囂と顓頊の父の昌意は共に黄帝の子である。すなわち、帝嚳は顓頊の甥の子、黄帝の曽孫である。堯は帝嚳の子、舜は顓頊の六世の孫である。

　五帝本紀における五帝の叙述には、彼らが歴史の舞台において相次いで雄を得た時期の順序が、大体において反映されている。ただし、五帝のうち黄帝と他の四帝には、血縁上の繋がりがあるわけではない。彼らの宗族姓氏を見てみると、黄帝は軒轅氏と有熊氏であり、顓頊は高陽氏、帝嚳は高辛氏、帝堯は陶唐氏、帝舜は有虞氏であり、みな異なる氏族集団に属している。考古学においても、以下のことが明らかにされている。太古の時代、中華の大地には、新石器文化が夜空の星のように分布し、その遺跡は万をもって数えられる。これらの新石器文化を創造した氏族の部落は、当初は林立していたが、後にいくつかの大きな部族集団を組織した。それぞれの大族団は、初めは統属関係にはなく、すなわち1人の祖先に由来する万世一系ではなかった。ただし、諸族団が絶えず交流し、争い合い、連合するという長大な過程の中で、次第に融合し、互いの祖先を同一とみなすようになり、最終的には五帝—炎黄二帝—黄帝を共通の祖先とする現象が発生したのである。司馬遷ら歴史家が生きたのは、中国が一つの国としてまとまった大一統の時代であった。大一統の観念のもと、彼らはもとは分散していた材料や、別系統の部族の領袖や部族神たちを取捨、加工、合併、改造するなど苦心しつつ、それらを一つの朝廷内に配置し、或いは血縁親族関係にあるように描写した。このような方法は、大一統の歴史観によって神話伝説を整合した結果生み出されたものであり、また太古の時代の諸族団が次第に華夏族へと融合してゆく過程において、「祖先認同」が別個のものから同一のものへ、分散から集中へと向かい、最終的には一元化するという、歴史の真相をある程度反映しているのである。現在のわれわれが、五帝本紀の「黄帝—顓頊—帝嚳—帝堯—帝舜」という系譜を目にする際、これらの伝説上の人物が血縁上の祖孫関係にあるのか否かに拘泥する必要はなく、別の部族集団である彼らが覇を唱えた時期の前後関係、及び諸族団が融合した後に、「祖先認同」を経て崇祀される祖先としての継承関係を反映しているものとみなせよう。

1. 黄帝と炎帝

　歴史上、しばしば「炎黄」と併称される。『礼記』・『呂氏春秋』・『淮南子』などの典籍に記載される五帝には、炎帝が含まれている。そのため、黄帝の時代は炎黄時代とも呼ばれる。『国語』晋語には「昔、少典氏、有蟜氏を娶り、黄帝・炎帝を生む。黄帝は姫水を以て成り、炎帝は姜水を以て成る。成りて徳異なる。故に黄帝を姫と為し、炎帝を姜と為す」とある。これによれば、黄・炎の2族は、婚姻関係にあった少典氏と有蟜氏の繁衍により生まれた。当初、黄帝族は現在の陝北の黄土高原に、炎帝族は陝西省宝鶏市一帯に居

住していたが、後に両族は東方へ移っていった。黄帝族はやや北寄りのルートをとって遷徙し、東に黄河を渡った後、中条山脈・太行山脈の山岳地帯に沿って現在の冀北地域に至った。炎帝族は南寄りのルートをとって遷徙し、渭水・黄河両岸から現在の河南及び冀南・魯東魯北一帯へと至った。遷徙の過程では、彼らと現地の土着の部落との間に戦争が発生し、現在の冀北地域では、黄帝族が炎帝族と連合し、蚩尤族との間に涿鹿の戦いが起こった。その後、黄帝族と炎帝族との間に阪泉の戦いが発生した。炎黄時代では、諸族の間に衝突と争いが起こる一方、連合と融合も行われた。

　我が国の太古の時代では、人名や族名と地名とがよく一致する。黄帝は軒轅氏と号し、また有熊氏と号した。軒轅氏はすなわち天黿氏であり、大鼈をトーテムとした。有熊氏は熊や虎などの猛獣をトーテムとした。『史記』五帝本紀には、黄帝が炎帝と阪泉の野で戦った際に、それぞれ異なる獣をトーテムとした6つの軍、熊・羆・貔・貅・貙・虎を用いたことが記録されている。このことは、有熊氏がトーテムの名称であることを示している。この他、黄帝には二十五宗と、姫・酉・祁・己・滕・箴・任・荀・僖・姞・儇・依の十二姓があったと伝えられている。二十五宗とは二十五の氏族、十二姓とは十二の胞族であり、すなわち黄帝族は一つの巨大な部族集団であった。軒轅氏と有熊氏、及び二十五宗と十二姓は、みな黄帝の名のもとに統一された。一つの名号であるかのように見える「黄帝」は、実際には部族が融合した状態だったのである。炎帝族も同様の状況であった。炎帝は姜姓であり、また連山氏・烈山氏などと号したと伝えられている。炎帝という名もまた、部族が融合して生み出されたものであった。このような部族の融合はさらに発展し、後には黄帝族と炎帝族を主体とし、これに他の多くの諸部族が融合することによって華夏民族が形成された。華夏族の主幹は黄帝族と炎帝族で構成されたため、黄帝と炎帝が中華民族の「人文始祖」として位置付けられたのである。

2．顓頊と「絶地天通」

　炎黄に続くのは、顓頊の時代である。顓頊の居住地は「帝丘」、すなわち現在の河南省濮陽市と伝えられている。帝顓頊の時代には、重と黎に「地天の通を絶たしむ」[18]という有名な原始宗教の変革が行われた。『国語』楚語には、顓頊が南正の重に「天を司り以て神を属せしめ」、また火正の黎に「地を司り以て民を属せしめ」、「地天の通を絶たし」めたことが記録されている。南正の重と火正の黎は、顓頊の時代に設けられた祭司職兼管理職である。彼らは天上と地上のことを分掌し、彼らを通じてのみ民と神、天と地が交流することができた。こうして、それまでのように家々に巫がいて人々がみな神霊と交流したという状況から、原始宗教の祭祀が少人数の神職に限られるようになったのである。神職

18　『尚書』呂刑より。

の出現は、祭司職兼管理職の階層が形成されたこと意味している。またこのことは、一種の社会的分業、すなわち頭脳労働と肉体労働の分業化を意味している。

3．堯・舜・禹の禅譲と邦国連盟

　顓頊の後に続くのは、堯・舜・禹の時代である。堯は名を放勳といい、陶唐氏の邦君であったことから唐堯とも呼ばれる。陶唐氏は当初、現在の河北省唐県一帯で活動していたが、後に晋南に遷徙し、帝堯の時代には晋南の臨汾盆地に居を定めた。

　堯・舜・禹の禅譲の伝説は、この時代に特有の歴史現象である。堯舜の時代には、各地に邦国が誕生し、邦国連盟がみられるようになった。堯・舜・禹は、もともと各々の邦国の君主であり、相次いで中原地域の邦国連盟の盟主となった。堯・舜・禹の禅譲の伝説は、盟主の職位が邦国連盟内で移譲され引き継がれた状況を描写したものである。『尚書』堯典などの記載によると、年老いた堯が、邦国連盟内の「四岳」に継承者を推挙させたところ、みな一致して舜を挙げた。堯は綿密に舜を観察した後、彼が家庭をととのえ、国を治める能力を備えているとみなし、彼に譲位することを決めた。舜は正式に位を継ぐ前、堯の子の丹朱に権力を譲り、自身は南河の南に居を避けた。しかし、天下の諸邦と民衆は丹朱を信任せず、舜を推戴した。こうして舜は正式に位を継いだのである。

　舜は、名を重華といい、有虞氏の人であることから虞舜とも呼ばれる。孟子によると、舜はもともと東夷の人で、諸馮に生まれた。諸馮は、現在の山東省諸城市である。虞舜は、後に東方から現在の晋西晋南の永済市一帯に遷徙したため、「冀州の人」ともされている。『尚書』堯典の記載によると、舜は邦国連盟の実権を握った後、禹を「司空」に任命し、洪水を治めて水土を安定させた。また弃を「后稷」に任じて穀物の播種と生産を、契を「司徒」に任じて教化を、皋陶を「士」に任じて刑罰を司らせた。禹は夏族の始祖、弃は周族の始祖、契は商族の始祖であり、皋陶は東夷の人である。当時の邦国連盟は、まだ王朝には発展しておらず、禹・弃・契・皋陶は「朝を同じくして官と為」ったわけではなかった。したがって、これらの官職への任命は必ずしも事実ではないが、舜と諸邦との広範な連携を反映するものであり、また当時の邦国連盟の構成状況を反映している。年老いた舜は、権力と地位を禹に譲ることを決めたが、禹もまた、正式に位を継承する前に謙譲し、舜の子の商均に権力と地位を譲り、自身は陽城に居を避けた。しかし諸邦がなお禹を推戴したため、禹は正式に位を継いだのである。

　堯・舜・禹の間の権力と地位の移譲については、別の伝説もある。古本の『竹書紀年』には、「舜、堯を囚う」と記録されており、また『韓非子』説疑には、「舜は堯に逼り、禹は舜に逼り、湯は桀を放ち、武王は紂を伐つ。此の四王は、人臣にして其の君を弑する者なり」とある。『孟子』萬章上にも、「（舜は）堯の官に居るも、堯の子に逼る。是れ簒[19]なり、天の与うるに非ざるなり」とある。堯・舜・禹が互いに争ったという伝説には、中

原地域の邦国間における勢力盛衰関係の一側面が反映されている。このような状況は、史書中で「万邦」・「万国」の語で呼ばれる堯・舜・禹時代の政治的実態と一致するものである。以上のことより、堯・舜・禹は自身の邦国の邦君であり、また邦国連盟の「盟主」すなわち「覇主」（覇者）を担うという二重の身分を有していたことが分かる。「天下共主」[20]という夏・商（殷）・西周3代の君主の地位は、堯・舜・禹時代の邦国の「盟主」或いは「覇主」が発展したものである。

　禹は、姒姓夏后氏の出身である。彼はその執政期間に、邦国連盟の盟主として、原始的な民主的手続きを経ずに生殺与奪を決定するという専権を完全に備えた。『国語』魯語の記載によると、禹が各地の邦君と会稽（現在の浙江省紹興市）で会盟を行った際、防風氏が遅れて到着したため、禹はひと声令を下して彼を処刑した。また塗山（現在の安徽省蚌埠市西。一説に紹興市西北）で会盟を行った際には、各邦国に玉帛を奉献させた。社会内部の階級と階層の分化が日ごとに激化してゆくにつれ、社会における各種の矛盾の衝突は先鋭化して調和が困難となり、暴力的な手段の運用も日々顕在化し、かつ常態化してゆき、ときに邦国間で土地や財物及び人口の争奪を目的とした戦争も発生した。また、宗教祭祀や水利工事の実施、自然災害などに対する社会的な公共事業も日々発展し、中原の各地域・各邦国間の経済的な連係も日々密接となり、文化的アイデンティティも日々増強されていった。こうして、現在の豫西・晋南を中心とする華夏早期文明が四方に照射され、広域的な共同体が形成されていったのである。太古の社会が日々複雑化してゆく新たな情勢のもと、邦国と邦国連盟の性格と機能、邦君と盟主の地位や権力も変質していった。財産の私有化という滔々たる波は、経済の領域から政治の領域にまで波及し、息の絶えつつあった原始共産制と原始民主制の基礎である禅譲制に王位世襲制が取って代わり、中原地域に「天下共主」を最高統治者とする国家形態が誕生しようとしていた。新たな歴史時代の幕が開かれようとしていたのである。

19　簒奪すること。
20　各部族や共同体、諸侯国が共に承認した中央集権のこと。

第二章

夏商西周時代

　夏・商（殷）・西周の３代は、中国の奴隷制社会が形成され、発展し、最盛期へと向かってゆく時代である。また、中華文明が日に日に繁栄に向かい、独特の民族的風格や価値観が形成され、発展してゆく歴史時代でもある。

　夏王朝（前2070年頃～前1600年頃）では、邦国が並び立ち、争い合う情勢が収束し、中国史上初めて、「天下共主」を最高統治者とした、複合的な国家構造の奴隷制王朝が建てられ、王位の継承は、禅譲制から家族による世襲制に変わった。この「天下を家と為す」王権・族権・神権の三位一体は、古代王朝政治文明の先駆けとなった。次の商王朝（前1600年頃～前1046年）は、成熟の域に達した文字体系である甲骨文と、目を奪うほどに煌びやかに光り輝く青銅器文化が世に知られる。この時代から、中華文明の特色は顕然となり、自ら一つの風格を成し、異彩を備えることとなった。次の西周（前1046～前771年）では、分封制と宗法制が実施され、諸国が封建され、家国同構[1]の特徴がみられた。また、礼と楽の決まり事が確立し、「明徳」・「慎罰」・「保民」という思想が提唱された。この時代に創始された礼楽文明は、以後2000～3000年にわたって華夏に範を垂れ、遠く域外に伝わり影響を与えることとなる。

　約1300年に及ぶ夏・商・西周の３代は、昔の人々が称えているような「黄金時代」ではない。社会のエリートと人民大衆が共に光り輝く文明を創造したと同時に、奴隷と奴隷主、或いは平民と貴族の間の対立と衝突を経験した時代である。

第一節　夏王朝

一　夏王朝の建国

　前2070年頃、禹の子である啓が位を継承して王を称したことにより、伝子制を指標とした「天下を家とす」る夏王朝が建てられた。これは、中国の中原地域における最初の「天下共主」を最高統治者とする奴隷制王朝である。これにより、邦国が並び立ち、互いに争

1　西周時代の宗法社会の特徴を示す語で、家も国も親族関係（宗法）によって束ねられ、厳格な家父長制のもとにおかれる、類似した構造であることを意味する。

い合うという、早期文明時代における多中心の情勢は収束した。

　伝承によると、禹は当初、東夷の首領である益を継承者に推挙したが、各邦国や部落はみなこれに反対し、共同で啓を推戴した。彼らは、朝賀や訴訟の裁定を問わず、益に対して謁見することを拒み、みな啓のもとへと去った。また、啓を褒め称える歌をうたい、世論を形成しようとする者もいた。こうして益は、啓に譲位を余儀なくされ、自らは禍を避けて箕山の南（現在の河南省登封市東）に隠棲したという。このことは、啓が継承権を得るために、早くから人心を掌握し、仲間を増やしていたことを示している。『戦国策』の燕策には、遊説家の言葉であり、必ずしも信じられるものではないが、「禹、名は天下を益に伝うるも、啓をして自ら之を取らしむ」とある。また古本『竹書紀年』には、真の歴史の情報として、「益、啓の位を干し、啓、之を殺す」と明かされている。これによると、益は啓がその父の位を継承することに干渉し、争った結果、啓に殺されたということになる。『史記』の燕召公世家にもまた「啓、交党と益を攻め、之を奪う」とある。これらの記載からは、禹が世を去る前後における継承権争いが、非常に激しく残酷であったことが分かる。

　『史記』夏本紀の記載によると、夏王朝は禹より始まり、14世17王続いた。また古本『竹書紀年』では、夏王朝は471年続いたとされ、これは実際の年代に近いと考えられている。

　夏王朝の統治範囲は、おおよそ西は現在の河南省西部と山西省南部、東は河南・河北・山東の3省の境界、南は湖北省、北は河北省までであり、その中心地域は現在の豫西と晋南一帯である。

　夏王朝は幾度も都城を遷（うつ）している。禹は陽城（現在の河南省登封市）を都とし、また安邑（現在の山西省夏県西）を居とした。啓は夏邑（現在の河南省禹県）を、太康と夏桀は斟鄩（現在の河南省鞏県西南）を都とし、相は帝丘（現在の河南省濮陽市）を居とした。杼は原（現在の河南省済源市）から、老邱（現在の河南省陳留付近）に遷り、胤甲は西河（現在の山西省永済市・虞郷一帯）を居とした。夏の都が東へ西へと幾度も遷されたことは、夏王朝の政治の中心地が大きく移り変わったことを示している。

　夏王朝の470年余りに及ぶ歴史の中では、いくつかの重大事件が起きている。啓が位を継承して王を称すると、同姓の有扈氏（居住地は現在の陝西省戸県）がこれに従わず、兵を起こして反抗した。啓は有扈氏を討ち、これを滅ぼした。啓が死去すると、子の太康が位を継いだ。太康は狩猟と遊興に明け暮れるのみで民の事を顧みなかったため、東夷の后羿が機に乗じて王位を奪い、夏の民もそれを擁護した。歴史上、「太康の失邦」と呼ばれる事件である。しかし、羿は夏王朝の政権を握ると、自身の射術の才能をたのんで政務を治めず、武羅などの賢臣を廃し、佞臣の寒浞を重用した。その結果、寒浞は羿が狩猟に出た機に乗じ、羿とその家族を殺害し、また羿の妻を奪い、王位を簒奪した。その後、太康

の甥の子である少康が有虞氏の領地（現在の河南省虞城県）で再び勢力を蓄え、寒浞を殲滅し、王位を奪還した。歴史上、「少康の中興」と呼ばれるでき事である。少康の子の帝杼は、位を継いだ後、引き続き軍備を整え、勢力を東方に向けて発展させた。『国語』の魯語によると、帝杼は禹の偉業をよく継承したため、夏人は盛大な「報」祭を行ってその功績を記念した。帝杼の子の帝槐が位を継いだ後、現在の海岱地域や淮泗流域に住む「九夷[2]来賓し」、夏王朝に貢を納めて祝賀した。この少康・帝杼・帝槐の在位期間に、夏王朝は「中興」を実現し、繁栄の時代を迎えた。

夏王朝の衰亡は、孔甲より始まる。夏本紀によると、孔甲は「鬼神を好み、淫乱を事とし」たため、邦国や部落の首領たちが相継いで夏に叛いた。この孔甲の3世の後が夏桀である。夏桀は荒淫無度、暴虐な政治を行い、対外的にも絶えず兵を動員したため、夏の活力は大いに損なわれた。さらに深刻な自然災害も発生したため、遂に夏王朝は衰亡へと突き進むこととなった。夏王朝の衰亡は多くの要因によるが、根本的な原因は、統治階級自身の腐敗にあったのである。

二　夏王朝の国家構造と政治制度

夏王朝は、邦国連盟から変化して生まれたものである。夏王を「天下共主」とする奴隷制王朝が建てられると、各地の邦国のほとんどが夏に臣服し、その統治を受けた。こうして、夏王朝は複合的な国家構造を呈することとなった。ここでは、王邦である夏后氏と、臣服の地位にある韋・顧・昆吾・有虞氏・商侯・薛国などの属国がみられる。また夏后氏と同族の族邦として、有扈氏・有男氏・斟尋氏・彤城氏・褒氏・費氏・杞氏・繒氏・辛氏・冥氏・斟戈氏などがあり、王邦と不安定な関係にある部族として、方夷・畎夷・于夷・風夷・黄夷・白夷・赤夷・玄夷・陽夷などがあった。このように、多くの層からなる政治的実体と多くの部族の共同体によって構成されるこの社会は、夏王を「天下共主」とする王朝を構築し、数多の星々が月を擁するような構造を作りあげたのである。夏王朝は王邦を直接統治し、また若干の属国と族邦を間接的に支配した。

夏后氏と各属国・族邦との間には、宗主と従属という一種の不平等な関係があった。『左伝』宣公三年によると、国家の社稷の象徴である「九鼎」[3]は、遠方の諸邦が貢納した金属によって鋳造されたものである。また『孟子』滕文公に「夏后氏、五十にして貢す」とあるように、夏では田の面積に応じて貢賦を納めさせた。『左伝』定公元年によると、夏は

2　昔、漢民族が東方にあると考えた9つの異民族。畎夷（けんい）・于夷（うい）・方夷・黄夷・白夷・赤夷・玄夷・風夷・陽夷を指す。

3　古代中国における王権の象徴。夏の禹王が九つの州から貢上させた銅で鋳造したとされ、天子の象徴として夏・商（殷）・周に伝わった。鼎（かなえ）は鍋釜に相当する三本足の金属器具で、祭器として利用された。

薛国の君である奚仲を夏の車正の官に任じ、車の製造に当たらせ、夏王に車輛を提供させた。また商侯の冥は夏の水官となり、治水の際に殉職した。これらの属国や族邦の者は、王朝の中央の職に任じられることで、王朝の国家の事務に参与し、中央の王国の「天下共主」の地位を認めていた。また各地に分布する属国や族邦は、王邦の藩屏[4]として、辺境を守衛する責任と義務を果たした。

　夏王朝の政治制度については、これまでに知られている文献史料によってその歴史の全貌を復元することは困難である。夏王は夏王朝の最高統治者であり、その正式名称は、例えば夏后啓のように「后」である。また王位の継承は「天下を家と為す」世襲制であった。夏王朝では、行政・軍事・司法及び宗教の管理を掌る中央行政機構が設置された。地方については、直接統治する王邦の他、主に族邦や属国に対しては間接統治が行われた。また夏では「禹刑」が定められたと伝えられている。夏王は上帝と天命に対する崇拝を唱道し、本族とその他の各族を族ごとに集住させ分治する宗族社会の特徴を利用し、王権と神権、族権を緊密に結合させた。

　夏王朝は邦国連盟が生まれ変わったものであり、国家構造と政治制度の構築はなお草創期の段階にあった。複合型で、かつ緩やかな国家構造は、邦国並立時代の名残であり、政治制度も充分には完備していなかった。いずれにしても夏王朝は、中国の歴史上、中原地域に建てられた最初の王朝であり、ここに始まる政治体制と各種の具体的な制度は、上古政治文明の先駆けとして、後世に対して深遠な歴史的影響を備えていたのである。

三　二里頭遺跡と夏文化の探索

　夏の歴史を記録する先秦時代の古籍の主要なものとしては、『尚書』甘誓・湯誓・召誥・多士・多方・立政と『詩経』大雅の蕩などがある。司馬遷の『史記』では、夏本紀は五帝本紀に続いている。ただし夏については、商や周の甲骨文や金文のような、その当時に通用していた文字によって史実に関する状況を記録したものが発見されていない。『夏本紀』は、周代以降の文献史料によって夏王朝の歴史と文化を叙述しており、必ずしも精確であるとは限らない。そこで、夏の歴史と文化を復元し確立するために重要な手段となるのが、考古発掘である。夏王朝の存在を確実に証明するため、考古作業員たちは長期にわたり膨大な作業を進めてきた。その中で最も顕著な成果が、二里頭都邑遺跡の発見であった。

　二里頭遺跡は、河南省偃師市二里頭村に位置し、1957年の冬に発見された。その後の数十年間に、豫西・晋南などの地で多くの同様の文化的類型の遺跡が発見されたため、二里頭文化と総称されている。二里頭遺跡は規模が大きく、重要な文化遺存が約5〜6 km²の

4　防備のための囲いのこと。転じて、王家を守護する者の意。

範囲に分布している。これまでに発掘された約3㎢の面積内では、非常に厚い文化層が堆積しており、それは4つの時期に細分される。このうち、第1期は一般的な村落であり、都城が形成されるのは第2期からである。

二里頭遺跡が都城と判定された第一の要素は、宮殿建築群と宮城が発見されていることである。二里頭の宮殿建築群のうち、最も壮観なものは一号宮殿である（口絵3）。一号宮殿は、当時の地表から高さ0.8m、1万㎡近い版築基壇を台座とし、その四周には壁が高くそびえ立ち、内外には回廊が建てられている。南壁の中央部には3つの門道と4つの門塾から構成された大きな門が設けられている。中心部分である殿堂の南側は、5600㎡にも及ぶ広大な庭院である。殿堂の四周にも回廊がある。この気宇壮大で、壮観な建築物は、主の権力と地位、威厳を象徴するものである。二里頭遺跡には、一号宮殿と似た大型建築が他にも多くあり、広大な建築群を構成するように、宮城を囲んでいる。

青銅器は、夏・商・西周3代の文明の重要な特徴である。二里頭遺跡から出土した青銅器は、加工の技術がやや複雑で、器種も全て揃っている。このうち鼎・爵・斝・盉などは礼器、鉞・戈・戚・鏃などは武器、錛・鑿・鉆・錐・刀などは工具である。これらの他、緑松石（トルコ石）を象嵌した各種の銅牌や銅鈴などもある。礼器は等級・身分を反映し、武器は戦争の重要性を顕示するものである。これらはみな、「国の大事は、祀と戎に在り」[5]という当時の社会的な価値基準を充分に体現するものである。

また二里頭からは、玉鉞・玉璋・玉戈・玉刀・玉戚・玉圭などの玉製の各種礼器も出土している。これらの玉器は、非常に精巧で美しい。貴族墓から出土した緑松石片を象嵌した大型の龍形器（口絵4）は、中国早期における龍を象った文物の中でも特に貴重な精品である。礼楽の邦である中国では、玉器と玉礼器は礼楽文明の重要な構成要素であった。

二里頭遺跡からは、銅器の鋳造、製陶、骨器・玉器及び緑松石器を製造する工房が発見されている。二里頭の鋳銅工房の遺構は、約1万㎡の範囲にわたっており、多くの作業場が残され、そこから坩堝や炉壁、陶範といった鋳造の道具が見つかっている。このように大規模な鋳銅工房は、二里頭の青銅鋳造業が一定の規模を備えていたことを示すものである。

現在のところ、二里頭遺跡では王墓は発見されていない。二里頭遺跡で発見された青銅器・玉器・漆器及び陶器などは、主に中・小貴族の墓葬から出土したものである。

二里頭遺跡では、墓葬以外からも大量の遺骸が発見されている。これらは副葬品を持たないのみならず、縄で縛られて埋められ、或いは斬り殺された後に坑の中に投げ捨てられている。これらの死者の身分は、戦争捕虜や罪人、或いは奴隷であろう。

---

5 『左伝』成公十三年より。「祀」は祭り、「戎（じゅう）」は戦の意。

地域の面では、文献の記載によると、豫西はかなりの長期にわたって夏王朝の王都の所在地であった。また、時間の面では、2005年以来の最新の炭素14年代測定データによると、二里頭遺跡の第1期から第3期の年代は前1750〜前1600年であり、これは夏王朝の中期・晩期の年代に相当する。時間と空間の両面を総合すると、二里頭遺跡は夏王朝の中期・晩期の王都であると推定される[6]。したがって、夏王朝早期の王都は、二里頭文化の前の龍山時代末期の遺跡から発見されると考えられる。

第二節　商王朝

一　商王朝の建立と発展

　商は東方より興起した。成湯が夏桀を討つ以前、商は現在の冀南・豫北及び豫東・魯西一帯で活動した、夏王朝の方国の一つであった。

　史書の記載によると、商の始祖は名を契といい、堯・舜・禹と同時代の人である。契は禹を補佐して治水に功があり、帝舜によって司徒に任じられ、商の地に封ぜられ、子氏の姓を賜わった。こうして商は地をもって名とし、子を姓としたのである。『詩経』の商頌・玄鳥には、「天、玄鳥に命じ、降りて商を生ましむ」とあり、契の母の簡狄が、沐浴の際に誤って玄鳥の卵を呑み込んで子を孕み、契を産んだという故事が語られている。多くの古代民族の起源に関する伝説と同じように、この伝説には商の始祖が「天命」という特質を備えていたことが反映されている。契から成湯までの14代は、商の先公時代と呼ばれ、おおよそ夏王朝と同時期に当たる。方国の1つであった商は、この間に8度の遷徙を行い、止まることなく発展を続けた。

　成湯は、商王朝最初の国王であり、都を西亳（現在の河南省偃師市）に定めた。彼は元奴隷の伊尹を起用して輔政を委ね、まず夏の属国の葛を滅ぼし、続いて夏の羽翼であった韋・顧・昆吾などの国々を除き、「十一たび征して天下に敵無し」[7]であった。こうして最後に勢力を集中して夏桀に進攻し、双方は鳴条（現在の河南省封丘県東）の野で会戦を繰り広げた。桀王は敗れて南に逃れ、南巣（現在の安徽省寿県東南）で死去し、夏は滅亡した。『史記』の殷本紀によると、成湯の建国から商が滅びるまで、17世31王、5〜600年の長きにわたる。

　夏を滅ぼした後、成湯は黄河中下流域の強大な統治者となり、辺遠地域の多くの諸侯た

6　二里頭遺跡第4期の年代は前1500年である。このことは、二里頭第4期がすでに商代早期に入っていることを示している。夏王朝の中期・晩期、すなわち二里頭遺跡の第2期と第3期では、二里頭は夏の王都として使用された。第4期に至り、商の湯王が夏王朝を打倒した後、二里頭は王都の地位を失ったものの、夏の遺民は引き続きここに居住したのであろう。

7　『孟子』滕文公下より。11回戦って一度も敗れず、天下に匹敵する者がいなくなった。

ちも次々と来朝した。成湯の長子である太丁は先に死去していたため、成湯が世を去ると、弟の外丙・仲壬及び子の太甲が相次いで即位し、いずれも伊尹が輔政に当たった。太甲は、成湯が制定した典則を遵守しなかったため、伊尹によって桐宮（現在の河南省偃師市一帯）に放逐されたが、3年の後、過ちを悔い改めて新たに出直し、王位に復帰した。その後の太甲から太戊までの時代は、商王朝の統治が比較的安定した時代である。しかし間もなく王位をめぐる紛争が起こるようになり、「嫡を廃して更々(こもごも)諸弟子を立つ。弟子或いは争いて相い代わり立つ。九世に比(いた)るまで乱る」[8]という局面となった。このため、商王朝の政治の中心は常に移動することとなり、計5度の遷都が行われた。盤庚によって都が奄（現在の山東省曲阜市）から殷（現在の河南省安陽市小屯村）へと遷された後は、8世12王、273年にわたり遷都は行われなかった。このため、商は殷とも呼ばれ、合わせて殷商とも呼ばれている。

　盤庚が即位した当初、統治階級内部の矛盾と闘争が日増しに激化していた。彼らは反目し合い、財物をただ誅求するのみだったため、人々は上天が大災害を下すのではないかと考えるようになった。このような局面を改めるため、盤庚は進取の大望を抱き、衆議を退けて殷に遷都した。こうして商代中期に発生していた混乱状態は是正され、王室の統治は強化されたのである。これは商王朝の歴史における重要な転換点であり、商王朝が新たに発展してゆく基礎となった。

　盤庚以降、武丁に至るまでが商王朝の最盛期であり、中国の上古文明の一つのピークであった。武丁は盤庚の弟小乙の子で、在位は59年に及んだ。『尚書』の無逸篇によると、武丁は年少の頃、久しく民間で労作したため、「小人」の苦しみを理解し、農事の艱難を深く知るに至った。彼は即位後、版築の職人であった傅説を宰相とし、対内的には吏治[9]を整え、税収を改善し、農業生産を発展させた。対外的には、四方を征伐した。特に北方及び西北方地域の土方・舌方・鬼方・羌方などに幾度も兵を発し、大きな勝利を得た。武丁の妻である婦好もまた、武に秀でた女将軍であり、幾度も兵を率いて征伐を行った。

　後世の人々が賛美する商王朝は、「邦幾千里」の大国であり、その勢力範囲は、東は海に、西は陝西、北は河北、南は江漢に及んだ。考古作業員たちによって、現在の河北・山東・遼寧・江蘇・安徽・湖北・湖南・江西や山西・陝西などの地において、数多くの殷商文化の遺存が発見されている。このことは、商王朝の統治区域が夏王朝をはるかに超えるものであったことを示している。また、遠く四川省広漢市の三星堆遺跡で出土した青銅器と玉

8　『史記』巻3・殷本紀より。第10代の帝仲丁（中丁）以降、その嫡子を帝に立てず、かわるがわるに諸弟やその子を帝に立てたため、弟や子たちが帝位を争って互いに代わり立つようになり、9世後の陽甲（第18代）に至るまで乱れた。
9　地方官の行政・政治を指す。

器の風格にも、殷商文化の影響が明確に見受けられる（口絵5）。

二　商王朝の政治制度

　商王朝は、夏王朝に続く、我が国の歴史上2番目の奴隷制王朝である。商王朝が直接支配する王都及びその付近の地域は王畿とされ、大邑商・天邑商と呼ばれた。この地域には、現在の晋東・魯西・豫北と冀南一帯の広大な平原が含まれる。王畿の四周は分割されて、商王朝の貴族と分封された諸侯が統治し、「四土」と呼ばれた。また諸侯の封地の間及びその外側にも多くの方国や部落があり、商王朝に服属する者も叛く者もあった。

　商王は全国の最高統治者であり、「予一人」・「余一人」或いは「我一人」と自称し、臣民に対する生殺与奪の大権を握り、宗教や迷信の力を借りて自身の統治をさらに強化した。

　殷墟の卜辞の記載によると、商代晩期には、基本的な宗法制度がすでに形成されており、商王は同姓の貴族に対して自らを大宗と称し、同姓貴族は商王に対して小宗と称している。同様に、各級の貴族の間にも大宗・小宗の区別が存在したが、血縁関係を紐帯とするこの宗法制の核心は、嫡長子継承制にあった。それは商王と各級の奴隷主貴族との連携を密接にすることに利があり、また王権を至高無上のものへと高めることとなった。

　商王以下は、内服と外服とに分けられる。内服は中央の百官、外服は地方の諸侯である。中央の百官には尹や相があり、これらは国王を補佐する最上級の行政長官である。尹や相の下には、主に3つの官職系統が設けられた。1つ目は王事の官職系統で、主に王室を管理する事務を担当し、宰・寝及び関連する各種の小臣などがいる。2つ目は神事の官職系統で、主に神祇を管理する事務を担当し、史・卜・作冊や巫などがいる。3つ目は民事の官職系統で、主に民衆を管理する事務を担当し、農事を管理する小藉臣、衆人を管理する小衆人臣がおり、また手工業を管理する司工や軍事を管理する多馬・多亜・多射・師・旅・衛・犬・戍なども含まれる。当時、軍隊にはすでに師・旅の編成があり、甲骨の卜辞には「王、三師を乍（作）る。右・中・左」という記録があり、戦の前には「登兵」（兵の徴集）が行われ、1000人から数千人、多い場合は1万人以上が動員された。兵種には車兵と徒兵（歩兵）の2種があり、作戦時には両者を混成した編隊が組まれ、主な戦い方は戦車戦であった。

　地方の諸侯には同姓と異姓の区別があり、殷虚の卜辞には侯・伯・子・男・田（甸）・任などの呼称がみられる。彼らは王室に習って各自で官職系統を設け、王朝に対しては貢納・服役・戍辺（辺境の守備）や征討時の出兵などの義務を負担した。商王の統治は、主にこれらの内服の百官及び外服の諸侯によって守られたのである。

　商王朝には成文法はまだなく、「湯刑」と呼ばれる残酷な刑罰があるのみであった。いわゆる墨（瞼の上に入れ墨をする）・劓（鼻を削ぎ落す）・刖（足を裁断する）・宮（男性

は去勢、女性は幽閉)・大辟(死刑)の五刑はみなすでに備わっており、多くの刑罰の名目があった。また商は、全国各地に遍く監獄を設置した。卜辞中の「圉」という文字は、人が手枷を加えられて牢に座す様子を象ったものである。『荀子』の正名篇には、「刑名は商に従う」とあり、これは商代の刑制が後代に影響を及ぼしたことを示している。

三　商王朝の社会経済

　商王朝の建国と発展にともない、社会の生産力は弛まぬ進歩を続け、奴隷制社会の経済も大きく発展した。

　農業は商王朝の主要な生産部門であり、王室はこれを重要視した。甲骨の卜辞には、雨を希求し、豊作を渇望する記録が数多くみられる。考古学の資料によると、当時の生産道具にはいくらかの青銅製農具も含まれるが、依然として木・石・骨・蚌器[10]が主であった。道具の器類としては、土を反すための耒・耜・鏟や中耕用の鋤、刈り入れ用の鎌刀などがある。このうち耒と耜は普遍的に使用された生産道具で、耒は木製の土を起こす農具であり、先端がフォーク状に分かれている。耜は鏟(スコップ)状で、木の棒の下に石・蚌或いは金属で製作されたものが取り付けられた。殷墟で発見された木耒の遺留物痕跡は、歯の長さが19 cm、歯の径が7 cm、2つの歯の間は8 cmある。その当時によくみられた耕作方法として、衆人が協力して耕作する「畜田」がある。卜辞の「田」字は、「碁盤目状の耕地」を象ったもので、縦画横画によっていくつかの方形の田を形成している。これは田内の阡陌と水溝を象ったもので、我が国の古代の井田制[11]の特徴が反映されている。

　当時の農作物は種類が多く、卜辞にみられるものに限っても、黍(キビ)・稷(アワ)・稲・麦(オオムギ)・麳(コムギ)・菽(マメ)などがある。商代にはすでに現在のいわゆる「五穀」が備わり、生産量も多かった。考古学では穀物貯蔵用の大型の窖穴が少なからず発見されており、また卜辞中には倉廩の「廩」字がみられるが、これは屋外に穀物が堆積した様子を象ったものである。商王は、常に各地に人を派遣し、穀物を貯蔵する倉廩を巡視(「省廩」という)させた。また商の人々には飲酒の習慣があり、穀物のかなりの部分は醸造に用いられた。出土した殷代の青銅器には、酒器の種類や数が非常に多い。

　農作物の他、商王朝では経済作物の種類も豊富であり、圃(菜園)・囿(園林)・栗(果樹)などが発展し、特に蚕糸の生産が発達した。卜辞中には蚕・桑・絲(糸)・帛(絹)などの字がみられ、玉製の蚕も出土している。また、牧畜・狩猟経済も重要な地位を占め

10　蚌はドブガイ或いはカラスガイのこと。大きなものは数十センチにもなり、貝殻を器などに利用した。
11　商周の井田制は、国有地に対して実施された土地制度である。この名称は、田間の水溝・道路と関連がある。当時は、広大な土地を水溝や阡陌(あぜ道)により、ある程度の面積の整然とした農田に画分した。それは見渡すと「井」字のような形状であった。それぞれの井田は、商王或いは周王が各級の貴族を分封した土地の単位であり、また王室と各級の貴族が共同体の農民から賦税を徴収するための計算単位であった。

ており、後のいわゆる「六畜」（馬・牛・羊・鶏・犬・豚）もすでに備わっていた。卜辞中には象・虎・鹿・兕（犀）などを捕獲した記載がみられ、野獣を捕獲する方法として車攻（馬車を利用する狩り）・犬逐（猟犬を使う狩り）・矢射（弓矢）・陥穽（落とし穴）・布網（網猟）・焚山（山焼き）などがあった。

青銅鋳造業は、商王朝における最も重要な手工業部門であり、生産部門が増加し、工房の規模が拡大したのみならず、綿密に分業化され、生産技術の水準も向上し、商代後期には最高潮に達した。青銅器の種類は非常に多く、主に礼器と工具、武器の3つに分けられる。礼器には生活用具が含まれ、烹煮器（煮炊き用の煮沸器・炊器）の鼎・鬲・甗などや、酒器の爵・觚・觶・斝・尊・卣・壺など、儲盛器（盛り付け用の器）の簋・盤・盂などがある。工具には、斧・錛・斤・鑿・刀・鋸・鉆など、武器には戈・矛・鉞・鏃・剣・戟などがある。この他、楽器や車馬器、建築部材などもある。

この時代は、青銅器の装飾が大きく変遷を遂げた時代である。頻繁にみられるのは饕餮紋で、変化に富んでおり、鳥紋・蟬紋も流行し始めた。刻まれている銘文は、時代を経るにつれて長くなり、数文字のものから十数文字の短編のものまである。その内容は、祖先祭祀や賞賜など多方面にわたっている。有名な司母戊[12]大方鼎は、商代の青銅器の発展における最高水準のものである（口絵6）。

人々の日常生活に直接関係する製陶業もまた、商王朝の重要な手工業部門である。多くは硬い材質の灰陶であるが、商代の早期の遺跡のいくつかからは、表面に青緑色や黄緑色の釉が施された、光沢があり色つやがよく吸水性の弱い、原始的な磁器も出土している。これらより、我が国の磁器の歴史は少なくとも3000年以上前の商代早期に遡ることができるのである。商代の晩期の製陶業は早期からのものを踏襲しており、その最も代表的なものとして刻紋白陶がある。これはカオリンを含む粘土で素地を成形し、1000℃以上の高温で焼成したもので、精美な彫刻、白く光る色つやが特徴で、その装飾と造型は青銅器に似た風格を備えている。

その他、骨器・玉器の製造業や、絹織物業、建築業、漆器製造業などにも、際立った成果がみられる。

農業の発達、特に手工業の発展を基礎として、商王朝では商業と交通も急速に進展した。当時すでに一般等価物の貨幣として、貝貨が出現しており、海貝と銅貝の区別があった。考古発掘では、しばしば副葬品として貝が確認されており、少なくとも数十枚、多いものは数千枚に上る。また出土した青銅器の銘文中にも、「賜貝」・「賞貝」の記載があり、そこでは朋が単位とされ、最も多いものは賜貝30朋とある。

---

12 「司」字を「后」と読む研究者もいる。

貨幣の出現は、商業の出現における重要な指標である。甲骨文には商賈[13]に関する記載が少なからずあり、民間の交易の他、主に奴隷主貴族の服務として行われていた。鄭州・安陽などの地で出土した商代の遺物には、クジラの骨や海蚌の殻、大亀や玉石など中原地域の物産ではないものもある。これらは遠方からの貢納や、商業貿易を通じてもたらされたものであろう。

　商王朝における交通手段は、主に水路と陸路であった。水上の交通手段は船である。卜辞には「舟」の字が確認でき、その形は現在の小型の木造船と似ている。また陸上の交通手段は車であり、卜辞の「車」字は一軸両輪の形である。多くの商代の遺跡からは車馬坑と車馬具が出土しており、車は木造で、車架・車輿・車輪の3つの部分から構成されている。復元された車の形と卜辞の「車」の字形は似ており、馬に引かせる両輪の大型車と考えられる。商代の車は交通手段である他、戦争や狩猟などにも用いられた。

四　商王朝の滅亡

　商王朝の社会の階級構造は、奴隷主貴族と平民、奴隷の3つの異なる階層から構成される。

　奴隷主貴族は、商王を総代表とする商代の統治階級であり、王室宗族・邦伯・師長・百執事などの人々を含み、「百姓」と総称される。王室宗族は、王族・子族或いは多子族に分けられる。邦伯すなわち諸侯には、同姓と異姓の区別がある。師長・百執事は、畿内・畿外の各級の政府の官吏を含み、彼らは奴隷主貴族を主体として構成された。

　平民は、商王朝の社会における被統治階級で、人数としては最も多い。殷墟の卜辞では「衆」或いは「衆人」と呼ばれ、古代の文献では「小人」或いは「万民」と呼ばれ、また商王は彼らを蔑称して「畜民」と呼んだ。彼らは主に家族共同体と農村共同体の成員である。その族属は、商の本族、或いは他の族群の原住民や徙民であり、貴族から凋落した者もいる。その大多数は、井田における農業生産の労働に従事した。盤庚が殷に遷都した際には、本族の「衆人」を王庭に召集し、彼らを国家の大事に参与させ、彼らの意見を聞こうとした。このことから、彼らの地位は奴隷よりも高かったことが分かる。ただし、彼らは真の自由民ではなく、土地の所有権はなく、井田に固く束縛され、また兵役・貢納・徭役に服する義務があり、ときには人身の自由を奪われ、奴隷に身を落とし、或いは刑罰を受けて殺戮される危険もあった。

　奴隷は、商王朝の社会における最下層の被統治階級である。彼らは手工業の工房における生産や、牧畜及び山林藪沢の開発に大人数が使役された。光り輝く青銅器や各種の精美

13　「商」は行商人、「賈」は坐賈すなわち店舗を開いて営業する者を指す。

な手工業製品は、その多くが彼らの労働によるものである。殷墟の卜辞では、手工業に従事する奴隷は「工」と呼ばれ、また犯罪者も手工業の作業場での苦役に充てられた。

商代では、奴・婢・妾・臣などと呼ばれる家内奴隷が多数おり、彼らは主に奴隷主貴族のためにきつい家内労役に従事し、奴隷主貴族の死後には殉葬させられることもあった。

戦争俘虜は商代における奴隷の主要な供給源であり、一部が殺される他はみな商王及び各級の大小奴隷主貴族の奴隷となった。最も多いのは羌族の戦争捕虜であり、卜辞にはしばしば「獲羌」の記載がある。また方国や部落が征服された後、家族や氏族或いは部落全体が奴隷となることや、彼らが商王朝に子女を奴隷として進貢することもあった。

商代後期には、社会の矛盾が日増しに尖鋭化し、階級闘争も著しく激化し、奴隷主貴族の統治は腐敗が進み、人祭人殉の習慣が日増しに盛んとなった。商王や各級の奴隷主貴族が死去すると、人を殺して殉葬とするばかりでなく、後に彼らの祭祀を行うごとに多くの人々を殺すようになった。その数は少なくとも数十人、多いときには数百人にも及んだ。1928年から1973年にかけて発掘された商代の遺跡と墓葬の中で、人祭人殉とみなされるものは、4000人余りになる。また現在までに知られるこの種の卜辞は、2000条余りに上り、少なくとも1万4000人が惨殺され、人祭の犠牲となったことが分かる。

商王朝が繁栄から衰退に転じたのは、祖甲の統治の後期である。この後、歴代の商王はみな腐敗し、「生るるに則ち逸（いつ）にして、稼穡の艱難を知らず、小人の労を聞かず、惟れ耽（こう）楽に之れ従」[14]い、社会の矛盾は激化するばかりであった。奴隷や平民は様々な形で反抗闘争を繰り広げ、商王朝の統治は至るところで危機的状況にあった。

商王朝の末年、帝乙と帝辛（紂）は、幾度となく東南に兵を発し、夷方を征討した。何年もやむことなく続く戦争は、人力と物力を大量に消耗させ、人民の負担も大きく重いものであった。奴隷・平民と奴隷主貴族の間の矛盾、各諸侯国と商王朝の間の矛盾は、これまでになく激化し、商王朝の滅亡を加速させた。

前述の商の紂王は暴君として有名である。彼は驕奢淫逸で、宮室台榭[15]を建て、離宮や別館を建築し、寵妃の妲己と「酒を以て池と為し、肉を懸けて林と為」した[16]。自身の奢侈な生活の需要を満たすため、紂王は経済面では搾取を強化し、多くの民衆が死線をさまようこととなった。こうして社会は動揺して不安定となり、民の怨みは沸騰し、商王が上帝や祖先を祭祀するための牛羊などの祭品を奪って食べるという事件も発生した。さらに

---

14 『尚書』無逸より。西周の周公旦が成王に語った言葉。祖甲は農業の困難や庶民の辛苦を知っていたため、33年も王位を保ったのに対し、その後の王たちは生まれながらに安逸であり、農業の困難も庶民の苦しみも理解せず、安楽に過ごしたため、王位を長く保てなかった、という意。
15 台榭は、土を高く築いた上に建てられた高殿のこと。
16 『史記』巻3・殷本紀より。酒池肉林の語源。紂王は、酒をたたえて池とし、周囲の木々に肉をつるして林を作り、男女を裸にしてその間で追いかけっこをさせ、昼夜を徹しての酒宴を行ったという。

紂王は、崇侯・悪来・費仲・蜚廉などの奸臣を重用し、微子啓や王子の比干・箕子などの有識の士を排斥し、統治階級の内部を重大な危機に陥らせた。このとき、商の属国である周邦が西方より興隆し、その国勢は日ごとに強大になっていた。腐敗した商王朝が滅亡するという情勢は、すでに定まっていたのである。

第三節　西周

一　西周の建立と分封

　周王朝は姫姓で、もとは商王朝の属国であり、わが国の西北部に当たる涇水と渭水の流域、すなわち現在の陝西省中部と甘粛省東部の黄土高原地域に居住していた。

　伝承によると、始祖の名は弃といい、有邰氏（現在の陝西省武功県）の娘である姜嫄が巨人の足跡を踏んだことにより生まれたという。堯は初め、弃を尊んで農師とし、舜も弃を后稷（農官名）に推挙した。夏の桀王の時代に至り、公劉は豳（或いは邠に作る。現在の陝西省旬邑県）に居を遷した。その後9世を経て、古公亶父は岐山の南の周原（現在の陝西省岐山県と扶風県の間）に居を遷し、当地の良好な自然条件を利用して農業生産を発展させ、戎狄の風俗から脱却し、「翦商」[17]の大事業の基礎を固めた。

　古公亶父の後、季歴を経て子の姫昌が位を継いだ。これが文王である。文王は初め殷の牧師となり、殷の西伯と呼ばれ、また周方伯と呼ばれた。その後、周邦の勢力はますます発展し、商の紂王の統治を直接的に脅かすほどになった。そこで紂王は、文王を羑里（現在の河南省湯陰県）に囚えた。後に文王は釈放されたが、商と周の関係は悪化した。文王はまず西方の犬戎と密須（現在の甘粛省霊台県）を征討し、後方を固めた。ついで軍を率いて東方に向かい、黎（現在の山西省長治市西南）・邘（現在の河南省泌陽県西北）・崇（現在の河南省嵩県以西）を立て続けに討ち、殷商の中心部に深く侵入し、殷の都であった朝歌の戦略的包囲を基本的に完成させた。文王はまた豊（現在の陝西省長安県の澧河西岸の客省庄・張家坡一帯）に遷都し、国家の制度をさらに完全なものとし、「有亡荒閲」[18]すなわち逃亡した奴隷を大々的に捜査する法律を制定した。

　文王の死後、子の姫発が位を継いだ。これが武王である。武王は文王の遺志を受け継いで、鎬（現在の陝西省長安県斗門鎮付近）に遷都し、商を滅ぼす準備を積極的に進めた。即位して2年目には、諸侯と会盟し、盟津で観兵したが、このときは東に軍を進めなかった。さらに2年が過ぎ（前1046年）、商を滅ぼす機が熟すと、遂に兵を率いて東進した。この年の2月甲子の日の明け方、武王は商の都に向けて最後の進攻作戦を発動した[19]。双

17　翦は、滅ぼすの意。商を翦ぼすと読む。
18　『左伝』昭公七年より。荒は大、閲は捜査の意。

方は牧野（現在の河南省汲県北）で戦ったが、商軍が「前徒倒戈」[20]して紂王は大敗し、最後は自らが建てた鹿台に登って火を放って死に、商王朝は滅亡した。1976 年に陝西省臨潼区で出土した西周青銅器の利簋の表面には、この重要な歴史的事実が記されている（口絵 7）。

　武王が商を滅ぼしたことは、歴史の潮流に従うものであり、人々に深く支持された正義の戦争であった。また、歴史の上では、当時の社会の安定とさらなる経済の発展に大きく作用した。商を滅ぼした後、周の武王は建国し、鎬に都を定めた。歴史上、西周と呼ばれる。武王は鎬に居をおき、諸侯はこれを天下の大宗として尊奉した。このため周は宗周とも呼ばれる。

　周は当初、情勢が安定せず、殷の人々による復辟の危険が潜んでいた。そのため、周公旦は兄の武王を補佐し、殷をもって殷を治める政策を定め、紂の子の武庚に、もとの殷都付近の地域を引き続き統治させた。その一方で、商の王畿を邶・鄘・衛の 3 国に分割し、自身の兄弟である管叔・蔡叔・霍叔を派遣して統治させ、武庚を監視させた。彼らは「三監」と呼ばれる。

　しかし、商を滅ぼしてから 2 年目に武王は病死した。幼い成王が位を継ぐと、叔父の周公が摂政として国政に当たった。このことが管叔・蔡叔の不満を引き起こし、彼らは武庚と連合して徐・奄・熊・盈などの諸侯と共に反乱を起こした。このような厳しい情勢に直面したものの、周公は召公と共に「内は父兄を弭し、外は諸侯を撫」[21]し、自ら大軍を率いて東征し、管叔を殺し、蔡叔を捕らえ、殷の地を占領した。武庚が北に逃れると、周公はさらに軍を進め、奄をはじめとする東夷の各族の叛乱を平定し、東征は決定的な勝利を得ることとなった。こうして周初の情勢は安定したのである。

　その後、周公は武王の遺志に従い、成周洛邑（現在の河南省洛陽市）を造営し、そこに王城を設けて宗廟宮寝の所在地とし、成周八師を派遣して常駐させ、東方支配の中心とした。また殷の領民を強制的に洛邑に遷し、監視しやすいようにした。

　東征の勝利を基礎に、新生の政権をさらに強固なものとし、中央の地方に対する管理を強化するため、周初の統治者たちは全国に大規模な分封を実施した。分封は、「天子、国を建つ」と「諸侯、家を立つ」[22]という 2 つの構造からなっており、「民を授け疆土を授く」ことが核となっている。すなわち周の天子は、自身の子弟や同姓の功臣及び親属或いは臣

19　牧野の戦いの年代については、学術界では従来からいくつかの説があるが、本書では国家による夏商周断代工程の見解を採用した。
20　商軍の兵たちは戦う意思がなく、武王が攻め入ってくるのを望んでいたため、武器を逆さにして戦い、武王が入ってくる道を開いた。
21　『逸周書』作雒より。周公と召公は、政権内では父兄子弟をいたわり、外では諸侯方国をなだめる政策をとった、という意。
22　『左伝』桓公二年より。

服した旧邦の首領を順次派遣して、武装した家臣と捕虜を帯同させ、指定の地点で土地と人民を治めさせ、西周の地方政権である諸侯国を建てさせた。また諸侯国内においては、諸侯はその大部分の土地を分封し、配下の卿・大夫に「采邑」として与え、さらに卿・大夫もまた、封ぜられた采邑の地を分封して配下の士に順次「食田」として与えた。これが西周の大分封であり、歴史上「封藩建衛」と呼ばれるものである。

　西周が建国した当初にも、すでに裂土分封は行われていた。しかし、真の大規模な分封は、武王が商に勝利した以降及び周公の摂政期間に行われた。武王の時代には、分封されて「其の兄弟の国となる者十有五人、姫姓の国となる者四十人」[23] であったという。周公の摂政時代には、文王の子を管・蔡・郕・霍・魯・衛・毛・聃・郜・雍・曹・滕・畢・原・酆・郇に、武王の子を邘・晋・応・韓に、周公の子を凡・蒋・邢・茅・胙・祭に分封した。また異姓で功労のあった姜氏を斉に、紂王の異母兄弟の微子啓を宋に分封するなどした。周公は自身が天下を治めている期間に、相次いで71国を分封し、そのうち姫姓は53国、魯・衛・宋・晋・斉・燕などの国が最も重要であった。

　周初の大分封を経て、天子・諸侯・卿大夫の間の厳格な等級・臣属関係が確立し、「親戚を封建し、以て周の藩屏とす」[24] る統治の構造が形成された。この制は、西周王朝の統治と影響を強固なものとし、拡大させるために積極的な効果をもたらした。これは我が国の古代において、方国が林立する状態から専制帝国へと向かう重要な歴史の段階である。

　西周の分封制の実施は、血縁関係を紐帯とする宗法制をさらに完全なものへと進めた。宗法制は、原始氏族社会の血縁紐帯関係に端を発し、階級社会の時代に入って以来、夏・商の2代における不断の改造を経て、西周に至って日ごとに完成されていった。宗法制の原則により、嫡長子による継承制が厳格に行われ、周の天子は天下の大宗となり、諸侯は相対的に小宗となった。同様に、諸侯国内では諸侯が大宗となり、卿大夫は小宗となった。これより類推するに、この種の大宗・小宗の幾重もの区別が、各級の奴隷主貴族の連携を緊密にし、また「同姓不婚」の伝統から、異姓の貴族たちを婚姻関係によって結合させたのであろう。周の天子は、同姓諸侯を伯父・叔父と呼び、異姓諸侯を伯舅・叔舅と呼ぶことによって、国家をあたかも膨大な家族のように体系化し、政権と族権を有機的に結合させていったのである。

　周の天子は、西周王朝の最上位の首脳であり、王位は嫡長子によって継承された。その統治の範囲内では、天子は政治・経済・軍事・司法及び宗教祭祀などの最上級の大権を掌握した。諸侯は、相対的に独立性を保ったが、礼制の規定により定期的に周の天子に貢納・朝覲[25] ないし征戦への出兵などを行わなければならなかった。

23　『左伝』昭公二十八年より。
24　『左伝』僖公二十四年より。

周の天子を補佐する最高長官には太師と太傅、太保があり、これらは三公と総称された。三公の下では、太宰が朝政を総理した。官職の系統は、おおよそ民事と神事、王事の3つに分けられる。「国の大事は、祀と戎に在り」とあるように、神事と民事が西周王朝の事務の中心であった。

民事官の系統では、主に司徒・司馬・司空・司寇・司士などの官が設置された。司徒は、主に土地・人口及び耕種藉田のことを、司馬は、軍事・軍賦のことを、司空は、百工・労役などのことを、司寇と司士は、主に刑獄や司法などのことを管理した。

神事官の系統では、主に太宗・太史・太祝・太士・太卜などの官が設置された。彼らは具体的には宗教祭祀を担い、周王を補佐して誥命を制定し、文告を発布し、歴史を記録し、政策を決定するなどした。

王事官の系統では、主に有宰・公族などの官が設置された。彼らは王事内部の事務を直接管理し、属官には膳夫・寺人・小臣・小子・守宮・御正・虎臣などがあった。

地方の諸侯国の官制は、基本的に王室に習い、公・侯・伯・子・男の爵位の等級によって、設置される官職系統に違いがあった。

西周時代の軍隊は、諸侯国の軍隊を含めて依然として車兵を主としていたが、その編成規模は拡大し、武器や装備の性能はさらに優れたものとなった。常設の宿衛軍には2つあり、1つは「西六師」であり、宗周鎬京に駐屯し、西方の鎮圧に努めた。もう1つは「成周八師」で、「殷八師」とも呼ばれ、成周で守備に当たり、東方の安定に努めた。

当時の刑罰は、「五刑」の他、古くからある鞭刑が行われていたが、これらは西周の後期に「九刑」へと発展した。また西周王朝は、種々の儀礼制度を通じて等級秩序を強化した。いわゆる「礼は庶人に下さず、刑は大夫に上さず」[26]は、周代の礼が法律的な性質と特徴を備えていたことを反映する言葉である。

二　西周の階級構造と社会経済

西周の社会の階級構造は、厳重な等級性を備えていた。「王は公を臣とし、公は大夫を臣とし、大夫は士を臣とし、士は皂を臣とし、皂は輿を臣とし、輿は隷を臣とし、隷は僚を臣とし、僚は僕を臣とし、僕は臺を臣とす」[27]というように、統治者は人々を多くの等級に分け、上下の等級の間には統属関係があった。

また、西周の社会の等級には地域的な特色が鮮明に現れており、王朝が建てられて以降、その統治区域は「国」と「野」の2つの部分に画分されていた。「国」は城邑のことであり、

25　朝覲は、諸侯や属国の王などが参内して天子に拝謁すること。
26　『礼記』曲礼の言葉。礼制は庶民には適用されず、刑罰は貴族には適用されない、という意。
27　『左伝』昭公七年より。

「国」内に居住する「国人」には、奴隷主貴族・下層貴族の士・平民及び商工業者が含まれる。彼らは周人の本族或いは盟族の出身で、血縁宗族関係を紐帯とし、家族共同体はなお未解体であった。「野」は、鄙・遂とも呼ばれ、征服された広大な農村に、征服された族群の農村共同体や氏族の部落が分布していた。「野」に居住する人々は「野人」と呼ばれた。「国人」と「野人」の社会的地位は異なり、「国人」は参政議政の権利と甲士[28]に当たる資格を有するが、「野人」にはそれがなかった。また「国人」は教育を受けることができたが、「野人」は受けられなかった。さらに「国人」と「野人」は経済的地位の面でも格差があった。ただし、「国人」内にも等級の高低の分と享有する権利に不平等が存在した。

西周社会の階級構造は、奴隷主貴族と平民、奴隷で構成される。

奴隷主貴族には、主に天子・諸侯・卿大夫と士の等級が含まれる。周の天子は天下の共主であり、諸侯は封国、卿大夫は采邑、士は食田を擁した。士は、奴隷主貴族の中ではやや低級である。

平民は、「国人」のうちの平民と「野人」を含み、合わせて「庶人」・「庶民」と呼ばれる。彼らの大多数は、西周の主要な農業生産者の家族共同体或いは農村共同体の成員である。共同体農民のうち「野人」は社会的地位が低く、事実上奴隷に近かった。「国人」の身分を有し、城邑の郊外に居住する農民は、政治的権利をいくらかは持っていたものの、厳格な監督を受けて奴隷のように使役されたことから、決して真の意味での自由民ではなかった。

奴隷は西周の社会の最下層に位置し、官奴隷と私家奴隷の区別があった。生産奴隷の他、奴隷主貴族のために雑役に服する多くの家内奴隷がおり、皁・輿・隷・僚・僕・臺などはみなこれに属する。彼らは代々奴隷であり、地位は極めて低かった。奴隷の主な来源は、戦争捕虜と罪人であった。西周には依然として人祭人殉の制度も存在しており、考古学の資料によると、貴族墓には普遍的に人祭人殉の現象がみられるが、次第に減少してゆく傾向にあった。このことは、社会の進歩と、労働力の価値が見直され次第に重視されてゆくことと関係がある。

西周の土地所有制は、奴隷主土地国有制である。周の天子は天下の「共主」であり、名目上、全国の土地と臣民を占有していた。それはまさに『詩経』小雅・北山に「溥天の下、王土に非ざるは莫く、率土の濱、王臣に非ざる莫し」[29]とあるごとくであり、その主要な形態が井田制であった。

---

28 この時代、軍隊を構成するのは「士」の身分以上の者であり、支配層である貴族の子弟だけの特権であった。
29 『詩経』小雅・北山より。この天の下に王のものではない土地はなく、地の果てまでに王の臣ではない人間はいない、という意。

井田制は、西周に至ってさらに発展し、完成形となった。井田制実施の前提は、土地の国有であり、或いは名目上の土地の王有である。国王は土地の最高所有者であり、政治上の統治権を拠りどころとし、諸侯や卿・大夫・士などの各級の奴隷主貴族に土地を禄田として幾重にも分給した。各級の奴隷主貴族は、封国や采邑の土地及び臣民の実質的な占有者となった。夏・商・西周の土地所有制の関係は、いずれも奴隷主国家土地所有制の性質に属するものである。すなわちこの時代の土地は、個別の奴隷主の私有ではなく、土地（建物の敷地や土台を含む）は自由に売買・譲渡することができず、「田里は鬻がず」といわれた。

　井田制の経営方法には、「公田」と「私田」の区分がある。「公田」は、もとは原始的な公有地であり、後に奴隷制国家の所有となった。家族共同体と農村共同体の農民は、公田での集団耕作を通じて賦税納入の義務を負担し、公田の生産物は全て王室や各級の奴隷主貴族の所有に帰した。この他、農民は各種の労役にも服さなければならなかった。「私田」は、共同体農民が耕種の責任を負う分与地であるが、定期的に再分配され、「三年して一たび土を換え居を易う」こととなっていた。共同体の農民は、ただ規定年限内の使用権を有するのみであった。私田の生産物は通常、共同体農民の所有に帰した。

　周王朝は、農業に長ずることで知られていた。この時期の農業の生産用具は、依然として石器・木器・骨器・蚌器であったが、商代に比べて青銅製農具が増加しており、主要な耕作方法は「耦耕」であった。「耦耕」とは、おおむね2人の共同作業で耕作する方法である。この他、西周では三田制、すなわち、休耕制が行われた。簡潔に説明すると、これは一定の面積の土地を3つに区画し、3年で循環させるもので、3分の2の面積を耕作しつつ、3分の1ずつを休耕とし、地力を養い緑肥を利用する効果があった。

　当時の農作物は種類が豊富で、『詩経』に見える植物の名詞だけでも100種を超え、黍と稷（共にキビの類）が主であった。この他、麦・稲・粱（オオアワ）・菽（マメ類）・蔬菜（野菜）・瓜果（ウリ類や果物）などがあり、さらに桑や麻、染料となる作物も遍く栽培されていた。

　西周の手工業と商業はおおよそ官府によって経営・管理され、「工商食官」と呼ばれた。官府の工房では、長官の司工（司空）が責任者であった。王室と諸侯は共に司工を設け、工房で専業する工正・陶正・車正などの工官を置いた。西周の官府の工房は、大規模かつ細かく分業されており、「百工」と呼ばれた。

　西周では、冶鉄業もある程度発展した。河南省三門峡市上村嶺で発見された2つの虢国墓、これらは西周晩期から春秋時代早期の墓であるが、共に鉄器が出土している。特に「虢季」墓からは、玉茎鉄芯銅剣（鉄・銅・玉の3種の材料で組成された剣）1点が出土し、人々の大きな注目を集めた（口絵8）。鑑定によると、この剣は我が国最古の人工の冶鉄製品

であり、我が国の人工的な冶鉄の年代を1世紀以上早めることとなった。

　西周の青銅鋳造業は、商代の青銅鋳造技術を継承し、また、さらに発展し、以前に比べて器形や数量が増加した。1つの鋳型から複数のものを複製する技術が発明され、生産効率が数倍に高まった。西周青銅器の重要な特徴としては、長篇の銘文が鋳込まれるようになったことが挙げられる。有名な青銅器として大盂鼎・習鼎・毛公鼎などがあり、その銘文は西周の社会や歴史の研究に極めて貴重な資料を提供してくれる。

　製陶業もまた、商の人々の製陶技術を継承し、また、さらに発展し、釉陶の技術（原始磁器）が商代と比べて進歩した。陝西省西安市・河南省洛陽市・安徽省黄山市（屯渓市）・江蘇省丹徒市・北京市などでは、釉陶片が数多く発見されている。陝西省澧西の張家坡遺跡で出土した原始磁器片は、分析によると1200℃前後の温度で焼成されたもので、鉱物の成分も磁器に近い。

　紡績業では、葛布・麻布・絹織物などが作られた。絹織物業は商代から発展し、綿はおおよそ西周後期に出現している。この他、当時すでに各種の織物を異なる色に染めることが可能であった。

　西周の骨器や玉石器も非常に精巧である。湖北省蘄春県毛家嘴の西周早期の遺跡からは、彩色された漆杯の残片が出土した。これは薄い板状の素地に、黒やとび色の下地、赤の彩色が施されたもので色鮮やかである。この漆杯は、成形された漆器としてはこれまで我が国で発見された中で最古のものである。

　西周の建築技術もまた大きく進歩した。早期の宗廟宮室の遺構からは、板瓦・筒瓦や半円形の瓦当などが出土している。中期以降では、瓦で屋根を覆うことが一般的となり、西安市客省庄・洛陽市王湾・北京市房山董家林などの西周遺跡では多くの瓦が出土している。

　「工商食官」の体制のもと、西周の商業は主に奴隷主貴族の服務として機能し、商業は官府によって経営され管理された。民間の貿易は、物と物とを交換する商品交換の初期段階であった。この時代、固定の市場はまだなく、往々にして「日中市を為し」、「交易して退」[30]いた。主要な貨幣はやはり海貝や玉貝であった。

三　西周王室の衰微

　西周王朝は、穆王の時代から坂を下り始めた。穆王は犬戎を征討したが、労多くして功なく終わった。夷王の時代に至ると、勢力は次第に衰えてゆき、諸侯は宗周に朝覲しなくなり、ひいては周王が「堂を下りて諸侯を見」[31]ざるを得なかった。この頃には、西周の

30　『漢書』食貨志上に、神話伝説時代の商業を描写した言葉として「日中市を為し、天下の民を致し、天下の貨を聚め、交易して退く。各々其の所を得て貨通ず」とある。
31　「夷王が堂から下って諸侯と接見した」という話は、周の王権の衰えを示す重要なエピソードとされる。

統治の経済的基礎である井田制も動揺し始め、しばしば土地を抵当に入れ、譲渡し、取り換えるような事案が発生した。

西周後期、厲王の時代に政治は腐敗した。彼は貪婪で「利を好む」栄夷公を王朝の卿士として任用し、「利を専らにする」政策を実施した。「利を専らにす」とは、王室が山林藪沢の利益を独占することで、山林藪沢を国王の所有とすることを重ねて宣言した。この政策は、国人の利益を直接的に犯すものであり、「民、命に堪え」ず、国人たちの糾弾を引き起こすこととなった。そこで厲王は、衛巫を派遣して彼らを監視させ、告発を受けた人々をみな死刑に処した。このため、国人たちは路上で遇ってもただ目で意を示すのみで、敢えて談を交えなくなり、召公が「民の口を防ぐは、川を防ぐより甚だし」[32]と諫めるに至った。前841年、耐えきれなくなった国人たちは、遂に王畿鎬京で平民を主体とする国人暴動を起こし、厲王を「彘に奔ら」せた（彘は現在の山西省霍県）。歴史上、「彘の乱」と呼ばれる事件である。この暴動は、周の王室に重大な打撃を与えた。国人たちは地方諸侯の共伯和を推戴し、天子の行うべき事を摂行させた。歴史上、「共和行政」と呼ばれるできごとである。この共和元年（前841年）は、我が国の確実な歴史紀年の始まりでもある。共伯和が執政して14年、厲王が彘で死去し、太子の静が即位した。これが宣王である。

宣王（在位：前827～前782年）は、有為の周王であった。彼は対内的には政事を修め、対外的には武功を治めたことから、歴史上「中興」と称されている。宣王は北に獫狁を討伐し、多くの敵を殲滅した。また南に淮夷を討伐し、その威声は南海（広く南方を指す）にまで及んだ。さらに徐淮を討伐し、彼らを帰服させた。これらの一連の討伐戦争を通じ、「日に国を辟(ひら)くこと百里」という情勢が形成された。しかし、王室の衰微という歴史の趨勢を是正することはできなかった。

宣王の死後、幽王が即位したものの、周王室の衰微は止まらず、社会の矛盾も日ごとに大きく重くなり、奴隷は逃亡という形で反抗した。この他、貴族と平民の間の対立、貴族内部の対立も同じく日ごとに尖鋭化していった。幽王の政治は腐敗度を増し、実権を「善く諛(へつら)いて利を好む」虢石父に与え、「国人皆な怨む」こととなった。

幽王が即位して2年目、関中[33]で大地震が発生し、また日照りも深刻となった。『詩経』小雅・谷風には「草に死なざる無く、木に萎えざる無し」とある。人々は流亡し、社会の矛盾はさらに激化していった。そのような状勢の中、幽王は褒姒を寵愛し、もとの王后の申后と太子の宜臼を廃位し、褒姒を王后に立て、褒姒の子の伯服を太子に立てた。さらに、

---

32 『国語』周語上より。人民の口をふさいで言論の自由を奪うのは、川の流れをせき止めることよりも難しく危険である、という意。

33 陝西省の渭水盆地の古称で、秦嶺山脈の東側や北側、長安（西安）を中心とした一帯。東の函谷関、西の隴関、北の蕭関、南の武関に囲まれているためこの名がある。

宜臼が母の家である申侯のもとに逃れると、幽王は申侯を征討し、宜臼を殺そうとした。申侯は大いに怒り、繒や犬戎と連合してこれを攻め囲み、幽王を驪山（現在の陝西省臨潼区東南）のふもとで殺害し、褒姒を虜とし、豊鎬の地の財物をことごとく奪い去った。

幽王の死後、西周王朝では短期的に平王（宜臼）と携王の2王が並び立つ局面がみられた。その後、携王は晋の文侯に殺され、諸侯たちは平王ただ一人を推戴した。平王は即位したものの、犬戎を駆逐する力がなかった。そこで前770年、晋の文侯・鄭の武公の庇護のもと、平王は東遷して洛邑に至り、岐西の地を秦伯に与え、河西の地を晋の文侯に賜わった。ここに至って西周は滅亡し、歴史は東周すなわち春秋戦国時代へと突入する。

第四節　夏・商・西周時代の思想文化と科学技術

夏・商・西周時代の思想文化は、まず上帝神・自然神・祖先神の崇拝が盛んに行われ、やがて「明徳」・「慎罰」・「保民」の徳治思想が提唱された。また絢爛として目を奪う青銅器芸術からは、礼楽が相和する制度文明が構築されていった。これらはみな、中国上古時代の王朝の政治文明と精神文明、社会文明の鮮明な特色として顕彰されている。

一　哲学思想

原始社会に芽生えた宗教信仰は、夏代以降、宗教観念における政治的色彩がますます顕著となった。「殷人は神を尊び、民を率いて以て神に事（つか）」えたといわれるように、商の人々は迷信深く、毎日のように占いを行い、何を成すにも占いを行った。彼らはまた原始的宗教である自然崇拝も引き続き行い、太陽・月・星・風などの天神から山川や四方などの地祇までを遍く祀った。また、鬼神を敬重し、特に祖先崇拝が完備され、周祭制度が形成された[35]。また商の人々は、地上の最高統治者である王が出現したことにともない、天上にも一つの至高神が存在すると考えるようになり、これを「帝」或いは「上帝」と呼んだ。商代の上帝神の権威は極めて高く、自然神と祖先神の職責を包括し、それらがみな上帝の一身に集中していた。上帝は、商の政権の守護神だったのである。

周人は、殷人の上帝の観念を継承し発展させた。彼らの至高神は天、或いは上帝と呼ばれた。周王の権力は「命を天に受」けることで確立し、その政権を継続させてゆくことを「天命を永く保つ」と言った。このように、上帝は周の人々にとっての守護神であった。周人は、夏や商の滅亡の教訓に鑑み、「惟れ命、常に于（おい）てせず」、「天命常靡（な）し」と悲鳴を

34　『礼記』表記より。
35　周祭は、商代の人々が五種の祀典によって上古以来の祖先を祀り、一巡してまた始めに戻るという形で行う祭祀の制度である。

上げ、天や上帝に対する信仰に懐疑・動揺が生じ始めた。この貴重な思想は、鬼神を信じた迷信深い殷人の宗教観に比べて大きく進歩したものであった。

　周人はまた、夏や商が「徳を失いて亡」びたという歴史の教訓を総括し、「永く天命を保つ」ためには、「徳を以て天に配す」ることが必須であり、「敬徳保民（徳を敬い、民を保つ）」ことに注意し、「明徳慎罰（徳を明らかにし、罰を慎しむ）」こととした。周公はこの思想を提起し、実践した代表的な人物である。明徳とは、道徳の修養を強化し、奢侈・隠逸・悪習を強く戒めることで、「観に、逸に、游に、田（狩猟を指す）に、淫ること無」[36]しとある。慎罰とは、刑を科すときには慎重に用い、適切に量刑し、みだりに刑法を施行しないことである。保民とは、「小人の労を聞き」、「稼穡の艱難を知り」、厚く民を遇し、弱い立場の人々に注目し、「小民を懐保し、鰥寡に恵鮮する」ことである[37]。このような「明徳慎罰」・「敬徳」・「保民」の思想は、当時においては周邦を安定させるという進歩の意義を備え、後に興起する儒学思想に大きな影響をもたらした。孔子の「仁」学と徳治思想はこのような思想から変遷してきたと考えられるのである。

　『尚書』洪範篇は、おおよそ西周の文献と考えられている。その文章中には、自然界は水・火・木・金・土の五種の物質元素から構成されるとする「五行」説が提示されている。これは我が国の早期における素朴な唯物主義的自然観である。

　『易経』はもともと卜筮（卜と筮の占い）の書で、殷周交替期に形成された。この書は蓍と卦の2つの部分から構成されている。蓍は、策とも呼ばれ、筮法の数取り棒（筮竹）として用いられる50本の蓍草（ノコギリソウ）を指す。卦、すなわち画は、符号を指し、八卦・六十四卦・三百八十四爻が含まれる。この卦は、筮竹を用いて占った組み合わせ結果であり、吉凶を示すために用いられた。『易経』の六十四卦の構造を見てみると、それらは八卦を「因りて之を重ね」る方法で組み合わされている。八卦は乾（☰）・坤（☷）・震（☳）・巽（☴）・坎（☵）・離（☲）・艮（☶）・兌（☱）に分けられ、六十四卦の各卦は、この八卦のうちの2つを組み合わせたものである。これらは一つの統一体の中に置かれており、陰陽という観点が明確に体現されている。また筮法を見てみると、その大衍の数は、奇数と偶数の10個の数字が合わさって構成されている。ここには、対立と統一という弁証法における基本的な観点が貫かれている。

二　文化と教育

　最初期の漢字は、原始社会の陶器に刻まれた符号から変化したもので、早くは仰韶文化

36　『尚書』無逸の周公の言葉。王がこのような悪習に過ぎることないように戒めた言葉。
37　引用文は『尚書』無逸と康誥に分かれてみられる。「稼穡」は種まきと収穫、すなわち農業の意。「鰥寡」は寡婦・寡夫を指す。人民を懐け安んじ、鰥寡を恵みいかす、という意。

遺跡から出土した陶器にいくつかの符号が刻まれている。ただし、これらはもの事を記す一種の原始的な方法であり、文字の範疇には属さない。後の時代の大汶口文化陶寺遺跡、偃師の二里頭文化、鄭州二里崗文化や藁城台西商遺跡、江西清江呉城の商代遺跡から発見されたいくつかの陶器上の符号は、その多くが甲骨文字の象形と近似している。これらは単純な符号ではなく、文字の範疇に含まれる陶文と言えよう。

甲骨文字は、亀甲或いは獣骨に刻まれた殷商時代の文字であり、漢字の前身である。19世紀末に殷墟小屯で初めて文字のある甲骨が発見されてから現在に至るまで、15万片以上、計4000字以上が発見されている（口絵9）。甲骨文字の構造を見てみると、これらは象形・会意・形声・仮借の4つの造字法が用いられており、かなり成熟した文字といえる。記録内容は非常に豊富で、商王朝の歴史研究に豊富な資料を提供してくれる。また周原甲骨の発見により[38]、商と周の文化面での継承関係がさらに明らかとなっている。

図2-1　虢李子白盤銘
(『中国法書全集』第一巻、文物出版社、2009年版、11頁より)

金文は、青銅器に鋳込まれた文字であり、鐘鼎文とも呼ばれる（図2-1）。晩商時代の青銅器に鋳込まれた銘文はやや短く、それらは器主や用途、或いは製作者を表すものである。西周時代の青銅器は基本的にみな銘文を有し、いくつかの長篇大作も出現している。例えば毛公鼎の銘文は497字あり、現在知られている中で最も文字数の多い青銅器である。東周以降の青銅器も大部分のものに銘文が鋳込まれており、これらの銘文は高い史料的価値を備えている。その記載内容には、西周の政治・経済・軍事・思想などの諸方面の状況が反映されている。伝承によると、周の宣王の時代に、太史の籀が大篆を作ったとされる。彼は甲骨・金文を基礎とし、当時広く用いられていた文字に対して初歩的な規範化と整理を行ったのである。

38　周原甲骨は、一般的に西周の甲骨とみなされている。1970年代より、陝西省周原一帯で文字を帯びた甲骨が陸続と出土した。その内容は、祭祀・冊告・出入・往来・征伐や田猟などであり、商末周初を研究するための信頼すべき史料である。

第二章　夏商西周時代　55

図 2-2　四羊方尊
(『中国美術館全集 青銅器(二)』、黄山書社、2010 年版、331 頁より)

　　商周時代、青銅器芸術は非常に発達した。美しい造型、生き生きとした形態を備えた数多の青銅器は、礼器・実用器を問わず、高度な芸術品である。これらの芸術美は主に造型と装飾の両面において具現化されている。商代では獣面紋（饕餮紋）・蟠螭龍紋などの装飾が多く用いられたが、西周では鳳紋が流行した。伝世の商周青銅器には、芸術的な精品が多い。例えば、湖南省寧郷県で出土した四羊方尊は、四隅の外側に四匹の羊の頭と前肢が象られている。羊の角は巻角で、肩部には四条の龍が象られている。その加工技術は精巧で、工夫が凝らされている（図2-2）。また1986年に四川省広漢市の三星堆遺跡で出土した大型の青銅立人・面具及び神樹は、中国古代の青銅冶鋳と造型の芸術が最高水準に到達した指標である。商周の彫刻芸術には石彫と玉彫、牙彫などがある。商代の玉器は種類が多く、玉の品質がよく、造りも精美である。安陽の婦好墓より出土した玉器は755点に上り、このうち玉龍・玉鳳・玉象などは彫琢が精緻で、なめらかで美しく、生き生きとしており、世界の芸術の宝庫の中でも特に優れた逸品である。

　　夏・商・西周はいずれも、音楽と舞踊を重視した。舜の時代に作られたと伝えられる「韶楽」は、孔子の時代まで伝わったが、孔子はこれを、美が尽され善が尽されていると称賛し、また人をして「三月、肉の味を知らず」[39]というほど評価した。商代の音楽はさらに

39　『論語』述而より。孔子は斉国に滞在中に「韶楽」を聴いて感動し、三ヵ月間肉の味が分からないほどであったという。

進展があり、楽器の種類が非常に増え、吹奏楽器の陶塤の他、打楽器の鐘・鼓・磬・鐃・鈴などがあった。西周の貴族たちは特に音楽を重視し、楽器は商代に比べてさらに豊富になった。編鐘・編鎛・編磬などのセットになった楽器や、琴瑟などの弦楽器、笙竽などの管楽器があった。舞踊は、王室・貴族の祭祀や享楽のための表演用舞踊と、民間で流行した群集性の舞踊とに分けられる。西周王朝は礼楽を作り、宮廷舞踊を大きく発展させた。これは文舞と武舞の２類に分けられる。文舞「大夏」は、禹の治水の功績を賛美する歌舞であり、後に山川を祭祀するのに用いられた。武舞「大武」は、武王の紂王討伐の勝利を記念した長編の音楽舞踊史詩である。それは６つの場面に分かれ、歌い踊りながら、武王が商を征討し、四方を平定する威武雄壮な場面が表現される。また、打楽器や管弦楽器の伴奏によって、巍巍壮観な気分をかき立てる、宮廷歌舞の芸術の最高水準に到達したものである。その歌詞は『詩経』周頌に書き留められている。

　夏礼・商礼・周礼は同一の流れを組み、周礼が最も完成されたものであった。礼は当時の人々の行動規範であり、法としての機能も備えていた。礼は、飲食・起居・服飾・祭祀・交友・節日及び人生儀礼など、貴族の社会生活の各方面に浸透した。人生儀礼には誕生・冠・婚・寿・葬送などが含まれ、礼ごとに具体的な条件や詳細な決まり事がある。礼と楽は密接で不可分の関係にあり、貴族が礼を行うときには、常に楽をともなった。礼楽の核心は「貴賤を明らかにし、等列を弁じ」ることにあり、厳重に序列化された等級制を守り、各々その位に安んじ、名分を遵守する社会秩序を保障し、また品行方正で礼儀正しい儀礼文化の気風を作り上げた。周代に打ち立てられた礼楽文明は、中国の歴史に深遠なる影響をもたらしたのみならず、遠く領域外、特に周辺の隣国にも広まったのである。こうして、古代中国は世界に名の聞こえた「礼儀の邦」となった。

　夏・商・西周は、我が国の学校教育が創始された時代でもある。『孟子』滕文公上には、「夏は校と曰い、殷は序と曰い、周は庠と曰う。学は、則ち三代之を共にす」とある。名称は異なるが、これらはいずれも学校である。伝承によると、夏王朝の学校は軍事教育を主としていた。商王朝の学校については、甲骨卜辞にも記録がある「学」や「大学」がみられる。我が国の古代における最古の大学教育は、この時代に始まったといえよう。西周の学校教育制度は完備されつつあり、国学と郷学とに分けられる。国学は、学生の年齢と程度に応じて大学と小学が設置された。周の天子が大学・小学を設けたねらいは、上層貴族の子弟の養成にあり、年少の貴族の子弟は小学に上がった。一方、地方の学校は郷学であった。教育の内容は、「六芸」すなわち礼・楽・射・御・書・数であった。

三　科学技術

　農業生産のための需要から、我が国では早くから天文気象の知識があった。堯舜時代に

はすでに「観象授時（天象を観察して暦を作成する）」の専門の人員がいたという。伝承によると、夏代の「夏時」はおおよそ当時の暦書であると考えられ、戦国時代に成立した「夏小正」もまた、夏代の暦法に材を採った可能性がある。『左伝』に引用されている『夏書』には、夏王朝時代に起きた、房宿（東天の蠍座方面）の位置での日食が記載されており、これは世界最古の日食の記録である。農業生産技術の発展により、商王朝の天文暦法の知識はさらに進歩した。甲骨文には日食・月食に関わる確実な記載があり、また歳星（現在の木星）や火星などの星も観測されている。この他にも数多くの気象の記録がある。商王朝の暦法は非常に優れたもので、完備されており、太陰（月）によって月を記し、太陽によって年を記し、干支によって日を記した。大月は 30 日、小月は 29 日とし、平年は 12 ヵ月、閏年は 13 ヵ月として年の終わりに閏を置き、十三月と呼んだ。西周の時代には、天文暦法はさらに大きく発展した。『詩経』には、前 776 年 9 月 6 日に起きた日食の記載があり、これは我が国の歴史上最初の年月日が確実な日食の記録である。

　数学は、原始時代にすでにその萌芽があった。我が国は、世界で最も早く十進法を用いて数を数えた国家の一つである。甲骨文からは、商王朝が十進位制を採用していたことが分かる。西周時代には、「数」が「六芸」の一つとされ、数学が独立した学科に発展した。当時の人々は「算籌」を用いた計算方法を発明し、熟練した数学の知識を生産の実践に運用した。

　我が国の医薬学には、悠久の歴史の伝統がある。神農氏が百草を嘗めたという伝説には、早くも原始社会の後期に、人々が薬草を試して疾病を治療しようとした状況が反映されている。商王朝の甲骨文には多くの疾病の名称が記載されているが、当時の医学は巫術を脱するものではなく、往々にして巫と医が分かれておらず、主な治療方法は依然として祈祷と占卜であった。宮廷内に専門の医官が設置されるようになるのは、おおよそ西周以降である。

第三章

春秋戦国時代

　春秋戦国時代（前770～前221年）は、東周時代とも呼ばれる[1]。この時代は、中国古代における政治・経済・社会が大きく転換した時代であり、また思想・文化・芸術が大きく発展を遂げた時代である。春秋時代は、前770年、周の平王の洛邑東遷から始まり、戦国時代は、前475年、周の元王の元年を境として始まった[2]。

　550年間に及ぶ春秋戦国時代は、春秋五覇が「尊王攘夷」の旗のもとに覇を争い、各々王を自称する戦国七雄が合従連衡して連合や戦いを繰り広げた時代であり、その目まぐるしく展開する対立や争いには、当時の社会の歴史的発展という大きな趨勢が、或いは密かに或いは明確に反映されている。この時代に、社会の形態は奴隷制から封建制へと変化し、政治体制は君主・貴族階級の分権制から、君主専制・中央集権制・官僚制へと向かい、全国的な形勢は分裂から統一へと向かい、華夏族と周辺族群は政治的アイデンティティと文化的アイデンティティを紐帯として日一日と融合していった。またこの時代は、社会が動揺し、兼併戦争が絶えず、人民の生活は深刻な被害を受けたが、中原各地の社会の発展と、周辺族群との交流と融合、各地域の経済・文化の発展と連係が促進され、やがて秦・漢の統一によって多民族的中央集権封建国家が創設される基礎が定まった。

　「礼崩れ楽壊れ、瓦釜雷鳴す」[3]と描写されるように、この時代の社会の大流動・大分裂・大変革は、思想の解放、文化の多元化へと広大な天地を切り開いた。諸子は天下のあり方を追求し、才気にあふれた思想が噴出し、百家は新たな学説を次々と打ち出し、切磋琢磨して論争を繰り広げた。これは、世界の文明史上において最も多様かつ壮観な現象であり、中華民族の優れた伝統文化を源とする活水が集まったものであるのみならず、後代に極めて貴重かつ豊富な精神文化の財産を遺した。

1　王朝としての「東周」は、周の赧王の逝去の年、前256年に滅びた。歴史時代としての「東周時代」の下限について、研究者たちは戦国時代が終了する前221年としている。
2　春秋時代と戦国時代の区分については、学術界に異なる見解もあり、他に前453年に3家が晋を分けたことを境とする説と、前403年に周の威烈王が正式に3家を諸侯として承認したことを境とする説がある。本書では、司馬遷の『史記』六国年表の所見によった。
3　「礼崩楽壊」は、周代までに確立された「礼」「楽」が春秋戦国時代に損なわれ、社会秩序や道徳が乱れた状態となったことを意味する。「瓦釜雷鳴」は『楚辞』卜居に見え、素焼きの窯が雷のように大きな音を立てて鳴ることから、能力のない者が高い地位に居座り、わめきちらす、という意。

第一節　春秋五覇の興亡

一　平王の東遷と諸侯の争覇

　平王の東遷以降、当初600平方里あった王室の領土は、諸侯や周辺の少数民族に絶えず蚕食され、その勢力範囲は日に日に縮小し、地位も次第に下降していった。遂には、その領域は僅かに現在の河南省西部の100〜200里のみとなり、天下共主としての地位も失われた。諸侯は天子の命令をきかないばかりか、天子に対する定期的な貢納や朝覲、述職[4]も行わなくなった。さらには、周の天子の権威に挑戦するようになり、「周鄭交質」[5]や「周鄭交悪」[6]という事件が相次いで発生した。このように、周の天子が諸侯に対する統制を失ったことが、諸侯が覇を争う前提となった。

　西周に続く春秋時代初期には、諸侯国は140以上あり、このうち影響力が比較的大きいものは、魯・斉・晋・秦・楚・宋・衛・陳・蔡・曹・鄭・燕・呉・越の14国であった。王室が諸侯を統制できなかったため、高い経済力と軍事力を擁する諸侯たちは、土地や人口の掠奪を主な目的とし、近隣の弱小諸侯を競い合って併呑していった。その結果、強者はますます強く、覇者はますます覇を唱えるようになり、いわゆる「春秋五覇」が相次いで現れた[7]。

　最初に覇を唱えたのは、斉の桓公（在位：前685〜前643年）である。桓公は、斉国の恵まれた自然条件と豊富な資源を拠りどころとし、また管仲を宰相に任用した。管仲は、斉国潁（現在の安徽省潁上県）の人で、宰相として内政を改革し、士農工商の管理を強化し、賦税制度を改革し、軍政の合一を図って「兵を農に寓し」、三軍[8]を建て、富国強兵に努めた。桓公は「尊王攘夷」の旗印を掲げ、前681年に宋・陳・蔡などの国々と連合し、北杏（現在の山東省東阿県）で会盟を行い、争覇の事業を開始した。また桓公は、北方で山戎を討伐して燕国を守り、狄人を駆逐して邢・衛の2国を保護した。

　この頃、南方の楚国が強大化し始め、次第に漢水流域や長江中流域に支配を広げ、北上して覇を称える勢いが大きくなった。前656年、桓公は、宋・陳・衛・鄭・許・曹など8

4　述職は、諸侯が天子に拝謁して、自分の職務について報告すること。
5　鄭の荘公は、祖父の桓公、父の武公の後を継いで周の朝廷で卿士の職についていたが、周の平王は虢公忌父を寵愛し、荘公の権限を割こうとした。そのため荘公は周王を恨み、周王は解決のため王子の孤を人質として鄭に入れ、鄭は世継ぎの忽を周に入れた。
6　前720年、周の平王が崩御し、後を継いだ桓王は、鄭の荘公に代わり虢公忌父を執政としようとした。荘公は軍を派遣し、4月には周の領域の温で麦を、秋には成周で禾（稲など穀物を指す）を収穫させ、周と鄭の関係はさらに悪化した。
7　いわゆる「春秋五覇」は、斉の桓公・晋の文公・宋の襄公・秦の穆公・楚の荘王とする説、斉の桓公・晋の文公・楚の荘王・呉王闔閭・越王勾践とする説があり、実際には一つの時代の総称である。
8　周代の制によると、天子は六軍、諸侯国の大きなものは三軍を持つことができた。

国の軍を会して楚を伐ち、楚軍と陘（現在の河南省郾城区東南）で対峙した。双方は召陵（現在の河南省郾城区東）で盟を結び、楚軍の北上は一時的に阻止された。続いて桓公は、「尊王」の名目のもと何度も兵を派遣して周王室の内乱を平定し、諸侯を招集して軍を派遣し、周王を助けて成周を防衛したこともあった。前651年、桓公は周王の代表及び宋・衛・鄭・許・曹などの国々を招集して葵丘（現在の河南省蘭考県）で盟約を結んだ。このことにより、彼の覇業は最盛期を迎え、「天子を挟（さしはさ）みて以て諸侯に令す」る[9]覇者となった。桓公は前643年に世を去ったが、生前に多くの妻妾を寵愛したため、死後に諸子が後継者争いを繰り広げることとなり、斉の覇業は終わりを告げた。

斉の桓公の後、晋と楚の両国が80年の長きにわたって覇を争った。晋の領域は、現在の山西省の黄河と汾水の間にあった。長期にわたる内乱は、晋国の発展に影響を及ぼしていた。晋の文公（在位：前636〜628年）は即位すると、狐偃・趙衰ら大臣の協力のもと、生産を発展させ、吏治を整え、三軍を組織した。周王室に内乱が発生し、周の襄王が王子の叔帯に放逐されると、狐偃は文公に「諸侯に求むるに、勤王に如（し）くは莫し」[10]と献策した。こうして文公は兵を発して反乱を平定し、「尊王」の美名を博した。

この頃、楚国は再び北に向けて勢力を拡大し、魯・鄭・陳・蔡などの国々は相次いで楚に帰服した。前633年冬、楚の成王は陳・蔡・鄭・許の軍を率いて宋を包囲した。宋は使者を派遣して晋にこの危難を告げ、晋は宋の救援を名目として斉・秦と連合し、前632年に楚を伐った。こうして、双方の間に城濮（現在の山東省鄄城県西南の臨濮集）の戦いが起きた。文公はいったん軍を三舎退き[11]、その後改めて軍を進め、遂に楚軍を大いに破った。この戦いの後、文公は践土（現在の河南省鄭州市北の黄河北岸）で諸侯と会盟を行い、魯・斉・宋・蔡・鄭・衛・莒などの国々が参加した。周の天子も招きに応じて参加し、文公を冊封して侯伯とした。歴史上、「践土の盟」と呼ばれている。こうして晋の文公は、中原の覇者となった。

城濮の戦いで敗れた後も、楚は中原で覇を争う野心を捨ててはいなかった。楚の荘王（在位：前613〜前591年）は即位すると、孫叔敖を令尹に任じ、精励して国をよく治め、「鳴かずば則ち已まん、一たび鳴かば人を驚かさん」[12]という精神により、内政を正し、水利を治め、生産を発展させ、軍事訓練を強化し、国勢は日増しに強盛となっていった。前

---

9 天子を力でおさえ、その天子の名によって諸侯に号令する、という意。
10 『左伝』僖公二十五年より。諸侯に求めることとして、勤王以上の重要なことはない、という意。
11 かつて晋の公子の重耳（後の文公）が諸国に亡命していた際、楚の成王は諸侯の礼をもってその一行を向かい入れた。このとき、楚の成王が「もしあなたが国に帰って晋公となったならば私にどう報いてくれるか」と尋ねると、重耳は「もしやむを得ず楚と戦場で相まみえることとなりましたら、三舎（舎は軍が一日で進軍する距離）だけ軍を退きましょう」と答えたという。文公はその約束を守ったことになる。
12 鳴かなければそれまでだが、一たび鳴けば人を驚かせるだろう、という意。この引用文は、楚の荘王ではなく類似する斉の威王の故事に出てくる言葉である。

606年、荘王は軍を率いて北上し、周の領内である洛水のほとりまで軍を進めて兵を連ね、周王に対して人を派遣し、自身のために慰労歓迎の礼を挙行するよう迫った。このとき荘王は「鼎の軽重を問い」[13]、周に取って代わろうという野心を露わにした。この後、中原の各国は次々と晋に背いて楚に向かい、こうして楚の荘王は覇者の地位に上った。

　荘王の死後、楚国の勢力は次第に衰微していった。一方、晋国は数代の国君の努力により、再び陣容を整えた。前575年、晋と楚は鄢陵（現在の河南省鄢陵県北）で戦を交え、晋は楚軍を大いに破り、再び中原の覇者としての地位を確立した。

　秦国は、襄公が周の平王の東遷を助けた功により、諸侯に封じられ、岐山の地を賜わった。ただし秦の地は西方の辺境に位置し、経済や社会は立ち遅れ、中原の列国からは軽視されていた。襄公から穆公に至る100年以上の間に、秦国は絶えず西戎などの少数民族と戦い、土地を兼併した。秦の穆公（在位：前659～前621年）は即位すると、楚の平民であった百里奚を大夫に任じ、内政を整え、生産を奨励し、国家は次第に富み栄えた。このとき、隣国の晋は献公・恵公・文公・襄公の4代の在位期間に相当する。強大な晋に対し、穆公は基本的には守勢の方針を取り、敢えて晋のある東方へ向かうことはなかった。また前627年、晋の襄公のとき、秦の兵は東に向かって鄭を襲撃したが[14]、軍を返して殽（現在の陝西省潼関県東）まで至ったとき、秦軍は晋軍の迎撃を受けて壊滅した。歴史上、「殽の戦い」と呼ばれている。このように、秦は東方に軍を進めても抑えられてしまうため、西方に向けて勢力を拡張し、やがて「国十二を益し、千里を開地し、遂に西戎に覇たり」[15]となった。

　春秋時代中期以降に入ると、大国が並び立って争い合い、勢力が均衡する情勢となった。加えて、各国の内部では矛盾が激化し、大国はみな内部の事務に忙しく、再び大規模な戦いを始める国力はなかった。このような状況のもと、「弭兵」[16]運動が起こった。前579年、宋の大夫華元の唱導のもと、晋と楚は宋で盟約を結んだ。双方は再び兵を交えないことを約し、もし一方が侵害を受けた場合は、もう一方が支援することを保証した。しかし、この盟約は3年しか維持されなかった。前575年、晋と楚は鄢陵の戦いで再び干戈を交え、「弭兵」は失敗した。前546年、宋の大夫向戌が再び「弭兵」を唱導し、晋と楚の両大国の他、14国の代表を招き、晋楚両国を等しく覇者とみなすことを確認した。しかし、小国は晋と楚に同時に貢納しなければならなくなり、負担は倍増した。この「弭兵」の後、各大国

13　王位の象徴である「九鼎」（夏の禹王が製作させ、商・周と伝わったとされる）の重さを問うことで、暗にそれを持ち帰ること、すなわち周の王位を奪おうとする野心を示した。
14　このとき、晋の襄公は即位したばかりで喪に服していた。秦軍は、晋国を横断して東の鄭に向かった。
15　『史記』巻5・秦本紀より。秦は西方で12の国を併吞し、領地を開くこと千里、遂に西戎の覇者となった、という意。
16　弭は、おさまるの意。弭兵は双方が交戦を停止すること。

はみな内部の紛争に忙殺され、外を顧みるいとまがなくなり、再び晋と楚の間に大規模な戦争が起きることはなかった。

春秋時代末期に至ると、長江下流域の呉越両国が相次いで勃興し、覇を争った。呉は西周の封国で、姑蘇（現在の江蘇省蘇州市）を都とした。越は百越[17]の一支で、会稽（現在の浙江省紹興市）を都とした。

春秋時代中葉、晋と楚が覇を争っている頃、晋は呉と連合して楚を制し、呉の国力は次第に強大化していった。呉王闔閭（在位：前514〜前496年）は楚の亡臣である伍子胥の策を入れ、連年にわたって楚に向けて進攻を繰り返し、楚を疲弊させた。前506年、呉王は伍子胥に軍を率いて楚を討つよう命じ、柏挙（現在の湖北省麻城市東北）で戦いが行われた。呉は楚軍の主力を大いに破り、さらに五戦五勝し、楚の都の郢都を攻め下し、楚の昭王は流亡した。その後、楚は秦の救援を受け、また越軍も虚に乗じて呉の後方を脅かしたため、呉は撤退を余儀なくされた。前496年、越王勾践（在位：前496〜前465年）が即位した。闔閭は越を攻撃し、双方は檇李（現在の浙江省嘉興市西南）で戦い、越は呉軍を大いに破った。闔閭はこの戦いで受けた傷により道中で死去し、子の夫差（在位：前495〜前473年）が位を継いだ。夫差は、父の仇を討つという志を立てた。前493年、呉は越を夫椒（現在の江蘇省呉県太湖椒山）で破り、越王は投降した。その後、呉は勝ちに乗じて北上し、前482年、晋と魯、周の天子の代表を召集して黄池（現在の河南省封丘県）で会盟を行った。こうして夫差も自らを覇者と任じたのである。

越が呉に降伏した後、勾践は臥薪嘗胆[18]し、「十年生聚し、十年教訓」した[19]。前482年、呉は北上して黄池で会盟を行っていたため、国内は空であった。越はこの機に乗じ、大挙して呉を討った。多くの激戦を経て、前473年に呉は滅び、夫差は自殺した。この後、勾践は夫差に習って北上し、諸侯と徐州（現在の山東省滕州市南）で会盟を行い、一時、覇者を称して江淮の地でほしいままに振る舞った。しかし、これは大国が覇を争った時代のエピローグであり、戦国の雄を争う時代の序幕が上がろうとしていたのである。

かつて孟子が「春秋に義戦無し」[20]と説いたように、覇者たちが戦争を繰り広げた真の目的は、自身の勢力範囲を拡大し、多くの土地や人口、財物を掠奪することにあった。人民は戦争の中で大きな代価を支払わねばならず、彼らが受けた痛みと苦しみは相当に深いものであった。しかし、歴史の過程からみると、春秋時代の大国による争覇戦争の政治的

---

17 主に長江以南から現在のベトナム北部に至る広大な地域に居住していた、越諸族の総称。
18 呉王夫差は、父の仇である越王勾践を討つため、硬い薪の上に寝る痛みで屈辱を思い出し、長い艱難の末にこれを破った。一方、夫差に敗れた勾践は、苦い肝を寝所にかけ、寝起きのたびにこれを舐めて恥を忘れまいとし、後に夫差を滅ぼしたという故事より。
19 『左伝』哀公元年より。越王勾践は、10年間民を養い財貨を集めて国力を増やし、次の10年間で民を教育し軍事訓練を施した。
20 『孟子』尽心下より。春秋時代には、天子の命によって討伐する真の意味の「義戦」はなかった、という意。

社会的影響は、統治階級の望みを超えるものであった。西周時代に100国余りが繰り広げた争い合いから、春秋時代に14の諸侯国が覇を争う情勢となり、さらに兼併戦争を経て戦国七雄の時代に至る過程において、地域ごとの統一が形成された。こうして、秦の大統一の前提が創造されたのである。争覇戦争の中で、分封制は弛緩して郡県制が出現し、奴隷制社会の政治的基礎が動揺した。いくつかの国家は、周囲の部族や小国を併呑し、各族間の遷徙や往来が頻繁に行われ、経済的文化的な連係が強化され、民族の初歩的な融合の基礎が定まった。このようにして、後の漢民族の形成に好都合な条件が創造されていったのである。

二　社会生産の発展と封建的生産関係の出現

現存する文献の記載によると、我が国の鉄器の使用は、春秋時代初期に始まる。『詩経』秦風・駟鉄に「駟鉄孔だ阜いなり」[21]とある。これは古書における最初の「鉄」字の出現であり、馬の色が鉄のようであることを形容している。このことは、春秋時代初期ないし西周晩期に鉄が存在したことを示している。また『国語』斉語には、「美金（銅）は以て剣戟を鋳て、諸れを狗馬に試す。悪金（鉄）は以て鋤夷斤斸を鋳て、諸れを壌土に試す」とある。これは当時、青銅で武器を製造し、鉄で農具や手工業の生産道具を鋳造したことを説明したものである。前513年には、晋国が一鼓（鼓は量器）の鉄で刑鼎を鋳造し、そこに范宣子の刑書を鋳込んでいる。このことから、鋳鉄技術がすでに早期の塊煉法[22]から鋳鉄へと発展していたことが分かる。これは冶鉄技術の大きな進歩であった。

考古学的発見では、春秋時代前期の鉄器として、河南省三門峡市上村嶺鎮の虢国墓から出土した人工の冶鉄製品、甘粛省霊台県の秦墓から出土した銅柄鉄剣などがある。また湖南省長沙市、江西省九江市、江蘇省六合区、山東省青島市、臨淄区、陝西省鳳翔県、河南省新鄭市などの地からは、春秋時代中期や晩期の鉄器が見つかっている。

鉄器が農業に応用されると、鉄犂牛耕が行われるようになった。春秋時代にはすでに犂耕が行われていたが、この犂は耜から発展したものであり、鉄製となった。『国語』晋語の記載によると、宗廟の祭祀における犠牲には「畎畝の勤」[23]が用いられたとある。また、孔子の弟子の司馬耕は字を子牛、冉耕は字を伯牛といった[24]。このように、牛と耕が関連して思い起こされるということは、当時の現実生活の中に牛耕が存在したことを反映するものである。鉄犂牛耕により、農業生産の効率が大々的に向上し、共同体農民はさらに多

21　4頭立ての馬車の馬はみな鉄のような赤黒色で、よく肥えて大きい、という意。
22　鉄鉱石を熱して不純物を除き、鉄を還元する製鉄法。当時は800〜1000℃の低温で鉄を還元していたため、夾雑物が多かった。鋳鉄はより高温で還元されるため、品質が向上した。
23　田畝を耕すことに勤めた牛が犠牲として用いられた。
24　字（あざな）の二文字目は、名と関連のある文字が用いられることが多い。

くの「私田」を開拓することが可能となった。そのため共同体農民は、「私田」に対して労働の関心を向けるようになり、「公田に力を尽く」そうとしなくなった。こうして春秋時代には、各諸侯国の「公田」が荒廃するという現象が普遍的にみられ、貴族たちも共同体農民を利用して「私田」を開墾するようになった。この時期の「私田」には規定は一切なく、売買・交換・抵当が可能で、当初は税を納める必要もなかった。

　奴隷制国家土地所有制のもとでは、礼制の原則により、「天子、上に在らば、諸侯は地を以て相い与うるを得ず」[25]という状況であった。しかし春秋時代に至るとそうではなくなり、しばしば諸侯や貴族と周の天子が「公田」を奪い合い、「公田」を「私田」に換えてしまうという事案も発生した。さらには、辺境の田地や無主の土地を争奪して双方が訴訟し合うという事案も次々と発生した。土地の使用権は頻繁に転移し、「私田」は共同体農民に分け与えられた地という意義は次第に失われ、事実上の私有地へと変質した。各地で井田制が破壊され、「私田」が大量にみられるようになり、共同体農民に対する国家の搾取は、「公田」を助耕するという方法だけでは大いに不足し、各国はそれぞれ賦税制度に関する相応の改革を実施した。

　前685年頃、斉国の管仲は「地を相(み)て征を衰(そ)ぐ」、すなわち土地の良し悪しに応じて異なる額の田税を徴収する制度を実施した。これは、井田内の「公田」と「私田」の境界を打ち破るものであった。前645年、晋は「爰田を作り」、「私田」を定期的に再分配するという西周以来の制度を廃止して、土地を一度のみ農民に分給することとした。各戸の農民は、分配された土地を自ら調整し、ある部分は休耕地とし、ある部分は耕作地としたため、「自ら其の処を爰(か)える」と呼ばれた。この制度により、土地の所有権が固定され、土地が私有制へと転化してゆく重要な転換点となった。この制度から間もなく、晋は「州兵を作」った。「州」は遠郊を指しており、「野」の範囲に属する。これまで「野人」は兵となることはなかったが、この制度により野人もまた兵役に服するようになり、兵の供給源が増加した。前594年には、魯が「初めて畝に税し」、「畝を履みて税」した、すなわち公田・私田を問わず田の面積に応じて一律に税を納めさせたのである。その1年後、魯はまた「丘甲を作」り、丘（十六井を丘とした）ごとに軍賦[26]を出させ、国人の軍賦負担を増加させた。前483年、魯の季康子は「田賦を用」い、田の面積に応じて税額を増加させた。このように各国の統治者たちは、国家の収入を増加させるために賦税改革を行ったが、客観的には土地の私有を認め、井田制の瓦解を促進し、封建的生産関係を出現させることとなった。

　また、奴隷主貴族の中から地主が分化した。彼らは様々な方法で大量の「私田」を占有

25　『穀梁伝』桓公元年より。天子が上に立っている礼制のもとでは、諸侯の土地は天子から与えられたものであり、諸侯同士がその土地を与え合ったりしてはならない、という意。
26　軍事物資や兵士を供出する負担のこと。

し、実物地租の徴収という方法で農民から搾取した。斉の田氏、晋の韓・趙・魏氏、及び魯の「三桓」はこの類である。共同体農民の中からも自作農に転ずるものが現れ、彼らは分配され使用していた土地を占有し、余力を用いて少額の私田を開墾し、次第にそれらの土地に対する所有権も持つようになった。彼らは国家に直接賦税を納入し、また兵役・徭役などを負担した。注目すべきは、この頃に封建的従属関係を備えた、いわゆる「隠民」・「私属徒」・「賓萌」などの農奴に類する人々がみられるようになったことである。例えば魯国の季孫氏は、多くの「隠民」を抱えていた。彼らは新貴の門下に身を寄せ、地租を受けるという形態で搾取された。また「私属徒」は、家兵の性質を帯びるものである。これらの封建的な従属関係は、奴隷制という母体に密かに宿り、育まれていたのである。

この時代、冶鉄業が手工業の新興部門となった。この他、冶銅業・紡績業・製陶業・製塩業・漆器製造業などがいずれも西周時代と比べて発展した。特に青銅鋳造業では、渾鋳・分鋳などの技術が普遍的に用いられるようになり、さらに大型で精美な青銅礼器が鋳造された。河南省新鄭市の春秋鄭国大墓から出土した蓮鶴方壺は、その一例である（口絵10）。

金属貨幣も増加し、早期の商業都市が興起した。斉の臨淄は、早くも春秋時代に都市としての一定の構造を備え、戦国時代に至ると、臨淄城内の人口は非常に多くなり、「袂を挙げて幕と成し、汗を揮いて雨と成る」[27]という状況であった。晋の侯馬故城もかなりの規模を備えている。侯馬故城の範囲内にある牛村古城遺跡の南郊では、冶銅・製骨・製陶などの手工業の工房遺跡が発見されている。また東周洛陽遺跡では、長さ2890mの古城の北壁が発見され、城内からは宮殿区と手工業区が見つかっている。当然ながら、春秋時代の都市はなお興起の段階にあり、規模は大きくはなく、城内には農業人口が多かった。

この時代は、なお官商が支配的地位を占めていたが、私商も現れた。商人の身分や地位は高くはないが、その経済的政治的効果は大きかった。例えば、鄭国の国君は、商人と「爾、我に叛くこと無ければ、我、強賈すること無し」という盟約を結んだ。このことは、統治者と商人とが持ちつ持たれつの関係にあり、政治的同盟を結んだことを反映している。また鄭国の商人の弦高は、東周へ商売に出かけ、その途上で東進して鄭を襲撃しようとする秦軍に遭遇した。ここで彼は、人を派遣して国に報告する一方、鄭の国君の名義により、秦軍を12頭の牛で労い、彼らを落ち着かせ、鄭は秦の襲撃という災難から免れることができた。春秋時代後期には、有名な大商人も現れた。魯の人である子貢は、孔子の最も富裕な弟子であるが、彼は一方では曹・魯の間で売買を行って大きな財を成し、また一方では「駟を結び騎を連ね、束帛の幣を以て諸侯に聘享す。至るところの国君は、庭を分かち

---

[27] 『戦国策』斉策一より。臨淄の道は人であふれ、人々が上げた服の袂がまるで幕のように連なり、揮った汗が雨のように降り落ちる、という意。

て之と抗礼」した[28]とある。范蠡は、もとは越国の大夫で、勾践が呉を滅ぼすのを助けた。後に民間に退き、姓名を変え、陶（現在の山東省定陶県）で商売を営み、「三たび千金を致し」[29]、陶朱公と号した。これらの各地を転々とする大商人の出現は、「工商食官」の制度が打ち破られ始めたことを示している。

三　奴隷・平民の反抗闘争と卿大夫の権力奪取

春秋時代後期には、奴隷制の残酷さや腐敗が余すところなく露わとなった。奴隷主貴族たちは、満たされることなき奢侈への欲望、堕落した生活を際限なく追い求め、奴隷や平民に対する残酷な搾取と極めて重大な政治的腐敗が惹起された。重い徭役と残虐な刑罰により、多くの奴隷と平民は生活が成り立たなくなり、逃亡・多盗・役人や工匠の暴動及び国人の起義など多様な形による闘争が次々と発生した。

奴隷と平民は山林川沢に隠れ潜み、統治者を襲撃し、多くの国家でいわゆる「多盗」問題が発生した。重い徭役と過酷な暴政は、役人や職人の絶えることなき闘争を引き起こし、彼らは或いは逃散し、或いは貴族を殺し、国君を放逐した。前520年、東周の王城で「百工」の反乱が勃発した。闘争は20年にわたって続き、一度は周の敬王を追いやるまでに至った。

奴隷主貴族の政治的腐敗もまた、国人との対立を激化させた。衛の懿公は、鶴を好んで政事を治めず、民の苦しみを顧みず、鶴を「将軍」に封じた。前660年、狄人が侵入してくると、懿公は大臣を派遣して防衛に向かわせようとしたが、大臣は「君、鶴を好む。鶴に狄を撃たしむべし」と言った。懿公はまた国人を防衛に向かわせようとしたが、国人は、鶴は官位が高くて禄も厚いのだから、鶴を呼んで防衛させればよいと言った。その結果、懿公は狄人に殺され、衛は一度滅びてしまった。また莒の紀公は「行の国に礼無きこと多く」と、国人に憎まれて殺害された。前554年、鄭国の執政の子孔は「政を為すや専ら」[30]であり、国人の不満を引き起こし、「子孔を殺して其の室を分ける」[31]こととなった。このように「国人暴動」は、春秋時代における階級闘争の重要な勢力であった。

春秋時代、特に後期の階級闘争は、奴隷制を瓦解させ、封建的要素の生長と生産を促す積極的な効果を生み出した。しかし、当時は諸侯が林立し、互いに隔たり離れているという客観的原因、及び国内の宗族・家族の等級観念が存在したため、奴隷と国人の階級意識

28　『史記』巻129・貨殖列伝より。子貢は4頭立ての馬車に乗り、騎馬の供を従え、絹の束を贈り物とし、諸侯と交際し、どこへ行ってもその国の君主は、彼を対等の礼で迎えた。
29　范蠡は時期を見定める能力にたけ、19年の間に3度にわたって千金もの大金を獲得し、うち2度は貧しい友人や遠い親族に全て分け与えたという。
30　政治で専権を握った、という意。
31　子孔を殺してその家産を分け合った、という意。

は曖昧であり、統一的な規模の起義は形成されなかった。

春秋時代中期以降、奴隷と奴隷主、貴族と平民の間の闘争が発展するにつれ、各国の政権の内部も急激に変化し、いわゆる下剋上の事件が絶えず、私門と公室が陰に陽に競い合い、卿大夫の勢力も盛衰した。こうした闘争の結果、数名の卿大夫が公室に替わって権力を掌握したが、その最も典型的なものが「田（陳）氏代斉」と「三家分晋」、「魯三桓執政」である。

斉国の田氏は、もとは陳国の公子完の後裔であった。斉の桓公の時代、陳の公子完は、陳の公族の内乱を避けて斉に逃れ、田氏（陳と田は古音が通ずる）と称し、斉の「工正」（官府の手工業を管理する官）に任じられた。斉の景公（前547～前490年）は、有効に国を治めたが、声色犬馬を好み[32]、節度なく多額の税を搾取した。これに対し、田桓子は大斗で貸し出して小斗で回収する[33]という方法により、懸命に民心を得ようとした。前489年、景公が死去すると、貴族の国氏と高氏は景公の子の公子荼を国君とした。田桓子の子の田乞は、機に乗じて政変を起こし、国氏と高氏を追いやり、公子荼を殺害し、公子陽生を立てて国君（斉の悼公）とした。また自ら宰相となり、斉の政治の専権を握った。その後、子の田恒（田成子）が引き続き宰相となり、かつて田桓子が大斗で貸し出し、小斗で回収した方法によって民心を得、自身の力を強化した。前481年、田成子は武装クーデターを起こし、斉の簡公と有力な宗族・貴族数家を皆殺しにし、斉の平公を立て、引き続き斉の政治を掌握した。そして前391年、田成子の曽孫の田和が斉の康公を廃し、自ら立って国君となった。「田氏代斉」の権力奪取の過程はここに完成をみたのである。

争覇戦争で晋国を主導した異姓の卿大夫たちは、晋室が絶えず軍事編制を拡充してゆく中で次第に兵権を掌握していった。春秋時代中期に至ると、晋国の政権は六卿によって統御されるようになった。「六卿」とは、范氏・中行氏・知氏・韓氏・趙氏・魏氏を指す。当時、晋国の公室の力は弱く、公室に従属していた民衆はみな「六卿」の門下に身を寄せた。「六卿」の間の争いも相当に激烈なものであった。趙鞅の執政の後、前497年に范氏と中行氏は趙氏に向けて進攻したが、趙氏を首班とする韓氏・魏氏・知氏4家の反撃に遭い、范氏と中行氏は敗れて逃れた。前493年、范氏と中行氏は、鄭・斉両国と連合して再び趙氏に進攻し、いわゆる「鉄（現在の河南省濮陽市西北）の戦い」が起こった。趙鞅は前線で将士に誓詞を発布し、敵に勝ち功を立てた者は、「上大夫は県を受け、下大夫は郡を受く」とし、みな身分等級に応じて褒賞を与え、奴隷は人身の自由を獲得できることを宣布した。こうして多くの将士を鼓舞し、民衆の心を獲得したのである。前490年、趙鞅

---

32 退廃した音曲や女色におぼれ、犬を飼い、乗馬遊びをするという意。奢侈にふけり放蕩の限りを尽くすことのたとえ。
33 農民に穀物を貸し出す際は大きい升で量り、税を徴収する際は小さい升で量った、という意。

は范氏・中行氏に勝利し、両家の土地を分割し、政権は知・趙・韓・魏の４家の手に落ちた。その後、知氏が専権を握ったため、前453年に趙・韓・魏は力を合わせて知氏を滅ぼし、３家で政権を分け合った。前403年、周の威烈王は韓・趙・魏を諸侯として正式に承認した。この事件は、歴史上「三家分晋」と呼ばれている。

「魯三桓執政」の「三桓」とは、魯の桓公の後裔で、魯の荘公の３人の弟、すなわち孟孫氏・叔孫氏・季孫氏の３家を指す。春秋時代中後期には、季孫氏の勢力が次第に強盛となり、魯の成公（在位：前590～前573年）の時代に、遂に季孫氏は専権を掌握した。前562年、「三桓」は魯国の軍事編成を拡充して三軍体制とし、３家がそれぞれ一軍を統率することとした。25年が過ぎ、３家はさらに国君の権力を分割し、三軍体制を二軍体制に改め、それを４つに分け、「四分公室」を実施した。季孫氏はそのうちの２つを有することで魯国の大権を掌握し、叔孫氏・孟孫氏はそれぞれ１つを有した。このように、魯君の土地・人口（軍隊を含む）は全て３家に分割され、公室は経済的にただ３家の貢納によって維持されるのみとなった。魯の昭公を代表とする旧貴族も抵抗し、まず昭公は季孫氏に向けて進攻したが、「三桓」によって追われ、生涯国に戻ることができず、最後は斉で死去した。また前468年、哀公は越国の力を借りて「三桓」を除こうとしたが、失敗した。悼公（在位：前466～前429年）の時代に至ると、「魯は小侯の如く、三桓の家に卑す」のみとなり、公室の没落がここに定まったのである。

諸侯国内における私門と公室の争いは、地主階級による奴隷主貴族からの権力奪取という性質を帯びていた。公室は主に諸侯国の国君を指し、彼らは奴隷主貴族の代表であり、奴隷制の実施を堅持した。私門は主に卿大夫を指し、この中には奴隷主貴族から分化した新興地主階級の代表もいた。長期にわたる争いと歴史的変遷を経て、彼らは経済面では大量の私田と隠民を掌握し、政治面では自身の独立した行政機構と所属の官吏である「家臣」或いは「家宰」を、軍事面では自身の戦車や甲士、歩卒を有した。これらの勢力を有した私門は、さながら独立王国のようであった。公室が私田の賦税を徴収しようとし、私家が経済的政治的地位を絶えず高めようとする中で、公私の間に争い、すなわち大夫兼併が引き起こされたのは必然のことであった。大夫兼併のうち、斉の田（陳）氏、晋の韓・魏・趙氏、及び魯の「三桓」などは、いずれも奴隷主貴族から転化した地主階級の政治的代表である。彼らは権力奪取の過程、或いは奪権後において、基本的には地主階級の願望を反映し、その利益を保護する政策を実施した。彼らが奪権後に樹立した政権もまた、封建政権へと転化していった。

春秋時代、周の天子を大宗とする宗法制は著しく破壊された。諸侯は天子の礼を密かに用いるようになり、大夫も諸侯の礼を密かに用いるようになり、これがありきたりのこととなってしまったのである。西周の「礼治」は実行されなくなり、いくつかの国家は法治

を採用した。こうしてこの時代に、我が国の歴史上最初の成文法が誕生した。前536年、鄭の子産は「刑書を鋳し」、前513年には、趙鞅が「遂に晋国の一鼓の鉄を賦し、以て刑鼎を鋳し、范宣子の為る所の刑書を著」した[34]。范宣子の刑書の内容はすでに失われてしまったが、これは我が国の歴史上、鄭の子産が「刑書を鋳」したことに続く第2の成文法の公布である。成文法が誕生したことは、社会の大きな進歩である。これは過去の「事に臨みて刑を制し、豫め法を設けず」という刑罰の濫用を制限するものであり、人々の社会的地位がある程度向上したことを反映するものである。

第二節　戦国七雄の兼併

一　変法運動と政治改革

　前475年の前後、多くの国家で新興地主階級が相次いで権力を掌握し、兼併戦争を通じて秦・楚・燕・斉・韓・趙・魏の7つの大国が形成された。歴史上、「戦国七雄」と呼ばれている。各国の新興地主階級は、奴隷主貴族勢力にさらなる打撃を与え、封建的経済と政治を発展させ、新たな政権を強固にし、競争力を増強するため、次々と国内で変法運動を展開した。その主なものとして、魏国の李悝の変法、楚国の呉起の変法、そして秦国の商鞅の変法などがあり、このうち商鞅の変法が最も顕著な効果を挙げた。

1．李悝の変法

　戦国時代の初め、魏の文侯（在位：前445〜前396年）は即位すると、礼を以て賢人を迎え、自ら謙(へりくだ)って士として接し、各方面の人材を招き寄せた。彼は李悝を宰相に任用し、変法改革を推進した。まず、世卿世禄を廃止し、「食は労に有り、禄は功に有り」の原則により、功労のある者に一定の職位と爵禄を授与し、一方で国家に功なく、また奢侈な生活をしている人々の世襲的特権を取り消した。次に、農業生産を発展させ、「地力を尽くす教え」[35]を唱え、耕作に努めることを提唱し、穀物の生産量を増加させた。続いて、穀物の価格を調整する「平糴法」を実施した。これは、豊作の年に国家が平価で穀物を買い入れ、凶作の年に平価で販売するという制度で、国家の正常な経済的秩序を維持するものであった。最後に、法律制度を制定し、『法経』を著した。その内容には、盗・賊・囚・捕・雑・具の六篇が含まれる。『法経』は比較的系統化された法典であり、春秋時代以来の成文法を集大成したものである。李悝の変法は、魏国の地主階級政権を強固にし、封建的経済を発展させた。その結果、魏国は戦国時代初期に最初に強盛となったのである。

---

34 『左伝』昭公二十九年より。趙鞅は、晋国の民から鉄一鼓（鼓は量器）を徴収し、刑鼎を鋳造し、そこにかつて范宣子が定めた刑書の文を刻んだ。
35 『漢書』巻24上・食貨志上より。

2．呉起の変法

呉起は衛国の人で、最初は魏に仕え、後に楚に入り、楚の悼王（在位：前401～前381年）に高く才能を買われ、県守から令尹（各国の宰相の位に相当する）に任じられ、変法を主導した。彼は楚国の「大臣太だ重く、封君太だ衆し」[36]という弊害に対し、集中的に政治改革を進めた。第1に、貴族の特権を排除し、貴族勢力に打撃を与え、令を発布して貴族や封君の子孫で3代以上を経ている者の爵禄を回収した。さらに、疎遠な公族をその籍から一律に除き、奴隷主貴族の一部の土地を没収し、土地が広大で人が稀な地域に彼らを遷徙させた。第2に、吏制を整備し、機構を合理化し、支出を節約して兵士を訓練し、軍隊の戦闘力を増強した。呉起の変法では、法令を明らかにし、政治面、経済面において旧貴族に打撃を与えることが重視された。ただし、楚国では旧貴族の勢力が大きく、新法を推し進めることは困難であり、変法は顕著に成功したとはいえなかった。間もなく悼王が世を去ると、呉起は殺害されてしまった。

3．商鞅の変法

東方の諸国に対し、秦国の地は西の辺境にあり、また戎狄の習俗と交わり、社会の発展はやや緩慢であった。秦の孝公（在位：前361～前338年）は即位すると、「諸侯、秦を卑しむ。醜、焉れより大なるは莫し」と痛感し、賢人を求める決心を下し、改革を進めようと志した。こうした背景のもと、商鞅は魏国から秦国へやってきた。

商鞅はもとの名を衛鞅といい、衛国の没落貴族の末裔である。後に秦から商の地に封ぜられたため、またの名を商鞅という。彼は「少くして刑名の学を好み」、魏の宰相の公叔座の家臣となったが、魏王の信任は得られなかった。前361年、秦の孝公が『求賢令』を発布すると、商鞅は魏から秦に入った。孝公は商鞅を左庶長に任じ、後に大良造に昇進させた。商鞅は、前359年（一説に前356年）と前350年に2度の変法を行った。変法の主な内容は以下の通りである。

（1）「阡陌を開きて封疆し」て、土地の売買を認めた。阡陌を開いて封疆するとは、田地の境界を刻むことである。こうして公田と私田の境界を打ち破り、名田制を創設し、井田制の崩壊と封建的土地所有制の確立を法律面から承認したのである。

（2）農業を重んじて商業を抑制し、耕織を奨励した。生産に努め、収穫の多かった者には、本人の徭役を免除した。これに対し、工商に従事し、或いは怠けて貧困となった者は、妻や子供と共に官府に没入され奴婢となった。また、1戸に2人以上の成年男子がいるにもかかわらず分家しないものは、賦税を2倍とし、1家1戸の小農経済の発展を促進し、国家の税収を倍増させた。

36　大臣たちの権勢が強すぎ、領地を賜与された臣（封君）が多すぎる、という意。

(3) 度量衡を統一し、度量衡の標準器を頒布した。今に伝わる商鞅方升は、秦の孝公十八年に重泉（現在の陝西省蒲城県）で配布された標準器である。

(4) 軍功を奨励し、世卿世禄制を廃止した。貴族であっても軍功を立てたことのない者は、貴族の籍に入れず、軍功爵も授与しなかった。軍功爵は20級に分かれ、軍功の大小によって相応の爵位が授与され、爵位の高低に基づき占有できる田宅や臣妾に差があった。こうして封建的等級制が形成された。

(5)『詩経』・『尚書』などの儒家の典籍を焼き、法令を明らかにした。法令は、宮室の前の冀闕[37]で公布された。合わせて「刑に等級無き」ことを明らかにし、貴族であろうと庶人であろうと法を犯せば、同様に処罰された。

(6) 戸籍を編成し、什伍の連座制を設けた。民を五戸ごと（伍）、または十戸ごと（什）の組に分け、告奸・密告を奨励し、密告しなかった場合は腰斬刑に処し、密告した場合は敵を斬ったのと同等の褒賞を与えることとした。

(7) 県制を推進した。秦を31の県に画分し、令・丞を設置して管掌させた。これらの令・丞は中央によって任免された。また東方への発展という需要に応ずるため、前350年に秦は国都を櫟陽（現在の陝西省西安市臨潼区武屯郷）から咸陽（現在の陝西省咸陽市）に遷した。

(8) 風俗習慣をより善く導き、秦国内に残る戎狄の旧俗を除去し、父子兄弟（成人）の同室居住を禁止した。

　前338年、秦の孝公が死去し、太子が即位した。秦の恵文王である[38]。すると公子虔らは、商鞅を「反せんと欲した」として誣告した[39]。商鞅は逃亡せざるを得なくなり、最後は自身の封邑である商で抵抗したが敗れ、車裂という酷刑に処された。

　商鞅は死んだが、秦の法が敗れたというわけではなかった。歴史の潮流に順応し、列国の変法の集大成でもある商鞅変法は、戦国時代で最も長期間継続し、最も広範に及び、最も徹底的に改革された変法運動であった。またこれは秦国の富国強兵の重要な要因となり、秦の始皇帝が中国を統一する基礎を定めたのである。

　戦国時代、各諸侯国は変法を通じ、相次いで封建的集権制を確立した。まず、各国は相次いで国王を首班とする中央官僚機構を創設した。国王を補佐する最高長官は相と将であり、これより文官と武官が分かれていった。

　次に、郡県制が分封制に取って替わった。早くも春秋時代初期には、秦・晋・楚などの

37　冀は記であり、教令を掲示して公布する宮門のこと。
38　即位当初は恵文君と称したが、前325年に王に改称し、恵文王と称した。恵王と略称される。
39　かつて恵王が太子だった頃に法を犯したため、商鞅と孝公は、太子の傅役の公子虔と教育係の公子賈を鼻削ぎの刑と黥刑に処し、太子侍従の祝懽を処刑した、という背景がある。

国々で県が設置され、そのいくつかは国君が直接管轄した。戦国時代には、県は完全に中央が直轄する地方行政機構となった。また戦国時代には郡も出現し始めた。初期の郡は主に辺地に設置され、その機能は軍事的であったが、後に郡の下に複数の県が設けられ、或いは郡が県を統括するようになり、その機能は民事的なものへと拡大した。こうして郡県2級制の地方行政機構が誕生した。

続いて、戦争の規模が拡大したため、兵種にも大きな変化が生じた。歩兵が主となり、騎兵がこれに次ぎ、戦車兵は重要性の低い地位へと下がった。また徴兵制と常備兵が創設された。さらに、青銅製の武器が大きく改良され、鉄製の武器も使用されるようになり、矢を発射する弩機も出現した。

最後に、中央集権的な官僚制が創設され、君主は各級の官僚たちを主に才能によって任命し、その職位は世襲されなかった。また各級の官僚の考課を上計し[40]、監督監察する制度が制定された。推挙や軍功を特色とする官僚選抜制もおおよそ形成された。これはまさに韓非のいう「事は四方に在り、要は中央に在り。聖人要を執らば、四方来たりて効す」[41]である。こうして、秦漢時代の中央集権的封建専制制度の先河が開かれたのである。

二　封建経済の発展と封建的生産関係の確立

封建制が各国で確立すると、生産力と生産関係はさらに適応し、封建経済は飛躍的に発展した。戦国時代中期以降、冶鉄技術はさらに発展し普及した。この時代の鉄器の使用範囲は非常に広く、各地の遺跡から出土した鉄器の中では、鉄製農具が重要な位置を占めている。これまでに出土した鉄製農具には、犂鏵・钁・鋤・鏟・鎌などがあり、これらの農具の種類から、当時は農業生産のほぼ全過程において鉄器が使用されたことが分かる。

鉄製道具の広範な使用は、当時の大規模な水利工事にもよい条件をもたらし、多くの有名な水利工事が実施された。例えば秦は、韓国の水工である鄭国を用い、現在の陝西省涇陽県付近から涇水を東方の洛水まで引く鄭国渠を建設させた。秦国の蜀郡郡守である李冰親子もまた、偉大な水利工事である都江堰の完成を取り仕切り、成都平原では干ばつでも出水があっても収穫を確保できるようになった。

農業生産技術にも多くの進歩があった。犂鏵と鋤が改良されたことで、深く耕せるようになり除草もしやすくなった。牛耕の他に馬耕を用いる地域もあり、労働の効率が大々的に向上した。当時の人々は施肥を重視し、また作物の病虫害を取り除く方法を理解してお

40　戦国時代、地方官吏は1年の治績の状況を年の終わりに国君に報告しなければならなかった。この制度が上計と呼ばれ、秦漢に継承されて完備された。

41　『韓非子』揚権篇より。様々な仕事は四方の群臣たちに行わせ、政治の要点は中央の君主が把握する。聖人が要点をしっかりと握っていれば、四方の臣下たちが集まってきて業績を挙げる、という意。

り、農作物の単位面積当たりの産出量は大きく向上した。

『周礼』考工記によると、当時の手工業は相当に細かく専門分化され、木工は7種、皮工は5種、色工は5種、磨工（玉石工）は5種、搏埴工（陶工）は2種に分かれていた。このような細かい専門分化によって、生産効率が高まり、製品の品質も向上した。

鉄器の使用が普遍化していったのに対し、青銅製造業における礼器は減少していったが、日用品は激増した。銅鏡や帯鉤などが大量に出土することは、こうした状況を反映している。また戦争が頻繁に発生したため、青銅製武器の製造も激増した。青銅の製造技術や風格は、かつてのものと比べて生活に密着したものとなり、以前のような型にはまった重厚な作風は改変され、軽巧な製作、生き生きとした装飾という特徴がある。この他、紅銅の薄片や金糸銀糸を嵌めこむ「嵌鑲紅銅」・「金銀錯」の技術及び表面に鍍金し模様を刻む「鎏金」や「刻紋」の技術も使用されるようになった。

戦国時代には、絹織物業も相当な発達がみられ、有名な斉国の絹織物の他、他国の絹織物にも発達がみられた。南方の楚墓からは、当時の絹織物が立て続けに出土しており、例えば長沙市左家塘44号楚墓から出土した衣衾は計20点以上あり、その大半が錦織である。これらの絹織物は種類が多く、色合いがきらびやかで、紋様も生き生きとしている。ある絳紫細面袷衣は、たて糸とよこ糸の密度が1c㎡当たり160×70本もあり、我が国古代の絹織物技術における奇観と称えられている。

漆器製造業も盛んで、戦国楚墓から最も多くの漆器が出土しており、長沙市・江陵県・随県・信陽市・成都市などの地で発見されている。これらの漆器は紋様が精美で、素地は薄くて軽く、また金属製の耳や紐、足が着いている。このことから、戦国楚の漆器の技術がかなり高い水準にあったことが見て取れる（口絵11）。

当時の手工業には、官営工房と私営工房とがあった。官営工房で生産に携わるのは官奴婢や刑徒、徴用された職人であり、彼らが生産するものの多くは官府や貴族の服務用であり、採鉱・冶鉄・鋳銭・武器製造・製塩・紡績などの工房があった。私営工房の主要生産品は、塩と鉄であった。

戦国時代には、井田制が瓦解し、商品交換が拡大し、市場が活発となり、都市の経済的繁栄が促された。もともと都市は主に政治や軍事の拠点であったが、商業経済的な要素が大きく加わるにつれ、いくつかの都市は名実共に商工業都市となった。例えば斉の臨淄や趙の邯鄲、燕の下都（現在の河北省易県）、楚の郢都（現在の湖北省江陵県西北の紀南城）などは、いずれも当時の有名な都市である。（図3-1）。

当時、商品交換の発展による需要から、金属貨幣が広範に使用された。貨幣の流通は商業の繁栄を促進し、多くの富商大賈が戦国時代の歴史の舞台に登壇した。魏国の大商人である白圭は、よく「時変を観るを楽しみ」、「人弃つれば我取り、人取れば我与え」る[42]と

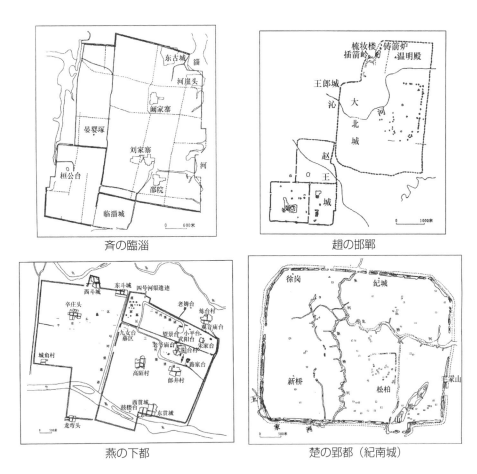

図 3-1　春秋戦国時代の列国の都城図
（中国国家博物館編『文物春秋戦国史』中華書局、2009 年版、86・87・88・93 頁の図より）

いうような、もっぱら投機的な交易を行い、大量の財を集めた。

　戦国時代には、地主階級も歴史の舞台に上った。最初の地主は、一部の奴隷主貴族が転化した者であった。また、軍功を立てた将士たちも「論功行賞」により地主階級の一部となった。土地の売買は地主土地所有制のさらなる発展を促し、いわゆる「賈田」が行われるようになった。これにともない、大商人や高利貸は商業の利益を土地に換え、ほしいままに土地を兼併し、彼らもまた地主階級に転化していった。

　この時代、封建的生産関係は確立されたばかりであり、奴隷制の残滓も依然として大量に存在した。奴隷には官奴・私奴の２種があり、彼らは主に手工業と商業に従事し、農業生産に従事する者もあった。富商大賈も大量の奴隷を占有しており、奴隷を売買する市場も現れた。『周礼』地官・質人にある「成市の貨賄・人民・牛馬・兵器・珍異を掌る」と

42　白圭は、商売の時機の変化をよく観察し、世人が捨てて顧みないものを買い取り、世人が買いあさるようなものは売り払った。

いう記載は、戦国時代の都市の市場で、「人民」（奴隷及び自らを売って奴となった貧民）が牛馬と同様に扱われ、一般の物品として共に売られていたことを示している。

三　兼併戦争と秦王政の中国統一

戦国時代は、戦争が絶えることがなかった。まず大国が小国を併呑する戦争、ついで大国間の兼併戦争が起こり、戦争はますます苛烈となり、最終的に斉・楚・燕・韓・趙・魏・秦の七雄が形成された。七雄の中で最初に覇を争ったのは、魏と斉の2国である。

1．魏と斉の覇権争い

李悝の変法後、七雄の中で魏国が最初に強大となり、恵王（在位：前369～前319年）の時代に国力が最盛となった。斉国は威王（在位：前356～前320年）の即位後、人材を探し求め、改革を実施し、国勢は日増しに強盛となった。斉の強大化により、魏との衝突は必至となり、遂には歴史上「桂陵（現在の河南省長垣県北）の戦い」と呼ばれる戦国時代最初の大戦が勃発した。この戦争は、魏と趙が衛国を奪い合ったことで引き起こされた。統帥の田忌と軍師の孫臏が指揮する斉軍は、桂陵で魏軍を大いに破った。我が国の歴史上有名な「魏を囲みて趙を救う」[43]という戦例は、この戦争で生まれたものである。

桂陵の戦いで魏は敗れたが、恵王は間もなく情勢を立て直した。前344年、魏は12の諸侯を逢沢（現在の河南省開封市南）に集めて会盟を行い、その後、諸侯を率いて孟津で周の天子のもとに参内し、あたかも中原の覇者のように振る舞った。

前342年、魏は韓を攻め、韓は斉に急を告げた。斉の威王は再び田忌と孫臏を派遣し、軍を率いて魏を攻撃させ、韓を救援した。孫臏は、兵を退きつつ炉の数を減らしてゆき、敵を深く誘い込み、伏兵を設けて殲滅するという戦術を採り、魏軍を斉国の伏兵の包囲の中に陥れた[44]。魏軍は全滅し、魏の太子申は捕えられ、魏の将龐涓は自殺した。歴史上、「馬陵（現在の山東省范県西南）[45]の戦い」と呼ばれる戦役である。このようにして、魏と斉が均衡する情勢が形成された。前323年、秦・斉・楚の3大国の連合に対抗するため、魏の将公孫衍は、魏と韓・趙・燕・中山の5国が互いに王と称することを呼びかけた。この「五国相王」と前後して、重要な諸侯国はみな相次いで王と称するようになった。これは戦国時代の政治情勢における重大な変化である。

2．合従連衡

各国の力が絶えず変化したため、七雄は強国や弱小国を問わずみな自身の盟友を探し求

43　魏は初め、趙に進攻し、都の邯鄲を囲んだ。斉は田忌と孫臏を救援に向かわせ、彼らは直接魏の都の大梁を攻撃した。そのため魏軍は本国に戻り、邯鄲は救われることとなった。
44　孫臏は、軍を退かせながら毎晩陣に設ける炉の数を日に日に減らしてゆくことで、斉軍の兵が逃亡してどんどん減っていると思い込ませ、一方で伏兵を設け、追撃してくる魏軍をその包囲の中に陥れた。
45　他に現在の河北省大名県東南、山東省郯城県馬陵山とする二説がある。

めた。こうして外交上及び軍事上において、合従連衡の需要が生まれたのである。いわゆる「合従」とは、「衆弱を合わせて以て一強を攻」めること、「連衡」とは、「一強に事えて以て衆弱を攻める」ことであり、他国を兼併することを目的とした。「連衡」政策を唱道したのは魏の張儀である。

　一連の合従連衡の争いを経て、斉と秦が東西の二強となった。彼らは自らの至尊の地位を高めるため、前288年に秦の昭王（在位：前306～前251年）は自ら帝を称して西帝となり、斉の湣王（在位：前301～前284年）を尊んで東帝とした。秦・斉が共に帝となったことは、戦国史上の重大な事件である。斉・秦が帝を称して間もなく、蘇秦が燕から斉にやってきた。蘇秦は、東周の洛陽の人であり、合従策を唱えた代表的人物である。彼は燕の昭王（在位：前311～前279年）の側近として、斉で離間工作を行った。蘇秦は一方で、積極的に合従を組織して秦を討ち、もう一方では斉と趙の関係を挑発し、斉に宋を滅ぼさせ、斉の四方に敵を作り、燕の昭王が燕国を振興する「大業」を成就した。蘇秦は斉の湣王に帝号をやめ、秦を討ち、宋を討つよう説き、湣王は蘇秦の意見を受けて帝号をやめて王を称した。

　前287年、蘇秦は遊説して斉・趙・韓・魏・燕の5国の合従を組織し、秦を討った。しかし5国はそれぞれ二心を抱き、進展を求めず、軍を退き返さざるを得なくなり、帰還した。この行動は戦果を挙げられなかったが、秦に帝号の廃止を迫ることとなった。

　蘇秦は燕の昭王の命を受け、宋を攻めるよう斉の湣王をそそのかした。その意図は、戦火を南方に向かわせ、また斉を孤立させることにあった。その結果、斉は蘇秦の計に嵌まってしまった。前284年、秦の昭王は韓・趙・魏・燕と合従を組織して斉を討ち、燕の将の楽毅がこれを統帥した。連合軍は、済西（現在の山東省聊城市の南）で斉軍を大いに破った。斉の湣王は莒に逃れ、後に楚の将に殺された。その後、斉国は田単のもとで失地を回復したが、勢力は大いに損なわれ、もはや秦の対抗相手ではなくなった。

3．長平の戦い

　前266年、秦の昭王は范雎を宰相に任用し、彼の「遠交近攻」の策を採用して国力を増強した。このとき、三晋のうち趙国は、武霊王（在位：前325～前299年）の軍事改革を経て「胡服騎射」を身に付けた騎兵が発展し、北地を開拓し、秦に対抗しうる唯一の国家となった。前262年、秦と趙が韓の上党郡を争奪したことで、「長平（現在の山西省高平市西北）の戦い」が勃発した。秦は離間の計を用い、趙王が老将の廉頗に代えて紙上で兵を談じることに優れた趙括を任用するよう仕向けた。その結果、趙軍は糧道を絶たれ、長平で包囲された。秦の将白起は、趙軍を捕虜とし、その兵士など40万人を穴埋めにした。長平の一戦により、趙は甚大な損失を被り、再び秦に対抗することはなかった。

4．秦王政の親政と中国統一

秦の昭王の末年には、秦国は広大な領域を擁し、西は現在の甘粛と四川、南は湖北と湖南、東は河南中部と河北南部、北は山西と陝西北部に達していた。秦国の国力は引き続き増強され、領域も拡大し、中国統一の基礎は固く定められていた。

前247年、荘襄王が病死し、13歳の太子嬴政（在位：前247～前210年）が即位した[46]。まだ幼少であったため、国政は相国の呂不韋が掌握した。その後、太后の恩寵を得た長信侯の嫪毐が朝政に干渉した。秦王政の九年（前238年）、22歳となった嬴政は親政を開始した。嫪毐は宮中での乱れた行為が露見すると、兵を挙げた。秦王政は果断に嫪毐の反乱を平定し、呂不韋を自殺に追いやり、卓越したリーダーとしての才能を示した。

秦王政は、客卿の李斯や尉繚などを任用し、遠交近攻、分裂瓦解の策を採用し、六国合従の局面を打ち破り、各国の君臣関係を離間させ、兵を発して六国を蚕食していった。秦王政の十七年、統一に向けての戦いが正式に発動された。秦軍は破竹の勢いで、僅か10年間に韓（前230年）、趙（前229年）、燕（前227年）、魏（前225年）、楚（前224年）、斉（前221年）を相次いで滅ぼし、秦王政の二十六年（前221年）に全国を統一した。こうして、長期にわたって列国が割拠し混戦を繰り広げた局面が終息し、中国史上最初の統一された多民族からなる専制主義中央集権の封建国家である秦王朝が創建されたのである。

秦の統一は、歴史の発展における必然の趨勢であった。250年以上にわたる戦国時代は、兼併戦争が絶えず、人民は深刻な災難を被った。相手の力を削減するため、各国は次々と関所を設置し、災いを他者に押し付けたため、互いの交通と貿易、経済発展は阻害されていた。各国の変法の推進と社会の全面的な転変が進むにつれ、経済は急速に発展し、各地域の連係は日増しに密接となった。人々は、兼併戦争と分裂の局面が早く終息し、経済発展と文化交流を妨害する障害が取り除かれることを渇望していた。ここにおいて、統一が歴史の大勢の赴くところ、人心の向かうところとなったのである。また中原と周辺地域の各民族の初歩的な融合は、多民族国家が形成される必要条件を整えた。戦国七雄の中で多くの面で優勢であった秦国は、中国の統一という歴史の使命を実現したが、これは中華民族はもちろん、世界史の発展においても重大な意義と深遠な影響を備えている。これより、統一的多民族国家の形態が長期にわたって続き、幾度も分裂時代を経るものの、統一こそが終始中華民族の歴史発展における主流となったのである。

46　歴代王朝の皇位継承は、当年中の改元は少なく、多くは翌年に改元される。本書では、年号紀元を対応させるため、在位年をみな「改元の年～没年」で表記する。

第三節　春秋戦国時代の思想文化と科学技術

　春秋戦国時代、中国史上最初の壮大かつ変化に富んだ思想解放運動が出現し、思想・史学・文学・芸術が大きく発展した。これらは中国伝統文化の豊かな源泉となり、後世に深遠なる影響をもたらした。

一　諸子百家

　春秋戦国時代、封建的社会経済の発展にともない、階級関係にも新たな変化が生じた。特に、学は官府に在りという状況が打ち破られ、私学が興起したことで、文化が繁栄するための有利な条件が創り出された。激烈な社会の大変動に直面し、様々な背景を擁し、様々な階層や集団に属する知識人たちは、各自の階級や階層或いは集団の利益を代表し、自身の観点や考えを次々と発表した。各国の新興の統治者たちは、自身の統治にとっての利益の需要から、礼を以て賢人を迎え、また謙って士と接するなど、人材を招き寄せ、治国の策や思想的な代弁者を探し求めた。こうして「百家争鳴」が繁栄する情勢が形成されたのである。漢代の歴史家である司馬遷の父司馬談は、『論六家要指』において戦国時代の諸子百家を陰陽・儒・墨・名・法・道徳の6家に概括している。また『漢書』芸文志が引用する劉歆『七略』の諸子略は、これを儒・道・陰陽・法・名・墨・縦横・雑・農・小説家の10家に分けている。以下、主に道・儒・墨・法の4大家及び2部の重要な兵書を紹介する。

1．道家

　道家の創始者である老子は、中国古代における傑出した哲学者・思想家である。姓は李、名は耳、また老聃と呼ばれ、楚国苦県厲郷曲人里（現在の河南省鹿邑県）の人である[47]。老子は、孔子とほぼ同時代の人で、孔子よりもやや年長である。もとは周の守蔵史[48]であったが、晩年は楚に隠居した。現存する『老子』は、『道徳経』ともいい、凡そ5000言、成書年代はおおよそ戦国時代初期であり、「道」経と「徳」経の上下2編に分かれる[49]。

　老子の政治的理想は、「小国寡民」の社会であり、「隣国相い望み、鶏犬の声相い聞こゆるも、民は老死に至るまで相い往来せず」というものであった。彼は仁義に反対し、また法治にも反対であり、雑事に煩わされない「無為」を唱え、無為をもって「為さざるは無し」に到達するとした。「道」は老子の思想の核心であり、「之を視れども見えず」、「之を

---
[47] 一説に、安徽省渦陽県の人。
[48] 書庫の管理を務める役人。
[49] 1972年に長沙馬王堆漢墓から出土した帛書の『老子』は、「徳」経が前、「道」経が後にある。

聴けども聞こえず」、「之を搏うるも得ず」、「状に名づくべからず」という一種の精神の実体である。これは形体のない虚無であるため、「常無」とも呼ばれる。また老子は、「天下の万物は有より生じ、有は無より生ず」、「道は一を生じ、一は二を生じ、二は三を生じ、三は万物を生ず」と考えた。無—有—万物は、老子の「道」を核心とする客観的唯物主義の思想体系である。ただし老子は、矛盾対立する事物の双方は、互いに転化し得ると考え、「有無相い生じ、難易相い成し、長短相い形り、高下相い傾け、音声相い和し、前後相い随う」、「禍は福の倚る所、福は禍いの伏す所」とした。これは老子の思想の最も重要なところであり、素朴な弁証法的思想を備えている。

　荘子は、中国古代の偉大な思想家・哲学者・文学者であり、道家思想の主要な創始者でもある。荘子は、名を周といい、宋国蒙（現在の安徽省蒙城県）の人である[50]。荘子は郷里で漆園を管理する小吏であったが、魏の宰相の恵施と深い交友があった。後に楚の威王の招聘を断り、隠居生活を過ごした。

　荘子の思想は、老子の思想を発展させたものであるが、「道」の解釈に神秘性が加えられている。彼は「道」は「天地に先んじて生」じた「非物」であり、精神的なものと考えた。また、老子の対立と転化に関する考えを極端にし、大小・長短・貴賎・美醜・成毀など一切の差別は存在しないとして「同異を別たず」、「万物一斉」という相対主義へと向かっていった。彼は「是非を斉しくし」、「万物を斉しく」することを提唱して「物我を斉しくす」という命題に到達し、「天地も我と並び生じ、而して万物も我と一為り」と宣揚し、人々を神秘主義の境界へと引き入れ、最終的には不可知論へと導いた。

2．儒家

　孔子（前551～前479年）は、儒家の創始者である。名は丘、字は仲尼といい、魯国陬邑（現在の山東省曲阜市）の人で、没落した宋の貴族の家庭に生まれた。若い頃に倉庫を管理する小吏（委吏）や牛羊を管理する小吏（乗田）となり、50歳前後で魯の中都の宰や司寇となった。その後、彼は弟子を引き連れて列国を周遊し、自身の思想を宣伝した。最後は魯国に戻り、教育と文化的典籍の整理に従事した。『論語』は、孔子の門徒が師の言行を記録した語録であり、孔子の思想を研究するための最も基本的な資料である。

　孔子の思想の核心は、「仁」である。孔子は、「仁」は人と人の関係を取り計らう最高の行動基準・道徳規範であり、その中心的な内容は「人を愛する」ことと考え、その意味を押し広めて「己の欲せざる所、人に施すこと勿れ」、「己を立てんと欲して人を立たしめ、己を達せんと欲して人を達せしむ」と説いた。また孔子は、「生を求めて以て仁を害することなく、身を殺して以て仁を成すことあり」という「志士仁人」を人格の基準として提

50　一説に、河南省商丘市の人。

唱した。さらに「恵して費えず、労して怨みず、欲して貪らず、泰にして驕らず、威にして猛からず」を「君子」の行動規範とした。彼は統治者に仁徳による政治の実施を求め、「之を導くに徳を以て」し、「之を斉うるに礼を以て」し、残虐な行為に反対した。また彼は倹約を唱え、「民を使うに時を以て」し、富貴によって暴威を奮うことや、富の不均衡に反対した。孔子のいう「仁」は、往々にして「礼」と共に連係する。「仁」は礼の核心であり、「礼」は「仁」の表現形式であり、両者は互いに助け合って発展するものと考えられた。当時の激烈な社会の変革に直面し、彼は「己に克ちて礼に復るを仁を為す」と唱えた。孔子が追求した「礼」は、周の礼であり、すなわち尊卑に区別のある等級制度であった。彼が「礼に復る」とした基準は「名を正す」ことであり、君は君、臣は臣、父は父、子は子という三綱五常の道に到達することで、各々が名分に応じ、職責に忠を尽くし、天下の大乱を防止することであった。孔子の政治思想は、やや保守性を帯び、「郁郁として文なるかな、吾は周に従わん」という考えを堅持し、春秋時代に生じた社会変革には賛同しなかった。

　孔子は天命を認めたが、商周の伝統的な天命観とは異なるところがあった。すなわち、天を自然の規律の運行とみなし、「天何をか言うや。四時行われ、百物生ず。天何をか言うや」と考えた。彼は鬼神に対しても「子は怪力乱神を語らず」、「鬼神を敬して之を遠ざく」、「未だ人に事うること能わず、焉んぞ能く鬼に事えん」という保留の態度をとった。これらのことから、孔子の考える神鬼とは、過去の人々が認識したように全てを決定し、全てを支配するものではなかったことが分かる。

　孔子はまた、我が国の古代における偉大な教育者であり、「学は官府に在り」という伝統を打ち破り、私学を創立し、「教え有りて類無し」と唱え、教育の範囲を広げた。孔子はその人に応じた教育を施し、順を追って進めること、発見的教授法などの理念や方法を積み重ねた。こうして「学びて時に之を習う」、「学びて思わざれば則ち罔し、思いて学ばざれば則ち殆うし」、「故きを温ねて新しきを知る」、「道に聴きて途に説くは、徳を棄つるなり」、「事毎に問う」、「三人行えば、必ず我が師有り。其の善き者を択びて之に従い、其の不善なる者は之を改む」、「学びて厭わず、人を誨えて倦まず」、「敏にして学を好み、下問を恥じず」、「之を知るを之を知ると為し、知らざるを知らざると為す。是れ知るなり」などの、現在に至るまで人口に膾炙した学習方法や学習態度に関する名言が唱えられたのである。孔子は、『詩』・『書』・『礼』・『楽』・『易』・『春秋』[51]を教材とし、孔子とその後学は、これらの典籍を整理・記録した。このことは、古代の文化の保存と伝播における貢献として傑出したものである。

　戦国時代の儒家を代表する重要な人物としては、孟子と荀子がいる。

　孟子（前372〜前289年）は、名を軻といい、魯の鄒邑（現在の山東省鄒県）の人であ

り、孔子以後の儒家の重要な継承者である。彼は孔子の孫の子思から教えを受け、自身を儒家の正宗と任じ、その生涯を主に教育者として送った。また宋・滕・薛・鄒・魏・斉の諸国に遊説し、魏の恵王、襄王、滕の文公らに謁見し、自身の政見を述べ、斉の宣王の客卿となった。晩年は引退して鄒に居住し、書を著して自らの説を立てた。その言論は『孟子』として整理されている。

孟子の政治思想は、主に孔子の「仁」を継承し、これを「王道」・「仁政」の学説に発展させたものである。彼は「王道」を唱えて「覇道」に反対し、春秋戦国時代の争覇戦争に反対した。また統治者は「徳を以て人を服する」べきであり、「力を以て人を服する」べきではなく、「仁政を行いて王たる」べきであると考え、「道を得る者は助け多く、道を失う者は助け寡(すく)なし」という箴言を唱えた。孟子の「民を貴と為し、社稷之に次ぎ、君を軽しと為す」という言論は、歴代の民本思想の淵源となった。孟子は人々の道徳修養を重視し、「富貴も淫する能わず、貧賤も移す能わず、威武も屈する能わず」という浩然の気を提唱し、樹立した。

荀子は、名を況といい、趙国の人であり、また荀卿とも呼ばれる。かつて斉の稷下の学官に遊学し、秦を訪れ、趙で兵について議論し、後に楚に至り、春申君のもとに身を寄せ、楚の蘭陵（現在の山東省蒼山県西南の蘭陵鎮）県令に任じられた。晩年は家で書を著し、老いて楚で死去した。『荀子』は彼の代表作である。

荀子は、万物はみな物質の「気」から構成され、「天地の変、陰陽の化」の結果であると考えた。彼は天もまた自然現象の天であり、「天に常道有り、地に常数有り」、「天行常有り、堯の為に存せず、桀の為に亡びず」とし、社会や政治の善悪の影響は受けないと考えた。彼は、人々は実践活動の中で自然界の客観的な規律を認識し、すなわち「天を知る」ことで、それを自身の服務に利用することを唱え、これを「勘天」と呼んだ。またこれを一歩進めて「天命を制して之を用うる」ことを唱え、天人関係における人の主観的能動性を強調した。荀子はまた「形具わりて神生ず」、すなわち、まず身体があって後に精神があり、精神は身体に従属するという考えを唱えた。政治思想の面では、荀子は人の本性は悪であると主張し、後天的に抑制すべきであると強調した。彼のいう「礼を隆(たっと)ぶ」とは、

---

51 『詩』すなわち『詩経』は、我が国最古の詩歌の総集である。『書』すなわち『尚書』は、古代の歴史文献を集めて編纂したもので、28篇が世に残っている（近年また新たな発見があった）。『礼』は『儀礼』を指し、後の『礼記』・『周礼』と合わせて「三礼」と呼ばれ、古代社会の儀礼の規範を記録したものである。『楽』すなわち『楽経』は、すでに失われてしまった。『易』すなわち『易経』は、古えの人々が占卦に用いた書で、八卦の配列と組み合わせが述べられ、哲学思想が豊富に含まれている。孔子及びその弟子や再伝弟子は『易伝』を作り、『易経』の事理を説き明かした。『春秋』は、魯国の編年体の史書である。後に『左伝』・『公羊』・『穀梁』の三伝の解釈書があり、『左伝』が最も有名である。これら六部の典籍は、「六経」と総称され、このうち五経（『楽経』が失われたため）に『大学』・『中庸』・『論語』・『孟子』を加えて「四書五経」と総称される。これらが儒学の基本の経典である。

実は「礼表法裏」であり、礼と法を統一し、「貴賤に等有る」封建的等級制を擁護するものであった。君主と民の関係については、荀子は「君なる者は、舟なり。庶人なる者は、水なり。水は則ち舟を載せ、水は則ち舟を覆（くつがえ）す」といっている。荀子は法家思想の一部の内容を吸収し、儒家の思想をさらに一歩発展させたのである。

3．墨家

墨家の創始者である墨子は[52]、戦国時代の著名な思想家・教育者・兵法家・科学者であり、また社会活動家である。名は翟といい、魯国の人（宋国の人とする説もある）で、自らを「賤人」と称し、職人を経て、後に宋の大夫となった。現存する『墨子』には、墨子及びその後学の思想が反映されている。

墨子は当時、大きな影響力を持っていた。彼は「兼愛」・「非攻」・「尚賢」・「尚同」・「節葬」・「節用」・「天志」・「明鬼」などの思想を唱えた。このうち「兼愛」は、彼の政治思想の核心であり、貧富貴賤の区別なく、互いに「兼ねて相い愛し、交（こもご）も相い利する」ことである。「兼愛」に達する境地として、墨子は「力有る者は疾（はや）く以て人を助け、財有る者は勉めて以て人に分かち、道有る者は勧めて以て人に教う」ことを唱えた。また彼は義なき戦争に反対し、「非攻」を唱えた。

墨子はまた、「尚賢」を唱えた。彼は「官に常貴無く、民に終賤無し」と考え、「農と工肆の人」に政権を開放するよう提唱し、「農と工肆の人、能有らば則ち之を挙げ、高く之に爵を予（あた）え、重く之に禄を予う」ことを唱えた。これは、「尊卑に序有る」世卿世禄制度に対する挑戦であった。その主張から見るに、墨子は小生産者の代弁者であったといえよう。墨家は宋に始まり、魯から楚と秦へと伝播した。しかし統治者たちの支持を得られなかったため、秦漢時代以降は衰微の道をたどった。

4．法家

韓非（およそ前280～前233年）は、戦国時代の法家思想を集大成した人物である。韓の貴族出身で、李斯と同じく荀子の学生であった。その後、韓から秦に入り、彼の思想は秦王政に高く評価されたが、後に秦で誣告を受けて服毒自殺に追い込まれた。『韓非子』は彼の代表作である。韓非以前は、法家は法・術・勢の3家に分かれていた。「法」家の一派は、春秋時代後期における鄭の子産や鄭析らの思想に兆しが見える。李悝と商鞅の2人は、法家の学説の基礎を固め、これを継承した人物であり、また強力な実践者であった。彼らは、成文法を世に頒布することを強く提起した。「術」の一派は、道家と墨家を源とし、韓の申不害を代表とする。彼らは、国君が臣民を制御する権謀を強調した。「勢」の一派の学説を代表するのは、斉国の稷下の学官に遊学した慎到であり、君主が民衆を統治する

52　孫詒譲『墨子間詁』の附録『墨子年表』は、墨子の生年を前468年、没年を前376年とする。

権勢を握るべきことを唱えた。韓非はこの3家の思想を融合し、完成された新たな法家思想の体系を創始したのである。

韓非の歴史観は、儒・道・墨の各家とは異なるものであった。韓非は、社会の発展を「上古」と「中世」、「当今」の3段階に分け、それぞれの異なる特徴を指摘した。彼は「世異なれば則ち事異なる」、「事異なれば則ち備変ず」と唱え、統治者は形勢の変化にともなって相応の措置を採るべきとした。また、「当今の世」は「気力を争う」ことが必須であると考えた。彼は復古の思潮を断固として批判し、「後王に法る」ことを唱え、復古派は株を守って兎を待つ愚かな人間であるとそしり笑った。これらの思想は、実権を握る新興地主階級の需要にうまく適合し、秦王政の採用するところとなったのである。

5．『孫子兵法』と『孫臏兵法』

『孫子兵法』は、我が国最古の兵書であるのみならず、世界最古の兵書であり、多くの国の言語に翻訳され出版されている。この書は、春秋時代晩期の斉の人・孫武の著作と伝えられる。孫武は、字を長卿といい、斉の内乱のため呉へ逃れ、伍子胥の推挙を受け、呉王闔閭に将として重用された。孫武は、我が国古代の偉大な兵法家であり、彼の著した兵法13篇は、今に至るまで残っている。1972年、山東省臨沂県の銀雀山漢墓から『孫子兵法』の竹簡が発見され、このうち13篇は伝世本と基本的に同じであった。この他、「呉問」など現存の史籍に見えない佚文[53]も発見されている。『孫子兵法』は、軍事の重要性を強く唱え、「兵は国の大事にして、死生の地、存亡の道なり。察せざるべからざるなり」と指摘し、また「彼を知り己を知れば、百戦して殆うからず」という普遍的な軍事法則を掲げ、「実を避けて虚を撃つ」、「其の備え無きを攻め、其の不意に出ず」などの一連の作戦の原則を唱えている。この書では、作戦において敵と我・攻守・勝敗・虚実・奇正など、対立する両者を注意深く観察することが特に強調されている。これは、燦爛たる光芒を放つ初歩的な軍事弁証法的思想である。

『孫臏兵法』は、戦国時代の書で、孫武の後裔である孫臏の著作である。本書は失われて久しかったが、銀雀山漢墓から『孫子兵法』と『孫臏兵法』の竹簡が同時に出土したことで、『孫臏兵法』が再び世に現れることとなった。その内容は、孫武の軍事思想を継承し発展させたもので、特に戦国時代の戦争の実践経験を総括し、多くの深い見解が述べられている。

53　かつて存在していたが、現在は伝わらない文章のこと。

二 文学と史学

1．文学

『詩経』は、我が国最古の詩歌の総集である。風・雅・頌の3つの部分に分かれ、計305篇ある。風は、主に民謡であり、多くは西周末年や春秋時代前期の作品で、15の国風がある。雅は、宮廷の楽曲であり、大雅と小雅に分かれる。頌は、廟堂の祭祀における頌歌であり、「周頌」・「魯頌」・「商頌」が含まれる。『詩経』では、賦・比・興の3種の基本的な表現手法が運用され[54]、音律は整然と調和し、言葉も豊富かつ優美で、芸術的に高度に完成されたものである。後に孔子の刪定を経て、後世に伝わっている。

散文には、歴史散文と諸子の散文の2種がある。『左伝』・『国語』・『戦国策』は、いずれも有名な歴史散文の代表作である。『孟子』・『荘子』・『荀子』・『韓非子』などは、有名な諸子の散文で、これらは文章が流暢であり言葉が豊富で、論理性が強く、諷喩と比興に長ずるという特徴がある。

屈原の楚辞は、戦国時代の文学作品を代表する卓越した成果である。屈原は、名を平といい、楚の貴族の出身で、楚の懐王の時代に左徒に任じられた。しかし彼の政治的主張は楚国に採用されることはなく、不遇をかこち、楚王に追放された。そして前278年の農暦5月5日に、汨羅江に身を沈めたと伝えられている。屈原は、我が国の古代における愛国思想を備えたロマン主義の大詩人であり、彼が創始した楚辞の文体は、我が国の文学史上で重要な地位を占めている。楚辞は、当時の南方の楚国における文学の体裁であり、民間の歌謡を大量に取り入れ、想像力に富んだ多くの神話伝説を用い、我が国の文学史上最古のロマン主義の流派を形成した。楚辞の中で最も重要な作品は屈原の『離騒』であり、このため楚辞は騒体とも呼ばれている。屈原の作品と伝えられるものは25篇あり、『離騒』・『天問』・『九歌』などが最も有名である。屈原の他、楚辞の有名な作者として宋玉がいる。

2．史学

『春秋』は、孔子が魯国の歴史をもとに修訂した編年史である。この書には、魯の隠公元年（前722年）から哀公十四年（前481年）までの魯国の歴史を主とする重大な歴史事件が記され、簡潔な文章、寄寓褒貶[55]という特色を備えている。

『左伝』も編年史であり、春秋時代の左丘明が著したと伝えられ、『春秋』を解釈した作品と考えられている。記事は隠公元年に始まり、哀公二十七年までである。その記事・記言[56]は、『春秋』よりも詳細であり、史料的価値が高い。

---

54 「賦」は詳しく叙述すること、「比」は比喩・比擬、「興」はまず他の物を述べて発端とすることで、詠まれる詞を呼び起こすこと。また即興・起興の意もある。
55 簡潔な言葉や文字の中に、毀誉褒貶などの深い意味を隠す表現方法をいう。孔子は、『春秋』の用字の微細な使い分けに毀誉褒貶の歴史批評の意を込めて作成したとされる。

『国語』は、我が国の古代における最古の国別史である。「国」ごとに分類され、記言を主とし、周・魯・斉・晋・鄭・楚・呉・越の8語に分かれ、主に春秋時代の列国の史事が記されている。

　『戦国策』は、戦国時代の遊説の士が代々伝習し、随時増補され編録された総集であり、前漢末年に至り、劉向が編集して完成させた。この書は、『国語』と同様に記言を主とし、東周・西周・秦・斉・楚・趙・魏・韓・燕・宋・衛・中山の12国策に分かれ、戦国時代の史事が保存され、文辞は生き生きとしている。この書もまた、失われざる文学の名著である。

三　芸術・スポーツと娯楽活動
1．絵画
　戦国時代における絵画の成果は、主に銅器・漆器の装飾や帛画[57]に表れている。河南省汲県で出土した水陸攻戦紋銅壺は、表面に40組の図像が鋳込まれ、格闘・射殺・漕舟・撃鼓・慰労賞賜・送行など様々な人物の様子が表現されている。この時代の銅器や漆器の装飾は、人物や動物の描写に力が入れられ、以前の単純な図案から写実を重視するようになってきている。

　戦国時代の帛画は、これまでに2点発見されている。1点は、長沙市陳家大山楚墓から出土した『龍鳳人物帛画』（長さ31cm、幅22.5cm）、もう1点は、長沙市子弾庫楚墓から出土した『人物御龍帛画』（口絵12）である。これら2幅の帛画は人物を主体とし、その大意は、神仙によって霊魂が導かれ、天に昇るというものである。画面に描かれた人物の姿や表情、天のはてを飛ぶ表現の境地は、絵画史上において重要な地位を占めている。

2．音楽
　春秋戦国時代の墓葬からは、大型編鐘[58]のセットが数十件出土している。例えば、湖北省随県の曾侯乙墓から出土した楽器は124件という多さで、このうち編鐘が65件、編磬[59]が32件あり、鐘架は上・中・下の3層に分かれている。これらの編鐘は、現在までに知られている中で世界最古の12種の音階を備えた特大型の定調の楽器である。

3．スポーツと娯楽活動
　スポーツは、往々にして軍事訓練・狩猟活動と関係があり、西周以降、射御の術が貴族

56　記事は、君主の行いや国家の事柄の記録、記言は、言論の記録のこと。古えの君主には、その言行を記録する史官がおり、左史は言葉を記録し（記言）、右史は行動を記録した（記事）とされる。
57　絹布に描かれた絵のこと。紙が発明される以前、紙の代わりに絹布が書写材料として用いられた。
58　中国の伝統的な打楽器で、ベルの形をした青銅製の鐘を順に配列し、巨大な木枠に吊るしたもの。
59　中国の伝統的な打楽器で、叩くと澄んだ音を出す「へ」字形の石片（磬）を、青銅製の架（枠）に並べて吊り下げたもの。

の教育の重要科目として設けられた。また、いくつかの娯楽活動も、それ自身が一種の礼制であった。例えば、春秋時代に流行した投壺の礼は、射礼の一種であり、また貴族の娯楽活動であった。投壺は、双方が一定の距離から矢を投じるもので、壺の中に入れた者が勝ちとなった。春秋時代には、囲碁も広範に流行した。囲碁は古くは奕と呼ばれ、その起源は古く、当時は多くの囲碁の名手がいた。中国将棋も春秋時代に溯る。古くは博と呼ばれ、また「簿」とも記された。ただしその形式と内容は今日の将棋とは異なり、今日の形が作られたのは、およそ唐代以降のことである。

四　科学技術

『春秋』には、日食の観測が37回記載され、このうち32回は確実性が証明されている。またこの書には、前613年7月に発生した「星孛有り北斗に入る」という記載があり、これはハレー彗星に関する世界最古の記録である。

春秋時代には、すでに冬至・夏至・春分・秋分・立春・立夏・立秋・立冬の8つの節気の名称があり、冬至の日も正確に推算することができた。戦国時代に至ると、1年の二十四節気が基本的に確定した。この我が国独自の節気制は、後に朝鮮・日本・ベトナムなどの国家に伝播した。

春秋戦国時代では、四分暦が採用された。この暦法の歳実（回帰年）は365日、閏法は19年に7閏であり、当時の世界で最も精確な暦法の一つであった。

戦国時代には、計時器である刻漏（水時計）が発明された。刻漏は、同じ穴から同一時間に流れる水の量は一致する、という原理によって作られている。水が壺の下部の小さな穴から滴り落ちるにつれ、矢印が示す目盛りに基づいて時間を確定する。この計時器は、2000年以上にわたって使用された。

およそ前8世紀から前6世紀までに、我が国の天文学者たちは二十八宿の体系を作り上げた。『詩経』には、畢・心・織女・牽牛・箕・斗などの星宿の名称がみられる。総称としての二十八宿が最も早く見えるのは、『周礼』馮相氏である。この他、『呂氏春秋』や『礼記』月令には、二十八宿の名称と方位が記されている。

戦国時代の天文学者に、斉の人（一説に魯の人或いは楚の人）である甘徳と、魏の人である石申がおり、甘徳の『天文星占』と石申の『天文』は合わせて『甘石星経』と呼ばれている。この書には、800以上の恒星の名称が記録され、そのうち黄道付近の約120の恒星の方位が測定されている。これは世界最古の星表であるが、惜しくも失われてしまった。またこの書には、金・木・水・火・土の五大惑星の運動法則も記録されている。

『墨経』は、墨子の後学の著作であり、簡単な機械原理及び力学・光学・音響学などの知識を含む、物理学の成果が記載されている。この書によると、おおよそ戦国時代には、

磁気によって方向を示す器具「司南」が現われ、また鑑燧と呼ばれる青銅製の凹面鏡が発明され、火を取るのに用いられたことが分かる。

『尚書』禹貢は、我が国古代の重要な地理書の一つであり、成書年代は戦国時代である。この書には、九州[60]各地の山川・土壌・鉱物資源や動植物資源及び人口・貢賦・交通運輸などの内容が記されている。

『考工記』は、我が国古代の工程技術史における重要な著作であり、成書年代はおおよそ戦国時代である。この書には、生産道具・生活用品・楽器・武器などの製作技術が記載され、当時の数学・力学や音響学などに関する知識が総括されている。

春秋時代の秦国には、医和・医緩という2人の名医がいた。医和は、六気（陰・陽・風・雨・晦・明）と疾病の関係を唱え、後の風・寒・暑・湿・燥・火の六気という中国医学における病理学説の基礎を定めた。

戦国時代には、医学の分野でさらに大きな成果があった。民間の医師である扁鵲（本名は秦越人）は、望・聞・問・切という診断方法を総括した。また扁鵲は、内科・小児科・産婦人科・五官科などの医療技術に精通し、鍼灸・按摩・手術・湯薬などの療法を運用したという。戦国時代には、気功療法もみられるようになった。『荘子』刻意篇では、いわゆる「道引」について述べられており、これは現在の気功に相当する。

春秋戦国時代には、建築技術も急速に発展した。二階建或いは三階建の建物が出現し、屋根を瓦で覆うことが一般的となり、また宮殿の天井部には斗組が用いられるようになった。魯班は、春秋時代末期の魯国の人であり、またの名を公輸般といった。伝説によると、彼は宮室台榭や橋梁を建造し、また竹木を削って鵲（かささぎ）を作ったところ、それは天に上って「三日下ら」なかったという。後世の人々は、魯班を建築職人の祖師として奉った。

---

[60] 中国全域の古称。各州の名称は文献によって異なり、『尚書』禹貢では、冀州、兗州、青州、徐州、揚州、荊州、豫州、梁州、雍州を指す。

第四章

秦漢時代

　前221年、秦王政は六国を統一し、戦国時代の分裂の局面を終息させ、中国史上最初の統一的多民族の専制主義中央集権封建国家を樹立し、咸陽（現在の陝西省咸陽市）を都とした。しかし、秦朝は僅か2代、15年しか続かず、前206年に滅亡した。その後、4年間の楚漢戦争を経て、前202年に劉邦が項羽を破り、前漢王朝を建て、長安（現在の陝西省西安市西北）を都とした。前漢は12帝、210年にわたった。西暦8年、外戚の王莽が漢に代わって自ら立ち、新朝を建てたが、23年に緑林の農民軍によって転覆した。短期に終わった劉玄の更始政権（23～25年）の後、前漢劉氏の皇族の後裔である劉秀が中国を再統一し、25年に後漢王朝を建て、洛陽を都とした。後漢は14帝、195年にわたり、220年に曹魏政権に取って代わられた。

　440年余りにわたる秦漢時代では、秦王朝によって君主専制・中央集権・官僚制度の三位一体の封建国家の政治体制が創始され、両漢時代にさらに完成されていった。このシステムは、後の歴代王朝が踏襲する基本モデルとなった。また「海内を郡県と為し、法令は一統に由る」[1]、「書は文を同じくし、行は倫を同じくす」[2]など、統一的多民族国家の基本構造が構築された。こうして、国家統一こそが人々の志向するところとなり、分裂は歴史の流れに逆らうものであるという、大一統の歴史の伝統が形成されたのである。また、秦の始皇帝や前漢の武帝によって領土が開拓され、古代中国の広大な版図の基本的輪郭が定まり、これより中国は東方の大国として屹立し、その雄姿を世界に示したのである。さらには、重農（本）抑商（末）を国策とし、封建地主私有制経済を主体とする社会経済の構造と発展方法が確立した。秦朝は法家によって国を治め、両漢は武帝期より「覇」と「王」の二道を兼用し[3]、儒術を主導とするようになった。儒学は、上は朝堂に入り、下は閭里に進み[4]、これより中国古代社会のイデオロギーの主流となり、伝統文化の車軸となった。

1　『史記』巻6・秦始皇本紀より。
2　『中庸』第28章より。文字の統一や、人々の道徳的規範の統一を指す。
3　『漢書』巻9・元帝紀に載せる前漢宣帝の言に、漢は「覇・王道之を雑（まじ）う」とある。儒家は「王道」を唱え、「徳を以て人を服せしむ」こと、すなわち「仁義道徳」を実践し、三綱五常や礼教などの柔軟な手段で天下を教化することを提唱した。法家は「覇道」を宣揚し、「力を以て人を服せしむ」こと、すなわち武力や刑罰などの強硬な手段によって天下を統治することを主張した。漢朝では剛柔両方の手段を兼用し、封建統治を守り、対外関係を処理した。

黄河の上下、大江の南北、五嶺の内外に生きる華夏族群は、自らの発展と絶えることなき融合を経て、「漢」と命名される、世界で最も成員の多い民族共同体を形成した。張騫は「絲調之路（シルクロード）」[5] を開拓し、前 2 世紀には東方の中国と西方世界の経済と文化が交流するようになった。秦漢時代は、中国封建社会制度の体制が設計され、そのメカニズムが構築された創始の時代であり、統一的多民族国家の基礎が定まり、初めてその規模が整った時代である。また、新興の封建社会が生命力に満ち溢れ、勢い盛んに発展していった時代でもあり、中国史上において非常に重要な地位を占めているといえる。

第一節　統一的専制主義中央集権封建国家—秦王朝—

一　秦の始皇帝と専制主義的中央集権封建国家体制の創設

　前 221 年、秦王政は六国を一掃し、「宇内を平一」[6] した。統一国家という体制の需要を満たすため、秦王朝は一連の重点的な政策を採用し、皇帝を中心とする専制主義的中央集権封建国家の体制を創設した。

　「王」は西周時代の周王の称号であるが、戦国時代に周王の地位が衰えると、各国の国君たちは相次いでその本分を越え、王を僭称した。統一後、秦王政は「名号更（あらた）めざれば、以て成功に称（かな）い、後世に伝うる無し」[7] と考えた。そして自らの功が五帝よりも高く、三皇（天皇・地皇・泰皇）に準じると考え、それぞれから 1 字を取り、「皇帝」と称した。皇帝の自称は「朕」、皇帝の命・令はそれぞれ「制」・「詔」と称し、印は「璽」と称した。また「子の父を議し、臣の君を議する」[8] 諡法を廃止し、皇帝の称号は数で順に数えることとし、自身を始皇帝とし、後世の子孫は二世、三世と伝え、「万世に至るまで、之を無窮に伝えん」ことを望んだ。このため、歴史上、秦の始皇帝と呼ばれているのである。始皇帝はこの他、皇帝の名の文字を避諱すること、文書の中で皇帝を表す際には必ず行を改めて冒頭から書写することなど、君主を尊ぶ一連の規定を制定した。始皇帝が創始した皇帝制度は、諡法を除き、みな以降の歴代王朝に基本的に踏襲された。

　始皇帝は、中央に公卿（こうけい）をはじめとする膨大な官僚機構を創設した。皇帝の下には、丞相・太尉・御史大夫が設置された。丞相は、左・右に分かれ、皇帝を補佐し、百官を典領し、

4　朝堂は、天子が執政し、群臣と会見する場所で、朝廷のこと。閭里（りょり）は、郷里、民間のこと。儒学が朝廷から民間まで遍く浸透したことをいう。
5　「絲調之路」の名は中外の古籍にはみられず、1870 年代にドイツの地理学者リヒトホーフェンがその名著『中国』で初めて用いた。
6　宇内は、天下のこと。
7　王という名号を改めなければ　この天下統一という大業にかない、成功を後世に伝えることができない、という意。
8　君主の死後に、子が父の行いを議（はか）り、臣が君の行いを論ずる、という意。

全国の政務を総覧した。太尉は、最高位の武官で、軍事を掌管したが、秦の時代にこの職を担当した人物は見えない。御史大夫は、副丞相であり、国政を協同で理め、図籍文書を主管し、百官を監察した。丞相・太尉・御史大夫の下には、具体的な政務を分掌する諸卿が置かれた。奉常は宗廟儀礼を掌り、郎中令は宮廷の近衛侍従、衛尉は宮門の屯兵守衛、太僕は宮廷の車馬、廷尉は司法監獄、典客は諸侯及び服属した少数民族に関する事務、宗正は皇室宗族、治粟内史は穀物・貨幣などの国家財政、少府は山海池沢などの資源税の徴収と皇室財政、中尉は京師の衛戍を掌った。諸卿の下には、具体的な事務を処理する若干の部門が設けられ、これらの部門の長官は通常「令」と呼ばれた。国家の軍政の大事は、公卿大臣によって朝議が進められ、最後は皇帝が決断した。

秦が統一を実現した年、統一帝国でどのような地方行政体制を採用すべきかについて、大臣たちが激論を繰り広げた。丞相の王綰を代表とする多くの大臣たちは、周の制度にこだわり、燕・斉・楚などの遠方の地域に分封制を実施し、王子を諸侯に封じて統治させるべきと主張した。廷尉の李斯は衆議を抑え、分封制を徹底的に廃して郡県制を実施するよう主張した。始皇帝は、李斯の建議を採用し、全面的に郡県制を推し進め、全国を36の郡に分けた。後に領域が拡大するにともない、特に北に匈奴を討ち、また南方を統一した後、いくつかの郡を調整し増設した（一説に計54郡を設置した）。

郡県制は、郡が県を統括する2級の行政体制である。郡の行政長官は守といい、1郡全体の行政・司法・財務などの業務を掌り、秩[9]は二千石、副官は丞である。また軍事・治安を担当する郡尉が設置され、辺郡では長史といった。郡の下には県が設置され、少数民族の地域には道が設置された。1万戸以上の県の行政長官は県令といい、1万戸未満の県の長官は県長である。県の下には郷が設置され、郷には教化を掌る三老、民政を掌る嗇夫、盗賊の逮捕を掌る游徼が設けられた。郷の下には里が設置され、里には里正或いは里典が置かれた。里の民は5家ごとに「伍」に編成され、伍長が置かれ、伍人は互いに連座の責任を負った。県の下にはまた亭が設置され、地域の治安と郵駅を担い、その長官は亭長といった。国家の行政機構が及ぶのは郷・亭までであり、里は国家の支配を受ける基層組織であった。

中央は、上計と監察制度を通じ、地方の治政の状況に対して審査と監督を行った。毎年末、郡守は官吏を京師に派遣して上計し、本郡の当年の戸口・墾田・賦役・刑獄・盗賊・選挙などの状況を記録した計簿（或いは計書と呼ばれる）を中央に報告した。朝廷はこれに基づいて殿最を定め[10]、賞罰を行った。県は、郡が上計を行うより以前に、郡守に県の計簿を報告した。また中央は、監御史（郡監とも呼ばれる）を派遣して郡政を監察し、郡・

9　日本でいう「扶持」「禄」のこと。
10　古代の政績、或いは軍功の審査では、下等を「殿」、上等を「最」とした。

県もまた官吏を派遣して県・郷を監察し、罪を犯した官吏を弾劾した。

　秦王朝は、中央と地方に軍隊を設置した。軍権を有効に統御するため、虎符によって兵を発動する制度が採用された。これは、虎符を半分に割り、右半分は皇帝が掌握し、左半分は中央或いは地方の兵を領する者の手元に置き、左右を符合させることで初めて軍隊を動員できるというものである。

　秦王朝は、上述の一連の制度を通じ、上は朝廷から下は郷・亭に至る膨大な封建的専制国家の機構を創設した。県以上の主管官吏は、みな中央によって任免され、職務も世襲としなかった。秦王朝は各層の支配を通じ、全国の行政・司法・軍事の大権を全て皇帝の手中に集中させ、中央王朝による広大な領域と人民の統治を確実なものとしたのである。「百代皆な秦の政事を行う」[11]といわれる、始皇帝が創建した君主専制・中央集権的な行政制度は、当時の世界で最も完成された官僚制度と緊密に結合し、三位一体となり、この後2000年以上にわたる中国の専制主義的中央集権封建国家の政治体制の基本モデルとして定まったのである。

二　統一を強化する政策

　残存する分封割拠勢力に打撃を与え、統一の情勢を強化し、各地域の制度や文化面における相違を除去し、広大な領内に有効な統治を実現するため、始皇帝は統一を強化する一連の政策を推し進めた。

　戦国時代後期、陰陽五行家が唱導する「五徳終始説」が流行し始めた。この思想によると、世界は五徳と呼ばれる土・木・金・火・水の5つの元素から組成され、歴史上の王朝はこの五徳が相生し相剋するという順序で代わるがわる交替し、一周して初めに戻ると考えられていた[12]。周は火徳であり、水は火に勝つ。したがって、周朝に取って代わるのは水徳でなければならない。そこで始皇帝は、秦の天下統一が上天の意志であるということを証明するため、この学説に基づいて制度を設計した。水徳は、冬に属し、色は黒、数字は「六」に対応する。そこで始皇帝は、黄河を「徳水」と改名し、冬の最初の月である十月を歳首とし[13]、衣服・旄節・旌旗にはみな黒を用い、民衆を「黔首」（「黔」は黒の意）[14]と呼んだ。また「数は六を以て紀と為し、符（信符）・法冠（御史・使節などがかぶる冠）は皆な六寸、而して輿は六尺、六尺を歩と為し、乗は六馬と」した。さらに、水徳は陰に属し、刑殺を主る。そこで、統治思想では法家を推賞し、刑法を厳峻にしたのである。

11　秦以降の歴代王朝はみな、秦の政治体制を踏襲した、という意。
12　「相生（そうじょう）」は順送りに相手を生み出してゆく関係、「相克（そうこく）」は順に相手を討ち滅ぼしてゆく関係。
13　年始を10月とする、という意。
14　民衆は、役人のように冠をかぶらず、黒い髪が出たままであるため。

始皇帝は、大一統の理論における巡狩と封禅制度[15]を実践した。統一の2年目より、始皇帝は5度にわたって天下を巡行した。秦始皇二十八年（前219年）、第2回の巡行時には、泰山で封禅の大典を挙行した。随行した群臣たちは、嶧山・泰山・瑯琊（現在の山東省膠南市瑯琊鎮）などの地に相次いで石刻の碑を立て、皇帝の功徳を頌えた。

　商鞅変法のとき、魏国の李悝が編纂した『法経』を基礎とし、秦律が創始された。秦律には6篇の他、多くの民政・行政分野の条文があった。この他、「令」の公布を通じ、時宜にかなう新たな法規を制定した。統一後には、秦国の律・令を基礎に補充・修訂が加えられ、統一王朝に適合した法律が制定され、全国に発布された。秦律は早くに失われてしまったが、1975年に湖北省雲夢県の睡虎地秦墓から大量の秦簡が出土し、その中に始皇帝時代に行われていた法律文書が大量に含まれていた。これにより、秦律の一部の内容と形式が明らかとなっている。

　始皇帝は六国の貨幣を廃止し、珠玉・亀貝・銀錫を再び貨幣として流通させることを禁じた。法定貨幣は2種あり、1つは黄金を上幣とし、鎰（20両、一説に24両）を単位とした。もう1つは12銖の「半両」銅銭で、これを下幣とした。貨幣は国家が鋳造し、私鋳は厳しく禁じられた。始皇帝はまた、度量衡を統一し、商鞅が制定した度量衡の標準器を全国に推し進めた。統一された貨幣と度量衡は、賦税の徴収・財政管理と経済貿易の取引を全国で統一的に実施するために必須の前提となったのである。

　戦国時代の各国の文字は、基本構造こそ大体同じであったが、字体の繁簡や偏旁の位置などが異なる、いわゆる「文字、形を異にす」という状況であった[16]。始皇帝は李斯に命じ、秦の地で通用していた籀文（大篆）を基礎とし、規格を簡潔にして「小篆」を創始し、これを全国に推し進めた。ただし当時流行したのは、戦国時代に出現した、より書写に簡便な隷書であった。睡虎地秦簡は隷書で書写されており、当時の公式の文書ではすでに隷書を使用していたことが分かる。文字の統一は、国家の政教の推進や各地域間の文化交流の助けとなり、中華民族が長期にわたって文化的アイデンティティと結束力を保持することに重要な影響をもたらした。

　始皇帝は、商鞅以来の重農抑商政策を引き続き推進し、小農民を扶助した。始皇三十一年には、「黔首をして自ら田を実せしむ」という令を下し、民衆に彼らの占有する土地を申告させ、籍帳に登記された土地の権利の合法性を確認し、民心を安定させ、国家が租税を徴収する拠りどころとした。また始皇帝は、尊卑貴賤の等級を厳格にし、父子・夫妻の人倫を重視することを唱え、風俗を正すことに力を尽くした。このことは、例えば会稽石

15　「巡狩」は天子が諸国を巡視すること。巡守とも書く。「封禅」は帝王が、天と地に王の即位を知らせ、天下が太平であることを感謝する儀式のこと。
16　許慎『説文解字叙』、『全後漢文』巻49より。

刻に「内外を防隔し、淫泆(いんいつ)を禁止し、男女を絜誠(けっせい)にす」と宣揚されている。これらの主張は、当然ながら当時の普遍的な価値観・倫理観であった。

　始皇帝は、六国の残存勢力に打撃を与えるため、令を下して民間の武器を接収し、首都咸陽に運び集めてこれを溶かし、楽鐘を架ける銅架と、重さ千石に達する銅人12体を鋳造した。また、もとの六国地域の城壁を破壊し、富豪や豪族を強制的に咸陽・巴蜀などの地に遷徙し、その数は咸陽に遷された者だけでも12万戸に及んだ。

　統一の2年目、始皇帝は咸陽から各地に通ずる馳道[17]の建設を開始し、東は現在の河北・山東地域を通って海まで至り、南は現在の江浙・両湖地域まで達した。馳道の幅は50歩（約69m）、その中央は皇帝の専用道であり、道路の両脇には3丈（約7m）ごとに松の木が植えられた。また北に匈奴を討った後には、咸陽から雲陽（現在の陝西省淳化県西北）を経て九原（現在の内モンゴル自治区包頭市西）まで至る直道を建設し、山を削り谷を埋め、その長さは約750kmに及んだ。西南地域では、現在の四川省宜賓市から雲南省曲靖市（一説に昭通市）に至る道路を建設した。これは地形が険峻なため道路が狭く、「五尺道」（約1.16m）と呼ばれた。また、各地で多くの区画道路を建設した。この他、百越を攻撃した際には、運輸の問題を解決するため、現在の広西チワン族自治区興安県内に、湘江と灕江を繋ぐ運河である霊渠を開削した。これら四通八達の交通網は、秦王朝が広大な領域を有効に支配するために、交通面での保障をもたらした。

　始皇三十四年、招宴の席上で、博士の淳于越が郡県制を批判し、分封を行うべきと改めて主張した。丞相の李斯は、諸生はそれぞれ私学を持ち、過去を称揚することで現在を非難し、思想の混乱をもたらすため、専制統治のためにならないと考えた。そこで、私学を徹底的に禁じ、秦の国史と博士官の蔵書、医薬・卜筮・農書を除き、私人が所蔵する「詩・書・百家の語」を全て焼却し、また敢えて百家の説を論ずる者は死刑に処し、過去を称揚することで現在を非難する者はその一族を滅ぼし、ただ法令を学ぼうとする者は吏を師とさせることを建議した。始皇帝はこの李斯の建議を採用し、全国で大々的に焚書を行った。このため、先秦以来の多くの貴重な典籍が焼却されてしまった。

　始皇帝は不老長寿を追い求め、方士の言葉を信じ、様々な方法で神仙の霊薬を求めた。かつて始皇帝は、仙人を探すために徐市（徐福）を派遣した。彼は、童男童女数千人を率いて海を渡ったが、10年以上が過ぎても、何も得るところはなかった。焚書の翌年、方士の侯生と盧生が、始皇帝の咎を恐れて示し合わせて逃亡した。これを聞いた始皇帝は、大いに怒り、諸生が朝廷を誹謗し、妖言によって民を惑わしているという名目で令を下し、法に触れて禁を犯した諸生460名以上を咸陽で穴埋めにした。歴史上、「坑儒」と呼ばれ

17　皇帝専用の道路であり、戦時には軍用道路として用いられた。

る事件である。ただし、穴埋めにされたのは儒生だけではなく、方士や他の学派の諸生も含まれていた。

　焚書坑儒は、始皇帝による思想と文化の弾圧であり、集権専制を実現するための2つの極端な措置であり、文化を厳しく打ちひしぎ、春秋戦国以来発展してきた自由な思想と精神を扼殺するものであり、中華文明史上における大きな災禍であった。

三　統一的多民族国家の形成

　戦国時代、モンゴル高原では多くの遊牧民族が活動していた。前3世紀、匈奴が次第に勃興し、しばしば中原に侵入して略奪を行うようになり、戦国時代後期にはオルドス地方（歴史上、「河南の地」と呼ばれる）を奪い、秦の北部辺境の深刻な脅威となっていた。始皇三十二年、始皇帝は将軍の蒙恬を派遣した。彼は30万の大軍を率いて北に匈奴を討ち、河南の地を回復した。翌年には、さらに陰山以南の地域を奪回し、44県（一説に34県）を設置した。始皇帝はまた蒙恬に、戦国時代の燕・趙・秦3国の長城を修築して連接させた。西は臨洮（現在の甘粛省岷県）から東は遼東に至るこの長城は、延々5000km以上に及び、「万里の長城」と呼ばれる。長城は、基本的に草原の遊牧地域と農耕地域の自然の境界線に沿って築かれ、農耕民族が遊牧部族の侵略を受けないよう防衛するために重要な効果をもたらした。万里の長城は、この後も歴代で絶えることなく修繕・補強され、強靭で揺るぎない中華民族の民族精神の象徴、そして人類の貴重な物質文化の遺産となった。

　戦国時代、長江下流域から珠江流域の一帯には、「百越」と呼ばれる多くの越人が生活していた。このうち現在の浙江省南部は東甌、福建省は閩越、広東省からベトナム北部までは南越、広西チワン族自治区から雲南省東南部までは西甌の地であった。秦は統一後間もなく、郡尉の屠睢をこれらの地に派遣した。彼は50万の大軍を率い、5路に分かれて越人の地に進攻した。秦軍は、閩越・南越を相次いで撃破し、閩中郡（治所は現在の福建省福州市）を設置したが、西方の戦線では惨敗した。始皇三十三年、逃亡者や贅婿、商人などを謫発して[18]増援を送り、西甌を征服し、両広地域に桂林（治所は現在の広西チワン族自治区桂平市）・象（治所は現在の広西チワン族自治区崇左市）・南海（治所は広東省広州市）の3郡を設置した。さらに秦は、内地の民を徴発して戍守のために差し向け、越人と雑居させた。

　戦国時代末、燕国は東北に向けて勢力を伸張し、鴨緑江の南部にまで達した。秦は統一後、燕国の故地の東部に遼西郡（治所は現在の遼寧省義県西）と遼東郡（治所は遼寧省遼陽市）を設置した。これらには、現在の朝鮮半島の一部の地域も含まれていた。

18　「謫発（たくはつ）」とは、犯罪者を徴発し、辺境の兵役にかりだすことで、罪を犯した吏や逃亡者などの犯罪者や、贅婿（入り婿）、商人など社会的に賤視されたものがその対象となった。

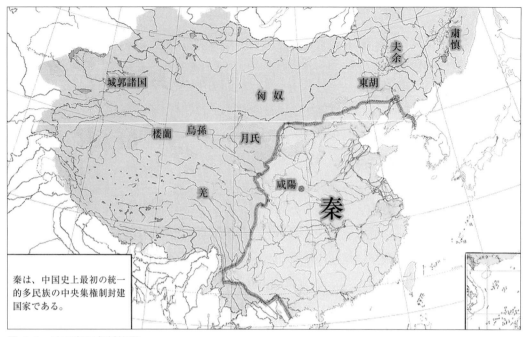

図4-1　秦王朝の領域簡図
(譚其驤主編『簡明中国歴史地図集』中国地図出版社、1991年版、15-16頁より)

　現在の四川・雲南・貴州一帯には、多くの民族が分布し、当時は「西南夷」と呼ばれていた。始皇帝は、兵を派遣して現在の川・滇地域の一部の部族を攻め降し、「五尺道」を建設し、官吏を設けて彼らを管理した。

　こうして始皇帝は、東は海及び朝鮮半島北部から、西は現在の甘粛省東部、南は現在のベトナム中部、北は黄河・陰山から遼東に至る、果てしなく広大な領域を有する大帝国を築き上げた。領内には、人口の多い華夏族をはじめ、多くの様々な民族を擁した。これにより、中国に華夏族を主体とした多民族が共存する統一国家が形成されたのである（図4-1）。

四　陳勝呉広の起義と秦王朝の滅亡

　始皇帝は、政務に勤勉で、精力に満ち溢れた人物であった。彼は、毎日自ら大量の奏章文書を処理し、規定の数を終えなければ休息を取らなかったという。しかし、その人となりは強情で他者の意見を入れず、冷酷無情であり、特に天下を統一した後は、尊大で横柄となり、世に並ぶものがないとし、その統治にはさらに暴虐さが加わった。

　始皇帝は即位して間もなく、驪山（現在の陝西省臨潼区）で陵墓の建設を始めた。史書の記載によると、陵墓の内部は「宮観・百官・奇器・珍怪」に満ち、「水銀を以て百川・江河・大海を為り、機もて相い灌輸す。上は天文を備え、下は地理を備え」ていた[19]。また盗掘を防ぐため、工匠に「機弩矢を作らしめ、穿ちて近づく所の者有らば、輒ち之を

射る」ようにした。考古調査によると、秦始皇陵は、総面積が56㎢に達し、中国史上最大の皇帝の陵園である。1974年には、陝西省臨潼区で秦始皇陵の兵馬俑陪葬坑が発見され、現在3座が発掘されている。このうち1号坑は、規模が最も大きく、6000体の陶俑が発掘されている（口絵13）。

統一戦争が開始されると、秦は1国を滅ぼすごとに、咸陽にその国の宮殿を模倣して建造した。始皇三十五年には、渭南の上林苑でさらに大規模な朝宮の造営を開始した。計画されたその面積は、300里（約50㎢）以上に達した。まず建造された前殿の阿房宮は、敷地面積は8万㎢以上、上に1万人を収容することができ、下に五丈の旗を立てることができたという。その周囲には閣道[20]が築かれ、終南山[21]まで直接行けるようになっていた。阿房宮と驪山墓の造営に駆り出された刑徒の数は、70万に達した。

秦の統一後も連年絶えることのない戦争と膨大な国防建設、大規模な土木事業により、人民は重い負担を被ることとなった。戦士は戦場に屍を曝し、刑徒は建築現場で悲惨な死を遂げ、「男子は力耕するも糧餉（りょうしょう）に足らず、女子は紡績するも衣服に足らず」[22]、社会の矛盾が極めて激化し、秦の統治の基礎を動揺させることとなった。

始皇三十七年、始皇帝は5度目の巡行中に沙丘（現在の河北省広宗県西北）で病死し、北方で軍を監督していた長子の扶蘇に都に戻って即位するよう遺詔を残した。しかし、中車府令の趙高は、丞相の李斯と結託してこの遺命を偽造し、扶蘇を自殺させ、少子の胡亥を擁立した。これが秦の二世皇帝（在位：前209～前207年）である。二世皇帝は凡庸無能で、趙高に操られ、時流に逆行し、宗室や大臣を誅殺し、「民に税すること深き者を明吏と為し」、「人を殺すこと衆き者を忠臣と為」した[23]。また阿房宮の造営を継続し、戍卒を徴発し、厳峻な刑や法を施行して、社会の危機を一層激化させた。

秦の二世元年（前209年）七月、漁陽（現在の北京市密雲県）の戍辺に向かっていた900名の戍卒たちは、大沢郷（現在の安徽省宿県）で大雨に遭遇し、期日までに現地に到着できなくなってしまった。秦律の規定では、期日に間に合わなかった者は斬刑に処されることになっていた。屯長の陳勝と呉広は、戍卒に呼びかけて秦の軍官を殺害し、竿を掲げて決起し、中国史上最初の大規模な農民起義を激発した。義軍の「無道を討ち、暴秦を誅す」[24]というスローガンのもと、各地で次々と呼応するものがあった。楚の旧貴族項燕の子である項梁とその甥の項羽は、呉県（現在の江蘇省蘇州市）で旗を揚げ、平民の劉邦

19　水銀で中国中の百川・江河・大海を作り、機械を用いて、水銀が動くようにしていた。天井には天文図もあり、床に中国の大地を表現したのである。
20　宮殿を連絡する重層の廊。
21　咸陽の南東にある山。秦嶺山脈の東部に位置する。
22　『漢書』巻24食貨志上より。
23　『史記』巻87李斯列伝より。
24　『史記』巻48陳渉世家より。

は、沛県（現在の江蘇省沛県）で挙兵した。

　陳勝は、陳県（現在の河南省淮陽県）を攻略した後に王を称し、政権を打ち立て、国号を「張楚」とし、兵を数路に分けて秦を攻撃した。このうち周文は、一路長駆し、咸陽から僅か数十里の戯（現在の陝西省臨潼区東）まで攻め入った。二世皇帝は大いに震撼し、少府の章邯に命じて兵を領して鎮圧に向かわせ、章邯は義軍を立て続けに破った。二世二年十二月、陳勝は戦いに敗れ、叛徒に殺害された。項梁らは、楚の懐王の孫である熊心を擁立して楚の懐王とし、各路の義軍に号令した。

　項梁は、秦軍に対して立て続けに大勝したが、驕り高ぶって敵を軽んずる思いが生じた。章邯はこの機に乗じて奇襲をかけ、項梁は敗れて殺された。章邯は黄河を渡って北上し、義軍の政権である趙国が根拠地とする巨鹿城（現在の河北省平郷県）を包囲した。楚の懐王は、宋義と項羽に命じて北上して趙を救援させ、劉邦には西に向かい咸陽を攻めさせた。しかし、二世三年十月、宋義は逗留して進軍しなかったため、項羽は宋義を殺害し、漳河を渡り、その後、破釜沈舟して[25]将士を激励し、大いに秦軍を破った。章邯が率いる20万の秦軍は投降したが、項羽はその大部分を生き埋めにした。巨鹿の戦いで秦軍の主力は粉砕され、項羽が諸侯の領袖の地位に上る基礎が定まった。

　西方戦線の劉邦軍は、次々と城を攻略し、投降者も抗戦した者も受け入れ、八月には順調に武関（現在の陝西省商南県西北）まで到達した。趙高は二世皇帝に自殺を迫り、公子嬰を立て、帝号から降格して秦王を称させたが、子嬰は趙高を殺害した。秦王子嬰の元年（前206年）十月、劉邦が灞上（現在の陝西省西安市東郊）に進駐すると、即位して僅か46日の秦王子嬰はこれに投降した。こうして、秦王朝は滅亡した。

第二節　前漢王朝の盛衰

一　前漢の建立と漢初の「黄老無為」政治

　前206年、劉邦は咸陽に入ると、秦の過酷な法令を廃止し、民との間に「人を殺す者は死とし、人を傷つくる及び盗むは罪に抵つ」[26]という法三章のみを約し、深く民心を得た。かつて楚の懐王は、諸侯たちと最初に咸陽に入った者を関中王とすると約束していた。項羽は、劉邦が先に関を入ったと聞くと、諸侯の連合軍40万を率いて函谷関から進入し、鴻門（現在の陝西省臨潼区東）に進駐して劉邦を攻撃する準備を進めた。力の差が歴然であったため、劉邦は自ら項羽の駐屯地に赴いて謝罪し、その後樊噲らの護衛のもと、鴻門

25　項羽は、飯を炊くための釜を壊し、帰るための船を川に沈めた。命を捨てる覚悟で出陣するという意味の四字熟語「破釜沈船」はこのエピソードに由来する。
26　『史記』巻8・高祖本紀より。

の宴席から機智によって脱出した。項羽は自ら立って西楚覇王となり、彭城（現在の江蘇省徐州市）を都とし、18の諸侯の分封を取り仕切った。劉邦は漢王に封ぜられ、巴・蜀・漢中[27]を領した。しかし、この分封は不均衡なものであったため、至るところで不満が生じ、まず斉国の貴族の田栄が反楚の兵を起こすと、天下は再び諸侯が混戦する情勢となった。

　五月、漢王劉邦は兵を領して漢中に出撃し、関中を奪取し、東方に向かって楚国を攻撃した。こうして、楚漢戦争が勃発した。戦争の初期は、項羽が軍事的優勢を占めていたが、劉邦はよく人物を見て巧みに重用し、また項羽の反対勢力と積極的に連合し、的確な戦略戦術を用いて次第に不利な局面を立て直していった。漢の高帝五年（前202年）十二月、劉邦は項羽を垓下（現在の安徽省霊壁県東南）で大いに破り、項羽は烏江（現在の安徽省和県東北）まで退いて自刎した。こうして楚漢戦争は終結し、劉邦は天下を再統一した。漢の高帝五年二月[28]、劉邦は帝を称し、前漢王朝を樹立し、長安を都とした。これが漢の高祖である。五月、高祖は長安を都に定めた。

　漢初の各種の制度は、増減はあるものの、基本的に秦制を踏襲した。高祖は、丞相の蕭何に命じ、秦律6篇を基礎とし、行政・民政に関する法律である「興」・「厩」・「戸」3篇を増訂し、「九章律」を制定させた。また、韓信に命じて軍法を明らかにし、叔孫通に儀礼を制定させた。こうして中央集権的専制政治の体制は、さらに一歩完成へと向かった。

　長期にわたる戦乱は、漢初の社会経済に深刻な破壊をもたらした。大量の人民が死亡しまた流散し、大城名都は「戸口の得られて数うべき者、十に二三」[29]というありさまであった。物資も極めて欠乏し、歴代の皇帝たちは駕車のための同じ色の馬四頭を探し出すことができず、将軍や宰相の中には牛車に乗るしかない者さえいたという。また物価が高騰し、粟1石が1万銭、馬1頭が百金にも達した。このような状況のもと、漢初の統治者たちは、社会の秩序を安定させ、経済を回復し発展させることを第一の任務とせざるを得なかった。高祖は、即位の年に一連の安撫政策を実施した。まず軍隊を解散し、復員した戦士たちに爵位を授与し、優先的に田宅を賜い、賦役を減免した。また流亡した人口を戸籍に再登記することを奨励し、戦争期間に自らを売って奴婢となった者は庶人の身分に回復させた。さらに、重農抑商政策を重ねて表明し、商人から算賦を倍加して徴収した。高祖九年には、六国の旧貴族・豪傑十数万口を関中に遷し、強幹弱枝の策を進めた。

27　陝西省の西南部、秦嶺山脈の南側、大巴山脈との間の盆地一帯。北の渭水盆地、南の四川盆地とは山脈で画されている。
28　秦代及び前漢初期は、十月歳首（10月を年始とする）であったため、高帝五年は10月から始まり、12月に垓下の戦いがあり、2月に劉邦が帝位に就いた。
29　『史記』巻18・高祖功臣侯者年表より。戸籍上把握される人口が、以前の2,3割となってしまった、という意。

漢初の統治者は、「挙措太だ衆く、刑罰太だ極ま」った[30]ことこそが秦の滅亡を早めた原因であると考え、黄老の「無為」の思想をモットーとし、無為によって統治し、民に休息を与える政策を実施した。高祖は、法禁を省き、用度を節約し、需要に基づいて民から賦役を徴発した。

　恵帝劉盈（在位：前194～前188年）は即位後、引き続きこの政策を推し進め、田租を10分の1から15分の1に減じ、挟書律[31]を廃止し、孝悌・力田（りきでん）を奨励し、出産を奨励した。曹参は丞相となると、前任の蕭何のやり方を踏襲し、変更を加えなかった。これは歴史上、「蕭規曹随」[32]と呼ばれている。恵帝が死去すると、高祖の皇后である呂雉が臨朝称制した（在位：前187～前180年）。呂后は呂氏を重用し、呂姓の子弟を王・侯に封じ、劉氏の宗室を誅殺したが、政治面では無為の方針を推し進め、夷三族の罪[33]や妖言令[34]を相次いで廃止し、商人に対する制限を緩和した。こうして恵帝・呂后の時代には、社会経済が着実に発展し、司馬遷は「恵帝は垂拱し、高后は女主にして称制し、政は房戸を出ずして、天下晏然たり。刑罰は用いられること罕にして、罪人も是れ希なり。民は稼穡に努め、衣食は滋殖す」[35]と評価している。

　呂后の死後、劉氏の宗室と大臣の周勃らは、力を合わせて呂氏を滅ぼし、高祖の子の代王劉恒を迎えて擁立した。これが文帝（在位：前179～前157年）である。文帝は、身をもって倹約に努め、宮室内の車騎衣服を増やすことがなかった。また農業生産を重視し、皇帝自ら藉田を耕し、皇后自ら桑をとる儀礼の制度を制定し、農桑を奨励した。文帝は、賦税徭役を減免し、農民の負担を軽減した。安定した発展の環境を作り上げるため、対内・対外共に隠忍懐柔の政策を採り、戦争を避けるよう努めた。また道徳教化の効果を強調し、収孥相坐の律[36]と誹謗妖言の罪を相次いで廃止した。文帝十三年（前167年）には、肉刑[37]を廃止して笞刑に代え、徒刑を無期刑から有期刑に改めた。文帝の在位二十数年間には、僅か数百の案件を処理するのみで、「幾致刑措」（刑法は置かれたが用いられなかった）[38]という美名を博した。また文帝は、パスポートの検査すなわち「伝」（通行証）の制度を

30　（漢）陸賈『新語』無為より。過激な法制を敷いたことを指す。
31　始皇帝時代に発布された、医学・占い・農業以外の書物の所有を禁じた令。高祖の時代は引き続き行われた。
32　『漢書』巻87・揚雄伝下より。
33　謀反などの重罪を犯した罪人について、本人だけでなく三族（親族）を処刑すること。三族の範囲については、父・兄弟・妻子とする説、父・子・孫とする説、父族・母族・妻族とする説などがある。
34　事実でないことを言いふらして人心を惑わす罪を処罰する法令。
35　『史記』巻9・呂太后本紀より。恵帝は何もせず、高后（呂后）は女性の身で政権を握り、天子と同様に称制したが、その政事は後宮を出ず、天下は安泰であった。刑罰が用いられることはまれで、罪人も少なく、民は農事に励み、衣食は豊かになっていった。
36　法を犯した罪人の父母妻子兄弟を連座させ、或いは官に没収して奴婢とすることを規定した律。
37　肉体の一部を傷付ける刑罰のことで、当時は黥刑（入れ墨）・劓刑（鼻削ぎ）・刖刑（足斬り）の3種があった。
38　『漢書』巻4・文帝紀より。

廃止し、商品の流通を促進した。文帝は臨終に当たり、薄葬の令を下し、一切の喪礼を簡素に執り行わせた。後を継いで即位した景帝劉啓（在位：前156〜前141年）もまた、引き続き賦税徭役を軽減する政策を推進し、30分の1の税率の田租を定制とし、男子が正役に服する年齢を17歳から20歳に引き上げ、笞刑を軽減した。

　文帝期・景帝期の政治は公明正大で、社会は安定し、経済は発展し、人口も増加し、「京師の銭は百鉅萬を累ね、貫は朽ちて校するべからず。太倉の粟は陳陳として相い因り、充溢して外に露積せられ、腐敗して食らうべからず。衆庶は街巷に馬を有し、仟佰の間に群を成し、牸牝に乗る者は擯せられて会聚するを得ず。閭閻を守る者は粱肉を食らい、吏と為る者は子孫を長じ、官に居る者は以て姓号と為す。人々は自愛して法を犯すを重んじ、先ず誼を行いて愧辱を黜く」[39]という、家々が豊かで家族に恵まれ、国庫が充実した繁栄の情景がみられた。この時代は歴史上、「文景の治」と呼ばれている。

二　前漢前期における諸侯の割拠勢力との争い

　漢初の各種の制度は、大体において秦制を踏襲したが、地方行政体制については、秦のような徹底的な郡県制を採用できず、歴史上「郡国併行制」と呼ばれる、郡県制と分封制を併せて行う体制を実施した。劉邦は、統一戦争の過程で幾人かの諸侯王を分封し、漢王朝を樹立したときには7人の異姓諸侯王が存在した。異姓王は、関東の広大な領域を占拠し、兵を擁して自らを重んじ、朝廷と統一に対して重大な脅威となっていた。漢が統一を実現した年には、燕王臧荼が反乱を起こした。高祖は、その在位期間中に、様々な手段によって異姓諸侯王を1つずつ滅ぼしてゆき、国力が最も弱くかつ辺境の長沙国だけが文帝時代まで存続した。

　漢初の君臣たちは、秦の滅亡を早めた原因は、分封の廃止にあると結論づけた。そのため、高祖は異姓王を滅ぼすと共に、自身の子弟9人を次々と王に分封した。彼らは歴史上、同姓諸侯王と呼ばれる。また高祖は、大臣たちと「劉氏に非ずして王たらば、天下共に之を撃たん」[40]と盟誓した。同姓王の封国は、州を跨いで郡を兼ね、数十の城を連ね、天下の半分を占拠し、漢の中央の直轄地は関中付近の僅か15郡のみであった。諸侯王の宮室・百官は中央と同じようであり、封国内における権力は皇帝と相違なかった。このことは、漢王朝の統一と安定にとって大きな内患となった。

39　『漢書』巻24・食貨志上より。都の銭倉には巨額な銭が累積し、銭差しが朽ちて銭を数えることができなかった。また都の太倉には粟がぎっしり並んで合い連なり、倉庫内に入り切らず溢れた穀物が、野外に露天積みとなり、腐敗して食べられなくなっていた。多くの庶民が街巷に馬を持ち、あぜ道の間で群を成すため、牝馬に乗る者が混じると馬が蹴り合い齧り合うため、会同することができなかった。村の門を守る者は上等の精米と肥肉を食べ、役人は子孫を養育し、官にいた者はその官名を自分の姓とした。人々は自分の身を大切にし、法を犯すことをはばかり、正しい行いを先にし、恥ずかしい行いを退けた。
40　『漢書』巻40・王陵伝より。

同姓諸侯王と中央の矛盾は、漢初には未だ際立つものではなかったが、ときが推移するにともない、同姓諸侯王の中央に対する脅威は日増しに顕在化していった。文帝期には、済北王興居と淮南王劉長の謀反事件が相次いで発生した。当時の有名な政治理論家である賈誼は、漢王朝の状況を「大腫」の病を患った病人に例え、もし対応が間に合わなければ、存亡の危機は必然であり、「衆く諸侯を建てて其の力を少なくす」[41]という策を提示した。文帝十六年（前164年）に斉国と淮南国を再分封する際には、賈誼の策が用いられ、斉国を6つに分け、淮南国を3つに分けた。

　景帝が即位すると、御史大夫の鼂錯が削藩を建議した。彼は「之を削るも亦た反し、之を削らざるも亦た反せん。之を削らば、其の反亟やかにして、禍小ならん。削らざれば、反遅くして、禍大ならん」[42]と考えた。こうして景帝三年（前154年）に、楚王の封地を削った。この削藩は諸侯王の土台を揺るがし、呉王濞は、楚・趙・膠西・膠東・菑川・済南の六国と連係し、「鼂錯を誅す」の旗印を掲げ[43]、挙兵して反乱を起こした。歴史上、「七国の乱」と呼ばれている。景帝は鼂錯を誅殺し、これと引き換えに七国に撤兵を求めたが、拒絶された。そこで景帝は、反乱を徹底的に平定する決心を固め、太尉の周亜夫は3ヵ月のうちに反乱を平定した。中元五年（前145年）、景帝は令を下し、諸侯王が国を治め、王国の官吏を任命する権限を中央に回収し、官吏のランクを格下げし、定員も削減した。こうして、諸侯王の勢力削減が一歩進められた。

三　前漢武帝の文治と武功

　景帝が崩御すると、16歳の太子劉徹が即位した。これが武帝（在位：前140～前87年）である。漢王朝は60年余りの休養休息を経て、経済は繁栄発展し、国力は大幅に向上したが、国家は各種の社会的矛盾に直面した。黄老「無為」の政策はもはや社会の発展と要求に適合しなかった。武帝は傑出した才智と方略を備えた君主であり、彼は「漢家の庶事は草創にして、加えて四夷中国を侵陵す」、「制度を変更せざれば、後世法無し。出師征伐せざれば、天下安からず」[44]と考えた。彼は即位すると、国策を清静無為から次第に積極有為へと調整してゆき、一連の政策を採用した。対内的には、中央集権と皇帝権力を強化

41　『漢書』巻48・賈誼伝より。
42　『史記』巻105・呉王濞列伝より。今、その領国を削っても謀反を起こし、削らなくてもまた謀反を起こすに違いない。これを削れば謀反は早められ禍は小さく、削らなければ謀反は遅れて禍は大きくなるだろう。
43　中国古代の歴史上、地方の勢力が兵を起こして朝廷に反抗する際には、しばしば皇帝の近親を除くことが名目とされ、概して「君側を清す」と称された。最も早い事例は、『春秋公羊伝』定公十三年に「君側の悪人を逐（お）う」とある。前漢の呉楚七国の乱が「鼂錯を誅す」ことを名目としたことは、この種の政治闘争に使用される手段の典型的な一例である。
44　『資治通鑑』巻22・世宗孝武皇帝下之下より。「漢王朝はまだ草創期にあり、さらに東西南北の外敵が中国を侵陵している」。「ここで制度を変更しなければ、後世に法がなくなってしまう。また出兵して外敵を征伐しなければ、天下は安定しない」。

し、思想を統一した。対外的には、北に匈奴を討ち、辺防を強化し、領域を開拓した。

1．儒術の独尊と、新たな統治思想の確立

戦国時代後期以来、儒家は陰陽五行や法家などの諸子百家の思想を広範に吸収し、新たな儒学を形成した。彼らが主張する大一統の思想と完成された王制理論、厳格な尊卑の等級観念は、漢王朝が中央集権を強化し、統一を維持し、社会秩序を打ち立て強固にするという需要と合致した。こうして文帝以来、儒学の影響は絶えず強くなっていった。

武帝の建元元年（前140年）、丞相の衛綰が申不害・商鞅・韓非・蘇秦・張儀の学説を修めた賢良たちを免職するよう建議した[45]。建元五年には、五経博士が設置され、儒学は官学の地位に高められた。翌年には、丞相の田蚡の建議に従い、儒家の五経を修めない太常博士を一律に罷免し、儒生数百人を礼を以て招請した。こうして、独り儒家のみ尊ぶという局面が形成された。さらに武帝は、董仲舒の建議を受け、太学を創建し、博士弟子50人を設置し、儒生官僚を育成した。

ただし政治面では、武帝が用いたのは純粋な儒術ではなく、法家の思想と手段を広範に吸収した、外儒内法であった。武帝が重用した3名の儒者、董仲舒・公孫弘・兒寛は、みな「世務に通じ、文法を明習し、経術を以て吏事を潤飾」した[46]。董仲舒は儒学に法律を引き込み、『春秋』の経義をもって獄を断じた。後に宣帝は、漢代の政治を「覇・王道、之を雑う」と総括した。これは実に、前漢の政治の特徴を述べたものである。

2．中央集権の強化

（1）中朝の創立　武帝は即位すると、一つの基準にこだわらずに人材を任用し、経歴は浅くとも能力のある者を抜擢し、彼らに侍中や給事中などの加官を与え、宮禁に出入りさせ、政策の決定に参与させ、「中朝」（或いは「内朝」と呼ばれる）を形成した。その一方で、外朝の丞相の職権を削減した。元狩四年（前119年）には将軍号に冠する大司馬の官を設け、対匈奴作戦で戦功を挙げた外戚の衛青や霍去病を尊寵し、その権勢は丞相を超えるものであった。武帝はまた、臨終の前に遺詔で霍光を大司馬大将軍とし、年少の昭帝を補佐させた。大司馬は中朝を領し、丞相に代わる権力の中心となった。

（2）京師の軍事力の強化　漢初は、京師には南北2軍があった。北軍は、京師の衛戍を担い、中尉がこれを統率した。南軍は、皇宮の保衛を担い、衛尉がこれを領導した。地方の郡県には材官、北方の辺郡には騎士が設けられ、郡尉や辺郡の長史がこれを統領した。武帝は、建元三年と太初元年（前104年）に期門軍と建章営騎（後に羽林軍と更名）を設立し、これらを郎中令の管轄下に置き、近衛軍を強化した。期門郎と羽林郎は、西北6郡

45　賢良とは、全体では「賢良方正」と呼ばれ、後文に挙げる「孝廉」・「文学」などと共に、漢代の官員推挙の科目である。
46　『漢書』巻89・循吏伝より。世務に通じ、法律に習熟し、経術をもって行政事務をうまく取り扱った。

の騎射に秀でた者の中から選抜され、勇猛で戦いに優れ、重要な軍事力となった。また元鼎六年（前111年）には、中塁・屯騎・歩兵・越騎・長水・胡騎・射声・虎賁の八校尉を創建し、これらを北軍の管轄下に置き、京師の守備を強化した。中国の歴代封建王朝において、中央と地方の兵力が「内重外軽」、「内を以て外を馭す」という形で配置されるのは、これを濫觴[47]とする。

（3）監察制度の完備　元封五年（前106年）、武帝は京畿以外の地域を13の州部に分け、刺史を設置し、その秩を六百石とし、管轄する郡国を毎年定期的に巡視させ、「六条問事」[48]をもって守・相の二千石官と強宗豪右を監察させた。また、征和四年（前89年）に司隷校尉を設置し、京畿7郡及び朝廷の百官を専門的に監察させた。

（4）察挙制度の推進　漢初の高官の主な来源は、郎中令（後に光禄勲と更名）属下の郎吏であった。郎吏は、主に「任子」と「貲選」によって選抜された。任子は、二千石以上の高官に3年以上在職した者が、その子弟の1人を推挙して郎とした制度である。貲選は、一定の家産を備えた者が郎となる制度である。この選官制度は、人材を選抜し任用するのに明らかに利がなかった。元光元年（前134年）、武帝は董仲舒の建議のもと、郡国に毎年孝・廉各1人を推薦するように命じ、これを制度とし、「挙孝廉」と呼んだ。また秀才・賢良方正・文学などを推挙する特科を設けた。この察挙制は、「郷挙里選」を通じ、徳と才を基準とし、地方から人材を選抜し、その範囲を広げた。これは、両漢時代における最も重要な入仕の途であった。

（5）王侯の勢力の削減　武帝の時代、諸侯王の勢力は依然として強大であった。元朔二年（前127年）、武帝は主父偃の建議を採用し、「推恩の令」を施行し、諸侯王が国土を分割し、子弟を列侯に封じることを許した。この後、諸侯国は大きいものでも十数城に過ぎなくなり、朝廷は削藩を行うことなく、王国の面積は自然に分割され、縮小していった。元狩元年、武帝はさらに一歩進んで「左官律」と「附益法」を実施し、諸侯王に仕える官吏を左官と呼んでその地位を貶め、官僚士人が諸侯に従属して交流を結び、密かに諸侯国に任官することを禁じた。元鼎五年には、武帝は宗廟祭祀の際に列侯が献上する酎金の分量や純分が不足していたことを理由に、106の列侯を削った。この後、諸侯はただ租税を衣食とするのみで、民を治め政事に参与することができなくなり、彼らの朝廷に対する脅威は基本的に解除された。

（6）酷吏の任用と刑・法の厳峻化　武帝は、法を厳しく執行する酷吏を多く任用し、地方の豪強や遊侠の勢力に打撃を与えた。さらに法律を厳密にし、張湯に命じて「越宮律」

47　大河も濫（さかずき）を觴（うか）べるほど細い流れから始まることから、もの事の始まりを指す。
48　漢代の刺史は、秩禄は低いものの重い権限を持っていた。「六条問事」は、宗族豪強に対する1条を除き、他の5条はいずれも二千石以上の高官に対するものであった。

27篇を作らせ、また趙禹に「朝律」6篇を作らせた。律令は合計359章に達し、死刑の法令は409条1882事、死罪の判例は13472件に上った。漢の律令の規模は、ここにピークに達し、「禁罔浸密たり」[49]と称された。

3．辺防の強化と領域の拡張

（1）北方の匈奴討伐　秦漢交替期、匈奴の冒頓単于は、急速に勢力を拡大し、塞北[50]の広大な地域を支配し、控弦の士30〜40万を擁した。漢初には、匈奴は漢の辺境を絶えず侵犯するようになった。高帝六年、匈奴が馬邑（現在の山西省朔州市）を攻撃すると、韓王信は敵わず投降した。翌年、高祖は32万の大軍を率いて討伐に向かったが、平城の白登山（現在の山西省大同市東北）で匈奴に7日間包囲された。高祖は劉敬の建議を入れ、匈奴と「和親」を結び、宮女を選んで公主として単于に降嫁し、毎年大量の絹や酒、食料を贈り、関を開いて貿易を行った。恵・呂・文・景の4代はいずれも、引き続き匈奴と和親の約を結んだ。しかし、匈奴はしばしば約を違えて侵入し、その害は文帝期が最も深刻であった。文帝十四年には、匈奴の騎兵が長安から僅か700里の地まで深く侵入した。匈奴の辺患は、漢王朝の統治にとって重大な脅威であった。

　武帝は即位すると、これまでの受動的で耐え忍ぶ政策を改め、匈奴に対する反撃を全面的に展開することを決心した。元光二年、漢は馬邑に30万の伏兵を設け、匈奴を誘ってこれを殲滅する準備を整えたが、匈奴に覚られ、計画は失敗に終わった。元光六年、漢軍は匈奴に対する反撃戦で最初の勝利を得た。以後元狩四年に至るまで、漢と匈奴の間には大小十数回の戦いが発生した。このうち決定的な戦役となったものは、次の3度である。

　元朔二年、衛青は兵を率いて楼煩王と白羊王を撃破し、オルドス地方を回復し、朔方郡（治所は現在の内モンゴル自治区ハンギン旗北）と五原郡（治所は現在の内モンゴル自治区五原県）を設置し、内地から10万人の民を募ってここに移住させた。元狩二年、霍去病は隴西（現在の甘粛省臨洮県）に2度出兵し、匈奴を大いに破った。匈奴の渾邪王は休屠王を殺害し、部4万人余りを率いて漢に降った。漢は、河西に酒泉・武威・張掖・敦煌の4郡を次々と設置した。元狩四年、衛青は単于部に大打撃を与え、これを追って闐顔山の趙信城（現在のモンゴル国ハンガイ山の南）まで到達した。霍去病の軍も左賢王部を大いに破り、狼居胥山（現在のモンゴル国ケンテイ山）を封じて壇を築き、天を祀って功が成ったことを告げ、瀚海（現在のバイカル湖）に臨んで帰還した。この戦いにおける匈奴の損失は計8〜9万人に上り、また漢軍の損失も大きかった。

　一連の甚大な打撃を被り、匈奴の主力は遠く西北に徙っていった。こうして「幕（漠）南に王庭無し」[51]という情勢となり、匈奴の脅威は基本的に解除された。漢王朝は、河西

49　『漢書』巻23・刑法志より。法の網は次第に細密になった、という意。
50　「塞」は、長城のこと。

及び居延（現在の内モンゴル自治区額済納旗）一帯に長城と烽燧を建設し、数十万の兵を派遣して屯田戍守させ、この地域は次第に開発されていった。武帝の後期には、漢と匈奴の間に再び幾度かの戦いが起こり、互角の勝負であった。

（２）西域との通交　漢代では、玉門関・陽関以西の現在の新疆ウイグル自治区と中央アジアを含む広大な地域は西域と呼ばれ、天山山脈を境界として南北両部に分かれ、数十の大小の国家が分布していた。漢初には、匈奴が西域各国を征服し、僮僕都尉を設置し、強制的に賦税を徴収していた。

武帝は即位すると、匈奴に恨みを抱く大月氏と連絡を取り、匈奴を共同で挟撃するため、建元三年に張騫を徴募して西域に出使させた。張騫は、西行の途中で匈奴に捕えられたが、10年後に機をうかがって脱出し、嬀水（現在の中央アジアのアム川）流域に居を遷していた大月氏に到着した。しかし、大月氏にはすでに報復の意志はなかった。張騫は、帰途でも再び匈奴に１年以上拘留され、元朔三年に長安に帰還した。張騫は当初の目的を達成することはできなかったが、これにより中原と西域が通じ、彼の偉業は「鑿空（さっくう）」と称えられている。

元狩四年、霍去病が河西で匈奴を大いに破った後、匈奴の勢力は西北に向かい、西域は漢と匈奴の争奪の的となった。武帝は再び張騫を西域に出使させ、烏孫と連絡を取り匈奴を共同で撃とうとした。しかし当時、烏孫では内乱が発生しており、他を顧みる暇がなかった。そこで張騫は、副使を大宛（現在の中央アジアのフェルガナ盆地）・康居（現在のバルハシ湖とアラル海の間）・大月氏・大夏（バクトリア王国、現在のアフガニスタン北部）などの国々に派遣した。これらの国家の多くは、使節を派遣し、漢の使者に従って長安に到来し、漢王朝と関係を結んだ。

元封三年、漢は兵を派遣して北道の姑師（後に車師と呼ばれる。現在の新疆ウイグル自治区トルファン市）と楼蘭（現在の新疆ウイグル自治区ノブノール県西）を征服し、西域の門戸を抑えた。元封六年には、漢と烏孫が和親を結び、宗室の娘である細君を烏孫王に降嫁した。こうして、赤谷城（現在のキルギスのイシククル湖）に都を定めた烏孫は、匈奴を牽制する重要な勢力となった。太初元年、武帝は大宛の馬を買い求めたが拒否されたため、貳師将軍の李広利を派遣して大宛を攻撃させたが、漢軍は敗れた。太初三年、李広利は20万の兵を率いて２度目の西征を行い、大宛の国都の外城を攻め破り、大宛に講和を迫った。こうして漢の威声は大いに震い、西域各国は次々と帰属した。

漢が西域と通じた後、河西走廊を経由して天山南北両路に沿い、葱嶺（パミール高原）を越え、西は大秦（ローマ帝国）に達する陸上交通路が形成され、絹などの貿易が行われ

51　『漢書』巻94・匈奴伝上より。

た。後の人々はこれを「絲調之路」（シルクロード）と呼んでいる。

（3）南方の百越平定　秦末、嶺南と中央の通交が断絶した。秦の滅亡後、南海尉の趙佗は自立して南粤武王となり、高帝十一年に南粤（越）王に封じられた。また高帝五年には閩越王、恵帝三年には東海王（東甌王とも呼ばれた）が封じられ、三国は事実上独立状態にあった。呂后期に漢と南越との関係は悪化し、趙佗は自らを尊んで南越武帝と称し、しばしば漢の辺境を侵犯した。文帝は安撫の政策を採り、彼のために祖先の墓地を修理して毎年の祭祀を行わせ、その親族も厚く待遇し、陸賈を南越に使者として派遣し、趙佗に帝号を廃させ、改めて修好を結んだ。

　武帝の建元三年、閩越が東甌を攻撃してこれを包囲した。東甌が救援を求めると、漢は4万人余りの東甌の人々を江淮の間に遷徙した。建元六年、閩越王の郢が南越を攻撃すると、漢は兵を発してこれを討伐した。郢の弟の余善は、郢を殺して謝罪し、漢は王孫の丑を越繇王に立てた。後に余善は自立して王となり、漢は彼を東越王に封じた。元鼎六年、東越王が叛くと、翌年武帝は兵を派遣してこれを平定し、東越の人々をまた江淮一帯に遷徙した。江淮に遷徙された越人は、次第に漢人と融合していった。

　元鼎四年、南越の丞相呂嘉が兵を起こして叛いた。翌年、武帝は10万の大軍を派遣して反乱を平定し、儋耳（治所は現在の海南省儋州市西北）・珠崖（治所は現在の海南省海口市東南）・南海・蒼梧（治所は現在の広西チワン族自治州梧州市）・郁林（治所は現在の広西チワン族自治州桂平市西）・合浦・交阯（治所は現在のベトナム社会主義共和国のハノイ市西北）・九真（治所は現在のベトナムのタインホア省西北）・日南（治所は現在のベトナムのグアンチ省西北）の9郡を置いた。ここに至り、百越の地は全て漢の中央の管轄を受けることとなった。

（4）西南の西南夷との通交　秦の滅亡後、西南地域と中原の通交が中断した。武帝の建元六年、唐蒙を派遣して兵1000人を率いて西南に出使させると、夜郎が帰属し、元光五年にここに犍為郡（治所は現在の四川省宜賓市）を設置した。この後、再び司馬相如を派遣して出使させ、邛族・筰族などを収降し、都尉を設置して彼らを管理した。元鼎五年に夜郎が叛くと、漢は翌年に兵を発してこれを平定し、この地に牂牁（治所は現在の貴州省福泉市）・越巂（治所は現在の四川省西昌市東南）・沈黎（治所は現在の四川省漢源県東北）・汶山（治所は現在の四川省茂汶県）・武都（治所は現在の甘粛省西和県）の諸郡を相次いで設置した。元封二年、漢は兵を出して滇国を征服し、この地を益州郡（治所は現在の雲南省晋寧県東）とした。漢は、西南地域に郡を設置して管理すると同時に、現地の酋長を王・侯に封じ、二重統治を実行した。

（5）東方の朝鮮平定　秦漢交替期、燕人の衛満は、朝鮮王を称して政権を樹立し、王険（現在の朝鮮民主主義人民共和国の平壌市）に都を定め、恵帝期には漢に対して臣を称して貢

納した。衛満は、次第に真番・臨屯を征服してゆき、数千里の地を支配した。武帝の元封二年、衛満の孫の衛右渠が漢の詔を奉じなかったため、漢は兵を派遣して陸海両道から朝鮮に攻め入った。翌年、朝鮮の大臣が右渠を殺害して漢に降った。漢は、この地に真番（治所は現在の朝鮮の黄海南道信川郡）・臨屯（治所は現在の朝鮮の江原南道江陵市）・楽浪（治所は現在の朝鮮の平壤市南）・玄菟（治所は現在の朝鮮の咸鏡南道咸興市）の4郡を設置した。昭帝期には、漢は臨屯郡と真番郡を廃し、その地を楽浪郡・玄菟郡に併せた。

武帝時代の開拓の結果、漢朝の領域は、始皇帝の時代に比べて2倍近くに拡大した。

4．経済の統制と財源の拡大

武帝は、連年にわたって戦争を発動し、大いに功利を興し、絶えず行動したため、前代までに蓄積された富はあっという間に消費されてほぼ尽きてしまい、財政的困難に陥った。元狩年間、武帝は東郭咸陽・孔僅・桑弘羊などの商人やその子弟を官に就け、経済改革を実行し、財源を拡大した。その改革政策には、次のものが含まれる。

（1）塩鉄の専業と酒権　元狩五年、令を下して塩業と冶鉄業を独占して国営とし、中央の大農令に統一的に管理させ、各地に塩官・鉄官を設置し、塩鉄の生産と販売を行わせた。天漢三年（前98年）、武帝はまた酒の醸造と販売を国営とし、これを「権酤(かくこ)」と呼んだ。

（2）貨幣改革　前漢前期は、鋳銭の質に差があり、盗鋳が深刻であった。呂后期と文帝期には貨幣改革が行われたが、いずれも成功しなかった。武帝も即位後に数度の貨幣改革を行い、私鋳を禁止したが、効果は僅かであった。元狩五年には、初めて五銖銭を発行し、貨幣の重さとその文を合致させたが、盗鋳はなお盛んであった。そして元鼎四年、武帝は令を下して郡国の貨幣鋳造権を撤廃し、中央の上林三官（均輸・鐘官・弁銅令）で鋳造を統一して行うこととし、鋳造技術を向上させて盗鋳を防いだ。こうして貨幣は安定し、五銖銭は長期にわたって使用された。

（3）均輸と平準　元封元年、令を下して各地に均輸官を設け、郡国から上交させ、中央に豊富に集まっていた物資について、産地から需要のある地に直接運んで販売するようにし、郡国と中央を往来する輸送費を削減した。また平準法を施行し、大農が京師に設置した平準官が、均輸の貨物を受け入れ、安ければ買い、高ければ売り、物価を安定させ、需要と供給を調整した。

（4）算緡と告緡　元狩年間末、緡銭令を発布し、商工業者は市籍の有無を問わず、みな経営のコストに応じて納税を申告させ、違反した者の罰は戍辺一歳[52]とし、その資財を没収することを規定した。緡は銅銭の串にする縄のこと、算は徴税を計る単位であり、算緡と呼ばれる。また車船の使用税の徴収を開始し、商人による土地の占有を認めないことを

52　辺境守備の兵役に1年間服すること。

重ねて表明した。また、楊可を告緡の担当者に任命し、検挙摘発を鼓舞奨励し、事実と異なる納税を申告した者には厳しく打撃を加えた。告緡は全国に波及し、商賈の中家以上の大半が告発を受け、僅か数年のうちに政府が没収したものは「財物は億を以て計え、奴婢は千万を以て数え、田は大県は数百頃、小県は百余頃、宅も亦た之の如し」となった[53]。

四　前漢中後期の政治

武帝は、「外は四夷を事とし、内は功利を興し、役費並び興」った結果[54]、事業の輝きを獲得すると共に、人民には重い負担をもたらした。大量の農民が破産して流亡し、暴動が絶えることがなかった。武帝はここにおいて「沈命法」を制定し、太守以下の官吏が暴動を予期できず、また鎮圧できなかった場合、死刑に処すると規定した。征和二年、太子の劉拠が、武帝の使者の江充に皇上を巫蠱[55]詛呪したと誣告されたため、兵を起こして江充を殺害し、後に敗れて自殺し、朝廷を動揺させた。歴史上、「巫蠱の禍」と呼ばれる事件である。翌年には、外戚の李広利が匈奴を攻撃したが、敗れて投降した。この一連の事件は、高齢の武帝に大きな打撃を与えた。彼は、過去を振り返って省察し、自身の施策が非常に煩わしく、民を労して財を損ない、秦が滅亡した轍を踏んでいると考えるに至った。そこで征和四年、武帝は「己を罪する詔」を下し、「朕の即位して以来、為すところ狂悖にして、天下をして愁苦せしめ、追悔すべからず」[56]と言った。彼は輪台（現在の新疆ウイグル自治区輪台県）で再び屯田を開くという大臣の要請を拒否し、今後「苛暴を禁じ、擅賦を止め、本農に力め」る[57]こととして、民に休息を与えることを表明した。

武帝が世を去ると、僅か8歳の少子劉弗陵が即位した。これが昭帝（在位：前86～前74年）である。外戚の霍光は、大司馬大将軍として輔政の任に就き、朝政を掌握したが、政治面では武帝晩年に制定された民に休息を与える政策を推進した。流民は次々と郷里に還り、田野は次第に開墾され、社会も安定へと向かっていった。始元六年（前81年）、昭帝が朝会を召集して開くと、各地から集められた賢良や文学たちが、武帝の経済統制の政策を猛烈に批判し、桑弘羊ら大臣たちと激烈な議論を展開した。歴史上、「塩鉄会議」と呼ばれている。この会の後、昭帝は賢良や文学の建議を一部採用し、榷酤官と関内の鉄官を廃止した。

53　『史記』巻30・平準書より。
54　『漢書』巻24・食貨志上より。対外的には四方の夷狄に対して軍事行動をおこし、内では功利ある事業を興し、大いに人力と費用を動員した。
55　巫（ふ）は巫女、蠱（こ）はまじないで人を呪う者のこと。巫がある人に対して詛呪（そじゅ）すなわち呪いをかけたり、ある人の名を木偶に刻んで地下に埋めて呪った。
56　『資治通鑑』巻22・世宗孝武皇帝下之下より。私は即位して以来、道義にそむく政策を実施し、天下の人々を苦しめてきた。これを後悔しないことはない。
57　『漢書』巻96・西域伝下より。ただ苛酷暴悪を禁じ、ほしいままの賦税をやめ、国本である農業に努める。

昭帝が21歳で病没すると、霍光らはまず昌邑王劉賀を帝に立てたが、7日後に淫乱という名目で彼を廃黜し、改めて武帝の曽孫の劉詢を立てた。これが漢の宣帝（在位：前73～前49年）である。宣帝は、武帝の太子劉拠の孫であり、「巫蠱の禍」の後に民間を流浪していたため、民衆の苦しみを深く知っており、国をよく治めるために精励した。彼は吏治の整備に力を入れ、慎重に地方官を選択し、「信賞必罰」[58]を行い、その在位期間には、多くの「上は公法に順い、下は人情に順う」循吏[59]が現われた。連年豊作が続いたため、穀価は1石5銭にまで下降したという。穀価が安くなったことで農業が損なわれたため、五鳳年間（前57～前54年）、宣帝は大司農中丞の耿寿昌の建議を聴き、辺郡に常平倉を設け、穀価が安いときには高い価格で購入し、高いときには安い価格で売り出し、穀価を安定させた。また漕運政策[60]を改革し、関東の漕卒を半数以上削減した。宣帝の統治時代は、「政教は明らかにして、法令は行われ、辺境は安んじ、四夷は親しみ、単于は塞を欵(たた)き、天下は殷富にして、百姓は康楽たり」[61]と讃えられ、歴史上「中興」と称えられている。

　宣帝が死去すると、劉奭が即位した（元帝。在位：前48～前33年）。元帝は、政に励み倹約であったが、その個性は優柔寡断であり、純粋に儒教を用いて国を治めようと主張した。元帝が太子の頃、宣帝は、彼が漢代の政治の本質が「覇・王道、之を雑える」であることを理解しないことを批判し、「我が家を乱す者は、太子なり」と予言した[62]。元帝は、よく人を見て用いることができず、宦官の石顕に権力を弄させ、士人官僚を排斥した。また、吏治をおろそかにしたため、政治面では為すところなく、豪強勢力が急速に発展し、社会の矛盾が激化し、元帝自身が当時の社会を「ただ乱を極むるのみ」[63]と認めるほどとなり、こうして前漢王朝は衰退へと向かい始めた。

　元帝を継いで即位した成帝劉驁（在位：前32～前7年）は、軟弱で能なく、朝政を怠り、母である王氏の家族を任用した。帝の舅である王鳳ら兄弟4人は、相次いで大司馬となり、朝政を掌握し、外戚勢力が急激に膨張した。綏和元年（前8年）、成帝は三公のシステムを実情に合わせ、大司馬に金印紫綬を賜い、属官を設置し、御史大夫を大司空に更名し、丞相と合わせて三公とした。

　成帝には嗣子がなく、その死後は甥の劉欣が立って帝となった。哀帝（在位：前6～前

58　『漢書』巻8・宣帝紀より。
59　『漢書』巻89・循吏伝の顔師古注より。循吏は、法の規定に従い努める、善良忠実な官吏のこと。酷吏に対する語でもある。
60　租税として徴収した穀物・布帛・銭などを自然河川や人工運河によって中央に輸送するために設けられた制度。
61　（漢）応劭『風俗通義』正失より。
62　『漢書』巻9・元帝紀より。
63　『漢書』巻75・京房伝より。

1年）である。哀帝は、祖母の傅氏と母の丁氏の家族を親任したため、王氏は勢を失い、元后の甥の王莽は大司馬の職を免ぜられた。当時の政治は腐敗しており、貴族・官僚・地主たちはほしいままに土地を兼併し、社会の分化は深刻となった。ここにおいて、哀帝は占有する田地と奴婢を制限する議案を打ち出したが、権貴の反対に遭い、留め置かれた。すると哀帝は、自ら率先して限田制を破り、嬖臣の董賢に2000頃の土地を賜わるなどした。社会の危機が日ごとにますます深刻となってゆく情況のもと、神秘主義が氾濫し、讖緯の学が勃興した。当時、漢朝の暦運が中衰に当たるため、「再受命」をうけるべきとする考えが盛んに伝えられた。建平二年（前5）六月、哀帝は「太初元将元年」と改元し、自らを「陳聖劉太平皇帝」[64]と称したが、2ヵ月後にはこれを廃止することを宣布した。

五　王莽の改制と新莽の滅亡

　哀帝の死後、後嗣がなかったため、太皇太后（元帝の王皇后）と王莽は共同で9歳の平帝劉衎（在位：1～5年）を立てた。王莽は大司馬に再任され、再び朝政を掌握した。王莽は、権謀を凝らし、理屈をこねてうまく偽飾し、人心を籠絡し、朝野からの称賛を博した。彼は、朝政を掌握すると、己と異なるものを排除し、徒党を育成し、符瑞[65]を偽造し、自らが漢に代わって立つ準備を進めた。元始五年（5年）、平帝がにわかに没すると、王莽は2歳の宗室の劉嬰を立てて帝とし、孺子嬰と呼び、自らは周公が成王を輔けた故事に習い、摂政の名義をもって「假皇帝」・「摂皇帝」と称し、居摂と改元した。居摂三年（8年）、王莽は符命[66]により、自ら立って帝となり、建国して「新」と号した。

　王莽は、周の制度を信奉し、『周礼』に付会して次々と法令を発布し、古えに托して制を改めた。始建国元年（9年）、王莽は王田私属令を発布し、土地を「王田」、奴婢を「私属」と改称し、共に売買を許さず、また井田制を復活し、土地兼併と農民の奴婢化の問題を解決しようとした。しかし、官僚地主たちの利益に抵触したため、強烈な抵抗に遭った。始建国四年には、王田・奴婢の売買を許可する詔を下すことを余儀なくされ、これは事実上、改革の失敗を宣告するものであった。

　始建国二年、王莽は五均と賒貸、六筦を推し進めた。五均は、長安や洛陽などの6大都市に五均司市師を設置し、物価を安定させる制度である。賒貸は、貧民に無利息もしくは低い利息で貸し付けをする施策である。六筦は、塩・鉄・酒・鋳銭・山林川沢・五均賒貸の実施を官が独占する制である。これらの執行者の多くは商賈であり、彼らは地方官と結託して悪事を働き、機に乗じて銭財を搾取し、大きな騒動を引き起こした。

64　『漢書』巻11・哀帝紀、『漢書』巻99・王莽伝上より。
65　吉祥の兆候。多くは、帝王の受命の兆候を指す。
66　天が帝王に受命を予示する兆候。

居摂二年以降、王莽は貨幣制度を4度も改革した。また盗鋳を防ぐため、禁挟銅炭令を発布した。貨幣制度の頻繁な改革は、極めて大きな混乱をもたらし、民衆は法を犯して罰を受け、官奴婢に没入される者は十万をもって数えたという。

　また王莽は、官名や郡県名、行政区画を朝令暮改で変更し、混乱が堪えず、現任官でさえ改変を正確には分からないほどであった。彼は、古制を模倣して五等爵を復活し、官爵を濫発したが、現封地や俸禄を換えることはなかったため、官吏は賄賂を受け、民衆から搾取することで自給を実現しなければならなかった。

　辺境の民族問題においても、王莽は同様にほしいままに制度を改め、臣属する諸部族の首領の封号や印璽の規格を降格し、彼らの反乱を招いた。始建国二年には、王莽は30万の大軍を徴発して匈奴を攻撃し、その後また西南の句町国や東北の高句麗との戦争を起こした。

　王莽の制度改革は、社会の矛盾を緩和することなく、かえって社会の危機を激化させた。王莽の末年には、深刻な旱害や蝗災が発生し、田畑は荒れ果てた。こうして遂に、大規模な農民起義が勃発した。天鳳四年（17年）、荊州の飢民たちが緑林山（現在の湖北省京山県北）で蜂起し、「緑林軍」と号した。翌年、力子都・樊崇らの飢民が琅琊（現在の山東省諸城市）で蜂起し、眉を赤色に塗り、赤眉軍と称した。これらの起義は、急速に全国に拡大した。地皇四年（23年）二月、緑林軍は漢の宗室の劉玄を擁立し、「漢」の国号を復活させ、年号を更始とした。王莽は、42万の大軍を派遣して鎮圧に向かわせた。同年六月、緑林軍は、昆陽（現在の河南省葉県）で少数を以て大軍に勝利し、王莽軍を大いに破り、新の王莽政権に致命的な一撃を見舞った。十月、緑林軍は長安を攻略し、王莽は殺害され、新朝は滅亡した。

六　前漢中後期の辺境と民族関係

1．匈奴

　武帝の末年、匈奴は西方に遷徙した後、次第に衰退していった。宣帝の神爵二年（前60年）、匈奴の貴族が分裂し、後に南単于・北単于となった。甘露元年（前53年）、南匈奴の呼韓邪単于が漢に降り、同三年に入京して朝見した。元帝期に、呼韓邪単于が漢朝の援助のもと、匈奴を再統一した。竟寧元年（前33年）、呼韓邪単于が入朝して覲見すると、元帝は宮女の王嬙（昭君）を彼に嫁がせ、重ねて和親を結び、100年余りに及んだ匈奴との戦争状態を終結させた。しかし王莽の始建国元年、帰属している民族の規格を降格し、単于の「璽」を「章」に改めたことから、漢と匈奴の関係は破綻した。同三年、王莽が兵を発して匈奴を攻撃したことから、戦争が連年絶えなくなり、新の滅亡を加速させることとなった。

2．西域

　昭帝と宣帝の時代、漢と匈奴は西域の北道で一進一退の奪い合いを展開したが、宣帝の神爵二年、匈奴の日逐王が漢に降った。そのため、西域各国を統領していた僮僕都尉は撤退を余儀なくされた。そこで漢は、鄭吉を西域都護に任命し、烏塁城（現在の新疆ウイグル自治区輪台県東）に治所を置き、南道と北道を総督させた。このときより、西域は正式に漢の統治を受け入れ、天山山脈の南北の地域が初めて内地とつながり、一体となった。元帝の初元元年（前48年）、漢は車師に戊己校尉（現在の新疆ウイグル自治区トルファン市東南）を設置し、屯田の事務を管理させた。建昭三年（前36年）には、西域都護の甘延寿と副校尉の陳湯が兵を発して遠征し、北匈奴を討って郅支単于を殺害し、匈奴の勢力を西域から徹底的に追いやった。王莽期には、西域と中原の関係は断たれ、再び匈奴の統制を受けるようになった。

3．羌

　羌は、長い歴史を持つ民族であり、現在の甘粛省と青海省の一帯に分布し、多くの部落からなるが、互いに統属関係にはなかった。漢初、羌は匈奴の征服を受けた。景帝期には、研種羌が帰順し、漢は彼らを隴西に遷した。武帝が河西で匈奴を大いに破った後、羌人は黄河・湟水以西まで追い立てられ、令居塞（現在の甘粛省永登県西北）を築き、匈奴と羌の関係は隔絶した。先零諸羌は、匈奴の兵10万余りと連合して漢の辺塞を攻撃したが、漢軍に撃破され、漢は護羌校尉を設置してこれを統領した。ここにおいて、羌人は西海（現在の青海湖）・塩沢（現在の新疆ウイグル自治区ロプノール）一帯に移り住んだ。宣帝期には、先零諸羌は湟水を渡って東遷を強行し、宣帝は趙充国らを派遣して6万の軍を率いて湟中で屯田させ、機に応じて羌を撃破し、金城属国（現在の甘粛省蘭州市西北）を設置し、帰属した羌人をここに配した。王莽期には、羌人の地域に西海郡（現在の青海省海晏県）を設置し、ここに民を移した。

4．烏桓と鮮卑

　秦漢交替期、東胡は匈奴の冒頓単于に敗れ、余勢の一部は烏桓山（現在の内モンゴル自治区赤峰市アルカホルチン旗）に逃れ、烏桓と称した。また一部はさらに北の鮮卑山（現在の内モンゴル自治区ヒンガン盟ホルチン右翼中旗西）に逃れ、鮮卑と称した。漢初は共に匈奴に臣服し、貢賦を納めた。武帝期に霍去病が匈奴の左賢王を撃破した後、烏桓の人々を現在の内モンゴル自治区東北部・河北省北部から遼寧省南部一帯の塞外に遷し、護烏桓校尉を設置して彼らを管理した。昭帝期以降、烏桓の勢力は次第に強大となり、常に漢の幽州の辺郡を騒がせたため、また兵を発して匈奴を攻撃した。鮮卑と前漢には地域的な隔たりがあったため、まだ両者の間に関係が生ずることははなかった。

第三節　後漢の社会変動と王朝政治

一　後漢の建国と前期の政治

　後漢を建国した皇帝劉秀は、南陽郡蔡陽県（現在の湖北省棗陽市西南）の人で、前漢景帝の子である長沙定王劉発の六世の孫である。地皇三年（22年）、彼と兄の劉縯は、「高祖の業を復さん」[67]と呼びかけ、反王莽の兵を起こして舂陵軍と称し、後に緑林軍に加わった。王莽の主力を撃破した昆陽の戦いでは、劉秀はその智勇をもって第一の手柄を立てた。更始元年（23年）冬、更始帝は、劉秀に北上して黄河以北の地域を招撫するよう命じた。彼はまず王郎を撃破し、また銅馬軍を攻め破って彼らを取り込み、河北を平定した。

　更始三年六月、劉秀は鄗（現在の河北省柏郷県）の南で帝を称し、「漢」の国号を援用し、建武の年号を立てた。これが光武帝（在位：25〜57年）である。間もなくして洛陽に都を定めたため、歴史上、東漢或いは後漢と呼ばれている。当時、赤眉軍は漢の宗室の後裔である劉盆子を擁立して帝としていた。同年九月、赤眉軍が長安に攻め入り、更始帝を殺害した。建武三年（27年）春、光武帝は赤眉軍を攻撃し、これを滅ぼした。その後、建武十三年に至り、隗囂・公孫述・盧芳らの割拠政権を相次いで平定し、全国の統一を実現した。

　光武帝は、乱世に決起したため、「天下疲耗し、肩を息めんと思い楽う」ことを深く知っていた。そこで建武六年に、400以上の県を整理合併し、90％の地方官吏を減らし、政府の支出を削減した。また郡の都尉を廃止し、その職を太守に併せた。翌年には、郡国の兵及び臨時に設置した軍吏を復員させて家に帰らせた。統一後には、「功臣を退けて文吏を進め」[68]、戦を止めて兵を休め、天下の安定を願った。

　光武帝は、「柔の道を以て」天下を治めることを唱え、2度にわたって刑罰を軽減し、罪人を赦免する令を下した。また奴婢を解放する詔を6度、奴婢を虐殺することを禁止する詔を3度下した。豪強地主が土地を隠匿し、戸口を蔭庇する行為に対しては、建武十五年に「度田」の令を下し、全国の墾田の面積・戸口・年齢を精査させた。しかし、豪強地主の武装反抗に遭い、光武帝は妥協を迫られ、意を曲げてこれを安撫した。

　三公の官は、成帝によって建てられた後、哀帝の建平二年（前5年）に一度廃止されたが、元寿二年（前1年）に再び立てられ、丞相を大司徒と改名し、「三公の官の分職を正し」[69]、丞相制から三公制へと移行した。光武帝の建武二十七年には、大司馬を太尉と改め、

67　『後漢書』巻14・斉武王劉縯伝より。
68　『後漢書』巻1・光武帝紀下より。
69　『漢書』巻11・哀帝紀より。

大司徒・大司空を司徒・司空とした。また三公の権力を弱め、尚書台の地位を高め、尚書四曹を六曹に増やし、皇帝の政策決定の助けとした。これより、「三公置かるると雖も、事は台閣に帰す」[70]という局面が形成され、君主への集権が強化された。

前漢で外戚が専権を握った教訓を鑑み、光武帝は経済面では彼らを優遇したものの、要職を任せず、政事に関与させなかった。また宗室王侯に対しても厳しく統制を加えた。建武二十八年、沛国の献王劉輔が法を犯すと、光武帝は郡県に命じて諸王侯の賓客を逮捕させた。これに関連して死刑に処されたものは、数千人に及んだ。

また光武帝は、統治における儒学の地位をさらに一歩強化した。建武五年、統一戦争が未だ終結しない中、太学の建設に着手した。中元二年（57年）には、明堂・霊台・辟雍を建設した[71]。彼は名節を顕彰することに力を入れ、士人官僚が上に媚びへつらう王莽以来の風潮を矯正し、後漢の名節を重んじる観念の形成に重要な影響をもたらした。ただし光武帝は、讖緯をやみくもに信じ、図讖を用いて軍政の大事を決断することもあった。

後を継いだ明帝劉荘（在位：58～75年）と章帝劉炟（在位：76～88年）は、政事に勤しみ、また才幹に富み、文治武功で多くの成果を挙げた。明帝は、国家の儀礼制度の完成に力を尽くし、大射礼（祭祀典礼に参加する士を選抜して行なわれる、弓射を争う儀式）や養老礼を挙行し、また自ら辟雍で経を講じた。永平十二年（69年）には、王景と王呉に命じて黄河を治めさせ、黄河と汴水の分流を実現し、王莽以来の課題であった黄河の氾濫による被害を解決した。黄河の流れは、これより800年余り安定した。明帝期には、辺境問題の解決においても大きな進展があり、匈奴を大いに破り、改めて西域を支配した。章帝は、政を緩やかで簡潔にし、刑罰を省いて減らし、賦役を軽減し、孝道を唱え実行した。彼は、宮中の白虎観に広く名儒たちを召集し、諸経の異同を討論させ、今文古文の経学の融合を促した。

光武・明・章の3帝の60年余りの統治のもと、社会は安定し、政治は公明正大で、社会経済は回復し発展した。

二　豪族勢力の発展

前漢文帝期、土地の占有額の制限が解除されたことから、土地の兼併が激化し始め、その後ますます苛烈になっていった。前漢中後期に至ると、宗族を基礎とし、多くの賓客や徒附を擁し、地方に雄踞する豪族が次第に形成されていった。後漢時代、豪族はさらに発

---

70 『後漢書』巻49・仲長統伝より。「台閣」は尚書台を指す。
71 明堂は、周王が政教を宣明した場所と伝えられる。朝会・祭祀などの大典は、みなここで行なわれた。霊台は、周の文王が建てたと伝えられ、天文・暦法・星象・節気の観測に用いられた。辟雍は、周の天子が建設した大学と伝えられる。円形で、水池に囲まれ、前門外には仮橋があった。これら三者は、三雍官或いは三官と総称され、帝王が政教を発布する儀礼建築である。

展し、荘園方式の経営が形成された。後漢王朝の建国者である光武帝劉秀もまた、南陽豪族の出身である。

　豪族は、宗族を基礎とし、一族で集まって居住した。宗族内の各家庭の社会的地位や経済的実力には、大きな差があった。豪族は、宗族内の貧困者を救済し、賓客を養い、破産した流亡の民を収容し、これらの人々の大多数は従属農民となった。豪族はこれらの従属農民から高額の地租を取り、多い場合は50％に達した。ただし、災荒や戦乱及び従属農民が貧困のためにあてのないときは、豪族は彼らに賑貸し、救済と保護を提供した。従属農民は豪族の門下に蔭庇され、国家の賦税と力役から逃避したため、国家財政は大きな損失を被ることとなった。後漢王朝の貧弱さと政治の不安定さは、このことと密接に関係している。

　豪族の荘園は、多くが多様な経営に従事し、かなりの度合いで自給自足を実現していた。光武帝の外祖父である南陽の樊重の荘園は、面積が300頃余りに達し、重堂高閣が建ち、陂渠（ひきょ）が築かれ灌漑が行われていた。また魚の養殖業・牧畜業や漆製造業などの手工業も営まれ、「求むるもの有らば必ず給した」[72]という。後漢後期の豪族勢力にはさらに壮大さが加わり、「豪人の室、棟を連ぬること数百、膏田は野に満ち、奴婢は千群、徒附は万もて計う」[73]という情景が随所にみられた。地主の荘園は、放貸や賤買貴売（安く購入して高く販売する）などの商業活動にも従事し、高額の利潤を獲得した。荘園の多くは私兵を組織し、平時は「五兵を繕い、戦射を習い」、災害や戦乱時には「警設守備」した[74]。荘園には、監視や防御のための囲墙・角楼・望楼・飛橋も築かれた。荘園の私兵は、現地の治安や王朝の統治の秩序維持にとってある程度補助的に機能したが、皇帝権力が衰微したときには、割拠勢力に転化し、王朝統治を瓦解させる力となった。

　前漢の武帝が「独り儒術のみ尊」んだ後、儒学は仕進の重要な道となった。そのため、豪族の多くは儒学を修め、何世代にもわたって入仕し、公卿の位に至るという世家が出現した。例えば、欧陽『尚書』学を代々伝える弘農の楊氏は、四世にわたって三公の位に就き、孟氏『易』学を伝える汝南の袁氏は、四世5人が三公となった。彼らは、宗族と経済的な実力を擁するのみならず、政治的・文化的背景を持ち、その周囲には多くの門生や故吏が集い、広範な権勢関係のネットワークを結成し、次第に複雑に錯綜した高門勢族を形成し、地方や朝廷の政治にまで関与し影響を及ぼすようになった。これは、後漢の政治の一大特徴である。

72　『後漢書』巻32・樊宏伝より。
73　『後漢書』巻49・仲長統伝、仲長統『昌言』理乱より。家内労働に従事するのが奴婢で、膏田で農業労働に従事するのが徒附ともいわれる。
74　（漢）崔寔『四民月令』より。

後漢末に黄巾起義が勃発すると、各地に分布した豪族勢力は軍閥勢力と合流し、分裂割拠の局面が出現する重要な社会的基礎となった。

三　外戚と宦官の専権交替

　章帝の死去後、10歳の太子劉肇が即位した。これが和帝（在位：89～105年）である。後漢の統治は、ここから衰微していった。和帝以下の諸帝は、みな幼年で即位し、寿命も長くはなく、最長でも40歳を超えず、多くは嗣子もいなかった。幼年の皇帝は親政できないため、皇太后が臨朝称制し、朝政は事実上、太后の父兄の手に握られた。皇帝は成長すると、外戚の専権に不満を抱き、身近に仕える宦官を頼りに外戚勢力を排除し、宦官が朝政を掌握した。皇帝は親政を始めると、再び皇后の外戚を重用した。このようにして、外戚と宦官が代わるがわる専権を握る悪循環の局面が出現したのである。

　和帝が即位すると、母の竇太后が臨朝称政し、兄の竇憲が権力を掌握した。竇氏の家族及びその一党は、みな要職に就いた。永元四年（92年）、14歳の和帝は、宦官の鄭衆らを頼りに、兵を発して竇氏を誅した。鄭衆はその功により鄛郷侯に封ぜられ、政事に参与するようになった。このことは、宦官の封侯と宦官が朝権を握る先例となった。

　和帝が27歳で世を去ると、幼子の劉隆が即位したが、数ヵ月で世を去り、殤帝と諡された。和帝の鄧皇后とその兄の鄧隲は、和帝の甥で13歳の劉祜を帝に立てた。これが安帝（在位：107～125年）である。鄧太后は、外戚や宦官を任用した他、名士の楊震ら大臣を起用し、政治面で為すところが大きかった。永寧二年（121年）、鄧太后が死去すると、安帝と宦官の李閏・江京らは共謀して鄧氏を滅ぼし、李閏・江京らは功により侯に封じられ、崇敬されて権限を握った。また、安帝の閻皇后の兄弟である閻顕らも要職に就き、宦官と共に朝政を握った。

　延光四年（125年）、安帝は死去したが、閻皇后には子がなかった。朝政をほしいままにしたいと望む閻氏は、安帝の庶子である済陰王劉保ではなく、宗室の子の劉懿を立てた。劉懿は、即位して1年足らずで死去し、少帝と呼ばれている。孫程をはじめとする19人の宦官たちは、政変を起こして閻氏を誅殺し、11歳の劉保を擁立した。これが順帝（在位：126～144年）である。順帝は、宦官をさらに優遇し、孫程ら19人を侯に封じたのみならず、宦官が朝官を担当し、養子に爵位を継がせることを許した。順帝はまた、皇后の梁氏を崇敬し、皇后の父の梁商とその子の梁冀が専権を握った。

　順帝の死後、梁太后と梁冀はまず2歳の冲帝劉炳を立て、彼が1年後に世を去ると、続いて8歳の質帝劉纘を擁立した。本初元年（146年）、梁冀は質帝が彼の専権に不満を示したため、毒殺した。そしてまた15歳の桓帝劉志（在位：147～167年）を立て、自身の妹を嫁がせて皇后とした。梁冀の専権は20年近くに及び、その権は天下を傾け、梁氏

一門は相次いで「七封侯、三皇后、六貴人、二大将軍」[75]を輩出した。梁冀は極めて貪婪暴虐で、その意に逆らった大臣の李固と杜喬は、誣告で罪に陥れられて殺された。延熹二年（159年）、梁皇后が死去すると、桓帝は単超ら5人の宦官と共謀して梁氏を滅ぼした。梁冀から没収した家財は30億銭以上に達し、朝廷はこの年の租税の半分を減免した。単超ら5人は同日に封侯され、朝権を一手に握った。宦官の統治は、外戚と比べてさらに腐敗したもので、内外に遍く分布する彼らの兄弟姻戚は、司法に関与し、賄賂が公然と行われ、あらゆる悪事が行われた。

　外戚と宦官の専権は、専制主義的中央集権が高度に発展したための産物である。君主権が強化されると、権力は必然的に皇帝の手中に高度に集中し、外戚や宦官は皇帝権力に疣のように寄生した。皇帝が幼く統治を行うことができないとき、彼らは皇帝を挟持し、朝政を掌握した。ただし外戚や宦官の統治は腐敗し、また合法性に欠けていたため、長くは続かなかった。

四　清議と党錮

　後漢後期の皇権は弱く、外戚と宦官が代わるがわる権力をほしいままにし、政治は腐敗して暗いものであった。このことは、官僚士大夫の大きな不満と深刻な憂慮を引き起こした。特に、宦官が専権を握ることは、士大夫の道徳上の理想と完全に食い違い、また士大夫の仕進の道を阻害するものであった。そのため、正直（せいちょく）な士大夫たちは、奮い立って外戚や宦官と抗争を繰り広げた。外戚や宦官との争いでは、官僚の予備軍として、年が若く勇敢で、進取の気鋭のある太学生が重要な働きを発揮した。桓帝の永興元年（153年）、冀州刺史の朱穆が宦官を処罰したために、徒刑の判決を下されると、太学生の劉陶ら数千人が宮闕の前に集まり請願を上書した。また延熹五年、議郎の皇甫規が宦官の機嫌を損ね、罪に陥れられると、公卿大臣及び太学生の張鳳ら300人余りが皇宮の前で請願した。

　当時、官僚士大夫たちの間では、「清議」と呼ばれる、人物を品評する風潮が流行した。彼らは、人物の可否を通じて時政の糾弾を行い、気骨のある士人を称賛した。清議は、太学生の間で最も盛んに行われ、彼らは名士の郭泰と賈彪を領袖とし、外戚や宦官を恐れずに抗争している大臣の李膺（字は元礼）・陳蕃（字は仲挙）・王暢（字は叔茂）らを推戴し、彼らを「天下の模楷は李元礼、彊禦を畏れざるは陳仲挙、天下の俊秀は王叔茂」[76]と称賛した。特に、李膺は最も名望が高く、士人が彼と交を結ぶことは、「登竜門」と呼ばれた。

　延熹九年、河南尹の李膺が、殺人を教唆した張成を誅殺した。張成は宦官と密接な関係があったため、その弟子の牢修は宦官を利用し、李膺が太学の游士を養い、各郡の生徒と

75　『後漢書』巻34・梁統伝附玄孫梁冀伝より。
76　『後漢書』巻67・党錮伝より。

結託して朋党を結成し、朝廷を誹り嘲り、風俗を惑わし乱していると誣告した。桓帝は激怒し、令を下して党人を逮捕し、李膺ら200人以上を捕えて獄に繋いだ。翌年、皇后の父の竇武ら大臣たちの請求により、党人たちは赦免されたが、終身の禁錮とされ、官に採用されないこととなった。これが第一次の「党錮」である。しかしこの後、清議の波はさらに高まり、天下の名士たちはみな誉れ高い美称を有するようになった。

　永康元年（167年）、桓帝が病死し、劉宏（霊帝、在位：168～189年）が即位した。建寧元年（168年）、陳蕃を太傅に任命し、竇武を大将軍とし、共同で政を執らせた。彼らは、李膺ら党人を再び起用し、密かに謀って宦官を誅殺しようとした。しかし、ことが漏れ、宦官は陳蕃・竇武及びその宗族・賓客・姻戚を殺害し、その門生・故吏を免官して禁錮とした。翌年、朱並は宦官の意図を受け、かつて宦官を弾劾した同郷の張倹ら24人を「共に部党を為し、社稷を危うくせんと図る」[77]と誣告した。こうして再び党禍が起こり、李膺ら100人余りが獄中で横死した。この後、また600～700人がその波及を受けた。熹平五年（176年）、永昌太守の曹鸞が上書して党人の冤罪を訴えたが、霊帝は大いに怒り、再度州郡に命じて党人の門生故吏や父子兄弟を禁錮とし、五服に及んだ。黄巾起義が勃発した後、党人はようやく赦免された。第二次の党錮の禁は10年に及び、官僚士大夫集団は深刻な打撃を受け、後漢の腐敗した統治は極点にまで達した。

五　黄巾起義と後漢の滅亡

　後漢後期、外戚と宦官による腐敗した統治のもと、農民の境遇はますます下降していった。また60年余りの長きにわたる対羌戦争は、農民の負担をさらに重くした。安帝以降、自然災害も頻繁に発生し、蝗害と地震の被害が最も深刻であった。農民は幾重もの傷を受け、破産し流亡するものが大量に発生し、蜂起して反抗せざるを得なくなった。安帝期以来、流民の暴動が連年絶えず、霊帝の時代に至り、遂に全国的な黄巾大起義が発生した。

　霊帝のとき、巨鹿（現在の河北省平郷県）の人である張角は、『太平経』を経典とする太平道（漢末道教の一派）を創始し、これを民間に広めた。彼は「大賢良師」と自称し、人々のために符を書いて病を治療し、急速に数十万の徒衆を集め、これを36方に分けた。彼は「蒼天已に死す、黄天当に立つべし、歳は甲子に在りて、天下大吉」[78]という讖語を広く宣伝し、中平元年（184年、甲子の年）に蜂起する計画を立てた。しかし叛徒の密告により、張角は蜂起を早めざるを得なくなり、頭にいただく黄巾をシンボルとして、「黄巾軍」と号した。後漢王朝は、政治面では「天下の党人を大赦し」[79]、軍事面では大軍を徴集し

---

[77] 『後漢書』巻67・党錮伝より。
[78] 『後漢書』巻71・皇甫嵩伝より。蒼天（後漢王朝）の天命は絶え、代わって黄天（太平道）が立つべきときがきた。今年は干支の初めに当たる甲子の年であり、天下は大吉となろう。

てこれを鎮圧した。黄巾軍は、張角が病死したために統一された指揮が失われ、次々と官軍に各個撃破された。

　黄巾起義は、後漢の統治を根本から揺るがせた。中平五年、霊帝は地方の軍事力を強化するため、州部の刺史を州牧と改め、九卿や尚書などの朝廷の重臣をこの任に当てた。ここに至り、州は監察機構から郡の上級の地方行政組織へと変化した。これらの州牧は、乱に乗じて個人の勢力を発展させ、分裂割拠の隠れた災禍となった。

　中平六年、霊帝が世を去ると、14歳の太子劉弁が即位し、皇太后の兄である何進が輔政の任についた。彼は、司隷校尉の袁紹と共に宦官を誅滅する密謀を企て、并州牧の董卓を援軍として京師に召した。しかし宦官に覚られ、何進は殺害され、袁紹は兵を領して宦官2000人余りを殺害した。董卓は京に入ると、朝政を支配し、劉弁を廃黜し、霊帝の9歳の子劉協を擁立した。これが献帝（在位：190〜220年）である。初平元年（190年）、各地の州牧や郡守たちは、袁紹を盟主とし、董卓討伐の大軍を組織した。董卓は洛陽に火を放って破壊し、献帝と百万の居住民を西方の長安まで強制的に移動させた。反董卓連合軍は互いに二心を抱き、軋轢が生じ、急速に瓦解した。初平三年、司徒の王允は、董卓の愛将呂布に謀反を起こさせ、董卓を刺殺させた。董卓の部将たちが王允を殺害すると、再び内紛が起こり、混戦が展開された。全国各地に多くの割拠勢力が形成され、後漢は有名無実となった。建安元年（196年）、献帝が逃亡して洛陽に帰還すると、兗州牧の曹操は京に赴き、献帝を迎えて許（現在の河南省許昌市）に至り、「天子を挟みて諸侯に令」した[80]。延康元年（220年）、曹操の子である曹丕が献帝を廃して自ら立ち、魏国を建立し、後漢王朝は正式に滅亡した。

六　後漢の民族関係と対外関係
1．匈奴

　両漢交替期、匈奴は中原の内乱に乗じて勢力を拡張し、東は烏桓・鮮卑から西は西域に至る広大な地域を支配した。後漢の初め、匈奴がしばしば南下して辺境を侵したため、光武帝は幽州と并州の辺境の民を常山関・居庸関以東に遷すことを余儀なくされた。建武二十四年、匈奴は南北二部に分裂した。南匈奴単于は八部を率いて帰順し、漢は彼らを北辺の8郡に置き、「使匈奴中郎将」を設置して監領させた。こうして、北方の辺境は安寧を得た。後に南匈奴は、さらに東方や南方に遷徙し、次第に定住生活や農耕生活へと移行していった。

　明帝期には、北匈奴がしばしば漢の辺境に侵攻し、南匈奴の人々を離反させようと誘っ

79　『後漢書』巻8・霊帝紀より。
80　『三国志』巻35・蜀書・諸葛亮伝より。

た。永平八年、漢は五原郡曼柏県（現在の内モンゴル自治区ダラト旗）に度遼営を設け、度遼将軍を設置し、南北の匈奴を隔絶させた。同十六年、漢は兵を4路に分けて北に匈奴を征討した。竇固と耿忠の部隊は、天山で呼衍王を撃破し、将士を伊吾盧（現在の新疆ウイグル自治区クムル市西）に留めて屯田を行わせ、宜禾都尉を設置した。和帝の永元元年（89年）には、竇憲・耿秉らが北匈奴に出撃した。彼らは塞を出ること3000里余り、二十数万人を降し、燕然山（現在のモンゴル国ハンガイ山脈）まで至り、戦功を記念して石に刻み、帰還した。同二年・三年にも漢軍は再度出兵し、匈奴を大いに破った。こうして、北匈奴の主力は遠方に遁走し、モンゴル草原からも離れ、遥か遠い西遷の道を踏み出した。

2．西域

　王莽の時代、西域は再び匈奴の支配を受けた。明帝の永平十六年、漢は北に匈奴を伐ち、伊吾盧を攻略した後、仮[81]司馬の班超（有名な歴史家である班固の弟）を派遣した。彼は、吏士36人を率いて西域に出使し、鄯善と于闐（現在の新疆ウイグル自治区ホータン市）を相次いで降伏させた。翌年、竇固と耿忠が車師を攻撃してこれを降した。漢は西域都護と戊己校尉を改めて設置し、西域の統治を回復した。永平十八年、北道の焉耆・亀茲（現在の新疆ウイグル自治区庫車県東）などの国々は西域都護を攻撃して殺害し、戊己校尉を包囲した。章帝の建初元年（76年）、令を下して都護と戊己校尉を撤廃し、班超を国に召還しようとした。しかし、班超は西域諸国に引き留められて西域に駐留し、南道の大半の国家を安定させた。和帝の永元三年、漢が北匈奴を大いに破ると、班超を西域都護に任命し、戊己校尉を置いた。同六年、班超は兵を発して焉耆などの国々を征服し、西域を全て内属させた。九年、班超は、甘英を派遣して大秦に出使させた。彼はペルシャ湾まで到達し、海を臨んで帰還した。十四年、班超は洛陽に帰還した。班超の西域への出使及び都護は、漢王朝にとって西域地域への有効な統治であったのみならず、東西文明の交流にとって多大な貢献をもたらした。

　後任の都護となった任尚は、政策の失敗により諸国から攻撃を受けた。安帝の永初元年（107年）、西域都護は撤廃され、西域との関係は再び中断した。北匈奴の残党は、機に乗じて西域を支配し、河西地域は再び脅威を受けることとなった。延光二年（123年）、漢は班超の子班勇を西域長史に任命した。彼は、兵を率いて柳中（現在の新疆ウイグル自治区ピチャン県西南）に駐屯した。班勇は、匈奴の勢力を次々と撃退し、西域の大部分の国家は漢朝に帰順した。桓帝の元嘉二年（152年）、于闐は長史の王敬を攻撃して殺害した。後漢の西域統治は次第に衰微していったが、西域長史と戊己校尉は霊帝の末年まで維持された。

81　「仮」は官制の用語で、代理・代行の意。

3．羌

王莽の末年、大量の羌人が塞内に入居し、漢人と雑居した。彼らは官吏や豪強からの抑圧を受け、しばしば蜂起して反抗した。光武帝の建武九年、漢は護羌校尉を設置して彼らを管理した。しかし、羌人の反乱は絶えることなく、特に安帝の永初元年と順帝の永和五年（140年）、桓帝の延熹二年の3度の大反乱は、いずれも10年以上に及んだ。後漢政府は、羌人の暴乱を鎮圧するために巨額の費用を消費したため、統治の基礎が動揺した。

4．烏桓・鮮卑

後漢の初め、烏桓と鮮卑はしばしば匈奴と結び、漢の辺境に侵攻した。建武二十五年、光武帝は烏桓を招撫し、幽州と并州の辺縁の10郡に入居させた。また、上谷郡の寧城（現在の河北省万全県）に護烏桓校尉を再び設置し、鮮卑と互市[82]の事務を兼領させた。後漢前期、烏桓は漢のために塞を保衛していたが、安帝以降は叛いたり服従したりし、態度が定まらなかった。霊帝期には、烏桓の首領たちは次々と王を称した。中平四年、烏桓は現在の河北省・山東省一帯に侵入した。

烏桓が長城内に侵入した後、鮮卑は次第に南遷し、烏桓の故地を占有した。後漢が北匈奴を討伐して敗走させた後、光武帝の建武三十年に、鮮卑の大人は部を率いて来朝した。和帝のとき、北匈奴が遠方に徙ると、鮮卑は次第に西方に向かって発展し、残留した北匈奴の人々は鮮卑と融合していった。鮮卑は、永元九年以来、漢の辺境を連年侵犯した。桓帝期には、鮮卑の部落大人の檀石槐が諸部を統一し、政権を打ち立て、匈奴の故地全土を獲得し、幽・并・涼の3州の辺郡に連年侵攻した。霊帝の光和四年（181年）、檀石槐が死去すると、鮮卑は分裂し、その力は次第に衰えていった。

5．哀牢

光武帝の時代、現在の雲南省保山市一帯の哀牢人が後漢に帰順した。明帝の永平十二年、漢に内属する哀牢人が5万戸余り、55万口余りに達したため、後漢はその地に永昌郡（治所は現在の雲南省保山市）を設置し、後漢の領域はさらに拡大した。

6．緬甸

哀牢の南隣は、現在のミャンマーである。和帝の永元九年と安帝の永寧元年に、現在のミャンマー領内にある撣国が、2度にわたって哀牢を通じて使者を遣わし、朝貢して漢と関係を結んだ。

7．夫余・高句麗・濊

夫余人は、現在の松花江流域に居住し、農業に従事していた。光武帝の建武二十五年、夫余は初めて使者を遣わして奉貢し、漢に臣属した。順帝の永和元年、夫余王は京に出向

82　中国と北方の遊牧民族などとの間で行われた陸上貿易のこと。

いて朝見した。夫余の南方、現在の鴨緑江両岸付近の2000里は、高句麗の地である。漢の武帝は朝鮮を滅ぼした後、高句麗を県とし、玄菟郡に所属させた。王莽期には、高句麗を徴発して匈奴を討たせ、また高句麗王の名号を下句麗侯と改めたため、反乱を招いた。光武帝の建武八年、高句麗は遣使朝貢し、漢に帰順したが、叛いたり服従したりして、態度が定まらなかった。辺境への侵攻が最も甚だしかったのは、和帝と安帝の時代に相当する、句麗王宮の統治時代であった。高句麗の南方に位置する濊は、武帝のときに漢に降り、漢はその地に郡を設けて管理し、昭帝のときに改めて楽浪東部都尉を置いて統領した。光武帝の建武六年、都尉の官を省き、その首領を県侯に封じ、毎年朝貢させた。

8．倭

　漢の時代、現在の日本の領域に当たる地域内には100以上の国家があり、「倭」と総称されていた。漢の武帝が朝鮮に郡を設置した後、倭の30以上の国家が漢と使者を通じて往来した。光武帝の中元二年、最南端の倭奴国が使者を派遣し、楽浪郡を通じて都に向かって朝貢を行い、光武帝から「漢委奴国王」の金印を授与された。この印は、1784年に日本の福岡県で発見されている。また安帝の永初元年には、倭国王帥升を代表とする数国が漢に160名の奴婢を献上し、朝見を求めた。

第四節　秦漢時代の社会と経済

一　社会階級と階層

　始皇帝の六国統一後、専制主義的中央集権封建国家が樹立され、皇帝を代表とする貴族官僚地主階級の統治が確立し、地主と農民の二大対立階級が形成され、その内部もいくつかの階層に分かれていた。

　地主階級には、身分的な地主と非身分的な地主とが含まれる。身分的地主とは、高位の爵級や官位など社会的身分を有する地主を指し、皇帝・諸侯王・五大夫以上の高爵者や秩六百石以上の官僚が含まれる。彼らは大量の田宅を占有し、本人や親族までもが賦税徭役を免除され、刑罰を減免され、教育や優先的に入仕する権利を享有するなど、政治・経済・司法の面において各種の特権を享受した。非身分的地主とは、高い爵位や官位を持たない庶民の地主を指す。これらの地主階級は、大量の土地を所有し、佃農・雇農・奴婢を用いて耕種を行い、佃農から50％にも達する田租を徴収した。

　戦国時代、秦の孝公のもとで行われた商鞅変法のときに、二十等爵制が完備された。第一級の爵位は公士であり、その上は順に上造・簪褭・不更・大夫・官大夫・公大夫・公乗・五大夫・左庶長・右庶長・左更・中更・右更・少上造・大上造・駟車庶長・大庶長・関内侯・列侯といった。これらのうち五大夫の爵を境として、これ以上（五大夫を含む）が官

爵、未満が民爵である。漢の文帝以降、二十等爵制は次第に衰えていったが、列侯・関内侯・五大夫・公乗などの階層を分ける鍵となる爵位はなお重要な意義を有し、三国時代まで継続した。

　農民階級には、自作農と佃農、雇農が含まれる。このうち、自作農は秦漢国家が支配する編戸斉民の中で最も数が多く、秦漢王朝の統治の基礎となるグループである。国家が支配する自作農の多寡と支配の度合いの強弱は、王朝の盛衰を決定づけた。自作農は、狭いながらも土地を所有したが、経済的には脆弱で、ひとたび天災人禍に遭えば、破産の危機に陥り、田宅や妻子までをも売らざるを得なくなった。文帝以降、名田制が廃止されるにつれ、悪質な土地の兼併が発展し、大量の自作農が破産した。彼らの大多数は、地主に従属して佃農・雇農となり、僅かながら奴婢となるものもいた。

　商工業者の社会的地位は、やや複雑であった。秦漢では重農抑商政策が実施され、市場で経営活動に従事する商工業者には、「市籍」と呼ばれる専門の戸籍があった。彼らは絹製の衣服の着用や乗車、騎馬が許されず、本人や親族は官に就けず、田を占することができず、さらには辺境への罰戍の対象となるなどの差別的な制限を受けた。ただし、有力な商工業者は、その財産によって権勢を獲得し、文帝時代の晁錯は「今、法律は商人を賤しむるも、商人已に富貴たり」[83] と感慨している。彼らの多くは、「末を以て財を致し、本を用て之を守り」[84]、大量の田地を購入して地主となり、土地兼併の列に加わった。小規模な手工業者や商人の経済的地位は、自作農と類似し、常に破産の縁に置かれていた。

　社会の最下層に位置するのが、官私の奴婢である。秦漢時代、官私の奴婢の数は非常に多かった。官奴婢の来源の１つは、犯罪者本人及び重罪犯の家族・奴婢を没官[85] して奴としたものであり、また１つは、国家が富者から私奴婢を募ったもの、もう１つは、戦争捕虜を奴としたものである。官奴婢は、宮廷や各級の官府における服役に用いられた。私奴婢は、主に破産した農民に由来する。貴族・高級官僚・豪強地主・有力な商工業者は、常に数百数千の奴婢を所有し、一般の地主も少数ながら奴婢を所有していた。私奴婢は、家内労働の他、農業・手工業の生産活動或いは商業活動にも従事した。ただし、奴婢は秦漢王朝の社会階級の基礎を構成することはなかった。秦漢王朝が奴婢の売買の制限や奴婢の解放に関する法令を何度も出しているのは、このことを反映している。

二　戸籍・土地と賦役制度

　秦国は、献公十年（前375年）に初めて戸籍制度を制定した。最初は身長を登記するの

83　『漢書』巻24・食貨志上より。
84　『史記』巻129・貨殖列伝より。
85　刑罰の一つ。犯罪者やその家族・土地・財産などを官に没収すること。

みであったが、次第に完成され、秦王政の十六年（前231年）には男子の年齢を登記するようになった。秦王朝が樹立されると、年齢を登記する戸籍の制度は基本的に成熟した。漢はこの秦の制度を継承した。毎年八月に県と郷によって戸口の調査と登記が行われ、そこに含まれる内容は、姓名・年齢・爵位・服役身分・籍貫・財産（田宅・奴婢・牛馬・車両及びその価値）などであった。戸籍簿は1式3点で、正本は郷に留め置かれ、副本の1点は本人に、もう1点は県に上呈された。郡県の上計時には、戸籍の状況が級ごとに順に中央まで報告された。後漢時代には、豪族の勢力が発展して大量の戸口が隠匿されたため、国家が掌握する戸口の数は終始前漢時代に及ばなかった。

　商鞅変法は、井田制を廃止し、私人が長期にわたって土地を占有する名田制を打ち立てた。国家は、二十等級の爵位の高低に基づいて占有できる耕地の基準を分け、各戸の名田の基準を戸主の爵位によって定めた。名田は、国家を通じての授与、継承、売買などの手段で得ることができた。秦は、統一後に名田制を全国に推し進め、漢初ではこれが援用された。湖北省江陵市の張家山漢墓より出土した呂后二年（前186年）の法律「二年律令」の規定によると、庶人の名田の基準は1頃（100畝）、第一級の爵位である公士は1.5頃であり、級に応じて増額され、関内侯に至るとその名田は95頃に達した。土地の兼併と売買により、授田・限田の維持は困難となり、文帝のときに名田制は廃止され、占有する土地の額は制限されなくなった。この後、悪質な土地の兼併が発展し、「富者の田は仟佰に連なり、貧者は立錐の地亡き」[86]状況となった。哀帝と王莽の時代には、限田制の復活が試みられたが、共に失敗に終わった。土地の兼併は、前漢中期以降の深刻な社会問題であり、両漢政府は主に公田を農民に貸し出し、或いは無償で提供して使用させる「民に公田を假す」・「民に公田を賦す」という方法で、社会の矛盾を緩和した。

　秦漢時代の国家は、耕地を擁する民戸から田租と芻藁（飼料用の干草と藁）税を徴収した。田租は、穀物を徴収した。秦代では10分の1税が実施され、漢の恵帝のときに15分の1に減額され、景帝のときにさらに30分の1税に減額され、これが定制となった。おおよそ景帝のときに、定率の租から定額の租に改められ、畝当たりの平均的な生産高に基づき、固定額を計算して徴収するようになった。芻藁税は、実物で納められ、また銭で納められることもあった。

　秦漢時代の人民は、土地や財産の有無にかかわらず、みな「賦」と呼ばれる人頭税を納めなければならなかった。秦及び前漢初めは、人頭税の形成期であり、幾度かの変遷を経て、景帝期に定制が形成された。15歳から60歳の成人は、毎年算賦120銭を納め、7歳から14歳の児童は、口賦20銭（武帝のときに23銭に増額された）を納めた。この他、

86　『漢書』巻24・食貨志上に載せる董仲舒の言葉より。

臨時で徴収される多くの賦があり、その負担は田租よりもはるかに重いものであった。

　秦漢時代の国家は、健康な成人男子を徭役と兵役に徴発した。彼らは15歳から60歳に至るまで、毎年郡県で1ヵ月の更役に服した。また、傅籍されて「正卒」となった（専門の戸籍に登記され成丁となること）後には、正役に服した。正役には、「徭」と呼ばれる累計1年間の中央での徭役と、1年間の兵役或いは京師で衛士の任に就く、或いは辺境で戍卒となることが含まれる。傅籍の開始年齢は、秦及び漢初では17歳、景帝二年に20歳に改められ、昭帝のときに23歳まで引き上げられ、これが定制となった。また終了する年齢も変遷を経て、おおよそ前漢中期には56歳が定制となった。この他、郡県には軽車・材官・騎士・楼船などの常備の兵役が設けられ、徭役が免除された。

　秦漢時代では、高爵・高官を擁する特権階層及びその親族は、賦税・徭役を免除される優遇を享受した。

三　農業と手工業

　秦漢時代、農業は生産の規模や道具、技術の面で大きく進歩した。鉄製農具が遍く普及し、性能も絶えず完全なものとなっていった。北方地域では、すでに2頭の牛に耦犂を引かせる方法が広範に行われ、後漢時代には一部の地域でより簡便な1頭の牛に犂を引かせる方法がみられるようになり、南方地域でも牛耕が普及し始めた。武帝の末年、捜粟都尉の趙過が西北地域で代田法を推進した。これは、幅1歩（6尺）の耕地を三畎（溝）三壟に分け、畎の中に播種し、中耕除草のときは壟上の土で苗根部を培い、畎壟の異位によって乾燥を防いで土の湿度を保ち、地力を回復させ、生産高を向上させるというものであった。成帝期には、有名な農学者である氾勝之が、生産高の高い園芸式の耕種法―区田法と溲種法を発明し、また農学書『氾勝之書』を著した。後漢晩期の崔寔『四民月令』には、北方地域における月ごとの農業生産活動が記録されている。秦漢王朝では、各地で多くの水利灌漑工事が実施され、武帝期に最も多く行われた。遅くとも両漢交替期には水碓[87]が出現し、舂米[88]の効率が大幅に向上した。秦漢時代には、北方の旱作農業における精耕細作の伝統的モデルの雛形が備わり、穀物の単位面積当たりの生産高が向上した。後漢時代には、南方も快調に開発され、水稲栽培の技術が大きく向上し、多様な経済が併存し、粗放な「火耕水耨」の区域は次第に縮小し、人口と墾田面積が共に大きく増加した。後漢後期には、朝廷は何度も荊州・揚州などの地の租米を徴発し、江淮地域と中原の被災民を救済している。

　前漢の哀帝期には、戸口が最盛となった。平帝の元始二年（2年）の全国の墾田数は

87　水力で回す米搗き臼（うす）。
88　米を臼で搗くこと。

827万頃余り、戸数は1223万戸、口数は5959万人であり、この数字には当時の農業発展の水準がある程度反映されている。以後隋唐時代に至るまで、歴代の政府の統計でこの数字を超えるものはない。

　秦漢時代では、手工業にも際立つ成果が得られた。冶鉄業が重要な地位を占め、武帝期には塩鉄の国営化が実施され、各地に塩官・鉄官が設置された。冶鉄の規模は巨大で、前漢後期には、官府のもとで鉄鉱と銅鉱を採掘する人数は毎年10万人以上に達した。考古学においても、漢代の大型冶鉄遺跡が少なからず発見されている。鍛釜の技法が広範に応用され、また燃料として石炭を使用するようになり、後漢時代には水力鼓風炉「水排」が発明された。銅器の製造も非常に発達し、1980年に秦始皇陵から出土した銅車馬は、当時の鋳造技術の水準を充分に反映するものである。秦漢時代では、大量の銅が鋳銭に用いられた。漢初は、鋳銭の政策が幾度も変化したが、武帝の時代に貨幣の鋳造権は中央に回収され、上林苑の三官で鋳造されるようになった。鉄器・漆器が盛んに製造されるようになったため、銅器の地位は下降したが、貴族はなお大量の銅製の器や食器を使用しており、最も多いものは銅鏡であった。漆器の製造技術は複雑で、細かく分業されており、製作は精美で、鎏金或いは銀の扣器がみられ、遠く国外でも売られた。官府の漆器は、主に蜀（現在の四川省成都市）や広漢（現在の四川省広漢市）などの地の工官で製作された。長沙市の馬王堆漢墓からは、造型が精美で光沢があり、色つやのよい漆器が180点以上出土している。この他、製塩業や醸造業なども、生産の規模や技術が前代を超え、後漢時代には巴蜀で天然ガス井が製塩に利用された。後漢中後期には、製紙技術が普及し始めた。始皇帝の兵馬俑には、秦漢代の製陶業の規模と水準が充分に反映されている。磁器製造業もまた、製陶業の基礎の上に萌芽し始めた。

　秦漢時代の政府は、紡績業の生産を重視し、これを農業と同じく本業とみなした。北方の農家は、みな家庭内で紡績生産に従事し、官府は京城・臨淄（現在の山東省臨淄区）・襄邑（現在の河南省睢県）や蜀などに設置された大規模な工場で生産を行った。元帝期、天子の春・夏・冬の冠服を司る臨淄の三服官では、各々数千人が作業し、「一歳の費は巨万を数」えた[89]という。また前漢の長安の東西の織室では、各々毎年5000万銭以上が費やされたという。絹織物は種類が多く、制作は精美で、すでに模様を織り出す技術がみられた。後漢時代には、南方の養蚕業が大きく発展し、蜀の絹織物業が特に有名である。秦漢の絹織物は、贈物や貿易を通じ、周辺民族に大量に移出された。張騫によって中国と西域の通交が始まると、絲綢貿易ははるか中央アジアや西アジア、さらにはヨーロッパにまで至った。

89　『漢書』巻72・貢禹伝より。1年の費用が膨大な額に及んだ。

秦漢時代には、官営の手工業が発達し、中央から地方に至る膨大な体系が形作られた。私営の手工業も繁栄し、巨額の財と富を擁する大手工業者が数多く現れ、前漢前期に最多となった。官営工場の労働者は、主に工匠・更卒・刑徒と官奴婢、私営工場は主に奴婢と雇用労働者であった。

四　商品経済

秦漢時代では、重農抑商が国策とされたが、時期により統制の度合いは異なるものであった。高祖の時代には、抑商政策が厳しく実施されたが、恵帝・呂后期には、経済を回復し発展させるため、商人に対する禁令が緩和された。武帝期には、財政的困難を解決するため、各種の経済統制政策が実施され、商人は深刻な打撃を受けた。昭帝・宣帝以降、商人に対する制限は緩和され、商業の発展のための環境はやや緩やかとなり、このような状況は基本的に後漢まで継続した。この他、朝廷の関津政策[90]や貨幣政策もまた、商業と市場の生産に重要な影響をもたらした。

中国古代の商品経済の発展は、前漢時代に一つのピークを迎えた。全国には、商業の発達した大都市を中心とした、いくつかの経済区域が形成され、これらの大都市はみな交通の幹線上に分布していた。首都の長安の人口は24万人に達し、東西九市があり、物資や人口が豊かで繁栄した。洛陽・邯鄲・臨淄・宛・成都は、「五都」と呼ばれた。北方の薊（現在の北京市）や長江の三角州に位置する呉（現在の蘇州市）、珠江の三角州に位置する番禺（現在の広州市）も重要な商業の中心であった。後漢時代には、首都の洛陽が長安に代わり、最大の商業都市となった。交通の幹線上には駅伝が敷かれ、車馬が転輸し、往来が絶えなかった。南方地域は、主に水路によって運輸が行われた。当時の造船技術は非常に先進的で、数十の車両を積載できる大型船や、多階層の楼船が建造された。

秦漢時代の商業には、多くの部門があり、「子銭家」と呼ばれる高利貸しも重要な業種であった。市場の商品は豊富で、食品・布帛から家畜・木材・銅鉄器などあらゆるものがあり、奴隷も商品として市場で売られた。固定された市場の他、集市貿易も郷村における交易の重要な形式であった。

前漢中期以降、対外貿易も次第に発達し、河西回廊から中央アジア・西アジアを通じてヨーロッパに至る「シルクロード」が建設された。主な輸出品には絹織物、輸入品には貂皮などの毛織物・香料・珠宝などがあった。また番禺は、重要な対外貿易の港口であり、海上「シルクロード」も形成され始めた。桓帝の延熹九年（166年）には、大秦の商人が日南郡（治所は現在のベトナム国クワンチ省）の辺境に到達し、大秦王安敦〈ローマ皇帝

90　陸上交通と水上交通の管理・統制。

マルクス＝アウレリウス＝アントニヌスとされる〉の名義で特産物を進貢した。

　後漢時代は、貨幣の流通が前漢よりも少なく、特に黄金が大幅に減少した。そのため、人々は縑帛[91]と穀物で貿易を行い、前漢時代に比べて自然経済の色彩が濃厚であった。

第五節　秦漢時代の思想文化と科学技術

　秦漢時代では、まず法家が盛行し、これに続いて黄老の「無為」思想がしばらく指導的地位にあり、その後は儒学が独り尊ばれた。また仏教が伝来し、道教も勃興した。史学は煌々たる成果を挙げ、文学・芸術は際立つ成果を樹立し、製紙技術の発明は後漢が人類の文明にもたらした偉大な貢献である。

一　経学と今文古文の争い

　経学は、儒家の経典を研究する学問である。始皇帝が焚書坑儒を行い、項羽が秦の宮殿を焼き払ったため、先秦以来伝えられてきた儒家の典籍は壊滅的な打撃を受けた。漢の恵帝の時代に、私人が書を蔵することを禁止する「挟書律」が廃止されると、儒学が復興し始め、民間で儒家の経典を伝授する私人が現れ始めた。当時は、流伝する古本がなかったため、儒学者たちは記憶を頼りに、当時通行した隷書を用いて筆録成書し、「今文経」が形成された。伝授者が異なるため、それぞれの経ごとにいくつかの家があった。

　武帝の建元五年（前136年）、『易』・『書』・『詩』・『礼』・『春秋』の五経博士が設置され、五経が正式に官学となった。その後、董仲舒らの建議のもと、百家が免職され、儒術が独り尊ばれ、儒学は遂に政府の正統思想となった。董仲舒は、広川（現在の河北省棗強県境）の人で、その著書に『春秋繁露』がある。董仲舒は『春秋』の大一統を唱え、その核心となる思想は、「天人感応」説[92]である。彼の学説は、武帝以降の儒学と政治に深遠な影響を与えた。この後、経学は日ごとにますます盛んとなったが、学派の分化がさらに深刻となった。それぞれの学派は師法を厳守し、明確な隔たりがあり、経義の解釈もますます繁雑となり、ときには１つの経義の解釈が百万言余りに達することもあった。そこで宣帝や章帝は、自ら儒生を召集し、五経の異同を講論させたのである。武帝以降、太学が招集する博士弟子は絶えず増加し、成帝の時代には3000人にまで達した。

　恵帝が「挟書律」を廃すると、民間から先秦の古籍の発見が絶えず、また図書の捜索や収集、整理の盛り上がりが促進された。新たに出てきた儒家の経書は、いずれも秦以前の

91　絹織物のこと。
92　天人相関説ともいう。人事と自然現象（天）の間に対応関係があり、人の行為の善悪が天に感応して自然界の吉祥や災異をよび起すという思想。

古文字で書写されていたため、「古文経」と呼ばれた。成帝の時代、劉向・任宏・尹咸らに命じ、朝廷が徴集した古籍の整理校勘を行わせた。哀帝期には、劉向の子の劉歆が父の業を継承し、中国最初の目録学の著作『七略』[93]を完成させた。劉歆は、自身が得た古文経を朝廷に上奏し、学官を立てることを求めたが、今文学者たちの反対に遭い、双方の間に激烈な議論が展開された。歴史上、「今古文の争い」と呼ばれている。

　王莽は、古えに托して制を改め、古文経を推し崇め、『左氏春秋』・『古文尚書』・『逸礼』・『毛詩』・『楽経』・『周官』の学官を立てた。後漢建国後、古文経の博士は廃止されたが、朝廷においても古文経が排斥されたわけではなかった。今文経学は、「通経致用」を求め、章句の敷衍を重視して微言大義を解明しようとしたため[94]、こじ付けに流れやすかった。一方の古文経学は、「通経識古」を追求し、訓詁を重視して経文の本義を探求したため、次第に人々の崇拝を受けるようになった。古文経学者の許慎（汝南郡召陵県の人、現在の河南省郾城区）は、今文経学の穿鑿付会に反対するため、中国最初の字書である『説文解字』を編撰した。後漢後期の鄭玄は、諸経に遍く注を付け、古文経を主とし、今文経の説も兼ねて採るという「鄭学」が形成され、今文古文は次第に混同されていった。霊帝の熹平四年（175年）、蔡邕は各種の経書を校訂し、儒家の経文を隷書で石碑に刻み、これを太学に立てて官定の経本とした。後世「熹平石経」と呼ばれるものである。

　前漢末、今文経学の特殊な発展により、讖緯が流行した。「讖」は、隠語或いは預言によって吉凶の符験或いは兆候とするもので、しばしば図が附随したため、図讖と呼ばれた。「緯」は、隠語を付会して儒家の経典を解釈する著作である。讖緯には、神霊奇異の思想が満ち、牽強付会に都合がよく、任意に解釈された。王莽は、讖緯を利用して自らが漢に代わって立つという興論を作り上げたため、讖緯が大流行した。後漢の歴代の皇帝たちもみな、讖緯を崇信した。建武中元元年には、光武帝は図讖を天下に発布し、法定の経典とした。有識の士はこのことを憂慮し、反対した。後漢時代では、桓譚・尹敏・鄭興・張衡・王充らが讖緯に反対した。王充は、字を仲工といい、会稽郡上虞県（現在の浙江省上虞区）の人で、その著書に『論衡』がある。彼は讖緯化した儒学に反対し、道家の黄老思想を唱導し、自身の学を「儒家の説に違なるも、黄老の義に合す」[95]と称した。彼の観点には、素朴な唯物主義的思想が含まれている。

二　史学・文学と芸術

　秦朝は、法家によって国を治め、思想と文化の専制を実施した。この時代には、法家思

93　『七略』は「輯略」・「六芸略」・「諸子略」・「詩賦略」・「兵書略」・「術数略」・「方技略」に分かれている。
94　経文の章句の意義を推し拡げて説明することを重視し、簡潔な言葉から奥深い道理を明らかにしようとした。
95　『論衡』自然より。

想及び陰陽家の「五徳終始説」が大いに流行した。『詩』・『書』は焼却されたばかりか、民間で撰写され伝播した「書簡の文」も厳しく禁じられた。こうして、史学と文学の発展は制限され、伝世の作品は、始皇帝の巡遊の際に石に刻まれた頌辞を除くとごく僅かである。ただし、秦朝の彫像や建築などの造型芸術の水準は非常に高く、卓越した成果があった。「世界八大奇跡」の栄誉を受けている秦始皇陵の兵馬俑はその代表作である。兵馬俑は、個々の形態が生き生きとして真に迫り、陣容の広大さ、数の多さは中国古代の造型芸術史上空前絶後のものである。

漢代では、史学の煌々たる成果として、司馬遷の『史記』と班固の『漢書』という2部の史学の大著がある。

司馬遷は、字は子長といい、前漢の左馮翊夏陽県（現在の陝西省韓城市）の人である。武帝の元封三年、父の司馬談を継いで太史令となり、太初元年（前104年）に『史記』の撰修を開始した。天漢二年（前99年）、李陵が匈奴に敗れて降ると、司馬遷はその弁護をしたため、宮刑に処された。彼は発憤して書を著し、「天人の際を究め、古今の変に通じ、一家の言を成さん」[96] という志を立て、遂に中国史上最初の紀伝体の通史である『史記』を完成させた。『史記』の原名は『太史公書』といい、12本紀・10表・8書・30世家・70列伝の合計130巻、52万字余りであった。上は黄帝より、下は漢の武帝に至るまで、内容は社会の各方面にわたり、美を偽らず、悪を隠さず、正統思想の束縛を受けず、2500～2600年の歴史を真に迫って生き生きと再現し、「実録」の誉れを受けている。この編年・記事の長は、人物を中心とした紀伝体という新たな体例を創始し、以後の歴代の正史が準拠するところとなった。

班固は、字を孟堅といい、後漢の扶風安陵県（現在の陝西省咸陽市東北）の人である。彼は、父班彪の手になる『後伝』65篇を基礎に、二十数年のときを費やして『漢書』を編撰した。しかし未完のまま、外戚竇憲の事案に連座し、獄中で死去した。その後、班固の妹の班昭が引き継いで八表を著し、馬続が「天文志」を補い、合計100篇とした。『漢書』の体例は、基本的に『史記』を踏襲したが、やや変更を加え、世家を列ねず、書を志に改め、また「百官公卿表」・「刑法志」・「地理志」・「芸文志」が新たに加えられた。この書は、内容が充実し、詳細に記された、中国最初の紀伝体の断代史である。ただし、その歴史観は儒家思想の影響を深く受けており、是非の論断は司馬遷と異なるものが多い。

後漢時代の史学の成果としては、官修の当代史『東観漢記』143巻があり、後代の史家が『後漢書』を撰写する重要な拠りどころとなったが、現在は僅か24巻の輯本が残るのみである。また趙曄の『呉越春秋』と著者不明の『越絶書』は、後代の地方史志の先河を

---

96 『漢書』巻62・司馬遷伝より。天と人間の関係を究明し、古今の歴史における変化を理解して、一家言を立てようとした。

開いた。後漢末の建安年間（196～219年）には、荀悦が班固の『漢書』を編年体の『漢紀』30巻に縮編した。

　漢代の文学の主な形式として、漢賦・散文・楽府詩の3種がある。

　賦は、騒体から転化したもので、韻文と散文の間を介し、漢代から流行し始めた。前漢早期の賦は、賈誼の『吊屈原賦』・『鵩鳥賦』を代表とし、事物に借りて抒情したものが多く、文の形式は素朴であった。武帝期には、多くの有名な賦家が現われ、気勢が雄大で、意象が模糊とし、言葉の運用が華麗な大賦が形成された。司馬相如の『子虚賦』・『上林賦』はその代表である。大賦は後漢まで流行し、王莽期の揚雄や後漢時代の班固・張衡らは、みな有名な大賦の作品を創作した。大賦は、字句を飾りたて、美しい言葉を綴ることを追求し、内容の多くは帝王・都市・宮殿・苑囿を描いたが、思想的内容に乏しく、揚雄は賦を作ることを「童子の雕虫篆刻」なり[97]と慨嘆した。後漢後期には、抒情的に写物する小賦が現われ、大げさで融通のきかない大賦から脱却し、清新な格調を備えていたが、なお旺盛な生命力には欠けていた。

　漢代の散文で最も名を知られているのは、書策である。前漢前期の賈誼の『過秦論』・『治安策』と晁錯の『論貴粟疏』などの政治論文は、堂々とした文辞で、深い分析がなされ、また文采は人の心を動かすもので、後代の散文に深く影響を与えた。司馬遷の『史記』は、生き生きとした叙事、真摯な感情、緻密な論理を備え、漢代の散文の典範となった。

　漢代では、朝廷の音楽を掌管する機構は楽府と呼ばれ、その職責の一つとして民間から民歌を採集し、手を加えて音楽を配することがあり、これらは楽府詩と呼ばれた。楽府詩は、武帝期より繁栄し始めた。楽府詩の多くは民間に由来するものであり、内容が豊富で、情感は真に迫って感動的で、高い芸術的価値を備えている。建安年間に作られた『孔雀東南飛』は、漢代楽府詩の代表作である。楽府詩の影響のもと、後漢時代には五言詩が出現した。『古詩十九首』の大部分は五言詩であり、詩句は平易で感動的、情緒は意味深長で、楽府詩と並び競った。

　漢代の絵画芸術は、急速に成熟へと向かった。1972年に長沙馬王堆漢墓で出土した帛画は、漢代の絵画の最高水準で、漢代を代表するものである。この帛画は、長さ205㎝、上・中・下の三欄に分かれ、それぞれ天上・人間・地下の情景を表現し、想像と現実とを有機的に融合したもので、筆法は細緻で、色彩は絢爛である（口絵14）。漢代ではまた、宮殿・邸舎・祠堂・墓室などの建築物に壁画を描くことが流行した。壁画の題材は、人物故事を主とし、「図画天地、品類群生、雑物奇怪、山神海霊」[98]と万象を網羅している。朝廷の少府の属官である黄門令の下には、専門の画工が設置された。前漢の有名な画工には、毛延

97　（漢）揚雄『法言』吾子より。
98　（漢）王延寿『魯霊光殿賦』、『全後漢文』巻58より。

図 4-2　山東省嘉祥武氏祠漢代画像石「孔子見老子」図
(『中国画像石全集』編集委員会『中国画像石全集2』山東美術出版社、2000年版、図版九九より)

寿・陳敞らがいる。後漢の画工には多くの種類があり、和帝の鄧皇后の詔令には、39種もの画工が挙げられている。

　石刻と磚刻画像は、漢代の典型的な彫刻芸術の形式である。漢代の墓葬からは、大量の石刻・磚刻の壁画が発見されており、画像石或いは画像磚と呼ばれている。これらは北方や四川省などの地から出土しており、山東省嘉祥県の武梁祠（図4-2）、肥城市の孝堂山祠の画像石が最も知られている。題材は主に狩猟・宴飲・楽舞・戦争など現実の生活に関する内容や歴史故事である。その構図は複雑かつ精美で、線条は力強い。

　漢代の立体彫刻芸術も素晴らしいものである。陝西省興平市の霍去病墓前の石獣群は、石材の天然の形状を利用して加工されており、素朴かつ古風で豪放である。このうち馬が匈奴を踏みつけている像は、形状が真に迫っている。後漢の彫刻技術はさらに成熟し、山東省済南市の無影山漢墓で出土した加彩楽舞雑技俑群（口絵15）や、四川省雅安市の高頤墓の前の石獣は、姿態が生き生きとし、今にも動き出しそうである。

三　仏教の伝来と道教の勃興

　中国では上古以来、多神崇拝が形成され、各種の巫術が盛んに行われ、漢代に至ると仏教と道教の二大宗教が出現した。

　仏教は古代インドで誕生し、おおよそ前漢末に中央アジアを経由して中国に伝来した。後漢前期にはすでにある程度伝播しており、明帝は大月氏に使者を派遣して仏典を求めている。また、楚王の劉英は仏教を信奉し、宮中で黄老浮屠（仏陀の転音）の祭祀を挙行した。楚国には、修行を行う仏教の信徒も現れた。ただし、当時の人々の仏教に対する認識には限りがあり、往々にして一種の神仙方術であり、黄老の学説に近いとみなされたため、多くの場合、浮屠は老子と一緒に祭祀され、「老子、夷狄に入りて浮屠と為る」[99]という伝説も生まれた。桓帝・霊帝期には、安息（古代イラン）の僧侶の安世高と、大月氏の僧侶

99　『後漢書』巻30下・襄楷伝より。

の支類迦讖（支讖）らが相次いで洛陽に至り、信徒を募り、仏典を翻訳し、仏教の影響はさらに一歩拡大した。献帝の初平四年（193年）には、丹陽の人笮融が浮屠祠を建立し、銅製の浮屠像を鋳造し、信徒5000戸余りを招き寄せた。これは、中国仏教における造像と、大規模な信徒招致の始まりである。

　後漢後期、民間の巫術と黄老の学説、神仙方術が結合し、早期道教が次第に形成されていった。順帝の時代、于吉（一説に干吉）の弟子で琅邪の人宮崇が、『太平清領書』という一書を献上した。その内容は複雑で、陰陽五行や各種の巫術思想を含み、平等を唱え、圧迫搾取に反対する思想も唱えるものであった。この書は、後に道教の経典となった。霊帝の時代、張角はこの書を得、冀州で教えを広め、符水咒語によって人々の病を治し、「太平道」と号し、黄巾起義を組織した。また順帝の時代、張陵が天師を自称し、蜀の地で五斗米道を創立し、信者に米五斗を供出させた。これもまた道教の一派となった。張陵の死後、子の張衡、孫の張魯が代々その道を伝えた。張魯は、益州に政教一致の政権を打ち立て、20年以上にわたって割拠した。建安二十年、張魯は曹操に投降したが、五斗米道は引き続き流伝し、後に道教の主流となる「天師道」へと発展した。

四　科学技術

　漢代では、天文学が発達した。『史記』天官書には、二十八宿の名と位置が詳細に記されている。当時の人々は、星辰の運行から二十四節気を正確に推算することができ、また日食や太陽の黒点の観測記録も残されている。後漢の張衡は、天文学の分野で最も大きな成果を挙げた。張衡は、字を平子といい、南陽郡西鄂県（現在の河南省南陽市）の人である。彼は渾天儀を改良し、歯車と漏壺を相い連ね、星宿の出没を観測した。また、候風地動儀を発明して地震の方位を測定し、「制作は造化に侔(ひと)し」[100]と讃えられた。その著書に『霊憲』があり、天体の変化の原理を詳解している。当時の天体に対する認識は、主に「蓋天説」と「渾天説」とがあった。蓋天説は、天は上にあり、地は下にあり、地は天に覆われているという考えである。渾天説は、天と地は共に円形で、地が中央にあり、外を天が包んでいるという考えである。張衡は渾天説を強く主張した。

　天文学の発展により、暦法の改良が推進された。秦と漢初では、十月を歳首とする「顓頊暦」が援用された。しかし年月が経ち、漢代にはすでに時令と合わなくなっていた。そのため、武帝は太初元年に、司馬遷と鄧平・唐都・落下閎らに命じ、正月を歳首とする「太初暦」を作成させた。太初暦は、中国最初の完成された暦法である。後漢章帝の元和二年（85年）には、さらに精密な「四分暦」に改良され、これが用いられた。

100　『後漢書』巻59・張衡伝より。

秦漢時代の数学は、先秦の『周髀算経』を基礎として大きな発展を遂げた。張家山漢墓から出土した呂后時代の「算数書」は、『九章算術』の基礎を定めた。『九章算術』は、方田・粟米・衰分・少広・商功・均輸・盈不足・方程・勾股の9章に分かれ、246の算題を含み、代数と幾何学の方面で極めて大きな貢献をもたらした。この書の成立が示す中国古代の数学体系の形成は、世界の数学史上において重要な地位を占めている。

　漢代は、中国医学の基礎が定まった時代であり、後世の基本的文献となる数種の中国医学の著作が現れた。『黄帝内経』は、現存する中国最古の医学書で、「素問」と「霊枢」の2つの部分からなる。「素問」では、生理病理現象と治療の原則が詳解され、「霊枢」では、針による治療法が記述されている。成書年代が後漢時代の「神農本草経」は、中国最初の完全な薬物学の専門書で、365種の薬物が収録されている。後漢末、張仲景（名は機、現在の河南省南陽市の人）は、衆方を広く取り入れた『傷寒雑病論』を撰写した。この書は、後代の人によって傷寒病の診察を専門とする『傷寒論』と、諸種の雑病を診察する『金匱要略』の2部に分けられている。張仲景は、後世に「医聖」の栄誉を受けている。前漢の名医である淳于意（号は倉公）は、病を診ることに優れていた。『史記』には、彼が病人を診療する二十数例の状況が記録されており、これは中国最古のカルテである。

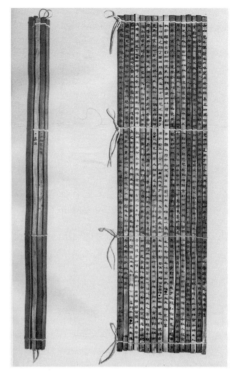

図4-3　漢『儀礼』簡冊
（甘粛省博物館・中国科学院考古研究所編『武威漢簡』中華書局、2005年版、図版二四より）

　紙が発明される以前、中国古代の書写材料は主に竹簡や木牘（図4-3）、或いは縑帛であった。竹や木の簡牘は非常に重く、縑帛は値段が高いため、大規模な製造や使用には適していなかった。前漢時代には植物繊維の紙が出現したが、技術が未成熟で、書写のために広範に応用されることはなかった。後漢の和帝の時代、宦官の蔡倫（字は敬仲。桂陽の人。現在の湖南省耒陽市）は、製紙技術を改良し、樹皮や麻屑、破れた布などの廉価な材料を利用し、質の高い紙を製造した。これは書写に適し、普及にも適していた。この後、製紙技術は日ごとにますます完成されてゆき、東晋末には完全に簡や帛に取って代わった。中国の製紙技術は、後に朝鮮や日本、中央アジア各国に伝わり、またアラブを経てヨーロッパに伝わり、世界の文化の発展に大きな貢献をもたらしたのである。

第五章

魏晋南北朝時代

　魏晋南北朝時代は、三国（220〜280年）[1]、西晋（265〜316年）、東晋十六国（317〜420年）、南北朝（420〜589年）の4つの歴史段階を含む370年間である。この時代には、大一統の政治的局面が打ち破られ、王朝が頻繁に交代して戦乱が絶えず、また社会階級関係・士庶階層関係・民族関係が複雑に絡み合い、様々な矛盾が鋭く対立した。

　後漢末に軍閥たちが連年にわたって混戦を繰り広げた結果、魏・蜀・呉が天下を三分して鼎立する局面が形成された。西晋の統一は短く、まるで一夜のみ開花する月下美人の花のようにはかないものであった。304年からは、中原及び周辺地域に民族政権が並び立ち、紛争の絶えない「五胡十六国」時代に突入した。南北の士族たちが共同で建立した東晋は、僅かに江左[2]を支配して安逸をむさぼったが、（北方の）胡騎の南下を阻止した。これに続き、次々と建立された宋・斉・梁・陳の四朝では、社会が比較的安定し、江南は空前の規模で開発が進んだ。439年、北方を統一した北魏は、漢化改革を推し進めて著しい成果を挙げ、その国勢は大いに盛んとなった。北魏は、六鎮の乱後に分裂し、東魏・北斉と西魏・北周が東西に対峙した。その後、北周が北斉を滅ぼし、また隋が北周に取って代わった。589年、隋の文帝は一挙に陳を滅ぼし、南北が統一された。

　300〜400年にわたる風雲激動、衝突と摩擦を経て、国家は分裂から統一に復帰し、民族は対立紛争の状態から大融合へと向かい、典章制度と思想文化は「胡風国俗、雑りて相い糅乱す」[3]という状態から、胡漢が融合し南北が理解し合う、統一的多民族国家へと生まれ変わった。波瀾万丈の北方の民族融合と、生気に溢れた南方の経済開発は、この後の隋唐時代が隆盛を極める基礎を堅く定めたのである。

第一節　三国の建国と統治

一　曹操と曹魏政権

　後漢末、各地の軍閥豪強は、黄巾起義の鎮圧という機に乗じて自身の勢力を発展させた。

1　189年の董卓の乱によって軍閥の混戦が引き起こされ、事実上三国鼎立の局面が開かれた。
2　長江下流の南岸地域を指す。北方から見て長江の左側にあるためこう呼ばれる。

また、これに続く董卓の乱の討伐に乗じて地方に割拠し、幾年にもわたって混戦を繰り広げた。このような情勢の中、曹操は青州の黄巾軍を撃破し、その精鋭を収容して「青州兵」を組織し、急速に自らの勢力を発展させた。献帝の建安元年（196年）、曹操は「天子を挟みて諸侯に令す」という目的を実現するため、後漢の献帝を許県（現在の河南省許昌市）に迎えて都に定めた。その後の十数年間に、曹操は徐州に盤踞する呂布を滅ぼし、官渡（現在の河南省中牟県東北）の戦いで袁紹を撃破し、その残党を次々と掃討した。さらに、北方の烏桓を討ち滅ぼし、青・冀・幽・并の四州を統轄して北方をほぼ統一した。建安十三年、曹操は大軍を率いて南征に向かい、順調に荊州を占領し、長江を下っていった。しかし、曹操軍は赤壁（現在の湖北省赤壁市西北）で孫権と劉備の連合軍の抵抗に遭い、周瑜が画策した火計によって大量の戦船を焼き尽くされ、大敗して帰還した。この赤壁の戦いの結果、天下三分の情勢が基本的に確立し、以後、曹操は北方の経営に専念した。建安十七年、曹操は関中を平定し、翌年に魏公に封じられた。その後、改めて魏王に進封され、これによって曹操は、名号以外は全て皇帝と同様の権力・待遇を獲得することとなった。しかし建安二十五年（220年）正月、曹操は洛陽で病没した。

　曹操は、字を孟徳といい、沛国譙県（現在の安徽省亳州市）の人で、傑出した政治家・兵法家・文学者であり、曹魏政権の基礎を確立した人物である。彼は後漢の中央政権を掌握した後、経済面では、屯田を大いに興すなど一連の施策を採用し、農業生産を発展させた。また政治面では、中央集権を強化して豪強勢力を抑制し、後漢以来の腐敗し硬化した人事政策を打ち破り、型にとらわれず才のみによって人を登用し、地主階級の中下層から多くの人材を抜擢した。曹操は、後漢末の奢侈の風潮に対して身を以て範となり、節制を強く提唱した。史書によると、彼は後宮では錦繡の衣服を着させず、家の帷帳や屏風が壊れても補修して引き続き使用したという。また曹操は、遺令として死後に「斂するに時服を以てし、金玉珍宝を蔵することなかれ」[4]と伝え、薄葬の風潮が社会に沸き起こるよう促した。

　曹操が世を去った年の十月、子の曹丕が後漢の献帝に譲位を迫り、これに取って代わった。曹丕は、年号を黄初とし、洛陽を都に定め、国号を魏（220～265年）とした。歴史上、曹魏と呼ばれる。魏の文帝曹丕（在位：220～226年）は、人材登用の面では、尚書令の陳群が立案した九品中正制を採用し、各州に大中正を設置し、また各郡に中正を設置し、領内の士人を上上・上中・上下・中上・中中・中下・下上・下中・下下の九品に分け、「品状」を定めて吏部の登用に供した。この制度の初志は、察挙制の「郷挙里選」が生み出

---

3 『南斉書』巻57・魏虜伝より。胡人と漢人の風俗が入り乱れ混じり合った様子を指す。
4 『三国志』巻1・魏書・武帝紀より。遺体を棺に納める際には、（きらびやかな服ではなく）平服で葬り、金玉珍宝を副葬してはならない、という意。

た「秀才に挙げらるるも書を知らず、孝廉に察せらるるも父別居す」[5]という深刻な弊害を除き去り、後漢末以来、地方勢力に抑えられていた選挙権を中央にある程度取り戻すことにあった。曹魏はまた、皇帝権力を強化するために中書府を設置し、中書監・中書令をその長官とし、機密を掌らせた。中書府は、魏の明帝曹叡（曹丕の子。在位：227〜239年）の時代に中書省と改められ、皇帝の「喉舌の任」[6]となり、それまでこの地位にあった尚書台は執行機関となった。また地方の統制を強化するため、曹魏は州―郡―県の三級の行政制度を確立し、都督制を創立し、中央軍を率いる都督諸軍事を各地に駐屯させ、その多くに現地の州刺史を兼任させた。明帝の治世に、曹魏は全盛期を迎えた。西方と南方では蜀漢と孫呉の軍事進攻を防ぎつつ、東北では遼東に割拠した公孫淵を滅ぼし、遼東地域まで支配範囲を拡大した。

　明帝が病死すると、僅か8歳の養子曹芳（在位：240〜254年）が即位し、大将軍の曹爽と太尉の司馬懿が輔政の任についた。曹爽は、大権を一手に握るため、司馬懿の実権を剥奪し、さらに自身の弟である曹羲を禁軍の統率者に任命し、何晏や鄧颺ら多くの名士を抜擢して要職に就けた。一方の司馬懿は、態度を露わにせず、病を理由に家の門を閉ざして外出せず、密かに曹爽の勢力を排除する準備を進めていた。嘉平元年（249年）、曹爽兄弟が皇帝に付き従い、高平陵（明帝の陵墓）を参拝する機会に乗じ、司馬懿は洛陽でクーデターを起こし、曹爽兄弟とその一党を誅殺し、曹芳を手中の傀儡として曹魏の大権を完全に掌握した。司馬懿の死後、子の司馬師が引き続き政権を握り、曹芳を廃位し、曹丕の孫の曹髦（在位：254〜260年）を擁立した。司馬師の死後は、弟の司馬昭が専権を握ったが、曹魏に取って代わろうという彼の野心は、「道行く人は皆知っている」[7]といわれるほどであった。甘露五年（260年）、司馬昭は配下に曹髦を殺害させ、曹操の孫の曹奐を擁立した。景元四年（263年）、司馬昭は兵を発して蜀漢政権を滅ぼし、その地位は前例のないほどに強固となった。咸熙二年（265年）に司馬昭が死去すると、子の司馬炎が丞相と晋王を継承した。同年十二月、司馬炎は曹奐に譲位を迫り、ここに曹魏は滅亡した。

二　蜀漢の建国と諸葛亮による統治

　蜀漢政権の建立者である劉備は、字を玄徳といい、涿郡（現在の河北省涿州市）の人で、前漢景帝の子中山靖王劉勝の後裔である。劉備は、皇室と親戚関係にあるとはいえ、その家は没落しており、幼くして父を失い、母に従って「履を販り、席を織るを業と為」した[8]。

5　東晋・葛洪『抱朴子』「審挙」より。秀才として察挙されているが、書物を全く知らない。孝廉（親孝行の者）として察挙されているが、父と別居している、という意。
6　君主の言葉を下の者に、下の者の言葉を君主に伝える役目、という意。
7　原文は「路人皆知」で、史書中のエピソード。現在の中国でも「公然の秘密」「全てお見通し」「顔に書いてある」などの意味で日常的に使用される。

彼は、15歳で名儒の廬植に師事し、儒家思想の教えを受けた。黄巾起義が勃発すると、劉備は関羽・張飛及び現地の大商人の援助と協力のもと部隊を結成したが、何度も挫折し、志を得られなかった。その後、劉備は、荊州で「臥龍」として知られた諸葛亮に会うため、彼の草廬を3度尋ねた。諸葛亮は劉備に対し、荊州と益州を占領し、また孫呉と連合し、それによって北方の曹操と鼎立の情勢を形成し、時機を待って天下を統一すべしという建議を行った。これが有名な「隆中対」[9]である。この建議を受けたことで、劉備の事業は決定的な転換を迎えた。

　劉備は、赤壁の戦いで孫権と連合して曹操を大敗させた後、勝利に乗じて荊州の武陵・長沙・桂陽・零陵の4郡を占領した。後に曹操が漢中を占領すると、益州を占拠していた劉璋は脅威を感じ、劉備に兵を率いて入蜀するよう求め、協力して曹操を防ごうとした。劉備は、機に乗じて劉璋に取って代わり、益州を占領した。その後、劉備は再び孫呉と協定を結び、湘水を境として江夏・長沙・桂陽の3郡は孫呉に、南郡・零陵・武陵は劉備に帰属することとした。こうして、一部ではあるが荊州の占有が安定し、「荊・益を跨有す」[10]るという戦略構想がおおむね実現したのである。

　建安二十二年の冬、劉備は漢中争奪の戦いを始めた。この戦いは1年以上続いたが、定軍山で大勝をおさめ、曹操に漢中を放棄させた。建安二十四年、劉備は漢中で王を称した。続いて、漢水上流の西城・上庸・房陵の3郡を次々と占領し、こうして漢中から襄陽までが漢水で通じ、阻むものがなくなった。同年七月には、関羽を派遣し、軍を率いて襄陽に進攻させた。関羽の軍が着々と勝利してゆく中、孫呉が呂蒙を派遣して荊州を不意打ちし、江陵を占領した。関羽は軍を返して救援に向かったが、麦城（現在の湖北省当陽市の境内）で敗れ、殺された。

　曹丕が後漢に代わって帝を称した翌年、劉備は成都で帝を称し、章武の元号を定め、国号を漢とした。歴史上、蜀漢（221～263年）と呼ばれる。同年、劉備は荊州を奪還して関羽の仇をとることを目的とし、孫呉討伐の戦争を起こした。この決戦は、夷陵（現在の湖北省宜昌市東）で繰り広げられた。呉軍の統帥の陸遜は、蜀軍を深くに誘って疲弊させた後、彼らが連ねた陣営を焼き払い、戦いは劉備の惨敗をもって終わりを告げた。この後、劉備は病により起き上がることができなくなり、章武三年（223年）四月に永安宮（現在の重慶市奉節県）で世を去った。臨終に当たり、劉備は諸葛亮に子の劉禅（在位：223-263年）と蜀漢政権を託した。

8　草履（わらじ）や蓆（むしろ）を織って販売し、生計を立てていた、という意。
9　いわゆる「天下三分の計」のこと。荊州の州治、襄陽の郊外の隆中に諸葛亮の草廬があったため、こう呼ばれる。
10　荊州と益州に跨がる領域を占拠する、という意。

諸葛亮は、字を孔明といい、琅琊郡陽都（現在の山東省沂南県）の人で、中国古代における傑出した政治家・軍略家であり、国のため民のために「鞠躬尽瘁、死して後已む」[11]という崇高な献身的精神の美名を後世に残した人物である。諸葛亮は輔政の任に就くと、対外的には、荊州の争奪を放棄し、孫呉との同盟を復活した。対内的には、辺境の関を固く守り、農業を発展させ、人を派遣して都江堰[12]の水利を専門的に管理させ、川西平原の農業生産が毎年豊作となるよう努めた。また、司金中郎将を設立して農具と武器の製造を担当させ、司塩校尉を設立して塩業の生産を管理させた。蜀漢では、絹織物業も大いに発展し、生産された蜀錦は、遠く孫呉や曹魏で販売された。国家統治の面では、諸葛亮は儒家と法家の思想に則り、厳正に法を執行した。彼はまた、人材の発掘と養成を重視した。楊洪・蔣琬・費禕・姜維らはみな、諸葛亮によって養成された優秀な人材である。人材任用の面では、言論自由の道を開き、衆知を集めて有益な意見を広く吸収することを提唱した。こうして、諸葛亮が統治に当たった期間に、蜀漢の政治・経済・軍事はいずれも大きく発展したのである。

　蜀漢政権は、領内の少数民族に対して開明的な安撫政策を実施した。西北では、馬超を涼州牧として氐羌などの少数民族を安撫した。南中地域と呼ばれる、現在の雲南・貴州と四川省南部に相当する益州の南部には、多くの少数民族の部落が居住していたが、蜀漢建設後、この地には庲降都督が設置され、彼らを統治していた。しかし劉備が世を去ると、南中の少数民族の酋長たちは、反乱を扇動した。建興三年（225年）、諸葛亮はこの反乱を鎮めるために、大軍を率いてこれを数路に分け、南征に向かった。この南征の過程で、諸葛亮は「心を攻むるを上と為す」[13]という原則を堅持し、武力で制圧すると同時に、いくつかの少数民族の首領に対しては心理作戦を展開し、彼らが再び叛かぬよう心底から敬服させた。こうして、諸葛亮が政務を担当する間、南中の少数民族は蜀漢の朝廷との友好を維持した。

　南中を安定させた後、諸葛亮は自ら兵を率い、曹魏を攻撃するために北へと向かった。この北伐は、建興六年から十二年までの7年間にわたり、5度の進攻作戦と1度の防御作戦が行われた。最後の北伐となった戦いで、諸葛亮は不幸にして病死し、遺命によって漢中の定軍山のふもとに葬られた。このため、蜀漢の北伐もまた停止を余儀なくされた。

　諸葛亮が世を去った後、後継者となった蔣琬と費禕は、諸葛亮の統治方針を堅持し、軍事面では防御を主とする戦略を採用した。蜀漢の末年には、宦官の黄皓が専権を握り、姜

11　心身を労して国家に仕え、死を迎えるまで全力を尽くす、という意。『後出師表』の諸葛亮自身の言葉より。
12　岷江の水を東側一帯へと分水する古代の水利施設。もととなる堰は紀元前250年くらいに造られている。
13　用兵の道においては、心を攻めることが上策（城を攻めることが下策）である、という意味。諸葛亮の南征に従軍した馬謖の言葉（『襄陽記』より）。

維を排斥し、内政は日に日に腐敗していった。また連年続く戦争により、兵は疲弊し、民は困窮し、国力は弱まっていった。こうして蜀漢は、263年に曹魏によって滅ぼされた。

三　江南における孫呉の建国

　孫呉政権の基礎を確立したのは、孫堅と孫策の父子である。孫堅は、字を文台といい、呉郡富春（現在の浙江省富陽区）の人である。後漢末に県吏となり、黄巾起義の鎮圧で功を挙げ、長沙太守に任じられた。後に袁術に従属し、董卓討伐の戦いに参加した。董卓が長安に逃亡すると、孫堅は軍を率いて魯陽（現在の河南省魯山県）に駐屯したが、荊州の劉表を攻撃した際に矢を受けて命を落とした。孫堅の死後、長子の孫策は兵を率いて帰郷し、江東の経営を開始した。彼は江東の人材を集め、その身辺には周瑜・張昭・太史慈ら多くの江南江北の士人が集結した。孫策は、袁術と劉繇を相次いで撃破し、僅か数年の間に会稽・呉郡・丹陽・豫章・盧陵などの郡を占拠した。

　建安五年、孫策が殺害され、弟の孫権（在位：200～252年）が位を継いだ。孫権は、事を処理するに明果独断で、武勇のみならず、深い文化的教養を備えていた。彼は、長江の険[14]に拠って足場を固め、然る後に「帝王を建号し以て天下を図る」[15]という魯粛の建議を受け、西は荊州まで、南は嶺南まで勢力を拡張した。建安二十四年、孫権は、関羽が北上して襄陽を攻撃している機に乗じ、呂蒙を派遣して荊州を不意打ちし、荊州を完全に占有した。劉備への対処に力を集中するため、孫権は、曹操・曹丕父子に対して積極的によしみを求め、呉王の封号を授かった。ただし、孫権が曹魏とこの関係を保ったのは一時的にすぎず、夷陵の戦いの後には、再び蜀と同盟して魏に対抗した。曹丕と劉備が相次いで帝を称した後、孫権は222年に黄武の元号を建てた。さらに、229年に正式に帝を称して国号を呉とし、建業（現在の江蘇省南京市）を都とした。歴史上、東呉或いは孫呉（222～280年）と呼ばれている。

　孫呉政権を支える重要な勢力となったのは、世家大族であった。張昭・魯粛・諸葛瑾ら北方から南へ移住してきた士族は、孫権の創業の腹心となり、江南の顧・陸・朱・張・虞など土着の大姓は、孫呉政権の支柱となった。孫権は、この２つの政治勢力を巧みに籠絡し、結束させた。孫呉は、世襲領兵制を実施し、将領を担う士族には、その軍を自身の私的な部隊として代々統率させ、功労の大きな者には、領兵の数を増加した。また、賜客・復客の制を実施し、労働人口を佃客として世家大族に賞賜し、その賦役を免除した。この２つの施策は、孫呉政権が世家大族の支持を得るために重要な効果をもたらした。

　三国鼎立の情勢の中で対抗してゆくため、孫呉が特に重視したのは、経済の発展であっ

14　険しい自然の地勢を「天険」といい、長江が天然の要害であることを指す。
15　帝王の号を建てて天下をうかがう、という意。

た。その統治者たちは、大量の山越人[16]を山から駆逐し、あるものは軍に編入し、あるものは農業生産に従事させ、軍事力を増強するのみならず、農業労働力も増加させた。朝廷は、冶令・冶丞・司塩校尉・塩池司馬などの官を設置し、冶鉄・塩業の生産を管理した。また孫呉は、発達した造船業と強大な水軍を有し、海上運航の能力も備えていた。230年、孫権は、衛温と諸葛直を派遣し、彼らは１万人の大型艦隊を率いて夷州（現在の台湾）に到達した。242年には、聶友と陸凱を派遣し、彼らは水軍３万人を率いて珠崖・儋耳（現在の海南島）まで航海した。

　孫権の晩年、孫呉の政局に変化が生じた。魯王の孫覇とその兄の孫和が太子の位を争い、朝廷内の大臣たちも両派に分裂し、内部抗争が絶えなかったのである。孫権の死後、孫亮・孫休の十数年の治世における政治の動揺を経て、皇位は愚昧で残虐な孫皓（在位：264～280年）の手中に落ち、政治はさらに腐敗していった。こうして280年に、孫呉は西晋に滅ぼされた。

第二節　西晋による短い統一

一　西晋の建国と全国統一

　咸熙二年十二月、司馬炎は即位して帝を称し（在位：265～290年、西晋の武帝）、晋朝を建立した。歴史上、西晋（265～316年）と呼ばれている。司馬氏は、世家大族の積極的な支持のもと、曹魏政権に取って代わった。実際、司馬氏自身が世家大族の翹楚(ぎょうそ)[17]であり、リーダーであった。司馬炎の祖父司馬懿は、河内郡温県（現在の河南省温県）の人で、その祖先は３代にわたって高官の地位にあり、彼の兄弟８人は「八達」[18]と呼ばれた。司馬懿自身も「博学洽聞にして、儒教を伏膺」する[19]人物であった。また孫の司馬炎も、自身の一族のことを「吾が本諸生の家なり、禮を傳うること來たりて久し」[20]といっている。曹魏の政権を奪取する争いの中で、彼らは世論を盛り上げてから行動を起こすことで、世家大族の支持を得ている。例えば、司馬懿がクーデターを起こした際には、司徒の高柔・太僕の王観・太尉の蔣済・尚書の陳泰が司馬氏のために力を尽くした。また、魏帝の曹髦が司馬昭の専権に耐えられず、宮中の兵力を糾合して討伐の準備を進めると、侍中の王沈・尚書の王経・散騎常侍の王業は、逆にこれを司馬昭に告発した。さらに、司馬炎が魏帝に

16　山越は、古えの越族の後裔の通称で、主に湘・贛・閩・浙・皖の山岳地帯に居住したため、こう呼ばれた。
17　多くの雑木の中で特に高く伸びた木の意から、大勢の中で才能が抜きんでて優れていること。
18　司馬懿の兄弟８人はみな秀才と評判で、また全員の字（あざな）に「達」字が入っていたため、「八達」と呼ばれた。
19　『晋書』巻１・宣帝紀より。博学で見聞が広く、儒教の教えによく従っていた、という意。
20　『晋書』巻20・礼志中より。私は諸生の家に生まれ、家では長らく礼を伝えてきた、という意。

取って代わる準備を進めるに当たっては、何曽・衛瓘・羊祜・杜預らがみなこれを固く支持したのであった。

　咸寧五年（279年）十一月、西晋は長期にわたって整えてきた準備のもと、大軍を六路に分け、水軍と陸軍を一斉に発動し、大挙して呉の討伐に向かわせた。太康元年（280年）正月、各路の大軍は呉の地に攻め入った。水軍は、益州から長江に沿って東下し、夏口・武昌を攻め落とし、一気に建業まで到達した。孫皓は投降し、ここに孫呉は滅亡した。こうして、90年にわたり分裂が続いた中国の大地に、改めて大一統の局面が復活したのである。

　西晋王朝は、司馬氏をリーダーとする世家大族集団の封建統治を強化し、また社会経済を回復し発展させるため、全国統一と前後して、政治と経済及び軍事の各方面で一連の施策を採用した。

　政治面では、武帝司馬炎は、曹魏の「強幹弱枝」という歴史的教訓を総括し、曹魏が滅びたのは皇帝の一門である宗室が厳しく抑制され、皇帝権力が孤立無援であったところにあると考えた。そこで彼は、分封制を復活させ、宗室を大いに封じて27人を王とし、郡をもってその国とし、諸王が長吏を自薦することを許可した。同姓王を封建すると共に、同姓及び異姓の公侯も大いに封建し、一時には大小の王国・公侯国の数が500～600にも達した。西晋では門閥制度が実施され、曹魏政権の九品中正制が引き続き行われ、世家大族には官位を独占する政治的特権が与えられた。また、その官品の等級に応じて占田と蔭客、蔭親の経済的特権が与えられた[21]。規定によると、官僚の第一品は田50頃を占有することが認められ、品級ごとにその面積は5頃ずつ逓減されて九品に至る。これと同時に、品級或いは特定の身分（例えば「士人の子孫」など）に応じて親族が庇護され、課役が免除された。その恩恵は最大で九代に及び、品級が低い者でも三世がその益を受けた。課役を免除される佃客（小作人）は15戸から1戸まで、衣食客（家内労働者）は3人から1人まで差が設けられた。魏・蜀・呉の三国で施行された法には、それぞれ罪の軽重や寛厳に違いがあったが、司馬炎は賈充らに命じて『晋令』を作らせ、全国に発布した。

　経済面では、占田課田制と戸調式を実施した。一般農戸を対象とする計丁占田と計畝課田制は、次のような規定である。「男子は1人当たり占田70畝、女子は1人当たり占田30畝とする。この他、丁男は課田50畝、丁女は20畝、次丁男はこの半分とし、次丁女には課さない」[22]。「占田」は、農戸がすでに占有している土地の所有権を、政府がその面積を制限しつつ認めるもの、「課田」は、定額の田畝に応じて田賦を課徴するもので、「凡

21　土地の占有と、国家の税役の対象とならない家内労働者の所有、扶養親族の庇護をいう。
22　『晋書』巻26・食貨志より。丁男は、正丁とも呼ばれる16～60歳の男子で、全役に服する。次丁男は、次丁とも呼ばれる13～15歳、61～65歳の男子で、半役に服する。

そ民丁に課田するに、夫ごとに五十畝。租四斛、絹三匹、綿三斤を収めしむ」[23] とある。このうち絹と綿は、戸調である。

　軍事面では、封国領兵制を実施した。封建した王国を3等に分け、大国には上・中・下の3軍、合計5000人の兵を置き、中国には上・下2軍、計3000人の兵を置き、小国には1軍1500人の兵を置いた。宗王の中には、封国の兵を統轄するのみならず、州鎮都督（州の司令官）を担う者もおり、封国と州鎮の場所が異なる場合は、「封を移して鎮に就」いた。また西晋は、州郡の兵を廃止した。それまでは、地方の軍政の長官である州刺史や郡守が兵権を擁しており、州刺史は州将、郡守は郡将と呼ばれていた。この州郡の兵について、西晋が呉を平定した後に、「州郡 悉(ことごと)く兵を去り、大郡は武吏百人を置き、小郡は五十人」[24] としたのである。

　西晋王朝が実施したこれらの制度や施策は、社会経済の回復と発展、社会の安定の維持に積極的に作用した一方、重大な危険や災いもはらんでいた。積極的な作用としては、例えば占田制では、農戸に割り当てた土地の占有を合法的に認めることで、土地を持たない、もしくは僅かな土地しか持たない農戸に無主の荒地を開墾させた。また、屯田制や州郡の兵をやめた後、もともと屯田であった土地を屯田戸に引き続き耕作させることで、彼らに合法的に土地を占有させた。これらにより、農戸は荒地の開墾に努め、耕地が拡大し、農業生産も発展するという利があった。また、課役を逃れていた蔭庇者と流民の一部を吸収し、彼らを編戸として戸籍に付けることができ、政府が直接支配する労働人口と財政収入が増加したのである。その一方で、重大な危険や災いとしては、例えば封建諸王は、兵を統轄して郡を治め、或いは都督として出鎮して「封を移して鎮に就き」、軍事・政治・財政の権限を一身に集めた。すなわち彼らは、強力な兵権を握る大国として鎮座したのである。諸王たちは互いに猜疑心を抱き、軋轢を起こし、一方で結党し、中には皇位をうかがう野心家も少なくなかった。西晋の諸王は、もはや皇室の藩屏(はんぺい)としての機能を果たさないばかりか、中央集権を弱める遠心力となり、また分裂を促し、内紛を醸成する禍根となり、最終的には、西晋の滅亡を加速させることとなった「八王の乱」を引き起こしたのである。

二　八王の乱と西晋の滅亡

　武帝の死後、太子の司馬衷が即位した。晋の恵帝（在位：290～306年）である。彼は、歴史上暗愚な皇帝として有名である。皇后の賈南風は、専権を獲得するために楚王の司馬瑋を利用し、太傅の楊駿と汝南王の司馬亮を相次いで殺害させた。続いて彼女は、大臣を

23　『初学記』巻27・宝器部・絹第九より。
24　『晋書』巻43・山濤伝より。

勝手に殺した罪で司馬瑋も死刑に処し、その後、恵帝の太子である司馬遹を殺害した。この賈南風の一連の行為は、宗王や朝臣たちの不満を引き起こした。永康元年（300年）、趙王の司馬倫は、賈南風を殺害し、翌年に恵帝を廃して自ら即位した。その直後より、司馬倫と斉王の司馬冏、長沙王の司馬乂、成都王の司馬穎、河間王の司馬顒が、血で血を洗う争いを繰り広げた。この動乱は、永興二年（305年）に山東で挙兵した東海王の司馬越が、翌年に司馬穎と司馬顒を相次いで殺害し、恵帝を毒殺して懐帝（司馬熾）を擁立したことで収束した。16年間にわたり、前後8人の宗王を巻き込んだこの動乱は、歴史上「八王の乱」と呼ばれている。

八王の乱は、西晋王朝の国力を著しく消耗させた。八王の間で戦いが繰り広げられているさ中の元康九年（299年）、秦州と雍州（現在の陝西省・甘粛省）で干害が発生し、食糧が欠乏し、穀物の価格は1石1万銭にまで高騰した。略陽や天水など6郡の飢民十数万人は、活路を求めて梁州や益州（現在の四川地域）に避難した。この流民のリーダーとなった李庠と李特の兄弟は、少数民族の賨人であった。益州刺史の趙廞が李庠を殺害すると、李特は兵を率いて成都に進攻した。八王の乱が終わりに近づきつつあった永興元年（304年）、李特の子の李雄は、成都で帝を称し、国号を大成とした。後に、漢王の李寿が成都に入って即位し、国号を漢に改めたため、この王朝は成漢とも呼ばれる。こうして、成都の大成皇帝が洛陽の西晋皇帝と並び立ち、国土を分裂させ、独立して対等に振る舞った。このことは、統一王朝の分裂が始まったことを意味するのみならず、八王の乱で消耗した西晋の統治者が、もはや反乱を鎮圧する力すら持ち合わせていなかったことを示している。

成漢政権の建立とほぼときを同じくして、匈奴の劉淵も反晋の旗を揚げた。劉淵は、匈奴左部帥の劉豹の子で、曹魏の時代から西晋にかけ、人質として洛陽に留められていた。劉淵は、長期にわたって漢族の政治文化の中心で過ごしていたこともあり、史書や兵書及び儒家の経典に精通し、文武に優れた人材であった。八王の乱のさ中、劉淵は機に乗じて洛陽を離れ、匈奴の部落に帰還した。彼が西晋朝廷の支配を離れる以前より、五部匈奴の首領たちは秘密裏に活動を進めており、彼らは共同で劉淵を大単于に推挙した。永興元年、劉淵は左国城（現在の山西省離石区北）で王を称し、国号を漢とした。懐帝の永嘉二年（308年）、劉淵は帝を称し、平陽（現在の山西省臨汾市）を都とした。劉淵の死後、太子の劉和が即位したが、弟の劉聡は兄を殺して自ら帝を称した。永嘉五年、劉聡が派遣した族弟の劉曜が洛陽を攻め破り、懐帝を捕虜とした。さらに建興四年（316年）、劉曜の軍は長安を攻め破り、愍帝（司馬鄴）を捕虜とした。こうして西晋は、統一から僅か三十数年で滅亡した。

三　門閥制度と門閥士族の形成

　西晋時代は、門閥士族が正式に封建地主階級の特権階層として形成されていった時代である。門閥士族とは、一族の郡望・門第（家柄）・官位・婚姻・家学・族風によって標榜され、成員の血統が高貴であり、名士の地位に身を置き、昇進の早い清流の官に就き、法によって定められた政治・経済・司法の特権を享有することが指標となる。その前身は、広大な土地を占有し、代々高官となり、儒学を伝え、一族で集住し、郷里に営々と座をしめていた後漢以来の世家大族、及び魏晋交替期に新たに家を立て、儒学と玄学を修めた[25]新貴である。西晋王朝は、世家大族の利益を代表し、門閥制度（歴史上、「閥閲の制」と呼ばれる）の実施に尽力し、世家大族と新貴の家族が各種の政治・経済・司法上の特権を享有できるよう保障した。こうして、門閥士族が定まったのである。

　西晋時代では、世家大族出身の高官が各級の中正官を担い、任官資格を鑑定して人材を選抜する大権を一手に握った。九品中正制は、元来「蓋し以て人才の優劣を論じ、世族の高卑を為すに非ず」[26]というものであったが、「資を計りて品を定め」、「唯だ位に居るを以て貴と為す」[27]というものへと完全に変化していった。こうして「上品に寒門なく、下品に勢族な」く[28]、勢族には「世及の栄」があるが、寒門には「寸進の路」もなく、「選挙の弊、此に至りて極ま」った[29]のである。西晋が官品の等級に応じて認めた占田により、五品以上の高級・中級官位の世家大族は良田を占有することができ、蔭客の数は定められていたものの、蔭庇の対象となる親族は最大で九族に達し、その範囲は非常に広く、大量の編戸農民が「佃客」或いは宗族の親族という身分によって合法的に封建国家の課役を免除され、世家大族の支配する労働人口となったのである。また、起家の官を重視し、官職を清濁に分け[30]、等級内の婚姻（高門同士の通婚）が行われるようになり、士庶との交流などに対する制限も日に日に厳格化していった。このような門閥士族の資格の認定は、士族譜系と戸籍の注記[31]が書面上の根拠となった。世家大族は、後漢後期から魏晋交替期に

---

[25] 魏晋交替期、儒学を伝える世家大族は、名士の資格を獲得するために「儒者の教えに遵い、道家の言を履」き、儒学と玄学を共に修めた。

[26] 『宋書』巻94・恩倖伝・序より。人の才能の優劣を論ずるものであり、世族（出身階級）の高卑によるものではない、という意。

[27] 『晋書』巻36・衛瓘伝より。「ただ爵位（資）によって品級を定め」、「その地位にあるというだけで高貴とされる」という意。

[28] 『晋書』巻92・劉毅伝より。九品中正制のもと上級の官品にある者には寒門（名門ではない家柄の出身者）はおらず、下級の官品にある者には勢族（門閥士族の出身者）はいない、という意。

[29] 清・趙翼『廿二史箚記』より。

[30] 清官は職務に余裕があり、昇遷の早い官であり、士族が就任した。濁官は政務が煩雑で、昇進が遅い官であり、多くは寒門が担った。

[31] 『晋書』巻51・挚虞伝によると、西晋の挚虞は「漢末の喪乱を以て、譜傳多く亡失し」たため、『族姓昭穆』10巻を撰し、族姓の「品を定」めた。西晋の「士族舊籍」は十六国時代に至り、前燕などの民族政権が士族を定める根拠となった。

かけて日ごとに勢力を増し、成文法と習慣法が並行する制度が構築される中で門閥化が進み、閉鎖的で排他性に満ちた封建地主階級の特権階層となったのである。以上のことから、魏晋交替期は、世家大族が門閥士族に発展してゆく境界線と位置付けられるのである[32]。

　門閥制度は、門閥士族階層の政治・経済・文化の実力を強化し、社会に対する影響力を強化した。彼らは、政治の舞台では合従連衡を画策する主役を演じ、発展する荘園経済の中では経営者として重要な役割を果たし、思想文化の分野では長期にわたって詩文を主導する条件を充分に備えていた。これは同時に、門閥士族と寒門庶族との対立と衝突を激化させ、社会の気風を損ない、門閥士族自身の進取の精神と生命力を堕落させることにもつながった。『晋書』愍帝紀の「史臣曰く」に引く干宝『晋紀』総論には、西晋後期の社会習俗は「風俗淫僻にして、恥尚所を失う。学者は老荘を以て宗と為して六經を黜け、談者は虚蕩を以て辨と為して名検を賤め、身を行う者は放濁を以て通と為して節信を狭め、任に進む者は苟得を以て貴と為して居正を鄙しめ、官に当たる者は望空を以て高と為して勤恪を笑う」[33]とある。門閥士族の中の腐敗した輩は、石崇や王愷のように事業と功績を栄誉とせず、ただ驕奢淫逸をなし、豪富の争いを楽しみとし、堕落して社会の寄生虫となっていった。急速に腐朽した西晋王朝も、これと共に行き詰ってしまったのである。

第三節　十六国時代の北方情勢

一　「五胡」の内遷と十六国時代前期の北方

　後漢末から魏晋交替期にかけて、西北から東北の辺境地域に居住していた多くの少数民族は、次々と内地に移住した。歴史上、これを「五胡」の内遷と呼んでいる。実際に内遷した少数民族は、匈奴・鮮卑・羯・氐・羌の五族に限らず、他に烏桓・柔然・高車・稽胡などもいた。内遷した各民族は、人口が多く、北方各地に広範に分布し、小聚居・大分散[34]という雑居の状態が形成された。『晋書』文帝紀によると、内属した各族の総数は870余万に及んだという。また、西晋の山陰令江統が著した『徙戎論』の推計によると、関中の100万余りの人口は「戎狄居半」[35]であったという。

32　門閥士族は漢末三国時代に生み出され、西晋代に形成され、東晋代に盛んとなり、南朝から隋唐にかけて次第に衰微し、唐宋交替期に消滅した。その興隆と衰微は、600年余りの長きにわたる。
33　「風俗は奢侈に流れ、恥ずべきことと貴ぶべきことが逆になっている。学者は老荘思想を拠りどころとして儒学の六経を顧みず、論談する者たちは空疎な弁舌を振るって名分や規律を賤しめ、行動する者は放逸なることを通達であると考えて礼節や信義を狭隘だと考え、仕官する者はいい加減に地位を得ることを貴んで正しい道によって位にあることを卑しいとみなし、役人たちは世俗のことにとらわれないことを高貴として勤勉をあざ笑った」。
34　少数民族が、局地的には集中し、広域的には分散して居住していることを示す。
35　関中に居住する100万のうちの半数が少数民族（戎狄）であった、という意。

このように、多くの少数民族が内遷したのは、魏晋の統治者が「廣く塞垣(さいえん)を辟き、更めて種落を招き」[36]、「旧きを撫して新しきを懷き、歳時怠ること無し」[37]と、彼らを積極的に招いたためである。その目的は、長期の戦乱による北方地域の人口の激減と労働力の不足、田園の荒廃及び兵源の不足などの問題を解決することにあった。魏晋の政府が実施した内遷安置政策は、比較的穏やかなもので、内遷した各族に対しては、統治方法の面では各族に適宜区別して対処し、賦税徴発の面では優遇減免の措置をとった。このことは、内遷した諸族の経済と社会の発展と、漢族の住民と内遷諸族の人々の交流と融合に利をもたらした。

少数民族は内遷した後、地理的環境と生産条件の変化、特に中原地域の発達した封建的経済と文化の強烈な影響を受け、社会の発展が大幅に加速し、人口が急激に増加し、経済と文化の水準が著しく向上した。例えば氐族は、「中国に錯居」した後、「多く中国語を知り」、「俗は能く布を織り、善く田種し、豕牛馬驢騾(ろら)を畜養し」[38]、「編戸の氐」[39]となった。また南匈奴は、後漢に帰順したときには僅か5000余落であったが、西晋では3万落余りに増加した。もともと草原地帯に居住していた遊牧民の経済生活は、次第に定住農耕或いは農牧混合の経済へと変わり、ただ騎射と「天文書」のみを知る蒙昧な状態から、漢族の封建文化に通暁するようになっていった。内遷して久しい少数民族の多くは、もはや「異族」とは自任せず、中原地域と歴史・文化的アイデンティティを同じくし、自らを炎帝黄帝の子孫であり、漢族と同祖同宗であると称した。例えば拓跋鮮卑は、自らを黄帝の子昌意の後裔とし、羌人は有虞氏を祖先とし、匈奴の鉄弗部も大禹の血脈を伝えていると自称した[40]。

西晋の武帝の晩年に至ると、民族関係に緊張状態がみられるようになった。一部の地方官吏と現地の漢族の地主豪強が結託し、内遷した各族の人々をほしいままに圧搾し、強制的ないし詐欺的手段によって胡人の男女を大量に掠売して奴婢とし、また「反乱」討伐という口実で財物と人口を強奪するなどした。郭欽は上書して「徙戎」を建議したが、「政術を怠り、游宴に耽」っていた武帝はその意見を採用せず、また他の対策も取らなかった。西晋が呉を平定した後の「民は和し、俗は静かにして、家ごとに給し、人ごとに足る」[41]という泰平の世には、やがて勃発する動乱の火種が蓄積していたのである。

---

36 『晋書』巻97・北狄匈奴伝より。辺境には長城を築き、新たに定住するように招いた、という意。
37 『晋書』巻97・四夷伝より。古くから住む者に対しても、新しく内遷した者に対しても、常に懐柔策を怠らない、という意。
38 『三国志』魏書・巻30・烏丸鮮卑東夷伝注引『魏略』西戎伝より。豕はブタ、驢はロバ、騾はラバ。
39 西晋・潘安仁『馬汧督誄』、『昭明文選』巻57より。編戸は、戸籍に編成されること。
40 『晋書』巻130・赫連勃勃戴記では、赫連勃勃が王買徳に「朕は大禹の後にして、世々幽朔に居し、……今將に運に應じて興り、大禹の業を復さんとす」といっている。
41 『晋書』巻3・武帝紀より。

西晋後期、北方の民族関係と社会状況に重大な変化が発生した。恵帝が即位すると、「政は群下より出で、綱紀は大いに壊」れた[42]。16年の長きにわたった「八王の乱」は、空前の災厄であり、内遷した諸族の人々は困窮に陥った。さらに「永嘉（307～313年）に至り、乱弥々甚し」[43]となった。内遷した諸族が集住していた秦・雍・并・司・冀・幽州などの地では、相次いで蝗害・疾疫（ある種の伝染病）が流行し、飢荒が蔓延したが、西晋の朝廷は被災者の救済に無関心であり、また無力であった。数千数万に上る被災者たちは、ただ飢えと死の狭間でもがくしかなく、「戎晋并びに困」し、民族対立と階級対立が大いに激化した。内遷した諸族の酋長と貴族たちは、「我が単于、虚号有ると雖も、尺土を復する業なく、諸王侯より降りて編戸に同じ」[44]という状況に対して不満を懐き、機に乗じて蜂起し、昔日の統治権を取り戻す準備を進めた。このように、全国各地で漢族を主とする流民の起義が湧き起こると同時に、北方の内遷諸族の人々の反抗闘争も「邦を興して業を復す」権力を中原に追い求める酋長や貴族たちと糾合し、闘いの情勢は複雑化した。酋長や貴族たちは、政争の経験が豊富で、内地に居住して久しく、漢族の文化と中原の情勢を熟知する者もおり、彼らが軍の指導権を掌握した。西晋王朝が転覆する前後、中原や周辺地域では次々と民族政権が組織され、ここに「五胡十六国」[45]が相い争う局面が現出したのである。

　西晋が滅亡する以前に内遷諸族が樹立した政権は、現在の四川・雲南と貴州の一部を占拠した賨人の成漢政権と、河北・山西・河南・陝西のそれぞれ一部を占有した匈奴の漢国（318年に趙と改称し、歴史上前趙と呼ばれる）のみである。成漢は、347年に東晋に滅ぼされ、前趙は、329年に後趙に滅ぼされた。

　西晋が滅亡した後、もとの西晋の涼州刺史張軌は、涼州を固く守り、代々これを継承して割拠政権となった。345年、張軌の孫の張駿が涼王を仮称し、姑臧（現在の甘粛省武威市）を都とした。歴史上、前涼と呼ばれるこの政権は、現在の甘粛西部と寧夏・新疆の東部を統治したが、376年に前秦に滅ぼされた。

　羯人の石勒は、前趙の大将であったが、後にこれと決裂した。石勒は、319年に趙王を称し、329年に前趙を滅ぼして翌年に帝を称し、襄国（現在の河北省邢台市西南）を都とし、後に鄴城（現在の河北省臨漳県西南）に遷都した。歴史上、後趙と呼ばれる。その統治は、現在の河北・山西・河南・山東・陝西の各省と、江蘇・安徽・甘粛・湖北・遼寧の一部に及んだ。後趙は、351年に冉魏に滅ぼされた。

---

42 『晋書』巻・4 恵帝紀より。
43 『晋書』巻・26 食貨志より。
44 『晋書』巻・101 劉元海載記より。
45 「五胡十六国」の建国者は「五胡」に限らず、その中には漢人が建てた前涼・西涼・冉魏・北燕もある。

冉魏を建国した漢人の冉閔は、後趙の君主石虎の養子となり、勇猛で戦いに優れた人物であった。石虎の死後、後趙が大いに乱れると、冉閔は後趙主の石鑒を殺害して帝を称し、国号を大魏とした。歴史上、冉魏と呼ばれる。冉魏は、352年に前燕に滅ぼされた。

　285年、鮮卑の貴族である慕容廆が遼河流域で国を建てた。337年、慕容廆の子の慕容皝が燕王を称し、龍城（現在の遼寧省朝陽市）に都を定めた。352年には、慕容皝の子の慕容儁が帝を称し、冉魏を滅ぼして鄴城に遷都した。その統治は、現在の河北・山東・山西の各省と遼寧省の一部に及び、歴史上、前燕と呼ばれる。前燕は、370年に前秦に滅ぼされた。

　後漢末、拓跋鮮卑は漠北から南遷し、盛楽（現在の内モンゴル自治区ホリンゴル県）に居を定めた。西晋は愍帝の建興三年（315年）、その首領の拓跋猗盧を代王に封建した。代国は、什翼犍の統治時代に国家の形態がおおよそ完備したが、376年に前秦に滅ぼされた。

　前秦を建立したのは、氐人の苻氏である。苻洪は、氐人の酋帥で、代々略陽郡臨渭（現在の甘粛省秦安県東南）に居住した。後趙の時代、苻洪とその部衆は、枋頭（現在の河南省浚県西南）に遷された。後趙の末年に政局が混乱すると、苻洪の子の苻健は、衆を率いて関中に帰り、351年に長安で帝を称し、国号を大秦とした。歴史上、前秦（351〜394年）と呼ばれる。苻健の甥の苻堅は即位すると、前燕・前涼及び代国を滅ぼし、北方地域を統一した。

二　後趙と前秦における民族政策の違い

　十六国時代、北方には、少数民族が建てた多くの政権が出現した。統治範囲の大小、統治期間の長短はあるが、統治の対象はいずれも漢族とその他の少数民族であり、彼らは極めて現実的な問題、すなわちどのように漢族及び少数民族に対処するかという問題に直面した。通常、統治者は「胡漢分治」の政策を採用し、中原王朝の行政制度を用いて漢人を治め、また別の行政システムを設けて「各々部落有り、相い雑錯せず」という形で少数民族を統治した。例えば、漢と前趙は、漢人居住区では初めは州郡制を実施し、後に左右の司隷を置いた。司隷はそれぞれ20万戸を領し、1万戸ごとに内史を設け、「凡そ内史四十三」とした。また少数民族の部落に対しては、別に単于台を設け、大単于と左右の輔を置き、「各々六夷十万落を主り、万落ごとに一都尉を置」いた[46]。これらの職はみな少数民族の首領が担った。他の後趙・前燕・前秦・後秦・西秦・南涼などの政権もまた、このような胡漢の2つの並行する行政システムを設けた。ただし、これらの政権を建てた少

---

46 『晋書』巻102・劉聡載記より。

数民族の君主たちが受けた漢文化の度合いはそれぞれ異なり、その現れ方にも違いがあった。漢文化の影響の浅い者は、なお厳然として胡族の首領としての身分を自任し、胡を優遇して漢を抑制した。漢文化の影響を深く受けた者は、自己の民族の身分を意識的に薄め、中原君主の態度をもって「六合を混じて、以て一家とせん」と主張し、民族間の壁を除去した。後趙と前秦の民族政策には、このような違いが体現されているのである。

　後趙政権の建国者は、「高鼻多鬚」の、中央アジアを本籍とする羯族である。羯族は、漢族と早くから関係していたとはいえ、もとの民族的特徴を保持していた。後趙の統治者たちは、自らが「辺戎より出で」、漢人とは異なることを誇り、領内の臣民を趙人と国人とに分けた。国人は羯族人、趙人は漢人であり、両者の地位には隔絶した差があった。石勒は、漢族の士大夫を吸収することに意を注ぎ、彼らを「君子営」に集めたが、後趙の統治者たちは、羯人の地位を高めるために「諱胡」の禁・「私論の条」・「偶語の律」などの厳刑峻法を施行し、胡漢の別を厳格にし、胡人を侵犯した漢人を厳罰に処する一方で、羯人が漢人を侵犯し掠奪することがあっても不聞不問とした。そのため、石勒や特に石虎の在位期間には、民族差別と民族抑圧が非常に厳しくなり、漢族の人々の不満と反抗が惹起された。野心家であった冉閔は、まさにこのような状況を利用し、意図的に離間を誘発し、羯人に対して「貴賤・男女・少長なく、皆な之を斬り、死者二十余万」[47]という大規模な血の復讐を断行した。

　前秦政権を建立した氐族は、漢族と悠久の歴史的関係があり、その社会構造は、漢族と大きな違いはなかった。氐人の漢文化の水準は、当時の少数民族の中で最も高く、苻堅（在位：357～385年）は、氐人の中で最も優れた人物であった。彼は、漢族の歴史の典籍を熟知し、太学を巡視した際に五経について論難すると、多くの博士たちは答えることができなかったという。苻堅は、先進的な漢文化を学ぶ政策を堅実に遂行し、排斥・破壊活動を行う氐族の貴族に対しては反対の態度をとり、容赦せず厳罰に処した。また漢族の才能ある政治家を重用して疑わず、例えば王孟に対しては「一見して便ち平生なるが如く、語らば廃興大事に及び、異符同契たること、玄徳の孔明を遇するが若し」[48]であった。彼は、学校教育の創立と経営に尽力し、儒学を尊び、儀礼と教化を実施し、徳と刑を併せて実行して国を治めつつ、徳治を先とすることを堅持した。苻堅は「黎元は撫に応じ、夷狄は和に応ずれば、方将に六合を混じて以て一家とし、有形を赤子と同じうす」[49]という考えを打ち出し、民族和睦の思想を表現したのである。

47　『晋書』巻107・石季龍載記下附冉閔伝より。
48　苻堅と王孟は、初対面であったにもかかわらず旧知の仲（平生）のようであり、語り合えばその内容は廃興などの大事に及んだ。異符同契する様子は、蜀漢の劉備（玄徳）が諸葛亮（孔明）を遇したときのようであった。
49　『晋書』巻114・苻堅載記下より。

国名	建国者	民族	統治区域	都城	建国・滅亡年	どこに滅ぼされたか
後秦	姚萇	羌	現在の陝西・甘粛・河南などの地	長安	384-417年	東晋
後燕	慕容垂	鮮卑	現在の河北・山東・山西と河南・遼寧の一部	中山	384-407年	北燕
西燕	慕容泓	鮮卑	現在の山西一帯	(初)長安、(遷)長子	384-394年	後燕
西秦	乞伏国仁	鮮卑	現在の甘粛西南	苑川	385-431年	大夏
後涼	呂光	氐	現在の甘粛西部・新疆東部・寧夏	姑臧	386-403年	後秦
南涼	禿髪烏孤	鮮卑	現在の甘粛西部と青海の一部	(初)西平、(遷)楽都	397-414年	西秦
南燕	慕容徳	鮮卑	現在の山東・河南の一部	広固	398-410年	東晋
西涼	李暠	漢	現在の甘粛最西部	(初)敦煌、(遷)酒泉	400-421年	北涼
夏	赫連勃勃	匈奴	現在の陝西北部と内蒙古の一部	統万	407-431年	土谷渾
北燕	馮跋	漢	現在の河北東北部と遼寧	龍城	407-436年	北魏
北涼	沮渠蒙遜	盧水胡	現在の甘粛西部	張掖	401-439年	北魏

三　淝水の戦いと北方の再分裂

　苻堅は、漢人を重用し、漢化を推し進め、「夷を変じて夏に従」わせたが、その目的は富国強兵と南北統一という政治的抱負を実現することにあった。ただし当時の前秦は、なお全国の「大同の業」を完成するための充分条件を備えてはおらず、苻堅の歩みは余りにも急であった。彼は北方を統一し、推進した漢化もまた大きく進展したが、国内の民族の隔たりはなお深かった。征服された前燕の慕容氏は、常に国の復興に思いを馳せ、関中に建国しようと図る羌人の首領もまた、絶えず機会をうかがっていた。しかし、苻堅はこれらの全てに対して注意を払わず、また衆人の反対を顧みず、晋の太元八年（383年）、東晋を一挙に滅ぼすべく淝水（現在の安徽省寿県東南）の戦いを起した。苻堅が召集した歩兵と騎兵は87万、これを100万と号し、その先鋒部隊が淝水に陣を列ねた。東晋の宰相謝安は、本陣内で謀り事をめぐらせ、前鋒都督の謝玄は、機智に富んだ指揮をとり、北府の精鋭は、計略で敵を誘い寄せた後に猛然と出撃した。この戦争は、苻堅の惨敗をもって終わりを告げ、「投鞭断流」[50]・「草木皆兵」[51]・「風声鶴唳」[52]という千古の笑いの種として伝えられた。この戦いの敗北により、前秦の国力はにわかに衰え、もはや苻堅には情勢を制御する力がなかった。こうして、北方は再び分裂状態に陥り、政権が林立する紛争の局面が現れることとなった。その分裂の情勢を示すと、上の表のようになる。

50　鞭を投じて流れを断つ。兵馬が多く軍が強大であることのたとえ。東晋は長江の険に拠っているが、全軍の鞭を長江に投げ込めば流れをせき止めることができる、という苻堅の言葉より。
51　「草や木を見ても全て敵兵と思い」恐れおののく、という意。
52　「風の音や鶴の鳴き声のような僅かな物音にも驚き」恐れおののく、という意。

第四節　東晋の門閥政治と南朝政権の交代

一　東晋の建国と北伐西征

　西晋後期の「八王の乱」のさ中、琅琊王の司馬睿は、王導の補佐のもと江東地域の経営を開始した。司馬睿は、司馬懿の曽孫であり、西晋宗室の傍系である。彼は安東将軍・都督揚州諸軍事の任に就くと、王導を招聘して安東司馬とした。永嘉元年（307 年）、王導の画策のもと、司馬睿は建鄴に鎮を移した。建興四年（316 年）、西晋の愍帝が長安で前趙の劉曜の捕虜となると、司馬睿は翌年に建康（建興元年に建鄴を改名）で晋王の位に即き、元号を建武とし、百官を設けて宗廟社稷を立て、新たな朝廷の仕組みを形成した。318 年、愍帝が殺害されると、司馬睿は遂に皇帝に即位し（在位：317 ～ 322 年、晋の元帝）、大興と建元し、建康を国都とした。歴史上、東晋（317 ～ 420 年）と呼ばれている。

　東晋は、中原回復の旗印を立て、相次いで北伐と西征を敢行した。初めに大旗を掲げたのは、北伐の名将で范陽（現在の河北省涿州市）出身の祖逖である。祖逖は、中原の大乱の中で宗族を率いて南遷し、現在の江蘇省鎮江市にたどり着いた。彼は、もとより中原回復の大志を抱き、毎日鶏鳴を聞いては跳び起きて剣舞を練習し、懸命に鍛えて軍功をたて、意思を磨いた。祖逖は、南遷士族の中で最も断固として北伐を主張した。その要望のもと、司馬睿は彼を奮威将軍・豫州刺史に任命し、軍を率いて北伐に向かわせた。長江を渡って北に向かうにあたり、祖逖は流れの中で檝をうって誓いを立てた。「祖逖、中原を清めること能わずして復た済らば、大江の如く有らん」[53]と。祖逖の軍は、一気に河南まで到達し、広大な土地を回復した。しかし東晋の朝廷は、祖逖に対して実質的な支援は一切行わず、武器も供給せず、彼自身に士兵を召募させたばかりか、人を派遣して彼を監督し、掣肘を加えた[54]。元帝の大興四年（321 年）、祖逖は憂いから病にかかって世を去り、北伐もまた終わりを告げた。

　東晋において、最も多く軍を率いて北伐を敢行した統帥は、桓温である。穆帝の永和元年（345 年）、桓温は都督荊梁四州諸軍事・荊州刺史に任じられた。彼は優れた才知を備え、また政治的野心を抱いた人物で、手中の軍権を利用して大功を立て、威望と地位を高めることを望んでいた。永和二年、桓温は軍を率いて出征し、まず西方に向かって成都の成漢政権を滅ぼし、その威望は大いに上昇した。永和十年、桓温はまた軍を率いて関中に進攻

53　私、祖逖は、中原を平定することができずに再びこの大江（長江）を渡ろうとするならば、この水の流れのように戻ることはないだろう、という意。
54　『呂氏春秋』にある、肘（ひじ）を掣（ひ）いて妨げたという故事から、わきから干渉して人の自由な行動を妨げることを指す。

し、一気に長安附近の灞上まで到達した。しかし軍糧が補給されず、前秦の苻健が堅壁清野[55]の策を採用したため、桓温は撤退を余儀なくされた。永和十二年、桓温は再び江陵から北伐に向かい、羌族の首領姚襄を撃破し、洛陽を回復した。桓氏一族の日ごとに拡大する権勢を弱めるため、東晋の朝廷は、謝万を派遣して豫州刺史とした。しかし、謝万は軍事的才能に欠けていたため、前燕との戦いで一敗地に塗れ、洛陽地域は前燕の所有に復してしまった。海西公の太和四年（369年）、桓温は前燕の内乱に乗じ、また出兵して北伐に向かい、一気に枋頭（現在の河南省浚県西南）まで到達した。しかし、前秦が兵を出して前燕を助け、桓温軍の糧道を断ったため、桓温は将兵を失い、大敗して帰還した。

　東晋にとって最後となる、2度の北伐と1度の西征を指揮したのは、劉裕である。劉裕は、北府兵[56]の重要な将領であった。安帝の義熙三年（407年）、劉裕は侍中・車騎将軍・開府儀同三司・揚州刺史に任じられ、東晋朝廷の大権を完全に抑えた。義熙五年四月、劉裕は出兵して南燕を北伐し、翌年に南燕の都である広固を攻略し、南燕皇帝の慕容超を捕虜とした。こうして、東晋の領域は青州地域まで拡大した。義熙八年、劉裕は大将の朱齢石を派遣して益州に攻め込ませ、当地に割拠し王を称していた譙縦を滅ぼした。この2度の征伐の勝利により、劉裕の威望はさらに確立した。より大きな功績を立てるため、義熙十二年、劉裕は後秦の内乱の機に乗じ、関中を北伐し、翌年には洛陽を占領し、潼関を攻め破り、後秦の国都長安に一路攻め込み、後秦の皇帝姚泓を捕虜とし、後秦を滅ぼした。しかし劉裕にとっては、司馬氏に取って代わり新王朝を建てることこそが最も重要であった。そのため、後秦を滅ぼした後、自身の腹心であった劉穆之が病死したことを聞くと、政局に変化が生じることを恐れ、子の劉義真を留めて関中に鎮守させると、自らは慌ただしく建康に帰ってしまった。間もなくして、劉義真は赫連勃勃に敗れて身一つで逃げ帰り、関中地域は再び失われてしまった。

二　士族の内争と東晋の門閥政治

　東晋の一代は、「主の威、樹えられず、臣の道、専行す」[57]といわれるように、皇権が門閥政治の統制下に置かれた時代である。

　東晋の士族の内部構造は、複雑かつ多様である。まず、南北の別が明確であった。南方の土着の士族は、呉姓士族とも呼ばれ、呉県の顧氏・陸氏・朱氏・張氏、会稽の謝氏・賀氏、呉興の沈氏、義興の周氏などが世に名高い。北方から南遷してきた移民の士族は、僑

55　城壁内に人員を集中させ（堅壁）、城外は徹底して焦土化する（清野）するという作戦。
56　孝武帝の初年、謝玄は京口（現在の江蘇省鎮江市）で軍を組織し、その士卒は、南遷した北方の流民を主力とし、勇猛で戦いに優れることで知られた。京口が「北府」とされたため、彼らは「北府兵」と呼ばれた。
57　『宋書』巻42・劉穆之王弘伝より。君主の威光は確立することなく、臣下が専ら権限を振るった、という意。

姓士族とも呼ばれ、権勢著しい琅琊の王氏・潁川の庾氏・譙国の桓氏・陳郡の謝氏・太原の王氏などがいる。彼らの大多数は、両晋交替期に江南へ渡ってきた。東晋の権力構造の中では、北方士族が主導的地位にあったが、北方士族がみな高位に居るのではなく、渡江の時期や他の要因によって高低が区分されていた。「江左、士族を定むるに、凡そ郡の上姓を第一とし、則ち右姓と為」した[58]。右姓士族すなわち門閥士族は、郡姓の中で高門に属し、その地位は次門よりも高く、寒門との間には天地ほどの隔たりがあった。

東晋は、僅かに江左を治めて安逸をむさぼりつつ、胡人の鉄騎の南下を阻んだ。しかし、士族を主体とする統治階級内の対立は複雑に錯綜し、常に衝突が発生し、幾度も兵戈が交えられ、一つの内乱が平定される間もなく、次の波が発生するという状況であった。

東晋の最高統治者である司馬睿は、西晋の宗室の出身ではあるが、皇室の直系ではなかった。また、自身の才能も人並み優れたものではなく、開国の君主が備えるべき威望と求心力に欠けていた。彼が初めて江東にやってきたとき、現地の士民の反応は冷淡であった。後に、王導が巧みに南方士族を籠絡したことで、ようやく南北士族の共同による推戴を勝ち取ることができ、即位して帝を称したのである。南北士族の最初の政治的合作は順調に実現したが、両者の間の対立は明に暗に生じていた。「時に、中国の亡官失守の士の乱を避けて来たる者、多く顕位に居りて呉人を駕馭(がぎょ)す。呉人頗(すこぶ)る怨む」[59]。日に日に積もる怨恨により、南方士族の周玘が、王導と刁協の討伐を名目として反晋の兵を起こすと、「豪侠の乱を楽しむ者、翕然(きゅうぜん)として之に附」したという[60]。

東晋における北方士族間の対立は、中央で政権を握る集団の内部でも存在したが、それが顕著にみられたのは、地方の実力者と中央政権の集団とによる統治権の争いである。その最たるものが、いわゆる「荊揚の争い」(荊州の方鎮勢力と京師の中枢執政勢力との争い)である。東晋時代、最初に門閥一族として政局を掌握したのは「王と馬、天下を共にす」であり、その後、「内は何・褚の諸君に委ね、外は庾・桓の数族に託す」となった[61]。東晋の朝政の大権は、長期にわたって王・庾・桓・謝などの一族に掌握され、それらを代表する王導・庾亮・桓温・謝安らが次々と政治を主導し、また牽制し合い、もしくは共同で司馬氏の君主の地位を守り、特定の一族がこれに取って代わることのないように努めた。大軍を掌握して地方に鎮座する地方の実力者たちは、改めて政治的権益の配分を求め、京師に入ってその主となろうと企て、或いは外に鎮座して「朝廷の権を執」ろうとした。最

---

58 『新唐書』巻199・儒学伝の柳冲伝。ここでは、「中国士人の差第閥閲之制」について、郡姓に膏粱・華腴・甲姓・乙姓・丙姓・丁姓の区分があるとする。
59 顕位は、高い位。駕馭は、馬を自由に乗りこなすという意から、人を意のままに扱うこと。
60 『晋書』巻58・周処伝附周玘伝より。「翕然」は鳥が一糸乱れぬ動きをなす様子から、多くのものが一つに集まり合うこと。
61 『晋書』巻77・殷浩伝より。

初に乱を起こしたのは、荊州刺史の王敦である。彼は、軍を率いて長江を下り、建康の朝廷を目指した。その後、蘇峻と祖約、王恭と殷仲堪、桓玄らが兵を挙げて反乱を起こした。個々の反乱は最終的には平定されたが、東晋の朝廷も損耗して気勢が大いに削がれ、その末年には、中央の政令が行われたのは「唯だ三呉（呉・呉興・会稽の3郡を指す）のみ」であった。さらには、政権を握る司馬道子・司馬元顕父子が時代と逆行する政治を行ったため、孫恩・盧循が「東土諸郡」で五斗米道の信徒による大起義を誘発した。この乱は12年間続き、東晋王朝をほぼ転覆したのみならず、門閥士族の勢力にも深刻な打撃を与えた。

　東晋では、門閥政治が実施された。形式上は、門閥士族と司馬氏が「天下を共に」しているようであるが、実際には「朝権国命、台輔に遁帰」し[62]、地方の重要な方鎮も多くが門閥士族によって掌握された。東晋の門閥士族は、軍政の大権を壟断し、明らかに政治の軸となっていた。一方、皇帝権力は門閥政治に従属し、「皇帝もまた士族が利用する道具にすぎなかった」。ある君主（例えば元帝・明帝・孝武帝）は、このような権力バランスが失われた状況を改めるべく、皇帝権力を奮い興そうとしたが、効果は少なかった。これはまさに、襄陽の流民集団の首領韋華が後秦の姚興に対して、「晋主は南面の尊有りと雖も、総御の実なく、宰輔執政、政は多門より出で、権の公家を去ること、遂に習俗と成る」[63]と述べた通りであった。しかし、門閥の一族が主導した門閥政治もまた、東晋一代のものにすぎなかった。劉裕が晋に代わって自ら皇帝となると、「旧時の王謝堂前の燕、飛びて尋常百姓の家に入る」[64]ことを表明し、皇帝権力による政治を取り戻し、また次等の士族や寒人出身の武将たちが政治の舞台の中心となることが示された。

三　南朝政権の移り変わり

　南朝劉宋の開国の皇帝劉裕は、若い頃は「躬耕」・「樵漁」を生業とする、極めて貧しい家の出であった。後に北府の兵に加わり、孫恩・盧循の起義を鎮圧する中で卓越した戦功を挙げた。その後、帝を称した桓玄を打ち破り、皇位から追い落とされた晋の安帝を再び迎えた。さらに、相次いで北伐を敢行して立て続けに勝利を挙げ、その威名は大いに震った。義熙十四年（418年）、劉裕は安帝を廃位して恭帝を擁立した。元熙元年（419年）、劉裕は宋王に封じられ、翌年の六月、恭帝の「禅譲」を受けて帝位に即き、永初と建元し、

62　『宋書』巻1・武帝紀より。台輔は、天子を補佐して百官を統率する者を指す。
63　『晋書』巻117・姚興載記より。晋主（司馬氏）は南面する皇帝という地位にはあるが、統治の実権はなく、宰相らが執政し、政治は多門（士族）が行い、権力は公家（宗室）のもとを去っているという状態が習慣となっている、という意。
64　以前は王氏や謝氏の屋敷の前に巣を作っていた燕が、今は一般の民家に飛んでゆく、という意。劉禹錫『烏衣巷』の言葉。

国号を宋（420〜479年）とした。これが宋の武帝（在位：420〜422年）である。劉裕は、東晋の門閥政治を終結させた人物である。彼は即位すると、豪強に打撃を加え、命に従わない世家大族を鎮圧し、中央集権を強化した。また「土断」[65]を実施し、豪強が非合法に占有する労働力を制限した。さらに、軍戸を解放して奴婢を赦免する命令を発布し、国家が支配する労働人口を増加させた。彼は、臣下の反対意見を寛容な態度で受け入れ、生活面では奢侈に反対した。このように劉裕は、南朝屈指の開明的かつ倹約家の皇帝として知られている。劉裕が世を去ると、子の文帝（劉義隆、在位：424〜453年）は吏治を整備し、農業生産を発展させて社会を安定させたため、民は本業に努め、穀物は満ち溢れたという。その治世は、歴史上「元嘉の治」と呼ばれる。元嘉二十七年（450年）、劉宋と北魏との間に大規模な戦争が発生し、また劉宋の統治階級内部に権力争奪の骨肉の争いが起こると、その国力は次第に衰微し、北強南弱の局面が形成された。

宋の孝武帝（劉駿、在位：454〜464年）以後、宗室内の骨肉の争いはますます苛烈となり、蕭道成が新たな王朝を建てる機会を提供することとなった。蕭道成は、初めは中兵参軍の任に就き、宋の明帝（劉彧、在位：465〜472年）の時代に督南兗南徐二州諸軍事・南兗州刺史に昇進し、明帝の死後に右衛将軍・領衛尉に任じられた。後廃帝の時代、江州刺史劉休範の反乱を平定したことで、蕭道成の地位と威望は大いに高まり、朝廷の大権を掌握する「四貴」の一人となった。479年、蕭道成は順帝に「禅位」を迫り、帝位に上って国号を斉（479〜502年）とし、年号を建元とした。これが斉の高帝（在位：479〜482年）である。南斉は、南朝で最も宗室の内争が酷く、かつ最も短い王朝である。特に、武帝（蕭賾、在位：483〜493年）の死後における皇室内の骨肉の争いは、劉宋に勝るとも劣らないものであった。蕭氏宗族の族人である蕭衍は、この機に乗じて新たな王朝を建てた。

蕭衍の父の蕭順之は、斉の高帝蕭道成の族弟であり、蕭衍自身も皇室の同族であった。また彼は、「儒玄に洞達」[66]したことで名を馳せ、仕官の道に利があった。斉の郁林王蕭昭業の時代、蕭衍は寧朔将軍に任じられて寿春に出鎮し、東昏侯蕭宝巻（在位：499〜501年）の時代には、雍州刺史に任じられ、襄陽に鎮守した。彼の兄である蕭懿が東昏侯に殺されたため、蕭衍は仇を打つという名目で出兵してこれを討伐し、蕭宝融を擁立した。502年、蕭衍は蕭宝融に「禅位」を迫り、南斉に取って代わり、梁朝（502〜557年）を建て、年号を天監とした。これが梁の武帝である。

---

65 「土断」とは、居住地を基準とし、現地に移住した流民を国家の戸籍に編成し、流民の賦役上の優遇を取り消す政策である。これは、朝廷が掌握する労働人口を増加させる措置であり、東晋・南朝によって幾度も実施されたが、劉裕の「土断」が最も有名である。
66 儒学と玄学に通暁した、という意。

梁の武帝の在位は 48 年に及び、これは南朝のみならず、中国史上においても長期の在位年数に数えられる。前朝における皇室の骨肉の争いという教訓を受け、彼は宗室に対して優遇政策を採用した。また大いに儒学を振興し、学校を設立し、土断を実行し、農桑を勧課し、律令を制定し、賦税を軽減した。こうして、梁朝の政治・経済・文化は南朝の最盛期に到達した。吉・嘉・軍・賓・凶の五礼制度は、この時期に成熟した。中書省が詔令を起草し、門下省が「駁議」[67]し、尚書省が執行する三省の制度が形成され、尚書省の下には、事実上後の尚書六部の淵源となる吏部・祠部・度支・左官・都官・五兵の六尚書が設けられ、尚書省の執行機能が強化された。三省六部の形成は、古い行政システムが新たな中央行政制度に生まれ変わったものである。梁の武帝は、九品中正制の改革も実施し、経書や詩賦に通暁していれば士を採用し、その出身が「牛監・羊肆、寒品・後門」[68]であるか否かは問わなかった。また武帝は仏教に傾倒したことでも有名であり、霧雨の煙る中の「南朝四百八十寺」は、その多くが彼の統治時代に興建されたものである。

　梁朝は、4 人の皇帝を経て、557 年に陳覇先に取って代わられた。

四　南朝の寒人庶族の興起と門閥士族の衰微

　東晋南朝時代は、政治闘争が絶えず、頻繁に王朝が交代した。皇権と宗室及び高門大族の間で繰り広げられた権力争いは、庶族寒人が興起する好機を提供した。

　皇帝権力を強化するため、皇帝たちは信頼する寵臣の助けを必要とした。南朝時代に中央の機密や出征の兵権を担った寵臣たちは、その大多数が寒人であった。彼らは、卑賤の出身で地位は低く、ひとたび皇帝から重任を委ねられれば、必ず寵を受けて驚き、皇帝に対して忠誠を尽くしたため、皇帝権力の脅威とはなり得なかった。例えば、丹陽出身の劉係宗は、劉宋の末年に侍書に任じられたが、これは典型的な寒官である。蕭道成が帝を称したとき、劉係宗は龍驤将軍の官についていた。斉の高帝から明帝蕭鸞（在位：494 ～ 498 年）に至るまでの 5 人の君主のもとで、政務に習熟していた劉係宗は、皇帝たちの深い寵愛を受けた。それは、学士たちが国を治める能力がなく、ただ書を読むことを知るのみであることから、斉の明帝が「一劉係宗、此の如き輩五百人を持するに足る」[69]と述べるほどであった。

　皇帝が地方を統制する道具となることも、寒人が南朝の政治で上り詰めてゆく道であった。最も典型的なものは、典籤制度である。寒人によって担われた典籤は、もとは地方長

67　中書省が起草した詔令を審議する機能のこと。
68　『梁書』巻 1・武帝紀より。
69　『南斉書』巻 56・倖臣・劉係宗伝より。劉係宗一人のみで、このような役に立たない学士五百人に匹敵する、という意。

官の属下で機密文書を掌る小吏であった。しかし、南朝の宋・斉の時代に、典簽は州鎮の長官を担う諸王を監視する権力を付与された。典簽は、1年の内に何度も京師に帰り、皇帝に対して刺史や郡守の優劣を報告した。彼らの言は往々にして地方長官の運命を決定したため、「威は州郡に行われ、権は藩君より重し」[70]といわれた。

　王朝交代の中で大いに才能を発揮し、皇帝の寵臣となり、また皇帝の地方統制の道具となったこと、これらは、寒人が南朝の政治の舞台において非常に重要な役割を演じたことを示している。しかし、当時の「士庶天隔」[71]という等級面での格差が解消されることはなく、寒人の社会的地位と政治的地位の間には明確な落差があった。こうして、少なからぬ寒人たちが、譜系を偽造し、戸籍を改竄し、或いは家が傾いた士族と通婚するなどの手段により、士族を詐称するようになったのである。南斉の時代には、幾度も「検籍」が実施されたが、その目的の一つは、「籍状を改注し、詐りて仕流に入る」[72]という戸籍の盗用を徹底的に調査することにあった。ただし、当時の吏治は腐敗しており、その結果「前検未だ窮(きわ)まらずして、後巧復た滋(しげ)し」[73]となってしまった。

　寒人が次第に興起してきたことと鮮やかに対照をなすように、士族高門は次第に坂道を下っていった。南朝の門閥士族は、皇帝と「天下を共にし」、皇権を統御する地位を喪失したが、文化的な優勢や社会的影響は失わず、国家の政治活動における地位は何とか保たれ、以前から享有する政治・経済面の特権を維持していた。しかしながら、皇権による政治のもとで寒人勢力が次第に興起してゆく趨勢に直面し、彼らは自身の優越的な地位が日に日に脅かされてゆくことを本能的に感じとり、寒人との間に深い溝と高い壁を築き、自ら狭い輪の中に閉じ籠った。寒門庶族と隔絶するため、彼らは寒門との通婚及び交際を行わないばかりか、違反者を政府に告発し、免官や終身仕官禁止の厳しい処分を加えるよう求めた。例えば、沈約は、士族の王源が、「家給温足」であり、手厚く招聘した庶族の子弟の満鸞に娘を嫁がせたことを告発し、「姻を託し好を結ぶこと、唯だ利のみ是れ求め、流輩を玷辱すること、斯(これ)より甚だしきを為すは莫し」[74]と糾弾している。

　南朝の門閥士族たちは、自ら閉じこもり、思い上がって尊大となった。「平流進取し、坐して公卿に至る」[75]という政治的特権の地位と、「飽食して酒に酔い、忽忽として事無し。此を以て日を消し、此を以て年を終う」[76]という腐敗した生活様式により、彼らは経世治

---

70 『南史』巻77・恩倖・呂文顕伝より。典簽の威は州郡に及び、その権力は長官である藩君より重い、という意。
71 士族と庶人との間は天と地ほどの隔たりがある、という意。
72 籍状を改ざんし、士族の籍に入っているように偽る、という意。
73 『南斉書』巻46・陸慧暁伝附顧憲之伝より。前回の検籍が完了していないにもかかわらず、籍状の改注は巧みになり増えている、という意。
74 南斉・沈約『奏弾王源』、『昭明文選』巻40より。王源が「家給温足」である庶族の満氏と婚姻関係を結んだことは、利のみを追求した行為であり、同流の士族を最も辱めることである、という意。
75 穏やかな流れのように進み、何もせず座ったまま公卿の位に達することができる、という意。

国の本領を失い、官にあっても行政の道を知らないばかりか、基本的な生活技能にも欠け、家政においても経営の法を知らないようになってしまった。「筆しては則ち才に姓名を記すのみ」[77] といわれるように、詩書を代々伝えた高門著姓の後裔でありながら、にわかに半ば文盲となる者さえもいた。これらの貴族の子弟たちは、香草を焚きこんだ華麗な衣装を1日中身に着け、流行りの高歯の下駄を履き、化粧を塗りたくり、しなを作って媚態を示し、外出時には車に乗り、入るときには僕人の助けを必要とした。また弓矢を射ることもできず、馬にも乗れず、建康令の官に就いたある琅琊の王氏は、馬を指して虎と言ったという。もはや、このようにか細く弱々しい放蕩息子や寄生虫たちは、社会の動乱に一旦遭遇すると、なすすべを知らずただ死を待つのみであった。

五　侯景の乱とその社会的影響

　梁の武帝の太清二年（548年）、重大な社会的動乱が発生した。「侯景の乱」である。

　侯景は、北魏の人であり、北魏末期に高歓に従って兵を挙げた。北魏が分裂すると、侯景は東魏の高歓により河南道の行政長官に任命された。高歓の死後、侯景は高歓の子の高澄との対立が深まり、東魏の対抗勢力である西魏に出奔した。しかし、そこでも信任を得ることは叶わなかった。行くあてのなくなった侯景は、遂に南朝の梁に投降することを決めたのであった。梁の武帝は、侯景の要望を受け入れ、東魏を牽制するために侯景を支援した。梁軍と東魏軍は彭城外の寒山堰で大戦を繰り広げたが、梁軍は全軍潰滅した。東魏は軍を還して侯景に向かって進攻し、敗れた侯景は最終的に寿春（現在の安徽省寿県）まで退き、梁の朝廷から豫州牧に任じられ、寿春に鎮守した。

　侯景は、寿春で公然と兵を招いて馬を購入し、勢力を拡大した。これと同時に、東魏は梁に対してオリーブの枝を差し出し、梁が侯景を受け入れさえしなければ、東魏は梁との講和を望んでおり、寒山堰の戦いで捕虜となった蕭淵明や多くの兵士たちも帰還させると伝えた。梁の武帝は、東魏との講和を承諾した。侯景は、これを何度も阻止しようとしたが成功せず、寿春で反乱の兵を挙げた。太清二年十月、侯景は梁武帝の甥の蕭正徳と呼応し、首都建康に攻め進んだ。太清三年三月、130日以上の激戦の末、皇城は侯景に攻め落とされた。86歳と高齢の梁武帝は軟禁され、2ヵ月後に餓死した。侯景は、太子の蕭綱を帝に擁立した（梁の簡文帝、在位：549～551年）。

　548年に侯景が兵を挙げてから552年に殺害されるまで、4年にわたったこの動乱は、南朝社会に深刻な影響を与えた。

　侯景の乱は、士族高門に大きな打撃を与えた。彼らの多くは体が弱く、戦乱の中逃げる

76　北斉・顔之推『顔氏家訓』勉学篇より。
77　北斉・顔之推『顔氏家訓』勉学篇より。

こともできず、ただ華堂にわびしく座し、羅綺をまとって金玉を懐き、互いに折り重なり合い、天命に従って死を待つしかなかった。また一部の士族たちは、江陵に逃れて荊州刺史の蕭繹に従属したが、後に江陵が西魏に攻め落とされた際、彼らは捕虜として関中に連れ去られ、没落して僕隷となった。

　侯景の乱は、梁朝を解体し、最終的には滅亡に導いた。武帝が台城で侯景の反乱軍に囲まれていたとき、地方に鎮守する蕭氏宗族の子弟たちは、積極的に京城に援軍を出さないばかりか、帝位争いに勤しんでいた。武帝の第七子の荊州刺史蕭繹は、最終的に他の兄弟たちに勝利し、江陵で即位した。これが梁の元帝である。しかし間もなく、蕭繹の甥の雍州刺史蕭詧が西魏の軍を率いて江陵を攻め落とし、元帝を殺害し、歴史上後梁と呼ばれる西魏の傀儡政権を打ち建てた。

　侯景の乱の発生後、陳覇先（呉興郡長城の人、現在の浙江省長興県）が嶺南地域で兵を挙げた。陳覇先は、寒微の出身で、郷里の小吏から身を起こし、後に広州刺史蕭映の部下として中直兵参軍に任じられた。しばしば軍功を挙げたことから、朝廷より西江都護・高要太守・督七郡諸軍事に任じられた。江陵が攻め落とされた後、北上して侯景を討伐した陳覇先は、建康で蕭方智を擁立した。これが敬帝である。557年、陳覇先は敬帝に譲位を迫り、自ら帝を称して国号を陳（557〜589年）とし、永定と建元し、こうして梁朝は滅亡した。陳の武帝陳覇先は、南方の少数民族の酋帥と庶族豪強の政治的代表であり、彼が建国して帝を称したことは、庶族豪強が南朝の政治の舞台で一躍主役となったことを示している。

　陳朝は、5人の皇帝を経て、隋に滅ぼされた。

第五節　北朝の社会の発展と政治の変遷

一　北魏の北方統一と前期の民族関係

　北魏を建立した鮮卑族拓跋部は、もともと大興安嶺の北段[78]で活動していた氏族の部落であり、後にフルンボイル草原のフルン池に南遷し、国家の形態へと移行し始めた。淝水の戦い後の386年正月、什翼犍の孫である拓跋珪（在位：386〜409年）は、旧部を集めて代国を再建し、同年四月に魏国と改称した。歴史上、北魏（386〜534年）と呼ばれている。翌年、盛楽（現在の内モンゴル自治区ホリンゴル県西北）に都を定めた。皇始三年

78　大興安嶺の北段は、昔は大鮮卑山と呼ばれ、現在の内モンゴル自治区フンボイル盟オロチョン自治旗阿里河鎮の嘎仙洞一帯に位置し、拓跋鮮卑の先祖が生活していた地方とされる。現在の大興安嶺南段に当たる、内モンゴル自治区ヒンガン盟ホルチン右翼前旗と中旗西方の山は、昔は鮮卑山と呼ばれていたが、大鮮卑山とは別の場所である。

（398年）、道武帝拓跋珪は、都を盛楽から南の平城（現在の山西省大同市）に遷した。拓跋部が樹立したこの政権は、すでに国家としての形態を完備していた。拓跋珪の孫の太武帝拓跋燾（在位：424〜451年）の時代に至り、北魏は北燕と北涼を相次いで滅ぼし、439年に北方の黄河流域を再統一した。こうして、北魏が南朝の劉宋と対峙する、南北朝の局面が形成された。献文帝拓跋弘の皇興三年（469年）、北魏の軍は劉宋の青・冀二州を攻略し、南方へと領域を拡張した。

　鮮卑拓跋部は、南下の征途にともない、相次いで狩猟・遊牧・農耕の経済形態を経験した。狩猟と遊牧の経済は、この民族に騎射に優れた武勇の品格を培い、十六国時代を終結させる前提条件を備えさせた。また部落を解体し、土地を分けて定住し、農耕に従事する経済は、この民族に中原の物質文明を会得させ、先進文明と同様の求心力を生み出した。国家形態の完備と北方統一の実現は、この民族が漢族の先進文化を吸収することへの切実さをさらに高めることとなった。

　拓跋珪は、平城に遷都した後、平城に宮室を造営し、宗廟を立て、また郊廟・社稷・朝覲・饗宴などの儀礼を制定した。彼は、漢人の制度に習って太学を立て、太学で孔子を祀る活動を執り行った。また漢人の李先の建議を受け、天下の経書を収集し、『衆文経』を編纂した。北魏拓跋の統治者たちは、中原に向けて領域を拡張してゆく当初より、漢人の任用を重視し、彼らの国家を治める統治経験を利用した。拓跋珪は、軍を率いて征伐に向かう途上では、漢族の士人を安撫して受け入れることに意を注ぎ、来訪者があれば、年長年少を問わず全て接見し、才能のある者を見出すとすぐに任用した。拓跋珪の子の拓跋嗣（在位：409〜423年）は即位後、国子太学を中書学と改めた。この中央朝廷が経営する極めて高い地位を備えた学校は、孝文帝の太和年間まで続いた。中書学は、儒学に精通した知識人や治国に通じた政治家、政績の卓越した良吏、忠義を号とする功臣、文武に優れた将領、北方各地の大族、南朝からの投降者などの各種の人材を受け入れた。

　北魏の統治者たちは、漢人を任用はしたものの、彼らを充分には信任していなかった。清河の崔逞は、拓跋珪の命を受けて東晋の襄陽の守将郗恢に手紙を送ったが、その中で東晋の皇帝を「貴主」と呼んだことが理由で拓跋珪に殺された。拓跋燾の治世には、漢人の段暉が馬鞍の中に黄金を隠していたことから、南朝に降ろうとしていると疑われて処刑された。また漢人の崔浩は、拓跋珪・拓跋嗣・拓跋燾の3代に仕え、特に拓跋燾の重用と信任を受け、「専ら朝権を制」していた。しかし最後は、拓跋部の歴史を忌むことなく詳細に撰写したことにより殺された。北魏の統治者たちは、儒家文化に対して深く関心を寄せてはいたが、儒家の典籍については充分に理解していなかった。北魏前期の儀礼制度と漢族の伝統的なそれとには、大きな差があったのである。

　上記の現象は、孝文帝以前における北魏の拓跋鮮卑が、漢族と雑居して漢族の文化を吸

収し、漢族の人材を任用することを重視していたものの、民族間の壁はなお除去されておらず、民族間の対立が依然として深刻であったことを示している。

二　孝文帝の改革と北方の民族融合

　北方を統一したことで、鮮卑族拓跋部の役目は征服者から統治者へと転換し、彼らが直面する課題もまた、北方の軍事的な征服と政権の安定から、政権の長期的な安定の維持及び南北の統一の実現へと変化した。

　皇興五年（471年）八月、献文帝は、子の拓跋宏に譲位し、自らは太上皇となった。拓跋宏すなわち孝文帝（在位：471〜499年）は、その祖母である文明太皇太后（馮太后と俗称される）の支えと指導のもと、一連の改革を開始した。

　太和八年（484年）、孝文帝は詔を下して百官俸禄制度を実施した。これより以前、北魏の文官には俸禄がなかった。拓跋の軍事貴族たちは、征服戦争を通じて多くの財や富を掠奪し、戦功を立てることで巨額の賞賜を獲得した。しかし各級の文官は、「惟だ民より取給するのみ」であり、事実上は汚職収賄や人民からの誅求が容認され、またあるものは商業を営んで「販肆聚斂す」[79]という状況であった。「初めて来たるに、単馬執鞭す。返りて去るに、車百輌を従う」[80]という現象は稀ではなく、「竟に聚斂を為」して吏治は著しく損なわれた。俸禄制の実施後、北魏はこれらの悪習に対して厳格に打撃を与え、「法を枉げれば、多少となく皆死」に処した[81]。厳格な法による抑止のもと、貪婪な官吏たちも収斂に手をつかねざるを得ず、吏治の状況は改善されていった。

　その後間もなく、孝文帝は、均田制・三長制・新租調制などの一連の改革の施策を相次いで実施した。均田制の主な内容は、以下の通り。

（1）15歳以上の男夫は露田40畝、夫人（既婚女性）は20畝を給付され、奴婢も良人と同様である。また、丁牛1頭ごとに田30畝を給付されるが、4頭までに限る。民の年齢が課（15歳）に達すると田を給付され、老免（70歳）に達するもしくは死亡した場合は田を返還する。奴婢と耕牛は、その有無に応じて還受する。

（2）男夫は1人当たり桑田或いは麻田20畝を給付される。露田は還受があるため、売買はできない。一方、桑田或いは麻田は世業であり、継承や売買が可能であるが、若干の制限があった。政府は定期的に土地の還授と登記を行った。

　三長制は、五家ごとに隣長を立て、五隣ごとに里長を立て、五里ごとに党長を立て、こ

79　商いを営んで財を集めること。
80　『魏書』巻33・公孫表伝附公孫軌伝より。任官当初は、自ら鞭をふるって一人馬に乗って着任したが、汚職収賄や人民からの誅求によって財を蓄え、官を去るときには車を百両連ねて帰った、という意。
81　『魏書』巻111・刑罰志より。

の三長を郷里内の威信の高い人物に担当させて国家の基層の政権組織とするもので、宗主督護制に代わって基層社会を統制した。新租調制では、編戸が国家に納める租調の額を次のように規定した。すなわち、一夫一婦ごとに帛1匹、粟2石とした。また、民の15歳以上で未婚の者は、4人ごとに一夫一婦と同様の調を供出することとした。奴婢は8口、耕牛は20頭ごとに一夫一婦の租調を納めた。これら3つの制度は、互いに組み合わさるものであり、三長は郷里の監督を担ったが、その第1の務めは均田の確定、第2は戸口の査閲であり、国家に租調を治める人口の流失を防ぐことにあった。また、均田制によって農民は土地に定着し、国家に租調を納めることができるようになり、租調制によって国家は毎年固定化された財政収入が保証されたのである。

　文明太皇太后が死去した後、親政を開始した孝文帝は、抵抗を排除して改革の継続を堅持し、政治経済から儀礼制度、社会習俗などの文化面に深く至るまでを改革した。太和十八年、孝文帝は、都を漢族文化の中心である洛陽に遷し、その後間もなく、漢化を進めるいくつかの決定を行った。まず、官吏が朝廷で鮮卑語を話すことを禁止し、漢語を「正音」すなわち官用の公用語とした。また鮮卑の服を着ることを禁止し、男女共に一律で漢装に改めさせた。さらに鮮卑の複姓を漢姓に改め、例えば拓跋氏を元氏とし、賀頼氏を賀氏とし、独孤氏を劉氏とした。これと共に、門閥制度を実施し、漢族の「五姓」と郡姓及び鮮卑族の八姓を高門望姓として明確に規定し、自らと皇室が漢族の高門との通婚を主導した。洛陽に遷った鮮卑人の籍貫を河南郡洛陽県に改め、死後は洛陽に埋葬することとし、代北には還さないようにした。これらの他、魏晋の法に照らして官制を改革し、魏律を改定した。

　孝文帝が遂行した一連の改革は、政治・経済と社会・文化などの各方面に及んだ。これらの施策は、効果的で著しい成果を挙げ、北魏国家と拓跋鮮卑などの少数民族の社会の封建化を推進したのみならず、北魏の各少数民族と漢族との民族融合を促進した。ある研究者の統計によると、魏晋から南北朝の時代に少数民族が漢族と融合した人口の総数は1000万に達し、そのうちの大多数は南北朝時代に民族融合が完成したという。孝文帝が遂行した漢化改革は、その鍵となる効果をもたらした。北朝の民族大融合は、中華民族の発展史上における一つの道標である。

三　六鎮の起義と北魏の分裂

　拓跋部が代北の平城に進入した後、モンゴル草原では再び強大な遊牧民族が興起した。柔然である。柔然汗国の版図は、東は大興安嶺、西はアルタイ山脈、南は大ゴビ砂漠、北はバイカル湖以南に達した。北魏の建立以降、柔然の騎兵は毎年のように南下して辺境を侵し、北魏の北方における巨大な脅威となった。柔然を防ぎ止め、反撃するため、北魏は

北辺の西から東にかけて6つの主要な軍鎮を設置した。沃野鎮（現在の内モンゴル自治区五原県東北）・懐朔鎮（内モンゴル自治区固陽県西南）・武川鎮（内モンゴル自治区武川県西南）・撫冥鎮（内モンゴル自治区四子王旗東南）・柔玄鎮（内モンゴル自治区興和県西北）・懐荒鎮（河北省張北県北）である。

　6つの軍鎮にはそれぞれ鎮都大将が置かれ、北魏初期においては、これらの大将はみな拓跋部の宗室或いは鮮卑八族の王公が担い、鎮兵もみな拓跋部の成員であった。六鎮は、柔然の鉄騎を防ぎ止めることを目的に設置されたが、このことは、六鎮地域の鮮卑人が鮮卑族としての多くの特徴、騎射に巧みで剽悍かつ勇敢な品格を保持すべきであるということを決定付けた。したがって、中原に進入した鮮卑人が漢化を積極的に推進したとき、六鎮地域の鮮卑人たちは、彼らと歩調を合わせることがなかったのである。

　孝文帝が平城で改革を進めている頃、柔然の統治下にあった高車族が柔然汗国から独立を試み、これにより北魏の北方辺境に対する圧力が緩和された。孝明帝（元詡、在位：516～528年）の時代に、高車族の独立は遂に成功した。柔然では、高車への攻撃に失敗した後、国内で権力闘争が激化した。政権争いに敗れた首領の阿那瓌は北魏に投降し、後に北魏の支援のもとで再び柔然の王位に上った。このとき柔然は、すでに北魏の盟友となっていた。

　北方の脅威が解消されるにともない、六鎮の鮮卑人たちは、自身の役割が日に日に北魏王朝から軽視され、社会的地位も中原に遷った同族との距離がますます遠くなってゆくことに思い至った。中原に遷った拓跋貴族は、孝文帝による門閥制度の改定を経て高門清流となったが、六鎮に留まった拓跋鮮卑は、武人や濁流に落ちぶれ、謫罪の罪人や刑徒と共に隊列を組んだ。彼らは、自身の地位や境遇が悪化してゆくことに対し、次第に不満や憤怨を募らせていった。

　孝明帝の正光五年（524年）、彼らの不満と憤怨が遂に爆発した。まず、沃野鎮の破六韓抜陵が衆を集めて蜂起し、鎮将を殺して元号を建てた。間もなく、蜂起ののろしは河北・山東・関隴地域に蔓延した。六鎮鮮卑は、或いは起義に巻き込まれ、或いは朝廷に徴召され、次々と河北・関中地域に入り込んでいった。このように動揺した社会環境の中で、各種の政治勢力は再整理されていった。「河陰の変」[82]を起こした爾朱氏の勢力が高歓によって滅ぼされると、北魏の中央朝廷は瓦解し、統一政権は東西に分裂した。東部は、東魏（534～550年）と呼ばれ、後に北斉（550～577年）がこれに代わった。この政権は、六鎮の懐朔地域の鮮卑と漢族の豪強集団によって支配された。西部は、西魏（535～556年）と

82　528年、契胡の爾朱栄は、河朔（現在の洛陽市東北）で胡太后と元釗を黄河に沈め、朝臣2000人余りを殺害した。歴史上「河陰の変」と呼ばれる事件である。この事件により、北魏朝廷に仕えた鮮卑族と漢族の高門は、壊滅的な打撃を受けた。

呼ばれ、後に北周（557 〜 581 年）がこれに代わった。この政権は、六鎮の武川地域の鮮卑と漢族の豪強集団によって掌握された。

四　関隴集団と北方の再統一

六鎮鮮卑の南下は、ある意味では拓跋鮮卑による 2 度目の中原への進入である。平城から洛陽に遷った北魏の拓跋鮮卑が漢化の先行者であるとすると、六鎮から中原に進入した拓跋鮮卑はその追従者であるといえる。ただし、彼らはただ追従したわけではなく、自身の言語と鮮卑の姓氏を保持していたばかりでなく、漢人に鮮卑の姓氏を与えることもあった。ただしこれらは、決して全面的な逆行を意味するものではなかった。

勇猛果敢な六鎮の鮮卑は、軟弱な漢人を軽視することもあったが、漢人との協力を拒み、漢族の文化を排斥したわけではなかった。東魏の高歓（496 〜 547 年）は、范陽の盧景裕を任用し、自身の子弟に儒家の経典を教授させた。以降の諸帝もまた、「名儒を引進し、皇太子・諸王に経術を授けし」めた。北斉では、各郡県に儒家の経典に精通する者を推挙させて孝廉とした。孝廉は、朝廷の策問に答え、よい回答であれば抜擢された。この種の制度は、間違いなく儒学の発展を刺激するものであった。

西魏・北周を樹立した六鎮の鮮卑が居住していた関隴地域は、労働力と物資の面では東魏・北斉の人口や物産にはるかに及ばなかった。東魏・北斉及び南朝の政権と対抗してゆくため、西魏・北周の統治者たちは、経済面では均田制、軍事面では府兵制を実施した他、鮮卑と漢人の結合を促進することに尽力した。この方面において、府兵制は重要な意義を備えていた。府兵制度のもと、西魏の朝政の大権を総覧した宇文泰（505 〜 556 年）は、最上位の統帥となった。その下には、六柱国大将軍が設置され、それぞれの柱国大将軍は 2 人の大将軍を督し、大将軍は 2 つの開府を督することとし、合計二十四軍とした。柱国大将軍と大将軍は、鮮卑人と漢人が担ったが、漢人の将軍には鮮卑姓が賜与された。西魏・北周の政権には、鮮卑貴族の上層である元・長孫・宇文・于・陸・源・竇・独孤などの一族のみならず、京兆の韋氏・弘農の楊氏・武功の蘇氏・隴西の李氏・河東の裴氏・柳氏などの関隴大族が含まれ、胡漢が緊密に結合した関隴集団（口絵16）が形成された。

西魏・北周の儒学に対する態度は、東魏・北斉に比べてさらに積極的であった。宇文泰は、経書を風雅に嗜み、蘇綽を任用して儒家の治国思想を体現する「六条詔書」を制定した。また、『周礼』が設計するモデルを採用して国家機構を運用し、大儒の盧景宣を任用して儒家の五礼制度を充実させた。明帝宇文毓の在位期間には、官学がさらに完全なものとなり、儒学がさらに発展した。武帝宇文邕（在位：561 〜 578 年）は、自ら尊三老の礼を行い、史家に「一世の盛事」と称えられた。史書の記載によれば、当時の北周は「天下慕饗(ぼきょう)し、文教遠く覃(およ)んだ」んだという[83]。

北周の武帝が改革した府兵制は、府兵の地位を高め、兵源を拡大し、軍事力を大いに増強させた。建徳六年（577年）、北周は兵を発して北斉を滅ぼした。こうして、北方が再び統一されると共に、関隴集団に博陵の崔氏・清河の崔氏・范陽の盧氏・滎陽の鄭氏・趙郡の李氏・頓丘の李氏などの関東の大族が加わり、胡漢の融合は新たな段階に入った。

　北周の武帝は、才知と計画に優れた君主であり、南北統一の大望壮志を抱いていた。彼が統領した北周は、胡漢融合の過程で誕生した活気あふれる政権であった。この政権では、政治・経済・軍事・文化の諸方面において、民族融合の新たな特徴が体現された。このことは、北方に新たな情勢を出現させただけではなく、中華民族の歴史が再び全国統一へと向かってゆく曙光を映し出した。しかし、武帝は英気盛んなときに早世してしまった。北周の朝政の大権は、外戚の楊堅の手中に落ちた。彼は、581年に北周に取って代わり、隋朝を建設した。

第六節　魏晋南北朝時代の社会経済と階級関係

一　土地制度の変遷と北方の社会経済の曲折した発展

　唐宋以前、北方の黄河流域は、全国における政治・経済・文化の重要な地域であった。後漢末、地方に割拠した軍閥が連年混戦を繰り広げたため、この地域は深刻な破壊を受け、至るところで「百里煙なく、城邑は空虚にして、道殣相い望む」[84]という悲惨な情況がみられた。北方を統一した曹操にとって、この甚だしく衰微した社会経済を回復し、国を治めて安定させることが当務の急であった。至るところで干戈の止まない戦争状態が続く環境のもと、大量の農田が放置され、人々は離散して落ち着くところがなかった。そこで政府は、屯田を設立して運用するにあたり、軍事的な様式を採用して農業生産を直接組織した。経済を回復し、社会を安定させるための諸々の施策の中で最初に行われたのが、この屯田であった。

　曹魏の屯田は、建安元年に開始され、それが実施された範囲は管轄下の全域に遍く及んだ。屯田は、民屯と軍屯の2種に分けられる。民屯は、軍事組織的な管理の形式によって屯田民を国有地に配置し、生産を行わせるもので、屯田民は屯田客或いは典農部民と呼ばれ、郡県の管理には属さず、別に典農校尉・典農都尉などの官職系統が設けられた。屯田客は、農田の収穫物を分益制によって納めた。軍屯には、次の2つの形式があった。1つは、現役の士兵が適宜開墾し、且つ耕し且つ守るというものである。もう1つは、士家屯田である。彼らは兵籍に属し、その身分は代々継承された。全国の屯田は、大司農が

83　『周書』巻45・儒林伝・序より。
84　『三国志』巻56・呉書朱治伝の注に引く『江表伝』より。道殣は、行き倒れの餓死者のこと。

掌管した。曹魏が積極的に実施した屯田は、充分な成果を挙げた。屯田区の多くは、郡県の編戸がなく土地が荒廃した地域に設けられ、屯田客や屯田兵は荒地を開墾し、水利灌漑工事を興し、区種法のような先進的な農業生産技術が採用され、集約式の経営が実施された。その結果、現地の農業生産は急速に回復し、「荒野開辟せられ、軍民並びに豊か」となり、以前の「白骨野に遍く、千里鶏鳴無し」という状況から、「鶏犬の声、阡陌相い属なる」という情景がみられるようになった[85]。農業の発展は、手工業と商業の発展をもたらした。かつて董卓によって全てを奪い去られ、ほぼ焼き尽くされた洛陽城は、再び中原地域の政治と経済、文化の中心となった。

西晋が中国を統一して以降、太康元年から十年までの10年間には、経済の繁栄や社会の安定という小康的な局面が出現し、当時「牛馬は野を被い、餘糧は畝に栖」り、「人々咸な其の業に安んじて其の事を樂し」んだ[86]。全国の戸籍の登録者は、太康元年から三年の僅か3年間に、245.59万から377万へと130万以上も増加した。呉を平定した後、西晋が農戸に対して広範に実施した占田制と課田制は、積極的な効果を発揮した。この制度は、農戸が合法的に占田することを認め、奨励し、また租調の徴収の面でも優遇し（例えば占田額は増加する一方、課田額は固定で変わらなかった）、農戸の生産に対する積極性と戸籍登録に対する主体性を向上させた。しかし、西晋の短い統一と繁栄は、月下美人の花のように儚いものであった。

西晋末、「八王の乱」と「永嘉の乱」の前後、南北各地で流民が大々的に蜂起し、内遷した各民族の政権が林立し、戦争が連年繰り広げられ、北方地域に民族の大移動や人口の大流亡の波が押し寄せ、社会経済は再び巨大な災禍に見舞われた。それは、当時のある人が「千里に煙爨の気無く、華夏に冠帯の人無し。天地の開辟より、書籍に載するところ、大乱の極まること、未だ茲の若き者有らざらんや」[87]と叫ぶほどであった。ただし、戦争で世が混乱した「五胡十六国」の期間にも、短期的な統一と社会経済がある程度回復したことがあった。例えば前秦の苻堅は、農桑を積極的に奨励し、水利工事を興し、民間に「山沢の利」を開放し、「関隴清晏たり、百姓豊樂たり」[88]という光景がみられた。

北魏の北方統一、特に孝文帝が大鉈を振るって励行した一連の政治・経済・社会の改革の後、黄河流域の社会経済は急速に回復し、迅速に発展した。北魏の功績として第一に挙げられるのは、均田制と新租調制、三長制を全域に遍く遂行したことである。この3つの

---

85 『晋書』巻26・食貨志より。
86 『晋書』巻26・食貨志より。「野を被うほど牛や馬がおり、余った穀物はそのまま田畑に残されていた」「人々はみな、安心してそれぞれの仕事に就き、それを楽しんでいる」という意。
87 『晋書』巻46・劉頌伝より。千里の間に竈から上がる煙の気配はなく、中国の大地に官吏の姿はない。天地の開闢以来、書籍に記載されている中で、これほど大きな戦乱に見舞われたことはないであろう、という意。
88 『晋書』巻113・苻堅載記上より。関隴地域は太平安寧で、庶民は豊かな暮らしを楽しんでいる、という意。

制度が組み合わされて実施されたことで、一部の国有地や戸が絶えた田、罪によって没収された田、無主の荒地が、土地を持たないもしくは少ない農民に分配され、また土地所有者の土地が均田制の管理する範囲に納められた。こうして、全域の土地の占有関係を有効に調整し、無主の田地もしくは所有権争いや、大量の農田が荒廃するという問題を解決し、土地兼併や土地集中の情勢を抑制し、多くの自作農（漢族と内遷諸族の農戸を含む）を養い、同時にまた基層社会に対する統制を積極的に強め、国家は大量の労働人口と賦役負担者を掌握することとなり、財政収入が増加した。孝明帝の正光年間（520～524年）には、北魏全域で国家が支配する戸口数が、西晋武帝の太康年間における全国の戸口数を超えた。史書には「時において国家は殷富にして、庫蔵の盈満し、錢絹の廊に露積せらるるもの、数を較ぶるべからず」[89]と記されている。賈思勰の『斉民要術』には、生産技術の面から、北朝の農業生産が高度に達していることが反映されている。楊衒之の『洛陽伽藍記』は、都市の風貌という視点から、この時期の都市及びその商業・手工業と中外の経済交流と繁盛の景況を描いている。

経済の発展と中央集権の強化、軍事改革は、北朝の国力を絶えず増強していった。こうして、南北間の勢力均衡は打破され、北強南弱の局面が形成された。また、北方における民族大融合の実現は、民族対立という南北対立の性質を曖昧にした。これらのことは、隋の文帝が長江を隔てた対立を終結させ、全国統一を実現する基礎となった。

二　移民の波と江南の経済開発

後漢末及び三国時代に、人口は主に益・荊・楊の三州に向かって流徙[90]した。史書によると、関中の数万戸が益州に流入し、荊襄には十数万戸が流入したという。淮河以北の民戸の多くは、江南に流徙した。『三国志』呉書に記載されている人物のうち、ほぼ半数は淮河以北より遷ってきた者である。赤壁の戦いの後、曹操は長江沿いの郡県の民戸が孫権に掠奪されることを恐れ、彼らを北に遷すことを決めた。しかし、民戸はかえって騒ぎたて、盧江（現在の安徽省六安市北）・九江・蘄春（現在の湖北省蘄春県）・広陵（現在の江蘇省鎮江市北）などの十数万戸が長江を渡って南に遷ったという。

両晋南北朝時代、戦乱が頻発したため、多くの中原の人々が宗族や郷里で流民の集団となり、南方に遷徙した。中でも特に大規模なものとして、次の5つがある。第1次は、西晋の元康（291～299年）末のことで、関西で戦乱が起き、連年大飢饉となったため、秦（治所は現在の甘粛省天水市）・雍（治所は現在の陝西省西安市西北）6郡の約十数万人が現

89　東晋・楊衒之『洛陽伽藍記』巻4・城西・法雲寺より。当時、国家は豊かで栄えていたため、倉庫には物が満ち溢れ、銭や絹は露積みされ、数えきれないほどであった、という意。
90　人々が移りさまようこと。

在の漢中・四川地域に到達して「穀に就」いた[91]。また、この秦・雍の流民が益州に進入した際に、現地の5万戸以上が長江中流域の荊湘地域に流徙した。第2次は、西晋末の永嘉（307〜313年）の乱のときであり、司・冀・雍・涼・青・并・豫・幽の流民が南渡し、主に江淮及び揚州の地域に流徙した。第3次は、東晋成帝の咸和年間（326〜334年）初めのことで、石勒が東晋で発生した蘇峻の乱に乗じ、淮北地域を占拠したため、現地の多くの人々が長江を渡り、次々と現在の江蘇省鎮江市一帯に逃れた。第4次は、東晋孝武帝の太元八年（383年）の淝水の戦い後のことで、前秦が敗北したことにより北方が大いに乱れたため、雍・秦の流民が現在の湖北省襄陽市・安徽省和県・巣県・寿県などの地に向かった。第5次は、南朝劉宋の文帝の元嘉二十八年（451年）のことで、北魏が南伐を開始し、長江北岸の瓜歩まで到達したため、江北の人々が再び南に向かって流徙した。多くの事例では、100万にも達する大量の北方の人々が南に遷って来たため、東晋・南朝政府は、自らの統治区域内に北方の州郡県の旧名を命名した行政機構を多数設置し、そこに流民を集中的に安置した。歴史上、これらは僑州・僑郡・僑県と呼ばれる。例えば、徐州の流民を安置するため南徐州が置かれ、兗州の流民を安置するため南兗州が設置された。隋の統一により、僑州郡県はようやく完全に撤廃される。

　後漢末の北方からの流民は、江南に進入した後、南方の土着の人々や山越人と共に、孫呉の統治時代に江南をおおよそ開発した。また、西晋末から南朝初期の大規模な移民の波は、南方の開発をさらに一歩進めた。まず、耕地が拡大された。この時代に、南方の奥地や山林川沢が開発された。劉宋の大明年間には、「富強たる者は嶺を兼ねて占し、貧弱なる者は薪蘇も託するもの無し」[92]という状況となったため、朝廷は官吏が占拠する山沢の面積に関する規定を明文化した詔を下さなければならなかった。次に、大量の人口の南遷は、南方に中原の先進的な生産技術をもたらした。南朝時代、牛犁耙耕が江南と嶺南地域で普及した。大量の鉄製農具を使用することで、水利灌漑事業も急速に発展した。先進的な生産技術と生産道具の使用により、農副業の生産も大幅に増加した。嶺南の交広地域では、孫呉の時代にすでに「再熟の稲」[93]が出現していた。また東晋時代には、江南でも「三熟の稲」が出現している。梁代には、夏侯夔が豫州（治所は現在の安徽省寿県）に堰を築き、「田に漑ぐこと千頃、歳ごとに穀百萬餘石を収」めたという。すなわち、畝ごとに10石の生産高である。また江州豫章郡（治所は現在の江西省南昌市）では、1畝当たり20石の生産高があったという。蚕桑の生産では、低温で蚕卵の孵化を制御する技術が採用さ

91　穀物のある地に到達した、という意。
92　『宋書』巻54・羊玄伝附羊希伝より。富貴な家はいくつもの嶺を合わせた広大な土地を占拠したが、貧しい家は薪やまぐさを取る場所もない、という意。
93　二期作のこと。

れ、蚕の飼育回数が増加した。その結果、一年に「八熟」の蚕も可能となり、「四熟」・「五熟」の蚕が普遍的にみられた。

東晋・南朝時代には、大規模な土地開発と経営を行うにあたり、田園別墅（でんえんべっしょ）の形が採用された。北方から南遷してきた僑姓地主や土着の呉姓の地主たちは、労働力を競い合って召募して組織化し、山沢を占拠し、山を焼いて土地を開き、湖を囲んで田を造り、南方に総合的な開発と多種多様な経営を顕著な特色とする田園別墅を開いた。そこでは、穀物や蔬菜の植え付け、園林果樹の栽培、家畜魚蝦の飼育のみならず、紡績・醸造・道具の製造ないし薬物の生産などが行われ、その内容は広範かつ大規模であった。こうして、自身の消費を自給する他、大量の物資を市場に投入し、販売したのである。

後漢末から隋の統一に至る約400年間に及ぶ開発を経て、昔日の「地廣くして人稀なり」という辺鄙な片田舎は、「宇連なり甍高く、阡陌は繡の如し」[94]という目覚ましく繁栄した光景を呈するようになり、長江中下流域を中心とした江南を基本とする経済区域が形成された。このことは、我が国の古代の経済区域に重大な変化が発生したことの指標であり、北から南への拡大は、隋唐以降において経済の重心が次第に南へ移ってゆく基礎を定めたのである。

三　社会の階級階層及び労働者の地位

史書には、魏晋南北朝時代における40種以上の各種の人々が記載されている。皇室・高門士族地主・寒門庶民地主・寺院地主・少数民族の酋帥・富商巨賈（大商人）・編戸農民・小手工業者・少数民族の部落民・佃客・部曲・金戸・銀戸・塩戸・滂戸・屯田戸・軍戸・府戸・営戸・鎮戸・堡戸・吏家・百工戸・雑戸・綾羅戸・細蚕戸・伎作戸・漁猟戸・駅戸・官戸・楽戸・隷戸・館戸・厮養戸・屯戸・寺戸・医戸・工戸・陵戸・牧戸・僧祇戸・仏図戸・奴婢などである。

上述の各種の人々は、貴族・良民・賤民の3つの等級に分けることができる。皇室・高門士族地主は、貴族の等級であり、寒門庶民地主・寺院地主・少数民族酋帥・富商巨賈・編戸農民・小手工業者・少数民族部落民は、良民の等級である。その他の佃客・部曲及び各種の専門職に従事する民戸は、賤民の等級である。

社会階級の角度から見ると、上述の3つの等級には、地主と農民という社会の主体となる2大階級及び特殊な労役民戸・佃客・奴婢などの社会の非主体の階級が含まれている。

士族地主は、地主階級における最上位の階層である。彼らは、中央と地方の清職・要職を独占し、広大な土地を占有し、賦役の免除・親族の蔭庇・門生故吏の収攬・賜田の享受・

---

94 『陳書』巻5・宣帝紀より。瓦葺きの高い家が連なり、田地の縦横の畦道は刺繡のように広がっている、という意。

給客・給吏卒・銭財の恩賞などの経済的政治的特権を持っていた。

庶民地主階層には、地方豪強・寺院地主・富商巨賈などが含まれる。彼らは、政治面では清流に入ることができず、官に就いたとしても清職・要職の外に排斥された。彼らは土地を占有したが、士族の特権は享受できなかった。

すでに封建化し、或いはまさに封建化しつつある少数民族の酋帥も地主階級に属し、経済上は漢族の庶民地主と同等であった。しかし、北魏の孝文帝が門閥制度を推し進めて以降は、鮮卑の顕貴八姓は高門著姓に身を置いた。

上述の3つの階層は、政治面では統治階級に属し、経済面では搾取階級であった。

農民階級には、自作農と半自作農、貧農が含まれ、このうち大多数を占めるのが貧農である。個々の小手工業者の社会的経済的地位は、農民に類似する。

特殊労役民戸とは、ある種の労役に専門的に従事する民戸のことであり、例えば、兵戸は専門的に兵役に従事し、綾羅戸は統治者に綾羅織物などを専門的に供した。彼らの戸籍は州県にはなく、専門の機構によって管掌され、終身これに従事してまた子孫が継承してゆく。これを改めることはできず、彼らは次第に賤民とみなされるようになっていった。彼らと国家或いは機構との間には、強力な人身的従属の関係があったが、売買はされず、その地位は佃客や奴婢よりは高かった。

佃客は、魏晋南北朝時代に存在した極めて普遍的な生産労働者の群体である。魏晋南北朝では、賜客・復客や蔭客制度・給客制が相次いで実施され、奴を免じて客や部曲客女とするといった記載が頻繁にみられるが、これらの客はいずれも佃客を指している。「客は皆家籍に注す」[95]とあることは、佃客とその主人が強力な人身的従属関係によって結ばれていることを示しており、彼らは主人のために農業生産に従事するのみならず、各種の雑役にも服さなければならなかった。主人は彼らの人身を代々占有し、また彼らを譲渡し、賜予することもできた。佃客は、皇帝による放免の詔の発布、主人による釈放の許可、自身による贖免などの形を経なければ、自由民とはなれなかった。

奴婢の地位は、佃客よりもさらに低く、彼らの人身は主人によって完全に占有され、牛馬と同様に主人の私産とされ、財産として売買や贈与が可能であった。法律上においても、奴婢が逃亡し、また主人に反抗した場合には、死罪に至るまでの各種の厳刑に処されることが明確に規定されている。

農民・特殊労役民戸・佃客・奴婢はいずれも被統治・被搾取の階級であり、労働者であった。彼らの間には越えられない壁があったわけではなく、農民は破産し逃亡すると、その大多数が士族豪強の蔭戸や佃客となり、また捕虜となり、或いは罪を犯した場合は官私の

---

95 『隋書』巻24・食貨志より。

奴婢となった。一方、封建政権が括戸や奴を免じて民とする政策を実行したときには、蔭戸・佃客・奴婢は編戸農民となることができたのである。

第七節　魏晋南北朝時代の思想文化と科学技術

　魏晋南北朝時代は、戦乱が絶えず社会が動揺したが、思想文化の分野ではまた異なる風景がみられた。思想が解放され、文化が多元化し、古いものから新しいものが創出され、異彩が続出したこの時代は、「戦国以来の思想解放運動」や「再び出現した輝煌の時代」と称されている。

一　思想と宗教

　魏晋南北朝時代、儒学は一家独尊の地位を失ったものの、決して衰退したわけではなく、依然として発展を続けた。それは主に、経学と儒学教育の方面にみられた。有名な経学家や著作がこの時期に大量に出現している。世に伝わる『十三経注』は、魏晋の人の著作が六部を占めている。何晏の『論語集解』・杜預の『左伝集解』・范寧の『穀梁集解』・郭璞の『爾雅注』は、いずれも経学史上において重要な地位にある。上述の人々の他、王粛・王准之・王倹・賀瑒・何佟之・明山賓・徐遵明・熊安生もまた当時の有名な経学家である。この時代には、官学・私学が共に大いに発展した。官学には、太学（図5-1）・国子学・中書学・地方の州郡学が含まれ、これらの学校では、主に儒家の経学が教授された。私学には、私的に生徒に教えるものと家学とが含まれる。儒学の素養の厚い多くの大儒が生徒を募集し、経典を伝授した。特に北朝では、「燕・斉・趙・魏の間、横經著録、勝げて数うべからず。大なる者は千餘人、小なる者も猶お數百」[96]という状況であった。また多くの世家大族は、代々経学を伝え、独自色のある家学を形成した。官学と私学の興盛は、儒学の伝播と発展を推進した。

　魏晋交替期には、玄学が思想文化の分野において一世を風靡する主流の思潮となった。社会政治

図5-1　西晋辟雍碑
（梁満倉・羅宏曽著『中国通史図説 魏晋南北朝巻』九州図書出版社、1999年版、226頁の図三七六より）

図 5-2　甘粛麦積山石窟全景
（蘇振申総編校・劉顕叔編撰『中国歴史図説六 魏晋南北朝巻』新新文化出版社有限公司、1979年版、268頁の図より）

　の観点から見ると、玄学は後漢末の清議を源流としている。朝廷の抑圧により、士人たちの論談の内容は、具体的な社会問題から空玄の人性へと転じていった。また思想文化の観点から見ると、玄学は『老子』・『荘子』・『周易』に対する注疏を源流としている。魏晋の玄学は、個人の覚醒と理性による思弁を提唱し、主に2つの方面の問題に関心が寄せられた。1つは、「無」と「有」の関係である。何晏・王弼に代表される玄学者は「無を貴ぶ」ことを主張し、向秀・郭象・裴頠は「有を崇ぶ」ことを主張した。もう1つは、名教と自然との関係である。嵆康は「名教を越えて自然に任」せ、「湯武を非として周孔を薄（かろ）んず」[97]ることを提起し、王弼らは名教は自然を源とするとし、向秀・郭象らは名教と自然は同一であると考えた。両晋時代、玄学は思弁の方面で仏・道両家と相互に影響し合い、南朝時代には、本質的に儒家の礼教に接近し、回帰していった。

　魏晋南北朝時代、仏教は中国の地で大いに発展し、また日に日にますます中国化していった。まず、宗教建築の数が激増した。寺院は、西晋時代には僅か180ヵ所であったが、南朝梁の時代には建康地区のみで500ヵ所以上となった。北方においても、北魏の太和元年

96　『北史』巻81・儒林伝・序より。横経は、経書を携えて学問にはげむこと。著録は、弟子や門人として登録すること。
97　嵆康は、前王朝を武力によって倒した殷の湯王や周の武王を批判し、周や孔子を軽視した。

の寺院の数は6478ヵ所であったが、北魏の分裂後には北斉・北周で計4万以上に達したという。宗教文化・彫像・絵画・建築芸術の集大成である甘粛の敦煌石窟・大同の雲崗石窟（口絵17）・洛陽の龍門石窟・邯鄲の響堂山石窟・甘粛の麦積山石窟（図5-2）は、この時代に開鑿が始まり、或いは完成し、石窟寺芸術の中国的な風格が次第に形成されていった。また、仏教の般若学[98]は、中原で急速に発展し、六家七宗が形成された。すなわち本無・即色・識含・幻化・心無・縁会の六家と、これらに本無異を加えた七宗である。この時代は名僧が多く、道安・慧遠・智顗・鳩摩羅什・仏図澄・竺道生らはみな優れた僧侶である。禅宗の開祖達磨と二世の祖師慧可もこの時代の人である。仏教信者の数も空前のものとなり、西晋時代の僧尼は僅か3700人であったのに対し、南朝梁の武帝の時代には10万人に達した。北方においても、北魏の太和年間初めの僧尼は8万人に満たなかったが、その末期には200万人にまで増加し、さらに北斉・北周時代には300万人に達した。北朝時代には、2度の「廃仏」が行われたが、寺院勢力の拡大は抑止できなかった。

　道教は、中国で誕生し、育まれた宗教であり、両漢時代は未だ原始的な形態であった。後漢末の黄巾起義では、道教は群衆を結び付け、動員するための道具となった。黄巾起義の失敗後、原始道教に変化が生じ、その中の一派は、群衆の中で引き続き伝播し、符水や道術などによって人々のために「消災滅禍」した。また別の流派は、専ら練丹・修仙に努め、封建統治者たちの間に広く伝播した。東晋では、葛洪が創建した金丹派[99]、許邁らが創建した上清派[100]があり、南朝劉宋の陸修静が創建した霊宝派は[101]、道教の理論を充実させたのみならず、一連の儀規を制定し、こうして道教に宗教としての形式が備わった。南朝梁の陶弘景が著した『真誥』と『真霊位業図』は、大きな影響力を持つ道教の典籍である。北魏の寇謙之は、道教を整理し、早期の五斗米道の古い規定と旧習を除去し、礼拝求度と練気服食[102]、道場の興建を主張し、帝王の受籙制度を創設したことで、道教の発展史上において重要な地位にある。

　儒・玄・仏・道には、それぞれ理論及び思想体系があり、これらは魏晋南北朝時代に激しく衝突した。玄学は反逆の姿勢で儒学と衝突し、仏・道の間にも「夷夏」の争い[103]が繰り広げられた。ただし、四者には融和の一面もあり、多くの政治家が玄儒を共に学び、

98　般若学は、漢魏時代の仏教学派の一つで、『般若経』の義理の研究を宗旨とする。南北朝時代に玄学と結び付き、仏教思想の主流となった。
99　練丹・錬金及び金丹を服食して登仙することを主な特徴とする道教の一派。
100　『上清経』を修習して存神服気を修行の手段とする道教の一派。道教の中で大きな影響を持つ。
101　「霊宝」の語は『太平経』に初めて見え、東晋時代の葛洪の族孫である葛巣甫が『霊宝経』を作り、陸修静が増修した。これによって道教の儀軌が設けられ、「霊宝の教、大いに世に行」われることとなった。
102　練気は、瞑想などにより体内の気を練ること。服食は、金石草木から作った丹薬を服用すること。共に、昇仙や不老不死を目的とする。
103　夷夏論ともいう。中国（夏）の思想である儒教や道教と外来（夷狄）の思想である仏教との間に行われた論争。

儒学によって国を治め、玄学によって自らの身を修めた。道教は、「仙を求むる者、要ず当に忠孝・和順・仁信を以て本と爲すべし」[104]とし、儒家の思想と共鳴するようになった。また、少なからぬ高僧たちが玄学に深い造詣を持っていたことは、仏教と玄学が互いに補い合っていたことを体現している。このように、儒学を主体として儒・玄・仏・道の四者が混じり合ったことは、中国伝統文化が発展し、さらに豊富に多元複合的な構造を内包することを促進したのである。

　この時代における各種の思想文化の衝突と融合は、まばゆい思想の火花を擦り出した。西晋の楊泉の『物理論』・東晋の鮑敬言の『無君論』・南朝梁の范縝の『神滅論』が最も有名である。『物理論』は、「元気」を一種の物質とみなし、これが自然の本体であると考え、着実な唯物主義的解釈を進めている。『無君論』は、天地の万物はみな「元気」から構成されていると考え、「天命論」に反対し、さらに「君権神授」を認めず、君主のいない社会の建設を主張した。『神滅論』は、人の精神と肉体は同体であり、両者の関係は刀の刃と切れ味（利）の関係のようであり、「利を捨つれば刀（刃）無く、刀を捨つれば利無し。未だ刀の没して利の存するを聞かず。豈に容形亡びて神在らんや」[105]とした。これらの理論は、当時の思想界に大きな衝撃を与えた。

二　文学と芸術

　魏晋南北朝時代では、詩歌・辞賦・散文・小説・文学評論の全てにおいて大きな成果があった。詩歌でまず広まったのは「建安の風骨」であり、その代表的人物が「三曹」（曹操・曹丕・曹植）と「七子」（孔融・王粲・陳琳・阮瑀・劉楨・応瑒・徐幹）である。その詩作は、漢代の楽府民歌の風格を継承し、風清骨峻という特徴と強烈な現実主義の精神を備えている。西晋の太康年間における詩人の中では、陸機と左思が最大の成果を挙げた。ただし総体的には、社会の現実を反映する作品は多くはなかった。東晋前期の詩作は、玄学の影響を受けて老荘思想を主題とし、玄遠虚幻で[106]、遠く現実から離れたものが多かった。後期に至ると、陶淵明を代表とする田園詩人が出現し、ようやく詩壇が新たな気風を帯びた。謝霊運を代表とする山水詩人は、田園の風情を、大自然の山水に対する情熱へと拡大した。沈約は、「永明体」詩人の代表である。「永明体」詩は、韻律の対偶性を講究し、完璧な芸術形式を追求したもので、後に格律詩（近体詩）が形成される基礎を定めた。

　辞賦もまた、楚辞や漢賦の基礎の上に変革があった。形式面では、多くが短編であり、典拠や必要のない美辞麗句を要とはしていない。内容面では、詠物よりも抒情が多く、陶

104　東晋・葛洪『抱朴子』内篇より。
105　『梁書』巻48・儒林・范縝伝より。
106　深遠で幻想的な様子。

淵明の『帰去来辞』・王粲の『登楼賦』・曹植の『洛神賦』・左思の『三都賦』・江淹の『別賦』・庾信の『哀江南賦』は、この時代の辞賦を代表する最高水準の作品である。

散文も両漢の遺風を継承し、質朴自然で、或いは理を説き、或いは叙事し、或いは抒情し、或いは写景し、少なからぬ名編が出現した。諸葛亮の『出師表』は、感情が込められており、嵇康の『与山巨源絶交書』は犀利洒脱[107]であり、李密の『陳情表』は人の心の奥底に感じ入り、陶淵明の『桃花源記』は情景が人々を惹きつける。これらはいずれも、この時代の散文の傑作である。

この時代の小説には、志怪小説と筆記小説の2種がある。筆記小説は、史料的価値を備えているため、史学の中で述べた。志怪小説は、多くの題材と故事を神話伝説や歴史上の人物の伝聞逸事から取っており、また道教と仏教の影響という時代の烙印が深く刻み込まれている。晋の干宝の『捜神記』、王嘉の『拾遺記』、張華の『博物志』、郭璞の『玄中記』、陶潜の『捜神後記』、南朝宋の東陽無疑の『斉諧記』、劉義慶の『幽明録』、劉敬叔の『異苑』、南朝斉の祖沖之の『述異記』、梁の呉均の『続斉諧記』、北斉の顔之推の『還冤志』などは、いずれも志怪小説の名作である。これらの小説内の故事には、堅く結ばれた愛情を歌頌するもの、ゆるがない友情を褒揚（ほうよう）するもの、勧善懲悪の豪俠を賛美するもの、幸福の追求を主張するもの、自然の霊異を描写するものがあり、唯善・唯美・唯情の人文主義的精神を体現したものである。

上述の文学の発展と繁栄は、必然的に文学評論の風潮を巻き起こした。曹丕の『典論』論文は、我が国最古の文学評論である。この文は、当時の文学者それぞれの長所を評述し、文体の特徴・批評の規準・作家の性格と作品の風格との関係を論じ、また文は気を以て主となすと主張し、文学作品の社会的価値と芸術的価値を強調した。南朝梁の劉勰の『文心雕龍』は、我が国における現存最古の体系的な古典文学研究の専門書であり、文学は現実を反映し、文と質を共に重視すべきという主張を唱え、文学評論の根拠と基準を明らかにし、文学作品の構想・想像力・風格・継承・創造などの問題を探求した。同時代の鍾嶸の『詩品』は、我が国最古の詩歌専門の評論であり、両漢から梁代に至るまでの五言詩を総括し、優劣を判定した。蕭統（昭明太子）が撰した『文選』は、我が国の現存最古の詩文の選集である。その中で蕭統は、文章の体裁と流派の探求、取捨した理由と基準について言及しており、文学評論の価値を備えている。文学評論の興起は、人々の文学に対する「自覚」の意識を反映するものである。

この時代には、書道の芸術もピークに達した。鍾繇・索靖・衛瓘・王羲之・王献之（図5-3）らは、みな有名な書家である。鍾繇は、衆長の名声を博し、自ら一家を成した人物で、

---

107 犀利は、文章の勢いが強い様子。洒脱は、洗練されて巧みな様子。

図 5-3　王献之『鴨頭丸帖』
(梁満倉・羅宏曽著『中国通史図説 魏晋南北朝巻』九州図書出版社、1999年版、276 頁の図四六五より)

後世の人々は鍾繇と王羲之を併せて「鍾王」と呼んだ。西晋の尚書令衛瓘と尚書郎索靖は、共に草書に優れ、当時の人々は彼らを「一台二妙」と号した。東晋の王羲之は、「書聖」という名誉を獲得した。北朝の「魏碑」の字体は、結体扁方・構架緊密・方筆折角・骨力雄勁[108]という特徴を備え、書法史上において重要な地位を備えている。

　絵画の成果も注目すべきものがある。孫呉の曹不興は、仏像画に秀で、「仏画の祖」と呼ばれている。東晋の戴逵は、十数歳のときに瓦棺寺で絵を描いた。顧愷之は、絵画史上最も高い名声を得た人物であり、『晋書』文苑・顧愷之伝によると、彼には才絶・画絶・痴絶の三絶があったという。伝世の『女史箴図』は、中国画の逸品と称えられている（口絵 18）。また南朝の陸探微が描く人物肖像は、極めて真に迫っていたという。民間の伝説によると、張僧繇は、龍の画を描き、敢えて瞳を入れていなかったが、瞳を描くとその龍は飛び去ったという。

三　史学

　二十四史は、紀伝体の正史である。このうち西晋の陳寿の『三国志』、南朝宋の范曄の『後漢書』、沈約（宋斉梁の三朝に仕えた）の『宋書』、梁の蕭子顕の『南斉書』、北斉の魏収の『魏書』の五部は、いずれもこの時代に撰せられた。『後漢書』と『三国志』は、『史記』・『漢書』と併せて「前四史」と称されることで有名である。また南朝宋の裴松之は、『三国志』に注釈を付け、その記載の欠を補い、異説を備え、謬を糺し、論証を加え、原書の内容を大いに豊かにしたことで、史学の体裁の新機軸となった。

　出土文献は、史学の材料を豊かにしてくれる。西晋武帝の太康年間、汲郡（現在の河南省新郷県）で一座の古墓が盗掘された。武帝は、束晳・荀勗ら学者たちを集め、墓中から出土した竹簡を研究して注釈を付けさせ、『紀年』・『易経』・『易繇陰陽卦』・『卦下易経』・『公孫段』・『国語』・『穆天子伝』などの古代の著作 75 篇を整理した。このうち『紀年』（すなわち『竹書紀年』）と『穆天子伝』は、非常に高い史料的価値を備えている。

108　結体は文字の形、構架は構造、方筆は起筆や転折を角ばらせて力強く線を引く筆法。

専門史には、地方史・国別史・地理・宗教・人物伝記・雑記などが含まれる。晋の常璩の『華陽国志』は、我が国の西南地域の歴史・地理・人物の史志を記したものである。陸翽の『鄴中記』は、十六国時代の鄴城の状況を専門的に記したものである。東魏の楊衒之の『洛陽伽藍記』は、洛陽城の仏教寺院・宮殿・園林・官邸・政治・風俗・地理・伝聞などを記したもので、内容は極めて豊富である。北魏の崔鴻の『十六国春秋』は、北方の少数民族政権の興亡の歴史を記したものである。南朝梁の釈慧皎の『高僧伝』、僧祐の『弘明集』は、それぞれ仏教界の人物と思想を記したものである。晋の皇甫謐の『高士伝』・『帝王世紀』は、人物伝記の代表的著作である。北斉の顔之推の『顔氏家訓』は、極めて高い史料的価値を備えた雑記類の著作である。東晋の僧侶法顕は、天竺へ西行して経典を持ち帰り、『仏国記』を著した。この書には、当時の西域と南アジア地域の30以上の国家の交通・地理・歴史・文化が記録されており、これらの地域と国家を研究するための重要な文献となっている。

　南朝の劉義慶の『世説新語』は、魏晋期の人物の言説や逸事を主に記した筆記小説である。その言葉は簡潔で真に迫り、深い含蓄があり、魏晋の名士たちの清談や人物評価などの活動、性格の特徴や人生の探求、嗜好を生き生きと描写している。その内容は、後漢末から魏晋時代の政治・経済・社会・文学・思想などの多方面にわたり、この時代の歴史を研究するための重要な史料となっている。

　士族門閥制度の盛行により、家柄の調査が必要となったことから、譜学或いは譜牒学と呼ばれる新たな学問が誕生した。譜牒には、一家一姓一宗一族の歴史が記される。族譜は、幾度にもわたる戦乱の中で大きな災禍に見舞われたが、『隋書』経籍志の中にみられるものでもなお、104部の族譜が著録されている。そこには、皇室の族譜・士族の家譜・州を範囲とする族譜・郡或いはより狭い地望の名を冠する各種の族譜が含まれる。東晋の賈弼の一家は、五代にわたって『姓氏簿状』・『見客譜』・『姓氏要状』・『姓氏英賢』・『百家譜』などの譜牒を相次いで著した。この賈氏の譜牒学を継承するものとして、南斉の王倹は『姓氏簿状』を修補し、蕭梁の王僧孺は『百家譜』を改定し、また『十八州譜』・『百家譜集』・『東南譜集抄』などを相次いで撰し、王氏譜牒学を形成した。

　目録学と文字学もまた、大きな成果を挙げた。西晋の荀勗は、鄭黙の『中経簿』を基礎として『中経新簿』を編纂し、甲・乙・丙・丁の四部の分類法を採用した。また李充は、これを基礎として四部の分類を経・史・子・集に改め、史学の著作を部門として区別し、一目瞭然とした。南朝梁の阮孝緒は、『七録』を撰し、その中の「記伝録」は史学の目録である。晋の郭璞の『爾雅注』、南朝梁の顧野王の『玉篇』は、文字学の分野で重要な地位を備えている。

　この時代に、史学は経学の付属的な地位から完全に脱し、巍然と独立して大きな成果を

挙げた。また、国家の修史専門機構である「著作の局」[109]が創設され、修史専門の官、著作郎が設置された。

四　科学技術

　魏晋南北朝時代の科学技術の発明と創造は、天文・暦法・数学・医学・農学・地理学などの分野で際立つ成果を挙げた。

　東晋の虞喜は、『安天論』の中で初めて「歳差」の概念を提議した。これは、我が国の天文暦法史上における重大な発見である。また北斉の張子信は、「視差」の現象を発見した。これは、「歳差」に次ぐ古代天文学研究における偉大な成果である。暦法の計算は、曹魏の『景初暦』から南朝劉宋の『元嘉暦』、さらに祖沖之の『大明暦』、北周の『丙寅元暦』と、次第に精確なものとなっていった。

　劉徽の『九章算術注』は、現在様々な言語で翻訳され出版されている、世界数学史上の名著である。また祖沖之は、世界で初めて円周率を小数点第7桁までを計算した。

　建安年間の医学者である張仲景は、医学の大著『傷寒雑病論』を著した。西晋時代の医学者王叔和は、これを基礎として『傷寒論』と『金匱要略』を整理した。この書は、現在に至るまで中国医学の理論と臨床治療の指導における重要な典籍であり、世界でも特に日本や朝鮮、ベトナムなどのアジア諸国の医学界で高く評価されている。また、華佗の発明した麻沸散は、西洋医学における麻酔薬の使用よりも1600年以上早いものであった。王叔和の著した『脈経』は、6世紀に朝鮮と日本へ、11世紀から14世紀にかけてはアラブ世界へと伝わり、17世紀には英語・フランス語に翻訳されてヨーロッパで刊行された。

　東魏の賈思勰の『斉民要術』は、我が国の古代において時代を画する農学の名著である。この書には、当時の各種の農作物の生長の法則が全面的かつ詳細に描写されている。これは、我が国の農業科学の体系的理論が初めて示されたものであり、当時の農業発展の先進的な水準を反映するものである。

　西晋の裴秀は、この時代における傑出した地理学者であり、中国の伝統的地図学の基礎を定めた人物である。彼は「製図六体」の理論を創始し、また『禹貢地域図』18幅を描いた。これは、文字記録にみられる我が国最古の歴史地図集である。北魏の酈道元は、我が国の古代において最も名声の大きな地理学者である。彼の『水経注』は、我が国古代の地理学の名著であり、また優れた山水文学の名著でもある。

---

[109] 『晋書』巻24職官志より。修史専門の官である著作郎と「著作の局」は曹魏で初めて設置された。

第六章

隋唐時代

　隋朝は、581年に建国され、618年に滅亡し、3帝38年間続いた。唐朝は、618年に建国され、907年に滅亡し、20帝[1]290年間続いた。隋唐の都城は、共に長安（隋の時代は大興と呼ばれた）に置かれ、洛陽を東都（或いは東京と呼ばれた）とした。

　隋唐時代は、327年間にわたる。隋の文帝は、陳を滅ぼし、後漢末以来、西晋の短い統一を除く、400年の長きに及んだ分裂の局面を終息させ、統一的多民族国家を再建した。隋の前期と唐の前期では、統治階級が魏晋南北朝時代の歴史的教訓を積極的に総括し、制度を完成させ、吏治を整え、民生に関心を注ぎ、社会経済を発展させ、民族関係を調和し、開放的な心と広大な度量によって外来の文化を受け入れ、中国封建社会前期における最盛期に到達した。「貞観の治」と「開元の治」により、唐朝は政治が隆盛し、経済が繁栄し、絢爛たる文化が花開き、威勢が遠方まで伝わる強盛な大国となり、中国ないし世界の文明史上に壮麗な一章を綴った。唐の後期は、封建制度の根深い弊害が各種の社会矛盾を激化させ、安史の乱と藩鎮の割拠を転換点として、唐王朝は繁栄から衰退へと向かい、安定と統一の景色は動乱と分裂の局面へと変わっていった。ただし、各種の社会矛盾を解決するための新たな制度の雛型や新たな思想の萌芽もみられ、封建社会後期の発展のための道筋も開かれた。唐宋交替期には、中国封建社会の体制内に若干の社会変革が発生した。

第一節　隋の統一と滅亡

　隋朝を開いた楊堅は、もとは関隴集団の上層の人物であり、彼の娘は北周の宣帝の皇后である。北周末、楊堅は僅か8歳の静帝を補佐し、自らは大丞相となり、北周の大権を事実上掌握した。大象三年（581年）二月、楊堅は、静帝を廃位して自ら即位し、国号を立てて「隋」とし、「開皇」と改元した。これが隋の文帝（在位：581～604年）である。

　文帝は、厳粛な性格で、政事に勤しみ、倹約質素を尊び、浮華を好まなかった。即位の年、文帝は三省六部制の創設に着手し、また賦役を軽減する政策を採用した。その年の十

---

[1] 「武周」の「武則天」を計算に入れると、21帝となる。

月には、新律を公布施行し、刑罰を軽減した。開皇三年（583年）、文帝は成丁の年齢を引き上げ、徭役を年30日から20日に減らし、徴収する調絹の額も半減させた。開皇五年には、「大索貌閲」と「輸籍法」[2]を広く遂行した。すなわち戸口の検査、賦役の定額化を通じ、隠匿され戸籍から漏れている大量の戸口を調査し、豪強の手中からこれを国家に取り戻したのである。また、引き続き均田制を実施し、自作農の数を増やした。これによって農業生産は回復し、さらに発展し、政府の経済力は大幅に増強された。政治面では、九品中正制と地方長官が自ら僚佐を選任する制度を廃止し、大小の官吏はみな吏部が選抜して任用することとした。また「天下の郡を罷め」、州・県2級の編制を実施した。

　隋朝は、陳朝と長江を隔てて対峙していた。文帝は即位以来、陳を滅ぼして全国を統一する準備を積極的に進めた。数年の準備期間を経て、開皇八年三月、文帝は遂に陳を討つ詔を下し、50万余りの兵力をもって、西は現在の重慶市奉節県から、東は現在の江蘇省揚州市に至るまで、陳朝に向けて全面的な進攻作戦を開始した。このとき陳の後主（陳叔宝）は、「長江の天塹」[3]を盲信し、芸妓や飲酒、賦詩に溺れていた。開皇九年（589年）正月、隋の将韓擒虎と賀若弼が率いる軍は、相次いで建康（現在の江蘇省南京市）に攻め入り、陳叔宝を生け捕りにし、陳朝は滅亡した。こうして、全国は再び統一に帰したのである。

　隋朝の統一は、魏晋南北朝時代における民族の大融合と、南北経済が共に発展した基礎の上に打ち立てられたものであり、統一の度合いはさらに高く、さらに堅固となり、唐代の経済と文化が繁栄するための条件を創造した。

　文帝はその後も、引き続き府兵制度を改革し、徭役を軽減したため、社会経済に繁栄の様相がみられるようになった。開皇十二年には、隋朝の府庫は各地から徴発した絹帛を収蔵しきれなくなり、やむなく別に「左蔵院」を建ててこれを貯蔵した。また、それぞれの大倉城に収蔵された米粟は、多いもので千万石、少ないものでも数百万石に及んだ。倉庫内の穀物や絹帛は、唐朝初年に至ってもなお使い切ることができなかったといい、それがいかに大量であったかが分かる。

　文帝の統治の後期は、刑罰が日に日に厳しく苛酷になり、1銭以上を窃盗した者は死罪に処すと規定され、また法律外の「決杖」（木の棒で打つ）の官吏の先例も開かれた。文帝自身の性格は、「猜忌苛察」であり、功臣は往々にして命を保つことができず、官吏は誰もが危うかった。さらには、晋王楊広と太子楊勇が位を争って宮廷闘争を繰り広げたため、統治階級内部の対立はさらに深まった。

2　大索貌閲は、民を集めて年齢や疾病障害の状況を査閲した戸籍調査。輸籍法は、戸の等級と納税額を規定したもので、その年の各戸の等級と納税額を確定するため、毎年各家の調査が行われた。
3　天塹は、敵を防ぐための天然の堀のこと。陳の後主は長江という天然の堀を過信したのである。

楊広は、文帝の次子であり、太子の位を争うため、虚偽によって母である独孤皇后の歓心を買い、また宰相楊素の支持を勝ち取った。その結果、開皇二十年に楊勇は廃位され、楊広が太子となった。その4年後、楊広は病中の文帝を殺害して皇帝に即位し、翌年に「大業」と改元した。これが隋の煬帝（在位：605～618年）である。

　煬帝は、才学の高さを自任し、他人の諫めを聴かず、また国家の豊かさをたのみ、驕奢淫逸を繰り広げ、民力を濫用した。大業元年（605年）三月、煬帝は東京（洛陽）の宮室の造営を開始し、役丁200万人を徴発した。その後、大業六年には相次いで300万人の丁を徴発し、運河を建設した。大業三年には、丁100万人を徴発して長城を修築している。煬帝はまた、毎年遠方まで巡遊に出かけ、南は江都（現在の揚州市）、北は楡林（現在の内モンゴル自治区トクト県西南）、東北は涿郡、西は張掖まで至ったが、数十万の随行者が山谷中で暴風雪に遭遇し、その大半が凍死したこともあった。後には、3度の高句麗遠征を実施し、隋朝の滅亡を加速させた。

　高句麗の統治者は、隋の文帝から高麗王に封ぜられ、遣使朝貢していた。煬帝は即位すると、高麗王が自身の入朝を肯（がえ）んじないことから、大業七年に令を下して高句麗進攻の準備を進めさせ、官吏に命じて東莱（現在の山東省掖県）の海港で戦船の建造を監督させた。工匠たちは日夜、水の中での作業を余儀なくされ、みな腰より下に蛆がわき、死者は10分の3から4の多きに達したという。この対高句麗戦争の準備は、国内の矛盾を激化させた。同年、山東の王薄は、長白山（現在の山東省章丘県の境）で蜂起の竿を掲げ、「知世郎」と自称し、『無向遼東浪死（遼東に向かいて浪死すること無かれ）』という歌を作り、遼東に送られて無駄死にする必要はないと民衆に呼びかけた。王薄の起義は、隋末の農民大起義の幕を切って落とすものであった。

　大業八年、煬帝は100万人余りの兵を派遣し、第1次高句麗進攻を行ったが、大敗して帰還した。九年には、自らも出征して再び高句麗に進攻したが、図らずも楊素の子である楊玄感が黎陽（現在の河南省浚県東南）で挙兵して隋に叛いたため、煬帝は慌てて軍を撤退させた。楊玄感を平定した後、煬帝は、楊玄感が一声呼びかけるとすぐさま10万人が呼応したことから、天下の人間が多いとろくなことがなく、「尽く誅を加えざれば、以て後を懲らすこと無し」[4]と考え、遂に3万人余りを殺戮した。大業十年、煬帝は3度目の高句麗進攻を実施した。しかしこの頃には、隋に反抗する武装勢力が全国各地に遍く及んでおり、煬帝は戦争を継続する力がなくなったため、高句麗と和議を結んで兵を収めるしか

---

4 『資治通鑑』巻182・煬帝大業九年八月の条より。原文は「玄感一呼而従者十萬、益知天下人不欲多、多即相聚為盗耳。不盡加誅、無以懲後」で、「天下の人間が多いとろくなことがない」の後に「大勢集まって盗賊となるだけではないか」の一文が入り、「彼らをことごとく誅殺しなければ、後世に対する懲らしめにならない」と続く。

なかった。

　王薄の後、農民蜂起が全国を席巻し、次第に3つの強大な武装勢力が形成された。すなわち、李密の瓦崗軍、竇建徳の河北義軍、杜伏威・輔公祏の江淮義軍である。これらと同時に、各地の軍閥や豪族も次々と反乱を起こした。兵力が比較的大きいものとして、梁師都・劉武周・薛挙・蕭銑・李軌・李淵の勢力があった。

　大業十二年、煬帝は自らの意思を押し通し、再び江都に赴いた。大業十三年五月、李淵は太原で兵を挙げ、隋軍の主力が瓦崗軍によって東方に引き付けられている機に乗じ、十一月に長安を攻略し、煬帝の孫の楊侑を擁立して傀儡の皇帝（後に恭帝と諡された）とした。その翌年（618年）三月、江都で兵乱が発生し、煬帝は殺害された。五月、恭帝は李淵に位を譲り、隋朝は滅亡した。

　煬帝は、その統治期間に、四方を巡遊した。これは、辺境の安定に一定の積極的な意義があった。また、大運河を建設し、南北の物資の流通と東南地域の支配に利をもたらした。さらには、進士科を新設し、婦人や奴婢に対する賦課を免除したことも、後世に大きな影響をもたらした。しかし、彼の人となりは、虚偽をなして外貌を飾りたて、独断で事をなし、その生活は奢侈淫逸、施政は民力を顧みず、ひたすら大きな事業をしたがり、兵力を濫用して武を汚し、人命を軽視し、みだりに無辜の者を殺した。そのため、国力は急激に消散し、民衆の苦難は深刻となった。このように、煬帝は、「南山の竹を罄くせども、罪を書すこと窮まりなく、東海の波を決すれども、悪を流すこと尽くし難し」[5]と評される、中国古代史上有名な暴君の一人であった。

第二節　唐代前期の繁栄

　唐朝を開いた李淵もまた、関隴貴族集団の出身であり、隋の中央と地方の高官を担った。後に煬帝の命を奉じて太原に鎮守したが、617年に兵を挙げて隋に叛き、長安を占領した。618年、李淵は長安で帝を称し、国号を「唐」とし、「武徳」と建元した。これが唐の高祖である。このとき全国各地には大小10余りの政権が並び立っていた。李淵父子は、まず西を討ってから東に軍を進め、北に戦い南を征し、薛挙・薛仁杲の「秦」、李密の「魏」、竇建徳の「夏」、王世充の「鄭」などを相次いで平定し、或いは鎮圧し、武徳四年（621年）に全国をほぼ統一した。

　唐の高祖は、その在位期間において、隋の苛政を廃し、律令を定め、官制を制定し、学校を設置し、十二軍を組織して府兵を統領させ、均田制と租庸調法を発布し、「開元通宝」

---

5 『資治通鑑』巻183の李密の煬帝に対する檄文より。南山の竹を使い尽くしたとしても、煬帝の罪を書き尽くすことはできない。東海の波が溢れたとしても、その罪を流し尽くすことは難しい、という意。

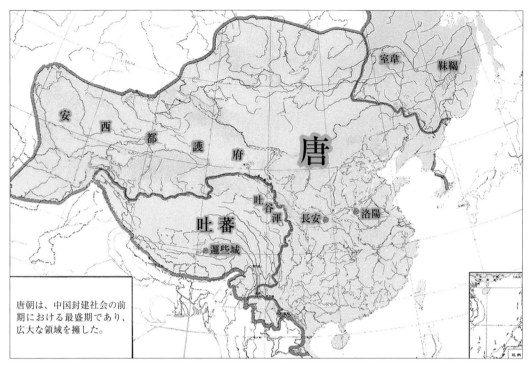

図 6-1　唐代全図（669 年頃）
(譚其驤主編『簡明中国歴史地図集』中国地図出版社、1991 年版、39 - 40 頁より)

銭を発行した。このようにして各項の制度を基本的に完成させ、唐王朝が将来発展してゆく基礎を定めたのである（図 6-1）。

一　唐の太宗と「貞観の治」

　武徳九年六月、高祖の次男の秦王李世民は、玄武門に伏兵を置き、軍事クーデターを起こし、太子の李建成と弟の斉王李元吉を射殺した。高祖は、李世民から彼を太子に立てるよう迫られ、ただちに皇位を譲り、自身は太上皇と称した。歴史上、「玄武門の変」と呼ばれる事件である。翌年、李世民は「貞観」と改元した。これが唐の太宗（在位：627〜649 年）である（図 6-2）。

　太宗は、歴史の経験をよく学んで取り入れ、開明的な思想と遠大な政治的見識を備えた、中国古代の帝王であった。即位の後、彼は歴代王朝の盛衰の教訓や、治国の方針・政策について、常に大臣たちと討議を行った。彼は、皇帝が暴虐無道であると危険な状況に陥ることに思い至り、「天子は、道有れば則ち人推して主と為し、道無ければ則ち人棄てて用いず、誠に畏るべしなり」[6]と言った。彼はまた、歴代の民本思想を継承し、重要な統治の

6　『貞観政要』巻 1・政体第二より。

図6-2 唐太宗像
（南薫殿蔵歴代帝王像より）

経験、即ち「君たる道は、必ず須らく先ず百姓を存すべし」[7]という総括を提起した。また、国家の政事はできる限り群臣に委ねて処理させるべきであり、皇帝が独断するべきではないと考えた。さらには、国家の長期にわたる太平と安定のため、平穏なときにあっても災難を予想して備え、終わりを全うするため、まるで事業の初めのように慎重に務めた。大臣の虞世南が『聖徳論』を献じて功徳を讃えると、太宗は言った。そちは私を高く持ち上げているが、私はこれには当たらない。そちは「始まり」を見ただけで、「終わり」を見ていない。私がこのまま最後まで慎んだならば、そちの文章は後世に伝わるが、さもなければ、そちは後世に嘲笑を受けることになるだろう、と。

　即位の初めに、太宗は「奢を去りて費を省き、徭を軽くして賦を薄くし、廉吏を選用し、民をして衣食に余り有らしむ」[8]という政策を実施し、中央の文武の官吏を643人まで削減した。彼は、立法と守法を重視し、断獄は必ず律文に依拠するよう求めた。また「諫を納る」ことに意を注ぎ、自ら主体的に「諫を求」め、臣下には「上を諫」すると共に「諫を受」けることを要求し、大臣たちには「(朕)恒に公等に情を尽くして諫を極むることを欲す。公等も亦た須らく人の諫語を受くべし。豈に人の言の己の意に同じからざるを以て、便即ち短を護って納れざるを得んや。若し諫を受くること能わざれば、安んぞ能く人を諫めんや」[9]と言った。太宗は、「諫諍を以て己の任と為す」[10]魏徴を非常によく信頼し、彼が死去したときには、愛憐の情をおこして「人の銅を以て鏡と為さば、以て衣冠を正すべし。古を以て鏡と為さば、以て興替を見るべし。人を以て鏡と為さば、以て得失を知るべし。魏徴没して、朕、一鏡を亡えり」[11]と嘆いたという。太宗は、人を用いるに当たり、地域や出身を問わず、人をよく見て任用することに巧みで、房玄齢・杜如晦・李靖・李勣ら傑出した将相を選抜して用いたため、政治の安

---

7 『貞観政要』巻1・君道第一より。存は、ねぎらう、いたわるの意。
8 『資治通鑑』巻192・高祖武徳九年十一月より。
9 『貞観政要』巻2・求諫第四より。
10 諫諍は、君主の過失を諫めること。
11 『資治通鑑』巻196・太宗貞観十七年正月より。

定と諸々の政策の施行が保証された。少数民族に対しては、相対的に平等な態度を取り、「古え自り皆な中華を貴び、夷狄を賤しむ。朕独り之を愛すること一の如し」[12] と語り、北辺の各族から共同で「天可汗」に尊奉された。

　唐初、特に貞観年間の統治を経て、唐朝は強盛な封建国家となった。その広大な版図は、東は海に極まり、西は葱嶺（パミール高原）を越え、北は大漠（ゴビ砂漠）を越え、南は林邑に至り、東西9500里余り、南北10900里余に達した。人口も増加し、経済も初歩的な繁栄をみた。これに加えて多くの年で豊作となり、物価は低下し、風俗は素朴で、人々の生活は安定した。経済が回復し、政治・社会が比較的安定したこの時代は、史書では「貞観の治」と称えられている。

　ただし太宗は、その統治の後期には次第に驕り高ぶるようになり、民衆を労役に徴発することが増え、貞観十九年（645年）には対高句麗戦争を発動した。また、太子の地位が不安定であるという問題も依然として存在した。貞観十七年には、太子の李承乾が廃位され、その位を求めて謀り事をめぐらせていた魏王の李泰も幽閉されたため、晋王の李治が太子に立てられた。貞観二十三年、53歳の太宗は長安で病死した。

二　女性皇帝武則天

　晋王は、太宗の第九子であり、即位の翌年に「永徽」と改元した。これが唐の高宗（在位：650〜683年）である。高宗は、士族出身の王氏を皇后に立てた。武則天は、帝を称した後の名を「曌」[13] といい、士族の出身ではなかった。彼女は14歳で太宗の後宮に入り、太宗の死後に剃髪して尼となったが、永徽初年に高宗に召されて宮中に入り、高宗の寵愛と信任を得た。永徽六年（655年）、高宗は長孫無忌や褚遂良ら大臣たちの反対を顧みず、李勣や許敬宗らの支持のもと、王皇后を廃位して武則天を皇后に立てた。この争いは、政権内における士族集団の優勢を打ち破り、その勢力を弱めるという意義を持っていた。

　高宗は、軟弱な性格でまた病弱であったが、武則天は聡明かつ鋭敏で、文史に通じ、的確に事を処理することができた。このため、武則天は、顕慶五年（660年）前後から政事に参与し始めた。麟徳初年（664年）に至ると、武則天は完全に権力を掌握し、高宗と共に臣下から「二聖」と呼ばれた。このときから退位するまで、彼女による天下の統治は半世紀の長きにわたる。

　弘道元年（683年）、高宗が病死し、中宗李顕が即位すると、武則天は皇太后の名目で臨朝称制[14] し、ただちに中宗を廃位して廬陵王とし、その弟の李旦を立てた。この後の数年間に、揚州の徐敬業・宗室の越王李貞・琅邪王李沖らが相次いで挙兵したが、いずれも

12　『資治通鑑』巻198・唐太宗貞観二十一年五月条より。
13　「武則天」は「姓」に「尊号」を加えたものであり、姓名ではない。帝を称する以前の彼女の名は不明である。

武則天が派遣した兵によって平定された。反乱が迅速に平定された重要な原因として、反乱が発生した後も、「海内晏然とし、繊塵動かず」[15]という状況であり、民衆の支持を得られなかったことが挙げられる。

　宗室の反乱は、武則天による唐の宗室や大臣に対する粛清を招き、彼女が帝を称するための道を整えることにつながった。690年、武則天は正式に「唐」を改めて「周」とし、年号を「天授」とし、自ら大周の「聖神皇帝」と称した。帝を称した後、彼女は朝廷内外からの圧力により、李顕を追放から戻し、太子に立てることを余儀なくされた。帝を称してから15年後の神龍元年（705年）、宰相の張柬之らが禁軍の将領と連合し、宮廷クーデターを起こし、武則天に李顕への譲位を迫った。同年末、81歳の武則天は洛陽で病死した。彼女は、死去する前に詔を下して自らの帝号を取り去り、皇后の称に戻していた。

　武則天は皇后時代に、農桑の奨励と賦役の減免、功費力役の削減、息兵、才能はあるものの位が低い官吏の昇進、広く進言の道を開くことなどを含む、十二条の施政の意見を提出した。またその統治期間には、令を下して王公以下が養う奴婢の数を制限し、徭役と戸籍制度を改革し、逃亡した農民を許して一定の条件のもとで戸籍に付けた。これらの政策は、経済の発展を促進し、国家が支配する人口は、貞観末永徽初の380万戸から650万戸まで増加した。

　武則天は、臣下を巧みに統御する能力を備えていた。彼女は自身の勢力を強めるため、士人の自薦を奨励し、また殿試を開き、「試官」を設け、大量の官吏を特別に選任し、昇進させた。任用の過多、急速な昇進という弊害はあったが、職に不適格な者が見つかると、ただちに降格された。彼女は鋭い眼力で人の性質を見分け、洞察して的確な判断を下し、賞罰を明らかにし、才幹ある官吏を育成した。唐休璟や狄仁杰、及び開元の名臣である姚崇や宋璟らは、みな武則天が見出し、抜擢した者である。こうして、非士族階層が広く政治に参加したことで、統治階級の政治的基盤が拡大し、士族勢力が抑制され、政権の強化と発展に一定の効果をもたらしたのである。

　武則天の統治期間には、亀茲・于闐・疏勒・砕葉の四鎮が再び設置され、西方の辺境防衛が強化された。また北辺では、突厥の侵攻を防ぎ止め、東北では契丹の反乱を平定した。これらの措置は、統一的多民族国家の強化と発展に一定の貢献をもたらした。

　武則天の統治における暗黒部分の最たるものは、密告の奨励と酷吏の任用である。彼女は、朝堂に銅匭(どうき)[16]を設置し、密告の文書を受け付けた。密告内容が真実を欠いていても罪

14　皇帝が崩御し、新たな皇帝が幼少である場合に、皇后や皇太后が実権を握り政治を代行すること。垂簾聴政ともいう。
15　（唐）陳子昂『陳拾遺集』巻9・諫用刑書より。国内は安らかで落ち着いており、小さな埃も動くことがない、という意。世の中に心配事のないたとえ。
16　銅製の小箱。

とはならなかったため、朝廷内外で密告が流行した。また、索元礼・来俊臣・周興ら酷吏を重用し、大臣に対して恣意的に罪状をでっち上げ、厳刑によって自白を迫った結果、唐の宗室数百人、文武大臣数百家が相次いで誅殺された。武則天が帝を称し、政権が比較的安定すると、この種の恐怖政治はひと段落を告げた。

三　唐の玄宗と開元の繁栄

　中宗李顕の復位後、朝政は韋皇后・安楽公主・武三思らによって操作された。彼女らは、官を売って爵位を鬻ぎ、賄賂が公然と行われ、日夜宴游を開き、度を超えて淫逸にふけった。景龍元年（707年）、韋后の実子ではない太子の李重俊が政変を起こし、武三思らを殺害し、さらに韋后を排除しようとしたが、未遂に終わった。景龍四年、韋后は、安楽公主と共に中宗を毒殺し、温王の李重茂を小皇帝に立て、自身は臨朝称制し、さらには武則天に習って唐に代わり帝を称しようと考えた。このとき、中宗の弟の李旦は相王であり、最高権力の外に排斥され、その地位は危うかった。このような情勢のもと、相王の三男の李隆基は、相王の妹である太平公主と共謀して政変を起こし、韋后と安楽公主及びその一党を殺害し、李重茂を廃位し、李旦を擁立して即位させ、「景雲」と改元した。これが睿宗である[17]。睿宗は、李隆基を太子とした。

　睿宗は、やや愚昧で、朝政は依然として腐敗していた。睿宗擁立の功により、太平公主の勢力は非常に大きく、7人の宰相のうち5人は彼女によってその地位を得、文武の大臣も過半数が彼女に従属していた。こうして、太平公主と太子李隆基との間の対立は先鋭化していった。景雲三年（712年）、睿宗は位を太子に譲り、李隆基が帝位に即いた。これが玄宗である[18]。先天二年（713年）、玄宗は真っ先に手を下し、太平公主のグループを一挙に滅ぼし、「開元」と改元した。武則天以来の皇后・公主が政事に関与する局面は、ここに至って終結し、中宗の即位以来8年にわたる混乱した政局も安定した。

　唐の玄宗の在位45年間は、おおむね唐王朝の最盛期とみなされている。

　開元年間（713〜741年）、玄宗は政治に精励し、姚崇や宋璟ら吏治を熟知し、才能に富んだ宰相を相次いで任用し、良吏を選抜し、制度を制定し、令を下して贅沢を排して簡に従い、租税の平等な取り立てに意を注いだ。また、社会発展の新たな情況に直面し、玄宗は的確に改革を進めた。逃亡した編戸（客戸）に対する制限を緩め、新たな兵役制度を施行し、中央権力を強化すると同時に、大きな行政区には権限を開放し、貢挙を掌る官吏の等級を昇格させ、「循資格」[19]を用いて官僚組織を安定させ、全面的に法律を修訂し、「常

17　睿宗李旦は、帝位に2度ついている。1度目は684〜690年であるが、その期間は太后の武則天が臨朝称制したため、睿宗には政治の権限がなかった。2度目は710〜712年である。
18　玄宗は、712〜756年に皇帝として在位し、756〜762年は太上皇であった。

平倉本」を設けて貧富を調整し、「勧農社」を立てて農事を促進した。

　これらの政策により、唐朝は社会が安定し、経済が発展し、国力が昌盛し、文化が燦然と輝く強大な王朝となり、魅了された周辺の政権はこれに学び、これと交流した。開元年間の末に至ると、国家は人口が多く富み栄え、物価は安く、社会秩序は良好で、旅行者は千里にわたり絶えなかったという。杜甫は『憶昔』の詩の中で、「憶う昔　開元全盛の日、小邑猶お蔵す　万家の室。稲米は脂を流し　粟米は白く、公私の倉廩　俱に豊実たり」[20]と、この時代を称賛した。

　しかし、天宝時代（742～756年）に至ると、玄宗は次第に奢侈の欲を追求し、政事に倦むようになった。天宝四載（745年）[21]、楊貴妃を冊立すると、玄宗は声色に耽溺した。このときは、宰相の李林甫が専権を握っていた。李林甫は、吏事に通暁していたが、「口に蜜あり腹に剣あり」[22]という人物で、政敵に打撃を与えることに余力を惜しまなかった。天宝元年には、辺境地域に十節度使を設置した。節度使の多くは胡人が担い、次第に巨大な軍閥勢力が形成されていった。

　政治は腐敗し、社会の風潮は日に日に奢靡となっていったが、天宝年間の経済はなお発展していった。天宝十二載には、長安から西に向かうこと一万里余りの地でも、人戸が相望み、桑や麻が野原一面に生えていたという。天宝十四載には、全国の戸口の統計は900万戸余り、5200万口余りとなり、唐朝の戸口統計の最盛に到達した。

第三節　唐代後期の衰亡

一　安史の乱と藩鎮の割拠

　玄宗の統治の後期には、辺境の軍事力が膨張し、大軍区を担う長官である「節度使」が、軍事の他に民事も管轄するようになり、また辺将としての任が久しく、軍閥として強大な権力を握るという情勢が形成された。その中でも最大の軍閥が安禄山であった。

　安史の乱の首領である安禄山と史思明は、共に営州柳城（現在の遼寧省朝陽県）の混血胡人であり[23]、勇猛で狡猾であった。安禄山は、軍功を重ねて平盧節度使（治所は営州）に昇進し、楊貴妃と李林甫に財貨を賄賂として送り、玄宗の深い寵愛と信頼を獲得した。後に、范陽（治所は幽州）・河東（治所は太原）の節度使も兼任し、その兵は天下に雄と

19　資格を勘案して級ごとに年を限って昇進させてゆく官吏昇遷の方法であり、開元十八年（730年）に吏部尚書の裴光庭によって制定された。
20　思い起こせばその昔、開元全盛の日には、小さな村でも家々に豊かな蓄えがあった。稲米は脂を流したように潤い、粟米は白く、公私の穀倉は共に満ちていた。
21　玄宗は、天宝三年に「年」を「載」に改めている。
22　口先では相手に心地よい言葉をかけながら、心の中には悪意が満ちていること。
23　或いは、もともと中央アジアに居住していたソグド人とされている。

なり、朝廷の意を軽んずるようになった。天宝十一載（752年）に李林甫が死去すると、宰相となった楊国忠は安禄山と不和となり、その反逆の意思を刺激した。こうして天宝十四載十一月、安禄山は、詔をうけて楊国忠を討つことを名目とし、15万の兵を率いて范陽で叛いた。

　天下は長らく太平であったため、中原の唐軍は弱く、戦いに絶えなかった。十二月、6万もの唐軍が一戦にして敗れ、反乱軍は洛陽を攻略し、唐軍は撤退して潼関を守った。朔方節度使の郭子儀は、衆を率いて軍を進め、河北で反乱軍を討った。十五載、安禄山は大燕皇帝を自称した。その六月、唐軍は潼関で敗れ、反乱軍は長安を攻略した。玄宗は四川に向けて出奔したが、馬嵬坡で随行の兵士が反乱を起こし、楊国忠を殺害し、楊貴妃を死に処するよう皇帝に迫った。太子の李亨は、兵を分けた後に北上して霊武（現在の寧夏回族自治区霊武市）で即位し、「至徳」と改元した。これが粛宗である。この李亨の即位は、勝手になされたものであるという疑いもあるが、人心を安定させ、反乱平定の指揮を統一するために積極的な効果があった。

　粛宗は、急いで郭子儀の軍を霊武に戻した。至徳二年（757年）、安禄山の子の安慶緒が、父を殺害して自ら即位した。九月、郭子儀の大軍が長安を奪回し、十月には洛陽も取り戻した。このとき、史思明は范陽で唐に降り、安慶緒が相州（現在の河南省安陽市）を固守するのみとなった。しかし乾元二年（759年）、史思明は再び叛いて安慶緒のもとに援軍を馳せ、唐の九節度使の大軍と安陽で決戦が繰り広げられた。その結果、唐軍は壊滅し、一方の史思明は安慶緒を殺害した。上元二年（761年）、史思明は洛陽で再び唐軍を破り、勝ちに乗じて西進し、関に入ろうとしたが、子の史朝義に殺された。

　宝応元年（762年）、玄宗と粛宗が相次いで病死し、太子の李豫が即位した。これが代宗（在位：762～779年）である。十月、唐軍は回紇（ウイグル）軍の協力のもと、洛陽を奪還した。広徳元年（763年）、大軍が范陽を目指して進んでゆくと、反乱軍の将領たちは次々と投降し、史朝義は自殺した。こうして、安史の乱は終息した。

　7年余り続いた安史の乱は、民衆に大きな災禍をもたらし、社会経済は大きく破壊された。また、政治面における直接的な悪しき結果として、唐後期に150年間継続する藩鎮割拠の局面が形成されたのである。

　唐王朝は、安史の乱の残党が投降してもその兵権を回収する力がなく、彼らをそのまま現地の節度使に任命した。このうち、李宝臣の成徳鎮（治所は現在の河北省正定県）・李懐仙の幽州鎮（治所は現在の北京市城区西南）・田承嗣の魏博鎮（治所は河北省大名県）は、「河北三鎮」と総称され、最も跋扈した藩鎮であった。彼らは、名目上は唐王朝を尊奉したが、事実上は「既に其の土地有り、又た其の人民有り、又た其の甲兵有り、又た其の財賦有り」[24]という状態で、父が死去すると子がこれに代わり、唐が滅亡するまで長期にわ

たって地方に割拠した。

　安史の乱の後、内地にも藩鎮が遍く設置された。河北の他、比較的割拠性の強い中原の藩鎮として、淄青（治所は現在の山東省東平県西北）・淮西（治所は現在の河南省汝南県）・昭義（治所は現在の山西省長治市）などがある。南方の藩鎮は軍が少なく、節度使も多くが文臣であり、基本的には朝廷に忠実であった。

　唐の朝廷と、唐に叛いた藩鎮との間には、幾度も大きな戦争が勃発した。

　徳宗李适（在位：780〜805年）は、即位の初めに制度を整備し、両税法を施行した。また、藩鎮が子孫に土地を継承させることを許さず、成徳・魏博・淄青三鎮の反乱を招いた。この反乱を平定する過程で、幽州と淮西が相次いで叛き、それぞれ王や帝を称した。さらに、反乱の平定に向かっていた涇原の軍も兵変を起こし、長安を占領し、幽州節度使朱滔の兄朱泚を帝に擁立したため、徳宗は奉天（現在の陝西省乾県）へ出奔した。徳宗は、兵変が収束した後も反乱の危難に脅え、藩鎮に対してその場しのぎの態度を取るようになり、河北三鎮の世襲の特権を認め、現状を維持した。この削藩戦争の失敗により、その後の中央と藩鎮、藩鎮同士の強弱の地位、及び各藩鎮の間の錯綜した相互関係がおおよそ定まった。

　憲宗李純（在位：806〜820年）は、剛明果断で、人を用いることに迷いなく、法度をもって藩鎮に制裁を加えることを決心した。まず魏博を帰順させ、ついで4年にわたる苦戦の末に淮西を平定し、強藩たちを動揺させた。その後、成徳が臣服し、幽州も忠誠を尽くした。憲宗の末年には、諸道の兵を集めて淄青を撃破した。ここに至り、跋扈していた河北三鎮及び淮西・淄青はみな朝廷の抑制を受け、全国はしばらく統一に帰した。しかし憲宗が死去すると、穆宗李恒（在位：821〜824年）は凡庸で、宰相は目先がきかず、河北三鎮が再び割拠したが、朝廷は彼らに対して兵を用いることはなかった。武宗李炎（在位：841〜846年）の時代には、「心腹の地」に位置する昭義が反乱を起こし、断固として平定された。これが、唐の朝廷が藩鎮の反乱に対して兵を用いた最後となった。

　藩鎮の割拠は、唐王朝の政令の統一を破壊したが、藩鎮同士も互いに制約し合ったため、唐王朝の統治は持ちこたえることができた。しかし、唐末に非常に強力な藩鎮が出現すると、この均勢は打ち破られ、兵力によって群藩が抑圧され、最終的には唐朝を滅亡に導いた。

二　朋党の争いと宦官の専権

　安史の乱の後、君主権は弱体化し、宰相の権限も専権的なものではなくなった。こうし

24　『新唐書』巻50・兵志より。甲兵は、武装した兵士のこと。河北三鎮が、その土地・人民・軍・財政を掌握したことを意味する。

て、朝官内部では権力の争奪が発生し、それぞれ朋党を結成し、己と異なるものを排斥するようになった。憲宗の在位期間には、すでに朝官が結党する傾向が注目され、朋党の問題について何度も宰相と討論が行われている。憲宗期以降、朝政に40年余り影響を与えることとなる、いわゆる「牛李の党争」が発生した。

　牛僧孺と李宗閔は、牛党の首領であり、李徳裕と鄭覃は、李党の首領である。両党は、おおよそ志向が合い、政見が近い官吏たちで結成された。両者は、科挙の置廃や藩鎮政策において意見や施策を異にし、優劣を分けることもできる。しかし総体的には、この党争は主に人によって線引きされ、一進一退があり、互いに排斥し合うものであった。

　穆宗の時代、浙西観察使の李徳裕は、本来であれば中央に入って宰相となるべきであったが、8年間異動がなく、一方で牛党の牛僧孺が宰相となった。こうして、李・牛の積怨は深さを増した。文宗李昂（在位：827～840年）の時代、牛李両党の争いは日に日に激化し、朝議では口論が絶えず、また官吏の進退は党を是とするのみで、皇帝もお手上げとなり、文宗は「河北の賊を去るは易し、朝廷の朋党を去るは難し」と嘆いたという[25]。武宗が即位すると、李徳裕が宰相となり、牛僧孺と李宗閔は外地に左遷された。施政の経験が豊富な李徳裕は、反乱を起こした昭義鎮に強硬的な態度を取り、武宗が良好な政治情勢を得られるよう補佐した。武宗が死去し、宣宗李忱（在位：847～859年）が即位すると、牛党が勢いを得、李徳裕は崖州（現在の海南島瓊山区東南）に左遷された。その後、牛李両党の首領が相次いで病死したため、「牛李の党争」はようやく終息した。

　唐代後期の政治的腐敗を導いたさらに大きな問題は、宦官の専権である。その基礎と危機は、共に宦官が兵権を掌握したことにあった。

　唐初は、宦官を用いることに一定の制限があったが、玄宗期に至ると宦官の権力は明確に拡大した。安史の乱の勃発後、粛宗は宦官の李輔国に禁軍を掌握させた。代宗期には、神策軍が中央の禁軍となった。徳宗は朝官を信任せず、左右の護軍中尉を設置し、宦官にこれを担当させ、神策軍を統率させた。これより、宦官が神策軍を統領することが固定の制度となり、唐が滅亡するまで続いた。神策軍の地位は、他の禁軍の上に位置し、優れた装備を持ち、15万人もの兵を擁したため、神策軍を押さえることは中央の軍事力を統制することと同じであった。朝廷はまた、宦官を監軍使とし、各藩鎮に駐屯して直接中央と連絡させ、中央の耳目とし、また地方を統制する手段とした。朝廷はさらに、宦官を充当する左右の枢密使を設置し、皇帝に代わって政務を裁決させた。両枢密使と両中尉は、「四貴」と呼ばれ、軍政の大権を掌握し、政府の事実上の統治者となった。順宗（李誦、在位：805年）以降、唐の滅亡に至るまで、敬宗（李湛、在位：825～826年）を除く8人の皇

---

25 『資治通鑑』巻245・文宗大和八年十一月より。河北の反乱を鎮めることはたやすいが、朝廷内の派閥争いをやめさせることは難しい、という意。

帝はみな宦官によって擁立され、2人（憲宗・敬宗）は宦官の手によって殺害され、1人（昭宗李曄、在位：889～904年）は宦官によって囚禁された。

　跋扈する宦官は、皇帝を脅迫し、宰相を蔑視し、士人を虐げ、朝野に横行したため、朝官との間に衝突が発生するのは必然の結果であった。宦官の官衙は宮城の北にあり、朝官の衙門[26]は皇城の南にあった。このため、朝官と宦官の争いは、「南衙北司の争い」と呼ばれた。皇帝の支持のもと、朝官は宦官と2度の大きな争いを繰り広げた。

　1度目は、順宗の時代である。順宗は、王叔文と王伾を任用し、柳宗元・劉禹錫ら有識の朝官を選任し、宦官が「宮市」[27]を掌握することを廃止し、宦官から神策軍を指揮する権力を奪おうと試みたが、宦官の猛烈な抵抗に遭った。大宦官の倶文珍らの密謀により、順宗は廃位されて憲宗が立てられ、王叔文・柳宗元らは或いは死を賜わり、或いは遠州の司馬に左遷された。この争いは、「二王八司馬」事件或いは「永貞（順宗の年号）革新」と呼ばれている。

　2度目は、文宗の時代である。文宗は、李訓と鄭注を起用し、宦官を殲滅する計画を企てた。大和九年（835年）十一月、李訓は人をやって金吾庁の裏庭にあるザクロの樹の上に「甘露」が降ったとでたらめを言わせ、神策軍中尉の仇士良らが宦官を率いて調べに行ったところを、ときを見計らって皆殺しにしようと考えた。しかし、仇士良は途中で異変を覚り、文宗を挟持して急遽内宮に入り、すぐさま神策兵を派遣して李訓・鄭注及び宰相たちを捕らえて殺害し、長安は血で洗われることとなった。この事件は、「甘露の変」と呼ばれている。

　文宗以降、再び皇帝が主導して宦官に対して大規模な一掃行動を取るということはなくなり、「天下の事、皆な北司に決し、宰相は文書を行するのみ」[28]という状況が、唐朝が滅びるまで続いた。

三　王仙芝・黄巣の起義と唐朝の滅亡

　大中十三年（859年）、宣宗が死去し、懿宗李漼（在位：860～873年）が即位した。懿宗は、驕奢に際限のない皇帝で、娘の同昌公主が嫁いだときには、銭500万貫を賜わったという。また、法門寺から仏骨[29]を宮に迎えたときには、国家の巨額の財を浪費した。この前後、唐王朝は、政治面では官僚機構が膨張し、官吏たちは賄賂をむさぼることを風と

26　官衙・衙門共に役所を指す。
27　いわゆる「宮市」とは、長安に設けられた宮中の必需品を買い入れる市場のことで、宦官はその中で横暴な取引で市場を独占し、公然と財物を掠奪した。
28　『資治通鑑』巻245・文宗大和九年十一月より。天下の事はみな北司の宦官たちが決するようになり、宰相は文書の取次ぎをするだけに成り下がった、という意。
29　ここの「仏骨」とは、「仏指舎利」を指す。1987年、陝西省扶風県の法門寺地官より、唐の皇帝が奉請し送還したこの「仏骨」と、大量の貴重な唐代の文物が出土した。

していた。また経済面では、土地の兼併が激化し、民衆の賦税が増加していた。特に、徭役の徴発が増加し、兵役負担が重くなり、さらには災荒が頻繁に発生し、税吏が横暴であったため、多くの民衆は生活が成り立たず、破産して逃亡した。当時の人々は、民には「八苦」があるといっている。すなわち、第1は官吏が苛酷であること、第2は高利の負債で侵奪されること、第3は賦税が繁多なこと、第4は官衙の要求、第5は逃戸に代わって役に応じなければならないこと、第6は無実であっても道理が通らないこと、第7は凍えても着るものがなく、飢えても食べるものがないこと、第8は病となっても医者に診てもらえず、死んでも葬られないことであると。「天下の百姓は、道路に哀号し、山源に逃竄(とうざん)し、夫妻も相い活かさず、父子も相い救わず。百姓の冤有りて州県に訴うるも、州県理めず、宰相に訴うるも、宰相理めず、陛下に訴うるも、陛下理めず」[30]という状況であり、彼らにはもはや造反の道しか残されていなかった。

　大中十三年十二月、浙東の裘甫が衆を率いて蜂起し、飢民たちがこれに呼応した。ここに、唐末農民戦争の序幕が切って落とされた。この起義は8ヵ月後に鎮圧されたが、咸通九年（868年）には、徐州から派遣された桂州の戍兵が、朝廷による戍守期限の再三の延長に不満を抱き、龐勛を首領に推戴して反乱を起こした。龐勛は戍兵を率いて軍を返し、徐州を攻略し、唐軍と1年以上にわたって対峙したが、戦いに敗れて殺された。この反乱は、唐王朝に深刻な打撃を与え、後の農民大起義にとって有利な条件をもたらした。

　咸通十四年、深刻な災害が発生し、被災民の生活は生死の瀬戸際にあった。しかし唐王朝は、彼らを救済しないばかりか、かえって賦税の強制に力を入れた。僖宗の乾符元年（874年）末、王仙芝は衆を集めて濮陽（現在の河南省濮陽市）で蜂起し、「天補均平大将軍」と自称した。黄巣がこれに呼応すると、軍は急速に拡大して数万人に達し、現在の河南・湖北の多くの州県を立て続けに攻略した。乾符四年、王仙芝が敗れて殺害されると、黄巣が義軍の首領となり、「黄王」と自称し、「衝天大将軍」と号した。乾符五年、黄巣は義軍を率いて唐軍の主力を避け、浙江から山路を移動すること700里、福建まで進んだ。乾符六年、福建から順に西方へ向かい、南方の重要拠点である広州を一挙に奪取した。十月、義軍は出撃して北上した。広明元年（880年）七月、長江を渡って洛陽を占領し、潼関に迫った。十二月、僖宗は四川に逃亡し、黄巣の大軍は長安に進入し、建国して「大斉」と号し、年号を「金統」とした。義軍は、「黄王の兵を起こすは、本(もと)より百姓の為なり」[31]と言い立て、唐の宗室や官吏を大いに殺戮し、富家の財産を略奪した。中和二年（882年）、黄巣

---

30 『文苑英華』巻676・劉允章『直諌書』より。天下の人民は道端で泣き叫び、山奥へと逃げ隠れ、夫婦や父子でさえ互いに助け合うことができない。また、人民が州県の役所に無実の訴えをしても州県は取り合ってはくれず、宰相に訴えても取り合ってはくれず、陛下に訴えても取り合ってはくれない、という意。
31 『資治通鑑』巻254・僖宗広明元年十二月の条より。

の大将朱温（後に朱全忠と改名）が唐朝に投降した。中和三年、李克用の沙陀[32]兵を先鋒とする唐軍10万余りが義軍に向けて進攻すると、義軍は長安から撤退した。河南・山東を転戦した後、中和四年（884年）六月、黄巣は泰山の東南の狼虎谷で殺され、この起義は失敗に終わった。

　黄巣の起義は10年間にわたって続いたが、その間、起義軍は藩鎮の対立を利用し、流動的に戦い、南下・東進・北上に成功した。ただし、堅牢な根拠地を建てることはなく、長安を攻略した後も、僖宗の亡命朝廷をすぐに追撃して殲滅することができず、最終的には撃破された。この大起義は、各級の官吏や貴族、豪強の勢力を弱め、唐王朝の統治に深刻な打撃を与えた。黄巣の起義は、中国封建社会における農民大起義が前期から後期へと転換する重要な指標である。義軍の領袖の称号を通じて、初めて「平均」という要求が提示されたことは、際立つ特徴であり、起義の目標が主に国家から社会へと転向したことを反映するものである。

　黄巣が敗れた後、各地の藩鎮の割拠は激化し、朝廷の政令は長安を出ることがなくなった。宦官と朝官は、それぞれ藩鎮と結んで助けとし、藩鎮同士の間にも兼併が絶えなかった。昭宗の時代には、強藩として宣武（治所は現在の河南省開封市）の朱全忠、河東の李克用、鳳翔（治所は現在の陝西省宝鶏市北）の李茂貞などがいた。南衙の朝官は主に朱全忠に頼り、北司の宦官は李克用・李茂貞を相次いで頼りとした。昭宗の末年に至ると、朱全忠が最も強大な藩鎮となった。天復三年（903年）、朱全忠は兵を長安に引き入れ、朝中の宦官を皆殺しにし、また各地の藩鎮に命じて当地で監軍となっている宦官を誅殺させた。唐代後期の宦官の専権は、ここに至って終息した。天祐元年（904年）、朱全忠は昭宗及び百官を洛陽に強制的に遷した。同八月、朱全忠は昭宗を殺害し、昭宗の子の哀帝李柷を擁立した。その二年には、宰相の裴枢ら大臣30人余りを白馬駅で殺害し、こうして南衙と北司は共に滅びたのである。

　朱全忠は、その後の李克用との覇権争いの中で、河北三鎮の支持を勝ち取り、天祐四年（907年）に哀帝に譲位を迫り、「梁」を立てた。ここに、唐朝は滅亡した。このとき、全国には、河東の李克用、鳳翔の李茂貞、淮南の楊渥、西川の王建が唐朝の年号を奉じていた。唐代後期における藩鎮・朋党・宦官という三大禍患のうち、最終的には藩鎮の割拠による被害が最も甚大であり、唐朝を直接滅亡に導いたのである。

32　沙陀は、突厥の別部である。李克用及び五代の後唐・後晋・後漢の建国者は、みな沙陀人である。

第四節　隋唐の政治制度

一　三省六部と使職・差遣

　唐朝前期の中央政治体制は、機構が厳密に整い、階層も明確であった。後期になると、新旧の体制が併存し、機構が重複し、職責が入り混じった。

　隋朝の建立後、文帝は、魏晋南北朝時代以来の統治経験を総括し、以前の混乱した中央中枢の政治体制を整理し、西魏と北周の六官制を廃止し、前代に次第に形成されつつあった三省制を復活し、尚書・門下・内史の三省を設立した。このうち、尚書省は最大の機構であり、その下には吏部・礼部・兵部・都官・度支・工部の六曹が設けられ、各種の政務を分掌した。この体制は、後に「三省六部制」と呼ばれた。

　唐初の統治者たちは、国家制度の建設に力を尽くし、隋の制度を基礎とし、高祖・太宗の努力を経て、三省六部制を完成させ、唐代前期における発展と繁栄の継続のために政治制度面の保証をもたらした。

　唐朝の三省は、中書・門下・尚書であり、六部は、尚書省の下に属する吏部・戸部・礼部・兵部・刑部・工部である。六部の他、具体的な事務を担当する九寺（太常・光禄・衛尉・宗正・太僕・大理・鴻臚・司農・太府）と三監（国子・将作・少府）、及び監察を担当する御史台があった。

　中書省の職責は出令、すなわち皇帝の意向を受けて詔勅を起草することである。門下省の職責は「封駁」、すなわち中書省が起草した詔勅や尚書省が上呈した上奏文を審査決定し、不備があれば反対意見を加えて封還した。尚書省の職責は執行、すなわち六部（及び寺監）によって各種の政令を貫徹することである。このように、三省の職責は明確に分かれ、相互に抑制しあったため、権力の過度な集中が避けられ、政策決定の誤りも減少したのである。

　唐朝では、複数の宰相が置かれた。唐初の三省の長官はみな宰相であり、共同で「政事堂」で会議を開いて軍国の大事を討議した。その後、相互の関係には２つの変化が発生した。１つ目は、皇帝が宰相の権限を分けるため、中級官吏を選抜して宰相に任じ、肩書を「同中書門下章事」に統一したことである。この肩書には本来、品秩（俸禄を基準とする官品）はなく、当該職に任じられる者は必ず別の職事官名を有した。このような方法は、「差遣」と呼ばれる。唐の後期では、「同中書門下平章事」の肩書を有する者のみが真の宰相であった。２つ目の変化は、行政の機能を掌る尚書省の地位が下降し、政策決定と関連する中書省と門下省の地位が上昇したことである。玄宗期に「政事堂」は「中書門下」と改名され、この下に吏・枢機・戸・兵・刑礼の五房が設けられた。「中書門下」は、独立した宰相の

事務機構となり、次第に政策決定と行政の中枢へと変化した。

　安史の乱の前には、宰相の「差遣」の他にも「差遣」の性質を備えた官（多くは「知」某某事と名付けられた）と「使職」がみられるようになった。使職は、観風俗使・黜陟使・安撫使など、唐初では臨時的な性質を持つものが多かった。高宗から玄宗期に至ると、社会・軍事・経済の状況の変化にともない、これらは皇帝から直接権限を授けられ、尚書六部を越えて事務を処理するようになり、本来は品秩のない使職が次第に固定の職務となっていった。安史の乱後には、複雑で多様に変化する政治や軍事の形勢に適応し、膨大な軍事費の支出に対応するため、使職の三大系統が形成された。すなわち、度支・戸部・塩鉄三使を中心とする財政諸使、節度使・観察使を中心とする地方軍政諸使、枢密使をはじめとする宦官が領する内諸司使である。これらの使職は、数十種の多きに達し、かなりの部分で六部と寺監の機能に取って代わった。

　このように、唐代後期には中枢機構と行政事務の両面で変革がみられ、皇帝権力を高めて行政効率を追求する中、「中書門下」と「使職差遣」の機能が日に日に増大していった。また、もとからある機構と新設され実際に業務を執り行う機構とが並行し、「官」と「職」とが分離した。これらの変化は、五代と北宋の政治制度に直接影響をもたらした。

　唐朝では、地方行政機構にも変更が加えられ、「道」と「府」が増設された。

二　科挙制の確立

　科挙制は、南北朝時代にその萌芽がみられる。隋朝の建立後、士族門閥制度と関係のある九品中正制は廃止され、官僚の選任に門第を重んずることがなくなり、主に試験の成績を基準とするようになった。煬帝期には、すでにあった秀才科と明経科の他に、新たに進士科が設置された。このことが、科挙制度確立の指標とされている。

　唐朝の科挙制には、制挙と常科があった。制挙は、特別な人材を選抜するために皇帝が自ら召試するもので、科目が極めて多く、常設はされなかった。常科には、秀才・明経・進士・明法・明書・明算の6つがあった。このうち秀才の受験者は少なく、また明法・明書・明算は、法律・書法・算術などの専門の人材を募集選考するものであり、常科の中では重要視されていなかった。一方、明経・進士は、常科ないし科挙制の中で最も主要な科目であった。明経科では、毎年100人前後が採用され、30人を採用する進士科よりも多かったが、試験の難易度及び社会的地位は進士科よりも低く、当時「三十の老明経、五十の少進士」[33]という言葉があったほどであった。

　試験の参加者には2種類あり、1つは「生徒」と呼ばれる各種の学校の出身者で、学業

33　（五代）王定保『唐摭言』巻1「散序進士」より。30歳で明経に合格するのはもう年配であり、50歳で進士に合格するのはまだ若い方、という俗諺。

を修めて尚書省礼部の試験に直接参加した。もう1つは「郷貢」と呼ばれる未入学者で、まず州県の試験に参加して合格した後、尚書省礼部の試験に参加した。明経科の試験は、主に「帖経」という経典を暗誦する能力の審査で、比較的簡単であった。進士科の試験科目は、唐初から玄宗期まで絶えず変化し、最終的には帖経・雑文（主に詩賦）・対策の3つに固定された。試験科目の変化は、政治の情勢や文化の気風、及び統治者の好みと関連があった。

　常科に及第（合格）しても、出身すなわち入官の資格を得られるのみであり、官職に就くためには、吏部が行う「銓選」に参加しなければならなかった。「銓選」の基準には、身（容姿）・言（言辞）・書（書法）・判（決裁文）の4つがあり、このうち「判」は、官吏が必ず備えるべき事務処理能力のことである。完全な意味での官吏選挙制度には、入官の資格を獲得する「挙」と、官職を取得する「選」とが含まれる。明経出身者は、中級下級の官吏となることが比較的多く、進士出身者は、高級官吏に就任する機会がより多かった。憲宗期以降、宰相のうち進士出身者が絶対的優勢を占めるようになった。唐末に至ると、進士科出身者は「衣冠戸」と呼ばれ、徭役免除の特権を享有するようになった。これが宋代の「官戸」の前身である。

　隋唐は科挙制を確立したが、なお完全なものではなかった。第1に、採用人数が多くはなかった。特にその前期は、門蔭入仕や胥吏[34]入仕などの道と併存し、仕途のなかでは主要な地位を占めてはいなかった。第2に、「薦挙」の要素がなお残っていた。すなわち、試験で採用される際、成績の他、受験者の名声と各方面の推薦が審査官に大きな影響を与えた。このため、子の「挙」のために名のある人物の推薦を得ようと、迎合し争って取り入る請託の関係が至るところでみられた。第3に、及第してもすぐに官を得られる保証はなかった。多くの明経進士は、終身官職に就けず、入仕のためのコストも高くなりすぎ、人材を浪費した。当初の科挙制度はこのようなものではあったが、その確立は門閥を抑制し、寒庶を選抜するという効果をもたらし、唐朝の人事の隆盛を保障した。出身や背景を問わず、公平な競争であるという科挙制の特色は、後世に継承され発展した。これより以前、中国封建社会の官吏登用制度は、薦挙制・察挙制・九品中正制といういくつかの重要な発展段階を経ていた。科挙制は、歴代の官吏登用制度の経験と教訓を科学的に総括し、完成された人材選抜のメカニズムを創設し、統治階級の基礎を限りなく拡大した。こうして科挙は、中国封建社会中後期に普遍的に実施された官吏登用制度となり、清代晩期まで継続し、非常に深遠な影響をもたらしたのである。

34　官僚機構の末端で実務を担当する非公式の役人で、庶人が担った。

三　律令格式の完備

　隋唐時代は、中国古代において法制の制定が最も盛んであった時代であり、それは律・令・格・式を主体とする完成された成文法の体系の創建として表れている。

　隋朝は、建立当初より法制の確立に意を注ぎ、間もなく『開皇律』と『開皇令』を制定した。この律令の篇章の構造や、五刑（笞・杖・流・徒・死）、十悪（赦免されることのない十種の重罪）、八議（皇室貴族など、罪を犯しても刑を減免される特権を享有する八種の人々）などの原則は、唐代に継承され、深遠な影響をもたらした。

　唐朝は、国家の正式な法律形式として律・令・格・式の四種を明確に規定した。高祖は、帝を称するとすぐに律令の制定を開始した。その後、次々と格式が制定され、また何度も修訂された。有名なものとして、武徳律令・永徽律令格式・開元律令格式がある。「律」は、基本的には刑法（一部の民事と訴訟の手順の規定を含む）である。唐律は、12篇500条、名例・衛禁・職制・戸婚・厩庫・擅興・賊盗・闘訟・詐欺・雑律・捕亡・断獄の篇名がある。「令」は、国家の諸制度と関連する規定であり、唐令は、おおよそ30篇1500条余り、重要な篇目として、官品令・職員令・祠令・戸令・選挙令・考課令・宮衛令・軍防令・衣服令・儀制令・公式令・田令・賦役令・倉庫令・厩牧令・関市令・捕亡令・医疾令・假寧令・獄官令・営繕令・喪葬令・雑令がある[35]。「格」は、皇帝の詔勅を整理したもので、恒久法の効力を備えた法規であり、律・令・式を補充或いは修訂した。「式」は、政府機関における施行細則である。格・式の篇目は、いずれも官司名をもって命名された。高宗の永徽四年（653年）には、律を解釈した『律疏』が発布され、律の条文と同等の法的効力を備えた。これは後に『唐律疏議』と呼ばれた。『唐律疏議』は、中国に現存する最古かつ最も完成された、立法解釈を含む古代の法典である。

　唐律は、簡略で画一的であり、概念が明確であり、刑罰が公平かつ適切であるという特徴がある。その立法の精神は、礼制に従って等級制と家族制を護り、地位が高ければ高いほど、懲罰は軽くなるというものである。官吏及びその親族の優遇としては、皇帝への裁決の請願（死罪の場合）、直接的な減刑、銅による贖罪、官品による刑の減免などが含まれる。唐律がこのような不平等な特権を法律上で明確に公開したことは、一種の「法により不平等を実行する」という等級特権の原則を体現している。また、唐律は官吏に対する監督と制裁も厳しく、官吏は法に則って職権を行使し、慎んで紀を守り、謹んで職を守り、効率を保証することが求められ、違反者は処罰され、職権を利用して（特に実際の権力掌握者）罪を犯した場合は、厳罰を加えられた。

35　1999年、浙江省寧波の天一閣で明抄本の北宋『天聖令』に附された唐令が発見された。これは現存する最も完全な唐令の法典である。この『令』は中国社会科学院歴史研究所の唐代史の専門家による整理と解釈を経て、中華書局から出版されている。

皇帝権力は通常の法律よりも高かったが、皇帝もまたおおよそ法を守らねばならず、官吏には法を理解し、法によって事を処理することが求められた。唐の太宗は、「法は朕一人の法に非ず、乃ち天下の法」であり、皇帝の親戚であっても「法を撓(かきみだ)す」ことはできないと述べた[36]。武則天もまた、勅を下して「律令格式は、為政の本なり」とし、内外の官吏に対し、退朝後も常にこれに目を通すよう求め、自身の部門の「格式を庁事の壁に書し、俯仰観瞻し、遺忘するを免れし」めた[37]。

　各級の官吏は、「令」・「式」に基づいて政治を行い、「律」は令・式の執行を保証するもので、「格」は社会の変化に適応して律・令・式を補充し、修訂した。このように、律・令・格・式が分業しつつ相互に補完し合うという統一的法律体系は、各方面の社会関係を調整し、国家機構の統治の効果を高め、唐朝の興盛を法律面で保証したのである。

　玄宗以降、大規模な律・令・格・式の修訂は行われなくなり、「格後勅」の発布という簡便な立法の形が採用されるようになった[38]。「格後勅」は、律・令・格・式と並行し、その地位は次第に重要となり、最終的には五代及び北宋の「編勅」へと発展する。

四　府兵制と募兵制

　隋朝では、軍事制度面では引き続き府兵制が施行されたが、北周の府兵制に対して重要な改革が行われた。開皇十年（590年）、もともと独立した軍戸に規定されていた軍人を、家族と共に州県の戸籍に編入し、民戸と同様に土地を分有させたのである。軍人は、平時は耕作を行い、戦時には出征し、賦役は免除されたが、出征時の食糧は自弁であった。この改革は、軍戸を廃止したことによって兵源が拡大し、財政負担が減少し、兵農の合一が実現され、兵の身を農に置かせることとなった。

　唐朝の初めは、依然として府兵制が施行された。貞観年間に整備が行われ、中央十二衛が軍府を管轄する最高の軍事機構となり、各衛は40〜60の軍府を領することが規定された。軍府は「折衝府」と改称され、折衝都尉がこれを統領した。府では、200人を団とし、50人を隊とし、10人を火とした。府兵は、原則的に富戸強丁の中から徴発され、21歳で服役し、60歳で退役した。服役期間は課役を免ぜられたが、装備・武器・食糧は自弁であった。

　府兵は、本質的には中央の禁軍に属した。戦時に出征する他、平時は京城と辺境防衛の要地の宿営を輪番で担当し、京城での宿営を主とした。彼らは京城に到着すると、十二衛

36　『貞観政要』巻5・公平第十六より。
37　『唐会要』巻39・定格令より。
38　「格後勅」もまた皇帝の詔勅を整理したもので、それ自身が恒久的な効力を備えており、編輯の手順は「格」よりも簡単であった。

将軍によって分領された。出征時には、朝廷から別に任命された将に統率され、戦争が終わると、兵は府ごとに分かれ、将は朝廷に戻った。このように、将帥たちが兵を擁することで自らの力をたのむということはなかった。

　唐代前期には、630余りの府があった。このうち、京城のある関中には261府があり、20万の兵力を擁していた。これは全国の軍府の40％以上を占め、「関中の衆を挙げて以て四方に臨む」という局面を形成し、強幹弱枝、重きに居りて軽きを駁すことを実現し、全国の支配に利をもたらした。唐初は、府兵の地位が高く、富室の子弟は積極的に従軍し、太宗も府兵の訓練に意を注ぎ、府兵は強大な戦闘力を備えた。

　高宗の後期、すなわち武則天の統治時代に、府兵制は崩れ始めた。その原因は主に、土地の兼併が日に日に深刻となり、一般農戸の受田が不足し、或いは獲得してもまた失われたため、自ら資糧を準備することが均田農民にとって重い負担となったためである。これに加え、府兵の地位が下降し、富室大戸が徴発を逃れ、人を雇って代わりに就役させるようになり、避役・逃役が深刻となり、軍府の人員が不足して「兵の交すべきもの無し」という状態にまで至った。また、辺境の情勢にも変化が生じ、突厥が再興し、契丹などが絶えず南下してくるようになり、吐蕃も唐と対峙するようになった。このような情勢のもと、兵でありかつまた農民であり、定期的に服役し、臨時に徴発されて出征する府兵は、もはや有効な機能を発揮しなくなり、長期にわたって辺境に駐在する軍隊の設置が求められるようになった。ここにおいて、徴発による府兵は、招募による職業兵へと変化したのである。

　玄宗の開元十年（722年）、張説の建議を採用し、壮士13万人を招募し、これらを中央の宿営軍に充てた。翌年には、再び府兵と白丁12万人を補選し、これらを「長従宿営」（後に「彍騎」と呼ばれた）と総称した。開元二十五年、各種の公的な遷徙によって辺境に移った人家及び現地の客戸から丁壮を招募し、これらを「長征健児」（後に「官健」と呼ばれた）とし、国家から衣食を供給し、各地の軍鎮を充たした。天宝八載（749年）、折衝府が兵を徴発する文書の停止を命じ、ここに府兵制は廃止された。募兵制は、辺境防衛軍を強大にし、辺境の安定の維持に一定の効果をもたらしたが、将帥が兵を掌握してそこに鎮座するという大きな弊害を造成した。

　安史の乱以降、各地の藩鎮の軍は、多くが「官健」によって組織された。これらの官健は、従軍することを職とし、父子が代々兵となり、藩鎮が割拠するための重要な力となった。

　中央軍は、「長従宿営」（彍騎）が輪番で京城に宿営する府兵に代わった。また地方（辺防）の軍は、「長征健児」（官健）が輪番で鎮防する府兵に代わった。これらのことは、募兵制における職業兵が徴発制の義務兵に取って代わったことを意味する。以上の唐代の軍

事制度は、後世の兵制に影響を与える重要な変革であった。

第五節　隋唐の社会経済と階級構造

一　均田制とその崩壊

　隋朝は、引き続き均田制を施行した。開皇二年（582年）の規定によると、丁男・中男は露田[39]80畝と永業田20畝、夫人（既婚女性）は露田40畝を給付され、奴婢は5口ごとに1畝を給付された。また、諸王以下都督に至るまで、永業田の占有を願い出ることができ、その面積は100頃から40畝まで差が設けられた。

　唐朝は建国当初より、荒地が多いという条件を利用して引き続き均田制を実施し、武徳七年（624年）以降、絶えず「田令」を発布し、均田制の主要な内容を規定していった。それらによると、丁男（21～59歳）・中男（18～20歳）は永業田20畝と口分田80畝を給付され、60歳以上の老人と疾病・障害を持つ者[40]は口分田40畝、寡婦は口分田30畝を給付された。また、良人3口以下の戸は園宅地1畝を与えられ、3口増えるごとに1畝増額された。各級の官吏は、さらに60畝から100畝までの永業田を与えられた。田の授受は、毎年10～12月に一定の手続きを経て完成し、簿籍に登記された。永業田は、子孫に継承させることができたが、口分田は、死亡すると「則ち収めて官に入れ、更めて以て人に給され」[41]、通常は受田面積が足りない近親者に優先的に給付された。ただし庶民は、死亡しても家が貧しくて葬儀の費用もないため、永業田を売り、また田地の少ない郷から足りている郷へ移住し、或いは住宅・邸店・碾磑の費用とするために口分田を売る者さえいたという。

　唐朝の均田制では、隋朝で行われていた奴婢・夫人への受田が明確に廃止された一方、僧侶や道士、商工業者への受田が加わり、土地売買の制限が緩和され、内容はさらに詳細になった。近代に発見された敦煌・吐魯番の戸籍文書[42]からは、均田制がある程度実施されていたことが知られる（口絵19）。例えば、武周の大足元年（701年）の敦煌の戸籍に記載されている「邯寿寿の戸」には、白丁が1人、小女が1人、寡妻が1人おり、「合応受田一頃三十一畝」と登記されている。「田令」の規定によれば、白丁の受田は100畝、

39　露田は、もとは樹木を伐採していない田地のことを指した。世襲可能な永業田と異なり、受田者が年老い、或いは死去すると、露田は国家に返却された。その性質は、唐代の口分田と同じである。
40　障害や疾病の程度については、法律に規定がある。
41　『唐会要』巻83・租税上に引く武徳七年の「田令」より。
42　敦煌文書は、1900年に甘粛省敦煌市の莫高窟で発見された古代の文献で、5～11世紀の多くの官私文書及び仏典の写本刻本、絵画作品などを含み、総数は5万点を超える。吐魯番文書は、20世紀初めに新疆のトルファン地域で発見された西晋から唐代までの文書（一部の非漢文文書は元代に至る可能性がある）である。これらの文書のうち多くの貴重なものは、列強に奪われ、国外で収蔵されている。

小女は受田せず、寡妻の受田は 30 畝であり、また 3 口の家は園宅地 1 畝を受けるため、合計 131 畝となり、戸籍に登記されている数字と合致する。このように、「田令」の規定が執行されていたことが証明されるのである。ただし、この戸籍によると、当該の「邯寿寿の戸」が実際に給付された田の面積は、僅か 44 畝であった。当時、敦煌は田地が足りているとされた寛郷地域であったが、それでもなおこのような実情であった。そのため、当時の農民たちの受田は普遍的に不足していたと考えられるのである。

均田制は、封建国家の土地所有制という外観を備えていたが、永業田は、子孫に継承させることができ、私有地としての性質も備えていた。口分田もまた、一定の条件のもとに売買が可能であり、事実上の私有地であった。唐朝が均田制を実施した主な目的は、土地の占有・継承・移譲の適切な制限を通じて、一部の国有地（戸絶田・罪没田・無主の荒地を含む）を、土地を持たない、或いは土地の少ない農戸に分配し、土地の兼併と土地の集中を抑制し、自作農を扶植することにあった。農民は、法によって少額の土地を占有して自作農となり、積極的に生産を高め、社会経済の回復と発展を促進した。唐代前期に、国力が日に日に強盛となっていったのは、均田制の推進と一定の関係があったのである。

「田令」では、官吏が官品や勲級によって大量の土地を占有できるよう規定され、また土地が条件付で売買できるよう規定され、「籍外占田」・「限外更占」が公然化し、普遍化した。さらに、国内の人口が日に日に増加し、荒地が減少したため、還授の土地がますます少なくなり、土地の兼併が日に日に激化し、「富者は地数万畝を兼ね、貧者は足を容るるの居も無」き[43]状況に陥った。受田額が足りていない均田農民は、経済力が脆弱で、雑多な賦役の負担のために破産して逃戸となった。土地の兼併によって国家が給付する土地がなくなり、農民の逃亡によって戸籍が虚乱となり、国家は籍に応じて田を給付することができなくなった。こうして安史の乱後には、「田令」中の土地還授の規定は空文となった。徳宗が両税法を実施し、個人が実際に占有する土地の面積に応じて「地税」を徴収するようになったことは、土地の私有に制限がないという状況を承認し、これが合法であると宣言したにも等しいものであった。こうして、「疆畛相い接し、半ばは豪家と為り、流庸は依るところ無く、是れを率いて戸を編む」[44]という状況となり、均田制は徹底的に廃れていった。

唐朝後期、国家の土地政策は、いかにして戸口が逃亡した後に残された「逃田」を処理し、財政収入を増加させるかに関心が寄せられた。北魏が開始して以来、300 年にわたって実施されてきた均田制は、遂に中国古代の土地制度の中に消え、土地私有制の発展が加速し、土地の財産権に対する国家の干渉は、これに応じて減少していった。

---

43 （唐）陸贄『陸贄集』巻 22・均節賦税恤百姓六条より。
44 『全唐文』巻 685・皇甫湜「対賢良方正直言報諌策」より。

二　租庸調制から両税法へ

　隋と唐の前期における賦役制度は、「賦役令」に規定されている。

　隋初の規定では、18歳以上が丁とされた。1夫1妻は租粟3石と調絹1匹（4丈）、綿3両を納め、単丁と奴婢はその半分を納めた。また、丁男は毎年1ヵ月間役に服した。開皇三年（583年）、隋は賦役を軽減した。まず、成丁の年齢を21歳に改めた。これは、丁男が徭役或いは兵役に服するのを3年間分軽減したのに等しい。また、丁男の毎年の服役日数を20日間に改め、調絹4丈を2丈とした。開皇十年には、規定を補充し、丁男が満50歳となると、「庸（絹）」で役に代えることができるようにした。隋の政府は、徭役と絹布の徴発を軽減し、また庸で役に代えることを一定程度認めることで、社会の発展の要求に合致させたのである。ただし、このときの「庸」の規定は、なお不完全なものであった。

　唐の高祖の武徳七年（624年）に出された「賦役令」では、21～59歳を丁男とし、毎年「租」粟2石と「調」絹2丈、綿3両を納めさせ、20日間役に服し、役がなければ1日3尺の絹で折納できることとし、これを「輸庸」と言った。この賦役制度は、「租庸調」制と呼ばれている。唐代の制度は、基本的に隋制を踏襲したものであるが、婦人や奴婢は受田しないため、租も納めなかった[45]。この他、役に代わる「庸」の額が明確に規定され、すなわち輸庸代役が制度化され、また活用範囲も拡大し、丁男の徭役負担が事実上軽減された。

　租庸調制は、相対的に軽い税制であり、唐代前期の社会における生産の回復に積極的な効果をもたらした。また「賦役令」では、各級の官吏はその品級に応じて本人或いは親族の賦役を免除されることが明確に規定されており、制度上の不平等が体現されている。

　租庸調制は、土地・財産の多寡にかかわらず、人丁を徴発の対象とした。これは、自作農が大量に存在し、かつ一定の土地を占有しているという基礎の上に成り立つ賦役制度であった。しかし、土地の兼併が深刻となるにつれ、均田制は破壊され、農民は土地を失い、四方に逃散し、戸籍に登記されない客戸となり、政府が徴税のもととする丁の数は大幅に減少し、租庸調の収入も著しく減少した。これに加え、安史の乱後には軍費が増加し、各地方の統治者はみだりに雑税を徴収したため、賦役制度の改革が必然という勢いとなった。

　徳宗の建中元年（780年）、「両税法」が正式に施行された。両税法の原則は、人丁に基づいて租庸調を徴収するのではなく、資産に基づき、貧富の等級に基づいて財産税（戸税）と土地税（地税）を徴収するものである。かつまた、土戸（本貫戸）と客戸（外来戸）を区分せず、ただ現地に資産があれば、当地で籍に登録して納税させるというものである。その税額は、大暦十四年（779年）に徴収された各種賦税の総額を基準とし、各道・各州

45　この規定は、隋の煬帝のときの「婦人及び奴婢部曲の課を除く」より始まる。

に割り当てられ（したがって各州で税額は異なる）、銭（戸税）と糧（地税）とを徴収した。毎年夏と秋に2度徴収したことから、「両税法」と呼ばれている[46]。

　両税法は、税制を統一し、徴収を簡略化し、徴税対象を拡大し、政府の財政収入を増加させた。その結果、唐王朝は安史の乱後も引き続き生き長らえることができ、また唐に叛いた藩鎮と戦ってゆく経済力を基本的に備えることができたのである。

　ただし、両税法には制度上の欠陥もあった。それは主に、「銭を以て税を計り、又た多く実物を以て交納」させ、「人口の増減を論じず、税額を固定」するという2つの面に体現された。前者の結果、「銭重く物軽し」という時代において、納税者の実際の負担は重くなった。また後者により、州県の逃戸の税額を他の戸に割り当てること、すなわち「攤逃」の問題が日に日に深刻となった。

　租庸調制から両税法への変革は、中国古代の賦税制度史上において重要な変革となった。これ以降、徴税の対象は再び人丁を主とすることはなく、財産、特に土地を主とするようになり、後世の各王朝に影響を与えた。

三　都市と商業

　隋唐時代、都市は以前に比べて大きく発展した。特に、この時代に建設された長安と洛陽は、世に聞こえた壮大な都城である。

　隋朝は成立して間もなく、漢の長安城の東に新都「大興城」の建設を開始した。唐朝はこれを「長安城」と改称した。長安城の総面積は84㎢に達し、現在の西安旧城（明清時代に建設）のおよそ7倍半もあった。長安城の都市計画は、「面朝背市」[47]の古い伝統を改め、城を宮城・皇城・外郭城の3つの部分に分けた。最も北は宮城であり、宮殿区である。その南は皇城であり、中央官衙の所在地である。外郭城は住宅区と商業区であり、縦横の25条の大街によって108の「坊」に区分された。各坊の四周には墻（垣根）と門があり、坊門は、昼は開いているが夜は閉じられ、犯夜（夜に出歩くこと）は厳しく禁じられた。城内の南北の主幹道である朱雀大街は、幅150mに達し、その他の幹道の幅も数十mあった。都城は、碁盤のような網状方格を呈し、厳然と整備されていた。長安は、国内最大の都市であり、また各国の人士が往来する国際的な大都会でもあった。

　長安城は、100万以上の人口を擁し、その人口を養う大量の商品の需要を満たすため、商業が興隆した。当時の商品交易は、東西両市に集中し、店舗が櫛の歯のように並び、貨物が積み上げられていた。唐の政府は、「市令」などの官吏を設けて市場内での交易を厳

46　一説に、戸税と地税を含むことから「両税法」と呼ばれたとされる。
47　面朝後市ともいう。中央に位置する宮室の前方（南側）には政治を行う朝庭・朝堂を置き、後方（北側）には市場を置くという都城の造営プラン。『周礼』の考工記匠人条に由来する。

格に管理し、商業活動は基本的に市場内に制限された。

洛陽は、唐代第2の都市であり、都城全体の周囲は52里、107坊があり、唐代には南・北・西に3つの市が設けられた、重要な商業都市であった。この他、北方の名城として相州・幽州・汴州・太原などがあった。ただしこれらの都市は、安史の乱後の商業における重要性では、長江流域の都市に及ばなかった。

唐代後期、江南は戦乱が比較的少なかったため、全国の経済の重心は南方へと移り、揚州と益州（成都）を中心とする長江流域の商業都市が発展し、当時の諺で「揚一益二」と呼ばれた。特に揚州の経済的地位は、長安を超えるほどであった。この他、江陵・江州・洪州・蘇州・杭州などは、いずれも唐代後期の商業の中で重要な地位を占め、広州は隋朝以来一貫して対外通商の盛んな都市であった。

唐代後期は、政治面における様々な対立がはびこったが、経済、特に江南の経済は順調に成長し、商業も引き続き発展した。

いくつかの都市では、坊・市の厳格な区分が次第に打ち破られ、店舗が市外にも設置されるようになった。日中の市の他、にぎやかな「夜市」もみられるようになった。郷村間で行われる交易の「草市」も普遍的となり、次第に戸口が多く集まる城鎮へと発展していった。

商業が発展するにともない、貨幣の需要も増加した。隋朝が五銖銭を鋳造し、唐初に開元通宝銭が鋳造されたことは、貨幣の統一に重要な意義を備えていた。ただし、隋及び唐代前期は商品交換が発達しておらず、依然として絹帛が支払いに用いられていたため、「銭帛兼行」と称された。唐後期に至ると、貨幣がようやく交換の主要な手段となった。特に、後期の商業の繁栄を背景とし、商人が銭物を蓄えておくための「柜坊」と、新たな支払い方法である「飛銭」（また「便換」とも呼ばれる）が出現した。いわゆる「飛銭」とは、一種の為替票証であり、すなわち商人が携帯に不便な大量の銅銭を、各地の政府の出先機関や私家に預けておき、自身は軽装で移動し、証明書の券によって移動先で銭を得られるというものである。このような異なる場所での為替方法は、貨幣流通史上前代未聞のことであり、唐代後期の商業経済の水準と、商業における信用度の高まりを反映するものである。

商業の繁栄は、対外貿易の面でも現出した。最大の貿易港である広州の他、長安から西域を経て、西アジアやヨーロッパ各国に至る西北の「シルクロード」も有名な対外貿易の道であり、敦煌を代表とする多くの国際的都市が形成された。

隋や唐代前期の商業活動は、都市の坊や市内における交易であり、交易の時間帯にも制限があり、設置された官吏が厳格に交易活動を制御し、「銭帛兼行」と言われるように貨幣の鋳造も比較的少なかった。これらのことはいずれも、当時の商業水準がなお限りのあ

るものであったことを説明するものである。唐代後期に至ると、これらの現象にようやく変化が生じ、繁栄した商業経済へと次第に発展していった。

四　階級構造

　隋唐時代の階級は、おおよそ地主階級と農民階級、その他の階級に分けられる。地主階級には、皇帝及び皇室・貴族・一般官吏・庶民の地主が含まれる。唐代後期に至ると、進士に及第した家庭から形成される「衣冠戸」が出現する。これは、科挙制によって勃興した特権階層である。農民階級には、自作農及び佃農が含まれる。均田制が有効に行われていた時期は、自作農の数が多く、彼らは封建国家の賦役の主要な負担者であったが、均田制が廃れた後は、その数は減少した。佃農は、主に土地を失った自作農に由来し、彼らの多くは契約の形で他人の土地を請け作し、租糧を納めた。その従属関係は、「家籍に注」される佃客よりは弱かった。土地の兼併が激化するにともない、佃農の数は唐代後期に激増した。その他の階級には、手工業者・商人・奴婢などが含まれる。国家は商人が官に就くことを制限したが、商人のうち富商は売官によって入仕し、唐代の特に後期における社会的地位は、低くはなかった。

　隋唐社会の階級構造の顕著な特徴として、旧士族が没落したこと、及び法によって定められた「賤民」の存在がある。

　旧士族とは、六朝以来の伝統的な門閥士族を指す。彼らは、両晋時代に隆盛を極め、血統を重視し、門第を重んじ、代々官に就き、政治と経済の特権を擁した特権階層であった。旧士族は、隋朝でも比較的重要な地位にあったが、隋末の農民戦争の打撃により、山東・江南の士族の勢力が低下し、関隴士族が一定の実力を有するのみとなった。唐朝の成立後、太宗は『氏族志』を勅編し、現任の官爵の高低によって士族の等級を定めることを明確に示し、旧士族の勢力を抑圧した。武則天の統治時代には、士族譜を修訂し、『氏族志』を『姓氏録』に改め、現行の官品の高低に完全に依拠することとし、五品以上の官吏をみな譜に入れたため、旧士族が専権を独占するという情勢は急速に変貌を遂げた。玄宗の時代に至ると、原則的に士族譜の官修は行われなくなり、旧士族が法定の特権を再び享有することはなく、門閥士族制度は基本的に衰微していった。

　唐代の旧士族は、官に就かない限りは、政治と経済面での特権を持てず、また官に就く途として最も重要な科挙制も門第に基づくものではなかった。これは、旧士族が没落する重要な原因となった。ただし、旧士族は社会においてなお比較的高い声望を擁し、新貴や富室も少なからず旧士族、特に崔氏・盧氏・李氏・鄭氏といった高門と熱心に婚姻関係を結んだ。唐代後期には、士族の子弟たちは文化面における優勢にたのみ、科挙の中でも容易に勝ち上がり、数代にわたって進士となる者も少なくなかった。しかし、唐末の農民戦

争と藩鎮の争いは、旧士族に深刻な打撃を与え、宋以降は士族が再び特殊な社会階層となることはなかった。

隋唐時代には、法律上、良民と賤民の規定があった[48]。良民は、「百姓」・「常人」・「白丁」などと呼ばれる、一般の平民のことである。賤民は、官戸・雑戸・部曲・奴婢などを指し、また官賤民と私賤民とに分けられる。官賤民には、官戸・雑戸・官奴婢が含まれる。彼らは官府に隷属し、各種の生産活動や雑役に従事した。このうち官奴婢の地位が最も低く、その次が官戸で、雑戸が最も高かった。私賤民には、部曲と私奴婢が含まれ、彼らは主人に隷属し、部曲の地位は奴婢よりも高かった。賤民の社会的地位は低く、階層内のみでの通婚が可能であった。また法律面では、もし官戸や雑戸が良民を殴打した場合は、罪一等を加えることが規定された。奴婢に至っては、「律は畜産に比す」[49]ものであり、主人は彼らを自由に売買し或いは他者に贈与することができ、その生活は悲惨であった。

官戸・雑戸・部曲の来源は次第に減少し、賤民たちは絶えず「良に放」たれ、また唐朝の法令では良民を賤民とすることを厳しく禁じていたため、唐末以降、これらの賤民階層は次第に消滅し、奴婢を除いては、法律上の良民と賤民の明確な区分はなくなった。

旧士族及び法定の「賤民」制度の衰微、及び新興の「衣冠戸」の出現は、いずれもこの時代の階級構造の変化として重要な現象である。

第六節　隋唐の民族関係と中外関係

隋唐時代は、中国の国土における各少数民族の興衰の重要な段階であり、封建社会後半期の主要な民族は、多くがこの時代に溯ることができ、その強弱の情勢は後世に大きな影響を与えた。北辺で強盛を誇った突厥と回紇は、相次いで敗れて滅び、青蔵高原の吐蕃と雲南地域の南詔は、統一によって強大化した。東北の靺鞨と契丹は、顕著な進歩を遂げ、強盛へ向かって邁進していった。この他にも、吐谷渾・薛延陀・沙陀・党項・室韋（一部では「蒙兀室韋」と呼ばれる）などの勢力があった。漢族の先進文化は、各族の発展に大きな影響を与え、各族の文化もまた漢族の社会生活を豊かにした。各族の人民たちは、共同で多民族国家の歴史を創造していったのである。

一　突厥・回紇・西域

1．突厥

北朝末、突厥は漠北を支配し、強盛な勢力を築いたが、隋の初めに、東西両部に分裂し

48　唐朝では、太宗李世民の諱を避け、「民」を「人」或いは「口」と呼んだ。
49　『唐律疏議』巻6・名例より。

た。東突厥の啓民可汗は、部を率いて黄河の南に遷り、隋と密接な関係を結んだ。その子の始畢可汗の統治時代に、東突厥の勢力は最盛期を迎え、隋末の北方の武装勢力である劉武周・竇建徳・李淵らはみな、その援護を受けた。頡利可汗の在位期間には、突厥は絶えず南方に侵攻し、一度は長安付近まで攻め込み、唐の太宗と渭水で盟を結んで軍を退いている。貞観三年（629年）、唐は李靖らを突厥に向けて出撃させ、翌年に頡利を破って捕虜とし、東突厥は滅亡した。その後、突厥人の大部分はオルドス以南に安置され、貴族は唐朝の官吏となり、長安に居を遷したものだけでも1万戸に及んだ。これらの措置は、北方の経済の発展と民族の融合に大きな利をもたらした。

西突厥は、射匱可汗の時代に各部を統一し、隋末に西域の広大な地域を支配し、唐初の統葉護可汗の在位期間に全盛期を迎え、その部落は十部に分かれていた。唐の高宗の顕慶二年（657年）、唐朝は幾度も兵を発し、遂に西突厥を滅ぼし、その地に安西都護府を設置して彼らを管轄した。西突厥の滅亡は、西域の各族の社会経済の発展に利をもたらし、また唐朝と西方各国との往来の障害を除去するものであった。

東突厥が滅亡した50年後、その一部が唐に叛き、自立して可汗となった。歴史上、「後突厥」と呼ばれている。黙啜可汗の時代（武則天の在位期間に当たる）には東西一万里の地を占拠し、40万人の兵を擁して最盛期を迎え、玄宗の初年に至るまで絶えず南侵した。玄宗の晩期、「後突厥」の国内は大いに乱れ、回紇に滅ぼされた。

2．回紇（ウイグル）

回紇は、鉄勒族の一支であり、唐の徳宗の時代（788年）に自ら漢字の訳音を「回鶻」に改めることを請願した。隋唐交替期、回紇は突厥の支配を受け、唐の太宗の貞観年間に唐朝に帰順した。その後、武周の時代に再び「後突厥」の奴役を受けた。玄宗の天宝三載（744年）、回紇は突厥の内乱に乗じて突厥を攻め破り、その地をことごとく獲得し、遣使して入唐した。唐は、その可汗を懐仁可汗に封じた。安史の乱が勃発すると、回紇は2度にわたって唐に援軍を派遣し、唐の政府と密接な関係を結んだ。この後100年間、回紇と唐の間には、茶葉貿易による摩擦を除き、基本的に戦争は発生しなかった。回紇は、唐と頻繁に往来する中で、多くの面で漢族の文化の影響を受けた。830年代末、回紇内部の矛盾が激化し、また連年天災が発生したため、その勢力は衰微していった。唐の武宗の開成五年（840年）、回紇西北部の黠戛斯（キルギス）が回紇を攻め破り、可汗は殺害され、政権は瓦解した。回紇人の大部分は西遷し、このうちの一支は河西走廊に至り、甘州回紇（甘州ウイグル王国）と称した。これが現在の裕固族（ユグル族）の祖先である。また別の一支は、西州（現在の新疆ウイグル自治区吐魯番）・輪台（現在の新疆ウイグル自治区ウルムチ市付近）などの地に至り、高昌回紇政権（天山ウイグル王国）を打ち立て、以後、次第に維吾爾族（ウイグル族）が形成されていった。

3．西域

　西域は、おおよそ現在の新疆ウイグル自治区一帯を指す。隋唐交替期、西域には主に高昌（現在の新疆ウイグル自治区トルファン）・焉耆（現在の新疆ウイグル自治区焉耆）・亀茲（現在の新疆ウイグル自治区庫車）・于闐（現在の新疆ウイグル自治区和田）・疏勒（現在の新疆ウイグル自治区喀什）などの王国があり、このうち高昌が最も強大であった。隋末唐初、西域は西突厥に支配され、旅商人や使節の内地との往来が遮断された。貞観十四年（640年）、唐朝は兵を派遣して高昌を攻め破り、その地を西州とし、安西都護府を設置した。その後、他の4国を降服させ、4つの都督府を設置し、「安西四鎮」と号された[50]。こうして唐朝が西域を有効に支配したことは、統一的多民族国家の強化に重要な意義を備えている。

　唐朝の西州は、現在のトルファン地域であり、「塞の表に居ると雖も、編戸の甿（たみ）、咸な中国より出ず」[51] というように、主体となる民族は漢族であり、主体となる文化は漢文化であった。近代に至り、トルファンから戸籍・帳簿・儒家経典・法典・医学書などを含む大量の古代の文書が発見されているが、その大部分は漢文文書である。

　安氏の乱の後、吐蕃が西域を占拠した。9世紀末には、回紇人がここに遷って吐蕃を打ち破り、現地の居住民と次第に融合し、西域の主要な居住民となった。

二　吐蕃・南詔・渤海
1．吐蕃

　吐蕃族は、チベット高原で活動していた。唐の太宗の貞観三年（629年）、松賛干布（ソンツェン・ガンポ）が賛普[52]の位を継ぎ、各部を統一し、中央集権国家を樹立した。ソンツェン・ガンポは、職官・軍事制度を制定し、文字を創立し、法律を制定し、唐との親密な関係を開始した。貞観十五年、唐朝の文成公主が吐蕃に嫁ぎ、先進的な生産技術と文化をもたらし、中原と吐蕃の経済的文化的関係を強化した。

　高宗から玄宗の時代に至ると、吐蕃は唐朝と長期にわたって西域を争奪し、絶えず戦争が繰り広げられた。安史の乱が勃発すると、唐は河隴（河西と隴右）と安西の強力な軍を移して東に向かわせ、反乱を平定したが、吐蕃はその虚に乗じて唐の隴右地域を攻略し、一度は長安まで攻め込んだ。このとき吐蕃が支配した地域は、その本部の他、現在の新疆ウイグル自治区南部・四川省西部・甘粛省の隴山以西などの広大な地域を含み、その全盛

50　「安西四鎮」は前後で変化があり、このうちある段階で「砕葉」（現在のキルギス共和国領内）が「焉耆」に代わった。
51　『文館詞林』巻664・「貞観年中巡撫高昌詔一首」より。長城の外に居住しているが、そこの編戸の民は、みな中国からその地に出て行った者である、という意。
52　吐蕃は「君」を「賛普」と呼んだ。

期に入っていた。9世紀初め、吐蕃は再び唐と和睦し、盟約を結んだ。唐の穆宗の長慶元年（821年）、両者は長安と邏些（現在のチベット自治区ラサ市）でそれぞれ会盟を行った。現在のラサ市の大昭寺の前には、この年に立てられた「長慶会盟碑」が保存されている。碑文中には、吐蕃と唐が「社稷は一の如くし、大和盟約を結立し」、「彼此寇敵と為さず、兵革を挙げず」とあり、唐蕃間の長期にわたる戦争が終息したことが強調されている。

この後、吐蕃内部では本教[53]と仏教、王族と外族の闘争が日に日に激化し、最終的には王室が分裂し、属部は離反した。200年近くにわたり強盛を誇った吐蕃政権は、9世紀中葉に衰亡し、その領域は部落が割拠する情勢に陥った。

2．南詔

隋末唐初、現在の雲南省の洱海の周囲には、6つの比較的大きな「烏蛮」の部落があり、その王を「詔」と呼んでいたことから「六詔」とも呼ばれていた。六詔のうち「蒙舎詔」は、各詔の南方に位置し、「南詔」と呼ばれていた。唐の玄宗の時代、南詔王の皮邏閣が六詔を統一し、唐から「雲南王」に封ぜられ、太和城を都とし、後に羊苴咩城（現在の雲南省大理市）に遷都した。

統一後、南詔は外に向けて領域を拡大し、唐と衝突し、唐に背いて吐蕃に従属し、天宝末年には唐軍を大いに破った。安史の乱後、唐の朝廷が西南を顧みることができないという機に乗じ、南詔は現在の四川省南部と雲南省全域、貴州省西北部を支配し、その勢力は最盛期に達した。後に、吐蕃の奴役に堪えられなくなり、唐の徳宗の貞元十年（794）に唐と和睦して盟を結び、良好な関係を回復した。吐蕃と唐が次第に衰えると、南詔は周囲に向けて絶えず戦争を仕掛けるようになり、一度は成都まで攻め入り、工匠数万人を掠奪するなど、晩唐における深刻な辺境の患いとなった。唐末に朝廷を震撼させた桂州（現在の広西チワン族自治区桂林市）の戍卒龐勛の兵乱は、南詔に対する防衛と関係がある。

南詔の政治や文化は、唐朝の影響を大きく受け、数代の南詔王は漢人の鄭回[54]を師とした。南詔の晩期には、統治階級内の対立が激化した。唐の昭宗の天復二年（902年）、鄭回の後裔の鄭買嗣が南詔王を殺害して王位を奪い、別に大長和国を立て、南詔は滅亡した。

3．渤海

隋唐交替期、東北の粟末水（現在の松花江）一帯には「粟末靺鞨」が居住していた。唐の高宗のとき、粟末靺鞨は営州（現在の遼寧省朝陽市）に居を遷した。武則天の時代、契丹が営州を攻略したため、粟末靺鞨の首領の大祚栄は、衆を率いて営州から牡丹江上流に

---

53 「本教」は、吐蕃本土の宗教であり、「本」は「苯」とも書かれる。仏教はインドや中原からチベットに伝わった後、本教の一部の儀軌を吸収し、チベット民族が共同で信奉するチベット仏教が形成された。
54 鄭回は、唐の相州（現在の河南省安陽市）の人で、捕虜となり南詔に入った。南詔王に寵愛されて王室の師に任じられ、後に清平官（宰相）となり、南詔と唐の友好関係を積極的に促進した。

戻り、地方政権を樹立した。玄宗の開元元年（713年）、大祚栄は唐から「渤海郡王」に封ぜられ、これより「渤海」を政権名とした。渤海は唐の藩臣となり、後に「渤海国王」に封ぜられた。

渤海国の都は、基本的に上京龍泉府（現在の黒竜江省寧安市西南）に置かれ、諸王が位を継承するたびに唐の朝廷から冊封を受けた。その最大時の領域には、現在の東北地域の大部分と、朝鮮半島北部、ロシアの日本海沿岸の一部の地域が含まれる。各種の制度はみな唐朝を模倣したもので、また漢字を使用し、儒家思想を統治思想とした。

渤海は、唐朝に従属する地方民族政権であり、唐以降の五代の後梁・後唐とも臣属関係を結び、唐朝に派遣した使節だけでも100回余りに及んだ。後唐の天成元年（926年）、渤海は遼朝によって滅ぼされた。

三　中外関係

隋唐時代の中国は、先進文明を備えた国家であり、特に強大であった唐朝は、世界でも非常に高い声望を享有していた。この時より、唐朝は中国の象徴となり、中国人は各国から唐人と呼ばれた。現在に至るまで、このような呼び方はいくつかの国家に残されている。

唐代の長安は、国際的な都会であり、各国の使節が雲のごとく集まった（口絵20）。また多くの外国商人が長安で商業活動を営み、長期にわたって定住するものもいた。アジアのいくつかの国家は、留学生や留学僧を派遣し、長安で先進文化を学ばせた。

隋唐と経済的・文化的関係のある国家は非常に多く、東アジアの国家が最も密接であった。その他、唐の僧侶の玄奘は、インドに渡って求法し、中国仏教に大きな影響をもたらした。また、製紙技術が大食（アラブ帝国）を経てヨーロッパに伝わったことは[55]、世界の文化史上における重大なでき事である。唐朝は、東ローマ帝国とも貿易の往来があった。

1．新羅

隋及び唐初の朝鮮半島には、高句麗・百済・新羅の3つの国家があった。7世紀中葉、新羅は唐と連合し、百済と高句麗を相次いで滅ぼし、次第に朝鮮半島の大同江以南の地域を統一していった。

唐朝はその王を「新羅王」に冊封し、両国は常に互いに使節を派遣し合った。唐朝の詩人たちは、新羅に赴く唐の使者を送り、或いは帰国する新羅の使者を送る多くの詩句を残している。新羅はまた、多くの留学生を継続して派遣し、唐朝で学ばせた。唐の文宗の開成二年（837年）には、新羅の学生の数が200人余りに達したという。また、穆宗の長慶

---

[55] 751年、唐将の高仙芝が率いる部隊がアラブ帝国の軍とタラス（現在のキルギスとカザフスタンの辺境）で交戦し、唐軍が大敗した。捕虜となった兵の中に製紙技術者がおり、彼らがアラブで最初の製紙工場を建設した。ヨーロッパ人がアラブ人から製紙技術を学ぶのは、12世紀のことである。

元年（821年）から唐末までに、唐朝の科挙に合格した新羅の学生は58人に上った。このうち、例えば崔致遠は、現在の韓国の慶州の人であり、12歳で入唐する際、出発に臨んで父に「十年にして進士に第せざれば、則ち吾が児と謂うこと勿れ」と言い[56]、勤勉に努め、18歳で進士に及第し、淮南節度使の幕職を歴任した。唐に居ること16年の後に帰国し、韓国の学術界で「漢詩学の宗師」と尊敬されている。彼が漢文で著した『桂苑筆耕集』は今に伝わっている。新羅の商人もまた、頻繁に唐朝と貿易を行った。唐朝東部の沿海地域には、新羅人が少なからず集住し、その地は「新羅坊」と呼ばれた。

唐朝の官僚体制や思想文化は、新羅に大きな影響を与えた。

2．日本

日本は、古くは倭国と呼ばれ、唐朝の時代に日本と改称した。隋の煬帝のとき、日本は小野妹子を大使として隋朝に出使させた。唐代には、日本は全面的に唐朝の制度に習うべく、前後20回にわたって遣唐使を派遣した[57]。遣唐使が唐に来航するたびに、留学生や留学僧、各種の技術者がやって来た。彼らは唐朝に居留し、また各地を遊歴して学び[58]、先進的な唐朝の文化を日本に持ち帰った。

唐を訪れた日本人のうち、最もその名を知られているのは次の3人である。吉備真備は、中国に17年間留学し、帰国後に右大臣まで上り、唐朝の文化を押し広めることに力を尽くした。阿倍仲麻呂は、唐朝では晁衡（朝衡）と名乗り、唐の官に任じられ、多くの詩人の友人がおり、その生涯を唐朝で終えた。玄宗の時代に、彼が帰国の途上で死去したという誤報が伝わると、李白は「日本の晁卿、帝都を辞し、征帆一片、蓬壺を繞る。明月帰らず、碧海に沈む、白雲愁色、蒼梧に満つ」[59]という人々の心を揺り動かす追悼の詩を詠んだ。留学僧の空海は、日本に戻った後に仏教の密宗を伝え広め、日本の仮名を創始し、日本文化に大きな影響を与えた。

唐朝の僧侶や商人たちの中にも、海を渡って日本に赴く者が少なからずいた。このうち最も有名な人物が、揚州龍興寺の鑑真和尚である。鑑真は、5度の挫折を繰り返しながらも、6度目で遂に日本に到着し、日本で戒律を伝授し、有名な唐招提寺を建立した。

日本は、社会制度・都市建設・科学技術・工芸美術・文学言語・宗教思想などの諸方面において、いずれも唐朝の影響を深く受けている。

---

56 〔新羅〕崔致遠『桂苑筆耕集』序より。
57 このうち何度かは成功しなかった。
58 2004年に西安で発見された『井真成墓誌』には、日本人の井真成が唐朝に来航した後、開元二十二年（734年）に長安で病死し、従五品官の「尚衣奉御」を贈られたことが記されている。
59 （唐）李白『李太白全集』巻25「哭晁卿衡」より。

第七節　隋唐時代の思想文化と科学技術

　隋唐の文化、特に盛唐の文化は、燦然と輝いている。学術の分野では、過去の総括に全力が尽くされ、また新しいものも醸成された。文学芸術の分野では、気魄が広大で、生気に満ち溢れている。

一　思想と宗教
1．思想
　南北朝時代の経学は、南学と北学に分かれ、思想文化の統一という統一王朝の国策に相反していた。唐朝の建国後、太宗は顔師古に五経を考訂させ、五経の『定本』を作らせた。その後また、孔穎達らに伝注[60]を統一して『五経正義』を撰定させた。学生たちはこれを学び、この書は科挙の試験における経典解釈の基準となった。文宗の開成年間（836～840年）には、再び鄭覃に九経（『礼記』・『左伝』・『毛詩』・『周礼』・『儀礼』・『周易』・『尚書』・『公羊』・『穀梁』）を校定させ、石に刻ませた。これが現在まで伝わる「開成石経」である。経学の統一は、思想の統一に有益な結果をもたらし、儒学の尊崇と、科挙をより優れたものとするために重要な意義を持っていた。

　ただし、統一と同時に、経学は明らかに硬化した。経書はただ試験のために読まれるのみとなり、思弁的色彩を相当に備えていた仏教思想の挑戦に対応できなくなり、また安史の乱後には、社会が激しく動揺した。こうして、新儒学が萌芽し始めたのである。唐代中期には、「『春秋』学」が大いに盛り上がり、その有名な学者として啖助・趙匡・陸淳が挙げられる。彼らは、『春秋』を研究し、伝を捨てて経を求め、微言大義を明らかにし、「大一統」を唱えて藩鎮の割拠に反対し、独立して個人の見解を発揮する学問研究の風潮を開いた。唐の後期には、韓愈（河陽の人、現在の河南省孟州市）が『原道』などを著し、仏教や老荘思想を論難し、これらを儒家の「道統」に位置付けようと、儒家の綱常名教の中で解釈し、関連付けた。この後、李翺が『復性書』を著し、人の性はもとは善であるが、後天的な「情」によって目が曇らされてしまうため、「情」を「性」に復帰するべく「嗜欲」の心を消滅させなければならないと考えた。このように、韓愈と李翺は、仏・道両家の思想を取り入れて儒学を救い、宋代理学の思想の基礎を定めたのである。

2．宗教
　仏教は、隋唐時代に中国化が完成し、全盛へと向かった。南北朝時代、仏教にはすでに

60　伝は、経書の経義を解釈した著作であり、経の次に重要な書物とされた。注は、経と伝を注解した書。

多くの師説が出現していたが、本土宗派が形成される条件は備わっておらず、隋唐時代に至って、中国仏教の宗派が結成され始めた。その最初の宗派は、隋の吉蔵が創始した三論宗である。その後、比較的大きな影響を持つものとして、天台宗・法相宗・華厳宗・禅宗・律宗・密宗（真言宗）・浄土宗が成立した。これらの宗派は、引き続き仏性の問題を探求し、人の心・性・情と宇宙観を繋ぎ合わせ、重要な哲学の範疇を提起した。これは、宋代理学家に継承された。唐代後期に至ると、文字を立てず、頓悟して成仏することを主張する禅宗が広く流伝した。この他、念仏を修行の方法とする浄土宗が下層社会に大きな影響を持った。隋唐文化が高度に繁栄するにともない、仏教の伝播の中心はインドから中国へと移っていった。寺院経済と仏教芸術は、いずれも社会経済や文化の中で重要な地位を占めた。唐の武宗は、会昌五年（845年）、拡大し過ぎた寺院経済を抑えつけるため、令を下して寺院を破壊し、寺の良田を没収し、僧尼を強制的に還俗させ、寺院の奴婢を解放した。これが唐朝の歴史上有名な「会昌廃仏」運動である[61]。

　道教の発展は、唐代前期に最盛期に到達した。唐朝の皇帝は、道教の教主である李耳が皇室の遠祖であると宣伝し、道教を尊崇した。高祖の時代には、道先・儒次・仏末という順序が確定し、太宗も重ねて道先仏後を宣言した。高宗は、老子に玄元皇帝を追号し、玄宗は『道徳経』に注釈を付け、自ら道士から符籙を受け、道教の発展はここにピークに達した。唐代の道教は、「上清派」の影響が最も大きかった。この一派は、符籙や辟穀[62]などの方術を伝授し、禅を取り入れ、次第に修仙へと進むことを唱えた。この他、丹鼎派（内丹派）は、煉丹服薬により長生を追求することを重んじ、唐後期の数人の皇帝は、丹薬を服食して死亡したという。唐朝が衰亡するにともない、政権の支持を失った道教もまた衰退していった。

　隋唐時代には、いくつかの外国の宗教も相次いで伝来した。キリスト教の一派である景教は、シリアから伝わり、広く流伝した。西安では「大秦景教流行中国碑」が出土している。祆教または拝火教（ゾロアスター教）は、ペルシャに由来し、唐以前から伝わり、多くは胡人の間で流行した。安禄山も祆教を信仰していた。摩尼教または明教（マニ教）は、これもペルシャに由来し、唐代では多くの農民起義がこれを利用した。以上の三教は、「三夷教」と通称されている。この他、唐の高宗の時代に、イスラム教も中国に伝来した。

---

61 「会昌滅仏」とも呼ばれる。事件の原因としては、武宗が道教を篤く信仰していたことなどの要素もあった。廃仏の2年目に武宗が死去し、宣宗が立つと、仏教は復興した。
62 辟は避ける、穀は穀物の意。穀物が体内で消化されると、そのかすから毒気が醸成されて疾病を起こし、丹薬の作用を妨げるとして、穀物を口にせず、松の実やきのこ、薬草などのみを食す健康法。

二 史学と文学

1．史学

　唐以前の紀伝体の正史は、多くが私家によって修撰されたものである。唐朝の開始以来、朝廷は史館を設立し、史官を置いて史書を専門的に編修させ、宰相にこれを総監させた。唐朝が成立して間もなく、太宗は史家に命じて斉・梁・陳・周・隋の「五代史」を修撰させ、房玄齢と魏徴にこれを総監させた。その後また、『晋書』を編写した。唐朝の史官は、当代史である「国史」を修撰する責任も負い、唐の高祖から粛宗に至る140年余りの「国史」100余巻を段階的に編修した。このような官修の史書制度は、後世の各王朝が習うところとなった。

　有名な歴史家である劉知幾（彭城の人。現在の江蘇省徐州市）は、史官として務めること30年余り、心を打ち込んで歴史を研究し、中国古代における最初の系統的な史学評論の著作である『史通』を著し、唐以前の史学を全面的に総括した。彼はこの書の中で、史学は「乃ち生人の急務にして、国家の要道為り。国有り家有る者、其れ之を欠くべきか」[63]と強調し、事実による「直書」を主張し、「掩悪（えんあく）」と「虚美」[64]に反対した。またこの書の中で、各種の体裁の史書の得失や史書の編写方法についても論じている。さらに彼は、歴史家が必ず備えるべき才・学・識の「三長」を提示した。これらの卓見は、後世の史学に大きな影響を与えた。

　唐後期の杜祐（京兆万年県の人、現在の陝西省長安県）は、『通典』200巻を著し、歴代の典章制度を記録し、政書体通史という新たな体裁を創始した。彼がこの書を編修した目的は、制度面から歴史の中の治乱の経験を総括し、安氏の乱後の社会の弊害を除こうとしたところにある。杜祐は、「治道」の根本は「衣食足る」ことにあると考え、「食貨」を『通典』の首篇とした。これは非常に意義のある見識である。『通典』の影響のもと、後世には『通志』や『文献通考』などの一連の政書体通史の著作が生まれた。

2．文学

　唐代の文学は、中国古代における文学の新たなピークであり、中でも詩歌が最も繁栄した。『全唐詩』に限っても2300人余りの5万首近い詩篇が収められており、その内容は豊富で、体裁も多様で、多くの作者がいる。初唐には「四傑」[65]がおり、その後、陳子昂が現れた。盛唐には、高適・岑参の辺塞詩や、王維・孟浩然の田園詩があり、中でも最大の成果は李白と杜甫の作品である。李白（籍貫は隴西。砕葉に生まれ[66]、四川で育った）の

63　（唐）劉知幾『史通』巻11「史官建置第一」より。
64　悪事を覆い隠すことと、実がないのにうわべを美しく飾り立てること。
65　四傑とは、王勃・楊炯・盧照鄰・駱賓王のことである。
66　李白の先祖は、罪によって辺境に移住させられていた。李白は、唐の安西四鎮の1つである砕葉城（現在のキルギス共和国内）で生まれたとされる。

詩は気魄広大、豪邁奔放である。杜甫（祖籍は襄陽。河南省鞏県の生まれ）の詩は雄渾でよく練られ、格調厳謹であり、2人は唐詩の「双璧」と讃えられている。中唐には「大暦十才子」[67]が現われ、その後、白居易（原籍は山西省太原市）が詩歌を改革し、平易な言葉を採り入れ、叙事の要素を増やした「元和体」を創始し、最も大きな影響をもたらした。その他の有名な詩人として、元稹・韓愈・孟郊・劉禹錫・李賀・杜牧・李商隠などがいる。唐代後期には、音楽と組み合わせ、句式の長短が異なる「詞」があらわれた。詞は、当初から抒情と艶麗の傾向を備えていた。

　唐代文学におけるもう一つの重要な成果が、「散文」文学の創作と発展であり、「古文運動」として現出した。その主要な発動者と参加者が、韓愈と柳宗元である。「古文運動」は、駢文（べんぶん）に反対し、文の風格と言語を改革し、散行単句で文を作り、「文を以て道を載（の）す」という思想を貫徹するものであった。韓愈の散文は、気勢が豪壮で、論理が清晰、簡潔で生き生きとしており、後世に大きな影響を与えた。

　唐代は、我が国の古典小説の形成期であり、中唐がその創作のピークであった。文人たちが「徴異話奇」の後「録して之を伝」えたため、「伝奇」とも呼ばれる。伝奇小説は、例えば『李娃伝』や『柳毅伝』などのように話の筋が複雑で、人物が鮮明で、言葉が明快で、高い芸術性を備えており、後代の小説文学の発展の基礎を打ち立てた。

　仏教の流行により、寺院では説唱の形で仏教故事ないし歴史故事を講唱することが流行した。その底本は「変文」と呼ばれ、近代の敦煌文書の発見によって人々に知られることとなった。変文は、後世の民間の説唱文学に重要な影響を与えた。

三　芸術と科学技術

1．芸術

　隋唐の絵画芸術は、西域の「暈染法」を吸収し、各題材でいずれも発展を遂げた。宗教画は依然として多く、有名な画家である呉道子は、宗教壁画300壁余りを描き、「呉帯当風」という独特の風格を形成した。現存する敦煌壁画は、全て並べると長さ25kmにも達する。このうち「経変画」[68]は、構図が複雑で、華麗で堂々としている。人物画と動物画もまた、高い芸術的水準を備えている。閻立本が描いた帝王像や、張萱と周昉が描いた貴族の女性は、いずれも真に迫り、韓幹の描いた馬は、精緻巧妙である。山水画は、「人、山より大なり」という制約が打ち破られ、李思訓父子の青緑山水や王維の水墨山水が形成され、後者は中国の伝統的な水墨山水画の基礎を定めた。近代に出土した大量の隋唐時代の墓室の

67　「大暦十才子」については、いくつかの見解もあるが、通常は盧綸・韓翃・劉長卿・銭起・郎士元・皇甫冉・李嘉祐・李益・李端・司空曙を指す。
68　「経変画」とは、ある部の仏教思想の内容を説明する図像形式の絵画である。

壁画は、当時の絵画の水準を反映する貴重な資料である。

　唐代の彫刻は、前代と比べてさらにきめが細かく、生き生きとしている。唐の太宗の昭陵の前に置かれた石彫の六駿は、世界に名高い石刻の精品である。また、龍門石窟の盧舎那仏は、造像が豊満で丸みがあり、厳粛で慈愛に溢れ、高さは17.4ｍ、耳の長さは２ｍ近い。敦煌石窟には、隋唐時代の塑像が500体近く残り[69]、形状は柔和で生き生きとしている。墓葬から出土した各種の陶俑三彩俑と石刻画は、人々に隋唐の彫刻芸術に対する認識を極めて豊富にもたらしてくれる。

　書道は、風格の面で南北を包括し、新たなピークに達した。初唐の書道は、多くが王羲之に学び、虞世南の水準が最も高い。欧陽詢は、北方の書法の風格を吸収し、自ら一体を成した。彼らは褚遂良・薛稷と合わせて「初唐四大家」と呼ばれている。盛唐時代には筆意が次第に豊かになっていったが、顔真卿がその「肥俗」の弊を一掃した。彼の筆法は力強く、形が整い重厚で、深遠な影響をもたらした。晩唐の書道の名家には、柳公権がいる。この他、懐素や張旭の草書も有名である。敦煌で発見された数万点の経巻は、多くが「経生」の抄録である。墓葬から出土した数千点の墓誌は、多くの書手・刻工によるもので、隋唐時代の書道の水準及びその普及を示す最もよい証である。

　この時代の音楽・舞踊における最大の特徴は、「胡楽」と「胡舞」、すなわち西域の楽舞の流行である。唐代の朝廷には「十部楽」があり、このうち六部が西域楽であった。また舞踊の「胡旋舞」などは、西域に由来する。

２．科学技術

　天文学の分野では、隋朝の劉焯が、以前の暦法である平朔法に代わるものとして、定朔法を採用した。これは、天文学史上における重大な変革である[70]。唐朝の僧である一行は、世界で初めて地球の子午線の測量を組織し、他の者たちと共に黄道游儀を製作して恒星を観測した。数学の分野では、主に前代までの成果が総括され、学校の教材として『十部算経』が編撰された。地理学の分野では、李吉甫の『元和郡県図志』が現存する最古の地方総志である。また賈耽は、「古の郡国を題するに墨を以てし、今の州県を題するに朱を以てす」[71]という沿革地図の描き方の体例を創始した。彼が描いた『海内華夷図』は、10ｍ四方近くの大型の全国地図である。

　医薬学の分野では、「分科」の医学教育と治療体系が完成された。隋朝の巣元方の『諸病源候論』は、後世の病因学と病理学の先河を開いた。孫思邈の『備急千金要方』・『千金

69　ここでは、完全にもとの姿を留めているもののみを指す。
70　すなわち日月運行の速度が均一ではないという理論によって定められた節気暦法（定朔法）であり、朔望月の平均日数で推算する暦法（平朔法）よりもさらに精確性が加わった。
71　『旧唐書』巻138・賈耽伝より。

翼方』は、先人たちの処方を集めて大成させたものである。王燾の『外台秘要』は、婦人や小児に専門の章を立てて論じており、インドの眼科の技術も引用されている。唐の高宗の顕慶四年（659年）に公布された『新修本草』は、世界初の国家による薬典である。この他、チベット族の医学経典である『四部医典』も高い医学的水準を備えている。

　唐朝ではまた、木版印刷術が発明され、おおよそ中唐・晩唐には、暦書や字書・術数書・仏像経咒など各方面の印刷に応用された。敦煌で発見された咸通九年（868年）印造の『金剛経』は、すでに印刷技術が相当に成熟していた時期の作品である。印刷技術の発明は、文化の伝播に非常に大きな推進作用をもたらした。これは、世界の文化の発展に対する中国の重要な貢献である。

　隋朝の李春が造った趙州（現在の河北省趙県）の安済橋は、現存する世界最古の単孔石アーチ橋である。また、唐朝の梁令瓚が製作した天球儀は、世界における機械仕掛けの天文時計の始まりであった。これらの成果は、隋唐時代の建築業と機械製造業の水準を反映するものである。

第七章

五代十国と遼・宋・西夏・金時代

　五代十国は、唐末の割拠の情勢が継続したものである。960年、開封で建立された北宋は、割拠政権を次々と滅ぼし、部分的ではあるが統一を完成した。北宋と並び立った民族政権の主なものとして、契丹族が北方に立てた遼（916～1125年）と党項族（タングート族）が西北に立てた西夏（1038～1227年）がある。1115年、東北の女真族は金を建立し、1125年に南下して遼を滅ぼし、1127年には北宋を滅ぼした。宋室は南の臨安（現在の浙江省杭州市）に遷り、金と対峙した。歴史上、南宋と呼ばれている。1234年、モンゴル帝国が金を滅ぼし、1279年には元朝が南宋を滅ぼした。

　370年余りにわたるこの時代には、全国に多くの政権が並び立ち、戦争が次から次へと起こったが、漢族・契丹族・タングート族・女真族の経済と文化、社会の発展は好調な勢いを呈した。特に両宋において、中国封建社会は新たな段階に入り、その文明もまた新たな高みに達した。それは、世界の文明の発展に重大な影響をもたらした中国の四大発明のうち、3つが宋人によって完成され、或いは広範に応用されたということに示されている。また、中国古代における経済の重心の南遷が完了し、その社会経済の発展の水準は、全国ないし世界をリードする地位に達した。国家が実施した土地政策の調整により、封建的土地制度と階級関係は新たな特徴を呈し、農民起義では「貴賤を等しくし、貧富を均しくす」というスローガンが提示された。主に庶族出身や科挙によって入仕した官僚士大夫の集団が、それまでの門閥士族に取って代わり、政治の舞台で活躍した。周敦頤・張載・程顥・程頤・朱熹・陸九淵ら著名な思想家たちが構築した宋代理学は、中国古代における理論的思考の発展の新たなピークを代表するものとなり、史学・文学・芸術の分野では新境地が開かれた。宋朝の影響のもと、遼・西夏・金は時代を超える進歩を実現し、多方面で輝かしい成果を獲得した。この時代（907～1279年）を総観するに、我が国の各民族政権の間には、政治上・軍事上の対立や衝突はあったが、経済上・文化上の交流や融合も行われた。各民族は、共同で歴史の発展を推進し、燦然と輝く多民族国家の文明を創造したのである。

第一節　五代十国と契丹の勃興

一　五代の変遷

　五代（907～960年）とは、唐朝滅亡後に黄河流域で相次いで建てられた、後梁・後唐・後晋・後漢・後周を指す。

　後梁を開いた朱温は、かつては唐末の黄巣起義軍の将領であったが、唐に降って全忠の名を賜わり、宣武軍節度使に任じられ、汴州（現在の河南省開封市）を治所とした。天祐四年（907年）、朱全忠は唐の哀帝を廃位し、自ら立って帝となり、国号を大梁とした。歴史上、後梁（907～923年）と呼ばれている。後梁は、汴州を開封府と改め、ここを都城として東都と呼び、唐の東都洛陽府を陪都として西都と呼んだ。後梁が直接統治する区域は、現在の河南・山東両省、及び陝西・湖北の大部分、河北・寧夏・山西・江蘇・安徽などの省区の一部であり、5つの中原王朝の中では最も狭い。後梁の17年間の統治は、李克用・李存勗父子との争いがやむことなく、1年に何度も戦うこともあり、この状況は国が滅びるまで続いた。

　李克用は、黄巣起義を鎮圧したことで身を興し、唐から河東節度使に封じられ、間もなく晋王に進封された。開平二年（908年）、李克用が死去すると、李存勗が晋王の位を継承した。龍徳三年（923年）春、李存勗は帝を称し、国号を大唐とした。歴史上、後唐（923～936年）と呼ばれている。同年冬、李存勗は開封を急襲して後梁を滅ぼし、洛陽に都を定めた。同光三年（925年）、李存勗は出兵して前蜀を滅ぼし、また黄河流域をおおよそ統一した。後唐の全盛期の統治範囲には、現在の河南・山東・山西の3省と、四川・重慶・河北・陝西などの省市の大部分、甘粛・寧夏・湖北・江蘇・安徽などの省の一部が含まれる。同光四年、魏州（治所は現在の河北省大名県）で兵乱が起こり、李克用の養子である李嗣源が機に乗じて帝位を奪取した。これが後唐の明宗である。明宗の統治時代は、政治が比較的公明正大で、政局も安定し、戦争も少なく、生産は回復し、農業が連年豊作となった、五代における有名な「小康」時代である。長興四年（933年）に明宗が世を去ると、閔帝李従厚が位を継ぎ、後に李従珂が帝位を奪った。その2年後、後唐は建国から14年で、石敬瑭に滅ぼされた。

　後晋を建てた石敬瑭は、李嗣源の娘婿であった。彼は、帝位を奪取するため契丹に援助を求め、その君主である耶律徳光を父皇帝と尊び、自らは「児皇帝」と称することをいとわず、また幽・雲十六州（おおよそ現在の北京市と河北・山西両省の北部に相当する広大な土地）を契丹に割譲し、また毎年絹帛30万匹を貢納した。こうして、契丹は燕山山脈を占拠し、中原は契丹の騎兵を防ぐ天然の防壁を失い、軍事上長期にわたって不利な情勢

に置かれることとなった。清泰三年（936年）、石敬瑭は後唐を滅ぼし、即位して帝を称し、開封に遷都した。歴史上、後晋（936〜947年）と呼ばれている。石敬瑭の死後、甥の石重貴が即位したが、彼は契丹に対して孫と称するのみで臣を称することはなかった。そのため、後晋の開運四年（947年）初めに契丹軍が開封に攻め入り、後晋は11年で滅亡した。

後漢を建てた劉知遠は、後晋の河東節度使であったが、後晋と契丹の戦争の際に形勢をうかがい、兵を招き馬を購入して戦力を拡充し、最も強力な藩鎮となった。後晋が滅ぼされると、劉知遠は太原で帝を称した。契丹が北に兵を引き上げると、劉知遠は機に乗じて汴州に進入し、これを東京と呼び、国号を漢に改めた。歴史上、後漢（947〜950年）と呼ばれている。後漢の統治地域には、現在の山東・河南の2省と、山西・陝西の2省の大部分、及び河北・寧夏・湖北・安徽・江蘇などの省の一部が含まれる。乾祐元年（948年）、劉知遠が病死し、甥の劉承祐が即位すると、統治者集団の中で内乱が発生した。乾祐三年、後漢の枢密使・鄴都留守[1]の郭威が兵を挙げ、開封に攻め入り、後漢の政権を奪取した。後漢の開国から僅か4年のことであった。

翌年正月、郭威は帝を称し、国号を周とした。歴史上、後周（951〜960年）と呼ばれている。郭威すなわち後周の太祖は、そのまま開封に都を定めた。後周の開国当初は、他に一連の割拠政権が並び立ち、このうち北漢・後蜀・南唐の勢力は、軽視できないものであった。しかし後周の建国時には、これらの政権の統治者の多くは凡庸で腐敗し、驕奢淫逸で、民の生活は安定せず、階級対立が尖鋭化していた。

後周の太祖は、前代の悪政に対し、積極的に改革を進め、厳しい刑罰と法律を除き、多岐にわたる雑税を廃止し、農民の生産に対する積極性を高め、社会経済を回復し発展させた。顕徳元年（954年）初め、太祖は病死し、養子の柴栄が即位した。これが周の世宗（在位：954〜959年）である。彼は果断に政策を採用し、軍紀を立て直し、老弱を淘汰して士卒を精選し、中央政府が直接統制する精鋭部隊を編成し、禁軍の戦力を高め、中央集権を大々的に強化した。これより、後周の兵馬は強壮となった。ここにおいて、周の世宗は、割拠勢力を平定して全国を統一することを決心し、易きを先にして難きを後にし、南を先にして北を後にするという、各個撃破の戦略を定めた。

顕徳二年九月、世宗はまず後蜀の秦嶺・岷山以北のいくつかの州を攻め取り、後蜀の北進の道を塞ぎ、後顧の憂いを絶ってから南唐への進攻を開始した。顕徳五年、後周の軍は長江北岸に達し、そのまま南唐の都金陵（現在の江蘇省南京市）まで迫り、李璟に淮河以南・長江以北の14州、60県を割譲させた。物資や人口が豊富な淮南を獲得したことで、後周の経済力は大いに増強された。顕徳六年三月、世宗は自ら大軍を率いて遼を攻撃し、

---

1 留守は留まって守ること、ここでは、留守役の意。

向かうところ敵なしであった。こうして後周軍がまさに幽州に進もうとした矢先、世宗は突然重病にかかり、軍を返して開封に戻らざるを得なくなった。世宗は間もなく病死し、7歳の子が帝位を継承した。世宗の在位5年半における文治武功は、割拠の情勢を終息させる基礎を定め、彼は五代で最も傑出した政治家として讃えられている。

晩唐以来、黄河中下流域は、軍閥の混戦により破壊され、極度に疲弊していた。さらに五代の時代、中原王朝が絶えず交替し、政治情勢が極めて不安定となったことは、人民の生活と社会経済に非常に劣悪な影響をもたらした。社会生産はおおむね停滞に陥り、個々の地域や僅かな期間に一定の回復がみられるのみであった。

二　十国の割拠

五代の統治者たちは正統を自任したが、これと同時に、他の地域には独立したいくつもの割拠政権が存在した。これらの政権には、前蜀・後蜀・呉・南唐・呉越・閩・楚・南平（荊南）・南漢及び北漢が含まれ、十国と総称されている。このうち呉と南唐、前蜀と後蜀は、それぞれ継承関係にある。また、郭威が後周を建立した際、劉知遠の弟である劉崇が山西に割拠し、太原で帝を称し、遼朝に服属した。歴史上、北漢と呼ばれている。北漢は、十国の中で唯一北方に建てられた政権である。

前蜀の創建者である王建は、黄巣の農民起義の鎮圧に参加し、後に武装勢力としての力を擁し、唐末の軍閥の混戦の中で絶えず勢力を発展させていった。唐の昭宗の天復三年（903年）、王建は蜀王に封ぜられた。唐の天祐四年、朱温が唐を簒奪すると、王建は帝を称し、成都を都とし、国号を大蜀とした。歴史上、前蜀と呼ばれている。前蜀は、現在の四川省と重慶市の大部分及び陝南・甘南・鄂西の一部の地域を占有した。後梁の貞明四年（918年）、王建は死去し、幼子の王衍が位を継いだ。王衍は荒淫奢修で、その政治は極めて腐敗していた。925年、前蜀は後唐に滅ぼされた。

後蜀を建てた孟知祥は、唐末に李克用のもとに身を投じ、高く評価されて李克用の姪を娶った。孟知祥は、後唐でも重用され、明宗の長興四年（933年）に蜀王に冊封された。翌年の初め、孟知祥は成都で帝を称し、国号を蜀とした。歴史上、後蜀と呼ばれている。孟知祥が死去すると、子の孟昶が位を継いだ。孟昶は中原の混乱に乗じ、勢力範囲を前蜀の全領域まで拡張した。乾徳三年（965年）、31年で後蜀は滅んだ。

呉を建てた楊行密は、唐末に江淮の農民起義に参加し、軍閥が混戦する中で身を興した。唐の昭宗の天復二年、楊行密は呉王に封ぜられた。呉は揚州を都とし、その勢力範囲には現在の江蘇・安徽・河南の3省の淮河以南の地域、及び湖北東南と江西の全域が含まれ、南方の諸政権の中で最も強大であった。楊行密の死後、政権は大臣の徐温及びその養子である徐知誥の手中に落ちた。後晋の天福二年（937年）、徐知誥は政権を奪取し、金陵に

遷都した。徐知誥は、自らを唐の皇室の後裔と任じ、李昇と改名し、国号を唐とした。これが南唐である。南唐は、呉の勢力範囲を継承し、これをさらに拡張した。李昇の子の李璟は、西方で楚を滅ぼし、東方で閩を滅ぼした。南唐は、領内の民を保護し安定させる政策を執り、領内は比較的安定し、生産は回復し発展し、五代時代における数少ない経済文化の繁栄した地域となった。李昇の時代の政治は比較的公明正大で、このときに建てられた廬山白鹿洞書院は、後世に有名な書院の一つとなっている[2]。

　呉越は、呉や南唐と隣接し、その支配地域は現在の浙江と蘇南の太湖流域が含まれる。呉越を建てた銭鏐は、黄巣起義の鎮圧に参加し、身を興した。唐の昭宗の天復二年、越王に進封され、天祐元年に改めて呉王に封ぜられた。後梁の龍徳三年、銭鏐は後梁の封建を受けて呉越国王となり、正式に建国し、杭州を首府とした。後唐の長興三年、銭鏐は病死し、その子孫が相次いで呉越国王を継承した。

　閩を建てた王潮・王審知兄弟は、かつて黄巣の農民起義に参加した。唐の昭宗の景福二年（893年）、王潮は福州に攻め入り、唐から福建観察使を授けられ、このときから福建を占有した。後梁の開平三年、後梁は王審知を閩王に封じた。王審知の死後、後継者はみな暴虐で、統治階級内では政権争いが絶えず、内乱もやむことがなかった。後晋の開運二年、閩の大部分の地域は南唐と呉越に分割され、閩王は南唐に投降した。

　楚を建てた馬殷は、唐の昭宗の乾寧三年（896年）に長沙に進入し、次第に湖南を支配していった。楚国の全盛期には、現在の湖南省の全域と広西チワン族自治区の東部及び東北の大部分、貴州省東部の辺境及び広東省西北の一部を領有した。馬殷の統治時代、人民は安らかに暮らし、活力を養うことができた。しかし馬殷の死後、馬氏の内部で権力争いと皇位の争奪が絶えず、戦乱がやまず、軍政が治まらなくなり、後周の広順元年（951年）に南唐に滅ぼされた。

　南平は、荊南とも呼ばれる。その創建者である高季興は、唐末に富家の家童となり、後に朱温のもとに身を投じた。後梁が唐に取って代わると、高季興は荊南節度使に任じられ、後唐はこれを南平王に封じた。高季興の死後、子の従誨が即位し、南平は荊（現在の湖北省江陵市）・帰（現在の湖北省秭帰県）・峡（現在の湖北省宜昌市）の3州を占有した。南平は、領域が小さく勢力も弱かったため、高従誨は諸々の割拠政権に対して臣を称することで、経済面での「賜予」を獲得し、諸国とおおむね平和的な友好関係を保ち、その存在を維持した。

　南漢を建てた劉隠は、唐の昭宗の時代に清海軍節度使に任命されたことから、その割拠の局面が形成され始めた。後梁が成立すると、劉隠は南平王に封ぜられた。後梁の貞明三

2　中国古代の有名な書院として、他に湖南省長沙市の岳麓書院、河南省登封市の嵩陽書院、河南省商丘市の応天書院、湖南省衡陽市の石鼓書院などがある。

年、劉隠の弟の劉䶮が帝を称し、国号を大越とした。翌年十一月には国号を漢と改め、また広州を興王府と改め、都城とした。歴史上、南漢と呼ばれている。南漢の全盛期は、広東・広西・海南及び湖南省南部の一部を占有した。南漢は税役が雑多で重く、割拠した諸国の中で最も腐敗していた。しかし、その地は南の辺境に位置し、中原から離れていたため、片隅で安逸をむさぼった。

　これら南方の9つの政権は、その大多数は政局が比較的安定し、程度は異なるが社会経済が発展し、特に長江下流域の呉・南唐及び呉越が顕著であった。五代十国時代の政治は、混沌たる情勢で、各地域間の経済面における交流は、著しく阻害された。ただし、中原王朝や南方の割拠政権の間には、互いに有無相通ずる交流も客観的には存在し、経済生活の面では不可分な依存の関係にあったことがみてとれる。

三　契丹の勃興

　唐の滅亡後、契丹族は我が国の北方で遼の政権を建立した。遼朝の統治は210年間にわたり、五代十国及び北宋の統治時代に相当する。契丹族は、中国の古代民族の一つであり、初めは八大部落から繁栄発展した。契丹族は、北魏の時代に発展を開始し、常に「朝貢」の形で中原王朝と経済的に交流した。隋唐交替期に至り、八大部落は、契丹族の歴史上最初の正式な部落連盟である大賀氏部落連盟を形成した。唐の開元二十五年（737年）前後には、契丹族は遥輦氏部落連盟の時代に入っていった。

　唐の天祐四年、耶律阿保機が契丹の部落連盟の首長の地位を獲得し、170年に及んだ遥輦氏部落連盟の歴史を終結させた。これに先立つ数年間に、阿保機は連盟の軍事首長と連盟首長に継ぐ権威を備えた「于越」の地位を担い、次第に連盟の軍政の大権を総覧していった。連盟の首長を加冕[3]された後の彼の地位は、事実上、奴隷制政権の君主と異なるものではなかった。統治の地位を強固にするため、阿保機は自身が禁衛の部隊を掌握するべく、いわゆる「腹心部」或いは「御帳親軍」を設置し、部落貴族内の反乱を粉砕した。後梁の貞明二年、阿保機は皇帝を称した。これが遼の太祖（在位：916〜925年）である。彼は、神冊の元号を建て、臨潢府（現在の内モンゴル自治区巴林左旗）に都を定め、国号を契丹とした[4]。こうして、契丹族の迭剌部を中核とする奴隷制政権が正式に建立され、世襲の皇帝権力が部落連盟首長を選任する旧制度に取って代わった。

　阿保機は帝を称した後、契丹族の八大部落の住民が居住する地域を規定し、皇帝が派遣

3　戴冠の意。
4　遼の国号は、何度か変更されている。916年に阿保機が帝を称して建元した際に国号を契丹とし、947年（一説には938年）に遼と改称され、983年に再び契丹と称した。1066年にはまた遼と称し、1125年に金に滅ぼされるまで続いた。本書では叙述の便宜のため、遼に統一した。

した皇族の迭剌部と后族の蕭氏の2つの貴族集団の成員によって、八つの部落を管理した。神冊六年（921年）、阿保機はまた詔を下し、「法律を定め、班爵を正し」[5]、統治の秩序をさらに強固にした。征服された契丹族以外の各族に対しては、強制的な手段によってこれを再編成し、居住地域を固定し、新たな部落を組織し、一つの政権組織に変成し、国家が派遣した契丹八部の貴族に「節度使」を担わせた。捕虜となった渤海人や漢人に対しては、州県を設立して統治を行い、また朝廷に漢児司を設置し、漢人に対する諸般の事務を管理させた。

　阿保機は、その卓越した軍事と政治の才能により、中国の北方辺境の広大な領土と諸所に分散した状態にあった草原地帯の遊牧諸民族を統一し、契丹民族と北方の各遊牧・漁猟民族の発展を促進し、北方諸民族の歴史的な融合の過程を加速させた。

　天賛五年（926年）七月、耶律阿保機は病死し、皇后の述律平（月理朶）がこれを継いで執政を行った。翌年十一月、述律后の意志により、次子の耶律徳光が太子の耶律倍に代わって皇位を継承した。耶律徳光は、遼の太宗（在位：927〜947年）である。彼の統治時代には、後晋を助けて後唐を滅ぼし、幽・雲十六州を獲得した。大同元年（947年）、太宗は死去し、耶律阮が擁立されて帝となった。これが遼の世宗（在位：947〜951年）である。世宗は、国号を遼に改めた。応暦元年（951年）、世宗は殺害され、耶律璟が帝位を継いだ。これが遼の穆宗（在位：951〜969年）である。

第二節　北宋の建立と政治改革

一　北宋の建立とその局所的統一

　五代十国時代の各政権は、互いの駆け引きの中で勢力が消長し、次第に統一が大勢の赴くところとなっていった。北宋政権は、後周が切り開いた統一の大業の基礎の上に建立されたのである。

　周の世宗は死去する前、政変を防ぐため、苦心して手筈を整え、禁軍の最高位の指揮官である殿前都点検の張永徳（郭威の娘婿）の軍職を解き、趙匡胤をこれに代えた。趙匡胤は、若い頃に郭威の幕下に身を投じ、たびたび戦功を立てて柴栄の信任と重用を獲得し、その一挙手一投足が影響を及ぼす重要人物となっていった。顕徳七年（960年）正月初め、趙匡胤は、北漢と遼が軍を合わせて南下してきたことを口実に、軍を率いて京城を出発し、北上してこれを防ぎ止めようとした。軍が開封北郊の陳橋駅に至ると、趙匡胤は部下たちから「黄袍[6]を身に加」えられ、帝に擁立された。歴史上、「陳橋の兵変」と呼ばれる事件

5　『遼史』巻2・太祖紀。班爵は、爵位・官階のこと。
6　黄袍は、帝王の服の象徴とみなされていた。

図 7-1　宋太祖蹴鞠図
(『文物中国史』第 7 冊、人民出版社、2011 年版、6 頁より)

である。こうして趙匡胤は、刃を血で汚すことなく後周の政権を奪取し、宋朝を建立し、開封をそのまま都に定め、東京と呼んだ。この政権は歴史上、北宋と呼ばれている。趙匡胤は、すなわち宋の太祖（在位：960～975 年）である（図 7-1）。

帝を称した趙匡胤は、まず後周の領域であった範囲内の統治を強固にした。その後、易きを先にして難きを後にし、南を先にして北を後にするという方針のもと、南北の統一を実現した。北方の契丹と北漢、及び西北のタングート族の脅威に対し、趙匡胤は武将たちを派遣して辺縁の州郡に駐留させ、こうして西北の虞れをなくしてから、東南の統一に力を尽くした。

乾徳元年（963 年）正月、宋朝は、湖南の叛将張文表を討伐することを名目とし、荊南に道を借りた。宋の軍が国境に迫ると、荊南節度使の高継沖は投降を余儀なくされた。荊南は、宋朝に滅ぼされた最初の割拠政権となった。続いて、宋軍は昼夜兼行して南に進み、すばやく湖南を併呑した。こうして、宋朝は南唐・南漢と後蜀との連絡を断ち、後に各個撃破するための条件が備わった。宋軍は、江陵から流れに沿って下ることが可能となり、南唐はもはや長江の天険をたのみとできなくなった。

乾徳二年末、宋朝は蜀への進攻を開始した。後蜀の政治は腐敗し、将帥たちは無能で、兵士たちには戦う意思がなく、宋軍は僅か 60 日余りで、後蜀の孟昶を投降させた。太祖は、

この長江上流の割拠勢力を滅ぼした後、北漢を2度攻撃したが、遼の援軍のため失敗に終わり、改めて南を先にして北を後にする戦略方針を貫徹することを決めた。開宝三年（970年）末、宋軍は湖南から南下し、半年をかけずに広州に進入し、南漢を平らげ、広東・広西の一部を北宋の統治下に治めた。

　南唐は、周の世宗が淮南を奪取した時点ですでにその弱体ぶりを露呈していた。李璟は自主的に後周に上表し、帝号を削ることを願い、唐国王と自称した。また、宋朝が建立されるとすぐに、これに臣属する態度を示した。建隆二年（961年）六月、李璟が死去し、子の李煜が即位した。歴史上、李後主と呼ばれている。李煜は、宋に対して謹んで臣節を修め、引き続き一地方を支配して安逸をむさぼろうとした。しかし開宝七年十月、宋の太祖は10万の大軍を派遣して南唐への進攻を開始し、間もなく金陵を包囲した。李煜は、使者を派遣して兵を緩めるよう懇願したが、太祖は剣を抜く振りをして「天下は一家なり、臥榻(がとう)の側ら、豈に他人の鼾睡(かんすい)を容れんや」と言った[7]。開宝八年冬、宋軍は金陵を攻め落とし、南唐は39年で滅亡した。李煜は開封に安置され、そこに居住したが、太平興国三年（978年）七月に毒殺された。

　李煜は、治国の才はなかったものの、書や絵画に巧みで、また詞作に長じ、開封に捕虜として居住するようになって以降、故国を想い、凄涼(せいりょう)たる心境のもと、少なからぬ名篇を創作した。李煜は、詞を「花間派」[8]の狭窄な領域から拡大発展させ、詞の新たな境地を開拓し、宋詞の発展に重大な影響を与えた。彼によって、詞作は一種の文体となり、詩と同様の重要な地位を獲得し始めたのである。李煜は、五代・宋初における最も傑出した文学者であるのみならず、中国文学史上においても重要な地位を占めている。

　ここに至り、南方の割拠政権は、福建の泉・漳両州を支配する陳洪進と、呉越の銭俶を残すのみとなった。彼らは宋朝の建立後、共に臣を称して朝貢していた。太平興国三年四月、陳洪進は、宋朝が割拠勢力を滅ぼす意を決したことを覚り、自主的に2州14県を献上した。歴史上、「泉・漳納土」と呼ばれている。銭俶もこれに従い、領有していた13州1軍86県を献上した。歴史上、「呉越帰地」と呼ばれている。こうして、南方は全て宋朝に統一された。

　太平興国四年正月、宋の太宗（趙匡義、在位：976～997年）は北漢に親征し、その五月、北漢の帝の劉継元は降伏した。こうして北宋は、遂に最後の漢族の割拠政権を滅ぼし、黄河流域・長江流域と珠江流域を全て管轄下に置き、唐末以来の分裂割拠の情勢を終結させ、

7　『続資治通鑑長編』巻16、開宝八年十一月辛未の条より。臥榻は寝台のこと。天下は一家であるのに、寝台のそばで他人が鼾をかいて寝ているのをどうして許すことができようか、という意。
8　花間派は、晩唐五代における詞の流派で、その文字は艶やかさに富みかつ緻密で、芸術性が高く、後世の詞に大きな影響を与えた。

局所的な統一を実現した。

二　北宋の統治施策

　宋の太祖と太宗は、統一戦争を進めると共に、一連の施策を採用し、方鎮の手から次第に兵権・政権・財政権を奪い、五代以来の「方鎮太だ重く、君弱く臣強し」という問題を改めた。

　宋朝の軍は、禁軍・廂軍・郷兵と蕃兵で構成された。このうち禁軍は、北宋の政権を守る主要な軍事力であった。建隆二年、宋の太祖はいわゆる「杯酒釈兵権」[9]を通じ、禁軍の主要な将領であった石守信らの軍権を巧妙に解いた。その後、殿前都点検と侍衛親軍馬歩軍都指揮司を廃止し、禁軍を殿前都指揮司・侍衛馬軍都指揮司・侍衛歩軍都指揮司のいわゆる三衙統領に指揮を分掌させた。このように、禁軍の領兵権が３つに分けられ、位の低い将領が三衙を掌握したことは、皇帝権力による軍の統制の強化を意味している。太祖はまた、養兵制度を樹立し、凶作や飢饉が発生した際には、大量の被災民を召募して軍に入れることとし、潜在的な反乱勢力を、封建統治を守る力へと変質させた。太祖はさらに、禁軍の拡充を名目とし、地方の軍から強壮で戦いに優れた者たちを選抜し、開封で禁軍に当たらせた。これと同時に、「更戍法」を実施し、禁軍の駐屯地を数年ごとに改める一方、将領は動かさず、将領と兵士たちの結び付きを防いだ。兵力の配置の面では、禁軍の半分は京師の開封に駐留させ、半分は地方に駐屯させた。

　中央の最高行政長官は、同中書門下平章事であり、これが宰相の職である。太祖は、宰相の権力が大きくなりすぎることを恐れ、権限を分化する方法を採用して宰相権を削減した。すなわち、軍政の大権を枢密使に掌握させ、財政の大権を三司使に掌握させ、宰相が掌握するところを民政に限ったのである。また、宰相が執務する中書門下（政事堂と呼びならわされる）と枢密使が執務する枢密院は、合わせて「二府」と呼ばれ、皇帝は両者の異同を利用して政令を発し、独断専行を実現した。この他、参知政事・枢密副使・三司副使を設置して宰相・枢密使・三司使の「副弐」とし、各部門の長官と互いに制約させ、その権力を削減した。

　北宋の地方政権は当初、州（府・軍・監）と県の２級に分かれていた。宋初の節度使は、五代を踏襲して数州を管轄し、これらの州は「支郡」と呼ばれていた。北宋は、割拠政権を滅ぼしてゆく過程で、各州が直接中央の管轄下に帰属するよう規定し、節度使が管轄する支郡の制度を廃止した。州の長官は知州と簡称され、直接皇帝に対して事案を奏することができた。後にまた各州（府）に通判を設置し、知州の副官としたが、事実上監督・牽

---

[9] 酒を酌み交わして将軍らの軍事権を奪う意。趙匡胤は、宴席を設けて禁軍の将領らに対して年金を保証する代わりに軍を動かす兵権を放棄するよう命じたという故事による。

制の機能を備えていた。県の長官は、知県或いは県令と呼ばれ、これも中央から派遣された。

　淳化四年（993年）には、全国を十道に分けた。至道三年（997年）、これを十五路に改め、以後も増加された。宋初から神宗期には、各路に職任の異なる4つの機構が次々と設けられた。すなわち安撫司・転運司・提点刑獄司・提挙常平司であり、これらは地方の各項の事務を分掌し、後に3つの部門を合わせて「監司」と呼ばれた。路の主要な任務の一つとして、州県の各級官吏の監督があった。

　割拠政権を平定した後、宋廷は常に、中央政府から臨時に文臣を派遣して新たな占領地域に赴かせ、節度使に代わって地方官を担わせるようになった。また彼らは、一地方での長期にわたる任職が許されず、短期間のみ管理するという意味で「権知」と呼ばれた。北宋前期の官・職・差遣は互いに分離していた。「官」（本官）は、一種の等級の待遇を示すものと化し、級を叙し、等を分かち、俸給を定めるのに用いられた。「職」（職名）は、職務ではなく、身分を明確にするための加官であり、実際の職務を表すのは、「差遣」のみであった。

　北宋の統治者たちは、科挙制度をさらに完全なものとした。試験の方法は厳格化され、試験官は宿舎に錠をかけ、答案は封彌（ほうび）・謄録（とうろく）された。科挙の試験は、朝廷が官吏を選抜する主要な途となった。科挙に及第した者は通常、すぐに官を授与され、その後の仕途昇遷の面においても、恩蔭などの他の出身者よりも早かった。宋の太祖は、自ら殿試を執り行い、これを制度化し、及第した者たちはみな「天子の門生」となった。太宗の時代には、各科の採用の定員が大々的に増員され、さらに多くの知識人を籠絡することとなり、統治階級の政治的基盤が拡大された。

　この「防弊」の精神が浸透した一連の施策は、予期された効果をある程度達成し、中央集権を強化し、封建統治を強固にし、また安定させた。しかし、軍の戦力が削減され、政府の行政の効率が低下し、農民の負担が重くなるなどのマイナスの効果ももたらし、後に統治が危機に瀕する禍根となった。

三　北宋の統治の危機と農民起義

　北宋政権は強固となったが、農民の受ける圧政・搾取の運命には何ら変化はなかった。北宋政府には、全国の土地の占有関係を有効に調整する力がなく、地主の占田の最高限度額を規定することもなく、また土地の自由な売買を許したため、宋代の土地兼併と土地集中の風潮は唐代後期よりもさらに盛んとなり、「富者は彌望（びぼう）の田有るも、貧者は卓錐の地無し」[10]という状況であった。農民階級の境遇は日に日に悪化し、北宋の初年から、小規模な農民起義が絶えず発生した。

四川地域の農民たちは、その受ける苦難が最も深刻であった。淳化四年の初め、王小波と李順を首謀者とする農民起義が青城県（現在の四川省都江堰市）で勃発した。この蜂起がひとたび始まると、王小波は「吾れ貧富の均しからざるを疾む。今、汝が為に之を均しうせん」というスローガンを明確に提示し、農民社会における富の深刻な不平等に対する強烈な不満を表明し、唐末農民起義で萌芽状態にあった「均平」思想を具体化し、明確化した。これは、中国の農民戦争史上において初めて「貧富を均しうせん」というスローガンを提示したものである。このことは、農民闘争が新たな段階まで発展したことを示しており、以後の農民起義に重大な影響をもたらした。四川の起義は2年後に鎮圧されたが、統治者たちは農民の反抗闘争の脅威に深く思い至った。遼への2度の出兵がいずれも失敗に終わった太宗は、ここにおいて政治方針を調整することを決定し、全力で「守内虚外」の政策を貫徹し、遼と西夏に対しては受動的な守勢を採用し、「内患」の予防を絶対的優先の地位に置いたのである。

　景徳元年（1004年）、遼軍が南下し、数州を攻め破り、京城に迫った。宋の真宗（趙恒、在位：998〜1022年）は極度に恐れおののき、都を遷して南に逃れようとした。宰相の寇準は、利害を明確に述べ、真宗に御駕して親征するよう力説した。そこで真宗は、自ら戦陣に臨み、宋軍の将兵は深く鼓舞を受け、士気は大いに振るった。遼朝は、その勢いを見て和平交渉を行う意志を抱き、もともと戦に怯えていた真宗もただちにこれに同意を示し、遼朝と「澶淵の盟」を実現した。この盟は、毎年遼朝に絹・銀を贈ることと引き換えに、宋・遼の間の40年以上にわたる敵対関係の状態を終息させ、双方が兄弟の国として約したものである。これより北宋末年に至るまで、基本的には和平の局面が維持された。

　太平の世を粉飾するため、真宗は王欽若らと共に「天書」を偽造し、東に泰山を封じ、西に汾陰を祀り[11]、宮観を興建し、民を労して財を傷ない、毎回の祭祀活動で各級の官吏に大量の賞賜を行った。真宗が死去すると、僅か12歳の子趙禎が即位した。これが宋の仁宗（在位：1023〜1063年）である。摂政の劉太后は、また佞臣や貪官[12]を信任し、意のままに封賞を行った。官僚機構は床に床、屋根に屋根を重ね[13]、官僚組織は日に日に膨大となり、行政の効率は低下した。

　このような膨大な支出を維持するため、宋廷は賦税の名目を増やし、税額を大きくし、民衆からの搾取をさらに重くした。農民は重い負担に堪えきれず、大量の自作農が破産し、これに加えて連年にわたって災荒が発生したため、流民があらゆるところで発生し、農民

10　『続資治通鑑長編』巻27、雍熙三年七月甲午の条より。「彌望」は見渡す限りという意。
11　真宗は、泰山で封禅を行って天を祀り、汾陰（山西省栄河県）の北で地の神「后土」を祀った。
12　佞臣は、君主にへつらう臣下、貪官は、汚職官吏のこと。
13　床の下に、もう1つ床を設けたり、屋根の上に、もう1つ屋根を架けたりするように、無駄なものをこしらえること。

起義が各地で次々と起こった。宋朝では、階級対立が尖鋭化したのみならず、西夏と遼朝との関係もさらに複雑化し、緊張した。西夏の侵入と遼の強迫に直面し、宋朝は明らかに軟弱で無力であり、長期にわたって形成されてきた軍事的な弱体ぶりも余さず露呈することとなった。軍隊の拡充と歳幣[14]の増加は、冗費を激増させ、毎年収入が支出に足りなくなり、財政危機は日に日に深刻化していった。

　社会の危機を脱し、宋王朝の統治を強化するため、統治集団の中の幾人かは変法を試みようと考え始めた。その最も有名なものが、范仲淹・富弼らが主導した「慶暦の新政」である。范仲淹は、字は希文といい、蘇州の人で、北宋中期に影響力をもった政治家である。彼はもともと「天下の憂いに先んじて憂い、天下の楽しみに後れて楽しむ」を志とし、宋朝の長期にわたる太平と安定の問題に強く関心を抱いていた。官途について以来、彼は敢えて朝政の得失を直言し、いくつかの興利除弊の建議を提出した。その後、彼は陝西で西夏に対する防衛戦争を指揮し、西夏の侵攻を有効的に阻止したことで、一気に名を挙げた。

　慶暦三年（1043年）八月、仁宗は范仲淹を参知政事に任命し、富弼を枢密副使とし、彼らが悪政を改革して政局を革新することを期待し、また当世の急務に対して書面による建議を提出させた。范仲淹と富弼は、商議した後、あの有名な『答手詔条陳十事』を奏上した。いわゆる「十事」とは、「黜陟を明らかにし、僥倖を抑え、貢挙を精密にし、官長を厳選し、公田を均一にし、農桑を厚くし、武備を修め、徭役を減じ、恩信を深く思い、命令を重んずる」[15]ことを指す。仁宗は、改革の建議の大部分を採用し、慶暦三年九月から四年に至るまで、相次いで一連の詔令を発布し、以前に実行されていた官僚選抜と昇遷方法を改革すると宣布した。これがいわゆる「慶暦の新政」である。この新政で推進された施策は、吏治の整備を主な内容とし、弊害がはびこっていた宋朝の専制統治を改善することに利をもたらした。ただし、官僚や権貴の既得権益を侵したため、彼らの強烈な攻撃に遭った。彼らは、改革を支持する官吏を「朋党」と責め立て、あるときは権謀を弄し、謡言を作り出し、范仲淹らに悪意のある中傷を行った。

　慶暦四年十月初め、宋と西夏は和平を合議した。慶暦五年正月中旬には、遼朝が派遣した使者が開封に至り、遼と西夏の戦争の終結を告げ、宋朝に対しても誼を示した。西夏と遼の脅威が相次いで解除され、天下がすでに太平であると考えた仁宗は、同月下旬に范仲淹と富弼を罷免して地方官に出任させた。こうして、新政は夭折した。

　ただし、各地の小規模な農民起義や下層兵士の反乱事件は、なお絶えることなく発生し

14　毎年、礼物として他国へ贈る金品のこと。
15　「黜陟」は、功の有無により官位を上げ下げすること。官僚の俸給を調節し、行政機構を統廃合し、科挙を改革し、役人の人事を公正に行い、土地改革、農地改革を行い、軍組織を再編成し、徭役を削減し、広く朝廷の恵政と信義を実行し、命令を徹底させる。

ていた。統治集団の内部では、改革を要求する波が引き続き高まり、仁宗の後を継いだ英宗（趙曙、在位：1064～1067年）も、積年の弊害を改めることを望んだ。しかし、彼の在位期間は短く、また常に病を患っていたため、改革の進行に着手することができなかった。

四　王安石の変法

　治平四年（1067年）、英宗が病死した。位を継いだ神宗（趙頊、在位：1068～1085年）は、強い志を抱き、内憂外患と財政困難の局面を改めることを決意し、天下に名を馳せていた王安石に変法の期待を託した。王安石は、字を介甫といい、臨川（現在の江西省撫州市）の人で、我が国古代における傑出した政治家、改革者であり、思想家、文学者である。彼は、長期にわたって地方官を務めたことから、現実の社会について多くを理解し、宋朝の統治が直面する危機をより深刻に認識していた。神宗は即位すると、王安石を翰林学士に起用し、直接皇帝に政見を陳述することを許した。熙寧二年（1069年）、神宗は王安石を参知政事に任命し、また「制置三司条例司」を創立して変法を執行する機構とし、王安石自らの責任により、変法を実行させた。

　財政面では、王安石は「天下の力に因りて以て天下の財を生じ、天下の財を収めて以て天下の費に供す」[16]という基本方針を提言し、均輸法・青苗法・農田水利法・免役法・市易法・免行法・方田均税法などの施策を推し進めた。また、宋王朝の「内憂」と「外患」に対応する力を強化するため、保甲法・保馬法・将兵法及び軍器監の設立などの施策を実行した。この他、科挙制度の改革に着手し、学校を整備し、新法を支持する人材を育成して引き入れた。

　王安石が推進した変法は、富国強兵を中核とし、前後20年近くにわたって行われた。その結果、変法による「富国」の目標を部分的ながらも実現し、中央と地方の財政は大々的に改善された。また「強兵」の面でも、西夏に対して戦略的に有利な情勢が形成され始めた。しかし、将兵法の実施は禁軍の戦力を明確に高めるには至らず、保甲法による「兵を農に寓せしむ」制度の復活という構想も、当時の歴史的条件のもとでは実現が困難であった。

　新法は、皇室や中級高級官吏、豪強や高利貸しの利益を多かれ少なかれ侵犯したため、彼らの反対や妨害を受けた。神宗は、心中では変革への意志を堅持していたが、人事面では新旧両党の均衡を求めなければならなかった。熙寧七年、王安石は初めて宰相の職を罷免された。翌年、神宗は再び王安石を都に呼び戻して復職させ、引き続き新法を執行させ

16　『宋史』巻327・王安石伝より。

た。しかし、2人の間には変法の問題で分岐が生じ、王安石の復職後はさらなる支持は得られなかった。さらに、変法派内部でも分裂が生じ、また愛する我が子の王雱が病死したため、王安石は熙寧九年に宰相の職務を辞し、江寧府（現在の江蘇省南京市）に閑居し、以後学問に潜心し、世事を問うことはなかった。

　元豊八年（1085年）三月、神宗が病死し、趙煦が位を継いだ。宋の哲宗（在位：1086〜1100年）である。哲宗は幼かったため、神宗の母である高氏が垂簾聴政を行った。高太后は、宮廷内における新法反対派の主要人物であり、彼女は朝政の大権を掌握すると、すぐさま司馬光・呂公著・文彦博ら保守派の元老大臣を京城に召し返し、彼らに守旧派の人物を推薦させ、朝廷の職に任じた。司馬光は宰相に任じられると、1年余りの間に、熙寧年間（1068〜1077年）に発布された変法の施策の大部分を廃止した。これらのことは、哲宗の元祐年間（1086〜1093年）に発生したため、後に「元祐更化」と呼ばれた。

　元祐八年(1093年)、高太后が病死し、哲宗が親政を開始した。彼はすぐさま変法派の面々と結託し、神宗の「遺業」を継承するという旗印を掲げ、紹聖と改元し、神宗が発布した法令を復活した。しかし、新たに台頭した変法派は、自己の権勢をいかに強固なものにするかを主に考えていたため、統治集団内における陰に陽にの争いはさらに激化し、北宋王朝の統治は深刻な危機に陥った。

第三節　遼・西夏・吐蕃・回鶻・大理

一　遼の北方統治

　遼の景宗（耶律賢、在位：969〜982年）は、穆宗時代の衰乱の余波を受け、精励して国家の経営に当たった。982年、景宗は病死し、僅か12歳の長子耶律隆緒が即位した。遼の聖宗（在位：983〜1030年）である。そのため、承天太后蕭綽（燕燕）が摂政となった。翌年、統和と改元し、また国号を契丹に改めた。承天太后の摂政は27年の長きにわたり、景宗期から始まった中興の歩みを継承し、発展させ、遼は遂に最盛期を迎えた。

　統和二十二年（宋の景徳元年、1004年）、承天太后は親征を行い、大挙して南下した。「澶淵の盟」により、遼朝は毎年宋朝から絹20万匹、銀10万両を獲得するようになり、財政状況は大幅に改善され、人民も安らかに暮らし、楽しんで仕事に勤しむようになった（口絵21）。承天太后の死後、聖宗は10年をかけて高麗を征討し、また西に阻卜部の反乱を討ったが、民を労して財を損なう結果となり、甚大な損失をもたらした。聖宗は、吏治に意を注ぎ、民生を重視したが、彼の統治の末年には戦乱が絶えず、国勢は衰えに転じた。

　遼朝の統治者たちは、政権を建立し領土を開拓してゆく過程において、各族の上層の人士を絶えず引き入れて統治に参与させ、各族の文化と制度を学び、彼らの統治方法を各地

域の人民の社会的文化的背景と適応させた。遼の世宗耶律阮（兀欲）の時代には、本国の基本状況に適応した政治制度が形成され、穆・景・聖の３代を経て、次第に完成されていった。遼朝の統治の基本方針は、「俗に因って治める」[17] ことであり、２つの並行する政権機構として、北面官と南面官が創建された。北面官は、契丹各部とその他の遊牧・漁猟部族の事宜を処理し、その長官は契丹族の貴族が担った。南面官は、漢人・渤海人の事務を管理し、長官は契丹族の貴族と漢人・渤海人の上層の者が担った。北面官の最高行政機関である北枢密院は、契丹枢密院とも呼ばれた。北枢密院はまた、皇帝の直接支配下にある最上級の軍事決策機関でもある。南面官の最高権力機構である南枢密院は、漢人枢密院とも呼ばれ、漢人・渤海人の州県の事務を掌管した。契丹などの各遊牧部族の軍政の事宜を総理する中央機構は、北・南の二宰相府であった。

　遼の政権では、五京が建置されたが、皇帝と朝臣たちは常には京城に居なかった。彼らは、毎年四季ごとに異なる地域を巡幸し、政治の中心も彼らの移動にともない移転した。契丹語ではこのことを、遼帝の行営を意味する「捺鉢」と呼び、また四時捺鉢とも呼ばれた。毎年夏と冬には、皇帝は捺鉢で北・南大臣と国事を商議した。捺鉢は、国政会議を行う場であり、また皇帝が国事を処理する場所である。皇帝及び個々の后妃・親王が個人で掌管する政治・経済・軍事の機構は「斡魯朶」と呼ばれ、これを漢訳すると行宮となる。

　地方統治と機構の設置においては、「俗に因って治める」という特徴が体現された。契丹などの遊牧部族は部落で治め、漢人と渤海人は州県を設けてこれを統治した。この他、契丹族の貴族が建立した投下（「頭下」に作る場合もある）軍州があり、漢地で掠奪した人戸を安置するために用いられた。

二　西夏政権の勃興と発展

　11世紀初め、タングート族は、我が国の西北地域で大夏政権を樹立した。歴史上、西夏と呼ばれている。タングートは、羌族の一支族であり、早くから現在の四川省西北部と青海省東南部一帯で活動していた。唐朝の建立後、タングート族の各部の酋長は部落を率いて内属し、唐朝と密接な関係を結んだ。その後、日に日に強盛となってゆく吐蕃の勢力に圧迫され、一部のタングート人たちは分かれて東北に向けて遷徙を始めた。こうして唐宋交替期には、タングート人の集住する地域は、おおよそ東北は陝西省府谷県一帯、南は陝西省延安市・富県、西南は甘粛省会寧県に至り、西北は寧夏回族自治区霊武市・塩池県を占有した。遷徙後のタングート族は、政治・経済などの面で中原地域との連携をさらに強化した。９世紀末、タングート族拓跋部の首領である拓跋思恭は、黄巣起義の鎮圧に参

17　それぞれの習俗に従って治めること。

加し、唐朝政府は彼を定難軍節度使に封じ、李姓を賜与し、爵位を夏国公に昇格させた。

宋朝が建立されると、タングートの李氏は帰属の意思を示したが、以前からの割拠の情勢は維持された。宋の太宗の統治時代には、タングートの首領である李継捧に厚く賞賜を加え、官職を昇進させた。こうして、タングートの李氏は、代々領土を継承することができたのである。しかし、李継捧が宋朝に帰属したこの行動は、タングート内部の急速な分裂を引き起こした。李継捧の族弟の李継遷は内遷を拒み、タングートの他の部落の首領たちと連合し、宋に対抗する戦いを進めた。彼は、遼と宋の間の対立を利用し、遼の援助を勝ちとった。タングートと宋朝との戦争は、互角の勝負であった。

宋の真宗の景徳元年（1004年）、李継遷が死去し、子の李徳明がこれを継いで即位した。李徳明は、遼・宋のいずれに対しても友好関係を維持し、特に北宋との政治的経済的関係は大きな発展を遂げた。真宗の天禧四年（1020年）、李徳明は統治の中心を興州（現在の寧夏回族自治区銀川市）に遷した。仁宗の明道元年（1032年）、李徳明が死去し、子の元昊が即位した。彼は一連の施策を採用し、次第に中央の王権を打ち立てていき、また唐宋の制度に基づき、上から下までの政権機構を整備した。軍事制度の面では、元昊は一方では引き続き部落兵制を維持し、部落兵に対する統制を強化した。もう一方では、各部の豪族の中から5000人の精鋭を選抜し、自身の近衛軍に充当し、王権の力を強化した。元昊はさらに、野利仁栄と共に漢字を模倣して「蕃書」（すなわち西夏文字）を創始し、国人に使用させた。この他、彼は領域内の各族の人民に禿髪を強制し、各級の官吏と庶民の服飾を規定し、唐・宋王朝から拓跋の首領として「賜」わった「李」姓と「趙」姓を廃棄し、嵬名氏に改めるなどの施策を行った。

仁宗の宝元元年（西夏の天授礼法延祚元年、1038年）、元昊は正式に帝を称し、国号を大夏とし、興慶府（現在の寧夏回族自治区銀川市）を都に定めた。歴史上、西夏と呼ばれる政権である。その領域は、東方は黄河に至り、西方は玉門を境界とし、現在の寧夏・甘粛の大部分、陝西北部と内モンゴルの一部を含んでいる。宝元二年正月、元昊は遣使して宋朝に上表し、彼が帝を称する合法性を宋朝が承認することを期待した。しかし宋の仁宗は、その表章に目を通すと、過去に元昊に賜与した官爵と爵位を剥奪し、互市を停止し、「榜を辺に掲げ、人の元昊を擒にす、若しくは斬首して献ずること能う者を募り、即ち定難軍節度使と為さん」[18]と言った。この後、宋朝は西夏と連年交戦したが、戦うたびに敗れた。一方、勝利した西夏もまた、多くの死傷者を出し、特に中原との貿易が断絶したことで「飲むに茶無く、衣るに帛貴し」[19]となり、人民の生活は困窮し、統治者に対する恨

---

18 『宋史』巻485・夏国伝上より。辺境に立札を立て、元昊を捕らえるか、その首を献上することのできる者は、すぐに定難軍節度使とする、とした。
19 『続資治通鑑長編』巻138・慶暦二年十二月条より。

みは日に日に深くなっていった。このような情況のもと、元昊は宋朝に和を求めた。宋廷は、この求めをやむを得ずとし、仁宗の慶暦四年（西夏の天授礼法延祚七年、1044年）に双方の協議が実現した。元昊は夏国主の名義で臣を称し、宋は「歳賜」として銀・綺・絹・茶それぞれ 25.5 万を賜与することとした[20]。また、夏国が自身の官属を置くことを許し、辺境に権場[21]を置き、貿易の取引を復活させた。

元昊は、遼に対しても常に称臣し、遼の公主を妻に娶り、遼の援助を勝ち取り、宋朝に対抗した。遼朝もまた西夏を利用し、宋朝との駆け引きの手段とし、宋朝からの歳幣を銀 20 万両・絹 20 万匹に増額させた。西夏と遼の間には、辺境の人口の争奪のため、たびたび衝突も発生した。西夏と宋朝の和議の後には、遼と西夏の対立は尖鋭化した。遼の重熙十三年（1044年）、遼の興宗（耶律宗真）は西夏に親征したが、元昊に打ち破られた。慶暦八年、元昊が死去すると、子の諒祚が位を継いだ。翌年、遼は再び西夏に進攻した。西夏はこれに勝利した後、以前のように遼に臣属の態度を示したため、ここに北宋・遼・西夏が鼎立する情勢が形成された。

元昊の後継者たちは、引き続き宋に対しても臣を称したが、辺境への侵入や掠奪はやめなかった。宋朝は軍事上、攻撃されるがままの状態であった。神宗の熙寧・元豊時代には、宋朝は西夏に 2 度出兵したが、共に失敗に終わり、民を労して財を損なうのみであった。西夏は勝利を得たものの、経済面では歳賜と貿易の実質的な恩恵を失い、内部の矛盾が日に日に尖鋭化していった。双方は共に戦いを継続する力がなく、ここにおいて再び以前の状態が回復した。西夏は宋に対して称臣し、かわりに大量の歳賜を受けた。ただし、辺境における衝突は、北宋の滅亡までやむことはなかった。

三　吐蕃・回鶻・大理

1．吐蕃

9 世紀中葉に吐蕃王朝が滅亡すると、吐蕃の本部（現在のチベット）や吐蕃王朝がかつて統治していた河西・隴右地域はみな、分散し混乱した状態となり、これは 13 世紀中葉にモンゴルの大ハンがチベットを統治するまで続いた。この期間には、いくつかの比較的大きな割拠勢力が形成された。蔵伝仏教（チベット仏教）[22]もまたこの時期に発展し、割

20　『宋史』巻 485・夏国伝上より。
21　権場とは、宋朝と西夏などの政権が境界を接する地に設置された互市市場のこと。
22　蔵伝仏教（チベット仏教）は、蔵語系仏教とも呼ばれ、ラマ教と俗称される。これは、仏教が吐蕃地域に流入した後、現地の宗教の要素を大量に吸収して発展した教派である。7 世紀に始まり、9 世紀中葉に一度禁絶された。いわゆる「朗達瑪（ラン・ダルマ）の廃仏」である。100 年後、仏教は西康地区と衛蔵地区に再び流入し、西蔵仏教は再興した。ラン・ダルマの廃仏以前における、仏教のチベットへの伝播は蔵伝仏教の「前弘期」と呼ばれ、以後は「後弘期」と呼ばれている。後弘期は、仏教の流入の経路が異なるため、上路弘伝と下路弘伝とに分けられる。

拠勢力と緊密に結びついた。9世紀末から10世紀初めに至ると、河西回廊を南下した回鶻が甘州を占領し、河西回廊の東端に位置する涼州（現在の甘粛省武威市）は隔絶した状態となった。涼州の首領は、後に現地の吐蕃の首領を務めたが、彼らはみな中原王朝の冊封を受け、中原王朝に幾度も節度使を派遣するよう求めた。宋の真宗の咸平年間（998～1003年）、涼州一帯を統治する吐蕃六谷部の首領であった潘羅支及びその後継者は、宋朝のタングートに対する戦争に積極的に協力した。六谷部は、しばしば宋朝に大量の戦馬を供給し、宋朝もまた彼らに茶葉や織物、薬剤や弓矢といった武器を贈り、互いに密接な関係を保った。

　11世紀初め、青唐城（現在の青海省西寧市）を中心として、吐蕃の首領唃厮囉が地方政権を樹立し、甘青地域の吐蕃勢力の中心となった。11世紀中葉、涼州が西夏に占領されたため、六谷部の余部も唃厮囉に投じた。歴代の唃厮囉はみな、宋朝の冊封を受け、宋帝から「阿舅天子」と尊称された。しかし宋の神宗以降は、何度も武力によって河湟吐蕃を征討したため、北宋と吐蕃の関係は緊張状態へと向かっていった。西夏が河西回廊を支配すると、高昌回鶻などの地の商人たちは、唃厮囉政権の統治下にある鄯州（現在の青海省楽都区）を通って中原に到達する道で貿易を行ったため、鄯州は当時における中原と西域の交通の要衝となった。

　北宋領内の涇水と渭水の流域には、少なからぬ吐蕃の部族が分散しており、それぞれに首領がいた。このうち北宋政府の戸籍に編入されたものは、「熟戸」と呼ばれた。北宋は、彼らの部落組織を保ち、彼らの首領を各種の官職に任命し、基本的には世襲とした。

　当時の吐蕃本部は、北宋と直接的な接触はもたなかったが、甘青地域と宋の領内の吐蕃部族が、彼らの関係を仲介した。

2．回鶻（ウイグル）

　9世紀中葉、回鶻汗国はキルギスに滅ぼされ、回鶻人の主要部分は西方に向かい、河西回廊から葱嶺（パミール高原）以西の広大な地域、特に現在の新疆地域に遷り、その地で前後していくつもの政権を建立した。甘州回鶻、高昌回鶻、于闐回鶻、亀茲回鶻と喀喇汗国（カラ＝ハン国）（或いは黒汗朝とも呼ばれる）である。これらの回鶻汗国は、いずれも中原王朝と密接な関係を保ち、或いは自らを中原王朝の一部であると認識していた。後唐以降、甘州回鶻はつねに中原にとっての戦馬の重要な供給者であった。宋朝の秦州（現在の甘粛省天水市）・渭州（現在の甘粛省平涼市）などの守臣たちは、しばしば牙校を派遣して甘州回鶻の領内で馬を購入した。高昌回鶻は、常に宋朝と遼朝に使節を派遣していた。太平興国六年（981年）、宋の太宗は、王延徳らを派遣して高昌に出使させ、カガンの丁重な接待を受けた。于闐と亀茲のカガンもまた宋朝と密接な関係を保ち、于闐は遼朝とも関係を持った。カラ＝ハン国は、中原から最も遠方にあったが、そのハンは往々にし

てその肩書に「桃花石汗」の字を帯びていた。「桃花石」は突厥語で中国を意味し、彼らが中国のハンであることを自任していたことが分かる。

回鶻はもともと遊牧民族であり、西遷以降は牧畜業の他、農業と手工業にも発展がみられた。回鶻の商人たちは、東方と西方の間を往来した。遼朝の都城である上京には、回鶻商人の専用居住区である「回鶻営」があった。また、多くの商人が遼の南京（燕京。現在の北京市）まで到来し、貿易を行った。北宋までやって来て貿易を営む回鶻商人も多く、家族を従え、久しく留まって帰らない者もいた。回鶻人は、「朝貢」や互市などを通じ、自らが産出し或いは他の地域との交易で手に入れた馬匹・玉器・薬材・香料などを内地に輸送し、内地の茶葉・鉄器・銭幣に換えて戻っていった。こうした経済交流の過程で、回鶻の文化も新疆地域及び東西文化の精華を吸収し、急速な発展を遂げた。

政治・経済・文化の密接な交流を基礎として、新疆の各族の人民は、回鶻を主幹として次第に融合し、現在の維吾爾族が形成されていった。おおよそ11世紀初めには、カラ＝ハン国が于闐汗国を滅ぼし、現地の住民をイスラム教に改宗させた。12世紀初め、カラ＝ハン国は西進してきた遼軍に降伏し、西遼[23]の属国となり、1211年に滅亡した。

3．大理

唐の昭宗の天復二年（902年）、南詔政権は滅亡した。その後、雲南では相次いで3つの政権が出現した。すなわち、鄭氏の大長和（902〜928年）、趙氏の大天興（928〜929年）、楊氏の大義寧（929〜937年）である。後晋の天福二年（937年）、大義寧政権の通海節度使で白族人の段思平は、雲南東部の三十七部の「烏蛮」（彝族）と連合し、大理城を攻略して大義寧を滅ぼし、大理政権を樹立した。

大理の領域は、基本的には南詔と同一で、計8府、4郡、37部であり、政治経済の中心は洱海周辺の地域であった。8府・4郡は、大理政権が直接管轄する地域であり、37部には世襲の「部長」がおり、相対的な独立性を備え、その大部分は彝族であった。大理政権の最高統治者は、段・高の二姓の貴族たちであった。

大理政権の建立当初、内地の漢族の地はなお割拠紛争の状態にあったが、宋朝が建立されると、次第に関係が回復していった。乾徳三年（965年）、宋が後蜀を滅ぼすと、大理はすぐに官吏を派遣して公文書を宋の朝廷に送り、祝賀の意を示した。この後、大理は9度にわたって使者を北宋の朝廷に派遣して「入貢」し、誼を通ずることを求めた。太平興国七年、宋の太宗は、令を下して大渡河で大船を建造させ、大理が「入貢」するための便

23　西遼は、黒契丹や哈喇契丹或いは哈喇乞答（カラ・キタイ）と呼ばれる。1131年、遼の皇族の耶律大石が建立し、都をグズオルド（現在のキルギスのブラナ）に定めた。後にモンゴルのナイマン部の貴族クチュルクが帝位を簒奪したが、その後も国号は改められなかった。1218年、チンギス＝ハンの派遣した大将ジェベがクチュルクを殺害し、西遼は滅びた。

とした。大理と宋朝の政治的・経済的・文化的関係は、これより開かれた。政和七年（1117年）、北宋の朝廷は、正式に段和誉（即ち段正厳）を「大理国王」に冊封した。大理と宋の間の往来は比較的頻繁に行われたが、当時の政治情勢や複雑な民族関係のため、宋朝の統治者は大理に対して警戒心を抱いており、これは大理と宋朝の政治的関係と経済文化の交流のさらなる発展に影響を与えた。

第四節　金と遼・両宋の対峙

一　金の建立と遼・北宋の滅亡

　金は、女真族が中国東北地方で建立した政権である。女真人の祖先である靺鞨は、北魏の時代には勿吉と呼ばれ、七部に分かれていた。そのうち粟末靺鞨は、8世紀中葉に渤海国を建立し、黒水靺鞨は渤海に役属した。五代の時代、契丹の耶律阿保機が渤海国を滅ぼしたが、このとき黒水靺鞨は初めて女真の名で史籍にあらわれ、契丹に従属した。契丹の貴族は、女真人の反抗する力を弱めるため、現在の松花江以南の女真の「豪右数千家」[24]を現在の遼陽市以南の地域に遷し、遼の戸籍に編入し、これを熟女真と呼んだ。黒竜江中下流域及び長白山地域の女真人は、遼の戸籍には編入されず、生女真と呼ばれた。

　10世紀末から11世紀初めに至ると、生女真の各部は相次いで定住生活を開始し、鉄器を使用するようになり、生産力が明らかに発展し、次第に強大となり、遼の統治の脅威となっていった。このため遼朝は、幾度も女真人に対する討伐を実施し、反抗する女真各部を残酷に殺害し、略奪した。遼の統治者はまた、女真人に女真人を治めさせる策を採用し、生女真各部の中で比較的強大な完顔部の酋長を任命し、遼王朝が統治する生女真各部の代理人に充てた。完顔部は、次第に強大な部落連盟へと発展し、11世紀末には、遂に生女真の各部を統一した。遼の統治者による種々の圧政と搾取は、女真各部に忍びきれないほどの忍耐を強いた。宋の徽宗の政和四年（1114年）九月、阿骨打を首領とする女真貴族たちが誓いを立てて兵を挙げると、女真人が呼応し、城や寨を攻め破り、連戦連勝した。

　翌年、阿骨打は漢族の制度に習って皇帝を称し、大金（1115〜1234年）の国号を立て、収国の年号を立て、都を会寧（現在の黒竜江省阿城区の南）に定めた。これが金の太祖（在位：1115〜1122年）である。その後間もなく、阿骨打は黄龍府と東京遼陽府を攻略した。金の兵は次々と勝利し、遼王朝の虚弱な実態が露わとなった。遼王朝では、早くから潜在していた内部の矛盾がここに爆発し、内外とも苦境に陥り、滅亡の危機に瀕した。このとき、宋の徽宗（趙佶。在位：1101〜1125年）を中心とする統治集団は、この機に乗じて

24　『文献通考』巻327・女真より。

遼に向けて兵を動かし、かつて後晋が契丹に割譲した燕雲十六州を奪回しようと考えた。宣和二年（金の天輔四年、1120 年）、宋と金はいわゆる「海上の盟」を締結した。その内容は、双方が遼朝を挟撃し、金軍が遼の中京大定府（現在の内モンゴル自治区寧城県の境）を攻略し、宋軍が遼の南京析津府（現在の北京市）と西京大同府（現在の山西省大同市）を攻略すること。また遼が滅びた後、燕雲の地は宋に帰し、宋は遼に送っていた歳幣を金朝に転送する、というものであった。

「海上の盟」の締結後、金朝は遼に対して新たな攻勢に出、遼の上京臨潢府・中京大定府及び西京大同府を攻略した。遼の天祚帝（耶律延禧）は、衛兵を率いて夾山（現在の内モンゴル自治区包頭市付近）に逃れた。遼の皇族の耶律淳は、燕京で自立して皇帝に即位した。宋朝は、方臘の起義の鎮圧に忙しく、宣和四年に至ってようやく兵を派遣して燕京を攻撃したが、惨敗してしまった。間もなく、耶律淳が病死し、宋朝は再び兵を派遣して遼を討ったが、また惨敗した。軍の敗北を隠すため、童貫は密かに人を派遣し、金の軍に燕京を攻撃するよう密約を結んだ。ここにおいて、金軍は長城を越え、燕京を攻略した。遼の保大五年（金の天会三年、1125 年）、天祚帝は逃亡中に金軍に捕らえられた。遼の皇族の耶律大石は、一部の残存勢力を率い、西に向かって砂漠を越え、最終的には新疆西部と中央アジアの地域に到達し、西遼国を建立した。北中国を 210 年にわたって統治した遼王朝は、ここに滅亡した。

その後、女真族の貴族は燕京及びそこに所属する 6 州の財及び 2〜3 万の民戸を奪い尽くして去り、いくつかの空城を宋朝に引き渡した。宋朝は燕地を占領した後、金軍に収奪し尽くされなかった民戸を引き続き略奪し搾取したため、人民の激烈な反抗を引き起こした。

金の天会三年（宋の宣和七年、1125 年）十月、金の太宗（完顔晟）は詔を下して北宋に進攻した。十二月、宋の燕京の守将が金に降り、金は兵を二路に分けて大挙して南に侵攻し、長駆して開封に迫った。驚きあわてた宋の徽宗は、なすところを知らず、急いで帝位を子の趙桓（宋の欽宗）に譲った。開封の軍民たちは、抗戦派の大臣である李綱に指揮され、金軍に正面から痛打を加えた。しかし、欽宗をはじめとする統治集団には闘志が全くなく、金に人を派遣して和を求めた。各路から勤王の兵が陸続と到着するにともない、開封の軍民は連合して戦い、靖康元年（金の天会四年、1126 年）二月には金軍を北に撤退させた。八月、金軍は再び二路に分かれて南進し、開封に迫った。欽宗は依然として絹や銀、土地を用いて金朝に兵を退くよう求めることを企て、断固として抵抗する準備を進めてはいなかった。十一月末、金軍は再び開封を包囲した。開封の人民は断固として金軍に抵抗するよう求めたが、宋朝の投降という政策のため、開封は遂に陥落した。翌年の三月から四月にかけて、金軍は徽宗・欽宗父子及び后妃・宗室・朝官など 3000 人以上を捕

虜として北に連れ去った。開封城もまた金軍によって全て奪い去られ、北宋は滅亡した。

二　南宋と金が対峙する局面の形成

　靖康二年五月初め、宋の高宗趙構（在位：1127～1162年）が南京応天府（現在の河南省商丘市）で即位し、建炎と改元し、後に都（行在所）を臨安（現在の浙江省杭州市）に定めた。歴史上、南宋と呼ばれている。

　南宋の建立当初は、金軍はまだ開封に至る2つの道を確保したのみであり、河東・河北のその他の地域は宋軍の手中にあった。両河の人民は、自ら組織して抗金の戦いを進め、女真貴族の大軍を牽制した。宋朝の内部でも、高宗が李綱を起用し、抗戦派が力を強めていた。李綱は、宗沢を推薦して東京留守に任じ、開封で抗金の戦いを組織させた。王彦が率いた「八字軍」は、この戦いの中で常に規模が大きく、太行山一帯の十数万の義勇兵を吸収し、強大な抗金勢力を形成した。宗沢は積極的に河南・河北の義勇軍と連絡を取り、また「八字軍」も各地で呼応し、黄河の南北で金軍に深刻な打撃を与え、しばしの間ながら金軍の南侵の歩みを止めることに成功した。

　高宗を中心とする投降派は、土地を割譲して和を請うことを企て、李綱が義勇兵を連合して金に抵抗するのを阻止することに力を尽くした。李綱は、宰相を務めること僅か75日で罷免された。高宗は南の揚州に逃れ、享楽に安んじることを求めた。宗沢は、開封で憂いのために病にかかり、建炎二年（1128年）七月に恨みを抱きながら死去した。彼が集めた義勇兵もまた、高宗らによって解散させられた。女真貴族は、両河の州県を各個攻略し、諸々の義勇兵も相次いで鎮圧された。

　建炎二年の末、女真貴族たちはおおよそ両河地域の統治を確立すると、引き続き南に向けて進攻し、すぐさま山東・河南などの広大な地域を占領し、揚州に迫った。高宗は慌てて長江を渡って江南に逃れ、金軍はこれを追って明州（現在の浙江省寧波市）まで到達した。金朝の騎兵は、海上での活動や江南の水土に慣れていないため、何度も宋軍に撃破された。さらに背後では、韓世忠や岳飛らが率いる軍が積極的に抵抗活動を行っていたため、金軍は北への撤退を余儀なくされた。

　金の統治者は、宋金戦争の正面の戦場においては、しばし守勢を取ることを決定した。これと同時に、黄河以南から淮河以北の地域に偽斉政権を樹立し、これを緩衝地帯とし、兵力を抽出して陝西方面に集中させた。宋の紹興元年（金の天会九年、1131年）三月、金軍は陝西の五路のほぼ全てを占領した。この後、宋と金は川陝の国境を接する地域で長期にわたって一進一退の情勢となり、双方は大散関から淮河に至る線に沿って対峙し、宋金戦争は持久戦の段階に入っていった。

　紹興四年（金の天会十二年）、金軍の主帥の完顔宗弼（兀朮）がまた兵を率いて南に侵

攻したが、堅固な抵抗に遭い、失敗に終わった。翌年、金の太宗が死去し、熙宗（完顔亶）が即位すると、女真貴族内に政権争奪の内紛が発生した。撻懶を中心とする女真貴族たちは、偽斉が統治していた河南・陝西の地域を南宋に返還し、南宋と和議を結ぼうとした。紹興八年（金の天眷元年）十二月、秦檜が宋の高宗に代わり、金朝の国書を跪いて受け取った。

　しかし、翌年七月に完顔宗弼がクーデターを起こし、兵権を奪取したため、和議は破棄された。紹興十年（金の天眷三年）五月、金朝は兵を四路に分けて南下し、すぐさま河南・陝西を奪回した。ところが、金軍は順昌（現在の安徽省阜陽市）の戦いで惨敗し、汴京に撤退せざるを得なかった。七月、岳飛は岳家軍を率い、郾城・潁昌で立て続けに金軍を大敗させ、その先鋒部隊は鄭州と洛陽を回復した。敵の背後で抗金の戦いを守り抜いていた多くの義勇兵たちは、大きく鼓舞され、次々と岳家軍の旗印を打ち立て、呼応する準備を進め、黄河の南北一帯に抗金の大きな好機が形成された。しかし高宗と秦檜は、令を下して宋軍の各部隊を撤退させ、和議への便とした。岳飛らは投降に断固として反対し、中原の回復を己に任じていたが、完顔宗弼は南宋に岳飛を排除するようにそそのかした。紹興十一年（金の皇統元年）八月、岳飛は罷免され、後に「謀叛」の罪状をでっち上げられ、部将の張憲と共に大理寺の獄に下された。これと同時に、高宗と秦檜は金に降って和を求める活動に拍車をかけた。十一月、和議が締結され、南宋は臣を称し、淮河を境界とし、歳貢として銀25万両、絹25万匹を送ることとした。歴史上、「紹興の和議」と呼ばれている。こうして遂に、宋と金が南北に対峙する局面が確立したのである。

　十二月、宋の高宗と秦檜は、「莫須有」[25]の罪名により、岳飛及びその子の岳雲、部将の張憲を殺害した。岳飛は、字を鵬挙といい、湯陰（現在の河南省湯陰県）の人で、我が国の歴史上傑出した民族英雄であり、彼が国に忠誠を尽くした事績は代々語り継がれ、中華民族の貴重な精神的財産となった。

三　金の統治と滅亡

　阿骨打が反遼の兵を挙げてから、金の熙宗が南宋と「紹興の和議」を締結するまで、26年にわたる戦いを経て、金朝が統治する地域は、北は外興安嶺に至り、東は黒竜江下流及びウスリー江以東の海浜に達し、南は淮河に及び、西は西夏と接した。この広大な領域内には、女真族・契丹族・漢族・奚族・室韋族などの人民が居住していた。

　猛安謀克は、もとは女真族の部落の戦時における軍事編成であった。阿骨打が兵を挙げた後、猛安謀克は女真族及び一部の早期に金朝に帰属した奚人や契丹人の社会の基層組織

25　あったかもしれない、という意。

となった。猛安謀克の戸は、平時は生産活動に従事し、戦時は軍隊に編成され、出征しなければならなかった。金の統治者は、これらの猛安謀克を華北及び中原地域に遷した後、屯田軍と呼んだ。屯田軍寨の官府は、漢人を統治する州県の官府と並行し、統属関係にはなかった。屯田軍戸は、土地を耕種して自給し、また私塩を取り締まり、付近の人民の反抗闘争の鎮圧に備えた。

　金の太祖は、国相制を廃止し、諳版勃極烈（ボギレ）などを設立して国政を補佐させた。太宗（在位：1123～1134年）の時代より、幾人かの女真貴族たちは、女真族の旧制を改め、漢官の制度を用いるよう建議した。太宗は、天会四年より中央集権的な政権機構の創立に着手した。熙宗（完顔亶、在位：1135～1148年）の時代には、制度改正の歩みが早められ、ボギレ制が廃止され、全面的に漢式の官制が実施された。歴史上、「天眷新制」と呼ばれている。この制度改正を通じ、軍事権は軍事貴族の手中から中央に取り戻され、旧貴族の勢力は削減された。皇統九年（1149年）、完顔亮（在位：1149～1160年）が熙宗を殺害し、人々は彼を拝して皇帝とした。歴史上、海陵王と呼ばれている。その後、完顔亮は都元帥府を廃止し、漢制に基づいて枢密院を設け、また「枢密院は兵を主ると雖も、節制は尚書省に在り」[26]と規定し、軍事権を自身の手中に集中させた。中原地域の支配を強化するため、完顔亮は天徳五年（1153年）に都を上京会寧府から燕京に遷し、中都に定めた。正隆元年（1156年）、完顔亮はまた「正隆官制」を発布し、形骸化した中書・門下両省を廃止し、尚書省に政務を専門的に扱わせ、これを皇帝に直属させた。また、御史台の監察機能を強化し、御史台に百官を弾劾させた。

　金の統治者たちは、儒孔を尊崇し、文治を広く実行した。熙宗及び完顔亮ら女真貴族たちは、漢族の儒生の影響を深く受けた。都から地方の州郡に至るまで、みな学校が設置され、儒業経術が学ばれた。早くも金の太祖の時代には、女真文字が創始され、政府の通行文字となっていた。ただし、上は皇帝・貴族から下は平民に及ぶまで、普遍的に用いられたのは漢字であった。漢族と契丹族の中で広く影響を持っていた仏教に対しては、金の統治者はその提唱に力を入れた。遼及び北宋を滅ぼす過程において、金の統治者たちは、以前に投降した契丹や奚及び漢族の上層の人物を任命し、要職に就けた。太宗はまた、河東・河北で貢挙取士を実施し、多くの漢族士大夫を引き入れて金朝の政権機構に参加させた。熙宗以降には、さらに科挙制度の推進に力が入れられた。金王朝は、女真貴族の専制から、女真貴族を中核として、各族の搾取階級の上層が連合し、共同で各族の人民を統治する政権へと次第に変化していった。

　正隆六年（宋の紹興三十一年）九月、完顔亮が南下して宋に攻め込んだ。十月、完顔雍

---

[26] 『金史』巻114・白華伝より。「節制」は、統率、管轄の意。

（金の世宗。在位：1161～1189年）が機に乗じて遼陽で自立し、帝を称した。十一月、完顔亮は揚州で部将に殺害された。世宗は、熙宗と完顔亮の改革によって得られた成果を引き継ぎ、金朝の制度に新たな調整を加えた。世宗の統治の30年間は、対外的に戦争は起きず、女真貴族の間の紛争も次第に収束し、社会は安定へと向かっていった。

　大定二十九年（1189年）、世宗は世を去り、完顔璟（金の章宗。在位：1190～1208年）が即位した。彼が統治した明昌・承安年間（1190～1200年）には、女真族が奴隷制から封建制へと変革する機が熟していた。ただし、章宗は悪政に改革を加えることなく、金朝は繁栄から衰微へと転じ始めた。章宗後期に至ると、民と国は困窮した。衛紹王（完顔永済）と宣宗（完顔珣）の統治時代（1209～1223年）に至ると、政治はさらに腐敗し、社会の危機はさらに深刻化した。各族の人民は次々と蜂起し、彼らは紅袄祆を身に着けていたため、「紅袄軍」と呼ばれた。金朝の政権は、この起義軍によって深刻な打撃を受け、滅亡の危機に瀕した。

　このとき、北方のモンゴルが急速に勢力を拡大し、西域を征服した後、南下して金を黄河以南まで後退させた。宝慶三年（1227年）、モンゴルは西夏を滅ぼした。紹定五年（金の開興元年、1232年）、モンゴルのオゴタイ＝ハンは、南宋と連合して金を滅ぼすことを議定し、同年にモンゴル軍は汴京を包囲した。金の哀宗（完顔守緒。在位：1224～1234年）は、蔡州（現在の河南省汝南市）まで逃れた。紹定六年、宋軍はモンゴル軍と合同で蔡州を攻撃した。翌年正月、蔡州城は陥落して哀宗は自殺し、金は滅びた。

四　南北対峙の局面確立後における南宋の政局と滅亡

　「紹興の和議」の後、南北対峙の局面が確立し、秦檜は高宗の放任と支持のもと、18年の長きにわたって朝政を一手に握った。この時代、声望のある抗戦派の将領たちはみな、秦檜の攻撃の目標となった。台諫の官もまた、秦檜が己と異なる者を排斥する道具となった。秦檜の死後もなお、高宗は秦檜の余党をたのみとし、朝政は依然として混沌としていた。

　紹興三十一年（金の大定元年）、完顔亮が南侵を開始した。宋軍は、采石（現在の安徽省馬鞍山市西南）の戦いで勝利し、金軍を撤退させたが、宋金戦争はやまなかった。翌年、宋の高宗は孝宗趙昚に位を伝えた。孝宗は、革新の思想を備えた人物であり、即位するとすぐさま岳飛父子の冤罪を晴らすことを宣布し、朝廷内の秦檜の党人を駆逐した。隆興元年（金の大定三年、1163年）には、軍を北に向かわせ、宋金の臣属関係を改めることを望んだ。しかし、符離の戦いで敗れたことで、孝宗の故地回復の決意は動揺し、改めて秦檜の配下であった湯思退を宰相に起用した。隆興二年、南宋は金と和議を締結し、金の皇帝に対して臣を称することをやめて姪（おい）と称した。また「歳貢」を「歳幣（さいこう）」と改称し、その

額も毎年銀 25 万両・絹 25 万匹から銀 20 万両・絹 20 万匹に減額した。この後 30 年間は、宋と金の間に大規模な戦争は発生しなかった。

「隆興の和議」の後、孝宗は秦檜の専権時代の悪弊を改革しようとしたが、その決心は大きなものではなく、また多方面からの牽制があったため、成果は少なかった。孝宗は、南宋史上最も成果を挙げた皇帝と称されているが、彼の在位 28 年間には、政治情勢に何ら好転はみられなかった。

淳熙十六年（1189 年）、孝宗は子の光宗趙惇に譲位した。光宗の在位 5 年間は、李皇后の制を受け、太上皇との関係は日に日に緊張していった。紹熙五年（1194 年）、孝宗が病死すると、光宗は宗室の趙汝愚と外戚の韓侂冑らによって退位を迫られ、子の趙拡が位を継承した。これが宋の寧宗（在位：1195 〜 1224 年）である。韓侂冑は大権を一手に握るため、すぐさま宰相の趙汝愚を失脚させ、また「慶元の党禁」を実施し、道学を偽学として排斥し、趙汝愚一派の朝野における影響を排除した。ただし、この「慶元の党禁」は、政敵に打撃を与え、輿論を圧伏させるという目的を達成できなかった。韓侂冑は、自身の政治的地位を強固にするため、対金戦争を発動することを決定した。辛棄疾・葉適らは、当時の宋金双方の政治的軍事的情勢を鑑みて、拙速な北伐に反対した。しかし開禧二年（金の泰和六年、1206 年）、南宋は金を討伐する詔を下した。南宋は局地的には勝利を得たが、全面的な敗色を挽回することはできなかった。

開禧三年四月以降、双方は和平交渉を進めた。同年十一月、韓侂冑は史弥遠に殺害された。南宋は史弥遠の主導により、金と「嘉定の和議」を締結し、金人が提示した全ての要求を受け入れ、歳幣を 30 万に増額し、犒師銀 300 万両を支払った。これより、朝政は史弥遠の手中に落ちた。嘉定十七年（1224 年）、寧宗が病死すると、史弥遠は詔を偽って理宗（趙昀。在位：1225 〜 1264 年）を擁立した。理宗の即位後も、朝政は以前のごとく混沌としたままであった。

紹定六年、史弥遠が病死し、理宗が親政を開始した。彼は、政治面では道学者の希望に寄り添い、軍事面では兵を用いて北伐を実施し、金朝滅亡の機会を利用して黄河以南の地域の回復を企図した。端平元年（金の天興三年、1234 年）、モンゴルが金を滅ぼした後、南宋軍はもとの北宋の三京、すなわち南京応天府（現在の河南省商丘市）、東京開封府（現在の河南省開封市）、西京河南府（現在の河南省洛陽市の東）に進駐した。しかし、これら三城はすでにモンゴル軍の掠奪によって空虚となっており、食糧が欠乏した宋軍は窮地に陥った。モンゴル軍は洛陽に反撃し、宋軍は壊滅した。

端平二年、モンゴル軍は前後 3 度にわたる南宋への全面的な進攻を開始した。人民群衆と縁辺の将士たちによる積極的な奮戦と、モンゴル貴族内の紛争により、南宋は 40 年の長きにわたって堅持された。

理宗の宝祐六年（1258年）、モンゴル軍は第2次の全面的な進攻を開始した。このとき、鄂州で軍事を取り仕切っていた南宋の右丞相賈似道は、忽必烈（フビライ）に使者を派遣して和を求め、臣を称して納貢し、長江以北の土地を割譲することを願い出た。賈似道は、密かに和議を締結したことを隠し、モンゴル軍に勝利して鄂州の包囲を解いたと揚言し、「再造の功」があったとして官爵を昇進され、朝政の大権を攬った。モンゴルの強大な軍事的圧力に直面し、南宋の国政はますます腐敗していった。景定五年（1264年）、理宗が死去し、度宗趙禥が即位した。度宗（在位：1265～1274年）は、さらに凡庸かつ荒淫で、終日朝政を治めることなく、南宋はもはや救いようのない状況に陥った。

　至元六年（宋の咸淳五年、1269年）より、モンゴル軍は第3次の大規模な軍事行動を発動した。至元十三年（宋の徳祐二年）、元の兵が臨安に攻め入り、宋の恭帝趙㬎は降伏した。文天祥・陸秀夫・張世傑をはじめとする数少ない抵抗派は、度宗の2人の幼子である趙昰と趙昺を相次いで擁立し、福建・広東の沿海一帯を転々とし、艱難に堪えて3年間持ちこたえた。至元十五年（宋の祥興元年）、文天祥は敗れて捕らえられた。その翌年、陸秀夫と張世傑も崖山（現在の広東省新会区南）で敗れた。陸秀夫は幼帝の趙昺を背負って海に身を投じ、張世傑は海外に逃れて再挙を図ろうとしたが、不幸にも船が転覆して犠牲となり、こうして南宋は滅亡した。文天祥は、護送されて元朝の大都（現在の北京）に至り、「人生古えより誰か死無からん。丹心を留取し汗青を照らさん」[27]という精神をもって、死しても降らず、従容として義に赴いた。文天祥の大義凛然[28]として、死しても屈しない崇高な精神は、後世称賛され、陸秀夫・張世傑と合わせて「宋末三傑」と呼ばれている。

第五節　遼・宋・西夏・金の社会経済と階級構造

一　社会経済

　両宋時代、我が国の社会経済は急速な発展を遂げ、経済の重心の南移が完成した。北宋は、我が国の歴史上最も領域が狭い中原王朝であったが、両宋は終始、人口と物資の豊富な南方地域を占有していたため、農業・手工業・商業などの分野で際立つ成果が獲得された。それは、遼・西夏・金及びモンゴルなどの民族政権のみならず、当時の世界を先導する地位にあったといえる。

27　汗青は、歴史書の意。古代、火にあぶって汗のように染み出た油を取り去った青竹に文字を書いたことに由来する。「古来、人は生まれてより死なない者はないのであり、どうせ死ぬならば真心を留めおいて歴史書を照らしたいものである」という意。
28　大義を胸に抱き、荘厳な態度で人々から畏敬される様子。

農業生産は、各地域で不均衡な状態を呈しており、それはおおよそ3つの地域に区分できる。

　秦嶺・淮河以南の地域では、引き続き農業が発展し、北方に対してさらに優勢となった。北宋の崇寧元年（1102年）の統計によると、全国の総戸数は20,264,307戸、口数は45,324,154口であった[29]。このうち秦嶺・淮河以南の各路の戸数は計14,432,167戸、口数は計30,266,362口であり、戸数・口数の総数に占める割合は71.2%及び66.8%となり、南方の戸口が北方の倍以上であることが分かる。当時、南方の人民は、生産活動の実践の中で水稲栽培を中心とした先進的な耕作制度を形成し、水稲の総生産高は粟・麦を超えて首位に躍り出ていた。ただし、当時は南方諸地域の発展も不均衡であり、最も先進的な地域は両浙、特に太湖流域の蘇州・杭州・常州・湖州・秀州などであり、成都府路・福建沿海がこれに次ぎ、両湖地域はまた一段階差があり、両広及び夔州はやや立ち遅れていた。

　秦嶺・淮河以北の地域は、主に黄河中下流域に当たり、華北平原及び関中が含まれる。この地の開発は最も早く、農業にも適した基礎があるため、唐末以来300年以上にわたって幾度も戦乱を経験したことで、農業生産は甚大な被害を被ったものの、政治が比較的安定した北宋中後期及び金朝中期には、ある程度回復し、発展した。

　その他の周辺地域では、東北地域及びモンゴル東部の農業生産の発展が最も顕著であった。これは主に、遼・金時代に大量の漢人が塞外へと移民したことでもたらされたものである。西夏の統治時代には、オルドス地域や河西回廊で灌漑農業が発展し、農作物の品種の多様化を実現した。高昌・吐蕃・大理などの統治区域の農業もまた、かなりの高い水準を備えていた。

　この時代の伝統的な手工業部門は、生産技術・生産品の質と規模などの面において、前代に比べて顕著な発展がみられた。手工業生産の地域分布は、前代に比べて明確に変化した。南方は、手工業生産が最も繁栄した地域となり、辺境地域の手工業にも進歩がみられた。

　絹織物業の生産の中心は、依然として四川・江浙・河北・京東などの地域であった。多くの河北の漢戸が移住するにともなって、我が国の長城以北の地域における絹織物業も発展した。西南地域の麻織物は、その技術の清新さ、製品の精美さで世に名を馳せた。綿紡績業は、海南島の黎族が集住する地域から両広・福建まで広がり、また浙江地域に向けて拡大した。これは、我が国の綿紡績業史において時代を画する意義を備えている。毛織物業は、主に西北のタングート族などの遊牧民族の地域で集中的に発展した。

　この時代に生産された磁器は、その精美さ、数と品種の多様さにおいて、前代をはるか

29　宋代の戸口統計は一般に男丁のみを計っているため、戸口の数字のうち口数は男丁の人数である。各戸の実際の平均を5口として計算すると、宋の徽宗の時代における全国の人口は約1億人となる。

に超えるものであった。最も有名なものとして、定州（現在の河北省曲陽県）の定窯（口絵22）と汝州（現在の河南省臨汝市）の汝窯、及び開封の官窯がある。遼の統治区域の陶磁業もまた、中原地域の影響のもとで発展した。宋金が対峙した時代には、北方の名窯の多くの工匠が南方に居を移し、江南地域は一挙に全国的な製磁業の中心となった。その比較的有名なものとして、江西省の景徳鎮などがある。北方の名のある窯はいずれも衰微していったが、鈞州（現在の河南省禹州市）の鈞窯は、金の統治区域における製磁業の代表的存在となった。

鉱冶業の発展も特に顕著であった。銅や鉄などの重要な鉱産物の生産量は、唐代と比べて大幅に増加し、採掘の規模や製錬の技術にも新たな進展があった。また東北・西北・西南地域の鉱冶業にも発展がみられた。煤炭（石炭）は、この時代に開封などの都市及び河東地域の都市や農村の人民の日常生活の中で重要な燃料となっていた。四川地域では、「卓筒井（たくとうせい）」が出現し、井塩業の急速な発展を促進した。

造船業は、海外貿易の興盛により、急速に発展した。最も発達した地域は、依然として両宋が統治した江南と東南の沿海地域であった。遼と金の造船工場は、それぞれ宝坻（現在の天津市宝坻区）と通州（現在の北京市通州区）を代表とする。

この時代は、出版が流行し、官・私・坊刻がいずれも大きく発展を遂げ、木版印刷業は最盛期を迎えた。宋朝の木版印刷業は、杭州・開封・建陽（現在の福建に属する）・眉山（現在の四川に属する）の4ヵ所を中心とした。製紙技術も全面的に向上し、紙の用途はさらに広範になった。

各政権は、それぞれの統治区域内において、各種の形で商業を経営した。宋朝政府は、茶葉・塩・ミョウバンなどの多くの物資や海外から輸入された乳香などの舶来品の専売を実施し、民間の私的な交易を許さず、「禁榷」と呼ばれた。宋の神宗の統治期間には、市易法が実施され、官営の商業が国策として徹底的に執行された。遼朝もまた、専門の「権塩院」を設置し、塩の専売を担当させた。金朝も塩・茶・香・酢などの物資に対して官府が専売を行った。

この時代、我が国の領域内における各政権の統治区域では、不均衡ながらもそれぞれ商業の発展がみられた。このうち商業が最も繁栄したのは、両宋の統治区域である。宋・遼・西夏が対峙した時代には、北宋の東京開封府が最大の商業の中心であり、他にもいくつかの地域的商業都市があった。これらの大商業都市では、坊（居住民の住宅区）と市（商品の貿易区）の制限が完全に打ち破られ、商業活動の時間もさらに自由となっていた。この他、各級の官府の所在地は、いずれも活発な商品貿易市場であった。県城のもとには、多くの鎮市があり、城鎮の郊外の農村にも草市があり、定期的に市が集まって貿易が行われた。遼の統治区域の商業は、北宋の繁栄には及ばないものの、都城や各級の地方政府の所

在地には、重層的な商業の中心が形成された。宋金の対峙時代に入ると、南北の２つの広大な地域的商業活動に構造的な変化が発生した。南宋の統治区域内では、商業は杭州を中心として、長江流域及び江南の広大な地域が引き続き発展した。金の統治下の黄河以南の地域では、商業は北宋の時代に比べて活気がなく、開封も商業の大都会としての地位を失った。黄河以北の河北・河東地域、及び東北地域の東京遼陽府では、商業活動が比較的活発であった。金の熙宗は、宋の汴京を模倣して上京会寧府（現在の黒竜江省阿城区南の白城子）を建設し、これにともなって商業も発展した。

　北宋政府は、遼・西夏及び大理などの政権との商業的関係の発展を非常に重視し、辺境地域に各種の権場を設置して貿易取引の事務を管理させた。各政権の間では、聘使の往来を通じ、互いに餽贈と回賜が行われ、物々交換が行われた。これもまた、特殊な形の商業活動である。新疆地域に位置するカラ＝ハン国や于闐、高昌も遼・北宋・金と聘使の往来があり、漢族の隊商がこれらの地域にやってきて商業活動を行った。遼の上京には、回鶻商人の居住区があった。回鶻は、北宋とも貿易関係がかなり密接で、当時多くの回鶻商人が家族を引き連れ、長期にわたって開封に居住し、商業を営んだ。この他、民間の私貿易も各政権間の商業関係における重要な架け橋であった。

　対外貿易は、主に東海・南海の海上航路を通じ、高麗・日本及び東南アジア・南アジア・西アジアとの間で行われた。主な貿易港として、東南沿海の広州・泉州・明州・杭州及び山東半島の密州（現在の山東省諸城市）・登州（現在の山東省蓬莱市）などがある。多くの民間の海商による貿易活動の他、両宋政府は「朝貢」・「回賜」の形式を通じ、太平洋・インド洋沿岸の多くのアジアの国家や地域と貿易を行った。広州・泉州・明州などの海港都市には市舶司が設置され、海外貿易の事務を専門的に管理した。宋朝が海上航路を通じて行った貿易活動は、海舶の航程や活動範囲、輸入輸出の商品の種類や数量などの面全てにおいて、前代を超えるものであった。市舶司の収入は、宋朝の財政を支える重要な財源であった。

　鉄銭が使用されていた四川地域では、商業の発展に適応する形で、我が国最古の紙幣——交子が出現した。しかし北宋時代全体では、交子の使用は一定の地域に限られるものであり、民間での使用は少なく、銅銭と鉄銭が依然として主に流通する貨幣であった。南宋に至ると、政府は新たな紙幣——会子を発行し、銅銭と並行して流通させた。紙幣の流通は、中国の貨幣史に新たな紀元を開くものであった。金の統治区域においても、南宋の紙幣を模倣して交鈔が発行された。金の章宗の時代には、我が国最古の銀幣が鋳造され、流通した。この種の紙幣や銀幣が銅銭・鉄銭と並行して流通する貨幣制度の出現は、商業と商品経済の発展の反映であると共に、以降の社会経済の発展に積極的な影響をもたらした。しかし、南宋と金朝の統治者は、後に赤字となった財政を補填する手段として紙幣を濫発

し、紙幣の価値の深刻な下落と幣制の混乱をもたらし、商業の発展にも悪影響を与えた。

二　階級構造

1．遼朝

　統治階級には、皇帝を中心とする契丹の奴隷主貴族、漢族の地主階級及びその他の民族の上層が含まれる。契丹の貴族には、皇族・后族とその他の高級官僚・将領が含まれる。遼朝の統治集団に加わった漢人と渤海人の上層は、土地を貸し出して地租を収取すると同時に、契丹の貴族と同様に荘園を建て、大量の部曲と人戸を占有し、その身は地主と奴隷主の２つの身分を兼ねていた。遼朝の封建化の度合いが高まるにつれ、一部の地方の大土地所有者たちは、その多くが租佃の形式で土地を経営するようになり、奴隷制から次第に地主制の経済へと転化していった。上層の僧侶は、寺廟の土地の管理者であり、事実上は地租によって生活する地主であった。土地の来源の違いにより、彼らの佃戸には二税戸があり[30]、また独立自由民の身分を備えた国家の編戸もあった。商業の発展により、遼朝の領内には富裕な商人階層が出現した。彼らは五京や州県で商売を営み、或いは遼と五代諸国及び宋の境界を往来し、中には遼朝の代表として交渉を務める使臣となった者もいた。

　被統治階級には、農民・遊牧民・手工業者及び宮分戸・投下戸・著帳戸などの奴隷が含まれる。遊牧の民である契丹人は、相応の部落に編入され、部落貴族の属民となった。遼朝領内の漢族の労働人民は、大部分が宮分或いは投下に属し、彼らの身分は奴隷であった。一部の幽・雲地域に留まった漢人は、自作農或いは佃農の身分を保持し、州県に編入され、農業生産に従事した。遼朝の領域内にも個々の手工業者がいくらか居り、彼らは農民・遊牧民と同様に、国家の賦役の負担者であり、富の創造者であった。

2．宋朝

　主体となる階級は、地主と農民の二大階級である。地主階級は、おおよそ皇室・官戸・吏戸・郷村上戸・僧道戸・幹人などの階層に分けられる。皇室の趙氏を除き、官戸は法定の階層であり、社会の最上層に位置する。外戚はおおむね官戸の列に入り、宗室の一部もまた官戸の列に入る。官戸の大多数は、それぞれ額の異なる田地を擁した。吏戸は、官戸に次ぐ統治階級であり、その戸数は官戸よりも多く、数の多い民衆に対しては、直接的な統治者であり、圧迫者であり、また搾取者であった。郷村上戸は、おおむね官や吏の身分を持たない地主を指す。戸等を画分する財産の基準は各地で異なるが、郷村上戸は往々にして数百畝以上の田地を擁した。宋代の制度によると、郷村上戸は職役、すなわち吏役に服さなければならなかった。僧道戸は、僧寺と道観[31]を指す。宋代の戸口の登記では、寺

30　二税戸とは、遼代の頭下軍州に所属する人戸であり、領主に隷属し、また国家に従属し、領主と国家に対して同時に賦税を納入した。

観を単位とするのみであり、主戸の列に加わって登記され、僧道個人も主戸の列に加わって登記された。幹人は、特殊な階層である。彼らは官戸や地主の高級僕人であるが、農民に対しては、直接的な搾取者であった。

　農民階級は、主に郷村客戸と下戸から構成され、彼らはそれぞれ異なる賦役を負担した。宋代では、郷村主戸と客戸の区別は主に田地の有無にあった。郷村客戸は、往々にして佃農の代名詞となった。財産の多寡に基づき、郷村主戸は五等に分けられ、このうち第一・第二・第三等の戸が上戸と呼ばれ、第四・第五等の戸が下戸と呼ばれ、ある時期には第三等の戸は郷村中戸とも呼ばれた。いくつかの複雑な原因により、田地を持たず、本来は郷村客戸に数えられるべき大量の佃農もまた、郷村下戸の戸籍の列に加わって登記された。この他、宋代の都市の住民は坊郭戸と呼ばれ、家屋の有無により、主戸と客戸とに分けられ、坊郭主戸はさらに十等に分けられた。

　宋代の農業における生産関係は、契約型の租佃制を主とし、雇用制を補とし、また商工業の家内労働においても、次第に雇用制が採用されていった。佃農の身分は編戸斉民であり、地主に対する人身的従属関係は、以前の「家籍に注す」という佃客からは緩やかなものとなった。宋代の私人奴婢の法定名称は「人力」と「女使」であり、その社会的地位は、唐律中の奴婢からは向上している。

3．西夏

　西夏の社会では、皇帝及び皇室は至高無上の地位にあった。タングートの宗族の首領を主体とする貴族地主は、経済面では大量の土地を占有し、軍事面では自身の武装勢力を擁し、政治面では種々の特権を享受した。上層の僧侶もまた、貴族地主に属する。「官」は西夏の貴族と庶人を区別する標識であり、貴族は代々官と禄を得た一方、庶民は無官無禄であった。しかし、西夏後期に科挙制度が実施されるようになると、「官」の身分に変化が生じた。庶人は、主にタングートの氏族時代の部落成員に由来し、自身の独立した財産と人格を有する、いわゆる自由民である。庶人の経済力はそれぞれ異なり、比較的多くの田地を持つ地主や牧場主の他、少額の田地を占有する自作農がいる。社会の人口の大多数を占めたのは、土地や家畜を失った農牧民及び手工業の職人であった。この他、半奴隷的な性質を持つ使軍と、奴隷に類似する奴僕がいた。商人は、西夏の社会においては新興階層であり、大商人と一般の商人は異なる階層に属した。

4．金朝

　中原に進入した女真貴族と官僚たちは、大量の奴隷を占有する奴隷主であると共に、土地を貸し出して搾取する地主でもあった。中原に遷った女真の軍戸は、土地の分配と荒地

31　道教の寺院。

の開墾を通じ、多くが自作農となった。東北の辺境に留まった女真人は、その発展の進度が緩慢であり、なお家父長的奴隷制の発展段階にあり、奴隷が農業生産の主要な負担者であった。ただし、中原の封建制は彼らに一定の影響をもたらした。

一部の漢人たちは、戦争中に捕えられ、奴婢や部曲となり、もとの独立した身分を備えた国家の編民から女真貴族の私属へと降格した。ただし、逃亡や売買、良人への解放などの形により、その多くは改めて自由身分を獲得した。したがって、漢人の主要な階級は、地主と自作農、佃農などであった。

一部の契丹貴族は、女真族の統治者の重用を受け、女真貴族と同様に奴隷主となり、また地主となった。一般の契丹人の人戸は、猛安謀克に編入され、南遷にともない、女真軍戸と同様となった。原住地に居住する大部分の契丹人は、猛安謀克に編入され、契丹の上層部に統御され、遊牧に従事した。契丹人の中には、租佃の形で農業を経営する地主と農民がおり、また奴隷制経済の中で農業生産に従事する奴隷主と農民、奴隷がおり、さらには牧畜業に従事する牧場主と牧民がいた。

中原の封建的経済の影響のもと、金朝の大部分の地域は、或いは軽快に、或いは緩やかに、奴隷を解放して封建制度へと転化してゆく過程をたどった。金朝の領域内の主な階級は、なお地主と農民であった。

第六節　遼・宋・西夏・金時代の思想文化と科学技術

この時代、我が国の各地域の各民族は、共同で絢爛たる文化を創造した。特に宋朝は、思想と文化、科学技術などの分野において空前の高みに到達し、当時の世界を先導する地位を占め、人類の文明に重大な貢献をなし、深遠な影響をもたらした。

一　宋学

宋代は、我が国古代における経学の発展の重要な時代であり、「漢学」から「宋学」への転換、すなわち章句の学から義理の学への転換が完成した時代である。

宋学は、中唐晩唐における儒学の復興をその先導とする。唐の後期から五代末に至るまでは、戦乱がやまず、経済は疲弊し、韓愈が唱導した新儒学は鳴りをひそめた。宋初の数十年間は、社会が相対的に平穏で、経済も快調に発展し、思想や文化の分野も次第に活発となり、儒・釈・道の思想が互いに浸透しあった。宋の仁宗の時代には、士大夫たちが相次いで提出した各種の改革法案により、激烈な論争が展開された。こうして、疑経の風潮が沸き起こった。「宋初三先生」と呼ばれる胡瑗・孫復・石介は、宋学の先駆者である。彼らの学術活動は、いずれもおおよそ仁宗期の前期に開始した。仁宗の慶暦（1041 ～

1048 年）前後には、仏・道の学説を吸収して儒学を解明する新たな学派——宋学が次第に形成された。李覯・范仲淹・欧陽脩らは、その中で積極的な推進作用をもたらした人物である。

　仁宗の晩年から神宗の初めにかけて、宋学は大きく発展し、それぞれの大学派が正式に登場した。王安石の新学は、早期宋学の中で最も重要な学派であり、影響が最も大きく、60年もの長きにわたって学術上の主導的地位にあった。王安石は、経術の研究は現実の服務のためにあると提唱し、「天変は畏るるに足らず、祖宗は法るに足らず、人言は恤うるに足らず」[32] と考え、これを自身が政治改革を遂行する思想的基礎とした。司馬光は、王安石とは政治分野のみならず、学術思想の分野における多くの重要な問題でも意見が対立していた。司馬光の朔学は、天道観と「礼治」の宣揚に力を入れ、現存する秩序を積極的に擁護した。司馬光は、史学で大きな成果を挙げたが、これは宋儒が史学を重視したことを示す最も重要なものである。蘇洵・蘇軾・蘇轍父子の蜀学は、儒学に立脚し、他の諸家の学説を広く取り入れたため、固定的な思想体系に欠け、政治上でも変化が大きかったが、文学面での成果が際立っていた。理学は、北宋で形成された。周敦頤と程顥・程頤・張載・邵雍らは、理学学派の創始者或いは初期の発展の基礎を固めた人物であり、南宋の朱熹は彼らを「北宋五子」と呼んだ。実際、北宋時代では、王安石の新学、二程の洛学、張載の関学を除き、他の学派の大多数はものにならず、その影響も限定的であった[33]。

　南宋に入って以降、激変する政治情勢にともない、宋学の各派は互いに消長した。洛学は、南宋統治者の需要に迎合したため、朝廷によって奨励され、急速に発展を遂げた。両宋交替期の楊時・胡安国・胡宏、南宋前期の張栻・陸九淵・朱熹らは、理学のさらなる発展に重大な貢献をもたらした。主に濂・関・洛・閩の四大学派[34] が構築した理学は、哲学化した儒学であり、「性」（人性を主とし、物性も兼ねる）と「理」（天理・天道）の討論を中心として、儒家の経典の義理を解明した。理学はまた道学と呼ばれ、理学家は自身が孔孟の道を継承する正統であることを標榜した。朱熹が理学の大成を集め、完成された思想体系を建立するに至り、理学は遂に宋学の中で巍然としてそびえ立つ主流の学派となった。これと同時に、民族の危機という刺激のもと、呂祖謙を代表とする金華学派と葉適を代表とする永嘉学派、陳亮を代表とする永康学派が形成され、三者は浙東事功学派と総称された。浙東事功学派は、学問を経世致用のために研究することを提唱し、理学派の性命・

32　祖宗は、宋の太祖以来の旧宗のこと。「自然災害（天変）を畏れる必要も、祖宗にのっとる必要も、輿論（人言）を気にかける必要もない」という意。
33　朔学・蜀学・洛学・関学の名は、いずれも地域に由来する。司馬光は陝州夏県（現在の山西省夏県）の人、蘇洵・蘇軾・蘇轍は眉山（現在の四川省眉山市）の人、程顥・程頤は原籍が洛陽（現在の河南省洛陽市）であり、張載は郿県（現在の陝西省郿県）の人である。
34　「濂」は濂渓（現在の湖南省道県）を指す。周敦頤は世に「濂渓先生」と呼ばれたため、その学派は「濂渓学派」と呼ばれた。閩学は、朱熹が福建の武夷山で書を著し学を講じた際に創立した朱子学派を指す。

義理の空談に反対した。

　宋の理宗が政に当たった時代には、理学の地位を高める各種の施策が採用され、また二程と朱熹が孔孟以来の道統の真の継承者であることが正式に肯定された。こうして、程朱理学が欽定の政府の哲学となり、その深遠な影響は元・明・清に及ぶのみならず、朝鮮や日本などの諸国にも伝播した。程朱理学が独尊の地位を確立して以降、宋学の他の学派は衰微に向かい、理学自身も競争の欠乏から次第に硬直し、陳腐化していった。理学は、儒・仏・道の三教の結合を基礎として育まれ、形成され、理論や思惟の方面の発展においては前代未聞の成果を獲得し、中国思想史上重要な地位を占めている。しかし、理学が宣揚する「三綱五常」は、封建的礼教的な精神の束縛を、これ以上ないほどに強化した。

二　宗教

　この時代に我が国の領域内で流行した宗教は、主なものとして仏教・道教・マニ教などがあり、このうち仏教と道教の両勢力が最も盛んであり、政治上の影響も大きかった。

　五代十国の各政権の統治者は、その大多数が仏教を信奉し、このうち南唐と呉越が特に際立っていたが、後周の世宗柴栄は例外であった。宋朝の建立後、趙匡胤は仏教を保護し、また制限する態度をとった。そのため、彼が政に当たっていた時代には、仏教はやや回復したのみであった。太宗は仏教を尊重したため、彼の支持のもと、仏教は大きく発展を遂げた。真宗は仏教に熱中し、各地の寺院に対してしばしば恩賞を与えた。真宗以降の幾人かの皇帝たちは、引き続き仏教を保護する政策を進めた。北宋末年に至り、徽宗は道教を尊んで仏教を抑制したため、仏教はその影響を受けた。宋室の南遷後、歴代皇帝は仏教に対して保護の態度を取った。財政が緊張したため、北宋後期と南宋政府は大量の度牒[35]を売り出し、重要な財政収入としたが、このため僧尼は増加する一方であった。宋代の仏教は、宗派が林立し、このうち禅宗と浄土宗の勢力が最も盛んであり、天台宗・華厳宗・律宗がこれらに次いだ。

　仏教は、遼朝でも流行した。儒・釈・道の全てに尊奉を加えることが、遼朝の歴代統治者が共同で遵守した方針であった。ただし、三者の中で最も重視されたのは、仏教であった。特に、遼代中期の数名の皇帝たちは、みな仏教の熱狂的な信徒であった。統治者の奨励と扶植により、遼朝の管区内では寺院が日に日に増加し、中でも南京が最も盛んであった。遼朝の僧尼は、各種の特権を享有し、少なからぬ僧尼が横暴に不法を働いた。密宗は、唐代末期にすでに衰微していたが、遼朝で再び興起した。律宗も比較的大きな影響を持っていた。これらに比べると、禅宗は遼朝の統治区域内では活発ではなかった。この他、民

35　政府が発行する、仏教関係者の身分証。

間では各種の名目の宗教結社が流行し、念仏邑と総称された。これは明らかに浄土宗の一種の組織であり、南方の白雲宗や白蓮会と非常に似たところがあった。

　西夏の統治者は、仏教を篤く信仰し、僧侶たちは西夏の社会の中で特殊な地位を享有した。政府内には仏教の事務を専門的に管理する機構が設けられ、その位は三司・御史台と同じく二品であり、中書と枢密院に次ぐものであった。西夏は、チベット仏教の影響を受け、中国史上初めて帝師を設けている。

　金朝の仏教に対する態度には、前後で変化があった。前期の数名の皇帝たちは、みな仏教を崇信し、僧官を設置して仏教の事務を管理させた。中期の数名の皇帝たちは、仏教を保護したものの、適度に制限を加える方針を採用した。金朝末期に戦争が頻繁に発生し、経済が疲弊し、連年災荒が発生すると、金朝の政府は財政的困難を緩和しようと、度牒・師号・寺額を濫発して売り出したため、僧尼や寺院の数が大幅に増加した。金朝前期には、律宗の勢力が最も盛んであり、禅宗がこれに次いだ。中期以降は、禅宗の勢力が日に日に盛んとなった。

　この時代には、道教も大いに流行した。ただし、大部分の時間においては、道教の勢力と影響は仏教よりも小さく、ただ北宋の真宗と徽宗の時代のみが例外であった。契丹の統治者は、仏教に最も熱中し、道教に対しても保護の態度を取った。ただし、総じて言えば、遼朝の統治区域内では、道教の勢力と影響は比較的小さかった。宋代と遼代の仏教は、非常に大きな勢力を有していたが、金代に至ると、道教の勢力が上昇し、仏教勢力にほぼ匹敵するようになった。また、いくつかの新型の道教が機運に乗じて誕生し、このうち最大の影響を持ったのが全真教であり、これに次ぐのが大道教（後に真大道教と呼ばれる）と太一教であった[36]。この三種の道教の宗派は、いずれも金朝政府の承認と保護を受け、金朝の統治者の御用道具となった。

　かつて唐の武宗が廃仏を行った際、マニ教も打撃を受け、中原地域ではほぼ絶えてしまった。しかし、我が国の西北部では、西遷後の回鶻人の間で、マニ教がなお大きな影響を持っていた。宋代では、沿海地域の両浙・福建地域でなおマニ教の活動が確認できる。北宋のいくつかの蜂起は、群衆を組織し発動する道具としてマニ教が利用された。このため、宋朝政府は北宋末年より令を下してこれを取り締まり、南宋代でも厳しく禁じられた。これらの打撃によって、マニ教はさらに衰微していった。

36　全真教は、両宋交替期に王重陽によって陝西の終南山で創始された。全真道或いは全真派とも呼ばれる。大道教は、金朝の皇統年間（1141～1148年）に劉徳仁によって創始され、一度は金朝に禁じられたが、元の憲宗の時代に統治者の寵信を獲得し、「真大道」と改称した。元以降は次第に衰亡し、或いは全真教と合併した。太一教は、太乙道・太一道とも呼ばれ、金の熙宗の天眷年間（1138～1140年）に蕭抱珍によって創始された。元代まで伝わり、後に正一教と合わさった。

三　史学

　五代時代は戦乱が絶えなかったが、中原王朝は唐制を踏襲して史館を設け、実録を編纂した。特に後漢と後周は、積極的に前代の実録を補修し、五代の各朝の実録の総数は360巻という多きに達した。「十国」においても、いくつかの実録が編纂された。五代の史学における最も重要な著作は、後晋で編修された『旧唐書』である。

　宋代は、我が国古代における史学の最盛期であり、新たな史書の体裁が創設されたのみならず、新たな領域も開拓され、多くの有名な歴史家や重要な歴史書が生まれた。宋初には、薛居正らが『旧五代史』を編纂した。仁宗の時代には、欧陽脩と宋祁が命を受けて改めて唐史を撰し、『新唐書』を完成させた。欧陽脩はまた『五代史記』（『新五代史』）を私撰した。北宋中期には、司馬光が劉恕・劉攽・范祖禹らの協力のもと、19年を費やして『資治通鑑』を撰し、「前世の興衰に鑑み、当今の得失を考え、善を嘉して悪を矜み、是を取り非を捨」て[37]、最高統治者が統治を強固にするために参考とすべき経験と教訓を提供することを目的とした。この書は、我が国最初の編年体の通史であり、宋元以来常に高く評価され、大きな影響をもたらし、その体裁は「通鑑」体と呼ばれ、後の編年体に通用される体裁となった。その「考異」の部分は、史学研究を史学の編纂の領域に引き入れた。南宋時代には、袁枢が『通鑑』の重要な事件を部門別に分け、各事項の終始を詳細に備え、表題を列記して『通鑑紀事本末』を撰し、記事を中心とする新たな体裁を創始した。この紀事本末体は、明清時代の多くの史家が模倣するところとなった。また通史の巨著として、南宋初めの鄭樵が編纂した『通志』と、宋元交替期の馬端臨が編纂した『文献通考』があり、両書は唐代の杜佑の『通典』と併せて「三通」と呼ばれる。『通志』の中の「二十略」は、上古より唐代に至る典章制度の沿革が記述された、この書の精華である。『文献通考』は、遠古より南宋末までの歴代の制度を記述し、宋代の制度の沿革の記述が最も詳細である。

　宋朝は、前代の歴史を総括することを重視し、また特に本朝史の編修を重視した。宋朝では、国史院や実録院などの修史機構が設置され、宰相が「監修」或いは「提挙」を兼任し、日暦・実録・国史・会要などが編纂された。宋代の官修の史籍は、記述の詳細さ、篇幅の膨大さの面で、漢・唐・明・清の各朝に冠たるものである。現行の『宋会要輯稿』は、宋代の官修の『会要』の残本であるが、資料が極めて豊富である。

　宋代では、私人による修史の風潮が盛んとなり、編修された各種の当代史が非常に多い。それらのうち最も重要なものとして、以下のものがある。李燾の『続資治通鑑長編』は、北宋一代の史事を記述したものである。徐夢莘の『三朝北盟会編』は、徽宗・欽宗・高宗

37　『資治通鑑』進書表より。

の三朝と金との戦いの史実を、李心伝の『建炎以来繋年要録』は、高宗一代の史事を記述したものである。

地方志は、州県の沿革・地理・風俗・物産・人物などを専門的に記した書籍であり、その中には社会経済の史料が豊富に保存されている。宋代に至ると、地方志が大量に出現し、前代未聞の水準に到達し、体例も完備された。また、地理総志のみならず州・県・鎮及び都市志も大量に編撰された。

金石学は、中国考古学の前身である。宋代の金石学者は、金石学の研究と古代文献の考訂を結び合わせ、史学研究の新たな領域を切り開いた。欧陽脩の『集古録』と趙明誠の『金石録』は、金石学研究の重要な著作である。

四　文芸

宋代の文芸は、唐代の後を継ぎ、さらに発展し、繁栄の様相を呈した。

北宋前期は、五代以来の浮靡な気風が文壇を支配していた。楊億・劉筠・銭惟演らを中心とする宮廷文人は、詞藻の華麗さを尊び、思想的内容を軽視した。彼らは互いに唱和し、『西昆酬唱集』を編んだことから、この種の文学の流派は「西昆体」と呼ばれている。宋初で最も成功した作家は、鉅野（現在の山東省巨野県）の人王禹偁である。彼の詩文は平易簡約で、風韻に満ちている。北宋中葉に至ると、文壇では詩文の革新運動が巻き起こった。詩歌の分野では、欧陽脩及び梅堯臣、蘇舜欽らが平板かつ清新で、往々にして粗野で奔放な新たな詩風を提唱した。これに続く王安石らは、社会生活を反映する多くの詩歌を創作した。この現実主義の詩風は、南宋の詩壇にも影響し、現実主義の詩人を生み出した。このうち最も傑出した代表的人物が、陸游（越州山陰の人。現在の浙江省紹興市）である。

宋詩は、唐詩を継承し、またこれを刷新した。題材はさらに広範となり、農事を描写し、農民の生活或いは民間の苦しみを反映した詩篇が多い。愛国の詩篇が多いことも、大きな特徴の一つである。中でも陸游の『示児』や文天祥の『正気歌』などの有名な詩作は、後世の愛国主義的精神に深遠な影響を生み出した。散文の分野では、欧陽脩・王安石・曾鞏・蘇洵・蘇軾・蘇轍らが、韓愈・柳宗元の伝統の継承を自任し、流麗暢達で駢文と散文を結合した散文の新風を提唱した。後世、彼らは「唐宋八大家」と総称された。

詞は、宋代の最も特色ある文学の体裁である。北宋前期の晏殊・晏幾道・范仲淹・張先・欧陽脩を代表とする婉約派は、五代の詞風を継承し、言葉が婉曲で華麗であった。范仲淹の詞作は多くはないが、詞が表現する範囲を拡大し、その詞風はやや雄健である。柳永は、韻律に精通し、慢曲長調の新たな体裁の創作を始め、叙述に優れ、言葉は通俗的で、下層平民の歓迎を深く受けた。蘇軾は、専ら男女の愛や別離の情を描く詞の垣根を打ち破り、豪放詞派を創始した。南宋の詞人である辛棄疾（歴城の人。現在の山東省済南市）は、蘇

軾の豪放派の詞風を継承し、発展させ、詞が表現する範囲を社会の広大な領域にまで拡大し、その詞は愛国主義の激情に満ち溢れている。両宋交替期の女性詞人である李清照（章丘の人。現在の山東省済南市に属す）は、音律を研究し、詞語は平板かつ精巧で、婉曲の中に豪放さがあり、独自に一派を成し、当時「易安体」と呼ばれた。

　宋代の都市経済は、空前の発展を遂げた。都市の住民の文化的需要に応ずるため、話本・諸宮調・宋雑劇・南戯などの新たな曲芸・戯曲の形式が勃興し、「瓦舎」或いは「瓦子」などの演芸場で上演された。

　宋代の絵画芸術の題材は、さらに広いものとなり、形式・風格もさらに多様化した。山水画と花鳥画は勢いよく発展し、人物画と轡を並べ、成熟の段階に到達した。また『清明上河図』（口絵23）のような社会生活を描写した風俗画が出現し、絵画芸術は新たな道を切り開いた。契丹・女真などの兄弟民族の社会生活は、絵画の中でも一定の表現に達した。水墨画の画法も流行し始め、次第に我が国の絵画における主要な表現技法の一つとなっていった。壁画も各地域・各種の場所で広範に流行し、題材は多様で、内容は豊富であった。これらと同時に、印刷業の興隆により、主に民間画家によって木版画が創作され、社会においても日に日に伝播し始めた。

　宋代の書道は、非常に大きな成果があった。北宋の蘇軾・黄庭堅・米芾・蔡襄は、いずれも有名な書家である。宋の徽宗の書も一体を成し、「痩金体」と呼ばれた。宋代に流行した法帖は、後代の書法芸術に大きな影響をもたらした。

　彫刻芸術にも大きな成果があった。重慶市大足県の摩崖石刻は、その多くが宋代の作品であり、我が国の晩期石窟芸術を代表する優れた作品と讃えられている（口絵24）。太原市の晋祠の42尊侍女彩像は、北宋の元祐年間に塑造されたもので、華やかかつ艶やかで、表情や態度が備わり、生き生きとしている。

五　科学技術

　宋代は、科学技術の発展史において燦然と輝く時代である。我が国古代の四大発明のうち、製紙技術を除く3つはいずれも宋代に発明され、完成され、或いは広範に応用された。これらは西洋に伝播し、世界の文明の進展を極めて大きく促進した。北宋の畢昇（淮南路蘄州の人。現在の湖北省英山県）は、木版印刷を基礎とし、膠泥[38]の活字印刷術を発明した。この時代のものとしては、西夏の活字印刷の文献が現在まで伝わっている。活字印刷術の発明と普及は、科学や文化の伝播に大きな効果をもたらした。指南針[39]の発明と航海への応用もまた、北宋時代のことである。火薬は、宋代以前に発明されていたが、宋以降

38　泥土をにかわで固めて文字を彫り、それを焼いたもの。
39　方位磁石。

にようやく軍事方面に広範に応用された。北宋中期に編纂された『武経総要』には、三種の火薬の調合方法が保存されており、これは世界最古の記録である。

　数学の分野では、我が国独特の代数演算方式がこの時代に形成された。北宋の賈憲は、開方作法本源図、すなわち二項定理係数表を発明し、これによって代数方程は二次に限らず三次方程も解くことができた。南宋末の秦九韶が撰した『数学九章』には、この種の高次方程式を解する計算の手順が記されており、これはヨーロッパよりも数世紀早いものである。北宋初には、直截的な算術に関する専門書も現れ、後にはさらに一歩進んだ除法の数え歌も発明された。計算技術の改革は、我が国の算碼[40]の誕生を促進した。算碼は、商業の計算で普遍的に使用され、後には数学の演算にも用いられるようになった。

　天文学の分野では、北宋時代に恒星が6度観測された。北宋の蘇頌らが製造した水運儀象台は、国際的にも天文観測時計の祖先として讃えられている。この時代の有名な暦法には、北宋の崇天暦と紀元暦、南宋の統天暦、及び金代の大明暦がある。このうち統天暦は、1年を365.2425日に定めており、現行の西暦における1年の長さと完全に一致している。

　北宋の医学者たちは、医学書と本草書に対して多くの総括的な作業を行った。その成果として、王懐隠主編の『太平聖恵方』や、賈黄中らが編集した『神医普救方』がある。また、元豊年間に太医局が編纂した『太平恵民和剤局方』は、我が国最初の政府が公布した調剤の便覧である。本草書の編集・出版は、北宋時代にピークを迎え、我が国の薬学の知識に豊富な内容を提供した。北宋の医学では、小児科と産婦人科、鍼灸科が最も有名である。金代前期の成無己は、『内経』や『傷寒論』などの古典医学書に注釈を付け、医学理論研究の風潮を開いた。

　地理学の分野でも際立つ成果があり、地球の表面におけるある種の自然現象に対する、比較科学の認識が備わった。沈括は、『夢渓筆談』で河流の堆積と浸蝕の作用を解明し、その他に提示した論点においても、ヨーロッパより早いものが多くあった。地理学の重要な一部である方志学や地図学にも、顕著な発展がみられた。

　建築の分野では、宋人が建てた太原の晋祠は、園林式の祠廟建築であり、宋代の建築技術を代表する輝かしい成果である。金人が建てた大同の華厳寺大殿は、全国の寺廟の殿堂の最たるものである。遼人が建てた応県の釈迦塔は、現存する古代の木塔の中で第一の高さを誇る。西夏人が造営した多くの皇陵は、高く雄大で、中国式ピラミッドと讃えられている。『営造法式』は、重要な歴史的価値を備えた建築文献である。

40　算木に由来する数字。

第八章

元代

　　元朝は、モンゴル族が中国の歴史上に建立した統一王朝である。1206 年、成吉思汗（チンギス＝ハン）は、大モンゴル国を建立した。1260 年、モンゴル国の大ハンの位に即いた忽必烈（フビライ）は、相次いで中統・至元の年号を立てた。1271 年、フビライは正式に国号を大元と改めたが、年号は改めなかった。フビライはまず、開平府（現在の内モンゴル自治区正藍旗の境域内）を都城とし、後に都を大都（現在の北京市）に定めた。1279 年、元朝は南宋を滅ぼし、国家の統一を実現した。元朝は、1368 年に滅びた。

　　元朝は、中原に鼎を定めて[1]全国を統一し、370 年余りにわたって多くの政権が対峙した局面を終息させ、統一的多民族国家を強固にし、さらに発展させ、新たな高みまで到達させた。元代は、中国史上における民族大移動、大融合の時代であった。モンゴル族がユーラシアを一掃すると同時に、草原地帯から中原に侵入すると、彼らに従って西域や中央アジア、西アジアの多くの民族がやって来た。内地に押し寄せたこれらの民族は、漢族に入り混じって雑居し、漢族もまた周辺民族の地域に居を移した。各民族は、長期にわたって隣り合って居住し、互いに影響を及ぼし合った。民族の融合は再びピークを迎え、契丹人・唐兀人などは他の民族に溶け込んでいった。また回族・東郷族・土族・保安族・撒拉族などの新たな民族共同体の雛型は、この元代に形成され、モンゴル族と漢族もまたその他の多くの民族の要素を吸収した。こうして、中華民族には新たな成員が加わり、民族の風貌もさらに多姿多彩となった。元代の広大な領域には、行省制が全国に遍く実施され、民族地域や辺境の統治は卓越した成果を挙げ、中央と地方、内地と辺境の関係はかつてないほどに強化された。チベット地域は、この時代より正式に中央政府の直接的な管轄下に置かれた。また、澎湖巡検司の設置は、元政府が台湾に対して有効な行政的管理を実施していたことを示している。ただし、元朝の統治者たちは、漢族に対しては終始民族差別的な政策を励行し、中後期における吏治は日に日に腐敗し、モンゴル人貴族と各級の官吏は横暴で跋扈し、贅沢の限りを尽くし、賄賂をむさぼり、法を枉げる風潮がますます激化した。こうして、民族対立と階級対立は絶えず激化してゆき、遂には元末の紅巾軍の大起義を引

1　鼎が帝位の象徴であることから、帝都を定めることをいう。

き起こし、元朝は百年足らずで寿命を終えた。

第一節　モンゴル族の勃興

一　チンギス＝ハンのモンゴル草原統一と大モンゴル国の創建

　モンゴルは蒙兀室韋を源流とし、もとは隋唐以来の室韋部落連盟の部落の一つであった。おおよそ9世紀中葉以降、モンゴルは現在のアルグン川流域から次第に西方へと遷徙し、10世紀に至ると、オノン・ヘルレン・トールの三河の水源地域で遊牧を営んでいた。当時、モンゴル草原には互いに統属関係にはない多くの部落が分布し、達怛（韃靼）或いは阻卜と総称され、モンゴルはその一部であった。12世紀以降、草原諸部の社会内で階級分化が発生し、原始氏族制度は崩壊し、瓦解していった。階級社会に突入した草原諸部は、互いに掠奪し兼併し合った結果、いくつかの強大な部落集団が出現した。各部は、金朝との臣属関係を維持していたが、金朝の国勢が日に日に衰微してゆくにつれ、各部は金朝の統治から離脱してゆく傾向が強まっていった。草原の部民たちは、このような「天下擾攘し、互いに相い攻劫し、人びとは生を安んじず」[2]という情勢の終結を渇望していた。歴史の重責が、チンギス＝ハンの身にのしかかっていたのである。

　チンギス＝ハンは、名を鉄木真（テムジン）といい、1162年にモンゴル部の乞顔・孛児只斤（キヤン・ボルジギン）氏族に生まれた。彼の祖先は、代々本部の首領を担っていた。テムジンが9歳のとき、父の也速該（イェスゲイ）が塔塔児（タタール）部に謀殺され、その族衆は離散した。テムジンは艱難辛苦を経験する中で、祖業の復興を忘れなかった。彼は克烈（ケレイト）部の首領王罕（オン・カン）のもとに身を投じ、支援を求めた。オン・カンと札只剌（ジャダラン）部の首領札木合（ジャムカ）の援助のもと、彼は再び本部落の人戸を召集し、また金朝に協力して代々の仇敵であるタタール部を打ち負かし、金朝から札兀惕忽里の官を授けられた。これよりテムジンは、朝廷の命官という身分で部衆に号令するようになり、自身の声望と政治的地位を高めていった。

　1202年、テムジンは、オン・カンと連合して乃蛮（ナイマン）・蔑児乞（メルキト）・泰赤烏（タイチウト）・タタールなどの部が結成した連合軍に勝利し、タタール部を滅ぼした。勢力が絶えず強大化してゆくにつれ、テムジンとオン・カンとの対立が次第に顕現化し、両者の軍が相いまみえることとなった。オン・カンとジャムカの連合軍の進攻を受け、テムジンは初めて惨敗を喫した。しばらくの休養と体制の立て直しを経て、テムジンは毅然として再度部衆を結集し、ケレイト部を徹底的に撃破した。その後、彼は草原西部

2　『元朝秘史』第254節より。擾攘は、秩序が失われて騒然となる様子。攻劫は、攻撃し、略奪すること。

の大部落であるナイマン部を撃破し、遂にモンゴル草原の統一という大業を完成させた。

　1206年、モンゴル草原の各部は、斡難河（現在のオノン川）の水源地域で貴族の大会を挙行し、テムジンを各部の共同の大ハンに推戴した。彼は「チンギス＝ハン」（後に元の太祖を追尊される）と号し、国家を建立し、大モンゴル国と号した。建国後、チンギス＝ハンは草原社会の管理に適合した各種の国家制度を創立した。その内容として、主に以下のものが含まれる。

○十進法により軍隊を編制するという遊牧民族の伝統に従い、草原の牧民をそれぞれ十戸・百戸・千戸の組織に編入する、千戸制を実施した。大部分の千戸は、異なる部落の人戸を混合して編制されたため、もとの部落組織は打ち破られた。貴族や功臣には、世襲の千戸長・百戸長の権力が授けられた。それぞれの千戸には、指定された遊牧地域があった。彼らが所有する千戸の民戸と土地の最高所有権は、大ハンに帰した。千戸制は、軍民が合わさった社会組織であり、大モンゴル国の地方行政単位でもある、草原国家の初期の発展段階における政権建設の需要に適合した制度であった。

○那可児（部落の首領の親兵）制度を基礎として、護衛軍を拡張した。各級の官吏及び平民の子弟から、技能を備え、身体が強健な者1万人を選抜し、モンゴル語で「怯薛（ケシク）」と呼ばれる護衛組織を作った。彼らは、平時は輪番で警衛に当たり、戦時には大ハンに従って出征した。ケシクはまた、ハン廷の各種の事務を分担して管掌し、或いは命を奉じて外に出て、聖旨を伝達した。

○モンゴル語で「也可札魯花赤（イェケ・ジャルグチ）」と呼ばれる大断事官を設置し、最上級の行政官・司法官とした。その下には、属領として若干の断事官が設けられた。

○人に命じて、ウイグル文字を用いてモンゴル語を書写するモンゴル文字を制定し、以前に用いられていた、木に刻んで事を記すという立ち遅れた方法を改めた。

○法律を制定し、モンゴル文字を用いて『大札撒（大ヤサ）』（法令）を発布し、モンゴル人貴族の統治の地位と社会秩序を守るためにこれを用いた。

○家産を分配する遊牧民族の伝統に照らし、大モンゴル国の人民と牧草地をチンギス＝ハンの「黄金の氏族（アルタン・ウルク）」の共同家産とし、分封して宗室の子弟に給した。チンギス＝ハンの諸弟の封地は、モンゴル東部に位置したため、彼らは東道（左手）諸王と呼ばれた。長子の朮赤（ジュチ）と次子の察合台（チャガタイ）、三子の窩闊台（オゴタイ）の封地は西部にあり、西道（右手）諸王と呼ばれた。大部分の民戸とモンゴルの中心地域は、チンギス＝ハンによって直接統治され、「幼子守産」という習俗により、後に幼子の拖雷（トゥルイ）が継承した。各宗王は、自身の封地（兀魯思[3]（ウルス））

3　兀魯思は、モンゴル語で、封地・領地及び領地の人民を指す。

内においては相対的に独立した権力を享有した。各級の官吏は、大ハンと諸王に対して絶対的な従属的地位におかれた。一部の功臣や貴戚もまた、民戸と土地を賜わった。

　これらの施策を通じて、大モンゴル国の基本的な政治制度が確立した。チンギス＝ハンは、各民族の優れた文化をよく学習し、また吸収し、卓越した政治的判断力と軍事指揮の才能を備えていた。草原社会における巨大な変化の発生という背景のもと、彼は時代の潮流に順応し、部族が林立して戦争が絶えないという、モンゴル草原の数百年以来の混乱の局面を終息させた。大モンゴル国の建立後、モンゴル草原の各部族は次第に融合し、モンゴルを族称とする新たな民族共同体となり、草原地域ないし中国や世界の歴史に、重要かつ深遠な影響をもたらした。1227年、チンギス＝ハンは六盤山（現在の寧夏回族自治区の境域内）の本営で病死した。

二　モンゴルの西征と四大ハン国の建立

　大モンゴル国の建立後、大規模な領土拡張戦争が開始された。北方では、現在のシベリア地域に居住するキルギスなど森林部落を征服した。南方と東方では、西夏と金朝の広大な領土を相次いで占領し、それぞれ1227年と1234年にこの両大国を滅亡させた。西方では、畏兀児（ウイグル）（すなわち高昌回鶻）・哈剌魯（カルルク）（現在のイリ川とチュイ川流域に分布）など西遼に従属していた諸族を帰順させ、西域と中央アジア一帯に建国していた西遼政権の国力を日に日に衰耗させていった。こうして1218年に、モンゴルは軍を派遣して西遼を滅ぼし、可失合児（カシュガル）（現在の新疆ウイグル自治区カシュガル市）・斡端（ホータン）（現在の新疆ウイグル自治区ホータン市）・叶密立（エミル）（現在の新疆ウイグル自治区ドルビルジン県南）などの地を占領した。

　1219年より、モンゴル軍は3度の大規模な西征を発動し、モンゴル本土の他に4つの広大な領域を擁する藩属国を建立した。

　1度目は、チンギス＝ハンの西征である。1219年、チンギス＝ハンは自ら大軍を率いて西征を行い、1222年にアム川流域（現在の中央アジア地域）で強盛を誇っていたホラズム国を滅ぼした。1223年、チンギス＝ハンは東に帰還したが、一部のモンゴル軍を留め置き、引き続き忻都（現在のインド）、波斯（現在のイラン）に進攻させた。モンゴル軍は、太和嶺（現在のコーカサス山脈）を越え、斡羅思（現在のロシア）と欽察（キプチャク）諸部の連合軍を大いに破った。この西征は、1225年に終結した。モンゴル軍は、中央アジア・黒海・コーカサス一帯の地域を占領し、チンギス＝ハンはそれらを自身の3人の子に分封した。長子のジュチの封地は、也儿的石河（現在のエルティシ川）以西、ホラズム以北にあり、遠く現在のアラル海以西、カスピ海以北の地に至る。次子のチャガタイは、西遼の旧領を分け与えられた。その封地は、東はウイグルの地より、西方はアム川・シル

川の地に至る。三子のオゴタイの封地は、葉密立川（現在のエミル河）と霍博（現在の新疆ウイグル自治区ホボクサル・モンゴル自治県）地域を中心とし、現在のオビ川上流以西からバルハシ湖以東の地域が含まれる。

2度目は、抜都（バトゥ）の西征である。金を滅ぼした後、オゴタイ＝ハン（在位：1229～1241年）は、引き続き南伐と西征を計画した。西征軍の統帥には、ジュチの子バトゥが任じられ、宗室各支及び万戸以下の官は、みな長子をこの遠征に従軍させた。そのため、「長子西征」とも呼ばれている。1236年、西征軍はまず也的里河（現在のボルガ川）中流域の不里阿耳国（ブルガール国）を亡ぼし、翌年にはアラル海・カスピ海・黒海の北のキプチャク諸部を征服した。1239年末には、相次いでロシア諸王公を征服した。その後、勃烈児（現在のポーランド）・馬札児（マジャール）（現在のハンガリーにある）などの国々に兵を進め、遥かドナウ川を渡った。オゴタイ＝ハン死去の報に接し、バトゥはようやく軍を率いて東に引き返し、ボルガ川下流地域に駐留し、この拡大したジュチの封地を基礎として、キプチャク草原を中心としたキプチャク＝ハン国を建立した。その領域は、東は現在のエルティシ河から、西はヨーロッパ中部に至り、南はコーカサス地域に及んだ。

3度目は、旭烈兀（フラグ）の西征である。トゥルイの子の蒙哥汗（モンケ＝ハン）（在位：1251～1259年）は、その統治時代、弟[4]のフラグを派遣して西征を継続した。1256年、ペルシャ北部を根拠地としていたイスラム教イスマーイール派の宗教政権の木刺夷国[5]を滅ぼした。1258年には、バグダード（現在のイラクのバグダード）を攻め落とし、アラブのアッバース王国（黒衣大食）を滅ぼした。1259年には軍をシリアに進めたが、翌年、密昔儿（現在のエジプト）軍に敗れた。フラグは引き返してペルシャ地域を根拠地とし、イル＝ハン国を建立した。その領域は、東はアム川とインダス川から、西は小アジアまで、北はキプチャク＝ハン国に隣接し、南はペルシャ湾に及んだ。

フビライが即位すると、チャガタイとオゴタイの後裔は、阿里不哥（アリクブケ）を支持した。アリクブケが戦いに敗れると、彼らは元廷への帰順を拒絶し、独立発展の道を進んだ。こうして、チャガタイとオゴタイの封地（ウルス）を基礎として、チャガタイ＝ハン国とオゴタイ＝ハン国が建立された。元の成宗の時代に至り、彼らはようやく元朝皇帝の宗主の地位を承認した。

半世紀の長きにわたる大規模な征服戦争を通じ、大モンゴル国は、ユーラシア大陸に跨がる世界帝国となった。キプチャク・チャガタイ・オゴタイ・イルの四大ハン国は、統一帝国の一部であるが、帝国全体は軍事征服によって建立された軍事行政連合体であり、それぞれの政治的経済的連携は緩やかで、分裂は避けられなかった。元朝の建立後、統一的

---

4 モンケの弟には、フラグ、フビライ、アリクブケなどがいる。
5 アラムートのニザール派（イスマーイール派の分派）政権のこと。

なモンゴル国は遂に解体されてゆく。ただし諸ハン国は、元朝の皇帝を正統かつ共主として奉じ、元朝との宗藩関係は維持された。諸ハン国のハン位の継承は、法理上では元朝皇帝の冊命を得なければならなかった。

世界を震撼させたモンゴルの3度にわたる西征は、血なまぐさい殺戮をともない、彼らが通過した地域に深刻な災難をもたらした。モンゴルの西征は、ユーラシア大陸の政局を改変し、世界の歴史の発展過程に重大な影響を生み出した。このことは、客観的には、ユーラシアの交通路を通じさせ、東西の経済と文化の交流を推進したという積極的な意義を備えている。これより、中央アジアと西アジアの人々が大量に中国に移住し、中華民族に新鮮な血液を注入していったのである。

第二節　統一的多民族国家のさらなる発展

一　元朝の建立と全国統一

モンケは、大ハンの位に就くと、弟のフビライに命じて漢地の事務を管轄させた。フビライは、もともと雄才大略を備えた人物で、「前代の帝王の事跡を訪問するを好み」、特に唐の太宗を敬慕し、「唐の文皇の秦王為りし時、文学四方の士を広延し、治道を講論し、終に太平を致すを聞き、喜びて焉れを慕」った[6]という。彼もまた、多くの漢族の儒士を招聘し、参謀顧問とした。漢人の幕僚たちの建議のもと、フビライは、漠南[7]の要衝に開平府を造営し、藩府が駐留する地とした。中原地域では、生産を回復し、流亡者を招納したため、屯田には穀物が積み重なった。また、軍紀を整え、利のある事業を興して弊害を取り除いた。それと同時に、漢族地主や武装勢力の首領を籠絡し、利用することに力を入れた。この文武両面の勢力は、フビライを乱世の英主とみなし、心を寄せて帰属した。彼らは、フビライがハン位を奪取し、全国を統一する過程で勲功を立てた。

1254年、フビライは軍を率いてチベット地域から雲南に侵入し、大理国を滅ぼした。宋の理宗の宝祐五年（1257年）秋、モンケは南宋に親征した。しかし開慶元年（1259年）七月、モンケは合州（現在の重慶市合川区）の釣魚城外で病死した。漠北に居たモンケの幼弟アリクブケは、天下に号令し、軍を招集し、ハン位継承の準備を進めた。このとき、フビライは湖北の前線にいたが、宋と講和交渉を行うことを決定し、軍を率いて北に帰った。翌年三月、フビライは先手を打って開平で大ハンの位に就き、中統と建元し、中原王

6　『元朝名臣事略』巻12・内翰王文康公に引く『王鶚墓碑』より。唐の文皇（太宗＝李世民）が秦王時代に、文学や四方の士人を広く招いて彼らと政治の道について議論し、遂には太平の世を実現した、というエピソードを聞き、このことを喜んで敬慕した、という意。

7　「漠」は、ゴビ砂漠を指す。その南は漠南と呼ばれ、現在の内モンゴル自治区にある。その北は漠北と呼ばれ、その大部分はモンゴル高原である。

朝の正統を継承することを自任した。その後、アリクブケは漠北で大ハン就任を宣布した。彼らはそれぞれ、統治集団内の革新派と保守派の勢力の代表であった。フビライは、軍を率いて北征し、4年にわたる苦戦の末、アリクブケは敗れて投降した。

モンゴルは、中原を占領した後、どのような方法で漢地を統治するのかという問題に直面した。漢族の儒士の影響のもと、歴史と現実を熟知するフビライは、「北方の中夏を有(たも)つ者、必ず漢法を行わば、乃ち長久たるべし」[8]という道理を認識するに至った。そこでフビライは、中統四年（1263年）に開平を上都とした。こうして、国家の政治の中心は、漠北から漠南の漢地に遷った。至元元年（1264年）には、燕京（現在の北京）を中都とした。同八年、『易経』の「乾元」の義を取り、モンゴル国の国号を「大元」に改めた。九年には、中都を大都と改め、正式にここを都に定めた。これらの建元と国号の改号、遷都は、元朝が中原に鼎を定め、漢法を広く実行したことを示す重要な指標である。

当然ながら、フビライによる漢法の執行には限度があった。漠北の草原には強大な遊牧貴族集団が存在し、彼らは国家の政治活動において軽視できない地位を占めていた。フビライ自身もまた、モンゴル人貴族の一員である。彼は、モンゴル人貴族の特権を護るために民族的差別を維持し、全面的な漢化を防ぐために分封制やケシク制など一部のモンゴルの旧制度を残した。

至元四年（宋の度宗の咸淳三年、1267年）八月、フビライは軍を率いて南下し、南宋との決戦を展開した。妥協を主張する南宋の統治集団には、抵抗する心がなかった。一方、南宋の軍民は血を浴びて奮戦し、襄（陽）・樊（城）を堅守すること6年の長きに及んだ。至元十一年、元軍は襄・樊を攻め落とし、漢水の流れに沿って長江に入り、長江沿いの各地の軍民の抵抗を打ち破って臨安に迫った。同十三年二月、南宋の恭帝は投降した。十六年二月、元軍は広東の崖山で南宋の残党を滅ぼし、宋帝は海に身を投じた。統一戦争の終結は、これより元朝が、中国史上最初の少数民族によって建立された全国政権となったことを示している（図8-1）。

統一の歴史が進展する中、フビライは分裂反乱勢力とも断固として戦いを進めていた。

中統三年春、山東行省大都督の李璮は、フビライが北にアリクブケの征討に向かった機に乗じ、兵を挙げて反乱を起こした。フビライは、迅速にモンゴル軍と漢軍を招集して鎮圧に向かわせ、同年七月にこれを平定した。もともと、モンゴルは中原の漢地を攻略する中で、各地で帰順した官僚や軍閥の多くに大元帥・領行省事などの官や肩書を与え、引き続き軍民を管領させ、その職を世襲としていた。彼らは、世侯と呼ばれた。李璮の事件の後、フビライは漢人世侯の軍事権を剝奪し、漢官の世襲制を廃止し、これに代えて遷転法

---

8 『元史』巻158・許衡伝より。

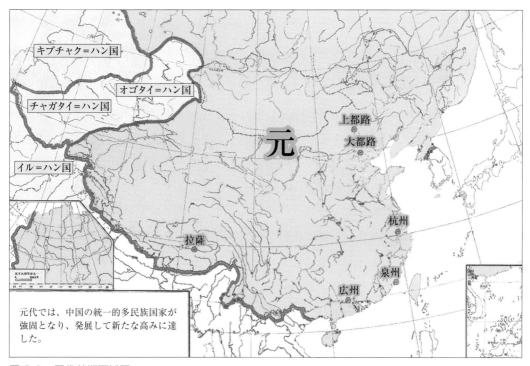

図 8-1　元代前期疆域図
(譚其驤主編『簡明中国歴史地図集』中国地図出版社、1991 年版、57 - 58 頁より)

を実施し、中央集権を強化し、内乱の禍根を排除した。

　分裂勢力は、同様にモンゴル族の内部からも発生した。東道・西道の諸王及びトゥルイ系の諸王たちは、幾度も兵を挙げてフビライに反抗した。オゴタイの孫の海都（ハイドゥ）は、かつてハン位を争ったアリクブケを支持し、その後漠北のモンゴル人貴族の保守勢力から盟主に奉じられ、長期にわたって元朝と敵対し、一時は漠北の政治的中心地である和林城（カラコルム）を攻略したこともあった。フビライは、これらの反乱軍を一つ一つ破り、西北藩王の勢力を効果的に抑えつけ、宗王の封地における権力を削減していった。

　至元三十一年正月、元朝の創建者フビライは大都で病死し、廟号は世祖（口絵25）とされた。フビライは、中国史上において優れた成果を挙げた君主である。彼は、中原の先進的な文化を吸収し、また手本とし、法令制度を制定し、元朝の統治の基礎を定めた。このことは、漢地の社会や生産の回復に利をもたらしたのみならず、モンゴル族自身の発展にも利があった。フビライは、分裂反乱勢力に対しては断固として打撃を与え、国家の統一と辺境の安定を固く護った。ただし、その後期の政治は、次第に保守的な傾向となり、利を嗜み、みだりに兵を用いるという、マイナスの要素が増加した。例えば、阿合馬（アフマド）や桑哥（サンガ）らの「理財」を成す大臣を重用し、民と利を争った。また、日本・安南・緬甸（ミャンマー）・爪哇（ジャワ）などに対する戦争を発動したが、そのほ

とんどが失敗に終わった。

二　中央行政と地方行政

　モンゴル人貴族の特権的地位を保障するという前提のもと、元朝は中原王朝の制度を基礎とした中央集権の行政体制を次第に確立していった。

　元朝の中央機構は、主に政務を総理する中書省、軍政を掌る枢密院、監察を担当する御史台から構成された。中書省は、都省と簡称され、右丞相・左丞相各1名、平章政事4名、右丞・左丞各1名、参知政事2名が設けられた。都省は、吏・戸・礼・兵・刑・工の六部を領し、それぞれ各項の政務を分管した。枢密院には、院使・知院・同知院事・副使・僉書枢密事などの職が設けられ、定員はなかった。中書省は、平章政事を2名派遣して枢密院の決事に参与した。御史台の設置は、省・院よりもやや遅く、至元五年に初めて設置され、御史大夫・御史中丞・侍御史・治書侍御史各2名、監察御史32名が設けられた。フビライは、「中書は朕の左手であり、枢密は右手であり、御史台は朕の両手を医するものである」[9]といったという。

　至元年間、行中書省（行省と簡称される）は、中央が派出した臨時的な機構から、次第に地方の最高行政機構としての型が定まり、民事・軍事の全てを管轄するようになっていった。行省制の確立は、中国古代における地方行政制度の重大な改革であり、極めて深遠な影響をもたらした。元代には、嶺北・遼陽・河南・陝西・四川・雲南・甘粛・江浙・江西・湖広の10行省が設置された。各省には丞相1名が置かれ、その品秩は中書省の官より一等低い。また平章政事、左丞・右丞、参知政事が置かれ、これらの品秩は中書省の官と同じである。河北・山東・山西は「腹裏」の地と呼ばれ、中書省がこれを直轄した。行省の治所がやや遠方である、或いは特別な需要のある地域には、宣慰司が設置され、「軍民の務を掌り、道を分かちて以て郡県を総す べた。行省・宣慰司以下の行政機構には、路・府・州・県があり、これらは民政を管轄したが、軍事は治めなかった。大都・上都には警巡院、路の治所には録事司が設けられ、都市の住民を管理した。路以下の機構は、モンゴル人が達魯花赤（ダルガチ）[10]を担い、監臨の責を負った。漠北などの地域のモンゴル人戸は、以前と同様に千戸・百戸を地方行政の単位とし、朝廷に直属し、或いは諸王に分属し、路・府には所属しなかった。

　元朝は、江南諸道と陝西諸道の2つの行御史台を置き、地方監察機構とした。これらは南台・西台と簡称され、それぞれ東南・西部各省の官吏を監察した。北部と中原地域には、行台は置かれなかった。路以上には、粛政廉訪司（元初は提刑按察司と呼ばれた）が設置

9　（元）葉子奇『草木子』巻3下・雑制篇より。
10　モンゴル及び元朝の官名で、地方の軍隊や官衙を監督し治める長官である。

された。御史台（中台）と行台、粛政廉訪司によって、全国を覆う監察システムが構成された。

三　民族地域と辺境の効果的な統治

　元朝は、民族地域と辺境[11]の統治を非常に重視し、効果的な行政管理機構の建立を通じて、広大な民族地域と辺境を中央政府の直接的管轄のもとに置いた。

　嶺北地域は、元朝の「祖宗根本の地」であり、多くのモンゴル千戸が分布していた。1235 年、オゴタイ＝ハンはオルホン川岸にカラコルム城を建造し、大モンゴル国の首都とした。フビライの即位後、漠北地域は大モンゴル国の中心地から元朝の辺境地域へと降格し、カラコルムも元昌路に降格した。至元九年（1272 年）、この地に和林転運使司が設置され、その数年後には、改めて和林宣慰司都元帥府が置かれた。大徳十一年（1307 年）には、和林行省に昇格し、仁宗の皇慶元年（1312 年）に、嶺北行省[12]と改称された。行省の下には、称海（ホブド、現在のモンゴルのジャルガラント東南）宣慰司都元帥府と和林路（後に和寧路と改称）総管府が設けられた。後に、ホブドには改めて屯田総管府が置かれた。嶺北行省が管理するのは、主にモンゴルの各千戸・戍軍・工匠及び軍民の屯田であり、そのため管轄下には路が一つ置かれたのみで、属州や属県は置かれなかった。

　東北地域には、女真・モンゴル・漢・契丹・兀者（ウェジ）などの民族が分布していた。山北遼東道・開元等路の宣慰司は威望に欠け、諸王を震え上がらせるには至らなかったため、至元二十三年に、東北地方の行政機構を東京行省（後に遼陽行省と改称）に格上げした。東京行省は、遼東道宣慰司及び遼陽・瀋陽・開元・水達達など七路一府を管轄した。僻地には、兀者吉烈迷（ギレミ）万戸府・女真水達達万戸府・胡里改軍民万戸府などの機構が設置された。弩児哥（すなわち奴児干（ヌルガン））には、征東招討司が設置された。遼陽行省が管轄する領域は、東は大海に臨み、骨嵬（すなわち庫頁島（樺太））も含まれている。

　天山山脈南北の人口は、その居住地により、畏兀児（ウイグル）人・哈密力（クムル）人・斡端（ホータン）人・可失合児（カシュガル）人などに分けられる。彼らはみな、現在の維吾爾（ウイグル）の祖先である。この他にも、哈剌魯（カルルク）・モンゴル・漢族などの兄弟民族が居住していた。モンゴル国は、モンケ＝ハンの時代に別失八里（ビシュ

11　「民族地域」とは、例えば元代の女真人・契丹人が居住する東北地域、畏兀児・哈密力などが居住する新疆地域など、中国領内の少数民族が集住する地域を指す。「辺境」は、中国領内の辺界に近い地域を指す。地理的には、東北・西北・西南地域の「辺境」はその大部分が「民族地域」内に位置し、「民族地域」の辺界に近い部分である。「民族地域」は、辺界から遠く離れた内地にも存在する。

12　元代の行中書省の一つ。全体の名称は、嶺北等処行中書省といい、治所は和林（和寧）に置かれ、漠北の諸地域を統括した。

バリク)(現在の新疆ウイグル自治区ジムサル県境内)等処行尚書省を設置し、天山一帯を管理した。フビライの時代、天山山脈の南北は元朝と西北の叛王勢力が交錯する地域となったため、中央政府は積極的な管理政策をとり、至元十六年に、天山南路に斡端宣慰司都元帥府を設置した。また至元十八年には、天山北路の畏兀児断事官を北庭都護府に改め、二十三年には別失八里・和州(現在の新疆ウイグル自治区トルファン県)等処宣慰司都元帥府を設置した。成宗の元貞元年(1295年)には、曲先塔林(現在のクチャ県・タリム周辺地域)・北庭(すなわち別十八里)の2ヵ所に都元帥府を設置し、天山南北を分割統治した。文宗の至順元年(1330年)、哈剌火州(すなわち和州)総管府を設置した。元朝が発行した交鈔は、畏兀児の地でも流通したため、朝廷はこの地に交鈔提挙司を置き、貨幣を管理する職務を行わせた。

　元朝は、チベット地域に地方行政機構を建立した。1246年、チベット仏教サキャ派の首領薩班(サパン)が涼州(現在の甘粛省武威市)に至り、モンゴルの宗王闊端(コデン)と謁見し、両者はチベット地域をモンゴルに帰属させるという協議を実現した。サパンは、吐蕃の僧俗の首領たちを信用させ、彼らがモンゴルに臣服するよう篤く勧めた。こうして、チベットの烏思(前蔵)・蔵(後蔵)・納里速古魯孫(阿里地域)の各地は、相次いでモンゴルに帰属した。元朝の統治者たちは、積極的に仏教の上層部の者たちを籠絡し、宗教勢力を利用してチベットを統治するための道具とした。フビライは、サキャ派の法王八思巴(パスパ)を封じて国師とし、後に格上げして帝師と号した。以来、元朝の歴代皇帝はみな帝師の職を置いた。帝師は、全国の仏教の主導者であり、通常は都で職に供した。帝師は、チベットにおいては政教の特権を享有し、奉詔によって命令を発布し、高級官吏を指名することができた。至元元年、中央に総制院を設置し、全国の仏教の事務及び吐蕃の事務の管理を担わせた。至元二十五年には、これを宣政院と改称し、秩を従一品に昇格し、その奏事は中書省を経由することなく皇帝に直接通じるようにした。そのトップの院使は、通常は丞相などの朝廷の重臣が兼任し、第二の院使は、帝師が推薦した僧官が就任した。宣政院の統轄のもと、チベットに完成された地方行政システムが建立された。至元初めには、烏思蔵三路軍民万戸府が設置され、同十七年には相次いで烏思蔵納里速古魯孫三路宣慰司都元帥府に格上げされ、烏思蔵宣慰司と略称され[13]、これが最上級の地方行政機構となった。宣慰司の下には万戸府・千戸所などの行政機構が設けられた。宣慰使や万戸長は、宣政院或いは帝師によって推薦され、皇帝が直接任命し、僧俗が併用された。朝廷は、何度も人員を派遣してチベットの戸口を精査し、賦税を徴収した。また、モンゴル軍と漢軍

13　宣政院が管轄する吐蕃地域には、計三道の宣慰司が置かれた。烏思蔵の他、吐蕃等処宣慰司都元帥府は、朶思麻宣慰司とも呼ばれ、現在の青海・甘粛などの地の吐蕃人を管理した。また吐蕃等路宣慰司都元帥府は、朶甘思宣慰司とも呼ばれ、現在の四川省甘孜・西蔵昌都の地域の吐蕃人を管理した。

を徴集してここに駐屯させ、防衛を担わせた。チベット地域は、これより正式に中央政府の直接的な管轄下に納められた。

　雲南は、多くの民族の要素があり、その発展は不均衡であった。大理政権が帰順した後、もとの八府四郡及び烏・白蛮三十七部の範囲には、20近くの万戸府が設置され、これらは都元帥府に統領された。至元十一年には、雲南行省が設置され、中慶（現在の昆明市）に治所が置かれた。行省の下には、若干の宣慰司兼都元帥府が設置された。また、万戸府・千戸所が廃止され、改めて路・府・州・県、或いは宣撫・安撫・招討などの司が置かれた。任を委ねられた流官が直接統治を推進すると共に、辺縁の地域の路以下の官吏は、土着の首領を土官として任用し、その職を世襲とし、習俗に基づいて治めさせた。土官制度は、唐宋の羈縻州政策を継承し発展させたものであり、国家の統一を保証し、各民族自身の文化的特徴を維持し、また民族地域の社会の発展にも利があった。

　澎湖諸島と台湾は、元以前は泉州晋江県に属し、宋朝は兵を派遣して澎湖諸島を巡防し、守備させていた。元の汪大淵の『島夷志略』の記載によると、元朝の至元年間には澎湖巡検司が設置され、毎年塩税として中統鈔10錠25両を徴収していた。澎湖巡検司の設立は、中国政府が台湾地域に行政管理を実施していたことを示す重要な指標である。

　元朝は、行政と軍事の機構を設立した他、民族地域と辺境の統治を強化するため、以下の政策を採用した。

○宗王の出鎮。辺境地域の統制を強化するため、フビライは、皇子や宗王を派遣して兵を率いて西北・西南に出鎮させ、鎮守と軍政監督の任務を執行させた。その後、宗王の出鎮は元朝の重要な制度となった。例えば、北平王と晋王は嶺北に出鎮し、西平王と鎮西武靖王は吐蕃に、雲南王と梁王は雲南に出鎮した。宗王と行省・宣慰司は互いに所属せず、制約し合うことで権力を均衡に保ち、一方のみが大きくなることを防いだ。

○駅站の設置。辺境と内地の連絡を強化するため、元朝は、大都を中心として全国に通ずる駅道を開いた。こうして、辺境地域にも、内地と変わるところなく駅騎が往来した。中央政府は、辺境の駅道が滞りなく通じるよう維持することを特に重視し、災荒に遭ったときには、駅站に服役している站戸を朝廷が救済し、馬・牛などを買い補って駅站に供給した。遼陽行省には、合計120の水陸站が設置され、黒竜江流域には、その地に適応した15ヵ所の狗站が設けられた。駅道が滞りなく通じたことで、辺境の各族と内地との経済的・文化的な交流が促進された。

○屯墾戍守。辺境の安定を守るため、フビライは皇子の那木罕（ノムガン）を派遣して西域地域に鎮守させ、多くのモンゴル軍・漢軍を徴発して、別失八里・曲先・斡端・可失合児などの地に駐屯させ、防衛に当たらせた。東北の黒竜江流域では、肇州蒙古屯田万戸府・水達達路屯田総管府・蒲峪路屯田万戸府などの屯墾機構を設置した。嶺北や雲南

などの地には、軍・民の屯田が置かれた。これらは、辺境を開発し、また安定させるために重要な効果を発揮した。

元朝による民族地域と辺境地域における行政機構の設置と施策は、重大な意義を持っていた。例えば、元朝に統一される以前のチベットは、地方勢力と各教派の僧侶集団が結合し、それぞれが独立王国を形成していた。元朝は、チベットに政教一致の制度を推進し、効果的な行政管理を実施し、地方勢力間の争いを封じ込め、社会の安定を保ち、経済の発展を促進したのである。

元朝の領域は、「北は陰山を逾え、西は流沙に極まり、東は遼左に尽き、南は海表を越え」、「東・南の至る所は漢・唐を下らず、西・北は則ちこれを過ぐ」[14]というものであった。元の統一は、唐の後期以来数百年の長きにわたった分裂割拠の局面を終結させ、各民族の相互交流と融合に利をもたらし、周縁の民族地域と内地との関係をこれまでにないほどに強化し、民族地域の開発を促進し、統一的多民族国家を強固にし、発展させ、新たな高みへと到達させたのである。

第三節　民族等級制度及び元の政治の衰微

一　四等人制

大一統の局面が形成されてゆくにともない、元朝では大規模な民族移動がみられた。モンゴル人や西域・中央アジアの各族の人々は次々と中原や南方地域に移動し、多くの漢族の人々が周辺民族の地域へと移った。各民族は広範に入り混じって雑居し、密接に交流した。元朝の民族関係における主要な傾向は、各民族の経済的文化的関係の強化と民族大融合であった。例えば、パミール高原以西からやってきたイスラム教を信仰する各民族の僑民[15]たちは、中国各地に広範に散居し、回回人と総称された。彼らは、或いは従軍し、或いは商業に従事し、或いは農業・手工業生産に従事し、漢族・畏兀児族などと雑居し、「大分散、小聚居」し、元朝末年には民族共同体の雛型を備え、明代以降に遂に新たな民族――回族を形成した。東郷族・土族・保安族・撒拉族の形成も、元代に端を発している。

ただし、元朝の統治者たちはモンゴル人貴族の代表であり、民族的特権によってその統治の地位を護り、民族分化と民族圧迫政策を実施した。モンゴル人貴族は、モンゴル人よりも人口が多く経済水準が高い漢族に対し、漢族以外の各族の上層の者を重用して統治の助けとし、意図的に漢族に圧制を行った。モンゴル国の開始から元朝の統一に至る間に、四等人制、すなわち全国の住民をモンゴル人・色目人・漢人・南人の4つの階層に分ける

14　『元史』巻58・地理志一より。
15　異郷に身を寄せて住む人々のこと。

制度が次第に形成された。第一等のモンゴル人は、「国人」・「自家骨肉」である。第二等の色目人は、畏兀儿・回回・欽察・康里及び唐兀（党項）・吐蕃など各色民族の総称である。第三等の漢人は、金朝の領域内の漢人・契丹・女真人や、早い時期に征服された四川・雲南の人々である。第四等の南人は、蛮子と蔑称された南宋の遺民である。等級ごとに、司法や官吏の選任、経済と社会生活などの面で待遇に不平等があった。その不平等のうち、あるものは成文ではない慣例であり、あるものは法律・制度の形式で確定されていた。

　司法の面では、モンゴル人や色目人が漢人を殴打したとしても、漢人は殴り返してはならず、ただ官府に報告するしか方法はなかった。もし殴り返したとすると、厳しく断罪された。また、モンゴル人や色目人が漢人を殺した場合は、従軍出征の罰を受けるのみであるが、漢人や南人がモンゴル人や色目人を殺したり傷つけたりした場合は、一律で死刑に処された。同様に窃盗罪も、漢人や南人は顔に入れ墨を施されたが、モンゴル人や色目人は入れ墨を施されることはなかった。司法機構にも区別があり、漢人と南人は中書刑部に帰し、モンゴル人と色目人は大宗正府の判決に帰した。モンゴル人の官吏が法を犯した場合も、モンゴル人の裁判官が罪を判断した。このことは、モンゴル人の官僚や貴族たちが、法律面で恐れることなしとするたのみとなった。

　官吏の選任の面では、個別の状況を除き、中書省の正・従一品官の左・右丞相と平章政事はみなモンゴル人と色目人が用いられ、漢人が任じられる最高の職は正・従二品の左・右丞相と参知政事であった。また、漢人・南人の官吏は軍政に関与できなかった。朝臣の奏事内廷、例えば戦略にかかわることは、漢官が左・右丞の位にあったとしても、彼らを避けて行われた。元朝では、地方官吏は「蒙古人を以て各路の達魯花赤（ダルガチ）に充て、漢人は総管に充て、回回人は同知に充つること、永く定制と為す」[16]と明確に規定された。漢官は、モンゴル官の下に長らく置かれたのみならず、色目人の牽制も受けた。漢人は、御史台の長官にもなれなかった。各道の廉訪使には必ずモンゴル人が選ばれ、適合者がいなかった場合は、色目人貴族が選任されることはあったが、漢人は副使以下の官を授けられるのみであった。さらに南人には、省・台・廉訪司への任職の資格がなかった。科挙の試験では、モンゴル人と色目人、漢人と南人とでそれぞれ一榜[17]を成し、モンゴル人と色目人の試験の内容は漢人と南人よりも簡単で、数十倍の人口差があったにもかかわらず、採用人数は同じであった。

　経済と社会生活の面では、以下の不平等が存在した。馬匹を徴斂する際、モンゴル人は軍籍があれば徴収を免ぜられ、色目人は戸ごとに馬を3分の2徴収されたが、漢人は全て

16　『元史』巻6・世祖本紀・至元二年二月の条より。
17　榜は、科挙の及第者を発表する立て札のこと。元代の科挙は、モンゴル人と色目人、漢人と南人とで分かれていた。

徴収された。また反抗を防ぐため、漢人・南人の弓矢や武器は没収され、槍棒などの武術を学ぶことが禁止され、100人以上で弓矢を持って狩りを行った場合は、死刑に処された。漢人の兵士の武器は、訓練や出征のときに貸し出されるのみで、平時は庫房内に保管された。漢人が神を迎えて福を祈ることは禁止され、南人は夜間に灯りを使用することさえも制限された。これらの他、乗馬・用車・服色・婚嫁などにも差別的な規定があった。禁令が余りに煩瑣であるため、漢人・南人の平民たちは、動けば咎を受け、生命財産の安全もないというほどであった。

　こうした民族等級制度は、民族の分化と抑圧政策を体現するものであり、その目的は民族間のわだかまりと対立を作り出すことで、モンゴル人貴族の統治を護ることにあった。民族的抑圧は、事実上の階級的抑圧であった。多くの下層にあるモンゴル人戸もまた、煩瑣で重い軍役と労役を負担したため、破産して流亡する運命を免れず、これらの特権の規定は彼らに実際の利益をもたらすことはなかった。一方、一部の漢人官僚の家族は、モンゴルの「国人」と同一視され、各種の特権を享受した。このように、元朝の社会的矛盾は特に際立つものであり、その民族蔑視政策と区別できず、また階級抑制と切り離すこともできないものであった。

二　元中後期の政局と統治の崩壊

　元の世宗フビライが世を去ると、孫の鉄穆耳（テムル）（元の成宗。在位：1295～1307年）が即位した。成宗は、前朝の旧臣を任用し、政治は世祖を規範としたため、守成の君と呼ばれた。しかし、成宗以降、皇位の交代は激烈な権力の争奪をともなうようになり、元朝の統治は弱まった。大徳十一年（1307年）、懐寧王海山（カイシャン）（元の武宗）は、即位後に成宗の皇后と安西王阿難答（アナンダ）を死刑に処した。至人四年（1311年）、武宗が世を去ると、弟の愛育黎抜力八達（アユルバルワダ）（元の仁宗）が即位した。仁宗は、漢文化の影響を浅からず受けていたため、科挙制度を復活し、朝政を改革し、吏治を整備した。延祐七年（1320年）、仁宗が世を去ると、子の碩徳八剌（シデバラ）（元の英宗）が即位した。英宗は引き続き改革を進め、法典である『大元通制』を発布した。至治三年（1323年）、守旧派の王公貴族が英宗を殺害し、晋王の也孫鉄木児（イェスン・テムル）（泰定帝）を帝に擁立した。致和元年（1328年）、泰定帝が世を去ると、子の阿剌吉八（アリギバ）が上都で即位し、また武宗の子の図帖睦爾（トク・テムル）（元の文宗。在位：1328～1332年）が大都で帝に擁立された。両者の軍が相いまみえた結果、大都の政権が南方各省の発達した経済により勝利を獲得した。その後、文宗トク・テムルは自らの意志で兄の和世瓎（コシラ）（元の明宗。在位：1329年）に譲位したが、明宗は間もなく毒に当たって急死し、文宗が再び即位した。文宗の推戴に功のあった色目人貴族の燕鉄

木児（エル・テムル）が大権を独占し、朝臣たちは彼を恐れて顔を背けた。至順三年（1332年）、文宗が世を去ると、エル・テムルは僅か7歳の明宗の次子懿璘質班（イリンジバル）（元の寧宗）を帝に擁立した。寧宗は翌月に死去し、翌年には、エル・テムルも病死した。その後、明宗の長子妥懽帖睦爾（トゴン・テムル）（元の順帝。在位：1333～1368年）が即位したが、モンゴル人貴族の伯顔（バヤン）が朝政を独占し、時代に逆行した施策を行い、社会矛盾をさらに激化させた。順帝はバヤンを罷免し、バヤンの甥の脱脱（トクト）を宰相とした。トクトは危機を救うための施策をいくつか採用したが、その多くは要領を得ず、長期にわたって蓄積し、尖鋭化した社会の矛盾を崩すことはできなかった。また、幣制の混乱によって通貨の膨張が引き起こされ、黄河の氾濫とその治水のための民夫の徴発は、社会矛盾を激化させた。それらは遂に、元末の農民の大起義となって爆発した。

　元朝の中後期は、権臣が専権をほしいままにするという現象が非常に深刻であった。仁宗の時代、モンゴル貴族の鉄木迭児（テムデル）は、宰相の地位にあって、ほしいままに土地を兼併し、賄賂をむさぼり、祭祀郊廟に供奉する馬で私腹を肥やした。順帝の時代では、中書省丞相のバヤンと搠思監、江浙行省丞相の達識帖睦邇（タシ・テムル）らの達官貴人たちが、不正に私利を営み、官を売って獄を鬻ぎ、賄賂が横行したとして、悪名高かった。ある人は、「百千万錠、猶お少なきを嫌うがごとく、金銀を北斗の辺に垜積す」[18]という詩を創ってバヤンの貪婪さを諷刺した。雲南行省丞相の鉄木迭児（テムデル）は、貪婪かつ残虐な人物で、現地の棘夷と蛮を互いに仇殺し合わせていたが、棘夷から賄賂を受け、蛮人が反乱を起こしたと詐称し、兵を発してこれを鎮圧した。

　また、官の売買が盛んに行われ、官吏選考法は名ばかりとなった。社会では「銭を使いて慳まざれば、便ち好官を得ん。銭無ければ、幹たるべくも、空しく好漢を作さん」という民謡が流行した。すなわち、銭を多く出せば、卑劣の輩でも要職に任ぜられ、高官厚禄を獲得できたが、送る銭がなければ、衆に抜きんでた才人であっても、任期満了後に再任されることはなく、一年半務めたのち、理由なくして免職され、或いは僻地荒涼の地に調任されることもあったという。

　官吏が受け取る賄賂には、それぞれ名目があった。初めて部下に接見する際には「拝見銭」を収めさせ、それを強制的に求める場合は「撒花銭」[19]と呼んだ。仕事の職権を利用して収めさせる礼は「常例銭」、訴訟を処理して受ける賄賂は「公事銭」、賦役を追徴して収取するものは「齎発銭」、歓送迎には「人情銭」、新年や節句には「追節銭」、誕生日には「生日銭」を収めさせ、収めさせる銭が多い者は「得手」[20]と呼ばれた。

18　垜積は、積み上げること。北斗は、仰ぎ尊ばれるものの喩。
19　撒花は、礼物を意味するペルシャ語で、転じて財物を強制することを現すようになった。
20　『草木子』巻4下・雑俎篇より。

官吏が互いにかばい合うものであることはいうまでもなく、官府が横暴な富豪と結託して悪事を働き、民衆を虐げることはもはや見慣れた光景となった。地方官は、司法訴訟を長々と引き伸ばして判決を出さず、被告・原告の両家に賄賂を求め、是非曲直にかかわらず、銭を多く出した方を勝訴とした。両家の訴訟は、本案と関係のない四隣・親戚・村民・郷胥里長など数十家を巻き込んだ。彼らは、その都度官府に呼ばれて尋問され、あらゆる難癖を付けられ、銭財を搾取された。故意にいざこざを作り出し、或いは根拠のない噂により無辜の人を拘禁し、いいがかりを付けて財物を脅し取ることさえあったという。

　中国の歴代王朝の中で、元朝は吏治の腐敗の問題が少しばかり際立っている。モンゴル人貴族たちは、種々の政治的・経済的特権を擁し、驕横跋扈し、権力をほしいままにして不法を働き、贅沢三昧をすることが彼らの一貫した風潮であった。彼らに従属する各族の上層の人々や各級の官吏たちは、往々にして賄賂を受け取って法を枉げ、悪事の限りを尽くした。このような吏治の腐敗こそが、元朝を滅亡に導いた重要な原因である。

第四節　元代の経済と階級関係

一　社会経済の回復と発展

　金末以来、中原地域は長らく兵乱と虐殺を経験し、田園は荒廃し、人口は激減し、社会生産は打ちひしがれた。中原を占領したモンゴルの統治者は、苛斂誅求し、人々を捕えて奴とし、田を奪って放牧地にするという事件が次々と起こった。1235年（乙未の年）、オゴタイ＝ハンは令を下して中原の戸口の籍を編製させた。この乙未籍の戸を基礎とし、モンゴルは体例に照らして土地と民を分け、中原の一部の州県と民を宗室貴戚に分封・賞給し、その残りは大ハンの統治に帰さしめた。モンゴルの統治者たちは、草原の遊牧貴族の統治体制を中原の農業地域で強化し、中原地域の社会経済を後退させた。これらの政策は、有識の士の反対を受けた。オゴタイ＝ハンの時代、契丹人の耶律楚材（代々金の中都を居とした）は、ハン廷の文書を掌り、重用を受け、中原の社会生産を回復するいくつかの政策と施策を制定した。例えば、徴税の方策を実行し、王公貴族による任意の搾取を制限し、朝廷が派遣した官が封地内の人民から賦を徴収し、得られた額に応じて封主に賜給することとした。ただし、これを阻害しようとする勢力は大きく、効果は限定的であった。オゴタイが世を去ると、耶律楚材は排斥され、失意のうちに没した。

　フビライは即位すると、水利を興修し、荒地の開墾を奨励し、賦役を軽減するなど農業生産を発展させるための一連の施策を採用した。中央に農業を専門的に管理する機構である大司農司を設置し、農村には遍く社を立てた。社長は、専ら農業生産の督促に努め、社衆の間には生産面における協力関係があった。また、農学書の『農桑輯要』を編纂してこ

れを公布し、先進的な生産技術を普及させた。囲田・柜田・架田・涂田・沙田などの水利田は、干ばつに抗い耐える能力と水を灌ぎこむ能力を向上させた。また、耰車・耰鋤・高転筒車・牛転翻車・水転翻車などの農具が新たに作られ、顕著な成果を挙げた。精耕細作農法はまた新たな水準に達し、農作物の品種もさらに多様化した。中原と江淮地域の農業も回復し、江南地域の耕地面積、穀物生産高は、前代の水準を遥かに超えるものとなった。草原の牧畜業も発展し、鑿井技術が普及し、放牧地は改良され、拡大した。人口は次第に上昇し、至元三十年の戸籍によると、14002760戸、約7000万人となった。元朝における全国の総人口は、最大で8000万人前後と見積もられている。

　手工業生産の中では、官営の手工業の規模が大きく、多くの匠戸を擁し、原料も豊富で、財力も充実し、生産品の数も多かった。私営の工場は、規模は大きくはないものの、いくつかの生産品の質は官営手工業を凌駕するものであった。主な手工業の部門には、絹織物・綿織物・麻織物・毛織物・製磁・武器・鉱冶・製塩・印刷・造船業などがあった。絹織物は、種類が豊富かつ品質が精美で、織金紵糸の技術は、製品の華麗さと細密さを高めた。青花磁は、製造技術が非常に高度な新たな生産品であり、色彩が清新で、造形は優美で、国内外でよく売れた（口絵26）。銃や大砲などの火器の生産は、技術が高度で、種類が豊富であり、生産量も大きかった。考古学で発見された元代の海船は、その積載量が400t以上に達する。

　綿花の栽培と綿紡績の技術の普及は、元代の社会経済における際立つ成果であり、後世への影響も非常に大きい。北方地域における綿花栽培の普及については、畏兀児人の功績を忘れてはならない。南方の綿花栽培と綿織物の技術は、主に閩広地域と海南地域から伝わった。南宋末、松江府（現在の上海市）の婦人黄道婆が海南に流浪し、約40年にわたって黎族の人々と共同で生活し、綿紡績の技術を学んだ。彼女は、元の成宗の時代に故郷の烏泥涇（現在の華涇）に帰り、一種の多錘紡車を創作し、天下に名の轟く「烏泥涇被」を織り上げた。烏泥涇では、綿織物業を副業とする家が1000家余りもあったという。

　商業の分野では、全国で統一的に使用される紙幣が発行された。これらの紙幣は、銀を本とし、年月を限らず流通した。四通八達の駅道、杭州から大都に至る京杭大運河の開通、南北の海運の通航は、経済の交流と商業の発展を促進した。しかし、国家は多くの商品に対して専売を実施し、また色目人商人に「斡脱[21]銭」と呼ばれる高利貸しの営利を委託し、紙幣を乱発し、官僚貴族は商業を営んで利を追い求めた。これらはみな、正常な商業活動を阻害するものであった。

　海上航路が開拓されてゆくにともない、元朝と東アジア・東南アジア・南アジア・西ア

21　斡脱は、もとは仲間を意味するモンゴル語である。元朝では、高利貸業を営む官商を指した。

ジア・北アフリカ・東アフリカの多くの国家や地域との間の貿易の往来は、空前の規模となった。主な輸出品には、綿織物製品・磁器・金銀器・鉄器・漆器などがあり、輸入品には象牙・珍珠・犀角・ダイヤモンド・香料などがあった。泉州・慶元（現在の寧波）・広州などの都市には市舶司が設けられ、専門的に海外貿易を管理した。元代の泉州は、世界最大の海港の一つと称えられた。太倉劉家港（現在の太倉瀏河鎮）は、「糧艘海舶、蛮商夷賈、輻輳して雲集す。当時之を六国碼頭と謂」った[22]。この地は、後に明代に、鄭和の西洋下りの船隊が抜錨した地である。陸路を通じて行われた対外貿易も相当の規模を備えていた。このように、前代に比べ、元朝と外国の関係は著しく発展した。経済と文化の面における中外の交流は、空前の規模で活発化した。

　大都・杭州・広州・泉州などの都市は、人口が稠密で、市井が繁華でにぎわい、各種の手工業部門が集まり、商品が雲のごとく集まるのみならず、多くの坐賈行商や宣教師、外交の使者が海外からやって来る、国際的な大都市となった。また、新興の商工業都市も現われた。元の世宗の時代、イタリアの旅行家マルコ・ポーロは、ユーラシアのシルクロードを通じて大都に到達し、中国に居住すること17年、上都・京兆（現在の西安市）・成都・大理・済南・揚州・鎮江・泉州など多くの都市を遊歴し、帰国後に東方での見聞を人々に講述し、ヨーロッパ人の中国に対する濃厚な興味をそそった。

　元朝は、辺境の少数民族の地域の開発を重視した。移民により辺境を満たし、軍民の屯田を設置する政策を採用し、多くの漢族の農民・手工業者が先進的な生産道具・技術をともなって辺境に進入した。内地と辺境の密接な貿易の往来を経て、辺境の民族地域の社会経済は空前の発展を遂げた。例えば、回回人のサイイド・シャムスッディーンとナスラッディーン父子は、雲南行省の行政を主導すること20年余り、水利を興修し、農業技術を伝播し、広大な荒地を開墾した。また金・銀・銅・鉄などの鉱物資源を採掘し、手工業生産の発展に力を尽くした。こうして、雲南の境域内では、「居民輳集し、禾麻野を蔽う」、「百姓富庶たり」という情景[23]がみられた。各族の人民は、辺境の開発に大きく貢献した。

二　土地制度と階級関係

　建立前のモンゴル族は、階級社会の初始段階にあった。大モンゴル国の前期、モンゴルの奴隷制は快調に発展したが、中原と江南地域を占領した後、奴隷制を推し進めることはできなくなった。このときの土地所有制の基本形態は、未だ地主土地所有制であり、経営形式は租佃制であった。分封制の実行にともない、モンゴル人奴隷主は封建貴族・地主（或

22　『弘治太倉州志』巻1・沿革より。運糧船や海洋を航行する船舶、外国人商人たちが雲のごとく集まり、「六国碼頭」と呼ばれた、という意。碼頭は、埠頭のこと。
23　（元）郭松年『大理行紀』より。

いは牧場主）へと転化し、一般の牧民は戸籍に付けられ、各種の封建的義務を負担した。漢地の土地制度と階級関係には、根本的な変化は発生しなかった。ただし、官田の数は前代を遥かに超え、金朝と南宋の官田を没収した他、無主の荒田を大量に占有し、また新たに屯田を開墾し、主のいる民田も侵奪した。官田の経営形式は、主に租佃制であった。王公貴族や官僚、寺院は、朝廷から大量の賜田を獲得し、またほしいままに土地を兼併した。

　1235年から1289年にかけ、大モンゴル国及び元朝は、4度の大規模な戸籍の整理と登記を実施し、これを基礎として、完成された戸籍制度を作り上げた。国家は、人々の職業と負担する封建的義務の違いに基づき、「諸色戸計（戸籍）」を編製し、それらには民戸・軍戸・站戸・匠戸・医戸・塩戸・僧戸・道戸・儒戸などが含まれた。各種の戸計は固定的なものであり、代々世襲された。各戸は、土地・資産・丁力の違いに基づき、三等九甲に分けられた。賦税の納入や丁を差役に当てる際には、この戸等の高低に基づいて徴発された。ただし、戸等が実態にそぐわない状況が普遍的となり、戸等制は社会の階級差別を部分的に反映するのみとなった。

　皇帝・后妃と宗室諸王・公主・駙馬は、元朝における最大の地主集団であり、巨大な政治的経済的特権を擁した。皇帝は、膨大な額の官田を押さえ、また民田の賦税収入を配分する権限を持っていた。宗室貴族は、草原地域にウルスを持ち、中原・江南地域では投下封邑[24]を擁した。異姓封王は、主にモンゴル人・色目人の貴族であり、彼らはそれぞれ大小様々な封邑・封戸を擁していた。王公貴族は、世襲で領有する草原ウルス内では、相対的に独立した行政・司法・徴税などの権利を行使した。また漢地の投下では、自身で官府を設け、所属する人戸・田地を管理することができた。この他、彼らは巨額の「歳賜」を受け、またほしいままに土地を兼併し、私属の人戸を招集した。

　各族の官僚地主もまた、大量の土地を占有した。それらは皇帝から賞賜されたものの他、権力によって占有した土地も少なからずあった。彼らは多くの特権を享有し、政治面では子弟を蔭補として入仕させることができ、経済面では職田を有し、煩雑な差役も負担しなかった。納入すべき賦税と商税は、しばしば旨を得て放免され、或いはあらゆる手段で脱税が行われた。彼らは普遍的に工場や商業を経営し、高利貸を営んだ。

　寺院、特に皇室との関係が最も密接ないわゆる官寺は、広大な土地を占有した。上層の僧侶は、土地の支配権を掌握しており、事実上の地主であった。統治者からの賜予の他、寺院地主もまた民間から土地や財産を略奪し、手工業や商業、高利貸しを営んだ。

　庶民の地主が占有する土地の額には大きな差があり、占田額の多い者は、毎年20～30万石の田租を獲得した。彼らは、名義上は農民よりも多くの賦役を負担したが、官府と結

24　投下または頭下は、遼朝の頭下軍州制度に遡る。元朝では、封地・采邑を指し、さらには封邑を擁する諸王貴族を意味した。

託して一部或いは全ての負担を農民に転嫁した。一部の地主は、各級の官府で胥吏を担い、或いは郷里で職役を担い、官府や権力によって人を欺くような事象が非常に深刻であった。

富商と私営の手工業工場主も搾取階級の成員である。皇帝・后妃・諸王・公主は、「斡脱」の商人に委託して高利貸しを行い、内外の貿易を経営した。彼らは往々にして私的な資金を密かに持ち込み、利益をむさぼった。商品経済の発達したいくつかの城鎮内の手工業工場では、雇用労働が存在した。

農民を主体とする広範な労働人民は、国家の賦役の主要な負担者である。自作農は、僅かな土地を占有し、佃農は地主或いは国家の土地を請け作した。土地の兼併の事象が際立ったため、窮乏して破産する自作農が絶えず佃農の列に加わっていった。草原の牧民は、その多くが僅かな家畜を持つ或いは持たない貧窮の牧民であり、官僚貴族或いは富裕の牧場主の雇用を受けた。戸計上から見ると、農（牧）民には民戸と軍戸、站戸があり、一部の儒戸・僧道戸がこれに含まれる。王公貴族の私属の農戸は、国家の戸籍には入らず、人身の従属関係はさらに強力であった。

手工業者の主体となるのは、諸色戸計中の匠戸・塩戸・冶戸などである。彼らは、官営の工場や鉱山・製塩場で労作した。また民間の手工業生産に従事する者もあり、通常は個人経営の形を取るが、一部は雇用労働者の身分の者もいた。王公貴族の私属の人戸にも手工業者がおり、彼らが受ける経済的搾取と人身的圧迫はさらに強力なものであった。

奴隷の数は多く、駆口・駆奴と呼ばれていた。奴隷を最も多く擁するのは、当然ながら皇帝と貴族官僚であり、庶民の地主や手工業主、商人たちはそれぞれ異なる数の奴隷を占有した。奴隷は、家内労働に従事する他、農牧業・手工業生産にも従事した。奴隷は、私的な財産として主人の戸籍に登記され、良人との通婚は許されず、売買されることもあった。

モンゴルの奴隷制の残滓による侵蝕を受け、漢地の土地制度・階級関係には若干の後退現象がみられた。例えば分封制は、匠戸の人身の従属関係を強化し、また私属の人戸と奴隷の数が拡大し、官田の数も大幅に増加したが、これらは元代の経済と社会の発展にマイナスの影響をもたらした。

土地の高度な集中と煩雑で重い賦役負担、官府・貴族・官僚・地主たちが労働者の骨の髄まで吸うような搾取抑圧は、元朝の階級対立を異常なほどまでに尖鋭化させた。順帝の至正十一年（1351年）、韓山童と劉福通らを主導者とする紅巾軍の起義が勢い盛んに勃発した。十数年の戦乱を経て、元朝の統治は終了した。

第五節　元代の思想文化と科学技術

　この時代、多民族的統一国家が建立され、民族文化が合流し、融合し、中外の文化が広範に交流したことにより、思想文化と科学技術の発展のための肥沃な土壌が提供された。多元的に融合し、豊富かつ多彩で優れた元代の文化と科学技術の成果は、中国文化の発展に重要な貢献をもたらしたのである。

一　思想と宗教

　モンゴル人が最も古くから信仰していたのは、原始的な薩満教（シャーマン教）であった。外界の各種の思想文化と接触したモンゴルの統治者たちは、その全てを兼ね包容し、己の用いるところとする態度をとった。元朝の統治の中心地は漢地であり、その漢地で支配的地位を占めていた思想文化は、儒学であった。そのため統治者たちは、必然的に儒学を尊崇する政策を推し進めた。各種の宗教は、元朝の統治に反抗さえしなければ、いずれも全国で自由に布教が許された。

　元朝で支配的な地位を占めた思想文化は、程朱理学である。金朝では、北宋の蘇洵・蘇軾・蘇轍父子の「三蘇」の学が尊ばれた。金の滅亡後、モンゴル軍が南下して宋を攻撃した際に、捕虜となった宋儒の趙復らが礼遇を受け、北方で程朱理学の伝授を開始した。フビライは、漢地を管理する命を奉じた後、特に元朝の建立後に漢族の儒士を招来したが、その中には少なからぬ理学者が含まれていた。許衡（河南新鄭の人）は、教育を担当する国子祭酒に任じられ、程顥・程頤・朱熹の著作を基本教材とし、理学の影響を拡大した。姚枢・寶黙らの理学者も、フビライの参謀グループの成員となった。これより、州・県・郷・社に遍く学校が立てられ、名山・景勝地には多くの書院が建てられ、そのいずれもが、主に程朱理学を研究し学習するものであった。元の仁宗の時代に科挙制度が復活すると、その試験内容は程朱理学を主とするようになり、理学を非難する他の学術思想はみな排斥された。こうして、程朱理学は思想文化の分野で支配的な地位を確立したのである。

　宗教は、モンゴルの統治者たちが人民を統治するための補助となる道具であった。各宗教・各宗派を待遇する元朝の態度は、主に統治者の政治上の需要に基づいて変化した。元朝領内の各族の人民が信奉する宗教は、主なものとして、仏教・道教・イスラーム・キリスト教・マニ教（明教）・シャーマン教などがあり、また各宗教の内部には様々な宗派が存在した。例えば、仏教には、禅宗・チベット仏教などがあり、道教は、全真教・真大道教・太一教・正一教などの派があった。キリスト教には、ネストリウス派（景教）・ローマ天主教（ローマ・カトリック）などがあった。各宗教・各宗派の勢力は、大小様々であっ

た。仏教から派生した白蓮教は、またの名を白蓮宗・蓮宗・白蓮社・白蓮会といい、南宋初めに昆山（現在の江蘇省に属す）の僧侶茅子元によって創立された。白蓮教は、阿弥陀仏を崇奉し、「弥陀出世」を宣揚し、在家の人々に斎戒念仏を勧め、死後に「同生浄土」することを宗旨とした。教義が簡単明瞭で、修行も簡便であるため、南宋後期には広範に伝播した。元に入ると大いに盛んとなり、その堂庵は全国に遍く分布した。元の政府は、これをときに承認し、ときに禁じたが、信徒は絶えず増加していった。元末に至ると、白蓮教は紅巾起義の利用するところとなった。

　元朝において地位が最も際立っていた宗教は、チベット仏教である。これは、チベット仏教自身が神秘的な色彩を豊富に備えており、その盛大な儀式や修法、演習される呪術が、漢地の禅宗及びその他の宗教に比べ、シャーマン教を信仰していたモンゴルの統治集団にとって受け入れやすかったためであり、またこれによって漢族地域の仏教勢力の発展を抑制できたためである。チベット仏教の隆盛は、特に帝師に対する尊崇という形で体現された。皇帝は即位の前、帝師から9度受戒して正式に天下に君臨した。英宗の時代には、詔令によって全国各州の治所に帝師パスパの殿が建立され、その規制は孔子廟よりも高いものであった。泰定帝の時代には、11幅のパスパ像が描かれ、これを各行省に頒布し、塑像祭祀を行わせた。チベット仏教の各教派は、大部分がそれぞれの特色のある教法体系を築き、学問に精通した数多くの高僧が現れた。帝師パスパは、学識が淵博で、仏法に精通した大師であった。その著作『彰所知論』は、当時すでに漢文の訳本があり、後に漢文の『大蔵経』に収められた。チベット仏教のラマの活動範囲は全国に遍く及び、仏事の支出は巨額となり、権勢によってほしいままに振る舞い、朝綱をかき乱し、社会に危害を及ぼすという現象が数多く見られた。

　元朝の各種の思想文化は、激しく揺れ動き、摩擦し排斥し合い、また交流し融合し合った。1255年、モンケ＝ハンの指示のもと、仏教と道教の代表者がカラコルムで宗教弁論を行った。1258年には、フビライの主催で、吐蕃・畏兀児及び西夏・大理の故地から300人以上の僧侶が集められ、道教各派の200人以上の道士と開平で大弁論が行われ、これを200人以上の儒士が傍聴して証言し、その結果仏教が上風を占めることとなった。元に入って以降、宋・金以来みられるようになった儒・釈・道の三教を合一する思潮は、引き続き発展していった。三教の類似する部分は一に帰し、各々その用うべき思想を備えるという主張は、三教の多くの信徒の中にあるのみならず、統治者たちにも受け入れられた。

二　史学・文学と芸術

　この時代の私撰の史書として、胡三省（浙江寧海の人）の『資治通鑑注』と、馬端臨（江西楽平の人）の『文献通考』がある。『資治通鑑注』は、『資治通鑑』を校勘して注釈を加

えたもので、特に地名の異同、州県の廃置、制度の沿革の考訂に意が注がれている。『文献通考』348 巻は、24 門に分かれ、唐代の杜祐の『通典』の修史方法を継承し発展させたものである。この書は、史料が豊富で、考証も精緻であり、体系も完成され、特に制度の変遷と歴史の変革の研究が重視されている。この 2 部の史学の名著は、我が国の史学史において重要な地位を占めている。

至正三年から五年にかけ、中書右丞相のトクトを総裁として『遼史』・『宋史』・『金史』の 3 部の正史が編纂され、完成した。3 史は、漢・モンゴル・畏兀児・哈剌魯・唐兀・康里などの多くの民族の学者たちが共同で修撰に参加しており、中国史学史において重大な意義を持っている。3 史は、無意味な正統の争いから脱却し、3 朝を平等に扱うという原則を採用した。これは、多民族国家の客観的な実情に符合し、一定の積極的な意義を備えている。

少数民族の文字で書写された史学の著作も、同様に貴重である。モンゴル族の史書『蒙古秘史』は、貴重な史学的価値を備えるのみならず、古典文学の不朽の名著でもある。吐蕃学者の蔡巴・貢噶多吉（ツェーパ・クンガドルジェ）の『紅史』[25] は、チベット族の歴史を研究するための重要な文献である。雲南の白族の歴史文献『白古通記』（原書はすでに散逸）には、主に南詔と大理及び元初の雲南の史事が記されており、後代の雲南に関連する史志の多くは、この書に材を取っている。

元曲は、我が国の文芸芸術史における瓊葩（けいは）であり、散曲と雑劇が含まれる。散曲は、北曲とも呼ばれ、小令と套数の 2 種に分けられる。小令は、民間の小曲から変化したものである。套数は、唐宋以来の大曲・鼓子詞・伝踏・諸宮調と賺詞の連綴形式を融合し発展させたものである。散曲は、民間に由来し、「俗謡俚曲」の要素を大量に吸収したものであるが、民間の説唱芸術ではなく、韻文の新興の形式であり、その伝世作品は、主に上層社会出身の作家の手になるものである。元雑劇は、金の院本と諸宮調を基礎とし、他の芸術形式を吸収し、套数（唱）・賓白（白）・舞踏動作（科）を結び付けて形成された、新たな総合的演劇芸術である（口絵 27）。我が国の演劇史上、元雑劇は、時代を画する意義を持っている。関漢卿（大都の人）の『竇娥冤』や、王実甫（大都の人）の『西廂記』は、高度な芸術性のみならず、強烈な現実性と人民性を備えており、元雑劇の中で最も出色の代表作である。元曲が繁栄した背景には、都市経済の発展及び市民生活の活発化がある。元末には、雑劇は次第に衰微し、これに代わって興隆したのが、もともと江浙地域で流行していた南戯である。

元代の書画芸術もまた、非常に高い成果が得られた。宋の宗室の趙孟頫（浙江省湖州の

---

25 『紅史』は『紅冊』と訳される。作者はまた探里八・公哥朶児只とも訳され、蔡巴（探里八）万戸長を担った人物で、多くの著述がある。

人）は、松雪道人と号し、書画に巧みであった。彼の人物画は唐人の技法を継承し、山水画は五代の人を継承し、書法の筆遣いで竹を描き、飛白法を用いて石を描き、自ら一家の風格を成し、当時及び後世に大きな影響をもたらした。彼の書法は、運筆が円滑流美で、筆力に優れ、世に「趙体」と称えられた。その伝世の代表作に、『三馬図』・『松水盟鴎図』などがある。黄公望（江蘇省常熟の人）は、大痴・一峰道人と号し、山水画に長じていた。その筆勢は雄壮で、情趣は広々と果てしない。その伝世の代表作に、『富春山居図』[26]・『九峰雪霽図』などがある。元代の絵画は、写意の風潮が盛行し、のびやかで自由闊達、画家の胸中のすぐれた気が描写され、意趣を求めて形似を重んじなかった。この種の写意派の文人画は、中国絵画史における開山の功がある。

三　科学技術

　元代の科学技術は、天文・水利・農学・医学などの多くの分野で著しい成果を挙げた。また、各民族の優秀な科学技術の専門家たちが少なからず活躍した。

　郭守敬（河北省邢台の人）は、傑出した科学者であり、20種近くの天文儀器を改良し発明した。彼は、伝統的な渾天儀を簡略化し、2つの観察用環を残して、1つは赤道の座標、もう1つは地平の座標を測量するものとし、これを簡儀と名付けた。その赤道装置と現代の望遠鏡の装置は基本構造を同じくし、ボールベアリング装置は世界の同類の儀器よりも200年以上早いものである。ある学者の推算によると、郭守敬が統括して行われた「四海測験」は、その最南端の南海における測点は、現在の西沙諸島一帯或いは中沙諸島付近の黄岩島であった。彼が修訂を司った『授時暦』は、計算が精緻かつ正確で、中国古代天文学の最高水準に到達するものである。また郭守敬は、大運河の最北段である通恵河の開鑿を担当し、地形地貌に基づいて白浮堰を建設し、水源の問題を解決した。彼が設計製造したダムや水門は、水量や水位の問題をうまく解決した。

　元朝の広大な領域では、各民族の科学者たちの共同の努力により、水利事業において大きな成果が得られた。女真族の地理学者である蒲察都実・闊闊出兄弟は、黄河の源流を実地調査し、現地の地形・水系・動植物などを精確に記録したことで、水文観測史上重要な地位にある。藩昂霄（山東省済南の人）は、彼らの考察と経歴に基づいて、『河源志』を著した。順帝の至正十一年、水利学者の賈魯（山西省高平の人）は、都水監から工部尚書・総治河防使に遷り、決壊して北流していた黄河の整備を担当した。彼は、それ以前の実地

---

[26] 『富春山居図』の流伝は、極めて伝奇的色彩に富んでいる。明末の収蔵家である呉洪裕は、これを焼いて殉葬するよう命じた。このとき、絵は救出されたものの、焼けて二段に分かれてしまった。現在、前段は浙江省博物館に所蔵され、後段は台北の故宮博物院に所蔵されている。2011年、両岸が連携し、台北でこの絵の両段を合わせた展覧が開催された。

調査の基礎の上に、疏・浚・塞・挙という工事の計画を提出し、また石船堤障水法を創始した。彼の実施した方法が適切で、技術が先進的であったことにより、遂に黄河は故道に戻り、治水は成功した。

　農学者の王禎（山東省東平の人）は、『農書』を著し、全国の農業生産の技術と経験を全面的に系統立て、総括した。この書は、以下の3つの部分に分けられる。『農桑通訣』は、農時・地利・耕墾・播種・鋤治・施肥・灌漑・収穫などの知識の総論である。『百穀譜』は、各種の農作物・樹木の栽培技術を紹介し、特に綿花の栽培についての研究の普及に最も価値がある。『農器図譜』は、各種の農具や機械を描いた306幅の図面で、文字による説明があり、新たに製作され或いは普及が待たれる器具や機械も少なからず含まれている。彼はまた、木製活字と転輪排字法を発明し、印刷技術の革新を促進した。畏兀児の農学者である魯明善が著した『農桑衣食撮要』もまた、高い科学的価値を有している。

　外科医術の専門家である危亦林（江西省南豊の人）は、麻酔と骨折の復位手術の分野で際立つ貢献をもたらした。彼が著した『世医得効方』には、世界で最も早い全身麻酔法に関する記載がある。また彼は、懸吊復位法により脊椎の骨折を治療したが、これは現代の整復手術の原理と合致するもので、ヨーロッパ人よりも数百年早いものである。

　中央アジアの回回人の科学者たちもまた、アラブやペルシャの科学技術の精華をもたらした。天文学者の札馬剌丁（ジャーマルッディーン）は、渾天儀・天球儀・地球儀など多くの天文儀器を建造し、また『万年暦』をまとめ、回回司天台の仕事を司った。郭守敬は、彼と多くの学術上の交流があった。兵器技術の専門家である阿老瓦丁（アラーウッディーン）と亦思馬因（イスマーイール）は、強大な威力を持つ「回回砲」を製作した。建築学者の亦黒迭児丁は、大都新城の設計に参与した。

第九章

明代

　　明朝は、中国封建社会の晩期に当たり、1368年に朱元璋が建立してから、1644年に李自成の農民起義軍によって倒されるまで、17朝16名の皇帝（正統・天順両朝の皇帝は、共に英宗朱祁鎮である）を経て、277年続いた。明朝の都は、初めは南京に定められ、永楽十九年（1421年）に北京に遷った。おおよそ洪武・永楽の両朝（1368〜1424年）は明朝の初期であり、国勢は日に日に強勢となり、基本的な政治・経済の制度が定まった。洪熙から弘治朝まで（1425〜1505年）は明朝の中期であり、政治・経済の制度及び社会の風潮に変化が生じた。正徳から崇禎朝まで（1506〜1644年）は明朝の後期であり、経済は引き続き繁栄したが、政治上の危機が深刻となり、明朝は次第に衰亡へと向かっていった。

　　明王朝は、貧農出身の朱元璋が元末の農民大起義における闘いの果実を掴み、その手で創建した封建国家である。この開国の皇帝である明の太祖は、農民の苦しみを深く知り、貪婪（どんらん）で腐敗した官吏に対して、雷のように激しく風のように速く打撃を与え、容赦なかった。また、朝政に当たる大臣たちの専政専権や皇位を狙う野心を強く警戒し、文人学士が文筆を弄して法規を乱し、皇帝権力が動揺することを恐れ、即位の後にしばしば大獄を起こし、意のままに粛清を行った。太祖及びその後継者たちは、君主による専制統治を高度に強化し、各項の制度の制定を完成させると共に、社会経済の面では、農業や手工業、商業の発展に利のある多くの施策を実施した。その結果、社会経済の構造と階級構造には、次第に新たな変化が生じ、16世紀初めより、伝統社会から近代社会への転換の動きが見え始めた。商品経済の発展は、資本主義の萌芽を育み、明に暗に生長する社会の変遷は、市民階級の意識の覚醒を醸成した。小説や演劇、説唱芸術を主な表現形式とする通俗文化及び学術の民間化、儒学の平民化という新たな思潮は、社会生活と価値観念における「常なるを厭い、新しきを喜ぶ」という変奏序曲を奏でた。封建士大夫内の有識の士たちは、中国に来航した宣教師たちが伝える西洋文化を欣然として受け入れ、その異型の文化に対して開放的な精神を示した。しかし、満州貴族が突如として入関して鼎を定め、それ以前の歴史の発展で選定されていた航路を改めてしまった。このため、中国の伝統社会が近代社会へと形を変えるという道は、清初で数十年遅れ、改めて萌芽することとなった。

第一節　明朝の建立とその強化

一　元末の群雄蜂起と朱元璋の明朝建立

　元朝末期、政治は腐敗し、災害が頻発し、賦役は煩雑で重く、民は生活に安んずることができない状況にあった。至正十一年（1351年）、白蓮教の領袖である韓山童と劉福通は、頴州（現在の安徽省阜陽市）で蜂起し、「紅巾軍」と称した。同様に紅巾軍の系統に属するものとして、他に蘄州（現在の湖北省蘄春県）の徐寿輝や濠州の郭子興などがいた。この他、張士誠と方国珍は、それぞれ江蘇省一帯と浙江省東部で活躍した。

　明朝の開国の君主である太祖朱元璋（在位：1368～1398年）は、まさに元末の群雄蜂起という背景の中で才能を顕した。朱元璋は、濠州鍾離（現在の安徽省鳳陽県）の人で、本名は重八といい、貧農の家庭に生まれた。17歳で父母と長兄が相次いで病死したため、皇覚寺に入って僧となり、後に江淮の間の各地で托鉢をしつつ生活していた。至正十二年、濠州城に至った朱元璋は、そこで郭子興の紅巾軍に参加し、郭子興の養女である馬氏を娶って妻とした。後の馬皇后である。彼はまた、官名を元璋とし、字を国瑞とした。

　至正十三年、朱元璋は徐達ら24人を率いて南に向かい、定遠（現在の安徽省定遠県）を攻略した。朱元璋は定遠で、馮国用の「金陵は龍蟠虎踞（りゅうばんこきょ）たる、帝王の都なり。先ず之を抜きて以て根本と為すべし」[1] という建議を受け、南に兵を向けることを決め、滁州（現在の安徽省滁州市）と和州（現在の安徽省和県）を相次いで占領し、李善長や常遇春らを引き入れ、また巣湖の水賊であった廖永安や兪通海らを投降させた。

　至正十五年六月、朱元璋は、軍を率いて和州から長江を渡り、翌年三月に元朝の集慶路（現在の江蘇省南京市）を攻略し、応天府と改名した。朱元璋は、この南京で政権の組織を建立した。

　朱元璋は当時、西方では武昌・九江一帯の陳友諒、東方では蘇州一帯の張士誠と対峙していたため、南方に向けて勢力を発展させてゆくしかなく、皖南・浙東を自身の支配範囲に納めていった。地主階級の知識人層の優秀な人材たちは、この時期に朱元璋の政権に加わり、彼のために策謀を計画した。徽州の老儒朱昇は、「高く牆を築き、広く糧を積み、緩にして王を称す」[2] という策を提示した。至正二十年には、「浙東四先生」と呼ばれる宋濂・劉基・章溢・葉琛が招聘に応じて南京にやって来た。劉基は、字を伯温といい、浙江省青

1　『明史』巻129・馮国用伝より。龍蟠は、竜がとぐろを巻いてじっとしていること。虎踞は、虎がうずくまってじっとしていること。地形が険しく、攻めにくい地域を意味する。特に現在の南京（金陵）を形容する言葉として用いられる。
2　『明史』巻136・朱昇伝より。防御や兵站を整えてから、ゆっくりと王を名乗る、という意。

田県の人で、かつては元朝の官についていた。彼は朱元璋に対し、賊に打ち勝つには強きを先にすべきであり、まず陳友諒を滅ぼし、その後で張士誠を滅ぼすよう建議した。

帳下に集った李善長・劉基・徐達・常遇春らの文臣や武将たちにより、朱元璋の勢力は急速に拡大した。先に陳友諒を滅ぼすという劉基の戦略に基づいて戦力が配置され、朱元璋は東面して防備を主とし、また呉良と耿炳文を派遣してそれぞれ江陰と長興に拠って守らせ、こうして張士誠の水陸両路からの侵攻を防ぎつつ、主力を陳友諒との争いに動員した。至正二十三年、双方は鄱陽湖で決戦を繰り広げ、陳友諒は戦死した。翌年、その子の陳理が投降した。至正二十七年、張士誠は敗れて滅び、方国珍も投降を余儀なくされた。同年、朱元璋は大将軍の徐達を派遣して北に中原を伐たせ、その軍は元の大都（現在の北京市）を目指した。

1368年正月四日、朱元璋は南京で皇帝に即位し、国号を大明とし[3]、洪武と建元した。このことが、明朝が正式に建立された指標とされている。同年、福建の陳友定、広東の何真が次々と平定された。八月には、徐達が元の大都を占領し、元の順帝は北に遁走し、その後、洪武三年（1370年）に応昌（現在の内モンゴル自治区ヘシグテン旗西のダリノール付近）で死去した。

明朝の建国後も、敵対する各地の武装勢力を滅ぼすための戦争は継続した。洪武二年（1369年）、徐達は山西・陝西などの地を平定した。洪武四年と十五年には、明将の傅友徳が四川と雲南を相次いで平定した。洪武二十年には、大将軍の藍玉が遼東に盤踞する元の将軍ナガチュの投降を受け入れた。ここに至り、明朝はおおよそ全国の統一を完成させた。

二　君主専制統治の強化

建国当初、明朝は基本的に元朝の制度を踏襲した。中央には中書省が設置され、その左右の丞相が中枢の権力を総攬した。左右の丞相の下には、吏・戸・礼・兵・刑・工の六部が設けられた。地方には行中書省が設置され、行中書省平章が各行省の権力を総攬した。行省以下では、元朝の「路」の制度が廃止され、「路」は「府」に改められた。

太祖朱元璋は、権力欲が非常に強い人物であった。彼は、元朝滅亡の主要な要因は、「任を権臣に委ね、上下蒙蔽」であった[4]ことにあると考え、ほしいままに振る舞う権臣が自身の政権内に現れることを望まなかった。洪武四年、朱元璋を20年近くにわたって補佐してきた中書省左丞相の李善長が「疾」によって致仕した。李善長の後、胡惟庸が独断専

3　朱元璋が国号を「大明」と定めたことについて、ある研究者は明教の経典『大小明王出世経』に由来するとする。また別の研究者は、白蓮教徒が誦読していた主要な経典である『大阿弥陀経』に由来するとする。
4　蒙蔽は、真相をかくしてだます、ごまかすという意。

権を開始し、私党を広く結成し、「生殺黜陟、或いは奏せずして径行」す[5]というありさまで、密かに皇帝が使用する金龍鳳紋の「黄羅帳幔」を用いるということもあった。このように、宰相の権力は朱元璋の皇帝権力の脅威となったのである。

　洪武十三年、朱元璋は「擅権結党」の罪で胡惟庸を処刑した。また10年後、胡惟庸に「逆を謀る」・「倭に通ず」という罪名を加え、大獄を起こして3万人以上を処刑し、77歳の功臣李善長も死を賜った。洪武二十六年、朱元璋は大将の藍玉の謀反を口実に、再び党獄を起こし、15000人以上を処刑した。これら2度の殺戮を経て、朱元璋は皇帝権力に対する相権・将権の脅威を除去することに成功した。こうして、「元功・宿将、相継いで尽き」[6]、功臣の驕横や下が強力で上の制御が効かないという問題は解決された。

　功臣たちを殺害すると同時に、朱元璋は行政機構にも調整を加えた。胡惟庸を処刑した後、朱元璋は中書省を廃止し、その権力を六部に分散した。また今後、子孫が皇帝となっても再び丞相を立ててはならず、例えばある者が敢えて丞相を設立するよう奏請したならば、凌遅[7]で死に処すと規定した。ここに至り、中国史上2000年近く続いてきた宰相制度は、正式に廃止されたのである。地方の行中書省は、早くも洪武九年に廃止され、民政を掌握する承宣布政使司と刑名を掌る提刑按察使司、軍政を掌る都指揮使司が改めて設置され、「三司」と総称された。「三司」は、互いに統属関係にはなく、それぞれが中央に直属した。

　朱元璋は、軍事機構の改革も実施した。彼は、大都督府を廃止して中・左・右・前・後の五軍都督府に分け、また内外の章奏を担当する通政司、刑獄を掌る大理寺を増設し、御史台を都察院に改めた。こうして、建国当初の中書省が政務を総攬するという状況は、それぞれ統属関係にはない「五府・六部・都察院・通政司・大理寺」が、皇帝に対して並行的に各政務を担当するという構造に変わったのである。朱元璋は、『皇明祖訓』の中で、これらの機構は「天下の庶務を分理し、彼此頡頏し、敢えて相い圧せず」、然る後に「事は皆な朝廷之を総べ、以て穏当とする所なり」[8]といっている。

　開国の初め、朱元璋は李善長・劉基らに命じて『大明律』を制定させ、繰り返しこれに修改を加え、洪武三十年に正式に『大明律』を発布した。また臣民に警示するため、朱元璋は自ら官民の「犯罪」の事例を集め、『大誥』・『大誥続編』及び『大誥三編』・『大誥武臣』を編成し、天下に頒布した。『大誥』は、判決の判例として、法律と同様の効力を備えた。『大明律』と『大誥』は、明代初期の法制の制定を強化し、また皇帝権も強化した。洪武十五年には、錦衣衛が設けられた。錦衣衛は、侍衛の任を担い、また捕縛・刑獄も掌管す

5　『明史』巻308・胡惟庸伝より。人の生死や官吏の昇進・降格に関する決定を、皇帝に奏聞することなく行った、という意。
6　『明史』巻132・藍玉伝より。
7　手足を切断し、肉を少しずつえぐって死に至らしめる極刑。反乱の首謀者などに科された。
8　頡頏は、互いに優劣がなく、勢力が張り合う状態のこと。拮抗。

第九章　明代

る、いわゆる「盗賊奸宄、街涂溝洫、密緝して時に之を省す」[9]というものであった。貧民の出身である朱元璋は、民間の苦しみを深く知り、官吏の汚職や腐敗を心底恨んでいたため、官吏の賄賂に対する処罰に力を尽くした。彼は、官吏が60両以上の銭財を賄賂で受け取った場合は、斬首して衆に示すことを規定した。この他、朱元璋は元朝の廷杖[10]を継承し、朝廷で意のままに大臣を杖打した。

朱元璋は、学校・科目（科挙）・薦挙・銓選などの多くの道を通じて官吏を選抜した。洪武三年、朱元璋は科挙を開くよう命じ、郷試が行われ、翌年に会試が行われた。その後、洪武年間の十数年間の中断を除き、科挙は次第に明朝政府における官吏登用の主要な道となり、いわゆる「科目盛んと為り」、「卿相、皆な此れより出づ」[11]という状況となった。科挙は、郷試・会試・殿試の3段階に分かれ、3年に一度行われた。府・州・県の儒学の生員と国子監の監生及び「儒士」は、秋に各省の郷試に参加し、これに合格した者は挙人となった。翌年春、挙人は礼部が主宰する会試に参加し、これに合格した者は「中式挙人」となり、殿試に参加した。殿試は名目上、皇帝本人が主宰したが、実際には中式挙人に改めて席次を付けるだけのものであった。殿試の成績優秀者3名は、「進士及第」を賜わり、それぞれ「状元」・「榜眼」・「探花」と呼ばれた。殿試により、進士のグループは「天子の門生」となった。明代では、多くの士人たちが科挙を通じて入仕し、これに加えて生員・監生・挙人の身分を取得して入仕を待つ多くの者たちは[12]、次第に政治的経済的特権を享有する紳士層を形成した。紳士、特に郷里に居住する郷紳は、封建国家が基層社会の統治を実施するための重要な政治勢力という側面を持つ一方、地方と様々に関係している社会勢力として、封建国家と完全には一致しない利益を情願した。こうした明朝の科挙制度は、基本的に清朝に踏襲された。明清両代の科挙制度は、封建国家が実施した選官体制ではあるが、各社会階級の上下の流動を促進し、社会文明のレベルを向上させるために積極的な効果をもたらした。

明朝の統治者たちは、科挙制度を利用して人材を集めると同時に、高圧的な手段を用いて思想文化の専制を強化した。朱元璋は、しばしば文字の獄を興し、往々にして捏造ないし荒唐無稽な理由によって片言隻語を検出し、罪名をでっち上げ、みだりに文人たちを処刑し、「寰中の士大夫、君の用と為らざれば」、ただちに「誅して其の家を籍す」[13]という厳酷な局面が形成された。

---

9 『明史』巻76・職官五より。盗賊や悪人など各種の犯罪者は、街中や田間水道中のどこに潜んでいたとしても、みな捕えられ調べられた、という意。
10 朝廷内で行われた、「杖」（棍棒）で打つ懲罰。
11 『明史』巻61・選挙一より。
12 顧炎武『亭林文集』巻1・生員論上の計算によると、明末における全国の生員は「県ごとに三百を以て数え、五十万人を下らず」という。

三　屯墾と賦役制度の建立

　元末戦争後、人口は流失し、田土は荒廃し、水利は修理されず、社会経済は激しく破壊された。洪武元年に徐達が北伐を行った際には、河北一帯は「道路皆な榛塞し、人煙断絶す」[14]というありさまであった。このため、生産秩序を回復することが、明朝建国後の第一に重要な任務の一つとなった。

　生産を回復するため、太祖朱元璋は、屯田と荒地の開墾、水利工事の実施を大いに奨励した。屯田には、軍屯と民屯、商屯が含まれる。軍屯は、各地の軍事衛所がそれぞれ一定の割合の軍士を屯軍に配置し、軍の需要を満たすために付近で開墾させたものである。民屯は、政府が耕作の道具や種子を提供し、強制的な移民或いは流民を招募して屯種を行ったものである。商屯は、通常は商人が辺境地域で民を募って耕種させ、穀物を手近な辺境の軍の倉庫に納めたもので、彼らはこれと引き換えに食塩を運搬して販売するための許可証「塩引」を受け取り、食塩の貿易に従事した。政府はまた、賦税を免除する形で荒地の開墾を奨励した。洪武三年、政府は令を下し、新たに荒地を開墾した場合は、3年間徴収を免除するとした。明代初期の15年間に増加した墾田の面積は、全国で180万頃に達し、これは洪武十四年の耕地の総量（366万頃）の約半分を占める。このように、開墾奨励の政策が生産の回復のカギとなる効果をもたらしたことが見て取れる。また政府は、水利の興修も積極的に実施した。洪武二十八年に至るまでに、全国で建設された塘堰は合計4万ヵ所余り、河流の疏通工事は4000ヵ所以上、陂渠堤防の建設は5000ヵ所以上に及んだ。政府が地方官を審査する際には、農桑面における政績が重要な要素となった。

　明朝政府が農業生産を回復させた目的は、賦税徴収の確保にあった。明朝の賦税は、唐宋以来の両税制を踏襲したもので、夏税と秋糧とに分けられる。基層社会には、糧長制と里甲制が設立された。洪武四年、朱元璋は、戸部に命じて耕地を綿密に調査させ、税糧1万石を穀物徴収の単位とし、糧長を設け、税糧の徴収を監督して官府へ護送させた。洪武十四年には、里甲制を設立し、110戸を一里とし、うち10戸を里長とした。里以下は10戸を一甲とし、甲首を設け、交代で任に充てた。官府に代わって田賦を追徴することが、糧長・里長の主な義務であった。

　賦税を厳格に徴収するため、朱元璋は戸部に命じて全国の戸口と田土を綿密に調査し、戸籍冊と田土冊を編製させた。洪武三年、戸部は「戸帖」を通達し、各民戸に人口・年齢・性別などを事実通りに書き込ませた。洪武十四年には、各府・州・県に命じ、「里」を単位として戸籍冊を編製させ、これに基づいて賦税を徴収することとした。戸籍冊は「里」

13　『明史』巻94・刑法より。寰中は、天下、国内の意。籍は、刑罰の一種で、罪人の財産を登記して没収すること。
14　『明太祖実録』巻33・洪武元年閏七月庚子の条より。榛塞は、樹木などによってふさがり不通になること。

ごとに1冊とし、各戸の人口・田土・家屋などの情報を詳細に列記し、10年ごとに改めて作成することが規定された。この戸籍冊は、作製後に戸部へ1冊送呈され、黄絹を表紙としたため、「黄冊」或いは「賦役黄冊」と呼ばれる。田土冊の製図作業は、洪武元年に開始し、洪武二十六年に完成し、総図と分図が作られた。分図は、「里」を単位とした。田土冊では、隣り合う田土を順に編号して製図され、田地ごとに名称・類別・面積・田主の姓名と四至[15]が記録された。田土冊は、魚の鱗のように図形が連なっているため、「魚鱗図冊」と呼ばれる。洪武二十四年の政府の統計によると、全国の人口は5677万人余り、耕地の面積は387万頃以上であった。黄冊と魚鱗図冊の編製は、明の太祖が整備した賦税制度の大きな功績である。

耕地の面積が拡大し、穀物の生産量が増加したことで、賦税も保障された。明朝政府は、黄冊を経とし、魚鱗図冊を緯として、労働人民を封建的搾取のもとにきつく束縛した。洪武二十六年に至ると、全国の税糧の総量は3227万石以上に達した。地方の穀倉には穀物が満ち溢れ、例えば山東省済南府の穀倉は、「蓄積既に多く、歳久しくして紅腐す」[16]という状況であった。

30年以上に及ぶ回復期を経て、明朝の経済は正常な発展の道を歩み始めた。農業生産のみならず、手工業と商業も日ごとに興盛していった。

四　明の世祖による民族地域と辺境の経営

朱氏の天下の安定を確保するため、太祖朱元璋は、諸子を各地に分封して王とした。しかし、分封制は中央集権と相反する制度である。洪武三十一年、朱元璋が世を去った。太子の朱標はそれ以前に早世していたため、皇太孫の朱允炆が皇位を継承し、建文と改元した。これが建文帝（在位：1399〜1402年）である。建文元年（1399年）、朱元璋が北平（現在の北京市）に分封した第四子の燕王朱棣は、「奸悪を誅す」という旗印を打ち立て、朝廷に叛いた。朱棣は、建文四年に南京に攻め込み、皇位を奪取し、永楽と改元した。これが明の成祖（在位：1403〜1424年）である。

朱棣は、傑出した才覚と遠大な計画を備えた皇帝であった。即位の後、彼は北京に都を遷す準備を速やかに進め、人を派遣して大運河を浚渫し、北京に膨大な宮殿群を建造させた。永楽十九年（1421年）、明朝は正式に北京に遷都した。北京遷都後、南京は陪都となり、中央機構は残されたが、各機構には「南京」の二字が加えられ、区別された。成祖朱棣の統治時代に、明朝政府は民族地域と辺境の経営と統治を強化した。

都が北方の前線の北京に遷されたということは、「天子狩辺」を意味し、北方辺境の経

15　土地の東西南北の境界をいう。
16　『明太祖実録』巻241・洪武二十八年九月丙申の条より。

営に積極的な効果をもたらした。モンゴル族は元朝の滅亡後、モンゴル草原に退き、兀良哈（ウリヤンハイ）と韃靼（タタール）、瓦剌（オイラート）の三部に分かれていた。朱棣はウリヤンハイ部を招撫し、明朝とタタールの間の障壁とした。永楽七年、朱棣は兵を派遣してタタールを征討したが、全軍壊滅してしまった。そこで翌年、朱棣は親征を行い、勝利を獲得した。永楽年間に、朱棣は5回にわたって北征を実施し、モンゴル軍を3度大敗させた。

永楽二年、朱棣は安克帖木児（アク・テムル）を忠順王に封じた。永楽四年には、哈密（ハミ）衛を設置し、畏兀児族や哈剌灰族などの首領に指揮・千戸・百戸などの職を授け、漢人の官吏を派遣して忠順王府の長史・紀善とし、共同で事を治めさせた。この哈密衛の設置は、明朝の西部辺境の統治を強化した。

永楽元年、朱棣は使者を派遣し、黒龍江下流域の吉烈迷（ギレミ）などの漁猟部落に告諭した。明の政府は、この後の6年間に、各族の部落の首領たちが争って帰属してくるという成果を収め、黒龍江流域に132衛を設置し、東北辺境の統治を強化した。永楽七年、明朝は奴爾干（ヌルカン）（現在のロシア領内の黒龍江下流東岸の特林）に都指揮使司を設置し、東は日本海から西は兀良哈三衛まで、南は鴨緑江に至り、北は外興安嶺に達する、庫頁島（現在のロシアのサハリン島）を含む広大な土地を管轄させた。奴爾干都司として派遣された宦官の亦失哈（イシハ）と官吏の康旺らは、奴爾干に永寧寺を建造し、碑を立ててその顛末を記した。この『勅修永寧寺碑記』は、明朝が黒龍江流域に行政管理を実施していたことを証明するものである。

西南では、朱棣はチベット仏教のサキャ派やゲルク派、カギュ派を招諭し、それぞれに対して封授を行った。各派の主導者たちも、都に迎え入れられた。永楽五年、明朝政府は雅州（現在の四川省雅安市）から烏斯蔵に至る駅道を建設し、駅站を設置し、チベットと内地の連係を強化した。永楽十三年、朱棣は西南に貴州省を増設し、明朝の西南地域に対する統治をさらに強化した。貴州省を建てたことで、全国の布政使司の数は12から13に増加した。

第二節　明中期の政治制度の変遷

一　仁宣の治から弘治中興まで

永楽二十二年（1424年）、北征の途上にあった成祖朱棣は、楡木川（現在の内モンゴル自治区ドロンノール県西北）で病死し、太子の朱高熾が位を継いだ。これが仁宗である。仁宗は、在位1年足らずで病に倒れ、間もなく死去した。皇太子の朱瞻基が位を継ぎ、宣徳と改元した。これが宣宗（在位：1426〜1435年）である。仁宗と宣宗の時代は、政治

図 9-1　于謙：楷書題公中塔図并賛頁
（肖燕翼主編『明代書法』上海科学技術出版社・香港商務印書館、2001 年版、76 頁より）

が公明正大で、社会が安定したことから、漢代の文景の治と並び讃えられている。

　宣徳十年（1435 年）、宣宗は 38 歳で病死し、僅か 9 歳の太子朱祁鎮が位を継ぎ、正統と改元した。正統朝（1436 〜 1449 年）の前期は、内閣大学士の楊士奇らが政務を主導した。後期は、宦官の王振が朝廷の大権を掠め取った。正統十四年、モンゴルのオイラート部の首領也先（エセン）が侵入してきた。王振は、大臣たちの反対を顧みず、朱祁鎮に親征をそそのかした。七月十六日、朱祁鎮は 50 余万の大軍を率いて京を離れ、北征に向かった。八月一日、明軍は大同に到着した。前線が惨敗したことを知った王振は、深く惧れを抱き、軍を引き返すことを決定した。八月十三日、明軍は懐来衛城の東 25 里に位置する駅站の土木堡（現在の河北省懐来県土木鎮の境域内）まで至ったところで、オイラート軍に包囲された。三日の後、明軍は大敗し、王振は乱兵の中で殺され、朱祁鎮はオイラートの捕虜となった。歴史上、「己巳の変」または「土木堡の変」と呼ばれる事件である。土木堡の変の後、オイラートの軍は北京城下まで迫り、明朝は重大な政治的軍事的危機に直面した。

　この危難のときに当たり、身を挺して出ていったのが于謙である。于謙は、字を廷益といい、浙江省銭塘（現在の杭州市）の人で、明朝中期の有名な政治家・戦略家であり、当時は兵部左侍郎を担い、北京を留守し、昇進して兵部尚書となっていた（図 9-1）。彼は、朱祁鎮の弟の朱祁鈺（景帝。在位：1450 〜 1456 年）を推戴して位を継がせ、城を棄てて南京に遷都しようとする動きに反対し、北京を堅守すべきであると主張した。彼の手配により、20 万の兵が迅速に終結した。十月中旬、明軍はオイラート軍と北京城下で 5 日にわたる激戦を繰り広げ、オイラート軍を立て続けに破った。十月十五日、オイラート軍は軍営を畳んで北に遁れた。こうして、明軍は北京防衛戦に勝利した。

　景帝朱祁鈺は、危急の情勢のもとで即位したが、于謙を任用して軍務を司らせ、オイラート軍の進攻を撃破し、歴史的な功績を挙げた。即位の後、彼は兄の朱祁鎮を尊んで太上皇

とし、甥の朱見深を太子に立てた。景泰元年（1450年）、英宗朱祁鎮は解放されて北京に帰還したが、南宮に幽閉された。景泰三年、朱祁鈺は太子の朱見深を廃し、改めて自身の子の朱見済を太子に立てた。景泰四年、朱見済が病死し、景泰八年正月には、朱祁鈺も重病にかかった。すると、一部の大臣たちは、朱見深を太子の位に戻すよう主張した。一方、武清侯石亨は「復た東宮を立てんことを請うは、太上皇の復位を請うに如かず。功賞を得るべし」[17]と考えた。彼は、太監の曹吉祥や都督の張軏、左副都御史の徐有貞ら政治的には日和見の者たちを糾合し、クーデターを発動することを決めた。正月十六日夜、張軏は兵を率いて皇城に進入し、南宮を開き、朱祁鎮を迎えて奉天殿に入った。十七日黎明、朝房内で待っていた大臣たちは、初めて「上皇帝復位す」という情報を得たのである。英宗は復辟の後、景泰八年を改めて天順元年とし、景帝を廃して郕王とし、于謙を処刑した。この事件は、歴史上「南宮復辟」或いは「奪門の変」と呼ばれている。

朱祁鎮は、再び宝座に登った後、8年間（1457～1464年）皇帝の座についた。朱祁鎮が死去すると、子の朱見深が即位した。これが憲宗（在位：1465～1487年）である。憲宗は、宦官を信任し、皇荘を設け、率先して土地を略奪し、また、しばしば吏部の選抜や廷推、部議などの正常な官吏選任の手続きを経ず、個人的な好悪で官吏を任命した。こうして、内旨によって直接官吏を任命するいわゆる「伝奉官」が形成された。これらの中身のない政治は、朱見深の子である孝宗弘治皇帝朱祐樘（在位：1488～1505年）の統治時代にようやく整理された。孝宗は、即位して2ヵ月に満たないうちに、伝旨して伝奉官及び国師・真人の封号を得ていた僧・道の人士数千人を免じた。孝宗はまた、大臣を礼遇し、広く言路を開き、民の身になってこれを憐れんだことから、伝統的歴史家からは、儒家の倫理によって国を治めた「中興令主」とみなされている。

二　内閣制度と宦官の政治参与

内閣制度の形成及び宦官の政治への参与は、明朝中期における政治制度の最も重要な変化である。内閣制度は、洪武朝に萌芽し、永楽朝でその基本が形成され、最終的には宣徳朝で確立した。宦官による政治の混乱は、永楽朝に萌芽し、その後の歴代君主の時代で拡大していった。

太祖朱元璋は、中書省及び中書省丞相を廃止したが、客観的事実として中枢の政務は存在した。しかし丞相がいないため、中枢の政務は皇帝一人の身に集中することとなった。例えば、洪武十七年（1384年）の九月十四日から二十一日までの8日間には、内外諸司の奏疏は合計1660道、3391件に及んだ。これを計算すると、朱元璋は平均で毎日207の

17　（明）谷応泰『明史紀事本末』巻35・南宮復辟より。中華書局1977年版。

奏章を閲読し、423の政事を処理しなければならなかったのである。こうして、機運に応じ、皇帝の行政を補佐する内閣が生まれることとなった。洪武十五年、朱元璋は宋朝の制度に習い、殿閣大学士を設けて顧問とした。殿閣大学士は、政事には参与しないが、内閣制度の最古の雛型である。

成祖朱棣は、即位後に翰林院の官吏である解縉・楊士奇・胡広ら7人に命じ、「文淵閣に並びに直せしめ、機務に預からし」めた[18]。文淵閣は、午門の内側にあり、内廷に位置し、また大学士は常に殿閣のもとで皇帝に侍候したため、「内閣」と呼ばれた。永楽朝の内閣は、皇帝の顧問に備えたのみならず、機務にも参与した。ただし永楽朝では、内閣の諸臣の官階は僅か五品であり、その権力も六部尚書には及ばなかった。閣臣の地位は、仁宗朱高熾の即位後より高められていった。永楽二十二年十二月、仁宗朱高熾は楊栄を工部尚書兼大学士に任命した。楊士奇・黄淮・金幼孜らは、宣宗朱瞻基の統治時代に相次いで尚書に昇進した。内閣大学士が尚書を兼任するようになると、内閣の権力は次第に六部の権力よりも重くなっていった。

内閣制度は、宣徳期に正式に形成された。宣徳朝より、内閣大学士は「票擬」の権限を獲得したのである。「票擬」は、「条旨」とも呼ばれ、大学士が墨筆で小票に意見を書き、これを奏疏に貼り付けて皇帝に渡し、政策決定の参考に供することを指す。この票擬権は、内閣制度が完備したことを示す指標の一つである。

皇帝の政策決定を補佐する機構として、内閣は明朝が宰相を廃した後の権力の空白を補填した。ただし、内閣制度の形成は、宰相権の回帰とは異なるものであった。内閣大学士は、皇帝の助手でしかなく、自主的に事務を決断することはできず、事実上君主の専制権力に厳重に束縛され、宦官の制約を受けることもあった。

明朝中期より、宦官の政治的影響は次第に大きくなっていった。朱元璋は、宦官が政治に関与することを厳しく禁じた。しかし朱棣は、皇位を奪取した後、宦官を信任し始め、彼らを出使・監軍として派遣した。永楽十八年、朱棣は特務機関の東廠を設立し、宦官をその提督に命じた。宣宗期には、宮中に内書堂が設けられ、そこで宦官に文字の読み書きを教授した。こうして、宦官は字を読み意味を知るようになり、後に宦官が政治に関与するための条件が整えられた。宣宗の統治期間には、宦官の二十四衙門の中で最も重要な機構である司礼監が「批紅」の権限を獲得した。「批紅」とは、司礼監の秉筆太監が内閣の票擬を按じ、皇帝の審査を経て、朱筆で書き出すことである。こうして、章奏批答は、事実上その多くが宦官の手を経由するようになり、「内閣の擬票、内監の批紅を決せざるを得ず、而して相権は転じて之を寺人（宦官）に帰す」[19]といわれるようになった。

---

18 『明史』巻147・解縉伝より。
19 『明史』巻72・職官一より。

正統年間、英宗が幼かったため、王振を代表とする宦官勢力が急速に膨張した。王振は、蔚州（現在の河北省蔚県）の人で、儒学の教官となり、後に浄身して宮に入った。宣宗朝では、王振は皇帝の信任を得、太子の朱祁鎮に侍奉して読書し、後に司礼監の太監に昇進した。朱祁鎮は、王振の名や字を直接は呼ばず、ただ「先生」と呼んだ。正統四年より、王振は権力を掠め取り始めた。正統七年、太皇太后が世を去り、楊士奇ら元老たちが年老い、或いは早世すると、王振は大権を独占し、明朝において最初の、専権をほしいままにした宦官となった。劉球のような正直な大臣たちは、王振を弾劾したために逮捕されて詔獄に入れられ、謀殺された。王振の権勢が最盛の時期には、公侯勲戚たちはみな王振を「翁父」と呼んだ。後に王振は、土木堡の変の中で反乱兵に殺害されたが、英宗は復辟後に彼のために祠廟を建てた。

　景泰・天順・成化の諸朝では、宦官勢力が引き続き伸展した。景泰年間には、京軍に団営が設立され、十営に分けられたが、各営に宦官が担う監槍が設けられた。成化十三年（1477年）、憲宗は、特務機構の西廠を増設し、御馬監太監の汪直を提督とした。西廠が最も横暴に振る舞っていた時期、彼らは皇帝に上申することなく、三品以上の京官をほしいままに逮捕したという。

三　巡撫総督制度の建立

　明朝中期の政治制度におけるもう一つの重大な変化は、巡撫及び総督制度の形成である。これによって、明朝の地方行政体制の新たな形態が開始した。

　巡撫は、制度或いは官名であり、明朝より始まった。明代初期に行中書省が廃止された後、地方には三司が設置されたが、三司は互いに統属関係にはなかった。この体制は、地方における権力集中という問題を解決はしたが、新たな弊害をもたらした。省内の重大な政事は、みな布・按・都の三司で会議を開き、中央に報告して許可された後に、ようやく遂行されたのである。そのため、自然災害や突発的な事件に対処する際、三司は互いに責任を押しつけ合い、時機にかなった妥当な処理を行うことができなかった。巡撫制度は、まさにこの欠陥を埋めるために生み出されたものである。

　建文元年（1399年）、建文帝は、侍郎の暴昭・夏原吉ら24人を派遣して采訪使に任じ、天下を分巡させた。これが巡撫制度の萌芽である。永楽十九年、成祖は尚書の蹇義ら26人を派遣して天下を巡行させた。この命官分巡の地域はさらに広範囲に及び、また利のある事業を興して弊害を除くという効果を挙げ、後に専任の巡撫が設置される基礎を定めた。しかし、建文と永楽の両朝では、巡撫の差遣は大半が暫時的なものであり、定制とはならなかった。官吏は各地を分巡し、事が終われば朝廷に戻り、再び代わりの者が派遣されることもなかった。

巡撫制度が基本的に形成されたのは、宣宗の時代である。洪熙元年（1425年）八月、即位して間もない宣宗は、大理寺の熊概と参政の葉春を派遣し、南畿と浙江を巡撫させた。『明史』では、「巡撫を設けること此れより始まる」[20]としている。熊概は南直隷を5年間巡撫し、周忱がこれに代わった。その後、南直隷巡撫の職は、正徳年間に劉瑾の専権によって3年間停止された以外は、明代において中断されることはなかった。また、巡撫が設置された地域は次第に広範囲に及んでいった。宣徳五年（1430年）には、宣宗は于謙らを派遣して両京・山東・山西・河南・江西・浙江・湖広などの地を巡撫させた。これは、各省に専任の巡撫が設置された始まりとされている。

宣徳期以降、巡撫の任職期間は、一般的にはいずれも長期となり、早期における短期の出巡から、次第に常駐久任へと変わっていった。やがて巡撫自身もまた、皇帝の特命を受けた専門職の重臣から、地方行政の官吏の職務に近いものへと変わっていった。

巡撫が常設の専門職となって以降、都察院が派遣する各省の巡按御史との対立が生ずるようになった。景泰年間、巡撫に都察院「副都御史」・「僉都御史」の肩書が加えられ、撫・按に対立が生じた場合は、巡按は巡撫の命令に従うようになった。これより以降、巡撫の正式官名は、通常は「都察院副（或いは僉）都御史巡撫某某地方」となったが、彼らはなお「侍郎」の肩書で巡撫を担っていた。

巡撫制度の形成は、三司による分治という各省の権力構造を改変し、三司の地位は大きく下降した。ただし、巡撫は皇帝が派遣した官であり、中央からの派遣という身分で地方に着任しているため、佐官や直属の事務処理機構は置かれなかった。こうして、三司が互いに統属関係になく、物事がうまく運ばないという弊害は減少し、また地方が大きな権限を擁するという事態も避けられたのである。

総督は、明朝中期から設置され始めた。正統六年、雲南省麓川の土司が反乱を起こしたため、兵部尚書の王驥を派遣して雲南の軍務を総督させたことが、総督の設置の始まりである。正式な総督制度の形成は、景泰から成化年間における、両広総督と三辺[21]総制の設置を指標とする。成化十年、明朝は、巡撫が総督の指揮を受けることを規定した。しかし、総督の職は、明朝では軍事的意味合いが比較的強く、その多くは辺境に設置された。

正統元年、明朝は、南京・北京の両京及び各省に提学官を増設した。これが学校提督であり、両京には御史提学が置かれた。各省の提学官は、提刑按察使司に属し、その職の肩書は副使或いは僉事とされた。「提督学校」は、後に熹宗朱由校の諱を避け、「提督学政」に改められた。この種の教育行政制度は、清朝に受け継がれた。

20　『明史』巻9・宣宗本紀より。
21　三辺とは、陝西省北部の辺縁に設置された延綏・寧夏・甘粛三鎮を指し、辺境の統御を職責とした。

第三節　明後期の危機と張居正の改革

一　明後期の政治的危機

　弘治十八年（1505年）、明の孝宗が死去すると、武宗朱厚照の腐敗した統治がこれに続いた。武宗（在位：1506〜1521年）は、放恣で色欲に溺れ、朝政を治めず、幾度も宣府・大同などの辺鎮に巡行して遊蕩に耽り、また江南に南下した。武宗の正徳朝の前期には、宦官劉瑾の専権があり、後期には佞幸江彬らが政を乱し、また安化王朱寘鐇と寧王朱宸濠による2度の宗室の反乱が発生し、劉六・劉七が率いる京畿の農民の起義が勃発し、階級対立と統治階級内の争いが尖鋭化した。

　正徳十六年（1521年）、武宗が世を去った。武宗には子がなく、従弟の朱厚熜が湖広安陸藩王の資格によって大統を継ぎ、嘉靖と改元した。これが世宗（在位：1522〜1566年）である。世宗は即位後、自身の父である朱祐杬をどのように尊崇するかという問題で大臣たちとの間に対立が生じた。これは歴史上、「大礼の議」と呼ばれている。世宗は、自身の父を「皇考」として尊崇したいと考えていたが、大学士の楊廷和らは、朱厚熜は伯父の孝宗を「過継」しているため、孝宗を父とし、武宗を兄とすべきであり、実父は「皇叔父」としなければならないと考えた。嘉靖三年（1524年）、楊廷和は職を辞し、「大礼の議」に反対する230名以上の官吏たちは、左順門の前で哭してこれを諫めた。世宗は、官吏たちを逮捕して廷杖を加え、このうち16人が死亡した。こうして遂に、朱厚熜は自身の実父を「皇考」として「睿宗」の諡号を贈り、太廟に加えた。「大礼の議」の争いは、国家の活力を損耗し、明朝の政治的危機が次第に深刻になってゆく転換点となった。

　世宗は、道教を盲信し、常に宮中に壇を建てて斎醮[22]を行い、丹薬を服食した。嘉靖二十一年、十数名の宮婢たちが世宗が熟睡している機に乗じ、縄で彼を絞殺しようとした。方皇后がこれを聞きただしてかけつけたため、世宗は救われ、宮婢たちは処刑された。この事件は歴史上、「壬寅宮変」と呼ばれている。この事件の後、世宗は皇宮を出て西苑に居を遷し、一心に修道斎醮し、神仙に向かって福を祈った。この間、世宗が斎醮を行う際に祝詞を撰写することが、官僚が昇進する近道となったという。嘉靖四十五年、世宗は病死した。裕王の朱載坖が即位し、隆慶と改元した。これが穆宗（在位：1567〜1572年）である。穆宗は、政事に関心を向けず、為すところがなかった。

　皇帝が朝政を理めなくなると、内閣ではかえって争いが絶えなくなった。中でも最も甚だしかったのが、首輔の争いである。内閣が設立されて以来、大学士には位次の順序があっ

22　道教の様々な祭りの総称。斎はものいみの儀礼、醮は厄除けを目的とする祭りを指す。

た。天順・成化年間に至ると、「首輔」の名称がみられるようになる。首輔は通常、大学士の中で入閣の期間が最も長く、年功が最も厚く、最も皇帝に愛顧される人物であった。嘉靖八年、「大礼の議」を支持して寵愛を受けた張璁が首輔に任じられた。嘉靖十五年には、重病により致仕した張璁に代わり、皇帝の「天・地分祀」の主張を支持して寵を受けた夏言が首輔となった。しかし、夏言の地位はすぐに厳嵩の挑戦を受けた。嘉靖二十七年、夏言は殺害され、厳嵩が首輔となった。厳嵩は、首輔の任にあること10年余り、大権を一手に握り、官を売って爵を鬻ぎ、明の朝政に少なからぬ悪い結果をもたらした。嘉靖四十一年、厳嵩は徐階によって失脚させられた。厳嵩の家からは、黄金3万両余りと銀200万両余り、及び無数の珍宝が差し押さえられて没収された。徐階の後、李春芳と高拱が隆慶年間に相次いで首輔となったが、高拱もまた徐階によって粛清された。首輔が失脚するたび、その背後には激烈な政治闘争があったのである。

　朝廷内では、上から下に至るまで徒党を組んで私利私欲をむさぼり、腐敗と汚職が風潮となっていた。有名な清官である海瑞は、嘉靖四十四年に世宗に上疏し、「吏貪し、官横し、民 聊(りょうせい) 生たらず、水旱に時なく、盗賊滋々熾(ますますさか)んなり」[23]と当時の社会の現象を批判した。海瑞はまたその中で、皇上、あなたの年号である「嘉靖」とは、「家家皆な浄(きよ)めて財用無からしむ」[24]という意味でしょうか、と嘲笑っている。

二　南倭と「北虜」

　倭寇とは、14世紀から16世紀にかけて、我が国及び朝鮮半島の沿海で略奪を行った日本の海賊を指す。15世紀後期、日本は、諸藩が割拠する戦国時代に入っていた。諸藩はみな明朝との通商を望んでいたが、明朝の朝貢貿易体制の関係上、朝貢の回数と人数、船の数には制限があった。嘉靖二年、寧波港で「争貢」事件が発生した。日本の大内氏が派遣した貢臣の宗設と、細川氏が派遣した貢臣の瑞佐・宋素卿が寧波市舶司に相次いで到着し、衝突が発生したのである。宗設は、市舶司の嘉賓堂を焼き、さらに明朝の都指揮劉錦と千戸の張鎧を殺害し、海上に逃亡した。明朝政府はこの事件を調査し、宋素卿に死罪をいいわたし、瑞佐を日本に送り返し、また嘉靖八年に浙江市舶司を廃止した。この後、嘉靖十八年と二十六年の2度、日本からの使明船があった他は、中日間の正常な海上貿易は中断し、海上の武装勢力による密貿易活動が日ごとに激しくなっていった。中でも、日本の海賊が中国の密貿易商人と結託し、我が国の東南沿海で行った略奪行為は、歴史上「嘉靖の大倭寇」と呼ばれている。

23　役人は貪婪かつ横暴で、人民は生活の拠りどころがなく、絶えず洪水や日照りが発生し、盗賊はますます勢い盛んである、という意。
24　（明）海瑞『海瑞集』治安疏より。嘉靖の「嘉」と「家」、「靖」と「浄」は発音が同じ。

嘉靖二十六年、浙江巡撫となった朱紈は、福州・興化・泉州・漳州の四府の政務を執行し、海禁を励行し、船を全て焼却した。海禁は、密貿易で利益を得ていた閩・浙の勢家大族に損害を与えた。彼らは、彼らの利益を代表する京官をそそのかして朱紈を弾劾させた。その結果、朱紈は免職され、憤慨して自殺した。この後、倭寇はますます苛烈になっていった。「五峰船主」王直や徐海は、中国の海商であるが、有名な倭寇のリーダーでもある。王直らは、日本の五島列島を根拠地とし、寧波・泉州港外の双嶼・浯嶼を拠点として絶えず沿海を騒がせた。明朝政府が無能であったため、倭寇はまるで無人の境に入ってゆくように内地まで進入した。嘉靖三十二年、船を失った40名余りの倭寇が岸に上がって略奪を行い、浙江省の平湖・海塩などの地に竄入（ざんにゅう）し、多くの官軍を殺害し、おもむろに船を奪って海に出ていった。倭寇の騒擾（そうじょう）は、沿海の人民に尽きることのない苦難をもたらした。

　明朝政府は、全力で倭寇を平定することを決定し、王忬・張経・胡宗憲らを相次いで派遣し、倭寇の討伐を担当させた。胡宗憲は、策略によって王直を誘殺したが、閩浙の倭患に変化はなかった。戚継光と兪大猷が命を受けて倭寇に抗戦するに至ってようやく、抗倭戦争で遂に決定的な勝利が得られた。戚継光と兪大猷は、明朝の嘉靖年間の有名な戦略家である。嘉靖三十四年、戚継光は浙江へ転任し、倭寇の被害が深刻な寧波・紹興・台州の三府に鎮守した。彼は、義烏・金華の剽悍な壮丁を招募し、撃刺の法を教習し、火器や武器を最新鋭化し、天下に名の聞こえた「戚家軍」を組織した。戚家軍は、浙江省滋渓県の龍山や舟山東面の岑港及び台州などの地で倭寇に相次いで深刻な打撃を与えた。その後すぐに福建に進入し、兪大猷と協力して福建の倭寇を平定し、再び軍を広東に移した。嘉靖四十三年、倭寇平定の戦いは遂に終息を迎え、明朝の東南の海防は平静を取り戻した。

　南辺の倭患と同時に、明朝は北疆においても「北虜」の脅威を受けていた。「北虜」は、明朝政府のモンゴル諸部に対する蔑称である。16世紀初め、モンゴルの達延汗（ダヤン＝ハン）がタタール諸部を統一した。明の世宗の時代に至ると、ダヤン＝ハンの孫の俺答汗（アルタン＝ハン）がオルドス地域を拠点とし、日に日に強盛となっていった。アルタン＝ハンは、明朝との貿易を求めたが拒否されたため、嘉靖二十九年に大同から明朝の領内に進入し、北京城下まで到達した。モンゴルの騎兵が京畿を8日にわたり騒がせたこの事件は、歴史上、「庚戌の変」と呼ばれている。この後、アルタン＝ハンは絶えず侵入を繰り返し、明朝の守備軍はその対応に疲弊した。隆慶四年（1570年）、アルタン＝ハンの孫の把漢那吉（パカンナギ）が明朝に投降した。明朝政府は、パカンナギをアルタン＝ハンに送り返し、これを契機として双方は和解した。翌年、明朝はアルタン＝ハンを順義王に封じた。以降、モンゴル諸部と明朝政府との間に大規模な戦争は発生しなかった。

　軍事的危機は、明朝に深刻な財政的危機をもたらした。「南倭」と「北虜」により、政府の軍事的支出は日に日に増大し、収支が相償わなくなった。北辺の軍事費を例にとると、

1549年以来、政府が毎年辺境の鎮に送る「年例銀」は200万両を下ることはなく、その他の費用も加えると、北方の辺防の軍事費は少なくとも300万両、多い場合は500万両に達し、銀200万両という戸部の毎年の収入を遥かに超過していた。

三　張居正の改革

　政治上の対立の先鋭化、頻繁に発生する南北の外患、財政赤字の深刻化などの問題は、国家の存亡に関わる脅威となった。このため、明朝政府は危亡を救うための施策を取らざるを得なくなった。海瑞・高拱・龐尚鵬ら統治階級内の有識の士たちは、嘉靖末年と隆慶年間に吏治・辺防・財政などの改革を開始した。これら嘉靖・隆慶年間における改革の試みは、万暦年間に張居正が実施した改革の前奏となった。

　張居正は、字は叔大といい、太岳と号し、江陵（現在の湖北省江陵市）の人である。嘉靖二十六年に進士となり、翰林院に入り、相次いで厳嵩・徐階・高拱らの重用を受けた。かつて張居正は、『論六事疏』を奏上し、皇帝に自身の改革の意見を提出したが、重視されなかった。隆慶元年、張居正は内閣大学士となった。隆慶六年、穆宗が世を去ると、遺命によって高拱・張居正らが10歳の太子朱翊鈞を補佐することとなった。同年、張居正と太監の馮保は盟を結び、首輔の高拱を追いやって自らが首輔の任を継いだ。これより張居正は、10年の長きにわたって中枢の政権を堅く統御した。

　張居正は、明朝の有名な政治家であり、改革者であり、中枢の大権を掌握した後、大鉈を振るって改革を推進した。政治面では、張居正は吏治を整備した。万暦元年、彼は「考成法」を提出し、官吏に対する考察を強化した。その考察の方法は、級ごとの審査とした。すなわち、内閣が六科を検査し、六科が六部を検査し、都察院及び六部が巡撫・巡按を検査し、撫・按が地方官吏を考察するというものである。この一環の中では、六科と巡撫が重要であった。六科は、午門の外に設けられ、章奏は必ずその手を経ていた。六科給事中の官秩は僅か七品であるが、六部の違誤の調査と駁正[25]を担当し、また建言・進諫[26]の責務があり、このように、位は低いが重い権限を持っていた。万暦初年には、各省の巡撫のほとんどが、耿定向や潘季馴などの張居正の同郷或いは腹心であった。この他、張居正は考成の制度を随時制定し、各衙門に対して1日ごとに章奏を登記し、文冊を2本立て、1つは六科に送り、1つは内閣に送るよう求め、案件を1つずつ実行し、或いは取り消し、仕事の完成度に対して月ごと年ごとに考察を加えた。こうして、各級の官吏が中央の政令を適当に取り繕って責めを逃れるようなことはなくなり、吏治は大きく面目を一新したのである。軍事面では、張居正は辺防の整備に力を尽くし、戚継光を薊鎮に派遣して国防事

25　論難して正すこと。
26　諫言を述べること。

務を整備させ、長城を修築させ、名将の李成梁を派遣して遼東を防衛させた。

　財政の危機を解決するため、張居正は理財を改革の重点の一つとした。彼は、冗官冗費を削減し、皇室にも支出の節約を求め、長年滞っていた税賦を積極的に整理した。官僚地主が土地をごまかして報告していたことから、国家の賦税収入が不足していたため、張居正は全国の土地を改めて測量することを決定した。万暦六年から十一年にかけて、測量はおおよそ完了した。測量後の田地の総額は、弘治時代の総額から300万頃増加したという。張居正はまた、「一条鞭法」の賦役改革を実施した。一条鞭法の本質は、賦役を併せて一概に銀で折納[27]させ、地方官がこれを直接徴収するというものである。これは、煩瑣であった雑税を一条に帰し、また丁に基づいて徴収していた役制を丁と田によって分担するようにし、農民の人身的支配を相対的に緩和したもので、客観的にも生産力の発展に利をもたらした。一条鞭法は、唐代の両税法を受け、清代の「攤丁入畝」に続く、中国賦役制度の一大変革であり、重要な進歩の意義を備えている。

　張居正の改革により、明王朝の統治の危機は緩和された。張居正が死去したときには、戸部の太倉が貯蔵する銀は600万両を超え、京師が貯蔵する穀物も700万石に達した。これは、隆慶年間の3倍である。また、「海内粛清」し、辺境も安定した。張居正の改革によって集積された財富がなければ、万暦の三大遠征——万暦二十年のボハイを平定した寧夏の役、万暦二十年から二十七年にかけての朝鮮を支援した抗日戦争、万暦二十六年から二十八年にかけての楊応龍を平定した播州（現在の貴州省遵義市）の役を、順調に進めることは不可能であった。

　万暦十年六月、張居正が病死し、神宗朱翊鈞（在位：1573～1620年）は親政を開始した。すると、かつて張居正によって打撃を受けた官僚たちが次々と上疏し、張居正を攻撃した。万暦十二年、神宗は令を下して張居正の家を調査し、張居正の改革の施策はその多くが中止された。万暦後期、神宗は政事に倦き、綱紀は弛緩し、多くの弊害が発生した。明朝は、衰亡への軌跡を引き続き滑り落ちていったのである。

第四節　明代の商品経済と資本主義の萌芽

一　商品経済の繁栄と市民階層の興起

　明朝中後期には、農業と手工業の技術が向上し、規模が拡大し、商品化の趨勢は絶えることなく強化されていった。全国の道路は滞りなく通じ、貿易商人が頻繁に往来し、全国的な商業市場が形成され始めた。

27　政府に納入すべき銭物を別の等価物に換えて納入すること。

農業の発展は、穀物生産量の向上と、経済作物の作付面積の増加という2つの面に反映される。水稲の作付は、嘉靖年間（1522〜1566年）から北方で安定的に普及し、崇禎年間（1628〜1644年）にピークに達した。アメリカ原産で日照りに強い作物であるトウモロコシやサツマイモが中国に伝来したことで、穀物の単位面積当たりの生産量が向上し、耕地面積も拡大した。このため、もともと穀物の作付に利用されていた多くの耕地が、綿花・蚕桑・煙草・落花生などの経済作物に利用できるようになった。綿花の作付は、全国で普遍的に行われた。浙江省湖州や四川省閬中一帯では、種桑養蚕業が非常に発達した。南方の各省では、サツマイモが普遍的に栽培された。煙草は、明朝後期に呂宋（現在のフィリピン）や安南（現在のベトナム）から我が国の福建や広東に伝わり、江南ないし北方へと広がった。ブラジル原産の落花生も、福建や浙江に伝わった。この他、福建や江西などの地では、藍という染料作物の一種が栽培された。別の染料作物である紅花の作付も、広範囲に及んだ。

　経済作物の作付は、農産物の商品化を推進した。経済作物の栽培によって得られる収入は、単純な穀物作物の作付を超えるものであった。浙江省湖州府を例にとると、桑田1畝当たりから取れる桑葉の販売で得られる利益は銀5両であり、水稲を栽培するよりも利潤は2倍に達する。現地の養蚕家の一部は、自身では桑の樹を植えず、桑葉を購入して養蚕を行ったことから、「看空頭蚕」と呼ばれた[28]。福建の漳州・泉州・汀州などの府では、農民が「菁（アブラナ）を種え、蔗（サトウキビ）を種え、山を伐り、木を采らば、其の利は乃ち田に倍」したという。経済作物の栽培の目的は、消費ではなく販売にあった。農民たちは、経済作物の生産品を市場に投じ、その他の生活必需品と交換した。例えば、河南は重要な綿花栽培地域であるが、綿花は「尽く商販に帰」したという。また嘉定県は、綿花の栽培のために「米を産せず、食を四方に仰ぎ」[29]、外地からの穀物の購入に頼って生活したという。このように、農民の日常生活は、ますます市場の支配を受けるようになっていった。農村の家庭内手工業もまた、日に日に市場の中に巻き込まれていった。松江府の婦女たちは、「晨（あさ）に綿紗を抱えて市に入り、木綿花に易えて以て帰り、機杼軋軋（あつあつ）と、宵を通じて寐ざる者有り」というありさまあった[30]。

　手工業の分野では、綿紡績・絹織物・冶鉄・製磁・印刷などの業種の技術が大きく向上し、また地域的な手工業の中心地が形成された。蘇州は、絹織物業の中心であった。松江は、綿紡績業の中心であり、最も品質の優れた綿布「標布」の生産が盛んであった。蕪湖は、染物業の中心であり、蘇州・南京・福建の建陽は、印刷業の中心であった。手工業の

28　（明）朱国楨『涌幢小品』巻2・蚕報より。
29　（清）顧炎武『天下郡国利病書』第6冊、蘇松より。
30　（清）顧炎武『肇域志』江南九・松江府より。

発展はまた、手工業を専業とする多くの市鎮を生み出した。例えば、製磁業の中心である景徳鎮は、製磁職人の数が1万人に達し、その市場は「延袤十三里許」にも及んだという。嘉興府の王江涇鎮と濮院鎮、湖州府の双林鎮は、いずれも有名な絹織物業の市鎮である。広東佛山鎮の鉄器業、松江府楓涇鎮の綿紡績業もまた、遠近に名を馳せた。

　明朝後期に商業は大きく発達し、全国的な商業網が形成され始めた。商人たちの足跡は、北は塞外から、南は両広・雲貴に至り、また徽商・晋商・江西商人などの有名な商人集団が出現し始めた。商品の種類も非常に多くなり、『明会典』の記載によると、景泰二年（1451年）に北京の大興・宛平両県で制定された「収税則例」内に列挙された税の対象となる商品は230種以上に達し、食品・服飾・日用雑貨から各種の奢侈品まで全てが揃っている。商業の発達は、都市の繁栄を促進した。大型の商業都市の数は30以上に達し、北京・南京の他、蘇州と杭州、南方の広州と桂林、北方の済南と太原、西部の成都と重慶は、いずれも繁華の都であった（口絵28）。天津・上海・漢口などの新興都市もまた、明朝後期より繁栄した。商人たちは、極めて豊富な資本を擁していた。例えば徽州商人は、「鏹（本義は銭串。後に銀を指すようになった）を蔵すること、百万に至る者有り」[31]といい、資本が銀20～30万両の者でさえ、中規模の商人として数えられたという。

　明代の商工業市鎮の勃興と手工業・商業の発達は、市民階層の形成を促した。この新興の社会階層は、主に中小商人と手工業者で構成される。市民階層は、明代後期に鉱塩税使の横徴暴斂と宦官の専権干政に反対する新たな政治勢力となり、都市の「民変」の中で主要な役割を演じた。市民階層の興起は、明代の階級構造に発生した新たな変化の顕著な指標の一つである。

二　海外貿易と銀の流入

　明朝の嘉靖（1522～1566年）・万暦（1573～1620年）年間、朝貢貿易体制の制限が打ち破られ、民間の海外貿易が興起した。中国の海商の足跡は、東南アジアの各国まで遍く及んだ。彼らは、磁器や絹織物と南洋の香料・染料・薬剤・珠宝を交換した。また、ヨーロッパのポルトガル人・スペイン人・オランダ人が来航し、銀を明朝の生糸や磁器と交換した。隆慶元年（1567年）、明朝政府は海禁を解除し、漳州府の月港に督餉館[32]を設けた。こうして、私人による海上貿易は、ある程度合法的な地位を獲得した。

　嘉靖三十二年（1553年）、ポルトガル人が澳門（マカオ）に入居した。以降、マカオは明朝晩期における対外貿易の中心となっていった。ポルトガル人の帆船は、胡椒・蘇木[33]・象牙・檀香[34]などの貨物や、ラテンアメリカ原産でポルトガルのリスボンを経由して転運

31　（明）謝肇淛『五雑俎』巻4より。
32　徴税機関のこと。

された銀を載せ、インドのゴアを出発し、マカオに至り、マカオで中国の生糸と絹製品を購入し、さらにこれを日本の長崎に運んで高値で売り、日本の銀に換えた。その後、ポルトガル人は再び日本の銀で大量に中国の生糸・磁器及びその他の貨物を購入し、ゴアに運んだ。このように、マカオは「ゴア－マカオ－長崎」の航路の中心となったのである。またマカオは、「マカオ－（フィリピンの）マニラ－（メキシコの）アカプルコ」の航路の起点ともなった。中国の商品は、マカオ或いは月港からマニラに運ばれ、その後、スペイン人の「マニラ大帆船」に搭載され、太平洋を越え、メキシコのアカプルコに到達した。太平洋を越えた商品は絹織物が中心であったため、この航路は「太平洋シルクロード」と呼ばれた。

　明朝における海外貿易では、中国は終始輸出超過の地位にあり、ポルトガルやスペイン及び日本は、大量の銀を貿易赤字の支払いに用いざるを得なかった。明朝晩期における海外貿易の顕著な特徴は、中国の絹製品がフィリピンに流れ、そこから世界各地にもたらされたこと、またアメリカ大陸と日本の銀が絶えず中国に流入したところにある。ある研究者の計算によると、1572年から1821年までに、おおよそ2億ペソものスペイン銀貨が中国に流入した。また1530年から1570年までは、中国の主な銀の来源は日本であり、毎年約53万両が流入した。16世紀末から17世紀初めにかけては、アメリカから中国に毎年約57ｔから86ｔの銀が流入した。

　海外からの銀の流入により、国内の銀の量が増加し、銀の流通範囲が拡大したことで、明朝の経済に深遠な影響がもたらされた。明朝中期以降、貨幣は銀が主となり、銅銭が補となり始めた。銀は、商業と市鎮の発展に積極的な効果をもたらした。例えば、福建沿海の漳州府では、1491年から1573年までに、集市の数が26から72まで発展した。明朝晩期における「銀納」を特徴とする一条鞭法の賦役改革は、浙江と福建でいち早く出現したが、これはまさに沿海地域が海外貿易で多くの銀を獲得していたためである。銀の流入と銀の貨幣化は、農業・手工業の商品化を加速させた。人々はまず、自身の生産物を市場で銀に換え、その上で他の生活用品を購入し、また賦税を納入しなければならなかった。

三　資本主義の萌芽

　封建的経済の中における商品経済の繁栄は、資本主義の萌芽の出現を促した。明朝後期は、中国の封建社会の内部に資本主義の萌芽がみられ、また社会の転換が始まった時代である。資本主義の生産様式が萌芽する必要条件の一つに、労働者の土地からの離脱、及び

33　南方の熱帯地方に産するマメ科の常緑樹であるスオウの心材を乾燥したもの。赤色の染料や薬剤として珍重された。
34　インド原産のビャクダン（白檀）などの香木。

自由雇用労働がある。明朝後期に至ると、農民と匠戸の封建国家に対する従属関係が緩和され、彼らは市場で自身の労働力を売り出すことができるようになった。また、賦役の不均衡と土地の兼併によって大量の自作農が破産し、土地を失い、雇用労働力に没落した。商品経済の発展、貨幣の大量供給、封建的人身束縛の緩和及び自由雇用労働力の大規模な出現は、資本主義が萌芽する条件を共同で創造したのである。

　明朝後期に至ると、江南及び東南沿海地域の綿紡績・絹織物・製磁・鉱冶・搾油などの業種において、資本主義の萌芽がみられた。蘇州や杭州などの地では、絹織物業工場の規模が拡大し、雇用労働者の数が増加した。雇用労働者たちは、より高い賃金を求め、新たな雇い主を探すことができ、工場主もまた競い合ってより高い賃金で熟練工を雇用した。蘇州の玄廟口には、比較的成熟した労働力市場があった。蒋以化の『西台漫紀』には、「大戸は機を張りて生と為し、小戸は織に 趁(おもむ)いて活と為す。毎晨起きるに、小戸の百数人の口、嗷々(ごうごう)として玄廟口に相い 聚(あつ)まり、大戸の織を呼ぶを聴き、日ごとに分金を取りて 饔飧(ようそん)[35] の計と為す」という記載がある。この種の大戸と小戸との関係は、『明神宗実録』の中で「機戸は資を出し、織工は力を出す」[36]と形容されている。機戸は、資本と織機を擁し、それによって労働者を雇用して彼らの余剰労働価値を搾取し、急速に家が栄え富者となっていった。万暦時代の吏部尚書張瀚の先祖は、成化末年に銀一錠で機床一張を購入し、後にこれを20余張まで増やし、最終的にその富は数万金に至り、規模は数十倍に拡大したという。綿紡績業と綿布加工業は、その多くは個々に生産を行う家内制手工業であったが、松江府の綿布襪製造業[37]は例外であった。松江府西郊には、暑襪店が100家余りあり、「合郡男婦、皆な襪を做るを以て生と為し、店中従り 籌(ちゅう)を給し値を取」った[38]。万暦年間の浙江省崇徳県石門鎮の搾油業においても、資本主義の萌芽がみられた。この鎮には、20家以上の油坊があり、それぞれ平均40人の工人を雇い、工銭を支払っていた。また江西省景徳鎮では、官窯の他、民窯も規模が拡大したため、窯工を雇用して生産を行わなければならなかった。嘉靖年間に至ると、景徳鎮全体の窯工は数万人に達したという。鉱冶業においても、いくつかの炉窯では200〜300人の工人が集められた。これらは、封建的な小規模の雇用とは明らかに規模が異なるものである。

　明朝後期の資本主義の萌芽には、大きな限界がみられた。まず、資本主義の萌芽における経営方式の手工業工場は、まばらでかつごく僅かであり、数少ない地域、数少ない業種に限られ、手工業全体に占める比重も非常に小さいものであった。一方、大部分の地域で

35　饔は朝飯、飧は夕飯のこと。
36　『明神宗実録』巻361・万暦二十九年七月丁未の条より。
37　襪は、足袋のこと。
38　（明）范濂『雲間据目抄』巻2・記風俗より。この地区の男女はみな足袋作りを生業とし、店にできあがった足袋を納めてその代金を受け取った。

は、自然経済がなお主導的地位を占めていた。また、資本主義の萌芽がみられた業種の中においても、官営と農村の家内制手工業が主体であった。次に、資本主義の萌芽がみられた手工業工場の中には、封建の残滓が少なからず存在した。さらに、封建統治者による商工業に対する迫害は、資本主義の発展の重大な障壁となった。封建統治者は、重税・低価格での買い上げ、借用、法律外の負担などの方法により、商工業に対して苛酷な搾取を行った。例えば、江西省景徳鎮の「御窯廠」では、常に「官搭民焼」の方法を通じて、民窯に低価格かつ高品質の製品の提供を強要した。封建統治者は、塩・茶・鉱物などの資源を独占し、同様に商工業の発展を厳しく束縛した。このため、明朝後期の資本主義の萌芽は、厳しい阻害の中で緩やかに発展し、社会関係の新たな変化や新たな趨勢がいくらかみられるようになったものの、社会全体の性質を改変するまでには至らなかった。しかし、資本主義の萌芽は、商品経済の発展が一定の水準に到達したことによる産物であり、また伝統社会の秩序を瓦解させる革命的な要素であり、社会の転換の兆しとしての進歩的な意義を備えるものであった。

第五節　明朝の滅亡と清軍の入関

一　明末の政治の腐敗

　明朝末、政治は暗黒期を迎えた。神宗は20年以上も朝政の場に姿を見せず、大臣たちの奏疏は常に宮中に留め置かれて処理されることはなく、「留中」と呼ばれた。また、官吏の欠員も往々にして補われず、南北両京の六部尚書のうち3人が欠員となり、侍郎が10人少ないという深刻なこともあった。万暦朝の三大遠征は、張居正の財政整備によって節約された銀両を耗費し、政府の財政的窮乏を激化させた。神宗自身は、財をむさぼることに熱中し、宦官を派遣して鉱監や税監に任じて各地で誅求させ、各地の民間の暴動を誘発した。山東の臨清・湖広の武昌・南直隷の蘇州などの地では、民間の暴動が極めて激化した。雲南の民衆は、税監の楊栄を殺害した後、火中に投じて焼いた。このことに対し、神宗は感嘆して「（楊）栄惜しむに足らず、何ぞ綱紀、頓して此に至らんや」[39]といったという。

　統治階級内部の闘争も、絶えず激化した。統治階級の最上層では、神宗が鄭貴妃の生んだ皇子の朱常洵を偏愛し、長子の朱常洛を太子に冊立しようとせず、大臣たちは立太子をめぐる事案について絶えず上疏した。このことは歴史上、「国本の争い」と呼ばれている。万暦二十九年（1601年）、朱常洛が太子に立てられた。しかし、万暦四十三年、1人の男

39　（清）谷応泰『明史紀事本末』巻65・鉱税之弊より。

子が慈慶宮に闖入して太子を挺撃しようとし、この事件は鄭貴妃に波及した。歴史上、「挺撃案」と呼ばれている事件である。

　文官の党争は、ますます苛烈となった。万暦二十二年、顧憲成は内閣大学士の人選を推挙したために神宗の怒りに触れ、罷免されて故郷に帰り、その10年後に無錫で東林書院を創建した。顧憲成はかつて、「輦轂(れんこく)に官するもの、志は君父に在らず、封疆(ほうきょう)に官するもの、志は民生に在らず、水辺林下に居するもの、志は世道に在らざれば、君子焉(これ)を取ること無きなり」[40]と言った。これは、顧憲成や高攀竜を代表とする正直な士大夫たちは、水辺林下に隠居してはいるが、なお心は世道にあるということを表明したものである。彼らは、遥か朝中の官僚士大夫と呼応し、時弊を批判したため、「東林党」と呼ばれた。この後、6年に1度の「京察」をめぐり、東林党と他の官吏たちとの間に党争が発生し、互いに相手側の官吏を免職し合った。東林党と対立した側には、宣党・昆党・斉党・楚党・浙党などの派閥があった。東林党には多くの君子がいたが、小人もおり、また東林党と政見の異なる諸党も小人ばかりではなかった。東林の人士は、君子と小人の区別を厳しくし過ぎ、対立する党派も僅かな恨みを必ず晴らそうとしたため、党争はますます苛烈となり、こうして明朝晩期の正常な政治秩序は破壊されてしまった。

　万暦四十八年七月、神宗が病死し、八月に太子の朱常洛が即位した。これが光宗（在位：1620年）である。朱常洛は、多くの東林人士を起用し、宮中に所蔵されていた銀を辺境に発給して軍費を充たし、改革に力を尽くした。しかし、即位して1ヵ月足らずで、朱常洛は太常寺卿の李可灼が作った「紅丸」を服用して病状が重くなり、にわかに病死した。歴史上、「紅丸案」と呼ばれる事件である。朱常洛の死後、子で当時15歳の朱由校、すなわち明の熹宗（在位：1621～1627年）が即位し、年号を天啓とした。また、万暦四十八年八月以降を「泰昌元年」とし、光宗の泰昌の年号を残した。熹宗は系統的な教育を受けていなかったため、ほとんど文盲であり、宮中で大工仕事をすることを好み、朝廷の事務は全て宦官の魏忠賢に主導させた。魏忠賢が専権を握ると、王紹徽・阮大鋮・魏広微ら東林党と対立する斉・楚・浙の三党の者はみな魏忠賢の門下に身を投じた。彼らは魏忠賢の激しい炎のもと、大党獄を起こし、楊漣・左光斗・袁化中・魏大中・周朝瑞・顧大章ら東林党の人々を獄に下して惨殺し、また令を下して高攀竜・周順昌らを逮捕した。高攀竜は自ら水に赴いて身を沈め、不屈の人格を顕彰された。恥を知らない官吏たちは、魏忠賢を「九千歳」と尊称し、彼のために各地に生祠を建造し、孔廟に祀るよう提議する者もいた。魏忠賢の暴虐な専政は、明朝の政事を暗黒のピークへと向かわせた。

　天啓七年（1627年）、朱由校が世を去ると、その弟の朱由検（在位：1628～1644年）

---

[40] 『明史』巻231・顧憲成伝より。中央の官吏は君父（皇帝）のことを考えておらず、地方官吏は民の生活を考えておらず、隠遁者は世のことを考えていない。これでは、君子が彼らを採用することはない、という意。

が即位し、年号を崇禎とした。崇禎帝は、迅速に魏忠賢を死に処し、崇禎元年（1628年）に閹党を粛清した。崇禎帝は、政に勤しみ倹約に努めたが、疑い深い性格で、成果を急いで求めた。崇禎朝の17年間には、計50名余りの内閣大学士が任命され、このうち任期が最も長かった温体仁・周延儒らは、後に『明史』奸臣伝に名を連ねていることから、その人品をうかがい知れる。崇禎帝は、この疑い深い性格と気性の荒さを駆使し、意のままに大臣たちを殺戮した。内閣大学士の周延儒と薛国観、六部尚書の王洽と陳新甲、督撫の袁崇煥と楊鎬ら数十人の大臣たちは、みな処刑された。このように、崇禎帝の為したところは、実際、明朝の滅亡への頽勢を救えなかったばかりか、明朝の滅亡を一歩速めたのである。

二　満州族の勃興と後金・明朝の戦争

　満州族は、もとの名を女真といい、1635年に満洲と改称した。明朝は、女真に対して招撫を主とする政策を取り、遼東・奴爾干などの指揮使司及び衛所などの行政機構を設置し、その管轄範囲には女真の地域も含まれていた。

　女真は、海西・建州・野人の三部に分かれていた。建州女真の首領ヌルハチは、姓は愛新覚羅といい、明の嘉靖三十八年（1559年）に生まれた。彼は、先祖の「遺甲十三副」をもって兵を挙げ、長年にわたる征戦を経て女真の各部を統一し、八旗制度を確立した[41]。明朝は、ヌルハチを支援することを通じて女真各部を羈縻しようとしたが、ヌルハチには別に策謀があった。明の万暦四十四年（1616年）正月、ヌルハチは赫図阿拉（ヘトゥアラ）（現在の遼寧省新賓満族自治区の境内）でハンを称し、「大金」（歴史上、後金と呼ばれる）を建立し、年号を「天命」とした。

　後金の建立後間もなく、ヌルハチは明廷との決裂を画策した。明の万暦四十六年（後金の天命三年、1618年）四月十三日、彼はヘトゥアラで「七大恨」を天に告げ、挙兵して明に叛いた。翌年、明廷は楊鎬を経略[42]とし、大軍を徴集し、後金に進攻させたが、サルフ（現在の撫順市東方の渾河南河）で大敗した。ヌルハチは、勝利に乗じて開原と鉄峰を攻め落とし、葉赫を併呑し、その軍の矛先は遼瀋を目指した。サルフの戦いは、明清交替の鍵となる戦役である。これ以前、後金との戦事に対応するため、明朝政府は「遼餉」[43]の割り当てを増加していた。しかし、軍が敗れるたび、もともと準備されていた「事寧停

41　八旗は、清代の満州族の軍事・社会組織であり、正黄・正白・正紅・正藍・鑲黄・鑲白・鑲紅・鑲藍の八旗に分けられる。ホンタイジの時代に、帰属したモンゴル人と漢人を別に蒙古八旗と漢軍八旗に編制し、従来設けられていた八旗を満州八旗とした。
42　明清両朝は、重要な軍務のときに経略を特設し、1省或いは数省の軍務を統括させた。その職位は総督よりも高かったが、事が終わればすぐに廃された。
43　餉は軍の食料を指す。遼東に進出した後金軍を防衛するための戦費として徴収された臨時付加税。

止」の増派を根本的に停止するすべがなくなり、人民の苦難は深まっていった。御史の袁化中は、朝廷は最初「餉八百万を計りて以て 剿し、始めて一隅を保ちて以て天下を安んぜんと欲」していたが、その結果、かえって「天下を疲れしめ、以て一隅を奉ずる」こととなってしまったと述べている。サルフの戦いの後、朝廷は楊鎬を逮捕し、改めて熊廷弼を派遣して遼東経略に任じた。

このとき、明軍は東北でますます受動的になり、士気は低下し、補給は困難となり、後金軍に対抗する力が根本的になくなっていた。そこで熊廷弼は、「堅守漸逼」という積極的かつ持久の防御の策を取り、その効果が収められることは明らかであった。しかし、朝中の浙党の姚宗文らは、熊廷弼が長年にわたって出関しているにもかかわらず勝績がないことを攻撃した。そのため、朝廷は熊廷弼を罷免し、改めて袁応泰を遼東経略とした。

明の天啓元年（後金の天命六年、1621 年）、後金軍は瀋陽・遼陽など大小 70 城余りを攻略し、袁応泰は自殺した。この緊急の正念場に当たり、朝廷は改めて熊廷弼を遼東経略に起用したが、同時に王化貞を遼東順撫に任命した。王化貞は、志は大きいものの才能が伴っておらず、思いのままに行動し、広寧衛（治所は現在の遼寧省北鎮市）を失陥した。事後に責任を追及された際、大元凶の王化貞はただ勾留されたのみであったが、熊廷弼は獄に下され、後に処刑された。熊廷弼の後任の遼東経略となった王在晋は、山海関まで退いて防衛するという対策を取った。そこでヌルハチは、都城を南の遼陽に遷し、後にまた瀋陽に遷し、ここを盛京と改名した。また、多くの女真人を遼瀋地域に移住させ、強固な統治と準備により南進を継続した。

天啓二年、孫承宗は大学士の身分で軍を指揮し、山海関外における防衛事務を積極的に拡張した。彼は、袁崇煥を按察僉事備兵寧前道とし、寧遠（現在の遼寧省興城県境内）に駐屯させた。袁崇煥は、字を元素といい、自如と号し、広東東莞の人で、明朝末期の有名な将領である。袁崇煥による経営のもと、寧遠は関外における軍事の重鎮となり、また「商旅輻輳し、流移駢び集まる」貿易の集散地となった。天啓五年、閹党の攻撃を受け、高第が孫承宗に取って代わった。高第は、関外の錦州諸城をことごとく撤廃するよう命じた。袁崇煥は、寧遠の放棄を拒否し、この孤城で後金軍に抵抗する決心を固めた。天啓六年、ヌルハチは寧遠を攻撃したが、後金軍は大敗し、自身もまた傷を負い、間もなく世を去った。寧遠の大勝は、明朝にとって対後金戦争における初めての大勝利であった。この戦いでは、ポルトガル人の紅夷砲が大きな威力を発揮した。天啓七年、袁崇煥は、右僉都御史巡撫遼東をもって関内外の軍事を指揮管轄したが、間もなく魏忠賢の側近の弾劾を受け、官を辞して故郷に帰った。

崇禎元年（後金の天聡二年、1628 年）、崇禎帝は再び袁崇煥を起用した。崇禎二年、後金軍は明朝が重点的に兵力を配置した寧遠・錦州の防衛線を避け、京畿に侵入した。崇禎

帝は、袁崇煥が敵に通じていると疑い、袁崇煥を獄に下し、翌年に凌遅刑によって殺害した。歴史書では、「崇煥の死してより、辺事は益々人なく、明の亡徴決す」[44]といわれている。この後、明朝政府の東北における受動的な情勢が再び転換することはなかった。

三　李自成の起義と明朝の滅亡

　明朝末、災荒が頻繁に発生し、賦役は煩瑣で重かった。自然条件の過酷な陝西では、農民たちは絶体絶命の境地に陥っていた。それは、礼部行人の馬懋が、彼の故郷である延安府の農民たちは樹皮や観音土を食べるしかなく、「人骨を炊きて以て薪と為し、人肉を煮て以て食と為す」[45]と述べるほどでの惨状であった。政府は支出を削減し、崇禎元年に兵科給事中劉懋の駅站を廃止すべきという請求を聴き入れたため、西北では大量の駅卒が失業した。この他、辺境の士兵が軍餉[46]の遅滞により暴動を起こし、或いは逃亡する事件が発生した。明末の農民起義では、これらの飢民と駅卒、逃亡兵が起義軍の主体を構成した。

　天啓七年（1627年）、陝西澄城県では旱害が深刻となったが、知県は全ての賦税の納入を催促した。被災民の王二は、数百人と連係し、顔に墨を塗り、県城に突撃して知県を殺害し、山中に逃れた。この王二の起義により、明末の農民起義の序幕が開かれた。崇禎元年、逃亡兵の王嘉胤が府谷で蜂起した。安塞の「馬賊」高迎祥は、衆を率いて造反し、闖王と号した。このとき、秦地の数千里の深山大谷は、みな「盗賊淵藪す」[47]という状況であった。農民起義が絶えず拡大してゆく中で、李自成と張献忠が義軍の重要な主導者となっていった。

　李自成は、もともと銀川の駅卒であり、崇禎二年に反乱軍に加入し、高迎祥の帳下に帰して闖将となった。高迎祥が犠牲となると、その部下の李自成が首領に推され、「闖王」の大旗を受け継いだ。崇禎十三年、李自成が旱害と蝗害の深刻な河南に進入すると、飢民たちは次々と呼応し、その軍は十数万人に拡大した。牛金星・宋献策・李信（李岩）ら下層の知識人たちもこれに加わった。農民軍の規律は厳明で、「一人を殺すは吾が父を殺すが如く、一女を淫するは吾が母を淫するが如し」と公言し、また「均田」と「免賦」のスローガンを提示し、人民から広く支持を獲得し、「過ぐる所堅城無く、遇う所勁敵無し」であった。崇禎十五年、李自成は湖広の襄陽を占領し、ここを襄京と改名し、政権を樹立した。崇禎十六年（1643年）、李自成は西安を攻略し、大順を建国し、永昌と改元した。張献忠は、崇禎三年に米脂で蜂起し、「八大王」と称した。彼は何度も明朝政府に偽装投

44　『明史』巻259・袁崇煥伝より。
45　（清）雍正年間『陝西通志』巻86・芸文二「備陳災変疏」より。
46　軍人の俸給のこと。
47　淵は魚が集まる場所、藪は獣が集まる場所。2字で巣窟を意味する。

降したが、すぐに再び義旗を挙げ、降っては叛き、闘いの中で勢力を拡大し、李自成の義軍とは別の重要な勢力となった。

崇禎十七年、李自成の農民軍は西安を出発し、まっすぐに北京を目指した。農民軍は疾風が枯葉を巻くような様子で進み、2ヵ月足らずで山西と北直隷を占領した。三月十七日、大順農民軍は北京城下に到達した。三月十八日夜、大順農民軍が北京城に対して強攻を仕掛けると、太監の曹化淳は彰義門を開いて義軍を迎え、城に引き入れた。深夜の子の刻、崇禎帝は煤山（現在の景山）で自縊した。十九日、李自成は「毡笠 縹衣、烏駁の馬に乗り」[48]、大部隊を率いて徳勝門から入城した。この年、張献忠の率いる農民起義軍は、四川に進入して成都を占拠し、大西政権を樹立した。

崇禎帝の死は、明王朝の終わりを示している。しかし、大順農民軍も最終的な成功を獲得したわけではなかった。

四　清兵の入関と山海関の戦い

明朝末期の農民大起義の序幕が開かれる1年前（1626年）、ヌルハチが世を去り、皇太極（ホンタイジ）がハンの位を継承した。彼は、一連の施策を採用して後金の統治を強化し強固にし、また明朝の政治体制をモデルとして自身の政治体制を改造し、後金の封建制の発展を推し進めた。天聡九年（崇禎八年、1635年）、ホンタイジは女真の旧称を廃し、「満洲」を新たな族名とすることを宣布した。天聡十年四月、ホンタイジは即位して帝を称し、国号を「清」と改め[49]、「崇徳」と改元した。これより、彼は力を集中し、大挙して明を伐った。崇徳元年（1636年）と三年と七年の3度にわたり、清軍は長城の隘口を迂回し、突然襲撃するという方法を採用し、長駆して侵入し、北京付近の州県と山東地域を攻撃した。彼らは思いのままに略奪して迅速に引き返し、内地には留まらなかった。略奪の対象は、主に人口・家畜・金銀珠宝と布匹などであった。この種の略奪的な戦争は、内地の人民に災難をもたらし、明朝の力を損耗させ、清の実力を増強した。

崇徳八年（崇禎十六年、1643年）、ホンタイジが急死し、僅か6歳の福臨（フリン）が皇位を継承し、年号を順治とした。摂政の睿親王多爾袞（ドルゴン）が大権を掌握した。このとき、明王朝はすでに農民起義の打撃によって、崩壊寸前であった。順治元年（1644年）四月初め、大学士の范文程がドルゴンに上書し、清軍を迅速に出征させて農民軍と天下を争うこと、土地を獲得した場合は必ずこれを守り、棄てず屠らずとすること、官はそ

48　『明史』巻309・李自成伝より。毡笠はフェルト製の笠、縹衣は縹色（青）の衣、烏駁馬は黒ぶち毛の馬。
49　ホンタイジが国号を「清」と定めたことについて、後人に多くの解釈がある。「掃清廓清」の義とするもの、「清」はすなわち「青」の義であり、シャーマン教が崇尚するものであるとするもの、「清」は「金」と満洲語の音が同じであり、転じるとするもの、などである。

の職によらしめ、民もその業に復せしむることを建議した。ドルゴンは、彼の建議を採用し、四月九日に大軍を率いて瀋陽から出発した。数日の後、清軍は遼河に至り、明朝が滅亡したことを知った。ドルゴンは、令を下して緊急に兵を進め、機に乗じて入関し、農民軍を鎮圧して勝利の果実を掠め取り、全国統治の目的を実現する準備を始めた。その途中、思いがけずも、明の山海関総兵の呉三桂から、速やかに精鋭を選び、農民軍を共同で撃つべく、山海関を入り、呼応して挟攻するよう求める書信がもたらされた。

　ドルゴンは果断に決策し、軍を率いて山海関に馳せた。四月二十一日、李自成は大順軍を指揮し、呉三桂軍と山海関の石河西岸で激戦を繰り広げた。農民軍は勇敢頑強に戦い、兵力の比較でも優勢で、次第に三方面から呉三桂軍を包囲していった。しかし翌日、ドルゴンが５万名余りの満州八旗の騎兵を率いて突然戦場に現われ、呉三桂と連合して戦い、大順農民軍を撃破した。

　満州貴族と明朝の降将(こうしょう)が結託し、力を合わせて農民軍を殲滅した山海関の戦いは、清朝が北京に鼎を定めるための道を固め、「明」から「清」への歴史の重要な転換点となった。ドルゴンは、呉三桂を平西王に封じ、兵馬を与え、彼に命じて大順軍を追殺する先駆けとし、自身は強力な八旗の軍を率い、北京に向かった。ドルゴンは諸将に向けて、このたびの出兵は天下を奪取するためのものであり、途上では無辜のものを殺害してはならず、財物を劫略(ごうりゃく)してはならず、盧舎(ろしゃ)を焼き払ってはならないと申し述べた。清軍は、道中で明朝の地方官に檄を伝え、彼らのために君父の仇に報いたことを声明し、「吏、来帰すれば、其の位を復す。民、来帰すれば、其の業を復す」と宣布した。永平・昌黎・灤州・豊潤などの地の明朝の地方官吏たちは、相次いで城門を開いて彼らを迎え、降伏した。五月、ドルゴンは北京に進入した。

第六節　明代の中外関係

一　鄭和の西洋下り

　元朝以来、インド及びアフリカ東部を含む、南海以西の海洋及び沿海地域は、西洋と呼ばれていた。古来より、これらの国家や地域は、中国と友好的に往来した。明朝の開国後間もなく、太祖朱元璋は「厚往薄来」の朝貢体制を再建し、本朝と隣国との友好的な外交の基本方針とした。また「不征諸国」の名簿を公開して宣布したが、その大部分は多くの「西洋」の国家であった。明代初期に社会経済が回復して以降、成祖朱棣は、積極的かつ主体的な対外政策を採用した。永楽三年（1405年）、朱棣は宦官の鄭和を派遣して西洋に出使させ、国威を宣揚し、各国の来朝を招来し、朝貢貿易を発展させた。永楽三年から宣徳五年（1430年）までの間に、鄭和は前後７度西洋に下った。

鄭和は、本姓を馬、字を三保といい、回族の人である。彼は洪武朝に宮に入り、後に北平の燕王府に供職し、「燕王に従いて兵を靖難に起こし、戦陣に出入し、多く奇功を建て」、太監に抜擢され、鄭姓を賜わり、世に「三保太監」或いは「三宝太監」と呼ばれた。一説によると、鄭和はかつて命を受けて日本に出使し、足利義満に対して中国に朝貢するよう説きふせ、朱棣から賞識を得たという。明代初期には、陸路で西域に出使し或いは海路で西洋に下る場合、ペルシャ語が外交上の言語となることが多かったが、ペルシャ語を身に付けていた人々の多くは、元代に中国に入ってきた回回人の後裔であった。このことは、朱棣が鄭和を出使させた理由の一つかもしれない。スリランカ領内には、現在もなお、永楽七年に鄭和が立てた石碑が保存されており、この碑文は中文とタミル語、ペルシャ語の三種の文字で記されている。

　永楽三年六月、鄭和の船団は、蘇州太倉の劉家港から出発した。船団は、62艘の船と27800人以上から組織され、航海図・羅針盤などの当時の最先端の航海設備が配備されていた。鄭和が乗船した宝船は、全長四十四丈四尺（138ｍ）、全幅十八丈（56ｍ）という、それまでに世界各地で建造された最大の木製帆船であった。船団は、まず占城（現在のベトナム南部）に到達し、その後、満刺加（現在のマラッカ）を通過してインド洋に入り、古里（現在のインド南部の都市カリカット）に到達し、2年3ヵ月をかけ、永楽五年九月に南京に帰還した。永楽六年から宣徳五年の間に、鄭和は相次いで6度船団を率いて航海に出で、「雲帆高張、昼夜星馳」[50]、アジアやアフリカの30以上の国家と地域をめぐり、最も遠くはアフリカ東海岸に到達した。船団が到達した先では、明朝の国威を宣揚し、各国が使臣を中国に派遣して「朝貢」するよう招待し、中国の磁器や絹織物などをもって各国と貿易を行い、各国の特産品を購入した。鄭和が訪問した後、各国は次々と中国へ使臣と隊商を派遣した。東南アジアのいくつかの国家は、王自らが中国を訪問した。例えば、渤泥（現在のカリマンタン島北部）・蘇禄（現在のフィリピンのスールー諸島）・古麻刺朗（現在のフィリピンのミンダナオ島）の国王はみな中国を訪問し、マラッカは永楽・宣徳期に3人の国王が5度にわたって中国を訪問した。

　宣徳五年、鄭和は最後の航海に出た。船隊がインド洋を越えて国に戻る途中、鄭和は病死した。鄭和を代表とする明代初期の航海事業は、ここに中止された。鄭和の西洋下りは、宋・元の数百年における海外貿易の発展を基礎として実現されたものであり、前代を遥かに超える偉大な成果を獲得した。鄭和の7度の西洋下りは、ヨーロッパの大航海時代よりも半世紀以上早く、世界の航海史上空前の壮挙であった。現在の東南アジア一帯には、鄭和を記念する古跡がなお多く残されている。鄭和の大航海は、中国とアジア・アフリカ各

50　雲のように帆を高く張り、昼も夜も星を頼りに船を進めた、という意。

国の経済文化の交流を促進し、互いの間の友誼を促進し、中国のアジア・アフリカ地域に対する影響を拡大させたのである。

二　明朝と朝鮮・日本及び中央アジアとの関係

　朝鮮は、中国と山水相連なり、唇歯相依る隣邦であり、密接な関係にある。1392年、高麗の大将李成桂は、高麗王室が衰微する機に乗じ、皇位を奪取して朝鮮王朝を樹立し、明朝の冊封を受けた。この後、朝鮮は終始明朝と良好な関係を維持し、毎年元旦及び明朝の皇帝或いは皇太子の誕生日には、使節を派遣して朝賀を奉じた。両国間の貿易も、往来が絶えなかった。中国は朝鮮に向けて絹布、火薬・弓角を輸出し、朝鮮は中国に馬・牛・紙・薬材を輸出した。万暦二十年（1592年）、日本の関白豊臣秀吉が十数万の軍を派遣して釜山から上陸し、朝鮮に侵入し、王京（現在の韓国のソウル市）と平壌を占領した。朝鮮国王李昖の要請に応じ、明朝政府は楊鎬と李如松を派遣し、軍を率いて朝鮮を支援させた。李如松は、平壌と王京を相次いで回復し、日本軍に和平交渉を迫った。万暦二十五年、完全には撤兵していなかった日本軍は、捲土重来し、再び朝鮮に向けて攻撃を開始した。翌年、明軍と朝鮮軍は肩を並べて戦い、陸海両路で日本軍に深刻な打撃を与えたが、朝鮮の将領の李舜臣と明朝の老将鄧子龍も海戦の中で壮烈な死を遂げた。万暦年間におけるこの援朝抗日は、中朝の友誼を充分に体現するものである。女真の後金政権が勃興したときもまた、朝鮮はなお明朝に忠を尽くし、明軍のために後金の後方を攪乱し、また軍を派遣してサルフの戦いにも参加した。清の太宗ホンタイジは、1627年と1636年の2度にわたって兵を派遣し、朝鮮を攻撃して臣服を迫った。

　日本は、中国と一衣帯水の近隣の国である。洪武年間の初め、朱元璋は行人の楊載と莱州府同知の趙秩を相次いで日本に出使させた。日本の使臣は、洪武四年に南京に回訪した。この後、中日の間には使臣と商人の往来があり、また日本は中国に留学生を派遣した。洪武朝後期、明朝政府は、胡惟庸の謀反が「日本に藉りて助けと為さんと欲」[51]したものであると考え、日本との往来を断絶した。このようではあったが、朱元璋は『皇明祖訓』の中で依然として日本を15の「不征の国」の一つに規定していた。成祖朱棣が即位すると、日本との交流が回復し、寧波市舶司を再び開いて中日間の朝貢貿易を管理させた。中国からは日本に向けて絹織物・磁器などが輸出され、日本からの輸入品には刀・扇・硫黄・銅があった。しかし、嘉靖二年（1523年）の「寧波争貢」事件及びこの後の猖獗を極めた「嘉靖大倭寇」により、中日間の正常な貿易の往来は断ち切られた。これ以降は、海賊集団やポルトガル人が中日貿易の主な仲介者となり、「マカオ－長崎」の航路が中日貿易の重要な

51　『明史』巻322・外国三より。

通路となった。ただし、中日間の商船と人員の直接的な往来も頻繁に行われた。明が亡びた後、有名な学者である朱舜水は、日本に4度渡航し、最終的には日本に定住し、日本の水戸藩で学を講じて日本の儒学の発展を推進し、中日の学術文化の交流に大きく貢献した。

　明代初期、帖木爾（ティムール）帝国が中央アジアで勃興し、南はインドに至り、北はロシア、西はバルカン半島、東はタリム河に及ぶ広大な地域を統治した。洪武二十八年、明朝は傅安をサマルカンドに派遣したが、ティムールに拘留された。永楽三年、ティムールは東に向かい明朝を攻撃しようとしたが、その途上で病死した。孫の哈里（ハリール）がハンの位を継承し、明朝との正常な国交を回復することを決定し、使臣の虎歹達を派遣して傅安を送り返した。この後、双方の間には友好的な貿易の往来が復活した。永楽年間には、明朝の使臣陳誠が『西域行程記』と『西域番国志』を著し、出使の際に見聞したことを記述した。

三　明朝とヨーロッパの接触

　新航路の開拓後、16世紀に、ポルトガル人・スペイン人・オランダ人及びイギリス人が相次いで海路より中国に到来した。商人及び武装した植民者が来航すると共に、天主教（ローマカトリック教会）の宣教師及び彼らが携えた西洋科学の知識が中国にもたらされた。

　明の人々は、スペインとポルトガルを佛郎機（フランク）と総称した。正徳十二年（1517年）、ポルトガルの使臣皮雷斯（ピレス）が広州に来航した。その後、さらに多くのポルトガル人が中国に来航し、相次いで広東新会の西草湾、福建漳州の月港・金門島・浯嶼・詔安などの地に侵入した。嘉靖三十二年（1553年）、ポルトガル商人は、商船が暴風に遭ったことを口実に、マカオを借りて貨物を陰干したいと求め、明朝の官吏に賄賂を渡し、マカオに入居した。ポルトガル人は、マカオに定住地区を建設し、我が国の領土の主権を甚だしく侵犯した。ポルトガル人はさらに、マカオを中心として中日間の仲介貿易に従事した。天啓・崇禎年間には、明朝政府はポルトガル人から西洋の先進的な大砲——紅夷大砲を獲得し、ポルトガルの「銃師」を雇って教習させた。

　ポルトガル人に続いて、スペイン人がアジアに来航した。スペイン人は、フィリピン南部の諸島を占拠し、呂宋（ルソン）を攻め滅ぼし、華人数万人を虐殺した。万暦二年、広東潮州の人である林風が戦船62艘、水陸軍2000人余りを率いてルソン島に上陸し、スペインの植民軍を襲撃した。愚かな明朝政府は、こともあろうに把総の王望高をフィリピンに派遣し、スペインの植民者と共同で林風を「囲剿(いそう)」した。ルソン島を占拠したスペイン人は、マニラを中心とし、中国からラテンアメリカへと至る遠洋貿易に従事した。

　明の人々は、オランダを「和蘭」と呼び、また「紅毛番」と蔑称した。万暦三十二年、

オランダ船が広東の香山澳に来航し、通商を求めたが果たされなかった。オランダ人は、マカオを攻略しようとしたが、これも成功せず、転じて福建の沿海を混乱に陥れた。天啓二年（1622年）、オランダ人は我が国の澎湖列島の占領を強行した。天啓四年、福建巡撫の南居益が軍を率いて海を渡り、澎湖を奪還した。オランダ人は、転じて我が国の宝島こと台湾を侵略し、台湾南部を占拠した。崇禎十五年には、オランダ人は台湾北部を占拠するスペイン人を追い出し、台湾を独占した。台湾は、1661年に民族英雄の鄭成功が海を渡って戦い、ようやく奪還された。この他、崇禎十年には、イギリスの艦船が虎門に闖入し、明朝との間に最初の直接的な衝突が発生した。

　16世紀、耶蘇会士（イエズス会士）が中国に来航した。イエズス会は、ローマカトリックの一派であり、1540年に成立した。その宗旨は、教皇の権威を護り、宗教改革に反対するところにあった。嘉靖三十一年、イエズス会士の方済各・沙勿略（フランシスコ＝ザビエル）が広東海域の上川島に来航したが、内地に入ることはできなかった。中国内地に初めて入った宣教師である羅明堅（ルッジェーリ）もまた、中国におけるキリスト教布教史上には重大な影響を残せなかった。中国における天主教の伝播の局面を真に打開したのは、イタリア人の利瑪竇（マテオ＝リッチ）である。マテオ＝リッチは、若くして神学と古典文学及び自然科学の訓練を受けた。1578年、マテオ＝リッチはポルトガルのリスボンを出発し、遠く東方に赴いて布教活動を行った。1582年、マテオ＝リッチはマカオに到着し、翌年に広東に入り、南昌や南京を転々として北京に到達した。彼は、中国名の「利西泰」を名乗り、中国士大夫の衣冠を身に付け、また「尽く経史の説に通」じていた。彼は、徐光啓・李之藻・楊廷筠ら有名な士大夫たちと交友を結び、彼らを入信させて教徒とした。また医術に長じる王肯堂や、『程氏墨苑』の刊行で名の聞こえた程大約、異端視され投獄されて自殺した思想家の李贄などの文化人とも交わりを結んだ。マテオ＝リッチは、布教の「最善の法」は、「人心を収攬するに、漸次、学術を以てするに若くは莫し」ということを深く理解しており、科学知識の伝授を通じて中国の士大夫を引き寄せることを主張した。彼は、ヨーロッパから三稜鏡（プリズム）・自鳴鍾・世界地図及びピアノをもたらした。マテオ＝リッチの世界地図『坤輿万国全図』（口絵29）は、初めて中国人に世界地理の全貌に目を向けさせた。彼はまた、北京に天主教堂（現在の北京南堂）を創建することに成功した。1610年、マテオ＝リッチが世を去ると、万暦皇帝は旨賜を下し、陪臣の礼をもって阜成門外2里に位置する嘉興観の右側（現在の北京市阜外の馬尾溝）に葬らせた。

　マテオ＝リッチに代表される、明末清初に中国に来航したイエズス会士たちは、中国に西洋の数学・地理学・天文学・物理学などの科学知識を輸入した。彼らがもたらした科学の書籍は、徐光啓・李之藻らの協力のもとで少なからず中国語に翻訳された。例えば、マ

テオ＝リッチは、徐光啓・李之藻と分担して『幾何原本』・『圜容較義』を翻訳した。崇禎年間には、宣教師の龍華民（ロンゴバルディ）・湯若望（アダム＝シャール）らが新暦の修訂に参与し、『崇禎暦書』を編制した。このように、西洋の学問が東漸すると共に、中国文化もヨーロッパに影響を与え始めた。「四書」・「五経」などの儒家の経典は、宣教師の手で西洋の文字に翻訳された。宣教師は中国文化について、特に儒学のことを叙述し、それは18世紀のヨーロッパの啓蒙思想に深遠な影響をもたらした。また中国の科挙制度は、西洋の近代的な文官銓選制度の確立にとって、重要な参考となった。

第七節　明代の思想文化と科学技術

　明代の思想文化は、統治者が準則とした程朱理学の束縛が次第に打ち破られ、各種の社会思潮に波風が立ち、小説・伝奇という新たな形が出現した。また、西洋の学問の東漸と中国文化の西伝という相互交流がみられた。明代晩期における伝統文化の変遷は、伝統的社会が形を変える兆しを折射するものである。

一　思想と宗教

　明初の統治者たちは、程朱理学を提唱し、科挙の試験はまず「四書」（すなわち『大学』・『中庸』・『論語』・『孟子』）と「五経」（すなわち『詩』・『書』・『易』・『礼記』・『春秋』）の範囲から出題するよう規定すると共に、宋儒の程顥や朱熹などの注釈を基準とした。成祖朱棣の統治時代には、儒臣の胡広らに命じて『四書大全』・『五経大全』及び『性理大全』を編纂させ、程朱諸家の理学の説を集め、各府・州・県の儒学に頒布した。科挙という風向計に導かれ、士子は程朱の書のみを読むようになっていった。こうして、程朱理学は正統的な官学となったのである。明代初期の有名な思想家である薛瑄は、朱熹の思想の忠実な実践者であり、「考亭（朱熹）より以還、斯の道已に大いに明らかにして、著作を煩すこと無く、直ちに須らく躬行すべきなるのみ」[52]と述べている。

　ただし、程朱の旧説を踏襲するあまり、新たなものを創造することに欠けるという思想界の状況のもと、一部の学者たちは重苦しさを感じていた。彼らは、転じて新たな思想の出口を探し求め始めた。明朝中期に至ると、程朱の学の中から心学の萌芽が悄然と湧き出でた。程朱理学を真っ先に打ち破った思想家は、陳献章である。陳献章は、字を公甫といい、広東新会白沙里の人である。白沙先生と呼ばれ、呉与弼の学生であった。呉与弼は程朱の準則を謹んで守ったが、陳献章はかえって自然を尊び、「静中に端倪を養出す」るこ

52　『明史』巻282・薛瑄伝より。躬行は、自ら実践すること。

とを主張し、内心体悟を強調し、外在的な教条に拘束されなかった。彼の思想は、朱子学から王学へと転ずる中間点とみなされている。

　明代後期には、王陽明の心学が次第に明朝の哲学思想の主流となっていった。陽明心学は、王学とも呼ばれ、その創始者は王守仁である。王守仁は、浙江省余姚県の人で、字は伯安といい、明朝の有名な思想家であり政治家である。盧を陽明洞に築いたことから、陽明先生と呼ばれた。彼は、宋代の学者陸九淵の「宇宙は便ち是れ吾が心なり、吾が心は便ち是れ宇宙なり」という観点を継承し、発展させ、「心の本体は該ねざる所無」く、人の内心は万物を網羅すると考えた。正徳七年（1512年）、王守仁は「心即理」・「心の外に理なし」という考えを提起した。正徳十五年には、「致良知」を提起した。彼は、良知は認識の根源であり、是非の基準であると考えた。また、人の認識は絶えず自身の良知を内省することで拡大し、外部の知識の求索は、ただ自身の内心の印象の体悟であると考えた。王守仁の学説は、政府が提唱する程朱理学とは異なるが、青年学子たちの追随するところとなった。彼は各地に信徒がおり、最も多かったのは浙江・江西・南直隷の数省である。門人たちは、師説を信奉し、また修正を加えて発展させた。万暦十二年、王守仁は孔子廟に従祀された。このことは、明朝後期における陽明心学の深遠な影響が大いに反映されている。その後、陽明心学は、日本や朝鮮などの国々に伝わった。

　王守仁の門人たちは、地域ごとに「浙中王門」・「江右王門」・「南中王門」・「楚中王門」・「粵閩王門」・「北方王門」・「泰州学派」などの派閥を形成した。浙中王門は、浙江省山陽（現在の紹興市）の王畿や余姚の銭徳洪を代表とする。江右王門は、江西省安福の鄒守益や泰和の欧陽徳を代表とする。王門の後学は、基本的には師説を謹守したが、泰州学派の発展は、師門からどんどん離れてゆくものであった。泰州学派の創始者である王艮は、泰州安豊場（現在の江蘇省東台市）の人であり、塩を製造する炉戸の出身で、書を多くは読んでいなかった。彼は聖人の道は百姓の日用の道と異なるところはないと強調したが、これは学術の民間化・儒学の平民化という趨勢を反映している。泰州学派の中からは、後に「赤手を以て龍蛇を搏たんとす」・「名教の能く羈絡する所に非ず」[53]と形容される反逆的思想家が現れた。何心隠や李贄は、その典型的な代表である。何心隠は、江西永豊の人であり、もとの名を梁汝元、字を柱乾といい、夫山と号した。彼は、物質的欲望の合理性を認め、「人欲」が人の本性であると考えた。万暦七年、湖広巡撫の王之垣は、張居正の意を受けて何心隠を杖殺した。李贄は、字は宏甫、号は卓吾といい、福建晋江の人である。彼は、儒家の経典を攻撃し、「六経」や『論語』・『孟子』などの書は、史官及び配下たちの賛美の詞であり、或いは迂闊な門徒たちの師説に対する記憶であり、「頭有るも尾なく、後を得て

53　素手で龍や蛇を攻撃するようなもの、儒学の教えである名教の教えから外れたもの、という意。

前を遺」すものであるため、根本的には万世の至論とみなすことはできないと説き、孔子の是非を是非とすることはできないと考えた。彼は、「童心」説の宣揚に力を尽くし、人々に知識と倫理の感化を受けない純真な心を持つことを求めた。李贄の著作は広く流伝し、儒学のイデオロギーの護持者たちを恐懼（きょうく）させた。万暦三十年、朝廷は、通州で病気療養中の李贄を逮捕し、李贄は獄中で剃刀によって自刎（じふん）した。

陽明心学の空虚の弊害は、明朝晩期に至っていよいよ明確となった。性に「善なく悪なし」という説は、明朝晩期に大いに流行した。顧憲成・高攀龍を代表とする東林派は、この種の学術の弊害を矯治するため、社会秩序の保護という観点から出発し、程朱理学への回帰を提唱した。また、思想界の中でも、空談に反対し、経世致用を提唱する潮流が次第にみられるようになり、「経世」を題とする書籍が次々と出現した。その代表的な著作が、松江府華亭県（現在の上海市松江区）の人である陳子龍が編纂した『皇明経世文編』である。明末清初に至ると、有名な思想家である劉宗周・陸世儀・顧炎武・黄宗羲らは、みな経世致用を強調した。

明朝では、仏教も発達した。明朝の皇帝の中では、嘉靖帝朱厚熜が道教を尊信したことを除くと、仏教を尊信する皇帝が多かった。正徳帝朱厚照は、チベット仏教も崇信した。明朝の仏教の発展は、明朝晩期にピークに達し、雲棲袾宏・紫柏真可・憨山徳清・藕益智旭の4名の高僧が現われ、また仏学と儒学が滲透し合い、儒・仏・道が相兼し、「三教合一」するという思潮が促進された。

二　文学芸術及び文化事業

明朝の詩歌と詞は、佳作が少なく、唐宋の水準には遠く及ばなかった。しかし、市民階層の興起と拡大により、明朝の小説と戯曲の水準は大きく発展した。宋元話本から発展した明代小説は、我が国の文学史上において重要な地位を占めている。我が国の四大古典小説の名著のうち、『水滸伝』と『三国演義』、『西遊記』の成書年代は、いずれも明朝である。

『水滸伝』は、施耐庵が整理し、羅貫中が編集した作品であり、主に北宋末における宋江を首領とする梁山泊の農民起義の故事を描いている。施耐庵は、江蘇省興化の人、羅貫中は、銭塘（現在の浙江省杭州市）の人、或いは太原の人とされ、両者は共に元末明初の有名な文学者である。『三国演義』は、羅貫中が元代の『三国志平話』を基礎として著した長編歴史小説であり、後漢末から魏・蜀・呉の三国鼎立の時代の故事を描いたもので、「文は甚だ深からず、言は甚だ俗たらず」、雅俗共賞であり、極めて広く流伝した。清朝の開国の君主であるヌルハチやホンタイジは、女真人であり、また東北の僻地に居住していたが、彼らも『三国演義』を読んだことがあったという。『西遊記』は、山陽（現在の江蘇省淮安市）の人である呉承恩が、宋元以来の唐僧の取経の旅の故事をもとに創作した神魔

小説である。

　長編世情小説の『金瓶梅』、短編小説集の『三言』・『二拍』は、いずれも明代小説の名作である。『金瓶梅』はおおよそ明朝の隆慶・万暦年間の作品であり、官僚・悪党のボス・富商という3つの身分を兼ね備えた西門慶及びその家庭生活を描いたものである。小説の歴史的背景は北宋に設定されているが、そこに示されているのは、奢侈浮華・違礼逾制という明朝晩期の社会の風潮である。作者である「蘭陵の笑笑生」の真の身分は明らかではないが、太倉の名士王士貞、或いは浙江鄞県（現在の寧波市）の屠隆とされている。『三言』とは、長洲（現在の江蘇省蘇州市）の馮夢龍が宋・元・明代の話本を集めた三部の短編小説集、すなわち『喩世明言』・『警世通言』・『醒世恒言』の計120篇である。その内容は広範にわたり、社会の各方面に及んでいる。『二拍』すなわち『初刻拍案驚奇』と『二刻拍案驚奇』は、計80篇、作者は浙江烏程の人凌濛初である。

　戯曲の分野では、雑劇が日に日に衰微してゆく一方、南戯が急速に発展した。余姚腔・海塩腔・弋陽腔・昆山腔が芳艶を競い合い、互いに交わった結果、明代において南戯を主として雑劇の成果を吸収した伝奇が形成された。明代伝奇の最も代表的な作品は、湯顕祖の『臨川四夢』すなわち『紫釵記』・『還魂記』・『南柯記』・『邯鄲記』である。湯顕祖は、字を義仍といい、江西省臨川（現在の撫州市）の人であり、明代の有名な雑劇家であり、文学者である。『還魂記』は、またの名を『牡丹亭』といい、世界の文学における不朽の名著である。

　明代では、書道と絵画の分野でも成果がみられた。明代初期及び明代中期には、宮廷絵画が興盛した。宮廷画は、前代を模倣し、墨守を規範としたため、技法の面では貢献するところがなかったが、有名な代表的人物として山水花鳥に優れる戴進や、山水人物に長じた呉偉（呉小仙）がいる。明代中期以降は、文人画が次第に院画に取って代わり、画壇の重要な地位を占めた。蘇州府では、沈周・文徴明・唐寅・祝允明を代表とする呉門画派が現われた。山陰の徐渭の水墨は花鳥の精絶なひとときを表現し、松江華亭の董其昌の書及び山水画の風格は清潤である。彼らは、明朝後期における書画の名家である。

　明代の文化事業の中で最も際立つ成果は、類書『永楽大典』の編纂である。永楽二年に『文献大成』が完成したが、成祖朱棣はこの書に満足せず、姚広孝・解縉らに再編修を命じた。編纂・繕写に参加した人員は3000人以上に達したという。永楽五年（1407年）に完成し、書名は『永楽大典』（口絵30）と欽定された。全書の目録は60巻、正文は22877巻、11095冊、合計3億7000万字以上である。この書が引く書籍の部・篇或いは段は、『洪武正韻』の韻目に基づいて編入され、計7000～8000種の図書が採用されており、後に散逸する多くの書籍を後世に残した。

　明代では、官営の印刷も比較的活発化したが、民間における坊刻が最も発達した。印刷

業の進歩は、蔵書事業の興盛を促進した。代表的な大蔵書楼として、寧波の范氏の天一閣や、常熟の毛氏の汲古閣がある。

三　科学技術

　明代の科学技術は、前代を基礎としてさらに発展した。西学の刺激を受け、数学・地理学は大きく進歩した。また明代では、農業と手工業の技術にも発展がみられた。例えば、農業における水稲の浸種・育苗・農薬の使用などの重要な部分、養蚕業における人工育種法、綿花の栽培及び綿紡績業における去子・弾弓・紡紗の技術には、みな顕著な発展がみられた。手工業の分野では、製磁業・印刷業の技術の進歩が最も顕著であった。明代初期の青花瓷と明代中後期の斗彩・五彩は、明代の製磁業の高い水準を代表するものである（口絵31）。印刷術の進歩は、套印・餖版・拱花などの技術の使用に体現される。これらの技術を使用することにより、彩色印刷技術は階段を一段登ったことになる。最も重要なことは、明代において、世界最先端の水準を備えたいくつかの科学の巨著が生み出されたことである。

　徐光啓は、字を子先、号を玄扈といい、松江府上海県の人である。60巻に及ぶ『農政全書』は、徐光啓の代表作であり、農本・農事・水利・荒政など12目に分かれ、その内容は、例えばサツマイモや綿花の栽培の技術など農業に関する大量の知識と技術に及び、また当時の人々の生産に関する経験及び徐光啓本人の農業問題に対する研究が記録されており、精緻な図譜も附された。この書は、我が国古代の農業科学技術史上における、最も完備された総括的な著作である。

　宋応星は、字を長庚といい、江西奉新の人である。18巻の『天工開物』は、農業生産・交通運輸及び手工業製造などの分野の技術を豊富な図と文で詳細に記したもので、明代における生物学・物理学・化学の分野の成果を反映する、百科全書的な科学の巨著である（図9-2）。例えば、このうちの「五金」篇では、鉱物資源を「本草」類に入れていた以前の方法から脱却し、鉱物資源に専門の篇を設けて分かりやすく説明しており、また炉の火で銀を練成するというような方士の虚偽を糾弾している。

　李時珍は、字を東璧といい、湖北蘄州（現在の湖北省蘄春市）の人である。かつて太医院の職に任じられたことから、多くの貴重な医学の典籍を閲読する機会を得た。後に、彼は各地を遊歴し、標本と資料を探し集め、宋代の唐慎微が著した『証類本草』の煩瑣を削って簡潔にし、欠を調べて遺を補い、26年という時間をかけて、その稿を3度書き改め、『本草綱目』を完成させた。『本草綱目』には、動植物・鉱石薬物が1892種収められ、『証類本草』に比べ新たに374種の薬物が追加された。この書は、我が国の薬物学研究を新たな段階に高めた、偉大な医薬学の著作である。

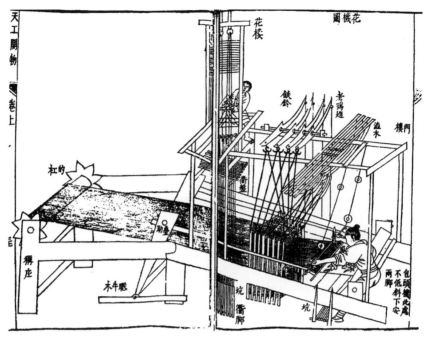

図 9-2 『天工開物』挿図
(『印刷之光——光明来自東方』浙江人民美術出版社、2000 年版、110 頁より)

朱載堉は、字を伯勤といい、明の宗室である鄭王朱厚烷の長子であり、音律学と数学、天文学に潜心し、その著作に『楽律全書』がある。彼は、千余年来の平均律の探索における理論と実践を総括し、十二平均律を創建し、音律学上重要な貢献をなした。

江陰の人である徐宏祖が著した『徐霞客遊記』は、彼が畢生の気力と体力によって祖国の河山を実地調査した科学的記録であり、地理学における不朽の名著である。この書の中で、我が国西南地域の石灰岩溶食地形の特徴が初めて記録され、提示された。

建築の分野では、明代に改修された万里の長城、整然とした計画による北京城の中軸線配置と皇宮建築群、明の顕陵・孝陵・十三陵、上海豫園・蘇州拙政園に代表される江南の私家園林、南京の大報恩寺瑠璃宝塔などが、いずれも建築史上において重要な地位にある。

第十章

清代前期

　　清朝は、中国封建社会の最後の王朝であり、1644 年に北京に都を定めてから、1911 年の辛亥革命によって滅亡するまで、前後 10 帝[1]、計 268 年続いた。清朝の歴史は、中国近代史の発端である 1840 年のアヘン戦争を境として前後に分けられる。清代前期は、1840 年以前の清代の歴史を指す。この 200 年近い期間には、順治・康熙・雍正・乾隆・嘉慶・道光の 6 帝が相次いで位に即いた。順治元年（1644 年）から康熙二十二年（1683 年）までは、清朝が全国の統治を確立した時代である。康熙二十三年から乾隆中期までは、清朝の最盛期である。ただし、乾隆晩期には、「物産豊盈にして、有らざる所なし」[2]と謳われて隆盛を極めた「天朝上国」は衰え始めた。嘉慶から道光までは、清王朝が日ごとに腐敗し、衰微してゆく時代である。

　　1644 年、満州貴族は八旗の鉄騎を率い、大挙して入関した。彼らは、大順農民軍が明王朝を壊滅させた後、山海関の決戦で甚大な損害を受け、自発的に首都から離れるという得難い機会を捉え、迅速に北京を都に定め、兵を分けて西進し、南下した。こうして、遼東地方の民族政権であった清国は、中国全土を統治する清王朝へと転化したのである。清初の 20 ～ 30 年間は、戦乱が頻繁に起こり、また多くの政策が失敗したため、経済は凋落し、社会は動揺した。康熙帝は、乱を収めて平常に戻し、清朝を勢い盛んに発展する強国へと導いた。康・雍・乾の三朝は、文治武功が著しく、数十の民族から構成される統一的多民族国家は、かつてないほど強固となり、また発展し、広大な版図を擁し、経済は繁栄し、文化は隆盛を迎え、その総合的な国力は当時の世界の最前列に位置していた。

　　18 世紀中葉以降、封建制度の門戸を閉ざした清王朝は、老態が日ごとにますます顕然となり、歩みもよろめきがちとなった。一方、新興の欧米の資本主義国家が勃興して強盛となり、両者の差はどんどん開いていった。国際秩序において、強権を持つ者が王や公理となる不平等な世界環境の中では、遅れをとれば痛めつけられ、貧しく弱い者は尊厳を保

1　清朝の 10 帝の前には、後金のハンであるヌルハチ（清の太祖）と清国（後金は、1636 年にこの国号に改称した）皇帝のホンタイジ（清の太宗）がいるため、「清朝十二帝」という呼び方もある。ただし、1644 年以前の清国及びその前身である後金は、満州族が建立した地方民族政権であり、全国的な政権である清王朝とは区別される。

2　物産が豊かで満ち溢れ、全ての物がある、という意味。

つことが難しかった。19世紀中葉に船堅砲利[3]の欧米列強の軍が城下に臨んだとき、老いぼれた中国は、植民地主義者たちの野蛮な侵略と、それにともなう民族的な危機と深刻な苦難に直面したのである。

第一節　清朝の北京定都と全国統治の確立

一　清朝の建立と清初における各地の抗清運動

　清の順治元年、満州貴族は、明朝の降将たちの協力のもと、農民軍の血と涙を踏みにじり、遼東地方の民族政権であった清国を、北京に都を定める全国的な政権へと伸展させるという、歴史的転換を実現した。

　この年の五月、清の摂政の睿親王多爾袞（ドルゴン）は、強力な八旗の軍を率い、勝利に乗じて大順軍が放棄した北京城に進入した。九月には、順治帝（福臨（フリン）、在位：1644～1661年）も盛京（現在の遼寧省瀋陽市）から北京に到着した。十月一日、順治帝は皇帝に即位し、北京に都を定め、清の国号と順治の元号を引き続き用いることを正式に宣布した。清朝は、中国史上最後の封建王朝である。

　清廷はただちに、全国の統治権を奪取するための戦争を開始した。ドルゴンは、令を下して軍を二手に分け、両者を同時に発した。まず、英親王阿済格（アジゲ）を靖遠大将軍とし、兵を統べて西行させた。西行軍の目標は、大順軍の主力及びその政権を粉砕することにあった。また、豫親王多鐸（ドド）を定国大将軍とし、軍を率いて南下させ、弘光政権を壊滅させ、江南を平定させた。

　山海関の戦いで甚大な死傷者を出した大順農民軍は、北京から撤退して陝西まで到達したが、清軍は幾手にも分かれて追撃してきた。潼関の陥落後、李自成は軍を率いて商洛地域から南下した。順治二年、傑出した農民起義の指導者であった李自成は、湖北省通山県九宮山で地主の郷兵の襲撃に遭い、不幸な死を遂げた。40歳であった[4]。翌年、張献忠も清軍の襲撃を受け、壮烈な死を遂げた。この後、大順軍・大西軍の残党は、南明政権と連合し、共同で清軍に抵抗した。

　弘光政権は、明朝滅亡後に成立した最初の南明政権である。しかし、その朝政は馬士英・阮大鋮らによって掌握され、腐敗し、何もなさなかった。清の大軍が南下を始めると、この小さな朝廷内では抗争が日増しに激化した。史可法による揚州防衛戦は、名実共に孤軍による抗戦であった。順治二年四月二十五日、清軍は揚州を攻略し、史可法は捕虜となっ

3　堅固な戦艦と強力な大砲を備えていることを意味する。
4　李自成の最期については、異説もある。他の2つの代表的な見解として、通城の九宮山で死亡したとする説、及び石門の夾山寺で僧となり隠れ住んだとする説がある。

た。ドドは自ら降伏を勧め、これを威嚇し、また利で誘った。しかし、史可法は大義凛然とし、堅く貞を守って屈服することなく、自害した。ドドは、揚州の人民の頑強な抵抗を恨み、兵たちに城内でほしいままに殺戮と略奪を行わせた。こうして、かつて繁華であった揚州は、廃墟に変わってしまった。五月、南京が陥落し、弘光政権は滅亡した。

　入関した当初、満州貴族は、官民が一律に剃髪して辮を結うよう規定し、清に対する降順の意を示させようとした。しかし、この政策は漢族の官民の猛烈な反対により、しばらく執行が停止された。清軍が江南に進攻して当地を占領した後、清朝の統治者たちは、剃髪を指標とする民族抑圧の施策を厳格に遂行した。順治二年六月、「京城の内外は旬日を限り、直隷・各省地方は部文の到る日より亦た旬日を限り、尽く剃髪せしめよ。遵依する者は、我が国の民と為し、遅疑するものは、逆命の寇と同に、必ず重罪に置く」[5]と宣布した。これがいわゆる、「髪を留めんとすれば頭を留めず、頭を留めんとすれば髪を留めず」である。このような横暴な手段で他民族に風俗習慣の改変を強いる方法は、民族間の対立を激化させた。清廷はまた、畿輔地域[6]において、漢人の土地に対する大規模な占拠を実施した。満州八旗の人員たちは、圏地と投充[7]を通じ、広大な土地と労働力を自分のものとした。満州人の利益を保護するため、清廷は苛酷な逃人法を遂行し、逃亡者を捕らえて処罰し、勾留し、また監督の行き届いていない官吏を処分した。このように、漢族の官民は深刻な被害を受けたのである。

　清朝の統治者たちのこのような暴挙は、全国の各階層の人民の強烈な反抗を引き起こした。江南の人民は、嵐のような反剃髪闘争を繰り広げた。中でも、江陰・嘉定両城の人民による反剃髪令の武装闘争は、最も壮烈であった。明朝の正統を引き続き護る官吏たちは、魯王（朱以海）・唐王（朱聿鍵）・桂王（朱由榔）を相次いで擁立し、新たな南明政権を樹立し、長江中・下流域と両広・福建地域で反清復明の大旗を掲げた。李自成の大順軍と張献忠の大西軍の残党は、この民族大義に傾倒し、南明政権と連合し、共同で清に抵抗した。こうして、全国的な抗清運動が沸き起こり、相次いで3度の高潮となって、清朝の統治者たちに手痛い打撃を与えた。

　鄭成功は、もとの名を鄭森といい、福建省南安の人である。南明の隆武政権が成立すると、彼は朱聿鍵の重用を受け、朱姓を賜わり、成功と改名した。このため、当時の人々は彼を「国姓爺」[8]と呼んだ。順治三年、隆武帝が清軍に捕らえられ、殺害されると、鄭成功は抗清の兵を挙げた。その後、桂王朱由榔が広西で帝を称し、永暦政権を樹立したことを

5　『清世祖実録』巻17・順治二年六月丙寅の条より。
6　国都付近の地域のこと。清代では北京周辺地域。
7　清軍が入関した後、八旗の官兵に「無主荒地」の占拠（圏地）と、そこを耕作する労働力を確保するために漢人を略奪して奴隷とすること（投充）が許された。
8　明国の姓を持つ男、という意味。

知ると、鄭成功は「吾に君有り」と喜び、すぐに人を派遣して祝賀し、改めて永暦の年号を用いた。これより彼は、西南地域の反清勢力と互いに連携し、支援し合った。

　順治十六年四月、鄭成功は、軍を率いて第３次の北伐を敢行した。彼は張煌言と連合し、水陸の大軍十数万人を組織し、崇明から長江に入り、瓜州を奪い、鎮江を攻略し、その大軍は一路南京城下に到達し、江浙は大いに震撼した。彼らの檄は大江の南北に伝わり、各地の人民が呼応し、官吏が帰属した。清廷は朝を挙げて震え、順治帝も軍を率いて親征に向かおうとした。しかし、鄭成功は戦略を誤り、清軍の襲撃を受けて甚大な損害を被り、急ぎ長江に沿って東下し、福建に引き返した。

　鄭成功ら沿海一帯の反清勢力を弱体化させ、彼らと大陸との連携を断つため、清廷は海禁と遷海令を発布し、船が海に出ることを許さず、期限を設けて沿海の住民を内地に遷した。このため、抗清闘争はさらに困難に満ちたものとなった。鄭成功は、東征して台湾を奪回し、新たな根拠地を建てることを決めた。順治十八年（1661年）、彼は水軍を率いて台湾を征し、オランダの植民者たちを駆逐し、38年に及んだオランダによる我が国の台湾の植民地統治を終わらせ、中国人によって宝島たる台湾の領土の主権が回復されたことを宣言した。

　康熙元年（1662年）、永暦帝は昆明で呉三桂に縊り殺され、最後の南明政権が滅亡した。

二　統治集団内部の争いと少年君主の親政

　ホンタイジが世を去ると、満州貴族の内部では皇位継承問題によって対立が尖鋭化し、ドルゴンと豪格（ホーゲ）の後継争いが激化した。最終的には、折衷案によって６歳のフリンが皇位を継承（順治帝）し、ドルゴンと済爾哈朗（ジルガラン）が輔政の任についた。この結末により、清廷はひとまず分裂の危機を乗り切ったが、陰に陽にの争いが解消されることはなかった。

　ドルゴンは、清帝国の実質的な創始者である。彼は、功業を打ち立てると共に、自身が掠め取った権勢を最高の域まで到達させた。順治元年十月、ドルゴンは叔父摂政王に封ぜられ、後に称号を皇叔父摂政王と定め、大権を掌握した。順治五年十一月、彼はまた「皇父摂政王と称し、凡そ批票と本章、一て皇父摂政王を以て之を行」った[9]。

　ドルゴンが皇父摂政王と称したことから、「太后下嫁」という伝説が説かれるようになった。ただし、この伝説は推論に基づくものであり、史実としての証拠はない。順治七年十二月、ドルゴンは喀喇城（カラ・ホトン）で急死した。まだ39歳であった。順治帝は、皇帝の礼によって葬儀を行い、ドルゴンを追尊して義皇帝とした。翌年正月、14歳の順

9　『清史稿』巻218・睿忠親王多爾袞伝より。

治帝は親政を開始した。二月、蘇克薩哈（スクサハ）はドルゴンが大位の簒奪を謀ったと告発し、ジルガランら大臣たちも声を揃えてドルゴンの罪を追論した。そのため、順治帝は令を下してドルゴンの封爵を剥奪し、その墓を暴いて屍を鞭打ち、彼の腹心や一党もそれぞれ処罰した。

順治帝は、孝荘太后の支持のもと、ドルゴンの勢力を粛清し、皇帝権力を強化した。清廷は、引き続き討伐と安撫を兼ねた策を実施し、両粤に出兵し、雲貴に進攻し、全国の範囲における統治を打ち立てた。また、満漢の民族対立の緩和に意を注ぎ始め、漢官を重用し、吏治を整備し、庶民の生業に関心を注ぎ、令を下して土地の囲い込みを停止し、積極的に荒地の開墾を推進した。しかし、まさに順治帝が精励図治し、その抱負を振るっていたとき、（寵妃の）董鄂妃が死去した。哀悼の情が極まった順治帝は消沈し、間もなく天然痘に感染し、順治十八年正月七日（1661年2月5日）に養心殿で死去した。僅か24歳であった。彼の後継者には、おおよその規模を擁する清朝の国礎と、経済の凋弊及び社会の動揺という局面が残されたのである。

順治帝が世を去ると、玄燁（康熙帝、在位：1662〜1722年）が位を継いだ。康熙帝は幼少であったため、鰲拝（オボイ）ら4人の大臣が輔政の任についた。輔政の期間、4人の輔臣たちは「率ね祖制に循い、咸な旧章に復し」[10]、保守と後退の方針を推し進めたため、朝政の紊乱、吏治の腐敗、百姓の困窮を引き起こした。康熙六年、14歳となった康熙帝は、親政を開始した。ただし、輔臣たちはなお政を補佐し、依然として大権を掌握していた。特に、輔臣のトップに位置していたオボイは、飛揚跋扈し、長期にわたって「独り権柄を専らとし」、皇帝の上に凌駕することもあり、皇帝権力の深刻な脅威となった。

康熙帝は、腹心の索額図（ソンゴト）に命じ、身辺の少年侍衛たちを訓練させた。康熙八年五月十六日、オボイが参内したとき、康熙帝がひと声号令を下すと、少年侍衛たちがどっと押しかけてオボイを捕らえ、議政王の審問にかけた。議政王は、オボイの罪状を勘問し、彼を斬首するよう起草した。康熙帝は、オボイのかつての戦功を想い、刑を緩めて死を免じ、職を解いて拘禁した。オボイの主な腹心である班布爾善（バンブーシャ）ら9人は死刑に処され、他の一党も処罰された。

オボイとその一党の粛清は、康熙帝が親政後に処理した最初の大事件であった。彼は16歳で果断に策を決し、周到に計画し、大胆に行動し、盤根錯節[11]で強大な実力を擁していたオボイの集団を極めて短期間で排除した。また、その処分に当たっては寛厳を併せて行い、対応を区別し、少数の首悪を死刑に処すのみで、大多数の成員は赦免し、政治の動揺を引き起こすことなく、極めて優れた政治的才能と胆略[12]を示した。これより彼は、

---

10 『清聖祖実録』巻3・順治十八年六月丁酉の条より。
11 根や節が曲がりくねり、入り組むという状態から、ある勢力がはびこって取り除きがたいたとえ。

真に清朝の大権を掌握し、各方面の政務を直接処理するようになった。清朝の統治は、新たな段階に入ったのである。

三　三藩の乱の平定と台湾の統一

　康熙帝の親政開始後、清政府は全国に及ぶ統治をすでに確立していたが、一部の地域は未だ有効な管理のもとには置かれていなかった。南方の数省には三藩の割拠勢力がおり、台湾島嶼には鄭氏の反清集団がいた。康熙帝は、10年間の努力を経て遂に三藩を平定し、台湾を回復し、清初の統一の大業を完成させたのである。

　いわゆる三藩とは、雲南・貴州を治める平西王呉三桂と広東を治める平南王尚可喜、福建を治める靖南王耿精忠を指す。清廷が三藩を封建した目的は、「疆圉を輯寧し、以て朝廷の南顧の憂いを寛ぐ」[13]ことにあった。しかし三王は、それぞれ鎮座した後、強力な軍を握り、一地方に雄踞し、位は尊くて権限も重く、驕り高ぶり、思うがままに振る舞って忌むことなく、次第に中央政府と対立する道を進み、分裂割拠の軍閥勢力となっていった。

　康熙帝は、「三藩の勢焔、日ごとに熾んなり。撤せざるべからず」であり、適切な時期を探ってこれを解決しなければならないことを認識していた。康熙十二年（1673年）、尚可喜が故郷の遼東に還ることを願い、子の尚之信に爵位を継がせて留鎮させるよう求めた。康熙帝は、この流れに従って事を進め、藩を撤廃するよう令を下した。不安を抱いた呉三桂と耿精忠は、藩を撤廃することを願うという偽りの上疏をし、朝廷の態度をうかがった。康熙帝は、相手の計の裏をかき、三藩を全て撤廃するという令を下した。大いに失望した呉三桂は、真っ先に蜂起し、三藩の乱の戦火を灯した。十二年十一月、呉三桂は雲南で兵を挙げ、反乱を起こした。反乱軍は、東行することまるで無人の境に入るが如くであり、雲貴を横断し、まっすぐに湖南を目指した。その「偽檄ひとたび伝わるや、四方響応」した。耿精忠は福建で乱を起こし、尚之信は広東で父を挟して清に叛き、孫延齢は広西で乱を起こし、王輔臣は西北で患いとなり、全国で極めて厳しい情勢となった。しかし、康熙帝はこの危機に直面しても乱れず、全ての局面を総合的に算段し、兵を動かして将を派遣し、殲滅と安撫を併せて実施し、8年に及ぶ艱苦の戦いを経て、遂に三藩の乱の平定という勝利を獲得した。

　三藩の乱の平定は、深遠な歴史的意義を備えている。この結果、地方の割拠勢力が排除され、国家の大分裂が避けられた。藩鎮制の解消は、中央集権を強化し、国家の統一に利

12　大胆で知略のあること。
13　疆圉は、辺境の守りのこと。輯寧は、安撫、安定の意。三藩を封建することで辺境の守りを安定させ、朝廷が南方の憂いを気にかけねばならない状況を緩和させた、という意。

をもたらし、外敵を防ぐ力を増強した。また同時に、清の政府は漢族士大夫の全面的な協力を勝ち取り、清政権の強化が保障されたのである。

　三藩の乱が間もなく平定されようとしている頃、康熙帝の注意は台湾に転じていた。鄭成功は、台湾を奪還した翌年に病死し、子の鄭経が位を継いでいた。康熙二十年に鄭経が病死すると、台湾では内乱が起こり、鄭克塽が位を継いだ。機が熟したと考えた康熙帝は、台湾に進征する策を決した。彼は、施琅を福建水師提督に起用し、専征の権を授けた。康熙二十二年六月十四日、施琅は自ら大水軍を率い、風に乗り波を破って澎湖に進軍した。二十二日、施琅は全軍を指揮して鄭氏政権軍と決戦を繰り広げた。清軍は勇敢によく戦い、全面的な勝利を獲得した。楊徳を首領とする5000名余りの鄭氏軍の官兵は清に降伏し、残りの者は全て殲滅され、劉国軒と僅かな将領のみが船に乗って台湾に逃げ帰った。この澎湖海戦の結果、鄭氏政権軍の主力はほとんど失われた。清廷は、軍事進攻を発動すると同時に、和平と招撫も進めていた。鄭克塽にはもはや再戦する力はなく、投降するしかなかった。清廷は鄭克塽を漢軍公に封じ、劉国軒に天津衛総兵を授け、他の将領や部下たちも分封され、登用された。

　宝島たる台湾を奪還した後、清廷内では「棄留の争い」が発生した。ある大臣は、「宜しく其の人を遷し、其の地を棄つべし」と主張したが、施琅は、「之を棄つれば必ず大禍を醸成し、之を留むれば誠に辺圉を永固せん」[14]という考えを堅持した。康熙帝は、施琅の建議を採用することを決定した。こうして清廷は、康熙二十三年に台湾府を設置し、福建省の所属下に置いた。台湾府の下には、台湾・諸羅・鳳山の三県が置かれ、台湾島と澎湖列島及びその他の付属の島嶼を管轄した。台湾・厦門には、合わせて一道の吏を派遣し、管轄した。台湾全体では、総兵1名、副将2名が設けられ、兵士8000人が駐屯した。澎湖にも副将1名が設けられ、兵士2000人が駐屯した。これより、台湾の行政組織は内地と画一化された。このことは、国家の統一にとって重要な意義を備えているのみならず、台湾の経済と社会、文化のさらなる発展にも重要な意義を備えていた。

　三藩の乱の平定により、隠れた災いは根絶された。また台湾が帰属したことで、海内が統一され、ここに清王朝は、全国に対する有効な統治を確立した。これより、清廷は多様かつ力強い政策を採用し、すでに回復していた経済を急速に発展させてゆく。清初の社会は、乱から治へと至り、繁栄昌盛の曙を迎えたのである。

第二節　康雍乾時代の民族地域と辺境の安定

一　康熙帝のガルダン親征と駆準保蔵

　明清交替期、我が国の西北に居住するモンゴル族は、漠南蒙古と漠北の喀爾喀（ハルハ）

蒙古、漠西の厄魯特（オイラート）蒙古に分かれていた。準噶爾（ジュンガル）部は、オイラート蒙古の四部の一つであり、天山山脈以北に居住していた。康熙十年、噶爾丹（ガルダン）がジュンガル部のハンとなった。彼は、短期間でオイラート蒙古を統一し、また西に向かって哈薩克（カザフ）などの部を征し、南に向かって「回部」の諸城を打ち崩し、東に向かってハルハ蒙古に進攻した。軍事的戦果が拡大するにともない、その野心はますます膨張していった。ガルダンは、モンゴル地域全体を統一し、清廷と対等に振る舞おうと切望した。そのため、彼はロシアと結託することを惜しまず、軍事的な支援を獲得した。康熙二十九年（1690年）、ロシアの支援のもと、ガルダンは土謝図汗（トゥシェート・ハン）と哲卜尊丹巴（ジェプツンダンパ）の引き渡しを求めることを名目とし、兵を挙げて南方に侵犯した。その先鋒は北京から僅か700里のウランブトンに迫り、京師を震動させた。

　国家の統一を護るため、康熙帝は3度にわたって親征を行い、ガルダン平定のための戦争を進めた。康熙二十九年八月一日、清軍とガルダン軍は、ウランブトンで激戦を繰り広げた。清軍は、火力の優勢にたのみ、連続して進攻を仕掛け、ガルダン軍に大勝した。ガルダンは、夜に紛れて逃れた。翌年、康熙帝は自らドロンノールに臨み、ハルハ蒙古の貴族たちと会盟を行った。会盟中、康熙帝は争いを調停し、ハルハ内部の対立を治めた。また、モンゴル貴族の元来の済農・諾顔などの称号を廃止し、満州貴族の例に基づき、親王・郡王・貝勒（ベイレ）・貝子（ベイセ）・公・台吉（タイジ）などに改めた。さらには、ハルハ蒙古を旗（ホショー）に編成して佐領（ソム）を設け、内モンゴルと同様の行政制度を建立した。このドロンノールの会盟の結果、清朝の中央と内外モンゴルとの関係はさらに発展し、ハルハ部の管理が増強された。これは、中国の統一を強化し、北部の辺防を堅固にするために重要な意義を備えていた。

　康熙三十四年、ガルダンは捲土重来し、兵を率いてヘルレン川沿いに再び南下し、ロシアからマスケット銃兵6万を借りたと揚言し、大挙して内地を侵犯した。康熙帝は、翌年初めに大軍を派遣し、三路に分けて軍を進めた。このうち中路軍は、康熙帝自身が統率した。五月八日、康熙帝は、軍を率いてヘルレン川の布隆の地に進んだ。ガルダンはこれを知り、北孟納爾山に登り、清軍の規模を望み見て敵わないことを知り、伝令を出して盧帳と器械[15]を全て放棄し、逃走した。康熙帝は、自ら大軍を率いてこれを追撃した。十三日、逃亡中のガルダンは、費揚古（フィヤング）率いる西路軍と昭莫多（ジョーン・モド）で遭遇した。清軍は勇敢に戦い、敵を殺した。ガルダン軍は惨敗し、多くの死傷者を出した。ガルダンは、僅か数十騎を率いて逃れた。

　ジョーン・モドの戦いにより、ガルダンの活力は尽きたが、頑として投降しなかった。

14　（清）施琅『靖海紀事』下巻『恭陳台湾棄留疏』、福建人民出版社、1983年版より。
15　天幕や什器。

その勢力が息を吹き返さぬよう、康熙帝は3度目の出征を決定した。康熙三十六年、清軍は二手に分かれて出兵し、ガルダンを討った。清軍が日増しに迫る中、ガルダンの残党は次々と逃亡した。また、ロシアのガルダンに対する関心も失われた。ガルダンの勢力は窮まり、ガルダンは荒涼とした沙漠の中で病死した。こうして清政府は、ガルダンの分裂勢力の平定という勝利を獲得した。

　ガルダンの死後、甥の策妄阿拉布坦（ツェワンラブタン）がジュンガル・ハンとなった。康熙五十五年、ツェワンラブタンは、軍を派遣してチベットへの進入を開始し、新たな内戦を挑んできた。康熙五十六年、ジュンガル軍はラサを攻略して拉藏汗（ラザン・ハン）を殺害し、チベット各地を大いにかき乱した。

　清初、清の政府は、政教分離の制度によってチベットを統治していた。顧実汗（グシ・ハン）（または固始汗に作る）に行政の事務を掌管させ、ダライ・ラマに宗教の事務を掌管させた。また、チベットの事務の具体的な執行者である第巴は、グシ・ハン及びその後継者とダライ・ラマの命を受けた。順治年間、清廷はグシ・ハンを「遵行文義敏慧顧実汗」に封じ、康熙年間には、グシ・ハンの後裔であるラザン・ハンを「翊法恭順汗」に封じた。ジュンガルの勢力を駆逐し、チベット地方の秩序を回復するため、康熙五十七年、清の政府は侍衛の色楞（セレン）に兵を率いてチベットに進征させた。しかし、策を誤り、チベットに進入した清軍は敗れた。この情報が伝わると、朝廷全体が震撼した。康熙帝は、第2次のチベットへの進軍を決定した。彼は、第十四子の允禵を撫遠大将軍に任命し、西寧に駐屯させ、軍務を全面的に統括させた。康熙五十九年、清朝は大軍を二手に分け、それぞれ青海と四川からチベットに進ませた。準備が充分であったため、清軍は順調に進んでいった。この行程には、新たなダライ・ラマがチベットに入るのを護送するという任務があったため、清軍はチベット族の人民から歓迎と支持を受けた。八月、清軍はラサに入った。九月、ポタラ宮でダライ・ラマ格桑嘉措（ケルサンギャムツォ）が盛大な坐床典礼を執り行った。

　その後、清政府はチベットに対する管理を強化した。チベットに兵を駐屯させ、防衛力を強化したのである。また、ジュンガルの侵入に対する抵抗戦争に功のあった者を抜擢し、それぞれ貝勒・貝子・公・台吉などの爵位に封じた。また第巴の職を廃止し、数名の噶倫（ガロン）（または噶隆・噶布隆に作る）で組織されるチベット地方政府を設立した。貝子康済鼐（カンチュンネー）・貝子阿爾布巴（ガポーパ）・輔国公隆布鼐（ルンパネー）及びダライ・ラマ管轄下の僧官扎爾鼐（ジャラネー）がガロンに任命された。このうち、カンチュンネーが首席のガロンとなり、チベットの事務を総理した。

二　雍正帝による民族地域の安定と辺境政策

　康熙末年、諸皇子たちは皇位継承権の争奪のため、激烈な儲位争いを繰り広げた。康熙

六十一年十一月十三日、康熙帝が世を去り、胤禛（雍正帝、在位：1723～1735年）が位を継いだ。ときに45歳であった。雍正帝の皇位継承問題については、諸説紛々とし、論を定めることは難しい。ただし、彼はこの皇位争奪戦の勝利者であり、奮起して何事かを為さんとする皇帝であった。雍正帝は在位の13年間、励精図治し、旧弊を改めて廃し、事を処理すること雷励風行(らいれいふうこう)、乾隆時代に清朝が最盛期の段階に入ってゆく基礎をさらに固く定めた。民族地域と辺境の安定のため、雍正帝は皇位継承後に一連の軍事的、政治的施策を採用した。

雍正元年（1723年）、青海で羅卜蔵丹津（ロブサン・ダンジン）の反乱が発生した。ロブサン・ダンジンは、モンゴル和碩特（ホシュート）部の首領であり、康熙五十九年に清軍が新しいダライ・ラマをチベットに護送した際、軍に従って同地に赴いた。彼は、親王の爵位を受けており、またグシ・ハンの直系の後裔であるため、自身が平定後のチベットを統治すべきであると考えていた。しかし、清廷は彼にそのような権力を与えなかったばかりか、ホシュート部の頭領たちを封賞し、地方勢力を分裂させ、それらが大きくなり過ぎることを防いだ。こうして、ロブサン・ダンジンの青海における権勢は抑制され、削減された。ロブサン・ダンジンは大きな不満を抱き、青海に戻った後、時機をうかがって反乱を起こす謀り事をめぐらせていたのである。

間もなく、西寧に駐屯していた撫遠大将軍允禵が喪に駆けつけるため京に戻った。ロブサン・ダンジンはこれを絶好の機会と考え、すみやかに武装反乱を引き起こした。彼は、達頼琿台吉と自称し、青海のモンゴル各部に対して強制的に清朝の封号を廃止させ、ラマ寺院の僧侶を扇動して反乱に参加させ、兵を派遣して西寧に侵攻し、放火・虐殺・略奪を行った。清廷は、反乱平定の軍を迅速に派遣し、川陝総督の年羹堯を撫遠大将軍に任命し、全ての局面を指揮させた。また、四川提督の岳鍾琪を奮威将軍に任命し、軍務の協力に向かわせた。清軍はまず、西寧周辺各地の反乱軍を攻撃した。雍正二年の初め、清軍は郭隆寺などを殲滅し、戦いはロブサン・ダンジンの反乱軍の討伐に力を集中する段階に入った。二月、清軍は兵を分けて進み、反乱軍の頭目である阿爾布坦温布（アラブタン・オンボ）らを相次いで虜にした。ロブサン・ダンジンは、大勢が去ったと見るや、ジュンガルに逃げていった。

反乱が終息した後、清廷は青海のモンゴル各部を旗に編成して佐領を設け、遊牧地の境界を画定し、入京の年班と互市の場所を規定した。またチベット族内には千戸・百戸などの職を設置し、ラマ寺院の整理に力を入れた。雍正三年、西寧衛を府に改め、その下に二県一衛を設け、西寧辦事大臣を設立し、青海の政務を管理させた。これより、青海地域は完全に清朝の中央政府の直接統治のもとに置かれた。

雍正年間の初め、チベットのガロンたちは互いの意見を異にし、絶えず摩擦が発生して

いた。ガポーパはカンチュンネーに反対し、両者の対立は日ごとに激化していった。チベットの情勢を安定させるため、雍正五年の初め、清の政府は内閣大学士の僧格（センゲ）と副都統の馬喇（マラ）を派遣して駐蔵大臣とし、チベットに赴いて政務を監督し、紛糾を調停させた。これは、清政府が以前に大臣を派遣してチベットに入って事を処理させたことを継承し、発展させたものであり、清政府がチベット地域に対する直接統治を強化したことを明確に示している。この駐蔵大臣が到着する前に、ガポーパは戦乱を引き起こし、カンチュンネーを殺害し、カンチュンネーを支持するガロンの頗羅鼐（ポラネー）を攻撃した。雍正六年、ポラネーは戦乱を平定し、ガポーパを捕えた。清政府は、ポラネーを総理西蔵事務に任命し、チベットに駐蔵大臣正副2名を設置し、任期を3年とすることを正式に決定した。駐蔵大臣の監督指導のもと、ポラネーは「休養生息」の策を実行し、チベットの情勢は次第に好転していった。

　西南地域は、我が国で少数民族が最も多く分布する地域であり、長期にわたって土司制度が実施されてきた。歴史の発展にともない、土司制度の弊害と危機は日増しに顕現化していった。順治・康熙時代、清の政府は一部の地域で改土帰流を実施した。雍正年間、雲貴総督の鄂爾泰（オルタイ）の提議のもと、清政府は西南地域に大規模な改土帰流を行った。こうして、政治的手段の運用に武力を補として土司制度を廃止し、それぞれ府・庁・州・県を設置し、流官を派遣して統治を委ねた。各制度と施策は、だいたいにおいて内地との一致が保たれた。この改土帰流は、清政府の重要な改革の一つであり、土司の割拠勢力に打撃を与え、反乱の原因を減らし、中央政府の辺境に対する統治を強化した。また、土司・土官が属民を虐げる制度を廃止したという点で、少数民族地域の社会・経済・文化の発展にある程度利をもたらした。政体の統一は、民族が雑居する地域において、戦争が減少し、社会秩序が比較的安定し、民族の連係が強化されるための条件を提供した。

三　乾隆帝のジュンガル部・回族平定と天山南北の統一

　雍正十三年（1735年）八月二十二日、雍正帝が世を去った。彼が生前に制定した秘密建儲方式（儲位密建）に基づき[16]、弘暦（乾隆帝）が位を継いだ。ときに25歳であった。乾隆帝の在位60年間（1736〜1795年）には、清朝の統治が最盛期に到達したが、その一方で危機も潜伏していた。乾隆帝は、自身の文治武功に頗る意を得、その言葉には自負の心情が溢れている。乾隆年間中葉にジュンガル部を平定し、また回族を平定し、天山山脈の南北を統一したことは、彼の重要な政績の一つである。

16　秘密建儲とは、皇帝が密かに皇位継承者を定め、その者の名を自ら書いて密封し、函の中に入れ、乾清宮の「正大光明」の扁額の後ろに置くという制度である。皇帝が世を去った後、その暗に後継者に定められた者がただちに皇帝に即位した。

乾隆十年（1745年）、ジュンガル部の首領噶爾丹策零（ガルダンツェリン）が世を去ると、ジュンガル貴族は首領の継承権を争って互いに殺し合った。後を継いだ納木札爾（ナムジル）と喇嘛達爾札（ラマダルジャー）は、相次いで殺害され、最終的に達瓦斉（ダワチ）が勝利し、ジュンガル部の首領となった。阿睦爾撒納（アムルサナー）は、初めはダワチの支持者であったが、後に互いに殺し合った。その結果、アムルサナーは敗れた。ジュンガル部の長期にわたる対外征戦と、絶えることのない内訌[17]は、オイラート蒙古の貴族及びその属下の牧民を辟易させ、また絶望させ、彼らは次々と清朝に投降した。乾隆十八年、杜爾伯特（ドルベト）部の首領である車凌（チェリン）・車凌烏巴什（チェリン・ウバシ）・車凌孟克が属下の3000戸余り、1万人余りを率いて清朝に帰属した。十九年、アムルサナーもまた衆を率いて帰順し、ジュンガル内部の虚実を乾隆帝に報告し、ダワチを攻撃するよう清廷に建議した。

　乾隆帝は、ジュンガル部の平定は康熙・雍正両朝が計画しつつ実現できなかった大事であり、このたびの三車凌らの帰順はジュンガルを平定する好機であり、逃してはならないと考えた。こうして乾隆帝は、イリに出撃し、ダワチを征討することを決定した。乾隆二十年春、清の政府は班第（バンディ）を定北将軍、アムルサナーを定辺左副将軍とし、ウリヤスタイから北路に出撃させた。また永常を定西将軍、薩喇勒（サラール）を定辺右副将軍とし、巴里坤（バルクル）より西路に出撃させ、期を約してボルタラ川で合流させた。清軍は長駆してまっすぐに進み、順調にイリに到達した。ダワチは、形勢が不利であると見て、格登山（ゲデン山）まで退いた。清軍は進撃し、反乱軍は壊滅した。ダワチは南疆に向けて逃走したが、後に捕えられ、京師に護送された。

　ダワチを平定した後、清廷はオイラート蒙古の地域に「衆く建てて以て其の力を分ける」という方針を採用する準備を進め、オイラートを四部に分け、それぞれに首領を設けて管理させた。アムルリリーが清朝に帰順したのは、清軍の力を借りてダワチを滅ぼし、自身が四部の総台吉に当たり、西域に専制を実施するという夢を実現するためであった。しかし、その野心の通りにはいかず、アムルサナーは乾隆二十年八月に反乱を起こした。

　清廷は再び出兵し、アムルサナーを討伐し、反乱を平定した。この戦争は1年以上に及んだ。乾隆二十二年六月、アムルサナーは敗れてロシアに逃れた。乾隆帝は、ロシアがこの賊を受け入れれば、必ず慰撫して利用し、将来の辺境の患いとなると考え、ロシアに逃亡者を引き渡すように断固として求めた。間もなく、アムルサナーは天然痘で死亡し、ロシア当局はキャフタで清政府に遺体を確認させた。ガルダンの反乱からアムルサナーの滅亡まで、康熙・雍正・乾隆の三朝を経て、67年の長きにわたったジュンガルの割拠勢力

17　内輪もめ

を平定する戦いは、遂に勝利をもって終結した。このことは、多民族国家の統一に利をもたらし、清政府の西北辺境地域の統治を強化し、ロシアの侵略勢力に打撃を与えた。

清代では、天山以南の地域は「回部」と呼ばれ、イスラームを信仰する維吾爾（ウイグル）族の人民が居住していた。乾隆二十二年、回部の首領波羅尼都（ブルハーン・アッディーン）と霍集占（ホジャ・ジャハーン）、すなわち大小和卓（ホジャ）兄弟が反乱を起こし、割拠政権の樹立を企図した。乾隆二十三年五月、清廷は雅爾哈善（ヤル・ハシャン）を靖逆将軍に任命し、兵を統括して反乱を平定させた。その後、またイリで善後処理を行っていた定辺将軍兆恵（ジョーホイ）を回疆に向かわせ、反乱を平定させた。二十四年七月、清軍は大小ホジャを捕らえて殺害し、回部の情勢を安定させた。こうして、天山南路の広大な地域は清朝の統治に帰した。

乾隆十五年、清廷はチベットの珠爾黙特那木札勒（チュルム・トナムチャレ）の乱を平定し、翌年に『西蔵善後章程』を発布した。これは、清朝がチベットを治めるための法規であり、ダライ・ラマと駐蔵大臣が共同でチベットの政治を行うことが明確に規定されている。乾隆五十三年と五十六年には、チベット地方で廓爾喀（現在のネパール）人（グルカ族）が大挙して侵入する事件が発生した。清廷は軍を派遣し、グルカの侵略者たちをチベットから駆逐した。この事件の終息後、五十八年に清廷は『欽定西蔵章程』を発布した。これは、清朝による完備されたチベット統治の法典であり、その内容には、政治・軍事・財政・司法・宗教などの分野が含まれている。『章程』では、チベットの特徴に基づき、ダライ・ラマやパンチェン・ラマの地位を充分に尊重し、また駐蔵大臣の機能を強調し、朝廷の方針と政策を切実に貫徹できるように規定されている。これは、チベットの安定と辺境の強化にとって、重要な意義を備えていた。

康雍乾時代、清政府は一連の軍事的征戦と政治改革を通じ、国家の安定と統一を強固にし、また強化した。これと同時に、清政府はロシアと条約を締結し、中露の境界を画定した。こうして、我が国の領域は、東は台湾・カラフト島から、西はパミール・バルハシ湖まで、北は外興安嶺・サヤン山脈に及び、南は南沙群島の曽母暗沙まで達した。領土の広大さ、民族の多様さ、管轄の有効性は、いずれも前代未聞の高みに到達した。統一は、中国の歴史の発展の主流であるが、歴代の統一の度合いはいずれもこの清代前期に及ばなかった。康雍乾時代は、清朝が統一の大業を完成し、中国の広大な領域を定め、漢族を主体とする各民族間の政治・経済・文化などの関係をますます緊密にし、祖国に対する求心力を大いに増強し、中国の統一的多民族による世界大国という構造を最終的に確立し、中国の近代と現代の歴史発展の道に深い影響を与えた。これは、清朝が中華民族に対して果たした重大な歴史的貢献である（図10-1）。

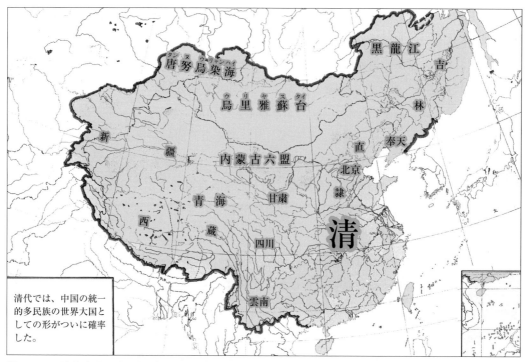

図10-1　清代嘉慶二十五年（1802年）疆域図
（譚其驤主編『簡明中国歴史地図集』中国地図出版社、1991年版、65-66頁より）

四　民族地域と辺境の行政管理と清朝の民族政策

　清政府の民族地域と辺境の管理は、内地とは異なり、その土地に応じた制度を実施し、その風俗にしたがって統治した。

　東北地域は、満州族発祥の地である。清朝の統治者たちは、入関以前からこの地の各部落の招撫に充分に意を注ぎ、その一部を八旗に編入し、後に内地の作戦や駐防のために徴発した。また原住地に留まった残りの多くは、佐領に編制され、管理された。康熙年間には、この地に盛京将軍・黒龍江将軍・吉林将軍が相次いで設置され、それぞれ東北三省の軍・民の諸政を掌管した。盛京は、留都として京師と同じ官が設置され、吏部を除く五部が並建された。盛京将軍の他にも副都統が置かれ、それぞれ錦州・熊岳・金州・興京の4ヵ所に駐屯した。また城守尉が置かれ、盛京・興京・鳳凰城・遼陽・開原に駐屯した。その下には、協領・防守尉・佐領・防御・驍騎校などがそれぞれ若干数設けられた。将軍衙門・都統衙門から旗佐衙門に至るまでは、みな八旗の旗人を治めるために設けられたものであり、旗の事務を治めるのみで民人の事は問わなかった。盛京付近の各州・県には奉天府が設けられ、遼河以西の各州・県には錦州府が設けられ、民人に関する事務を専門的に治めた。

　内外モンゴルと青海諸部には、盟旗制度が広く実施された。旗には旗長が設けられ、ま

た札薩克（ジャサク）とも呼ばれた。その任には、理藩院によって奏請され選任された、旗内で最も威望のある王公大臣が当たり、旗全体の軍政・民政及び入京朝覲の諸事務を掌管した。また、数旗を合わせて盟とし、盟には盟長が設けられた。各旗のジャサクの中から選ばれた盟長は、各旗会盟の事務を取り仕切り、また皇帝に代わって各旗を監督した。内モンゴルには、綏遠将軍1名が設けられ、現在のフフホト新城に駐屯し、佐官として副都統1名が置かれた。この他、熱河・察哈爾（チャハル）都統各1名が設けられ、その下には協領・佐領・防御などが数名置かれ、それぞれ内モンゴルなどの地方旗と民事の諸務を管掌した。外モンゴルには、烏里雅蘇台（ウリヤスタイ）定辺左副将軍1名が設けられ、その副として参賛大臣2名が置かれた。また、科布多（コブト）参賛大臣・辦事大臣各1名と、庫倫辦事大臣・帮辦大臣各1名が設けられた。将軍・都統から各大臣までは、みな皇帝が選任した。青海には、辦事大臣1名が置かれ、西寧に駐屯し、青海などの地方の軍政・民政を掌管した。その下には旗が設けられ、設置された官は内外モンゴルと全て同じであったが、旗の上に盟が設けられることはなかった。

新疆には、伊犂（イリ）将軍が設けられ、新疆全体の各項の軍政の事務を総攬した。イリ将軍の下には、都統・参賛大臣・辦事大臣・領隊大臣などの職が設けられ、それぞれ天山南北の各地に駐屯し、当地の軍政の事務を管理した。軍政の長官の統括下には、三種の異なる民政管理の系統が設立された。州県制は、ウルムチなど内地からの移住者が比較的多い地域で施行された。ジャサク制は、新疆の衛拉特（オイラート）蒙古の遊牧民部落で施行された。伯克（ベグ）制は、新疆のウイグル族の地域で施行された。ベグはウイグル語で「長官」を意味し、ベグ制はウイグル族の社会で形成された制度である。清廷は、この体制を援用すると同時に、例えば品級を画定し、「頂翎」・「鈴記」を発給し、また世襲を廃止し、高位のベグは朝廷が任命することを規定し、俸禄と養廉の面でも若干の規範を設けるといった、適切な改善を行った。このように、一方では上層貴族の固有の利益に配慮し、また中央政府も統制を加えることができるようにしたのである。

チベットでは、清政府は第巴の制度を廃止した後、改めて3名の貴族と1名の僧侶から組織される噶廈（西蔵地方政府）に命じて、全チベットの事務を処理させた。噶廈に参加した4名は噶倫と呼ばれ、清の政府から三品の官を授与された。その下に属する蔵官には、仔琫・商卓特巴・業爾倉巴・朗子轄・協爾帮・達琫などがあり、それぞれ商務・財務・刑名・馬廠などを掌管した。チベット地方の管轄を強化するため、清の政府は駐蔵大臣を設置した。乾隆末年には、『欽定西蔵章程』を発布し、駐蔵大臣の職権をさらに高めた。その中では、駐蔵大臣が全チベットを総攬し、チベットの僧俗官吏の任免を主管し、財政収支を検査し、チベット地域の軍隊の調遣を掌管し、司法・田産・戸籍などの事を監督し、辺境の防務を巡視し、また全ての渉外の事案を処理することが明確に規定されている。清

政府はまた、金本巴（口絵32）瓶制度を制定し、ダライ・ラマとパンチェン・ラマ、前後チベットの大フトクトが転世する「金瓶掣籤」[18]の儀式では、駐蔵大臣自らがこれを監視し、清朝中央政府の許可を経た上で、効力を生じることが規定された。ダライ・ラマとパンチェン・ラマの坐床典礼もまた、駐蔵大臣が取り仕切った。

　西南地域では、清政府は絶えず改土帰流を進めていたが、なお相当数の土司が残っていた。彼らに対する統制を強めるため、清政府は、土司の継承・分授などを厳格に規定した。これは、土官の家族内で職位をうかがい、しばしば引き起こされる争いを緩和するために適切な措置であり、土司地域の安定に利をもたらし、また「衆く建てて以て其の勢を分け」、分裂の傾向を除き去り、或いは減らし、中央統治にとって便となった。

　清朝は、統一的多民族国家である。清朝の統治者たちは、少数民族の統治と管理を充分に重視していた。統一的多民族国家を建立する過程において、清朝統治者が実施した策は次の通りである。第1に、土地に応じて適切な制を行い、各地域・各民族の特徴に基づいて異なる行政機構を建立した。東北とイリ地方には将軍制を設立し、モンゴルには盟旗制を設立し、西蔵では噶厦制度を設立し、新疆のウイグル族の地域では以前からのベグ制を踏襲し、西南少数民族の地域では改土帰流を実施し、基本的には中央地域と同じ行政制度を実施した。第2に、宗教を利用し、その教えを修めてその俗は変えず、モンゴル族やチベット族との関係を強化するため、清政府は黄教（チベット仏教のゲルク派（黄帽派））を推賞し、ラマ廟を大々的に修築し、ラマ教の指導者たちを封賜し、政教の合一を実施した。第3に、恩威を併用し、少数民族の上層の者には爵位を封賜し、厚禄を与え、或いは婚姻を結び、或いは召見し、会盟筵宴を行い、恩を施して取り込んだ。一方、統一を破壊しようとする反乱割拠勢力に対しては、断固として軍事的打撃を加えた。清朝の統治者たちが少数民族に対して実施した民族政策は成功し、民族関係は有効に調和し、こうして漢・満・蒙・回・蔵など50以上の民族が共同で生活する統一的多民族国家が形成された。これは、中国史上における統一的多民族国家の発展の新たなピークである。また同時に、東北・モンゴル・新疆・チベット・西南及び台湾などの民族地域と辺境の統治を強化し、国家の統一と領土の保全を力強く守り、また近代以降に中華民族が団結して外国の侵略を防ぎ、統一を守り、さらには多民族国家の体制が延続し、発展してゆく基礎を堅く打ち出したのである。

18　金瓶掣籤とは、黄教の大活仏が転生したことを確認し、特定するための、清代における抽籤法である。活仏が転生する際、籤上に数人の「霊童」の名を書き、これを金瓶の中に入れ、掣籤を行う。籤に当たった者が伝世真身であり、中央政府の許可を経て仏位を継承した。

第三節　清代前期の中央と地方の行政制度

一　中枢の輔政機構と中央行政機関

　清代には、皇帝を補佐する中枢機構として、議政王大臣会議と内閣、軍機処があった。
　議政王大臣会議は、清代の極めて特徴的な制度である。その端緒は、ヌルハチ時代における、諸貝勒が共同で国政を協議した制度に遡る。このときの彼らは、軍国の重務を議決した他、国ハンの廃立も可能であった。ホンタイジは位を継ぐと、諸大貝勒の権力を削減し、制限するため、議政の成員を増加した。議政の内容には、軍国の大事の他、法規の制定、王公大臣の処理などが含まれた。入関後も、議政王大臣会議はなお大きな権力を有し、そこで決議されたことについては、皇帝さえもどうすることもできなかった。このため、議政王会議と皇帝への権力集中との間に矛盾が生じた。国内の情勢の発展と、康熙帝自身の政治面での成熟にともない、康熙帝は絶えず議政王大臣会議の権力を抑制する施策を採用した。康熙帝はまた、政策決定の確実性と業務処理の効率を向上し、強化するためには、常侍左右の顧問団を組織する必要があると考えるに至った。この機運に乗じて誕生したのが、南書房である。南書房は、内廷の乾清宮の西南に位置し、当初は皇帝が書を読み学問を討論する場所であったが、後に機密に参与して詔旨を起草する場所となり、その地位は突如向上した。南書房の設置は、康熙帝が外朝の権力を内廷へと転向させてゆこうとする試みが成功したものであり、後の雍正朝における軍機処設立のための経験を積むこととなった。
　内閣は、天下の政を議することを掌り、百官の長であり、政府の最高機構である。清代の内閣制度は、関外のホンタイジ時代まで遡る。当時の内三院、すなわち内秘書院と内国史院、内弘文院が内閣の雛型である。入関後、清廷の日常の政務が大幅に増加したため、内三院は一部の題奏本章を転呈する職責を担うようになり、順治十五年に正式に内閣と更名された。康熙初年、オボイら四大臣が輔政の任に就くと、内三院の名称が一度復活したが、オボイが捕らえられた後、康熙九年にまた内閣の名称に戻った。内閣には、満州族と漢族の大学士が設置され、殿閣の肩書を兼ねるしきたりがあった。雍正期には、額外大学士、すなわち後の協辦大学士が設けられた。乾隆期には、殿閣の肩書が調整され、三殿三閣、すなわち保和殿・文華殿・武英殿と文淵閣・東閣・体仁閣が定められた。清初は、議政王大臣会議が強大な権力を握っていたため、「大事は大臣に関し、群事は内閣に関す」というように、内閣は一般的な日常の事務を処理するのみであった。ただし康熙朝では、ソンゴトゥや明珠（ナラン・ミンジュ）のような権臣も現われた。南書房の設置は、内閣の権力の一部を剥奪することとなった。軍機処の設立後、皇帝は改めて常に大学士・学士

を集めて事を処理するようになったが、大学士は軍機大臣を担当して初めて政事に参与できるという規則が形成された。そのため、内閣には事を処理するリーダーがいなくなり、形骸化が進み、日常の業務をただ先例に則って行うのみとなっていった。

　軍機処は、清代の独創的な機構であり、清代の政治に広範かつ深遠な影響をもたらした。軍機処の設立には、雍正初期に清廷が西北地域で兵を用いていたことと密接な関係がある。その構造は単純で、内閣のように正式な衙門や実任官があるのではなく、ときに応じて選任され、必要のないときにはもとの衙門に戻った。事の処理に当たる人員は少数精鋭で、30～40名に過ぎず、軍機大臣と軍機章京の二職が設けられ、官はあるが吏は置かれず、閑員もなかった。軍機処が担当したのは、いずれも軍国の大政であり、また人事の諮詢権も握っていた。文武の高級官吏に欠員が出た際の昇進補任は、いずれも軍機大臣が請旨を出した。ただし、軍機処には承旨・草詔・代発の機能があるのみであり、皇帝の秘書グループに類似するものであった。軍機処は、内廷に置かれ（口絵33）、直接皇帝の命を聴き、随時その旨を承け、随時草詔を処理し、ここから発布された詔旨は内閣を通じず、兵部に直接届けられたため、「廷寄」と呼ばれた。また、機密性が強く、効率よく事案の処理を行うことができたため、皇帝が統治を強化する道具となった。軍機処の出現は、中国の封建的専制統治がピークまで発展したことを示している。その一方で、議政王大臣会議は形骸化し、遂に乾隆五十六年に廃止された。

　清朝の中央行政機構には、依然として吏・戸・礼・兵・刑・工の六部が設けられていた。六部の尚書と侍郎も改めて設置された。尚書は、満州族と漢族1名ずつが置かれた。侍郎は左右に分かれ、それぞれ満漢1名ずつが置かれた。吏部は、全国の文官の銓叙・課考・黜陟・封授を掌った。戸部は、全国の戸口・田土賦税・俸餉貸与・倉庫の収支などの事を掌った。礼部は、朝廷の儀礼・科挙学校・外国の貢使の交聘を掌った。兵部は、武官の除授・封蔭・考績・軍資・軍籍・馬政・郵伝を管轄した。刑部は、民刑の律令と獄断を担当し、また大理寺・都察院と共に全国の衙門の獄案判決の監査を担当した。工部は、建築工事・水利興修と銭幣鼓鋳などを掌った。

　理藩院は、六部と同等の地位を備えた、辺境の民族の事務を専門的に管理する機構であり、また一部の属国及びその他の外国との交流に関する事務を掌管した。監察機構としては、都察院があり、その下には十五道の監察御史が設けられた。大理寺は、全国の刑名の案件を掌管した。通政司は、主に各省の題本を収めることを担った。翰林院は、修史撰文を掌った。内務府は、宮廷の日常の事務を担当し、また各地の皇荘・牧草地などを管理した。宗人府は、皇族の事務を管理した。

二　地方直省の行政機構

　清朝内地の地方政権機構は、省・道・府（直隷州・庁）・県（州・庁）の4級に分かれていた。この他、京師の所在地は順天府と呼ばれ、盛京には奉天府が置かれ、それぞれ単列の機構であった。清初には、直隷と呼ばれた京畿地区の他、山西・山東など14の省があった。その後、調整を経て、乾隆年間に18省となった。各省の管轄区域は大小様々であり、また管轄する人戸・田土・城鎮・村庄の数も様々で、そのため省ごとの府・州・県の数の差は大きく、さらには増設・合併などもあり、常に少なからず変化した。

　総督・巡撫は、省級の最高長官である。総督は、通常は2つの省を管轄し、1省のみ或いは3省を管轄することもあった。巡撫は、1つの省を管轄した（総督が兼任することもあった）。乾隆以降、全国には計8名の総督が設置された。直隷総督（巡撫事を兼任）・両江総督（江蘇・安徽・江西三省を管轄）・閩浙総督（福建・浙江を管轄）・湖広総督（湖北・湖南を管轄）・陝甘総督（陝西・甘粛を管轄し、甘粛巡撫事を兼任）・両広総督（広東・広西を管轄）・雲貴総督（雲南・貴州を管轄）・四川総督（巡撫事を兼ねる）が数えられる。清代の督撫は、封疆大吏であり、地方の各項の事務を総攬し、大きな権限を擁していた。おおよそ、総督は軍務に偏り、巡撫は民政を主とした。総督は、通常は兵部尚書・都察院右都御史の肩書を兼ねた。巡撫は、兵部侍郎・都察院右副都御史の肩書を兼ねた。これらの他に、専門職の総督、すなわち河道総督と漕運総督があった。河道総督は、治河の最高長官である。初めは1名で黄河と両運河の事務を総理したが、後に3名に増員され、それぞれ北河・南河・東河の三段を管理した。このうち北河は、直隷総督が兼管した。漕運総督は、漕糧運輸の事を管轄し、総督の衙門は江蘇の淮安に置かれ、山東・河南・江蘇・安徽・江西・浙江・湖北・湖南の8省の漕運行政を管轄した。

　督撫の下の省級の官吏としては、布政使と按察使、提督学政が置かれた。布政使は、一般的に「藩司」と呼ばれ、1省の行政を掌り、また省全体の財賦の出納を司った。国家の政令は、ここから府・州・県へと宣布されたため、「承宣布政司使」とも呼ばれた。布政使は、各省に1名ずつ置かれたが、江蘇省は銭穀の税務が煩瑣であったため、2名設けられた。按察使は、一般的に「臬司」と呼ばれ、各省1名ずつ、全省の刑名按劾の事を掌り、風紀を振粛することで吏治の透明化を図った。重大な案件は、布政使との会議で処理された。提督学政は、全省の学校と科挙を担当し、士習文風を検査した。学政官は、出身に基づき学道と学院の2種に分かれていたが、後に一律に学院と称するようになり、また翰林院の官の肩書が加えられた。

　道員は、もとは藩司・臬司から派遣された官であった。布政司の参政・参議から派遣された者が分守道となり、按察司の副使・僉事から派遣された者が分巡道となった。おおよそ、守道は銭穀の会計の任に偏り、巡道は刑名を管理した。乾隆以降、道員は督撫に所属

するよう改められ、地方の実官となり、その官階は正四品とされた。道員には2種あり、1つは固定された管轄区を持ち、若干の府州を管理するものである。もう1つは、省全体を管轄し、糧儲道・塩法道・海関道・兵備道・屯田道・茶馬道など特定の項目の事務を専門的に管轄する職であり、守土の責任はなかった。実際には、守道・巡道は、常に専門職の道員の肩書を兼ねていた。この2つの職が地方の実官となると、分守・分巡の違いは次第になくなっていった。

司・道の下の行政機構は、府（直隷州・直隷庁）である。府の長官は知府と呼ばれ、官階は従四品であり、府全体の民刑財政を管理し、所属する州県の長官を統括し、上下を通ずる機能を備えていた。知府の下には、同知・通判などの官があり、それぞれ糧餉・水利・輯捕・撫辺・江防・海防などの事を管理した。京師の所在地である順天府と、盛京の所在地である奉天府は、その地位が特殊なため、他とは編制上異なっていた。その長官は府尹と呼ばれ、正三品であり、管轄範囲も一般の府よりも広く、直隷州・直隷庁は府に相当した。

府の下には、清代の行政系統の中で最も重要な基層の政権の単位である県（州・庁）がある。県の正印官は、知県或いは県令と呼ばれ、正七品であり、直接民衆と接触することから、「親民の官」や「父母の官」と呼ばれた。散州には、従五品の知州が設けられた。庁には、同知或いは通判が設けられた。それらが管轄する行政・司法・賦税・教化・防災救荒・勧課農桑・興修水利などの事務は、全て彼らの職責の範囲に属した。知県の佐官には、県丞と主簿があり、それぞれ銭糧・戸籍・徴税・巡捕・河防などの事を掌った。業務が煩瑣な県の多くでは、県丞・主簿は複数名置かれ、業務が簡潔な県には置かれないこともあった。県の下には、地方の基層組織として里甲制と保甲制があった。里甲制は、戸丁を編成・審査し、賦役を徴発するためのものであり、保甲制は、主に治安保警を行い、基層の支配を強化するためのものであった。

清代の地方官は、州・県から督・撫に至るまで、みな学のある有能な者を数名招聘し、事務の処理に協力させていた。彼らは幕賓と呼ばれ、師爺（しゃ）と俗称された。中でも最も有名なものが紹興師爺である。師爺は、非命の官であり、賓礼をもって遇され、地方官と適合すれば留まり、合わなければその元を去った。

第四節　清代前期の賦役制度と社会経済

一　賦役制度の改革

賦役制度が機能を失い、増派が頻繁に行われたことは、明朝滅亡の重要な原因となった。清朝の統治者たちは、入関後、明の滅亡の教訓に鑑み、まず旨令を発布し、「凡そ正額の外、

一切の加派せらる遼餉・剿餉・練餉及び召売米豆の如きは、尽く蠲免を行う」[19]と宣布した。また、準拠すべき田賦徴収の規則を作るため、順治十四年、清政府は明の万暦年間の徴収に基づき、最初の『賦役全書』を発布した。この他、塩課・関税及びその他の税制もまた、明代の制度を基礎とし、清代の状況と結び合わせ、相次いで制定された。こうして、賦税制度は次第に軌道に乗っていった。

　田賦は、清朝の財政収入の中で最大の額を占める項目であり、伝統的な両税法に照らし、夏税と秋糧に分かれていた。夏税は、五月・六月に徴収することが定められ、秋糧は九月・十月に徴収することが定められていた。おおむね、その一部は米・麦・豆・草などの実物で徴収され、一部は銀で徴収されたため、銭糧と通称された。明の滅亡の教訓を取り入れたことを示すため、清朝の統治者は、田賦以外の増派を取らないことを標榜した。しかし実際には、特に順治と康熙初年には、おびただしい軍需により財政収支が赤字となったため、各種の増派が絶えなかった。そのため、当時の人々は、「銭糧を徴収するに、民は正額の定有るに苦しまず、雑派の窮まること無きに苦しむ」という状況であった。

　康熙年間中期以降、全国的な戦争が終息したことで、政府の財政状況は好転し、統治者たちは矛盾を緩和し、賦税の額が充足するよう保証するため、もとの税制の中で手抜かりのあるいくつかの点を調整し、改革した。具体的な施策としては、次のものが含まれる。まず、田土を測量し、「地丁確冊」を編製した。また、徴収手続を改善し、三聯・四聯串票と滾単法を実施した。さらに、『賦役全書』を修訂し、小数点以下を削り、浮いた分の銭糧などを免除し、取り除いた。

　丁税は、人頭税とも呼ばれる。清初は、通常は丁ごとに丁銀を徴収していたが、人丁の統計が正確ではなく、丁税の負担が均等ではないなど多くの問題が存在した。阡陌が連なるような広大な田地を持つ富者の丁税はいくばくもなく、一方で貧農は負担が重く、業を持たない丁は逃亡せざるを得なかった。このように、丁銀徴収の制度の変革が必須となっていたのである。康熙五十一年、康熙帝は「直省督撫に令す、見今の銭糧の冊内を将て、名有る丁数もて増やすこと勿く減らすこと勿く、永く定額と為せ。其れより後に生まるる所の人丁、必ず銭糧を徴収せざれ。編審のとき、実数を増出して察明するを止め、別に清冊題報を造れ」[20]と宣布した。これが有名な「滋生人丁永不加賦」の詔である。この詔は、丁銀徴収の矛盾を緩和し、人民の負担を軽減することに利があった。またその最大の意義は、「攤丁入地」の過程をさらに加速させ、雍正初年に大規模な攤丁入地を実施するため

---

19 『清世祖実録』巻6・順治元年七月壬寅の条より。加派は、正規の租税以外の課税のこと。遼餉・剿餉・練餉は、明末に軍事費の不足を補うために徴収された臨時の税で、三餉と総称される。蠲免は、税役を免除すること。
20 『清聖祖実録』巻249・康熙五十一年二月壬午の条より。康熙帝は、自身の在位50年を記念し、前年の壮丁の男子の人口を定数とし、それ以降に増加した丁には課税しないこととした。

の道を整備したことにある。

いわゆる攤丁入地（地丁銀制のこと）とは、丁税を田賦の中にまとめることである。これは、「一条鞭法」に続く、封建社会晩期の統治階級が賦税制度上で実施した重大な改革である。これは、税法を簡略化し、その手づるを減らし、封建国家の税収の実額を保証する助けとなると共に、戸口の隠匿や遺漏、逃亡を緩和するために積極的な効果をもたらした。丁銀を田地に攤入することにより、官府はただ田主を認定するだけで、賦税の徴収が保障された。したがって、一般の人戸の流動に対しても、以前のように恐れる必要がなくなった。一方、人々はさらに多くの人身の自由を獲得することとなり、以前に比べて生計を立てる道が拡大した。このことは、城鎮の繁栄を促進し、商業・手工業の発展を推進した。また客観的には、当時すでに出現していた資本主義の萌芽にも利をもたらした。

明の中葉に賦税が銀で折納されるようになって以降、軽量化して運送に便とするため、州県では納税者が納入する零細な銀を溶鋳して銀錠とする必要があった。この熔解の過程では、損耗が免れないため、必ずその分量を斟酌した追加徴収が行われた。これがいわゆる「火耗」（また「耗羨」と呼ばれる）である。火耗の追加徴収の額は各地で異なり、制限もなかった。このことは、封建官吏にとってみれば、絶好の汚職の機会であった。順治・康熙年間には、火耗の徴収ますます激化したが、これは官吏自身の汚職のみならず、財政制度の不健全化と大きく関係していた。地方政府の定額の経費は、絶えず清廷によって押さえられていたため、各地の政府の政務の出費は当てがなく、火耗の徴収は当然のものとみなされていたのである。地方財政のこのような脆弱さは、増派の弊が積み重なり、はびこるという状況をもたらしたばかりか、国庫の銭糧の深刻な赤字をもたらした。そこで、雍正帝は即位後に、この火耗を公に帰するという改革を実施することを決定したのである。

いわゆる火耗帰公とは、各省の状況に基づき、火耗の比例額を固定したものであり、おおよそ10％から20％の間に定められ、さらに高く定められた省もあった。公に帰した火耗の銀両は、主に各官の養廉と地方政府の公用の経費、補填に用いられた。こうして、清代史上有名な養廉銀制度が打ち立てられた。いわゆる養廉銀とは、俸給が使用に足りないことを口実に、官吏が思いのまま汚職に手を染めるという弊害に対して、政府が合法的に官吏に一定の補助を支給し、各官が家族を養い、公務の用とすることで、その貪婪の口実を成り立たせなくしたものである。そのため、養廉と呼ばれた。この法は、少なくとも2つの点で重大な改革であった。1つは、各官の養廉銀を定額化したこと、もう1つは、各官が省全体の統一の支給から取る形に改めたことである。このことは、無制限かつ不法な侵漁が、制度化された合法的な収入へと転じたことを意味している。しかし、腐敗した封建的官僚制のもとでは、真に汚職を根絶し、私的な増派を制限することは困難であった。これは、統治者が財政制度を整備し、賦税改革を進めてゆく中において、解決し得ない矛

盾であった。

二　社会経済の発展

　明末清初の半世紀の長きにわたった戦争、及び各種の自然災害は、社会経済に深刻な破壊をもたらした。流亡する人々、壊れた家屋、荒廃した土地が全国各地の至るところでみられた。封建的秩序を安定させ、社会経済を回復するため、流亡者を招来し、荒地を開墾することが清政府の第一の施策となった。農民が開墾に従事することを奨励するため、年を限って起科[21]を緩和し、荒地を開墾する農民に耕牛と農具、種子を提供し、またどれだけ民を招いて開墾を奨励したかを官吏の審査の基準とすることを宣布した。康熙帝の唱道のもと、政府は河流の治水にも充分に意を注ぎ、水利を興修した。これらの施策により、荒地の開墾が促進された。

　康熙五十一年、康熙帝は自ら豪語して「前に雲南・貴州・広西・四川等の省、叛逆の変に遭い、地方は残壊し、田畝の抛荒(ほうこう)すること、見聞に堪えず。平定してより以来、人民漸増し、開墾すること遺すところなく、或いは沙石の堆積して耕種に難ある者、亦た間に之あり、山谷崎嶇(きく)の地、已に弃(き)土なく、尽く皆な耕種せらる」と述べた[22]。この後、清政府は、山の頂や地の角などの零細な荒地の開墾に意を注ぎ、余剰の土地を充分に利用した。これと同時に、清政府は、移民や屯田などの方法により、辺境の土地を開発し、作付面積を拡大し、当地の農業を発展させた。これらの施策により、全国の耕地面積は大幅に増加した。乾隆中期には、全国の耕地の開墾は飽和状態に近づいた。この後、農業生産の発展は、主に高収量の作物の大規模な普及と精耕細作として表れ、農作物の単位面積当たりの生産量が向上していった。江蘇・浙江・江西・湖北・湖南・四川などの地は、いずれも当時の重要な稲作地域であった。特に湖北と湖南は、当時全国最大の商品穀物の生産地であり、「湖広熟すれば天下足る」[23]と謡われた。

　穀物の増産を基礎として、経済作物の栽培も大きく発展した。まず、綿花の栽培が全国各地に普及し、江蘇・浙江・湖北・湖南・河南・河北・山東はいずれも綿花の重要な生産地となった。また、サツマイモが広東や台湾などの地で広大な面積に作付された。この他、茶葉や苧麻・落花生・薬材などの作物の作付も絶えず拡大した。農村の副業として、養蚕・製糸・績麻・紡紗なども普遍的に普及した。

　農業生産の発展と社会経済の上昇、及び人口の増殖、消費需要の拡大にともない、清代の手工業生産は絶えず発展した。主な手工業の生産水準は、それぞれ大幅に向上し、生産

21　田地の面積に応じて銭糧を徴収すること。
22　『清聖祖実録』巻249・康熙五十一年二月壬午の条より。
23　長江中流域の湖広地方の稲が豊作となれば、中国全体の食料が足りる、という意。

規模も顕著に拡大し、生産技術にも重要な改善がみられた。もともとかなりの規模を擁していた杭州や蘇州の絹織物業、松江の綿紡績業、江西景徳鎮の製磁業、広東仏山の鋳鉄業、四川の製塩業は、みなそれぞれ発展した。この他、さらに多くの手工業地域において、多くの新興の手工業部門が出現した。例えば、南京と広州、仏山の絹織物業、福州と仏山の綿紡績業、福建と台湾の製糖業、福建と雲南の製茶業、新疆・雲南・貴州・広東・広西などの銅・鉄・鉛の採鉱・冶鉱業がある。

農業と手工業の発展は、商品経済の発達を促進した。この時代に、市鎮が大量に出現し、農村で集市がいっせいに発生し、地方や地域の中心市場としての地位を備えた市鎮も大きく発展した。商品経済が発達した江南や嶺南などの地では、墟市と地方の地域的中心の市場が繋がり、それぞれの機能を備えた市場系統を構成した。一時に天下の四大鎮と称えられた仏山・景徳・漢口・朱仙は、商品経済の発展によって興起し、この時代にさらに繁栄した。これらと北京・蘇州・杭州・広州などのもともとの大都市は、完成された全国的市場網の中継地点を共同で構成した。また、西北の各地にも多くの商業の中心が出現した。例えばウランバートル・ウルムチ・フフホト・張家口・ドロンノール・西寧・イリ・ハミ・アクスなどがある。これらが興起し、発展したことは、各族の人民の間の経済的な連携が強化されたことの指標である。

対外貿易も発展した。康熙年間に海禁が解除されると、四ヵ所の港で通商が行われた。中国の商船は、次々と日本や南洋各地に向けて海を渡り、貿易を行った。中国と西洋諸国との貿易は、主に広州に集中した。乾隆二十二年、清政府は１港のみで通商を行うことを宣布し、広州が中西貿易の唯一の港口となった。清政府は、幾度も中西貿易に対して制限を加えたが、広州に入ってくる外国商船は絶えず増加していった。

商業活動では、多くの富商大賈が巨額の資金を蓄えていた。全国で最も富裕な商人は、塩商と票商、行商であった。塩商は、塩業を営んだ。票商は、山西票号の商人であり、為替・預金・貸付業の経営を専門とし、厚い資本を擁し、その票号は遍く全国に及んだ。行商は、外国との貿易の特権を享有した広東の十三行商人のことであり、巨大な資本を擁していた。

康雍乾時代、国家の財政収入は大幅に増加し、清政府はしばしば銭糧の免除を実施した。この種の免除は、統治者が宣揚したような「万姓均しく実恵に沾う」というものではなかったが、封建統治者が民の生計を心にかけ、実施した努力を示すものであり、また国家経済が繁栄し、富が満ち足りていたことを示す指標の一つである。

中国の封建社会は、清代前期の康熙年間から乾隆年間に至る１世紀以上の間に、前代未聞の発展のピークに達したことから、歴史上「康乾盛世」と呼ばれている。この時期には、経済の総量が世界の第１位を占め、また経済の構造、制度の形式、経済の運用などの面で

明確な変化がみられた。特に、資本主義の萌芽のさらなる発展や永佃制、土地不動産権の変動、労働者の人身従属関係のさらなる緩和など、新たな要素の顕現がみられた。ただし、この発展は、従来の体制の構造内で獲得されたものである。当時の歴史的条件のもとでは、封建勢力がなお泰山のようにのしかかり、資本主義の萌芽と伝統社会の転型の芽生えは、屈折した困難な道を進まざるをえず、発展は極めて緩慢であった。またこの時代、西洋諸国は資産階級の革命の時代に当たり、資産階級が歴史の舞台に登壇し、産業革命が出現し、前代未聞の速さで生産力が発展し始め、西洋の列強が急速に興起した。清王朝は、数千年来の未曽有の大変局に直面したのである。しかし、清朝の封建統治者たちは、かえって天朝を自負し、自らを固く閉じ込め、門戸を閉ざし、交流を拒絶し、まさに発生している世界の変局に対して全く無知であり、世界中で起こる工業革命の歴史的大変動になすすべを知らなかった。こうして、欧米列強が中国に対して野蛮な侵略を進めてゆくときに当たり、「天朝上国」は急速に地に墜ち、立ち遅れて痛めつけられる事態に陥ったのである。

三　人口の膨張と社会・階級対立の激化

　清朝の初め、長きにわたる戦乱によって人口が激減した。康熙二十年（1681年）、三藩の乱が平定された後、社会経済は全面的な回復へと向かい、全国の人口も次第に安定的に増加していった。『清実録』には、清朝の乾隆六年（1741年）からの年ごとの人口統計データが記載されている。この年の全国の人口は、1.4億人であったが、乾隆二十七年には２億人の大台を突破し、乾隆五十五年には３億の大台を突破している。これは、中国の人口史において深く広大な意義を備えた数字である。

　人口の増加は、耕地の不足と民生の困難という問題を引き起こした。康熙・雍正の間には、この問題は早くも人々の察知するところとなり、康熙帝と雍正帝は、共にこのことについて議論している。例えば康熙帝は、康熙五十五年に、「今、太平已に久しく、生歯甚だ繁し。而れども田土未だ増えず。且つ士商僧道等、耕さずして食らう者甚だ多し。或いは開墾を言う者有れども、内地の実は閑処なきを知らざるなり」と告諭している[24]。また、雍正帝も「国家の休養生息すること、数十年来、戸口日ごとに繁し。而れども土田止まりて此の数あり。天下の農民を率い、力を尽くして耕耘し、収を兼ねて獲を倍にせんとするに非ざれば、家室の盈寧することを欲すれども、必ずや得るべからず」と言っている[25]。

　しかし、人口問題によって造成された社会的圧力が真にみられるようになったのは、乾隆中期・晩期以降であった。ある研究者は、政府の記録に基づき、以下のような推算をし

---

24 『康熙起居注』第３冊、中華書局、1984年版、2269頁より。生歯は、その年に生まれた子。転じて人民を指す。
25 『清世宗実録』巻16・雍正二年二月癸丑の条より。

ている。雍正二年（1724年）から乾隆四十九年までの60年間に、耕地の面積は約35％増加したが、人口は同一期間に91％も増加している。耕地面積が平穏な上昇の傾向を保っているのに対し、人口が急増したため、1人当たりの耕地面積は4.82畝から3.42畝へと下降したことになる。このように、人口が多く土地が少ないという状況は、穀物の不足と穀価の上昇をもたらした。

　人口が多くて土地が少なく、穀物が欠乏するという問題を解決するため、清政府は一連の施策を採用した。まず、耕地面積を拡大することに力を尽くし、僅かな閑土さえも放置しなかった。そのため、税収を減免するという方法により、人々が川岸や山の斜面、家屋の周囲の余地などの僅かな土地を利用し、穀物を獲得できるよう奨励した。また、移民や屯田などの方法により、辺境を開発し、作付面積を拡大し、現地の農業を発展させた。次に、清政府は穀物の調節に意を注いだ。当時、地域間の穀物の流通が日に日に頻繁となり、全国の穀物市場間の連係がさらに強化された。穀物の生産地から集散地、集散地から全国的な穀物市場、或いは穀物が不足する地域までの伝送には、いずれも固定的な路線が形成された。清政府はまた、優遇政策を制定し、国外からの穀物輸入を積極的に奨励した。米の生産が盛んな暹羅（現在のタイ国）や安南（現在のベトナム）などの国家から米を大量に輸入するため、清政府は外国船の貨物の税銀を減免する措置を採用した。さらに、トウモロコシやサツマイモなどの生産高の大きい作物の普及に力を入れ、もともと作付に適していなかった多くの砂礫貧痩な土地を利用し、耕地面積を拡大し、全国の穀物生産高を向上させ、多くの貧農を養った。

　上述の施策は、人が多くて土地が少なく、穀物が欠乏するという矛盾をある程度緩和したが、人口の激増という社会問題を根本的に排除することはできなかった。いくつかの地域における濫墾濫伐は、生態環境を破壊し、深刻な悪い結果をもたらした。このように非常に厳しい現実は、有識の士たちの熟慮を引き起こした。乾隆末年、有名な学者である洪亮吉は、『意言』を撰し、自らの人口学に関する学説をまとめて提示し、人口増加が速すぎることは、社会の危機を造成する重要な原因となることを指摘した。乾隆帝もまた、乾隆五十八年に『清聖祖実録』を調べ、康熙・乾隆両朝の人口を比較し、「朕甚だ之を憂う」という結論を得ている。この乾隆帝の感嘆は、清政府が社会に出現した危機と人口問題の深刻さを認識していたことを示している。

　人口の急激な膨張により、1人当たりの耕地面積は急激に減少した。さらには、土地兼併の風潮により、ますます多くの農民が土地を失い、生活が困難となった。こうして、多くの地方において、「富者の田は阡陌を連ね、貧者は立錐の地なし」という不平等な現象がみられるようになった。農民の貧困と鮮明な対比をなしたのは、統治階級の極まることのない奢侈への欲求である。乾隆帝自身も極めて奢侈であり、その生活の豪華さは、彼の

父や祖父を遥かに超えていた。特に際立っていたのは、巡幸と土木の2つである。乾隆帝は、各地を巡幸し、江南に6度下り、五台に5度巡遊し、盛京を4度訪れるなどした。これらの巡幸は、政治的な目的によるものもあったが、あるものは純粋に遊山玩水が目的であった。彼の南巡は、康熙帝の南巡とは全く異なり、享楽で極め尽くされていた。乾隆帝が訪れる場所では、紳商たちが珍奇で精巧な品を争って奉じ、民を労して財を損耗し、何事もない日は数えるほどもなかったという。

　最高統治者の思いのままの浪費は、大小の官僚たちの奢侈享楽の手本となり、また彼らが賄賂を強要する口実を提供した。乾隆帝の寵臣和珅（ヘシェン）は、中国史上稀にみる大汚職官吏である。民間の伝承によると、彼の家産は銀換算で8億両に達したという。この数字は誇張されたものではあるが、彼がいかに賄賂を強要して人々を恐れさせたかが反映されている。ヘシェンに誘導され、乾隆後期の吏治はさらに損なわれ、賄賂の問題がさらに深刻化し、大案・要案が果てることなく次々と発生した。例えば、甘粛捐監冒賑事件は、集団汚職の大事件であり、通や省の官吏がみな汚職に手を染めていた。この事件で死刑に処された者の中には、督撫藩臬・道府州県及び県丞など56人が含まれ、死を免れて発遣[26]された者も46人に上った。

　各省の官吏たちは、普遍的に賄賂を求め、各層で強要が行われた。最終的な被害者は、一般民衆である。こうして、階級対立が日に日に尖鋭化し、農民の反抗闘争の波が高まった。乾隆三十九年、山東で王倫が率いる清水教の蜂起が勃発した。乾隆四十六年には、甘粛で蘇四十三が率いる撒拉爾族（サラール族）の人民の蜂起が勃発した。乾隆四十九年には、甘粛で田五が率いる回族民の蜂起が勃発した。乾隆五十一年には、台湾で林爽文が率いる天地会の蜂起が勃発した。乾隆末年には、湖南と貴州の苗族の民による大規模な蜂起が勃発した。嘉慶元年（1796年）には、9年にわたり四川・湖北・陝西・河南・甘粛の5省に波及した、白蓮教の大起義が勃発した。

　嘉慶（顒琰、在位：1796～1820年）・道光（旻寧、在位：1821～1850年）時代には、清朝の統治は日ごとに衰微していった。政治の腐敗、吏治の弛緩は、国家の経済と人民の生活に直接かかわる治水工事・漕運・塩政などに弊害をもたらした。軍の腐敗はますます深刻化し、八旗と緑営は戦闘能力に欠けてしまった。白蓮教が蜂起した際、四川・湖北の一帯には「賊来たるも官兵の面見えず、賊去りて官兵才(ようや)く出現す」、「賊去りて兵影なし、兵来たりて賊踪を没す。憐れむべきかな兵と賊、何れの日か相い逢うを得ん」[27]などという多くの諺語が流伝した。このような軍隊が、どうやって外来の侵略を食い止めることが

26　清の刑罰の一種で、死刑に次ぐ重刑。囚人の顔に入れ墨をし、新疆や満州などに追放し、屯田の開墾や公共の雑役に給した。
27　『清史稿』巻356・穀際岐伝より。

できるというのであろうか。

第五節　清代前期の中外関係

一　清朝と近隣諸国との関係

　清代の中国とアジアの隣国との友好関係は、以前からの基礎の上にさらに強化された。特に、東アジア・南アジアの諸国との関係が密接であった。これらの国家と中国との関係は、2種の状況に分けることができる。1つは、中国と密接な民間交流があったものであり、例えば日本がこれに該当する。中日両国間の貿易の往来や文化的交流は、かなり頻繁に行われた。両国の貿易は、九州の長崎港に集中した。両国の文化交流もまた、ここを仲介地点とした。日本の知識層の歓迎を深く受けた中国の書籍や医薬学などは、まず長崎に伝わり、そこから他の地域に伝播していった。

　もう1つは、中国の伝統的な藩属国であり、朝鮮・琉球・安南などがこれに該当する。いわゆる宗藩の関係は、ある意味では、封建的君臣関係が国家関係の上に体現されたものといえる。これは一種の、小を以て大に事えるという不平等な関係ではあるが、歴史上の宗主国と藩属国の間の政治・経済・思想・文化の相互関係の一種の延長でもある。宗主国は、藩属国に対して主に「万邦来朝」の天朝としての「尊厳」を維持していた。藩属国の国王は、定期的に清朝の皇帝に対して進表納貢を行った。老王が世を去り、新王が位を継ぐと、北京にやって来て哀を告げ、冊封を求めた。また清廷に大きな慶典行事があると、属国は使臣を派遣して祝賀に赴かせた。清朝の皇帝は、属国に対して勅諭詔旨を頒布し、使臣を派遣する他、国王と来使に対して賞賜を行った。天子の度量の大きさと天朝の富裕さを顕示するため、「賜」は往々にして「貢」よりも多く、天朝が「遠人を懐柔するに、往を厚くして来を薄くす」の意を示した。使臣及びその随行員たちは、中国に到来した際に、みな貨物や銀を携えて貿易を行った。使者団の文人学士たちは、北京での逗留期間に中国の学者たちと交流した。このように、朝貢は政治面での意義の他にも、貿易の往来や文化交流という機能も備えていたのである。

　朝鮮は、清朝にとって非常に重要な属国であった。両国の間には、使節が絶えず、関係は非常に密であった。中国にやって来た使臣たちは、帰国すると往々にして王に召見され、中国の状況を報告した。特に書状官は、途上で見聞したことを記録し、国王に報告しなければならなかった。使節団のその他の人員たちもまた、しばしば出使における見聞を記録している。これらの記録の多くは『燕行録』と呼ばれ、清の歴史と中朝関係を研究するための貴重な資料となっている。

　ロシアは、ヨーロッパの国家の一つである。もとの国境は、遠くウラル山脈以西にあり、

中国とは接していなかった。16世紀末、ロシアの植民者たちは、ウラル山脈を越えてその領域を東方に拡張し、シベリアを併呑し、東進を続けた。1643年、ポヤルコフは、命を奉じて隊を率い、黒龍江に侵入し、中国の土地で悪逆非道の限りを尽くした。1650年から1658年にかけて、ロシアの植民者たちは絶えず我が国に侵入し、雅克薩（ヤクサ。現在の黒竜江省呼瑪県の黒龍江とアムール河の合流地点東岸のロシア・アルバジン城）などの地に武装拠点を築き、尼布楚（ニブス）にネルチンスク砦を築いた。これ以降、ニブスは長期にわたり、ロシアが我が国の黒竜江地域に対して植民活動を進める中心となった。

故郷を守るため、現地の住民と清軍は幾度も自衛反撃の戦いを行い、ロシアの植民者たちに深刻な打撃を与えた。このような状況のもと、ロシア政府は武力によって中国に侵攻する方針を堅持しつつ、一方では外交使節団を北京に派遣し、外交的な関係を築いて通商の利益を獲得しようと、各種の情報を収集した。順治帝十三年、バイコフの使節団が北京に来訪し、また康熙十五年にはニコラスの使節団が北京に到着したが、予定された目的を果たすことはできなかった。

ニコラスの訪華後、ロシアの侵略者たちは清政府の再三の抗議と警告を無視し、黒龍江地域で武力による拡張を継続した。清政府は、長年にわたって絶えず使者を派遣して書を投じ、和平交渉を呼びかけたが、ロシアの反応は差別的・詐欺的であり、侵略行為はさらに激化した。このような忍び難い状況のもと、清政府は自衛の権利を行使せざるを得なくなり、ロシアの侵入に対して反撃したのである。

康熙二十四年（1685年）五月、清軍はヤクサを攻撃した。ロシア軍は、成すすべのない窮地に陥り、降伏を余儀なくされた。ヤクサを奪還した清軍は、ロシアの強固な堡塁を焼き払い、その後アイグン（現在の黒龍江省黒河市南愛輝鎮）まで撤退した。しかし、ロシア軍は信義に悖り、迅速に捲土重来し、再びヤクサを占領した。康熙帝は激怒し、再度反撃の令を下した。二十五年六月、清軍はヤクサ城下に進み、包囲攻撃を実施し、敵に深刻な打撃を与えた。間もなく厳しい冬が到来し、ロシア軍は孤城で困窮し、飢えと寒さが切迫し、また壊血病が流行して死者が相次ぎ、ヤクサ城は陥落目前となった。九月、ロシア政府は急使を北京に派遣し、中国と国境に関する交渉を行うために全権大使のゴロウィンを派遣するといい、清政府に停戦とヤクサ包囲軍の撤収を求めた。康熙帝はただちにその要求を受け入れ、攻城の停止を宣布し、包囲軍を撤収させた。当時、城内のロシア軍は糧穀が尽き、疾病が流行していた。清軍は、糧穀をロシア軍に援助し、治療を行った。このことは、清朝の政府と人民が中露の国境問題の解決を真摯に願っていたことを改めて示すものである。

康熙二十八年七月、中露両国の使臣がニブスで交渉を行い、中露「尼布楚条約」（ニブス条約／ネルチンスク条約）を締結した。これは、中露両国間で結ばれた最初の条約であ

り、平等な協商を通じて締結されたものである。この条約では、中露の東側の境界が明確に画定され、法によって黒龍江とウスリー江流域の広大な地域が中国の領土であることが肯定された。こうして中国は、ロシアが侵略し占領した領土の一部を奪回し、黒龍江に対するロシアのさらなる侵略を制止し、東北地域の領域の安寧と保全が保障された。一方のロシアは、中国方面のバイカル湖以東のニブス一帯をその版図に入れ、ウダ川流域を待議地域とし、また中国との通商の権利を獲得した。この条約では、中露双方が境界を画定した後、永く誼を結び、貿易互市を行うことが規定され、両国の関係の正常化のために良好な展望をもたらした。中露「尼布楚条約」締結後、1世紀近くにわたり、中露両国の境界は基本的に安定し、両国の経済・文化などの面での連携は大きく増強された。

二　中国に来航した宣教師及び天主教に対する清政府の政策

　順治元年、范文程の仲介により、イエズス会士の湯若望（アダム・シャール）が清朝の宮廷に入り、暦法を修訂した。公開検証を経て、清廷はアダム・シャールの暦の計算が精確で誤りのないことを確認した。清廷は、アダム・シャールが西洋の新法に基づいて修訂したこの暦書を採用し、『時憲暦』と名付け、また彼を欽天監監正に任命した。こうしてアダム・シャールは、中国史上初めて重要な官職に任じられた西洋の宣教師となった。

　アダム・シャールは、深く広い学識と優れた仕事により、順治帝の重用と礼遇を獲得した。彼は、欽天監監正に任じられた他、太常寺卿・通議大夫などを相次いで加封された。順治八年から十四年の冬までの間、アダム・シャールは寵信を受けた老臣として順治帝の身辺に仕え、順治帝と親密な関係を築いた。順治帝は、宣教師たちと交流する中で、彼らの科学技術の知識の価値を認識していた。ときは清朝建国の初めに当たり、これまで顧みられなかった多くのことが始められようとしており、清廷は人材を集めることを重視していた。宣教師たちは、才能があるばかりでなく、清廷での服務を望んでいたため、順治帝は彼らを重用したのである。宣教師個人に対する好感は、天主教（カトリック）に対する寛容にまで拡大し、順治帝は宣教師に土地を賜り天主堂を建てた。この御制天主堂碑文は、客観的には、カトリックが中国で伝播するためにかなり有利な環境を整えるものであった。ただし順治帝は、碑文の中において、彼自身が服膺するのはカトリックではなく、儒家の学説であるということも明確に示している。

　康熙帝が位を継承した当初は、オボイら四大臣が輔政の任に就いていた。楊光先が起こした「暦獄」により、アダム・シャールは捕らえられ、冤罪を着せられたまま世を去り、宣教師たちはマカオに護送された。康熙帝は親政を開始すると、実験的な方法で多くの者たちに中西の暦法の優劣を弁じさせ、アダム・シャールらの名誉を回復した。また康熙帝は、大胆にも宣教師を起用し、彼らの知識を朝廷の服務に利用した。宣教師たちは、清廷

のために天文を観測し、節気や暦法を推算し、天文儀器を製造し、天文書籍を編纂し、西洋の天文学の東伝と中国天文学の発展に貢献した。彼らはまた、大砲を設計・製造し、三藩の乱の平定にも功を挙げた。

イエズス会士たちの科学知識、清廷に対する高能率の服務、合儒補儒の宣教の策は、康熙帝にカトリックに対する一定の興味と好感を引き起こさせ、カトリックは邪教異端ではないと認定させた。このような状況のもと、康熙帝はカトリックの中国での布教について黙認の態度を採った。康熙二十八年（1689年）、康熙帝は南巡を実施し（口絵34）、その途上で宣教師を召見し、彼らと親密に言葉を交わした。これは実際には、康熙帝が二十三年の南巡時に実施して以来の、外省の宣教師との接触と調査であり、各省におけるカトリックの状況に対する実地調査であった。同年、イエズス会士の徐日昇（トマス・ペレイラ）と張誠（ジャン・フランソワ・ジェルビヨン）は、通訳として中露のニブス交渉に参加し、中露「尼布楚条約」の締結を促進し、康熙帝の宣教師に対する好感をさらに増進させた。その後の数年間、ペレイラとジェルビヨンらは、命を奉じて毎日交代で宮に進み、康熙帝に系統的な西洋科学の知識を講義した。こうした頻繁の交流の中で、康熙帝の宣教師たちに対する感情は日に日に増大していった。

康熙三十一年二月、清廷は、中国におけるカトリックの布教を認める詔令を発布した。歴史上、「康熙容教令」と呼ばれている。これは、カトリックが中国に入って100余年来、中国の朝廷が初めて旨令の形式で正式な認可を与えたものであり、中西関係史上の重要な出来事である。

しかし、典礼論争が勃発したことで、情勢は逆転した。明朝末年、中国での布教に便とするため、マテオ・リッチをはじめとするイエズス会士たちは、中国の儀礼に従い、教徒が天を敬い、祖先を祀り、孔子を祭祀することを禁止しなかった。マテオ・リッチが世を去った後、イエズス会内では論争が発生した。康熙三十二年、福建代牧のフランス外国宣教会士の顔当（シャルル・メーグロ）が突然令を下し、管轄区内の中国教徒の祖先祭祀と孔子祭祀を禁止した。そのため、典礼論争はピークに達し、中国とヨーロッパで激烈な論争が引き起こされた。康熙三十九年、閔明我（グリマルディ）らイエズス会士が連名で上疏し、イエズス会士の中国の儀礼に対する見解を表明し、また皇帝に中国の儀礼と宗教が関係ないことを証明する勅諭の発布を求めた。康熙帝は、奏疏を受け取ったその日のうちに、朱筆で「ここに書かれていることは甚だ宜しく、大道にかなっている。天を敬うこと及び君臣に使えること、師長を敬うことは、天下の通義であり、改むべからざるところである」と指示した。イエズス会士はこれを受け取ると、すぐに人を派遣してローマへ送った。

しかし、教皇クレメンス11世は康熙帝の見解を無視し、1704年11月に中国の儀礼を

禁止する決定を出し、多羅（ド・トゥルノン）を中国に派遣して典礼論争の解決に向かわせた。1705年、トゥルノンが中国に到着した。康熙帝は、彼に対して辛抱強く中国の儀礼を解説し、祖先祭祀や孔子祭祀、天を敬うことは迷信ではないことを説明した。康熙帝は、中国の宣教師はみな清廷の信票を受け取り、マテオ・リッチの方針を順守し、中国の儀礼に従うことを宣言しなければならず、そうすれば中国に留まることができるが、さもなければ追放し出国させるという諭令を出した。頑迷で融通が利かないトゥルノンは追放され、マカオに拘禁された。

ローマ教皇庁は、我意を押し通し、2度目の使者を中国に派遣し、重ねて禁令を表明した。1721年1月、怒った康熙帝は、「以後、不必西洋人在中国行教、禁止可也、免得多事」と、西洋人の中国での布教禁止の指示をした。これより、康熙帝の天主教に対する政策には根本的な変化が生じた。清廷は、100年の長きにわたる禁教を開始し、中西の文化交流はこれにともなって深い谷へと落ちていった。しかし清廷は、科学技術を備えた西洋の人材を招来して清廷で服務させるという方針は維持し、一芸に秀でた宣教師が都で力を尽くすことを許し、彼らに対しては使用と制限の措置を実施した。このため、紫禁城内では依然として宣教師が活躍する姿がみられた。例えば、イタリアの宣教師郎世寧（カスティリオーネ）は、有名な宮廷画家であり、北京に51年間留まった。

三　イギリス使節団の中国来航と中英の衝突

清政府は、康熙年間に海禁を解除して海外貿易を開き、閩・粵・江・浙の4つの海関を設置した。これより、中外貿易は大きく発展した。乾隆二十二年（1757年）、清政府は1港のみで通商を行うことを宣布し、広州が中西貿易の唯一の港となった。イギリスなどの西洋の商人たちは、幾度も粵海関以外の関門での貿易を求めたが、清政府はこれを拒否した。清朝による種々の制限を打ち破り、対中貿易を拡大し、また中国に関する情報を収集して中国の実力を測り、イギリスが起こす行動の依拠とするため、イギリス政府は中国訪問の使節団を派遣することを決定した。

乾隆五十八年、マカートニーの使節団が乾隆帝の寿を祝うという名目で中国に来航した。清政府は当初、歓迎の態度を示し、これまでにないほどに彼らを重要視していることを示した。六月、マカートニーの使節団が天津に到着した。欽差大臣の徴瑞は、自ら天津に赴いて彼らを接待した。しかし、外交的な接触が開始する以前に、礼節上の衝突が発生した。清政府は、イギリスの使節に対して、各国の貢使が皇帝に観見する際の一連の儀礼に基づき、三跪九叩頭の礼を行うよう求めた。イギリス使節は、これを屈辱であるとして頑なに拒否した。儀礼の争いは、天津から北京を経て、熱河に到着するまで続いた。双方が相譲らなかったため、交渉は決裂間近となったが、最終的に双方は協議が成立した[28]。八月、

83歳の乾隆帝は、熱河の避暑山荘でイギリス使節団に接見して招宴を開き、イギリス使節が呈した国書と贈り物を受け取り、またイギリス王及び使節団に対して礼物を贈答した。

　マカートニーは、清政府に対して6項目の要求を提出した。（1）イギリス商人の寧波・舟山・天津での貿易を許可すること。（2）イギリス商人に対し、以前のロシア商人と同様、北京に商館を設置することを許可すること。（3）舟山付近の一島を、イギリス商人が居住し貨物を保管する場として提供すること。（4）広州付近の一地方を画し、イギリス人が自由に往来できるようにし、禁止しないこと。（5）イギリス商人の貨物のうちマカオから広州に運ばれるものは、免税もしくは減税を享受できるようにすること。（6）船舶の関税に関する条例を確定し、慣例によって納税することとし、額外の追加徴収を行わないこと。

　誰の目にも明らかなように、島嶼の割譲などこれらの要求の一部は、植民地主義の侵略という性質を備えていた。そのため、清政府は断固として拒絶し、「天朝の尺土、倶に版籍に帰し、疆址森然たり。即ち島嶼沙洲、亦た必ず界を画して疆を分け、各々専属有り」[29]と明確に宣布した。これは、完全な正論である。この宣言は、国家の主権を守り、植民主義の侵略を排斥するものである。一方で、要求の一部は、貿易関係の改善を希望する正常な要求である。当然ながら、このような状況に直面した清政府は、真剣に検討し、両者を区別して対応すべきであった。しかし、清政府は単純かつ一概に拒否し、イギリスの6項目の要求を全て「分に非ざる干求」[30]として斥け、断固として交渉の関を閉じ、イギリス使節団は京を離れて帰国した。清政府は、中国の大門を開くことを願わず、関を閉じて内に籠った。こうして、中国が世界を理解し、経済文化の交流を拡大し、社会の前進を推し進めるという歴史的機会は失われてしまったのである。

　清政府がこのような行動を取った理由は、主に外の世界に対する理解が全くないことにあった。近代的な国際交流の経験がなく、また経常的な外交関係の必要を認識せず、「天朝上国」という自己陶酔の中に耽溺し、自然経済の構造のもとの「人に求むることなし」という状態に満足していた。それは、乾隆帝が「天朝の物産豊盈にして有らざる所なく、原より外夷の貨物に藉らずして、以て有無を通ず」[31]と発言したことにも表われている。また、外国人が中国の各階層と頻繁に接触することで、後々の憂いとなり、統治が脅かされることを恐れていた。このため、「民夷の争論を杜ぎ、中外の大防を立つ」ことが求め

28　観見時にどのような儀礼を行ったかは、中英双方の記録で異なっている。イギリス人は、マカートニーらはイギリス王に観見する際の儀礼に基づき、片膝を地に着けたのみで、叩頭は行わなかったとする。一方、和珅の奏折によると、「該の貢使等、上（乾隆帝）に向かいて三跪九叩頭礼を行う」とある。この件について考証を行った当代の研究者たちも、それぞれ異なる見解を提示している。
29　『清高宗実録』巻1435・乾隆五十八年八月己卯条より。
30　分不相応な要求である、という意。
31　『清高宗実録』巻1435・乾隆五十八年八月己卯条より。

られたのである。

　マカートニーの使節団は、中国の門戸を開き、イギリスの貿易を拡張するという目的こそ達成できなかったが、使節団がその途上で収集した中国の政治・経済・軍事に関する情報は、イギリスが後に中国を侵略するための資料を準備することとなった。清王朝の各分野に対する観察と分析を通じ、マカートニーは、清王朝は実質的には極めて虚弱であり、「まるで古びてボロボロに傷んだ最高級の戦艦のようであり」、これを打ち破ることは難しくないと考えた。こうして、18世紀のヨーロッパでは、中国が強盛であり、富庶であるという見方に変化が生じたのである。

　嘉慶二十一年（1816年）、イギリスは、再びアマーストの使節団を派遣して中国を訪問させた。しかし、使臣が叩頭の礼を行うことを拒んだため、嘉慶帝は接見を拒否し、即日帰国させた。この一件は、清廷のイギリス人に対する警戒心と敵対感情をさらに深めることとなった。イギリス政府もまた大いに失望し、外交という方法では彼らの目的は実現できないと考え、武力を用いて中国の大門を開かせようとする砲艦政策が次第に形成されていった。こうして、イギリスの兵船が絶えず中国に到来し、中国の沿海地域で偵察や挑発活動を行うようになった。道光十八年（1838年）には、メイトランド率いるイギリス艦隊が、中国の海域に侵入した。

　16世紀の中西通商以来、中国の絹織物・茶葉・陶磁器などが大量にヨーロッパに輸出されたが、西洋側は中国に適した商品を提供することができず、中国は終始輸出超過の有利な立場にあった。この局面を改変するため、イギリスなど西洋の商人たちは、鴉片（アヘン）が彼らに大きな利をもたらすことを発見した。アヘンは、販売価格が原価に比べて高額であるのみならず、人々を中毒にすることができたためである。もしも中国のように人口の多い大国でアヘンが流行すれば、膨大な市場となるであろう。こうして彼らは、清政府の禁令を顧みず、アヘンを中国に向けて非合法かつ大規模に輸出した。アヘン貿易は、イギリス政府と東インド会社、イギリス商人に莫大な利益をもたらしたため、イギリス政府の強力な支持を得た。19世紀初めからアヘン戦争前夜に至るまでに、中国が輸入したアヘンの量は急激に上昇し、中国に極めて深刻な災難をもたらした。道光帝は、アヘンの輸入を途絶させることを決心し、林則徐を欽差大臣に任命し、広東に赴いてアヘンを取り締まらせた。道光十九年（1839年）、林則徐は虎門でアヘンを処分した。ここに、近代中国における、欧米の資本主義の侵略に対する反抗の序幕が開かれたのである。

第六節　清代前期の思想文化と科学技術

　200年近くに及ぶ清代前期では、早期に啓蒙思想が沸き起こり、晩期には経世思想が広

く盛り上がった。学術と文化の発展を主導したのは、康熙中葉以降に興起し、乾嘉時代に大いに盛んとなった、経史考拠の風である。清王朝の二面的な文化政策は、中国の伝統文化の最後の繁栄を促し、またその一方で民主と科学の精神の発生と伝播を封じ込めた。

一　清初の啓蒙思想と三大思想家

　明清交替期、激動する社会の現実は、学者たちに歴史の教訓の反省と総括を促した。このため、清朝初めには、多くの傑出した思想家たちが輩出された。彼らは、様々な角度から創見に富んだ一連の新たな思想や新たな観念を提示し、早期の啓蒙思想が形成された。黄宗羲・顧炎武・王夫之は、その代表的人物である。

　黄宗羲は、字は太沖、号は南雷といい、また梨洲と号し、学者たちからは梨洲先生と尊称された。浙江省余姚の出身である。その志は経世にあり、博学多識で、生涯著述に努め、後世に大量の著作を残している。このうち深遠な影響を備えた書として、『明夷待訪録』・『明儒学案』・『明文海』などがある。黄宗羲の最も際立つ理論的貢献は、封建君主の専制政権体制に対する一連の批判である。彼は『明夷待訪録』の中で、秦漢以来の君主の専権独裁を猛烈に批判し、「天下の大害を為す者は、君のみなり」と鋭く指摘し、「天下の治乱は、一姓の興亡に在らず、万民の憂楽に在り」という主張を唱えた。また秦以降の法律は、一家一姓の私利を守るためのものであり、一家の法であると考え、「三代以上に法有り、三代以下に法無し」と断言し、「法を治むること有りて後に人を治むること有り」という法治の主張を唱えた。黄宗羲は、明末における経済崩壊の現実から出発し、歴代の経済政策の得失を総括して、「富を民に蔵す」という主張を明確にした。『明夷待訪録』は、黄宗羲の政治理論の代表作であり、清初に思想界の共鳴を引き起こしたのみならず、清末における維新思想の発生にも積極的な推進作用をもたらした。

　顧炎武は、もとの名を絳、字を忠清といい、明の滅亡後に名を炎武、字を寧人と改め、また蒋山傭と自署し、学者たちからは亭林先生と呼ばれた。江蘇省昆山の出身である。彼は、「明道救世」を宗旨として学び、主な著作に『日知録』・『天下郡国利病書』・『音楽五書』・『亭林文集』などがある。『日知録』は、彼の生涯の力作であり、「学術を明らかにし、人心を正し、乱世を撥して以て太平の事を興す」ために著された[32]。顧炎武の歴史的貢献は、主に具体的研究の風潮を積極的に唱道したことにある。彼の実学思想は、宋明理学に対する批判から打ち立てられたものであり、当時及び後世に謹厳堅実な新学風の模範を示し、幅広い学術方法を開拓した。また、資料を重んじ、実証を重んじる治学の風格は、後に乾嘉漢学の基本的方法へと発展した。

32　（清）顧炎武『亭林文集』巻2・初刻日知録自序より。

王夫之は、字を而農、号を薑斎といい、学者たちは彼を舟山先生と尊称した。湖南省衡陽の出身である。清初の諸儒の中で、王夫之の学術体系は縝密で、最も博大である。彼は、経学・史学・子学・文学（詩詞歌賦を含む）の多くの分野において際立つ成果を挙げ、豊富な著述を残している。その重要な著作として、『周易外伝』・『尚書引義』・『読四書大全説』・『永暦実録』・『読通鑑論』・『宋論』・『張子正蒙注』・『思問録』・『老子衍』・『荘子解』・『黄書』・『楚辞通釈』などがある。王夫之の博大な思想体系の形成は、中国の伝統的学術に対する批判と継承の結果である。彼は、理学に出入りしつつ、理学を超越し、仏老の世界観を排斥しつつ、仏老の方法論を吸収した。また彼は、人類の文化の知識と思惟の成果の蓄積を重視したが、さらに創造的精神を豊かにすることを強調した。王夫之は、同時代の啓蒙家たちと同様に、封建的君主専制の制度を憎んでいた。政論・史論及び経学・哲学を問わず、その著作にはみな、彼の封建的専制主義に対する批判が貫かれている。

二　清廷の文化政策

　清廷の文化政策は、明確な二面性を備えていた。一方では、民族抑圧的な文化的専制を実施し、文字の大獄を興し、極めて悪い影響をもたらした。もう一方では、儒を崇んで道を重んじ、図書の編纂を重視し、文化の発展に積極的な効果をもたらした。

　文字の獄は、中国の歴史上では珍しいものではない。しかし、康雍乾時代では、封建的専制主義の君主集権制が高度に発展してゆくにつれ、政治思想の統制が日に日に厳しくなり、文字の獄はますます苛烈となり、案件の多さ、連座の範囲、処罰の厳しさは、いずれも空前のものとなった。文字の獄により、反清思想を抱く知識人層は鎮圧されたが、その大多数は雲をつかむように詞句を取り上げ、根拠のない考えを派生させ、無理やり罪名を押し付けたようなものであった。例えば、徐駿の詩の中には、「清風不識字、何得乱翻書」[33]、「明月有情還顧我、清風無意不留人」とあったが、これが譏訕悖乱[34]の言であるとみなされ、徐駿はただちに斬刑に処された。また、徐述夔の詩の中に「大明天子重相見、且把壺児擱半辺」、「明朝期振翮、一挙去清都」とあり、これが「本朝を去りて明朝を興さんとするの意有るは顕らかなり」とみなされ、徐述夔父子は棺を暴かれて屍を戮され、孫の徐食田とこの書のために跋を作った者及び校訂者が斬刑に処された。清代の文字の獄は、多くの知識人と無辜の連座者に無惨な迫害を加え、思想文化の分野に深刻な弊害をもたらし、その影響は深く広かった。文字の獄の恐怖のもと、多くの士人たちは怯え震えた。彼

33　徐駿は「窓辺で本を読んでいたところ、一陣の風が吹き、本のページがめくれ、読むことができなかった」と、その状態に趣を感じて読んだが、これを、曲解して「風」という文字に「風俗」という意味があるところから、「（清朝）の満州人は文盲の野蛮人だ。本を読んでいるのではなく、ただめくっているだけだ」と読み取れるとした。
34　譏訕は、そしること。悖乱は、正義にたがい、正道に乱ること。

らは、眼前にある社会問題を敢えて論じず、清朝の忌諱(きき)の歴史を敢えて著さず、現実から逃避し、政治から遠く離れたことを研究し、著述するようになった。こうして、明清交替期に発生した中国の早期の啓蒙思想は抑制され、民主的な科学の精神は扼殺されたのである。17世紀以降、中国の科学技術の発展水準は、ヨーロッパとの差がどんどん開いていった。これには多方面による原因があるが、封建専制制度が織り出した思想の網によって引き起こされた悪しき効果は、過小評価できない。

　文字の獄を大いに興して思想を抑え込んだ一方で、清廷は文教を重視もした。順治二年、軍務に追われる中、清廷は科挙を開催して士人を採用した。順治十年には、「儒を崇び道を重んずる」という基本国策を確定した。康熙十八年と乾隆元年には、博学鴻儒科(はくがくこうじゅ)が特別に開かれた。また、清廷は図書の収集と編纂を特に重視し、人力と物力を組織し、大規模な編纂事業を実施し、「稽古右文」の文治業績を顕示した。こうして、『明史』・『大清会典』・『平定三逆方略』・『朱子全書』・『律暦淵源』・『康熙字典』などの書が相次いで編纂された。最も有名なものは、『古今図書集成』と『四庫全書』である。

　『古今図書集成』は、大型の類書であり、門類綱目を分列し、群書を集め、各種の典籍から類別に摘録を採択し、集成したものである。もとは陳夢雷が編纂を取り仕切り、『古今図書匯編』と名付けられたが、進呈御覧の後に康熙帝から『古今図書集成』の名を賜った。この書は、雍正年間に蒋廷錫らによって増補を加えられた後、印刷されて世に問われた。合計1万巻、6彙編、32典、6109部に細分される、我が国古代の大百科全書である。

　『四庫全書』は、我が国の史上最大の叢書である。これは、我が国古代の重要な典籍を初めから終わりまで完全に抄録した書であり、経・史・子・集の4部44類に分けて編纂された。収録された図書は計3461種、8万巻近くに上り、全てを網羅し、広範な内容を有する、我が国古代の思想文化の遺産の集大成である。その編纂作業は、乾隆三十八年に四庫館が設立されてから、五十二年に編纂が完全に完了するまで、15年をかけて行われた。全書は7部編まれ、それぞれ内廷の文淵閣、円明園の文源閣、避暑山荘の文津閣などで保管された。この他、紀昀らが撰写した『四庫全書総目』は、1万以上の図書（著録と存目を含む）に対して紹介と評論を加えたものである。しかし、『四庫全書』の編纂の過程は、禁書と毀書の過程でもあった。この期間に清廷が禁毀書とした図書は3100種以上の多きに達し、これは文化的な大災難にほかならなかった。

三　思想学術

　明朝末、中国の社会は大激動の時代に足を踏み入れた。清初に入ると、明清の交替という天地が覆るような事件を経て、陽明心学ないし宋明理学は没落へと向かい、我が国の学術は、いかなる道を歩んでゆくのかという問題に直面した。この時代の中国の社会・経済・

政治・文化の諸方面における発展水準の制約のため、学術界の人々は、宋明を反省して両漢に回帰し、ここに復古学の気風が興ったのである。

　康熙中期以降における国家の統一、社会の安定、経済・文化の盛んな発展は、いずれも学術の繁栄に利をもたらしたが、清の統治者たちが励行した思想文化の専制により、学者たちはその精力と興味を主に経史の考証・弁偽・文字の訓釈に投じた。こうして、経史考拠の風が大いに湧き起こったのである。閻若璩と胡渭は、考証学に通じたことで清初に名を顕した。乾隆・嘉慶両朝では、考証学が流行し、中国古代の学術の総括と整理を基本内容とする乾嘉学派が形成された。恵棟は、乾嘉学派形成期における代表的な人物である。恵棟の学から戴震の学に至るまでは、乾嘉学派の形成期から最盛期の縮図である。恵棟は江蘇省蘇州の人、戴震は安徽省休寧の人であることから、呉・皖二派の区別がある。この他、焦循・汪中を代表とする揚州派、全祖望・章学誠を代表とする浙東派などがある。乾嘉学の成果は、主に経学・文字音韻学・校勘輯佚・子学と史学の分野にみられた。その最たるものが経学であり、本経の疏解や群経の通釈のいずれにおいても空前の成果がみられた。恵棟の『後漢書補注』は、乾嘉時代の古史博考の風を開く著作である。また、銭大昕の『廿二史考異』・趙翼の『廿二史箚記』・王鳴盛の『十七史商榷』は、清代における3部の歴史研究の名著である。

　乾嘉時代、復古の気風が立ち込める学術思想界では、卓見に富んだ人々が現れた。例えば、最も有名な戴震は、経学の大師であり、恵棟ら経学を修めた他の者たちよりもさらに考えが抜きんでていた。その著書『孟子字義疏証』は、乾嘉時代における最も傑出した思想史の巨著である。章学誠は、有名な歴史家であり、代表作に『文史通義』がある。彼の生涯は、時趨に逆らう反潮の勇気に満ちていた。汪中は、荀子と墨子の研究に大きく貢献した。彼は、荀学は孔学を真に伝えたものであると肯定し、墨学の旨は救世仁人にあること、先秦時代は儒墨と併び称される顕学であったという歴史的事実を明らかにした。洪亮吉は、人口学説に寄与するところが大きい。焦循は、著述が広範に及び、通儒と称えられ、数学と易学、孟学の研究で最も大きな名声を獲得した。

　道光時代、清朝の最盛がすでに過ぎ去り、内憂外患が発生すると、学術思想もこれにともなって一変した。それは主に、今文経学が康乾時代における復活から興起へと向かい、経世の思潮が再び流行したことに表われている。清代今文経学の研究は、荘存与によって気風が開かれ、劉逢禄がこれを発揚して輝かしいものとした。嘉道時代の龔自珍と魏源は、かつて劉逢禄に師事して『公羊』を学んだ。彼らは胸に大志を抱き、一経生となることをよしとはせず、『公羊』学に託して社会批判を行い、社会の変革を提唱した。龔自珍と魏源は、時代の先覚者として称えられている。

四　文学と芸術

　清初の詩壇では、まず銭謙益・呉偉業の2人の老詩人が挙げられる。銭・呉の他、詩壇で栄誉を享有したのは、「南施北宋」である。「南施」は施閏章を指し、「北宋」は宋琬を指す。清初の遺民詩人は100を以て数え、中でも顧炎武の成果が最も大きい。康熙中期以降の詩人としては、王士禛が最も有名である。乾嘉時代には、詩壇におおよそ三派があった。すなわち、沈徳潜・翁方綱を代表とする復古派、鄭燮（字は克柔、号は板橋、江蘇省興化の人）を代表とする反伝統的な浪漫精神派、袁枚を代表とする性霊派である。嘉道時代には、詩壇に革新の風が突如巻き起こり、改革を叫ぶ詩人を輩出した。龔自珍（浙江省仁和の人、現在の浙江省杭州市）は、その中でも群を抜いて優れていた。彼の「九州の生気風雷を恃み、万馬斉しく瘖（おしだま）り究に哀れむべし。我れ天公に勧む、重ねて抖擻（とそう）して、一格に拘らずして人才を降されんことを」[35]という詞は、人々の心を打ち、今日に至るまで伝えられ、詠み継がれている。乾隆帝もまた、清代の詩壇において一つの地位を占めている。彼の名義による数万首の詩は、全てが自作ではなく、また質も様々ではあるが、独自の文史的価値を備えている。

　清代前期の主な文人として、陳維崧・朱彝尊・納蘭性徳・張恵言がいる。陳維崧の文は気勢豪壮で、朱彝尊の文は清麗高雅である。納蘭性徳は、満州族第一の大文人であり、その文は自然かつ流暢で、誠実で人々を感動させる。張恵言は、乾嘉時代に常州詞派を開いた宗師であり、その影響は非常に深い。清初の散文の名家としては、侯方域・魏禧・汪琬がいる。清代中期には、散文の分野で復古主義の傾向が新たに発展した。この時期の文学は、派閥は多いものの、卓然と自ら一家を成す者としては、桐城派と陽湖派があるのみである。

　清代の文学で最も輝かしい成果がみられたのは、小説と戯劇であり、世に伝わる多くの不朽の名著が誕生し、また中外に名の聞こえた作家が現れた。蒲松齢（山東省淄川の人。現在の山東省淄博市）の『聊斎志異』は、妖狐鬼怪の故事に借りて現実社会の暗黒を投影し、世俗に対する憤嫉の感情を発している。呉敬梓（安徽省全椒の人）の『儒林外史』は、風刺小説の傑作であり、科挙取士の弊害を容赦なく知らしめ、社会の上層、特にむやみに功名富貴に酔いしれる儒林の醜態を辛辣に風刺している。曹雪芹（幼くして南京に居住し、後に北京に居住した）の『紅楼夢』は、中外の文化史上最も優れた古典小説の一つであり、思想的社会的意義を深く湛えているのみならず、卓越した芸術としての成果を備え、近現代小説の発展に深遠な影響をもたらした。

35　中国（九州）の生気は、風雷のような勢い盛んなものに頼っている。人々（万馬）がみな押し黙っているのは、極めて悲しいことである。私は天公に勧めたい。もう一度奮い立ち、一つのわくにこだわらず、有為の人材を登用すべし、と。

戯劇の分野では、戯劇理論の著作として李漁（雉皋、すなわち現在の江蘇省如皋市の出身で、後に南京に居住した）の『閑情偶寄』があり、有名な伝奇劇本として洪昇（浙江省銭塘の人）の『長生殿』と孔尚任（山東省曲阜の人）の『桃花扇』がある。清代中期、民間に根付いた地方戯曲が次々と勃興し、「花部」と「雅部」が華やかに競い合った。乾隆四十四年、秦腔の芸人の魏長生が京に入り、京腔が秦腔の優れた点を急速に吸収し、両腔が融合して一体となった。同五十五年には、乾隆帝の80歳の大寿を慶賀するため京にやって来た徽戯の芸人の高朗亭が、安慶花部を京腔・秦腔と合わせ、その班を三慶と名付けた。嘉慶以降、北京の徽戯には、西皮・二黄調を主体とする声腔の系統がみられるようになった。これが京劇の起源である。

　清代の画壇は、百花斉放の景色を呈した。有名清初六大家、すなわち王時敏・王鑑・王翬・王原祁・呉歴・惲格は、この時代に現れた。また、果敢に新しいものを創造した「揚州八怪」、すなわち乾隆年間に揚州で絵を売っていた画家たちがいる。彼らは、正当な画風に反対し、個性を鮮明に押し出していたことから、怪異とみなされた。この他、宮廷で活躍した郎世寧（カスティリオーネ）や王致誠（アッティレ）ら西洋の宣教師画家がおり、彼らによって西洋の絵画芸術がもたらされた（口絵35）。

五　科学技術

　清代において、我が国の科学技術は従来の基礎の上に発展を遂げた。中国に来航した宣教師たちがもたらした西洋の科学技術の知識は、我が国の伝統的科学の変革を促し、特に天文暦法・数学・武器の製造・地図の測量製図・建築などの分野で顕著な進歩と成果を挙げた。

　順治年間、清廷は、宣教師アダム・シャールが西洋の新法に基づいて修訂した「時憲暦」を採用した。康熙年間には、宣教師の南懐仁（フェルビースト）に命じて6点の大型天文儀器の製造を監督させた。黄道経緯儀・赤道経緯儀・地平経儀・地平緯儀・紀限儀・天体儀である。これらの儀器は、第谷（ティコ・ブラーエ）の設計を参考とし、ヨーロッパの機械加工技術と中国の鋳造技術とが結合したものであり、中国の伝統的な儀器よりも精緻であった。またフェルビーストは、『霊台儀象志』を著し、これら6点の儀器の製造と組み立て、用法について詳細に論述した。この書は、図と文が豊富で使用に便利であり、欽天監の常用書となった。康熙末年、清廷は中西の学者たちを組織して『暦象考成』を編纂した。乾隆年間には、『暦象考成後編』と『儀象考成』を編纂し、銅鋳の大型天文儀器である璣衡撫辰儀（口絵36）を製造した。『暦象考成後編』には、西洋の天文学の諸家の新説が採用されているが、コペルニクスの日心地動説は紹介されていない。乾隆二十五年には、宣教師蔣友仁（ミシェル・ブノワ）が『増補坤輿全図』を製作した。この図の解説の

中で、ブノワはコペルニクスの日心地動説を紹介している。清の政府が天文暦法を重視したため、民間の天文学研究も活発となった。その主要な代表的人物として、王錫闡・梅文鼎らがいる。

康熙帝は、自ら宣教師から西洋の数学の知識を学び、清代における数学の発展の高まりを推進し、方中通・梅文鼎・梅瑴成・明安図ら有名な数学者が現われた。康熙帝はまた、蒙養齋館を開設し、人々を組織して西洋科学の知識を大量に含んだ『律暦淵源』を編纂した。この書は3部から構成され、そのうちの一つが『数理精蘊』である。この書は、明末清初の西洋の数学が伝来した時代における総括的な数学の巨著であり、また我が国を代表する当時の最高水準の数学百科全書であり、清一代にわたって深遠な影響をもたらした。

清廷は、早くもホンタイジの時代に、西洋の大砲を導入した。これは、明清の戦局の転変に重大な影響をもたらした。順治年間には、清廷は北京で八旗砲廠と火薬廠を開設し、大量の大砲を製造した。三藩の乱が勃発すると、反乱軍の実力が極めて強大であり、また彼らは山水が交錯する湖広・江西などの地に盤踞したため、清廷は緊急に軽便な大砲を必要とした。そこで康熙帝は、宣教師のフェルビーストに命じて軽便な大砲を研究させ、これを大量に製造した。これらの大砲は、前線に送られ、三藩の乱の平定に大きく貢献した。フェルビーストが設計し製造した神威将軍砲などの大砲は、後に東北に送られ、ロシアの侵略に対する抵抗戦争においても威力を発揮した。しかし、康熙中期より国内の平和が久しくなると、清廷はもはや武器の改良と発展を重視しなくなり、西洋から日に日に遅れをとり、遂には欧米列強の侵略に対抗するすべを失くしてしまったのである。

康熙帝は、宣教師と中国の学者たちを組織し、全国の範囲に及ぶ大規模な実地測量を実施し、『皇輿全覧図』を製作させた。これは、実地調査を経て、天文観測と地上の三角測量などの科学技術を併用して完成された、極めて詳細な全国地図である。『皇輿全覧図』は、康熙四十六年に測量が開始され、康熙五十七年に完成するまで、十数年をかけて製作された。これは、中国の地図測量製図史上における創挙であるのみならず、世界においても空前の規模のものである。乾隆年間には、清廷は再び中西の学者たちを組織して『乾隆内府輿図』（『乾隆十三排地図』とも呼ばれる）を完成させた。これは、康熙朝の『皇輿全覧図』を基礎とし、新疆とチベットの地図を加えた地図であり、世界地図とロシアの図籍製図を参考として作成されたもので、『皇輿全覧図』に比べてさらに大きく進歩している。『皇輿全覧図』の範囲は、西は西経40度以上、北は北緯55度に及ぶ。また『乾隆内府輿図』は、西は西経90度以上、北は北緯80度に至り、全図の及ぶ地域は、北は北極海、南はインド洋に至り、西はペルシャ海・地中海・紅海に及ぶ、当時において世界最大の範囲を誇る世界分区地図であった。

清代前期、経済と文化の発展にともない、政府や地主商人たちは大いに土木工事を興し、

図 10-2　円明園瀛観
(故宮博物院編『清史図典』第 6 冊、紫禁城出版社、2002 年版、237 頁より)

宮殿や園林、寺廟の建築は最盛を極め、工事技術と建築芸術は共に高い水準に到達した。北京城内では、宮廷と隣り合う三海（中・南・北）が皇帝の遊楽宴息の地となった。城外の西北郊には、有名な三山五園、すなわち香山静宜園・玉泉山静明園・万寿山清漪園及び暢春園・円明園があった。河北の承徳には、避暑山荘があり、その周囲には壮大な寺廟群があり、外八廟と呼ばれている。雷発達とその子孫は、6代にわたって「様式房」を取り仕切り、皇宮・三海・円明園・玉泉山・香山・頤和園及び東西二陵の工事設計を相次いで担当し、「様式雷」と呼ばれた。清代の園林の中で第一のものが円明園である（図10-2）。円明園は、中国古典園林芸術の最高峰であり、また世界の園林芸術史上における珠玉である。その興衰の始末は、清王朝の盛衰の変化と緊密に関連している。

第十一章

清代後期

　清代後期とは、道光二十年から宣統三年まで（1840～1911年）を指す。この時代には、道光（在位期間は清代前後両期に跨がる）・咸豊・同治・光緒・宣統の5帝が位に即いた。1840年に勃発した中英鴉片戦争（アヘン戦争）は、中国近代史の発端である。この72年の間、日に日に衰微してゆく清政府は、列強の侵略に直面し、一連の不平等条約の締結を迫られ、主権を喪失し、国勢は衰微した。この中華民族の危急存亡の瀬戸際において、多くの志士仁人たちが、国家の滅亡を救い、民族の生存を図るため、時代の悪弊を突く多くの改革を主張し、反帝国主義・反封建の血みどろの奮戦を展開した。しかし、近代中国が半植民地・半封建社会の深い淵へと陥る歴史の運命を変えることはできなかった。

　1911年に勃発した辛亥革命により、封建主義勢力を代表し、帝国主義の侵略者と結託した清王朝は一挙に滅ぼされ、中国史上二千年以上にわたって続いてきた封建帝制は終結した。しかし、革命の果実は軍閥の手中に落ち、帝国主義と封建主義の2つの大山は、依然として中国人民の身の上に重くのしかかった。

第一節　列強の中国侵略と国勢の衰微

一　二度のアヘン戦争と「南京条約」などの一連の不平等条約の締結

　アヘン戦争以前の中英貿易では、イギリス商人たちは中国に向けて主に綿紡績品とインド綿花を輸出し、中国からは生糸・茶・漆器・陶磁器などを輸入していた。中国は、自給自足の自然経済であり、また清政府が対外貿易に対して制限と警戒の政策を採っていたため、イギリスの中国貿易は長期にわたって輸入超過の状況が続いていた。そのためイギリスは、アヘンを密輸して巨額な利益を掠め取ることを決定した。

　アヘン（鴉片）は、大烟と俗称され、吸飲すると中毒になる麻薬である。乾隆後期より、イギリス東インド会社は、中国に向けてアヘンの密貿易を開始した。統計によると、中国に輸入されたアヘンは、1800年から1820年までは毎年平均4200箱、1821年から1829年までは平均1.9万箱、1830年から1840年までは平均2.4万箱に上った。アヘンの密売が急激に増加したことで、大量の銀が海外に流出し、さらにアヘン吸飲者が増加するという、

深刻な経済的・政治的・社会的危機が生み出された。1838年、湖広総督の林則徐は、アヘンは「毒を天下に流す」ものであり、もしこれを厳しく禁じなければ、数十年後には「中原に幾ばくも以て敵を御するべき兵無く、且つ餉を充たすべき銀なし」となるであろうことを指摘した[1]。同年、道光帝は林則徐を京に召し、アヘン禁止の措置について討議し、12月に彼を欽差大臣に任命して広州へ南下させ、アヘンの取り締まりを実施させた。

林則徐は、福建省侯官（現在の福州市）の人で、湖広総督在任時にアヘンの禁絶で著しい成果を挙げた。1839年（道光十九年）一月、林則徐は毅然として「苟（いやしく）も国家に利すれば生死を以てせんとす。豈に禍福に因（よ）りて之を避趨（ひすう）せんや」[2]という忠勇の気概を抱き、広州に赴いた。彼は3月10日に到着すると、ただちに外国人アヘン商人たちに対してアヘンを差し出すよう要求し、また保証書を締結し、「後を嗣いで来たる船は永遠に敢えて鴉片を夾帯せざれ。如し帯来するもの有らば、一て査出するを経て、貨は尽く官に没し、人は即ち法に正さん」[3]という声明を出した。また、「若し鴉片の一日未だ絶たざれば、本大臣一日として回（かえ）らず。誓うに、此の事と相い始終せん。断ずるに、中止するの理無し」[4]という決意を示した。外国人アヘン商人たちは、やむなくアヘン19179箱・2119袋、総重量270余万斤を引き渡し[5]、これらは6月3日から23日の間に虎門海岸でまとめて処分された（図11-1）。この虎門でのアヘン処分は、西洋の植民地主義者の侵略に対する中国人民の反抗闘争の偉大な起点であり、深遠な意義を有している。

武力による侵略という方法を通じ、中国で植民の勢力を拡張してゆくことが、イギリス政府の既定方針であった。林則徐らは、アヘン禁止の措置を容赦なく実施し、イギリスの密売商人と英印当局、イギリス政府に深刻な打撃を与えた。10月、イギリス政府は中国に対して宣戦を布告することを決定した。1840年6月、イギリス艦隊が広東の海上に到達し、広東の江上と海口を封鎖することを宣布し、アヘン戦争が勃発した。その後、イギリスは絶えず兵力を増派し、戦艦25隻、その他の艦船60隻余り、兵力は2万人余りに達した。清朝の愛国の官兵と中国人民たちは勇敢に戦い、関天培・陳化成ら壮烈に国に殉じた民族英雄も現れたが、清政府の腐敗と無能さ、軍備の弛緩、武器の後進性などの要因により、遂には敗れてしまった。1842年（道光二十二年）8月29日、中英は「南京条約」

---

1 『湖広総督林則徐奏為銭票無甚関碍宜重禁喫烟以杜弊源片』、中国第一歴史档案館編『鴉片戦争档案史料』第1冊、上海人民出版社、1987年版より。餉は、軍の食糧。
2 『鴉片戦争档案史料』第1冊、『林則徐全集』（五）、福州海峡文芸出版社、2002年版より。国を利することであれば、命をかけて行う。自分の禍福を理由に逃げ出したりなどはしない、という意。
3 以後、中国に来航する船は、永遠にアヘンを持ち込んではならない。もし持ち込む者がいれば、全て調査の上、積み荷は全て官が没収し、人は法で正す、という意。
4 同上。もしアヘンを一日絶やすことができなければ、私は一日として北京には帰らない。私はこのアヘン禁止の事案と共にあることを誓い、アヘン禁止を中止することは断じてない、という意。
5 『林則徐集』日記、中華書局、1962年版より。

図 11-1　虎門銷煙池遺跡
(故宮博物院編『清史図典』第 9 冊、紫禁城出版社、2002 年版、60 頁より)

を締結した。

「南京条約」は、中国近代史上最初の、主権を喪失し、国を辱めることとなった不平等条約である。「南京条約」は計 13 条あり、主な内容は以下の通りである。(1) 広州・福州・厦門・寧波・上海の 5 つの海港を開放し、通商を行う。(2) 香港島をイギリスに割譲する。(3) イギリスに銀 2100 万元の賠償を支払う。(4) 協定関税とする。

その後に締結された中英「虎門条約」などでは、中国の主権に深刻な損害を与える内容が追加された。例えば、片務的な最恵国待遇[6]、中国の港への外国軍艦の常駐、イギリス人が通商港で土地や建物を租借し居住することの許可、イギリス人が領事裁判権、すなわち治外法権を享有すること、などである。この治外法権により、イギリス人は中国で罪を犯しても、中国の法律による制裁を受けることはなかった。

アヘン戦争の終結後、アメリカやフランスといった資本主義国家もまた、どさくさに紛れて不法な利益を占めようと、軍事的な威嚇などを通じ、1844 年に中米「望厦条約」、中仏「黄埔条約」などの不平等条約を相次いで締結した。

アヘン戦争は、清朝後期に発生した中国史の重要な転換点であり、この後の中国近代における歴史の発展方向に重大な影響を与えた、中国近代史の発端である。「南京条約」などの一連の不平等条約の締結は、中国の領土の保全と主権独立に深刻な損害を与え、中国

---

[6] 片務は、当事者の一方だけが義務を負うこと。イギリスは清の最恵国待遇を享受したが、清側には認められなかった。

は独立した主権国家から半植民地・半封建社会へと転じ始め、中華民族の危機と苦難は日に日に重さを増していった。

　列強のイギリスとフランスは、中国で享有した各種の特権をさらに拡大するため、1856年から1860年（咸豊六年から十年）にかけて第二次アヘン戦争を引き起こした。1858年5月、英仏連合軍は大沽砲台を攻め落とし、天津まで突き進んだ。清政府は、この侵略者たちと「天津条約」を締結した。1860年8月、英仏軍は「換約」を口実に、機をうかがって再び大沽と天津を攻略し、北京に迫った。咸豊帝（奕詝、在位：1851～1861年）は、慌てて熱河の行宮へと逃れた。10月5日、侵略者たちは北京郊外に軍を進めた。

　10月6日、侵略者たちは円明園に闖入し、園内の金銀珠宝及び文物を3日間かけて略奪し尽くした。その後彼らは、150年の歴史を持ち、敷地350ha、200棟以上の各種様式の建築を擁し、人類文化の奇跡と称えられたこの世界的名園に、火を放って焼き払った。「円明園の焚掠は、中国に対する極めて惨酷な行為であり、英法両国の植民軍はその行いを恥ずべきである」[7]。

　清政府は、10月24日と25日にかけて、英仏の侵略者それぞれと「天津条約」の批准書を交換し、また「北京条約」を締結した。これより、外国公使が北京に常駐することとなり、彼らが清政府を操るための利便性がさらに増した。また、天津などを通商港として開き、関税や子口半税を引き下げ、外国の商船・兵船が長江沿いの内地に深く入ることができるようになった。このことは、列強が中国に対して商品を投げ売りし、原料を掠奪するために利をもたらした。この他、最恵国待遇と利益の均霑[8]という原則の確立、九龍司を割譲して「英属の香港界内に帰す」とする規定などにより、中国の主権はさらに損なわれた。これらの条約のうち、アヘン貿易の合法化の規定は、侵略者たちの貪婪無恥ぶりを充分に露わにするものであり、アヘン吸飲の毒は、これまで以上に中華の大地に立ち込めることとなった。

　第二次アヘン戦争の期間には、アメリカとロシアの両国が「調停者」の名義により、清政府に対して中露「天津条約」と中米「天津条約」の締結を相次いで迫った。1858年には、英仏連合軍が大沽口を攻略した機に乗じ、ロシア軍が中国東北に侵入し、清政府に中露「アイグン条約」を締結するよう迫り、黒龍江以北の60万km²以上の中国の領土がロシアに帰属した。1860年には、再び中露「北京条約」が締結され、ウスリー江以東の40万km²の土地がロシアに割譲された。1864年（同治三年）には、「中露勘分西北界約記」が締結され、

7　フランス元大統領デスタンが、フランス人作家 Bernard Brizay の著書『1860：円明園大劫難』の中文版のために書いた序文より。この書は高発明らによって翻訳され、浙江古籍出版社から2005年に出版された。英仏の侵略軍は、1860年10月18日から19日にかけて円明園に火を放ち、焼き払った。

8　均霑は、各者が平等に恩恵や利益を得ること。列強諸国は、それぞれが清と最恵国待遇の規定を結び、清における恩恵と利益を平等に享受した。

ロシアは再び中国の 44 万 km²余りの領土を掠め取った。こうしてロシアは、英仏の国土の総面積に相当する 150 万 km²以上の中国の領土を相次いで掠め取り、列強の中国侵略における最大の利益獲得者の一国となった。

二 中仏戦争（清仏戦争）と「中仏新約」の締結

　中国とベトナムの両国は、歴史上悠久の交流と結び付きがあり、宗主と藩属の関係を形成していた。しかし 19 世紀中葉以来、フランスは絶えずベトナムを侵略し、さらにベトナムを足掛かりとして中国を侵略しようと企んでいた。

　フランスは、1873 年（同治十二年）と 1882 年（光緒八年）の 2 度にわたってベトナムに進攻した。ベトナム政府は、中国に救援を求めた。広西の農民義軍「黒旗軍」は、劉永福の指揮のもとベトナムを支援してフランスに抵抗し、清政府もまた軍事と物資の面で支援した。「黒旗軍」は、幾度もフランス軍を大敗させた。1883 年末、フランス軍はベトナムを征服すると、中国軍に向けて進攻を開始した。海上では、1884 年 8 月に福州の馬尾軍港が攻略された。陸上では、フランス軍は広西・雲南の辺境に進軍したが、中国軍民の勇敢な抵抗に遭い、清軍の老将馮子材は、鎮南関（現在の友誼関）と諒山でフランス軍を大敗させた。しかし、陸上の戦場では続けざまに勝利していたにもかかわらず、清政府は主和派の主導により、フランスと和平交渉を進めた。1885 年 6 月、「中仏新約」（天津条約）が締結された。この条約では、フランスのベトナム占領を認めるのみならず、中国が広西・雲南で商埠[9]を開き、鉄道を建設する場合は、フランス人と「商辦相助」[10]することが規定された。フランスは、願い通りに中国西南地域の大門を開いたのである。

三 中日甲午戦争と「馬関条約」の締結

　中日甲午戦争（日清戦争）の勃発は、日本の明治政府が推進した、対外侵略拡張を目指す大陸政策の結果である。明治維新の後、日本は列強の陣営に加わり、中国を侵略する最も凶暴で残忍な敵国の一つとなっていた。

　1894 年（光緒二十年）、日本は、朝鮮で発生した東学党起義の機会を利用し、まず清軍を朝鮮に誘い入れ、続いて清軍が朝鮮に入ったことを口実に、大軍を朝鮮に派遣し、戦端が開かれるよう挑発した。また、海陸両路より清軍に向けて軍を進め、こうして中日戦争が正式に勃発した。この戦争は、甲午の年に発生したため、「甲午戦争」とも呼ばれている。中日甲午戦争は、3 つの段階に分けられる。第 1 段階：7 月 25 日に清軍の北洋艦隊（図 11-2）が日本海軍の第一遊撃隊の突然の襲撃を受け、8 月 1 日に中日双方が正式に宣戦布

9　外国と通商を行う商業都市のこと。
10　商辦は、官辦（政府が経営すること）に対する語で、民間が経営すること。

図 11-2　北洋水師「致遠」号官兵の写真
(故宮博物院編『清史図典』第 12 冊、紫禁城出版社、2002 年版、239 頁より)

告した。また、平壌を守っていた清軍に日本軍が進攻し、清軍は大敗して国内に退いた。第 2 段階：9 月に清軍の北洋艦隊が鴨緑江河口の大東溝付近の黄海で日本海軍と遭遇し、激烈な砲撃戦を繰り広げた。10 月には、日本軍が中国の東北地域に侵入し、九連城・安東・金州・大連・旅順などの地を攻略した。第 3 段階：1895 年 1 月、2 万人余りの日本軍が山東半島の栄成から上陸し、威海衛を攻略した。清軍の北洋艦隊は、日本軍の陸海両面からの挟撃を受け、全軍潰滅した。1895 年 4 月 17 日、清政府は日本の馬関（下関）で中日「馬関条約」を締結した。この条約で規定された内容は、以下の通りである。（1）中国は、日本の朝鮮に対する支配を承認する。（2）遼東半島と台湾島及びこれに付属する島嶼と澎湖諸島を日本に割譲する。（3）日本の戦費の銀 2 億両（清政府の 1 年の財政収入の 3 倍に相当する）を賠償する。（4）日本が中国の通商港に工場を設立することを認める。（5）沙市・重慶・蘇州・杭州の 4 つの通商港を開港する。後に、ロシア・フランス・ドイツの 3 国は、自国の利益のために日本が遼東半島を独占することを望まず、これに干渉し、清政府は銀 3000 万両で遼東半島を「贖回」[11]した。

「馬関条約」の締結により、中国の半植民地・半封建社会への過程は加速し、中国は列強によって分割されるという深刻な民族的危機に直面した。また、国家の主権が著しく失われ、外国資本が大量に進入してくると同時に、中国の民族資本主義もまた初歩的な発展

11　買い戻すこと。

図 11-3 「辛丑条約」締結の現場の写真
（故宮博物院編『清史図典』第 12 冊、紫禁城出版社、2002 年版、305 頁より）

段階へと進んだ。こうして、民族主義と民主的思潮が急速に興起し、中華民族は挫折と苦痛の中で覚醒し始めたのである。

四　八か国連合軍の侵入と「辛丑条約」の締結

　列強の侵略と激化する民族的危機に直面し、農民や手工業者を主体とする広範な民衆が反帝国主義・愛国的な義和団運動を巻き起こし、「扶清滅洋」[12]のスローガンを掲げ、列強に矛先を向けた。1900 年 6 月、義和団は山東から大挙して京津地域に進入し、義和団運動の拡大はピークに達した。1900 年 6 月から 8 月にかけ、英・米・独・日・露・仏・伊・墺は「八か国連合軍」を組織し、中国侵略戦争を開始した。連合軍は、大沽・天津・北京を次々と攻略し、1901 年春にはまた山海関・保定・娘子関・居庸関・宣化・張家口などの地に進攻した。ロシアはこの間に、独自に 17 万の兵を派遣し、中国東北部に侵入し、東北の主要な都市と交通路を占領した。

　八か国連合軍は北京に攻め入った後、「軍に 3 日間の掠奪を特別に許可し、その後も私的な掠奪は続いた」[13]。ロシアは東北に侵入した後、海蘭泡と江東六十四屯において「男女老幼を分かたず、惨くも屠殺に遭う」という、恐るべき残酷な事件を起こした。

　1901 年 9 月 7 日、清政府は、英・米・独・日・露・仏・伊・墺（後にベルギー・オラ

12　清を扶けて西洋の侵略者を打ち滅ぼす、という意。
13　『中国近代史資料叢刊』義和団・第 2 冊、上海人民出版社、1951 年版より。

ンダ・スペインの3国が加わった）の国々と「辛丑条約（北京議定書）」の締結を余儀なくされた（図11-3）。この条約では、以下のことが規定された。（1）列強に「罪を得た」た各級の官吏を処罰する。（2）明文をもって、民間の各種の反侵略組織を禁止する。（3）銀4.5億両を賠償し、1902年1月より39年間の分割払いとする。利息を加えると、合計銀9.8億両。（4）北京の東交民巷に使館区を設置し、中国人の使館区内の居住を禁止する。（5）大沽砲台及び北京から天津港に至るまでの各砲台を撤去する。（6）各国が北京から山海関までの間の鉄道沿線の12ヵ所に兵を駐屯させる。「辛丑条約」の締結前、慈禧太后[14]は「中華の物力を量り、与国の歓心を結べ」と表明し[15]、列強の中国における特権の保護者及び代理人となることを決心した。こうして清政府は、日に日に列強に従属していった。「辛丑条約」の締結は、列強の中国侵略が新たな段階に入り、中国の半植民地化の度合いがさらに深まってゆく指標である。

第二節　主権喪失下における晩清の社会と政治制度の変化

一　外国製品の侵入が封建的自然経済に与えた衝撃

　アヘン戦争後、列強は不平等条約によって享有した多くの特権を利用し、廉価な商品を大量に中国へと輸出した。外国製品の侵入は、自給自足の封建的自然経済に大きな衝撃を与えた。

　まず、廉価な洋紗や洋布が次から次へと大量に中国に輸入されたため、中国の伝統的な小農民の家庭による綿紡績業は大きな打撃を受け、次第に衰微していった。洋紗や洋布は、価格の面で中国製のものよりも明らかに優勢を占めていた。そのため、外国製の綿糸の輸入量は、1885年には1870年の22倍にまで増加した。また綿布の輸入量は、1890年には1872年から66％増加した。こうして、中国の農村家庭の綿紡績手工業は破産し、農業と手工業は分離し、自然経済は次第に解体された。

　次に、外国製品が中国の都市と農村の市場を占領し、伝統的手工業に深刻な打撃を与えた。1890年代前後、外国製品の数が激増し、また「洋貨」の種類も増加し、各港で好調な売れ行きをみせたのみならず、内地でも販売・購入されるようになった。このため、伝統的手工業は市場が委縮し、凋落の状態に陥ってしまった。

14　慈禧太后（1835～1908年）は、「西太后」・「那拉太后」・「老仏爺」とも呼ばれ、1861年から1908年の間における清朝の実質的な統治者である。彼女は、満州鑲黄旗人、葉赫那拉氏の出身で、清の文宗咸豊帝の妃（相次いで懿貴人・懿嬪・懿貴妃と封号された）であり、同治帝（載淳、在位：1862～1874年）の生母である。同治帝が即位すると、聖母皇太后と尊ばれ、慈禧を尊号とした。咸豊帝が避暑山荘で崩御した後、葬儀の期間に慈安太后とそれぞれ烟波致爽殿の東西の暖閣に住んでいたため、西太后と呼ばれた。
15　故宮博物院明清档案部編『義和団档案史料』中華書局、1979年版より。

さらに、外国製品の侵入による中国の伝統的農産品市場の破壊と、外国商人の原料の需要及び輸出の増加という刺激のもと、商品作物の生産も拡大した。例えば、茶葉の輸出の増加により、茶畑が新たに開かれ、また蚕桑・綿花・煙草・豆類・落花生などの作付面積も拡大した。ただし、国家の主権が失われているため、農産品の商品化の操作は列強の商人たちの手中に落ちており、輸出額の大小及び価格の高低は、みな海外商人によって左右された。

　アヘン戦争後、外国の資本主義・帝国主義の侵略により、中国経済の命脈は固く制御され、中国の自給自足の自然経済は破壊され、都市の手工業と農民の家内工業も破壊されてしまった。また、中国の封建的社会経済の構造の分解が加速したことで、客観的には中国の資本主義の発展にいくつかの条件と可能性が与えられた。こうして、中国は次第に半植民地・半封建社会へと陥っていったのである。

二　晩清の政治制度の変遷

　列強の侵略によって国家の主権が失われ、半植民地・半封建の度合いがさらに深まったことから、晩清の政治制度には一定の変革と変化が迫られた。

　アヘン戦争後から清政府が「新政」を実行する以前における、この段階の晩清の政治制度の変化は、主に清政府が新たないくつかの機構を設置し、職務を行使させるという形で体現された。

○五口通商大臣の新設。アヘン戦争後、広州など5つの通商港が設置された。清政府は、この局面と変化に対応するため、1842年10月にこの機構を設立し、1844年10月より「五口通商大臣」を正式名称とした。初めは、両広総督がこれを兼任した。不平等条約によって清政府が主権を喪失すると、列強は通商港に設けた租界の中で領事裁判権及びその他の特権を享有するようになり、まるで「国の中の国」のようになった。

○総理各国事務衙門の新設。もとの名称は「総理各国通商事務衙門」といい、「総理衙門」或いは通商衙門・総署・訳署などと略称された。1861年1月に正式に成立し、1901年7月に外務部に改められた。その職務は、「対外事務を弁理し、以て専ら責成す」[16]ることであった。これは、清政府が初めて設置した、通商などの対外事務を包括的に担当する機構であった[17]。

○「南洋大臣」と「北洋大臣」の新設。総理衙門の設立後、ただちに南洋・北洋通商事務大臣が設けられ、それぞれ南洋大臣・北洋大臣と略称された。「南洋大臣」、すなわち五口通商事務大臣は、1858年12月に両江総督の兼任に改められた。「北洋大臣」は、

16　弁理は、取り扱う、処理すること。責成は、担当すること。
17　故宮博物院明清档案部編『清末籌備立憲档案史料』上冊、中華書局、1979年版より。

1860年に初めて設置され、1870年に北洋通商事務大臣に改められ、直隷総督の兼任となった。南洋大臣・北洋大臣は、共に封疆大吏によって兼任されたが、彼らは最上級の地方長官であると共に、管轄する地方の対外交渉・通商・海防・軍備・関税などの事務を管理し、その実権は他の督撫のはるか上に位置していた。

○「総税務司」の設置。1860年、清政府は上海に「総税務司署」を設立した。その職務は、全国の海関の関税と行政の事務を管理することであった。1861年、清政府は、イギリス人の李泰国（ホレーショ・ネルソン・レイ）に各口の税務を統括する全権を与えた。1863年、清政府はまた、イギリス人の赫徳（ロバート・ハート）を正式に総税務司に任命し、彼はその後45年の長きにわたってこの職を担当した。この司署には総税務司1名、副税務司1名が設けられ、共に外国人が担当した。総税務司の下には五科三処が設置されたが、そのほとんどは外国人が担い、人員の任免や海関での徴税・事務の管理の大権は外国人によって独占された。

晩清における上述の政治制度の変化は、欧米が中国で享有する各種特権を保障するという需要に適応するものであり、明らかに半植民地化の色彩を帯びている。晩清の政府が採用した重大な政治的施策の中で、歴史的な意義があり、また成果があったものは、事実上、新疆と台湾における省の設置と、西南地域で引き続き行われた改土帰流など、数えるほどしかなかった。

この時代、晩清の法律・財政・軍事などの制度にも様々な変革と変化が発生した。その中には、半植民地化の色彩を帯びたものがあり、また近代化の性質を備えたものもあった。後者の大多数は、洋務運動或いは戊戌の変法の中で生まれたが、洋務運動の破綻と戊戌の変法の失敗により、これらの変革の施策は求強求富の成果を予測することが困難となり、また夭折の運命を免れがたかった。清政府が瓦解する前の10年間に演じられた「新政」は、政治・法律・財政・軍事などの諸方面にわたるものであったが、その根本的な目的は、封建的専制統治を守ることにあり、遂には、怒涛の勢いで迫る辛亥革命の大波によって席巻されることを免れなかったのである。

第三節　人民大衆による反抗闘争と志士仁人による救亡図存の主張

一　三元里の人民による反英闘争

1841年5月末、中国に侵攻してきた十数名のイギリス軍は、広州城北の三元里において放火・殺戮・掠奪を行い、また村はずれで農婦に悪ふざけを行った。郷民たちはこれを聞くと、手にこん棒や農具を持ち、イギリス軍7、8人を撃ち斃した。イギリス軍の報復を防ぐため、三元里付近の100余郷の民衆たちは自発的に組織化し、共同でイギリス軍に

抵抗した。5月30日早朝、三元里などの郷の民衆5000人余りが集結し、この日に攻撃を仕掛けてきたイギリス軍1000人以上と牛欄崗で対陣し、決戦を繰り広げた。郷民は長矛や大刀を手にし、田間山頭でイギリス軍と闘った。戦いは夜まで続き、甚大な死傷者を出したイギリス軍は、狼狽して四方の砲台に逃げ帰った。

三元里の人民による反英闘争は、近代中国の人民による反帝国主義闘争の先触れであり、また、中国人民による反侵略闘争の一面に光り輝く旗幟である。

二　洪秀全と太平天国の起義

第一次アヘン戦争の後、外国商品の侵入により、中国の伝統的農業と手工業は破壊的な衝撃を受け、都市や農村の民衆の生活はさらに苦難に満ち、社会の矛盾はさらに激化し、遂には1851年に太平天国の起義が発生した。

太平天国の起義の主導者である洪秀全は、1814年に生まれた。彼は広東省花県の人で、もとは農村の塾の講師であった。1843年、洪秀全は広州で科挙の試験に参加した際、キリスト教を宣伝する小冊子『勧世良言』を手にした。彼は、この書の内容に改変を加えて拝上帝会を創立し、真神たる「上帝」を信奉し、「人間の閻羅妖」、すなわち清の統治者を滅ぼし、「天下は一家、共に太平を享く」という理想の社会を実現することを唱えた。

洪秀全は「拝上帝会」を通じ、同郷の馮雲山と共に広東・広西で蜂起のための組織作りと準備を進めた。1851年1月11日（道光三十年十二月十日）、彼らは広西省桂平県金田村で正式に起義を宣布し、「太平天国」の号を建てた。間もなく、洪秀全は天王の号を称した。同年9月、彼らは永安を攻略した。洪秀全は永安で、楊秀清を東王に封じ、蕭朝貴を西王に封じ、馮雲山を南王に封じ、韋昌輝を北王に封じ、石達開を翼王に封じた。こうして、洪秀全をリーダーとする主導者層の中核が組織され、また各種の制度が取り決められた。その後、太平軍は湖南・湖北に入り、九江を落とし、安慶を下し、蕪湖を攻略した。1853年3月（咸豊三年二月）には南京を攻め落とし、「天京」と改め、ここを都に定め、太平天国政権を樹立した。

天京に都を定めた後、太平天国は北伐と西征を実施した。北伐は失敗に終わったが、西征では勝利を獲得した。1856年6月、太平軍は清軍の江北・江南大営を立て続けに破り、天京に対する脅威を取り除いた。太平軍はこのとき、長江の千里、西は武昌より東は鎮江に至るまでを全て掌握し、軍事的な全盛期に到達した。

1853年、太平天国は、政治綱領である「天朝田畝制度」を頒布した。

「天朝田畝制度」では、「田有らば同に耕し、飯有らば同に食らい、衣有らば同に穿し、銭有らば同に使い、処の均匀ならざる無く、人の飽暖ならざる無き」[18]理想社会と理想国家が描かれている。これは、貧農による反封建的革命の綱領であり、高度な革命が徹底し

て表現されている。ただし、このような平均主義の基礎の上に建立された理想主義の制度は、小農経済を背景とする政治的空想であり、当時の歴史的条件のもとでは、実際に行うことは根本的に不可能であった。1854年以降、太平天国は穀物を納税する田賦制度と関税、営業税などの旧時の税収制度を復活した。

太平軍はまた、外国人によって組織された「洋槍隊」に対しても痛手を与え、列強の侵略に対する反抗の面においても、自らの業績を打ち立てた。

天京に都を定めた後、東王楊秀清は自身の功績を傲り、大権を独占した。1856年、楊秀清が自身を万歳に封ずるよう迫ったため、洪秀全は密かに韋昌輝・石達開に対し、都に戻ってその脅威を取り除くよう命じた。韋昌輝は兵を率いて都に戻り、機に乗じて楊秀清とその家族及び部衆2万人余りを惨殺した。石達開は都に戻ると、韋昌輝に対して不満を抱き、殺害されそうになった。11月、洪秀全は韋昌輝を死刑に処し、詔令によって石達開を輔政に任じた。しかし翌年、石達開は洪秀全に疑われ、軍を率いて出奔することを余儀なくされた。この一連の内訌は、太平天国自身の力を大きく弱めることとなった。中外の反動勢力が共同で鎮圧に向かう中、特に湘軍の狂気じみた進攻を受け、1864年7月に天京は陥落した。十数年にわたり、18の省を征服し、600以上の城鎮を攻略した太平天国の起義は、遂に敗れ去った。

太平天国の起義は、中国史上最大規模の農民起義であり、アヘン戦争に続く近代中国の歴史発展の第2の転換点である。この起義は、封建社会の旧秩序に極めて大きな動揺を与え、封建社会の崩壊を加速させた。また、外国の侵略者に対しては、中国の人民の強大な革命の力を示し、中国が完全に植民地に陥ることをある程度は阻止するという積極的な効果ももたらした。

二　捻軍の起義と義和団運動

捻軍は初め、安徽・河南一帯で活動していた。彼らは、貧農と失業した遊民で構成され、集結すれば「捻」となり、解散すれば「民」となったことから、人々から捻子或いは捻党と呼ばれた。1853年（咸豊三年）、太平軍が北伐を行った際に、安徽・河南・江蘇・山東などの地の捻党が呼応し、捻軍と称した。1855年8月、各路の首領が雉河集（現在の安徽省渦陽県）に集まり、張楽行を盟主に推戴し、その隊伍は十数万人に膨れ上がった。1857年、捻軍は太平天国の指揮を受け、太平軍と連係したが、何度も清軍に敗れた。翌年、張楽行が戦死すると、捻軍は張宗禹と任化邦の統率下に帰した。1864年（同治三年）、太平軍の残党と連合し、頼文光を統帥に推挙した。翌年5月、捻軍は山東で清軍の僧格林沁

18　穿は、衣類を身につけること、均匀は、均等の意。

（センゲリンチン）を撃破し、これを殺害した。1866年10月、捻軍は東西に分かれた。東捻は、頼文光に率いられ、中原に留まった。西捻は、張宗禹に率いられ、西北を転戦した。1868年1月、頼文光が戦死し、西捻は軍を返して救援に向かったが、8月に山東の荏平で強力な清軍に包囲され、多くの将士が戦死した。ここに至り、15年の長きにわたった捻軍の起義は、敗北をもって終わりを告げた。

　義和団は、もとの名を「義和拳」といい、初めは山東・河南一帯で流行し、拳廠・壇口・壇場などを設けて民衆を組織した。参加者の多くは、農民と手工業者であった。1896年（光緒二十二年）以来、山東省曹州などの地の大刀会、徳州一帯の朱紅灯が主導する義和拳などが、西洋の教会勢力への反抗闘争を開始した。1899年、義和拳は義和団と改称し、もとの「掃清滅洋」のスローガンを「扶清滅洋」に改め、闘争の矛先を外国の侵略勢力に向け、山東から次第に華北・東北の各省へと拡大し、中でも北京・天津一帯で最も勢いが大きかった。1900年6月、英・米・独・日・露・仏・伊・墺の「八か国連合軍」が天津から北京に向けて侵犯すると、義和団は清軍の一部の愛国者の官兵と共に、北倉・楊村・廊坊などの地で敵を阻止して戦った。21日、清政府は各国に宣戦布告し、義和団を利用して敵を防ごうとした。しかし、八か国連合軍が天津・北京を攻略すると、清廷はすぐさま侵略者と手を携え、かつて清廷の文書の中で「義民」と呼ばれた義和団は、必ずや「痛加剿滅_{そうめつ}」すべき「匪徒」とされてしまった。こうして、義和団運動は中外の反動派に共同で討滅され、無残にも敗れた。

　義和団運動は、民族の危急存亡を救うことを目的とした愛国救亡運動であった。帝国主義者たちは、これを中国の民気の高揚とみなし、中国分割の政策の改変を余儀なくされた。また同時に、義和団運動は下層の群衆による自発的な闘争であり、闘争の目標や方法、手段の面ではある程度の盲目性が確かに存在した。彼らは、西洋の先進文化に目を向けず、またそれを学ばず、全ての外国人及び全ての海外製品を排斥した。これは、外来の強大な圧力に直面した際の一種の自発反応であり、義和団運動の歴史の遺憾な点である。

四　志士仁人による救亡図存の主張

　アヘン戦争以降、列強の侵略により、国勢は凋落し、後れを取って痛めつけられ、中華民族は存亡の危機に直面した。こうした状況のもと、多くの志士仁人たちが様々な救亡図存の主張を提起した。

（1）臨機応変に、欧米の「長技」を学ぶこと。魏源は、湖南省邵陽の人で、道光年間の進士である。彼は、法はときに応じて変えるべきであり、古いしきたりにこだわるべきではないと主張した。彼が著した『海国図志』は、英米などの国々の地理・経済・政治・軍事・商工業・科学技術などの状況を詳細に紹介した書であり、その目的は「夷の長技を師

として以て夷を制す」[19]ること、すなわち欧米の先進的な「長所」を学んで中国を強盛にし、最終的に欧米列強に勝利することにあった。薛福成は、江蘇省無錫の人で、清末の外交官である。彼は、天道は「数百年に小変あり、数千年に大変あり」と考え、欧米に学ぶべきと主張し、さもなければ「変わらざれば則ち彼富みて我貧せん」、「変わらざれば彼捷にして我遅れん」[20]と言った。鄭観応は、広東省香山（現在の中山市）の人で、かつて欧米の企業に勤務した経験のある、晩清の道員である。彼は、「通天」すなわち欧米の天文・算法・暦法・電気学・光学を研究し、「通地」すなわち欧米の地輿・測量・経緯・種植・舟車・兵陣を研究し、「通人」すなわち欧米の言語・政教・刑法・食貨・製造・商賈・工技を研究すべきであると主張した[21]。

　これらの思想と変革の主張は、当権者の長期にわたる閉関鎖国・盲目自大な治国の方針を否定するものであり、当時及び後世に積極的かつ深遠な影響をもたらした。

（2）欧米の実業を学び、商工業を発展させること。洪仁玕は、洪秀全の族弟で、香港で欧米の文化に触れた。彼は『資政新篇』の中で、欧米の実業を学び、商工業を発展させるべきことを主張し、第1に「車馬の利を興す」こと、第2に鉱物資源の採掘、第3に機器の製造を提唱した。また洪仁玕は、「商の源」は鉱業にあり、「商の本」は農業にあり、「商の用」は工業にあり、「商の気」は鉄道にあると考えた[22]。

（3）欧米の文化を積極的に学び、自強を求めること。林則徐は、中国で初めて世界に向けて目を開いた人物である。アヘン戦争中、彼はイギリス軍の侵略を防ぐため、西洋の情報を広範に収集した。その内容には、西洋の国情・中外の交通・中西の暦法・各国の貨幣・アヘンの産地と種類、及び各国のアヘン禁止に対する反応などが含まれていた。収集物の種類も多く、地球儀・航海図・地図集・地理書などが含まれる。また『澳門新聞紙』・『華事訳言』・『各国律例』・『洋事雑録』・『四洲志』などを相次いで翻訳し、編集した。このうち『四洲志』では、英・仏・米の社会の風情・政治制度・製造技術・機械生産・対外貿易・西洋各国の相互の関係などを重点的に紹介している。この書は、林則徐がイギリス人慕瑞（ヒュー・マレー）の著書『世界地理大全』をもとに編集翻訳したものである。この書は、林則徐が世界に目を開くために重要な効果をもたらした。1841年、林則徐は罷免されて処罰を受け、新疆のイリで充軍に就くこととなったが、その年の秋、遣戍の途中の鎮江で魏源と会った際に、『四洲志』及び外国に関連する資料を彼に渡し、編集の継続を託した。魏源はこれらを基礎とし、1842年に『海国図志』50巻を編んだ。

19　（清）魏源『魏源集』治篇五・海国図志序より。
20　（清）薛福成『籌洋芻議』変法より。
21　（清）鄭観応『盛世危言』西学より。
22　（清）洪仁玕『資政新篇』より。

徐継畬は、山西省五台県の人で、道光朝の進士である。彼は『瀛寰志略』を著し、図を綱として、世界の80近くの国家の風土民情及び重大な政治事件・商務関係、特に中英の商務の情況を紹介した。

　志士仁人たちの救亡図存の主張は、歴史的、社会的な拘束によって全てを実施することは不可能であったが、清朝後期における社会の覚醒と変革を求める声を反射し、反映したものであった。

第四節　洋務運動による求強求富の試み

一　「同光新政」と洋務運動の興起

　清朝後期の洋務運動は、「同（治）光（緒）新政」とも呼ばれる。曽国藩・左宗棠・李鴻章ら湘軍・淮軍の将領たちが、共に太平軍と戦い、また外国勢力と接触する中で、欧米の武器の先進性を認識し、また列強の脅威を感じる中で、危機意識と模倣の思想が生み出された。1861年1月（咸豊十年十二月）、恭親王奕訢は「通籌夷務全局酌擬章程六条折」を上奏し、「自ら振興を図」らなければならないと提起し、また別の上奏文の中でも、洋務を興すことによって「自強」を求めるべきと提起した[23]。そこで曽国藩に命じ、上海で外国人を雇用して教官に任じ、西洋式の銃や大砲を製造し、「安慶内軍械所」と「上海洋砲局」を相次いで建設した。洋務運動はこうして開始した。この動きに反対する「頑固派」の官僚と区別するため、洋務派の名称も生まれた。

　洋務派官僚集団の内部は、中枢系・湘系・淮系の3つの系統に分かれていた。中枢系は、洋務新政を執り行う中枢部門の官吏で構成され、洋務運動の政策決定と指導権を掌握した。彼らは近代教育を興し、外交事務を処理する他、下属部門や地方官吏が興そうとする洋務の策を承認し、採用する責任を負った。その中核は、前期は恭親王奕訢をリーダーとする総理衙門の官吏たちであり、後期は醇親王奕譞をリーダーとする総理衙門・海軍衙門の大臣たちであった。

　湘系は、曽国藩及び湘軍の将帥・官吏で構成された。その主要人物として、曽国藩の他、左宗棠・劉坤一・沈葆楨・曽国荃らがいる。湘系洋務派は、その多くが将領出身であり、主に軍事面における新法を採用した。

　淮系洋務派は、李鴻章をリーダーとする淮軍の文武の官吏で構成された。曽国藩が世を去ると、李鴻章が洋務派の主導者となったため、淮系は最も実力と影響力を備えた洋務派集団となった。その主要人物として、張樹声・丁日昌・劉銘伝・盛宣懐らがいる。淮系洋

23　賈楨等『籌辦夷務始末（咸豊朝）』巻72、中華書局、1979年版より。当時はまだ西洋を蔑視し、「洋務」ではなく「夷務」と呼んでいた。

務派は、多くが軍人出身であるが、浙江・上海などで身を起こし、外国人との交流や共同での仕事を多く経験していたため、その考えは湘系洋務派よりもさらに開放的、現実的であり、さらには李鴻章が長期にわたって朝廷の要職を担い、位が高く権限が重かったことから、淮系洋務派の実力は長期にわたり盛んで衰えることなく、多くの実績を挙げた。

洋務派の張之洞が提起した、「中学を体と為し、西学を用と為す」という主張は、後に洋務運動の主旨とみなされるようになった[24]。

具体的な運用面では、洋務派は第1に、欧米の軍事制度と技術を学び、新式の武器を製造し、新式の軍隊を訓練し、兵器工場を設立し、軍の戦力を高めることを主張した。第2に、欧米の科学技術・管理方法を学び、工鉱交通の実業を興し、国内の商工業を振興することを主張した。第3に、新式の人材を育成し、八股文[25]を廃止し、教学科目の規則を改正し、新式の学校を設立し、欧米に留学生を派遣することを提唱した。このように、求強・求富・人材育成が洋務派の具体的な目標であった。

二　陸海軍の編練と鉱工業・交通・新式学校の振興

1．新式陸海軍の編練

太平軍と捻軍の鎮圧、及び第二次アヘン戦争に対応する中で、清廷は、外敵を防ぎ、太平軍・捻軍を徹底的に鎮圧するには、自ら強大化を図ること、すなわち自強が必須であること、また自強の策は、新式軍隊の編練、すなわち練兵にあること、練兵の法は洋式銃や大砲の購入にあることに思い至った。

1862年（同治元年）、清政府は、英仏の軍官を招聘して新式軍隊の訓練を開始した。緑営の中から壮健な者を選抜し、洋式銃と大砲を装備し、また相応の軍事訓練を実施し、これを「練軍」と呼んだ。練軍は、最初に天津と直隷でみられるようになり、その後次第に大多数の省へと普及していった。

新式軍隊の編練の面では、淮軍の実施の度合いが比較的徹底していた。彼らはまず、装備を次第に洋式化し、単一の洋式銃と大砲を採用した。第2に、組織を改編し、新たな兵種を設けた。淮軍は、1893年に砲兵を組織し、砲兵などの新たな兵種を発展させた。第3に、訓練を新しくし、洋式の訓練に習って新兵の入隊訓練の期間を延長し、西洋人の教官を招聘して洋式訓練を実施し、洋式銃・大砲・隊列・戦術などを学ばせ、また全軍に統一的な訓練規則を頒布した。

24　（清）張之洞『勧学篇外篇』会通より。いわゆる「中体西用」のもととなった言葉。中国の伝統的な文化、制度、思想を根本（体）とし、西洋の科学技術を利用（用）して富国強兵を図るという理念。
25　科挙の答案に用いられた特殊な文体。四書五経から出題された章句の意について、対句法を用いて独特な八段構成で論説するもの。

新式化された陸軍の建設により、中国軍は伝統的な旧式軍隊から近代的な新式軍隊の時代へと進んでいった。しかし、理想通りの成果は得られず、対外戦争では以前と同様に一触で壊滅してしまった。

清朝における近代的海軍の誕生もまた、外国の影響下で開始した。1861年以来、外国製の汽船を購入して海軍を設立することが、洋務派官僚の重要な課題の一つであった。

1868年、江南製造総局と福州船政局が汽船を建造し、清廷は海軍の建設が可能となった。1874年、日本が台湾を侵犯した事件により、清廷は海防を大いに興し、海軍を創設する計画を決定した。1875年以降、清政府は毎年、海関の税収と江南釐金[26]項下から銀400万両を捻出し、海軍の発展のために使うことを決定した。これらの専款は、南洋・北洋大臣が掌握し、福建海軍・南洋海軍・広東海軍・北洋海軍及び浙江海軍などの発展に力が尽くされた。

清軍の海軍建設は、理想的な結果は得られていなかったものの、1875年から1884年の10年間に北洋・南洋・福建・広東・浙江の5つの海軍艦隊が創建され、合計で船舶64隻、排水量47620t、各式の大砲322門、官兵約5000人を数えるに至った。

2．鉱工業・交通・実業の振興

洋務派が振興した鉱工業・交通・実業は、官営・官督民営・民営の形式に分けられる。このうち、官営の軍事工業と実業が多く、広範な地域に分布していた。その中には、安慶内軍械所（1861年）、江南製造局（1865年）、福州船政局（1866年）、漢陽鉄廠（1893年）、輪船招商局（1873年）、上海洋砲局（1862年）、蘇州洋砲局（1863年）、金陵機器局（1865年）（口絵37）などがある。1884年（光緒十年）に至ると、工廠や局の建設地は18の省に遍く及び、その数は計32に上った。主な生産品には、銃砲・火薬・弾薬・水雷・汽船・砲弾などがあった。

官営の軍事工業の企業は、管理と経営の形式から見ると、伝統的な封建的官府工業と類似するが、機械工業の生産方式と雇用労働を採用し、また一部では原価計算などの生産と経営の内容を実施しており、伝統的な封建的官府工業とは大きな差があり、一定の資本主義的な現代的工業の性質を備えていた。これらは、中国における現代的工業の誕生を示す指標である。

これらの他、民営の企業として雲南銅鉱（1865年）、上海源昌号（1872年）、直隷通興煤鉱（1879年）などがある。1894年には、中国人商人が創業した鉱工業と実業は、70～80家の多きに達し[27]、産業の種類も汽船運航・炭鉱・金属鉱・通信・紡績などの諸産業に及んだ。統計から見ると、中仏戦争後から中日甲午戦争前においては、洋務企業の発展の

---

26 「釐金（りんきん）」は商業課税の一種で、貨物の重量や価格の数パーセントを寄付として官府に納めさせるもの。

主要な方向となったのは民間工業であり、その発展の勢いは明確に加速し、新たな企業の規模も明らかに増大し、軽紡績工業が普及し始め、鉄道交通業の建設も見られ始めた。これらのことは、清廷と洋務派が「求強」と「求富」の関係をさらに強く認識するに至ったことを反映している。

3．新式学校の設立

洋務運動における新式の教育活動には、官営の洋務学校と政府が派遣した留学生の海外留学の2つが含まれ、洋務運動で必要となる各種の人材を育成した。

1862年に北京に設立された同文館は、官営の洋務学校の1つであり、中国初の官営の外国語学校である。1862年8月、同治帝は「京師同文館」の設立を許可し、学生たちに漢語の他、主に外国語を学ばせることとした。開館後には、外国籍の教師を招聘し、満漢の学生を募集し、外国語及び西洋の自然科学の知識を学ばせた。全館の学生は、最大120人に達した。卒業後は、その大多数が清政府の通訳や外交官、その他の洋務機構の官吏となった。同文館内には印刷所が設置され、『万国公法』及び数学・物理・化学・文学・史学などの分野の書籍が翻訳され、印刷された。1902年、同文館は北京大学堂（現在の北京大学の前身）に合併された。

その他の官営の洋務学校として、以下のものがある。1866年に左宗棠が福建で創立した船政学堂は、国内最古の海軍学校である。また、1876年に丁日昌が福州で創立した電気学塾、1876年に李鴻章が天津機器局に設けた電気水雷局、1877年に南京に設立された水雷電学館がある。この他、外国語・自然科学・軍事の知識を伝授する新式学校があり、例えば上海広方言館・南洋水師学堂・北洋水師学堂・天津電報学堂・北洋武備学堂・天津医学堂・湖北自強学堂などがある。

1872年、清廷は、陳蘭彬と容閎に命じ、詹天祐ら入念に選抜された児童三十数名を率いてアメリカに留学させた。これが中国人の欧米留学の始まりである。1872年から1875年の間に、政府は4度計120名の児童をアメリカに留学させた。1876年には、李鴻章が天津の卞長勝ら7人を選抜してドイツに留学させ、軍事を学ばせた。1877年、李鴻章と沈葆楨は、再び福建船政学堂の学生30人をヨーロッパに留学させた。その後、1881年と1886年には、第2次として10名、第3次として34名の学生が、それぞれイギリスとフランスに留学した。これらの留学生は、帰国後に福州船政局や海軍の技術の中心的な力となった。

27　孫毓棠『中国近代工業史資料』、科学出版社、1957年版、中国史学会編『中国近代史資料叢刊』洋務運動、上海人民出版社、1961年版より。

三　洋務運動の失敗

　中日甲午戦争で中国が敗れ、北洋艦隊が潰滅し、「馬関条約」が締結されたことは、洋務派の求強求富の目標が未だ実現されないまま、洋務運動が失敗をもって終わりを告げたことを示している。

　洋務運動は、内憂外患の危機に直面した清朝の統治集団内の洋務派官僚が、清王朝の統治を救い、また国家の実力を増強して民族の危機を解くために起こした、統治階級の自救運動であった。彼らが提起した「中学を体と為し、西学を用と為す」という主張は、本質的には現有の封建的専制統治を守るものであった。表面のみを治めて根本からの処置を行わないこの方法では、求強求富の近代化を導こうとする目標は実現困難であった。

　洋務運動の失敗には、主観的な原因と客観的な原因とがある。客観的原因としては、欧米列強が、中国が近代化と富強の道を歩むことを望まず、中国が真の先進技術を握ることを認めなかったことが挙げられる。洋務派が清に招聘した外国の専門家たちは、中国の官吏が技術を理解できないことを利用し、これを押し売りして暴利をむしり取り、実業の発展を困難にした。また、清政府内部の頑固派は、洋務活動の一切を敵視し、あれこれと阻害し破壊し、洋務運動の歩みを困難にした。主観的原因としては、洋務運動には健全で力のある中心的リーダーがおらず、力が分散し、かつ限定的であったこと、さらには洋務官吏自身に近代化の素養が少なく、列強の国家制度建設が経済発展に重要な効果をもたらすことを認識していなかったことが挙げられる。これに反し、洋務派は単純に欧米の先進的な技術と設備の導入を企図したものの、封建的専制制度の変革を徹底せず、いわゆる「中体西用」、すなわち中国の腐敗した封建的専制制度を容器とし、西洋の先進的技術でこれを装おうと試みた。このように、失敗の運命は必然であったのである。

　洋務運動は、欧米の近代的な生産様式と設備を導入し、軍事工業・機器の製造・軌道交通の実業を振興し、中国における資本主義的生産様式の誕生を刺激した。こうして、中国に最初の労働者階級と資産家階級が出現した。また同時に、洋務運動を通じて人々の視野がある程度広がり、中国と世界の連係が強化された。新式学校の設立及びアメリカ留学の児童を含む多くの留学生を派遣し、近代的科学技術を学ばせたことは、中国のために多くの近代科学の人材を育成し、蓄えることとなった。資本主義の意識の形態と資本主義的生産様式は、この後に改良派・改革派が成長してゆく上での思想・物質両面の基礎となった。

第五節　空前の民族的危機と変法維新の失敗

一　中国瓜分の狂騒と『時局図』

　19世紀末、世界の主要な列強である米・独・英・仏・露・日などの国々は、次第に社

会経済が発展し、相次いで帝国主義の段階に入り、その中国侵略の方法にも変化が生じた。これ以前、列強は中国に対して商品の輸出を主とする経済的な侵略を進めていた。具体的には、中国市場の奪取という形で表現され、中国に商埠を開くよう迫り、中国の海関を握り、中国国内の河川の航行権を奪うなどした。これらはいずれも、中国に対して商品を輸出するための便宜であった。帝国主義の段階に入ると、各国の中国経済に対する侵略の方法は、商品の輸出を主とするものから資本の輸出を主とするものに変化した。資本を輸出するため、列強は中国に工場を開設し、清廷に対して政治的な借款を実行した。また鉄道の敷設権を奪い、中国の交通の動脈を支配し、鉱山の開鑿を独占し、鉱物資源を掠め取った。さらには、自身の勢力範囲を画定し、租借地を強制的に占有したのである。

中日甲午戦争の後、英・露・米・日・仏・独などの国々は、我先にと中国での権益を掠め取り、急速に中国瓜分の情勢が形成された。

1895年（光緒二十一年）、フランスは清政府に対し、雲南の河口を開放し、思茅を商埠とするよう迫り、また広東・広西・雲南3省における鉱物資源の採掘権を取得した。1896年、ロシア帝国は黒龍江・吉林両省内の中東鉄道の敷設権を獲得し、また鉄道沿線地域の管理権を取得した。1897年、イギリスは清政府に広西の梧州と広東の三水を商埠として開放するよう迫ると同時に、「永租」の名目で雲南省の猛卯三角地区を強制的に占拠し、また広東の西江の航行権を取得した。同年、フランスはまた清政府に、海南島を他国に割譲しないことを宣布するよう迫り、事実上、海南島はフランスの勢力圏に画された。1897年11月、ドイツは宣教師が山東の曹州で殺害されたことを口実に、軍を派遣して山東の膠州湾を占領し、また山東の膠済鉄道の敷設権と鉄道沿線で鉱山を採掘する特権を獲得した。こうして、ドイツは山東を自身の勢力圏とした。1897年12月、ロシアはドイツが膠州湾を占拠したことを口実に、軍艦を派遣して旅順を占領した。1898年8月、ロシアは清政府に旅順と大連を「租借」することを迫り、さらに中東鉄道の支線（ハルビンから旅順まで）の敷設権を獲得した。こうして、ロシアは中国東北の黒龍江・吉林・遼寧3省と内モンゴルをその勢力圏とした。1898年4月、フランスはロシアが旅順・大連を占拠したことを口実に、広州湾の「租借」を強行し、また滇越鉄道の敷設権を獲得したことを理由に、清政府に広東・広西・雲南を「他国に割譲しない」ことを宣布するよう迫った。こうして、雲南と両広の一部はフランスの勢力圏となった。1898年6月、イギリスはフランスが広州湾を占拠したことを口実に、九龍半島及びその付近の港湾の「租借」を強行した。7月には、ロシアが旅順・大連を占拠したことを口実に、威海衛を租占し、また津浦鉄道の南段（嶧県から浦口まで）の敷設権を取得し、さらに清政府に長江流域の各省及び両広の一部を「他国に割譲しない」ことを宣布するよう迫った。こうして、これらの地域はイギリスの勢力圏となった。1898年、日本はすでに台湾を侵略し占拠していたが、さ

らに清政府に対して福建省をその勢力圏とすることを認めるよう迫った。1899年、アメリカ政府は外交上の通知という形式で、「門戸開放」政策を提起し、各国の中国における勢力圏や租借地、通商港の既得権益を互いに承認し、干渉しないことを規定した。これらの勢力圏の中では、各国の船舶の入港費と鉄道の運送費は、これらの勢力圏を占有する本国の入港費や鉄道の運送費よりも低いものであった。すなわちこの宣言は、列強の勢力圏内において、アメリカが通商と航行の平等の待遇を取得し、各種の侵略の利益を分かちあうためのものであり、アメリカがスペインとの植民地戦争に忙しく、中国で勢力圏を画分する機会を失ったことを埋め合わせるためのものであった。アメリカ政府はまた、清政府を通じて粤（広州）漢（漢口）鉄道の敷設権を獲得した。

図11-4 『時局図』
（故宮博物院編『清史図典』第11冊、紫禁城出版社、2002年版、58頁より）

　こうして、中日甲午戦争の後、僅か数年の間に中国沿海の重要な港湾－旅順・大連・威海衛・膠州湾・九龍・広州湾に列強の旗が立てられた。また、多くの重要な鉄道幹線の敷設権も、みな奪われてしまった。さらには、ほぼ全ての国土が列強の勢力圏に画分されてしまった。中国は、半植民地から植民地へと陥る深刻な危機に直面したのである。

　『時局図』は、清朝後期における時事漫画の傑作である。作者はこの漫画を通じ、19世紀末に中国が直面した列強瓜分の深刻な危機をまじまじと世間の人々の眼前に展開し、警世の効果をもたらした。漫画の中の黒熊はロシアを表し、虎はイギリスを表し、狼はドイツを表し、青蛙はフランスを表し、鷹はアメリカを表し、太陽は日本を表している。絵の上には大きく「時局図」と記され、両側には「不言而喩」・「一目了然」の大きな8字が極めて人目を引いている（図11-4）。

二　戊戌の変法とその失敗

　戊戌の変法は、またの名を維新変法といい、そのピークは百日維新である。戊戌の変法運動は、1895年（光緒二十一年）に発生した「公車上書」に始まる。その年の4月、清政府が日本と「馬関条約」を締結する準備を進めているという情報が北京に伝わると、こ

のとき全国会試に参加していた18省の挙人たちは、非常に憤慨した。広東の挙人康有為は、彼の学生である梁啓超と共に方々と連絡を取り、光緒皇帝（戴湉、在位：1875～1908年）に渡すための万言書を著し、その中で「拒約」（条約への署名を拒絶する）・「遷都」（長安へ遷都する）・「変法」（政治経済文化の改革を実施する）の主張を提起し、1300人以上の挙人たちの署名を得た。18省の挙人たちは、5月4日に都察院の門にいっせいに集まり、光緒帝に代奏するよう求めた。この万言書は、転々と写し伝えられ、急速に伝播し、北京をどよめかせた。漢代以来、地方から推薦された人材は、みな公用車で首都まで送られたことから、都に進んで試験を受ける挙人は「公車」と呼ばれた。そのため、この事件は「公車上書」と呼ばれている。「公車上書」は、維新変法の序幕を切って落とした。

　維新変法を盛り上げるため、1895年8月、康有為・梁啓超・厳復ら維新の人士たちは『中外紀聞』・『時務報』・『国聞報』・『湘報』を出版し、「強学会」・「南学会」を組織し、変法を唱道した。康・梁ら維新志士の宣伝・組織と影響のもと、時政を議論する風潮が全国で形成されていった。1897年末には、各地で変法自強を目的とする33の学会、17ヵ所の新式学校が建立され、19種の新聞雑誌が出版された。1898年に至ると、学会と学校、新聞社は300以上に達した。1897年12月、康有為は「上清帝第五書」を呈し、列強による中国瓜分の形勢が眼前に迫っており、変法を行わなければ、国が亡び民が危機に陥るのみならず、皇帝が庶民に対して成そうとしていることは何も実現されないであろうことを陳述し、また国会を開き、憲法を定めるという2つの大きな政治的主張を明確に提起した。1898年1月、康有為は「応詔統籌全局折」を奉り、また『日本変政考』・『俄大彼得変政記』を併せて光緒帝に上呈し、光緒帝の称賛を得た。4月、康有為と梁啓超は、北京で保国会を設立し、維新変法のための直接的な準備を進めた。

　列強による中国瓜分の情勢が激しく高まる危機的局面に直面し、1898年（戊戌の年）6月11日、光緒帝は「明定国是」の詔書を発布し、変法を宣布し、ここに百日維新が開始した。その後、光緒帝は康有為を召見して総理衙門章京上行走に任命し、変法のブレーンとした。同年9月初め、光緒帝は譚嗣同・楊鋭・林旭・劉光第を軍機章京上行走に任じ、新政に参与させた。維新派の影響と直接の参与のもと、6月11日から9月21日の間に、光緒帝は数十に及ぶ一連の新政を実行する詔令を発布した。これらの新政変革の主な内容は、以下の通りである。（1）政治面では、官紳市民に上書言事を奨励し、これに対する官吏の阻害を厳しく禁じた。また、各省官吏に新政の人材を推挙するよう求めた。機構を簡略化し、一部の必要のない衙門と官員を廃止した。さらには、八旗の旗人が国家に扶養される特権を取り消し、自ら生計を立てることを許可した。（2）経済面では、中央に鉄路鉱務総局・農工商総局を設立し、各省には商務局を設け、農会・商会などの民間団体を設立することを提唱し、農工商業の奨励と保護を実施した。私人が工場を開くことを提唱

し、鉄道・鉱業の経営を奨励した。国家銀行を創設し、創造と発明を奨励した。財政を改革し、国家の予算と決算を編制した。駅站を廃止し、郵政局を設立した。（3）軍事面では、緑営を廃止し、新軍を訓練し、洋式訓練を改めて用いた。徴兵制を実施し、海軍を増設した。（4）文化教育面では、京師大学堂を開設し、各地に中小学堂を設立し、中西の文科を学ばせた。八股文を廃止して策論の試験に改め、経済特科を開設した。訳書局を設立し、外国の新書を翻訳した。民間の新聞雑誌の創刊を奨励し、一定の言論と出版の自由を与えた。人々を派遣して、国外に留学・遊歴させた。

「百日維新」が始まると、清廷内では守旧派と維新派の対立が激化した。9月中旬、光緒帝を廃して別の皇帝を立てるという言説が宮廷内外で伝わり、光緒帝は何度も秘密裏に維新派を召見して対策を討議した。しかし、実権のない維新派には、策がなく手を束ねるしかなかった。1898年9月21日早朝、慈禧太后は頤和園から紫禁城に帰ると、その足で光緒帝の寝宮に入り、彼を中南海の瀛台に囚禁した。その後、訓政詔書を発布し、再び臨朝して「訓政」することを発布した。これに続き、逃亡した康有為・梁啓超を捕らえて殺すよう令を下し、譚嗣同・楊深秀・林旭・楊鋭・劉光第・康広仁・徐致靖・張蔭桓らを逮捕した。9月28日、北京の菜市口で譚嗣同・楊鋭・林旭・劉光第・楊深秀・康広仁は殺害された。歴史上、「戊戌の六君子」と呼ばれている。新政で行われた施策は、7月に創立された京師大学堂を除き、全て廃止された。6月11日から9月21日にかけて、103日にわたって行われた変法維新は、こうして失敗を宣告されたのである。

戊戌の維新運動は、中国近代史上最も典型的な意義を備えた改革運動であった。民族の危機存亡を救い、資本主義を発展させるという維新運動の目的から見ると、戊戌の変法は失敗に終わったが、重大かつ深遠な影響を生み出した。戊戌の変法は、近代中国最初の思想解放の潮流を巻き起こし、中国人民の覚醒と進歩のために顕著な効果をもたらした。それは、中国の民族資産階級が初めて政治の舞台に登ったことを特徴とし、やがて中国資産階級が主導する民主革命の前奏となったのである。

三　康有為の『大同書』における君主専制制度に対する糾弾

戊戌の変法の失敗という血の教訓は、変法の主導者であった康有為に、国家と民族の深刻な苦難へと改めて目を向けさせた。彼は日本に亡命し、欧米などの地を遊歴し、救国治民の良薬を探し求めた。欧米の資本主義の社会進化論の学説、空想社会主義の思想は、康有為に影響を与え、彼はこれらと儒家の思想を結び合わせ、『大同書』（1919年出版）を著した。その中で康有為は、空想的色彩を帯びた大同の理想世界の景観を作り上げた。

康有為はこの書の中で、君主専制制度を糾弾している。彼は、「独尊」に対して激烈に反対の意を示し、封建的専制皇帝を糾弾し、「民賊屠伯」[28]すなわち民衆に危害を加える虐

殺者であると呪っている。また、人々は太平の世である大同世界の中でのみ平等となり、臣妾奴婢もなく、また君主総統もなく、さらには教主教皇もなく、人々は睦まじく共同で生活し、平等で豊かな素晴らしい生活を過ごすことができるとした。

　康有為は、「人」を「天理」の上に置き、人の価値を充分に肯定した。彼は、封建的道徳の虚偽性と残忍性を暴き出し、孔子の「泛(ひろ)く衆を愛す」という思想と仏教の「慈愛」の観念を継承し発展させ、儒家の「仁」の思想を『大同書』の内容全体に浸透させ、また「仁」と「人」を混然一体とし、「人の人為る所以の者は、仁なり」、「仁を捨つれば人と為るを得ず」と指摘した。康有為のいう「仁」とは、民衆を愛護するという意である。このような「人」を「天理」王法の上に置き、人の価値を充分に肯定する思想は、民を草芥(そうかい)・愚民とみなす君主専制制度に対する糾弾であり否定であると同時に、「仁」と「人」に対する新たな見解であった。

第六節　清末の「新政」の夭折と辛亥革命の勃発

一　孫中山が主導する同盟会と広州起義

　1905年（光緒帝三十一年）8月20日、中国同盟会が日本の東京で正式に成立し、孫中山（孫文）が総理に推挙され、黄興が庶務総幹事に任じられた。また『軍政府宣言』・『中国同盟会総章』と『革命方略』などの文書が制定された他、国内外の支部と分会の設立、華僑・会党・新軍との連係が決定され、中国同盟会は全国的な革命組織となった。

　孫中山（1866〜1925年）は、名を文、号を逸仙といい、人々から「中山先生」と尊称された。広東省香山（現在の中山市）の人である。1894年、孫中山は檀香山（ホノルル）で愛国の華僑たちと連絡を取り、中国最初の民主革命団体である興中会を創立した。20世紀初めには、中国の資産階級による民主革命運動が次々と起こり、各種の革命組織が陸続と成立していた。同盟会は、孫中山が興中会・華興会・光復会などの反清革命団体の連合を成功させた基礎の上に成立したものである。孫中山は、「韃虜(だつりょ)（満州貴族の統治者を指し、満州族の人民を指すのではない）を駆除し、中華を恢復し、民国を建立し、地権を平均する」ことを提起し、これが同盟会の主旨となった。1905年11月、同盟会は機関紙『民報』を創刊した。孫中山はその「発刊の詞」の中で、同盟会の十六字綱領を民族・民権・民生の三大主義、すなわち「三民主義」に帰納した。このうち、民族主義の基本的な内容は、「韃虜を駆除し、中華を恢復」することであり、革命という武装手段を用い、清王朝の封建統治を転覆させるということである。民権主義の基本的内容は、「民国を建立」す

28　姜義華編『康有為全集』、上海古籍出版社、1987年版より。

ることであり、革命を通じて清王朝を転覆し、民主共和国を建立し、国民に充分な「民権」を与えることである。民生主義の基本的内容は、「地権を平均する」ことであり、様々な手段を通じ、土地問題を解決してゆくことである。

　組織の面では、同盟会の成立後、その本部はしばらく日本の東京に置かれ、国内には東西南北中の5つの支部が設けられ、支部以下には省ごとの分会が設立された。海外には、南洋（東南アジア）・ヨーロッパ・アメリカ・ホノルルの4つの支部があり、また各国に分会が設けられた。同盟会の成員は、主に中小の資産階級及び知識人層であり、成立から僅か1年で、同盟員の数は1万人余りに達した。

　活動の面では、同盟会は2つの重要事項を進めた。すなわち、思想面と軍事面における、武装蜂起の準備である。1906年から1907年の間、同盟会は『民報』を活動の場とし、康・梁の保皇派は『新民叢報』を活動の場とし、双方は暴力的な革命を用いて清王朝を転覆させるべきか否か、資産階級の民主共和制を実施すべきか否か、封建地主の土地所有制などの問題を変革すべきか否か、激烈な論戦を展開した。この論戦は、革命と改良の違いを明確に区別するものであり、思想と輿論の面で武装蜂起と辛亥革命のための準備を進めることとなった。2つ目の大事は、各地で反清革命のために武装蜂起することである。同盟会の成立前後、1895年から1911年の間に、興中会及び同盟会は相次いで10度蜂起した。このうち1895年から1900年の間のものとしては、第一次広州起義及び同時期の自立軍起義・恵州起義などがある。1900年から1907年の間ものとしては、萍（郷）・瀏（陽）醴（陵）起義と黄岡起義・七女湖起義・安慶起義・欽州起義・鎮南関起義・欽廉上思起義・河口起義・馬砲営起義・庚戌新軍起義などがある。これらはいずれも失敗に終わったが、軍事面では武昌起義を成功に導くために、充分な準備となった。

　これらの起義のうち「庚戌新軍起義」は、同盟会が広州で新軍を頼みに起こした反清武装蜂起である。起義を組織したのは、日本留学時に同盟会に加入した朱執信であった。この起義は失敗に終わったが、清王朝の統治の道具である新軍が、革命党員の工作を通じて革命勢力へと変わることが示された。

　孫中山と黄興は、広州で再び蜂起することを決定した。1911年（宣統三年）1月、黄興と趙声は、香港に統籌部を設立し、また広州に秘密機関38ヵ所を設立した。黄興はまた、800人の決死隊を組織して蜂起の主力とし、新軍や会党と連絡を取った。同年4月27日午後、黄興は決死隊120人余りを率い、毅然として蜂起した。革命党員たちは敵に深刻な打撃を与えたが、自らの被害も深刻であった。黄興は多くの傷を受け、変装して囲みを突破して香港に返り、起義は失敗に終わった。この起義で犠牲になった同盟会の会員は100名以上に及び、うち72人の遺骸が広州東郊の黄花崗に葬られた。彼らは歴史上「黄花崗七十二烈士」と呼ばれ、またこの起義は黄花崗起義と呼ばれている。黄花崗起義の影響は

非常に大きく、各地の革命志士たちを大きく鼓舞し、武昌起義の発生を大きく促した。

二　清末の「新政」と「予備立憲」の夭折

　義和団運動と8ヵ国連合軍の侵略を経て、清王朝の統治は不安定な情勢の中に置かれていた。また、革命党員たちによる反清の蜂起は、いずれも規模は大きくなく失敗に終わったものの、民族の危機と国内政治の危機がこれまでにないほどに深刻であることを充分に示すものであった。険悪な国内外の政治情勢のもと、清政府は、20世紀初めの10年間に「新政」と「立憲」を内容とする改革を進めざるを得なかった。

　1901年1月29日、慈禧太后は、光緒帝の名義によって改弦更法の詔を発布し、政治・法制・財経・文教及び軍事の諸方面に及ぶ「新政」をスタートさせた。

　「新政」の政治面における主な内容として、以下のことが行われた。第1に、1901年4月、慈禧太后の黙認のもと、清廷に督辦政務処が設立され、全体的な改革を計画した。第2に、1905年に5人の大臣を派遣して欧米を視察させ、西洋各国の憲政を研究させ、こうして憲政改革の諮詢を提供させた。また、「考察政治館」を設立した。第3に、憲法の制定を決定した。1906年9月、慈禧太后は、詔を下して憲法制定の準備を進めることを発布した。第4に、中央行政の改革を行った。清廷は、新たな中央官制を定め、六部を十一部に改め、内閣及び軍機処を残し、大理寺を大理院に改め、資政院及び審計院を設立した。第5に、地方行政の改革を実施した。県級以下の行政官制と民政部が全国の巡警道を統領することを規定した。第6に、地方自治の施策を行った。1908年、清政府は準備計画を開始し、城鎮郷から庁州県各級に至るまでの自治研究所を設立し、『各省諮議局章程』を起草し、制定した。

　法制面では、第1に、刑律を修定した。1906年に『大清刑事民事訴訟法』を編成し、その翌年に『大清新刑律草案』を編成した。1910年5月には、「禁烟条例」・「秋審条例」などを付帯する『大清現行刑律』を発布し、施行した。第2に、商法を制定した。1904年1月、「商人通例」と「公司律」から組成される『欽定大清商律』を発布し、施行した。1905年5月には、『破産律』を発布し、施行した。1911年1月、農工商部は、総則と公司の2編を含む『改訂商律草案』を起草し、制定した。この他、『保険規則草案』などを制定した。第3に、司法制度を改革した。1906年10月、清政府は刑部を法部と改め、司法行政を主管させた。また、大理寺を大理院に改めて裁判を主管させ、『大理院審判編制法』を公布した。1907年には、『各級審判庁試辦章程』を発布・施行し、各級の審判庁の管轄・回避・予審・公判・執行・訴訟の手続きを規定した。1910年1月には、『法院編制法』を発布し、施行した。

　財政面では、第1に、財政の整備を実施した。1906年、清政府は『清理財政明定辦法

六項』を発布し、中央と地方の衙門の収支・債務・銀号などの財政事務を統一的に担当することとした。第2に、税制改革を実施した。1910年、清政府は初めて全国の予算を編成した。第3に、幣制改革を実施した。1910年、清政府は『国幣則例』24条を発布し、銀幣及び銅幣の重量と含有量を統一した。第4に、商部を設立し、実業の発展を奨励し、商務を振興した。第5に、鉄道を拡張した。

　文教面では、第1に、科挙を廃止した。1905年9月、清政府は、令を下して科挙の試験を廃止した。こうして、1000年余りにわたって実施されてきた科挙制度は廃止された。第2に、近代的な学校を創設した。全国で5年制の蒙養院・8年制の小学堂・5年制の中学堂・3年制の高等学堂及び大学教育を創設し、また推進し、必修課程を規定した。第3に、留学生の計画を実施した。1903年10月、清政府は『奨励游学畢業生章程』を発布し、多くの学生たちを国外に留学させた。中でも、日本への留学生が最も多かった。

　軍事面では、第1に、新型の全国的な軍事領導機構を設立した。1906年、「陸軍部」を改めて設置した。1909年には、皇帝より新たに任命された全国の陸海軍大元帥が宣布された。第2に、新式の軍官を養成した。1904年から1905年にかけ、清政府は『新軍官制』・『陸軍軍官軍佐任職等級』・『陸軍人員補官体制』などの規則を発布した。1910年に至ると、官に補任された陸軍学校の卒業生及び軍事留学生は2000人余りに達した。第3に、陸軍の編制を改革し、新軍を編制し訓練した。1904年には、「中央練兵処」を設け、各省には督練公所を設け、新軍区を改定して36鎮とし、これを国家の常備軍とし、巡防隊を地方の治安部隊とした。新軍では、多くの兵種の合成と編組を実施した。これらの兵種には、歩兵・騎兵・砲兵・工兵・輜重兵などが含まれる。兵員の補充の面では、徴兵制を実施し、20歳から25歳の青年は正規役3年及び予備役2年に服さねばならず、教養のあるものを優先的に召募して入隊させることを規定した。1911年に至ると、清政府は正規軍14鎮及び20旅約19万人を編制した。第4に、海軍を再建した。1908年、陸軍部は『籌海軍芻議』を提出し、巡洋艦隊及び巡江艦隊を創建し、船塢・軍港を建造し、人材を育成する計画を立てた。1910年、海軍部を設立し、海軍再建の事務を専門的に管掌させた。第5に、訓練制度を改革した。新軍では、ドイツと日本から教官を招聘して教習させ、新式の訓練を行った。また、訓練規章を制定し、新軍の訓練を統一し、実地演習を重視し、外省で野外の対抗演習を実施した。第6に、後方勤務の制度を改革した。新たに陸軍総営務処を設け、その下に糧餉局・軍械局・軍医局を設置した。1906年、陸軍部は全国の新軍の後方勤務に対して具体的な規定を編制し、統一的に実施した。また『改定槍弾進口新章』を発布・施行し、銃と弾薬の購入の許可・購入・使用に対する統一的な規定とした。

　1906年9月、慈禧太后は詔を下して「予備倣行立憲」を発布した。1907年、清廷は考察政治館を憲政編査館と改めた。また上海に予備立憲公会を設立し、その後各地に立憲公

会を次々と設立した。1908年8月、清政府は『欽定憲法大綱』と『逐年籌備事宜清単』及び「臣民権利義務」・「議院法要領」・「選挙法要領」の3つの付録を発布し、9年の期間をかけて憲法を準備する計画を立てた。これと同時に、清政府は新聞雑誌の刊行、政党の制限を緩和した。

　1908年11月、慈禧太后と光緒帝が相次いで世を去った。溥儀(在位:1909〜1911年)が皇帝に即位すると、その父の摂政王載灃が兄光緒帝の遺言を順守し、憲法制定への過程を加速させた。1909年(宣統元年)、各省で諮議局の選挙が行われた。1910年10月、清政府は資政院を設立し、第1回の開院礼が行われた。1911年5月、載灃は慶親王奕劻を内閣総理大臣に任命し、組閣を計画させた。新たな内閣は、計13名からなり、うち9名が満州人、4名が漢人であった。9名の満州人のうち7名が皇族であったため、当時の輿論からは「皇族内閣」や「名は立憲と為すも、実は則ち専制為り」[29]という批判を受けた。

　清代晩期の政治・法律・財経・軍事の制度は、アヘン戦争後から次第に変化し始め、清末に至って「新政」と「立憲」改革が実施された。これは、清政府によって主導された、「近代化」の難産・曲折・失敗の過程である。この種の変革は、部分的かつ低レベルなものであり、封建統治を根底から揺るがすものとはならなかった。またそれは、切迫した状況のもとで受動的に行われたものであり、徹底的なものではなかった。「新政」のいくつかの施策、例えば科挙制度の廃止や新式学校の創立、留学生の派遣及び税制・貨幣制度の改革、新たな法律の制定、司法制度の改革などは、客観的にも一定の積極的な効果をもたらした。ただし、その根本的な目的は、腐敗した清王朝を救い、封建統治を強化し、既得権益を守ることにあった。このように、「新政」と「予備立憲」が徹底されず夭折するという結末は、定められたものだったのである。また「皇族内閣」の誕生は、清政府が「新政」と「立憲」改革を実行した真の意図を徹底的に暴露してしまった。その結果、革命党員は彼らの反動の面目をさらにはっきりとさせ、また立憲派の人士たちは大いに失望した。中国を救う道は、もはや一条のみであった。すなわち、武装蜂起し、武力革命によって反動的で腐敗した清王朝を転覆させることである。

三　辛亥革命の勃発と清帝の退位

　1911年(宣統三年)、同盟会が主導した広州黄花崗起義が失敗に終わって間もなく、「鉄道国有化」を阻止しようとする保路運動が、湖北・湖南・四川・広東の4省で相次いで勢い盛んに発生した。保路運動は、1911年1月に清政府が盛宣懐の「外資を利用して実業を開発すべし」という扇動のもと、清政府に借款を行っている米・英・仏・独4国の銀行

29　「文牘」『国風報』第二年第14期。

団に対して民営の川漢・粤漢鉄道（湖広鉄道と合称される）の敷設権を売却したことに端を発する。5月、清政府は「鉄道国有化」政策を宣布し、先に承認した民間経営の方策を全て撤回した。借款の契約を根拠に、列強は鉄道路線の利権を掌握したのみならず、湖南・湖北両省の塩税厘金も担保に入れた。すなわち、この政策は、中国人の鉄道路線の主権を剥奪するのみならず、湖広鉄道の敷設権を列強に売り出すものであった。そのため、社会各界の民衆から強烈な抵抗と反対を受けた。

これらの保路運動の中では、四川の民衆による反抗の風潮が最も激烈であった。革命派による推進と指導のもと、同盟会会員の龍鳴剣・王天傑らは、哥老会と連合して保路同志軍を組織し、武装蜂起して川中・川東の少なからぬ州県を統制下に置き、成都を包囲し、攻撃した。1911年9月25日、四川で工作活動を進めていた同盟会会員の呉永珊（玉章）が戻り、栄県で蜂起し、一度は独立を宣布して革命政権を樹立した。清政府は、四川の保路運動を鎮圧するため、湖北の新軍を慌ただしく動かして四川に入らせた。この措置によって湖北の兵力は空となり、武昌起義を成功に導く条件が創出されたのである。

湖北の武漢は、長江の中流に位置し、武昌・漢口・漢陽の3つの地を含み、九省通衢の称がある。同盟会会員の努力により、この地には文学社と共進会の2大組織を主とする少なからぬ革命団体が設立されていた。また、湖北の新軍の兵士の3分の1は、革命組織に参加したことがあった。このように、革命の基礎が比較的良好であった。1911年10月、清政府が慌ただしく湖北の清軍を動かして四川に入らせ、保路運動の鎮圧に向かわせていたとき、武漢の革命派が蜂起の実行を決定した。その前に、文学社と共進会は会議を行い、蜂起に関する以下の事項を協議し、決定していた。第1に、10月6日を蜂起開始の日取りとし、蒋翊武を臨時の総司令とし、孫武を参謀長とした。第2に、政府組織の人員を決定した。第3に、総動員計画を立案した。その後、情報が外部に漏れ、革命党員が捕らえられて犠牲になったことなどの理由から、蜂起の期日は延期された。10月10日の夜8時頃、新軍第八鎮工程第八営が武昌起義の第一砲を打ち鳴らした。

その夜11時頃、工程営を主力とする革命軍は、他の各路の起義軍の協力のもと、総督署に向けて3度の進攻を仕掛け、これを守る清軍と激戦を繰り広げた。11日の明け方、革命軍は武昌全城を奪回した。その日の正午、武昌奪還の報はすぐさま長江を隔てた漢口・漢陽に伝わり、漢陽の革命軍が起義を宣布した。10月12日早朝には、漢陽も奪回された。12日、漢陽の革命軍の協力のもと、漢口の起義軍が劉家廟地域以外の漢口全域を統制下に置き、こうして武漢三鎮が奪還された。各地の革命党人たちは大きく鼓舞され、各地で次々と呼応し、独立を宣布し、革命政権を樹立した。

武昌起義の成功の後、10月11日に湖北軍政府が樹立され、黎元洪が都督に推挙された。湖北軍政府は、同盟会の『革命方略』に基づいて国号を「中華民国」に改めることを宣布

し、また各省に呼応するよう公開電報を発信した。10月17日には、『中華民国軍政府暫行条例』を正式に発布した。また同時に、湖北軍政府は一連の革命の施策を採用し、政策・法令を発布し、新たに誕生した革命政権を強化した（口絵38）。

武昌起義の勝利と、14省区が相次いで呼応するにしたがい、革命情勢の発展のために統一的な中央革命政権の早期の樹立が求められるようになった。11月9日、湖北軍政府は各省の都督に公開電文を送り、代表を武昌に派遣させて臨時政府を組織することを伝えた。11月17日、各省の都督府の代表は上海で会議を開き、各省都督府代表聯合会を設立した。11月30日、独立した各省の軍政府代表たちが漢口で第1回の会議を開き、臨時中央政府を設立する前に、湖北軍政府を中央軍政府とすることを議決し、『中華民国臨時政府組織大綱』を採択した。12月5日、南京を暫定的に中華民国臨時政府の所在地とし、黄興・黎元洪を推挙して大元帥と副元帥を分担させた。12月25日、孫中山が海外から帰国し、上海に到着した。12月29日、各省の代表は南京で会議を開き、孫中山が圧倒的多数の票（選挙には17省の代表が参加した。各省が1票ずつを投じたうち、孫中山は16の有効票を獲得した）を得て、中華民国臨時大総統に当選した。

1912年（中華民国元年）1月1日、孫中山は南京で中華民国が正式に成立したことを宣布し、併せて中華民国臨時大総統就任を宣誓した。2月12日、宣統帝溥儀は詔を下して退位し、中華民国臨時政府が提示した優遇条件を受け入れた。こうして、中国最後の封建王朝である清朝の268年に及ぶ封建的専制統治に、正式に終止符が打たれたのである。

辛亥革命によって封建的専制王朝が一挙に転覆し、共和政体が樹立されたことは、中国数千年の歴史において前代未聞の偉大な壮挙であった。しかし、革命の果実はすぐさま袁世凱[30]を代表とする北洋軍閥の手中に落ち、帝国主義と封建主義の2つの大山は依然として中国人民の身の上に重くのしかかった。民族の独立と人民の解放を勝ち取り、国家の富強と人民の幸福を実現するという2つの大きな歴史的任務を完成させるには、依然としてその責任は重く、道のりは遠かった。栄光ある革命の伝統を備えた中国人民は、不撓不屈にますます励み、勇敢で頑強な戦いを続けていったのである。

---

30 袁世凱（1859～1916年）は、字を慰庭といい、河南省項城の人である。彼は、清の直隷総督兼北洋大臣・軍機大臣・内閣総理大臣を歴任した。辛亥革命後、袁世凱は中華民国の初代大総統と北洋軍閥の主導者となった。1916年、帝政を復活し、洪憲皇帝を名乗り、「護国戦争」を引き起こしたが、3月22日に帝政の取り消しを宣布し、6月6日に積陰の中、病死した。

参考書目

范文瀾『中国通史簡編』（修訂本）、人民出版社、1955‐1965年版
翦伯贊主編『中国史綱要』人民出版社、1963‐1979年版
郭沫若主編・『中国史稿』編写組『中国史稿』人民出版社、1976‐1995年版
范文瀾・蔡美彪等『中国通史』人民出版社、1978‐2004年版
白寿彝主編『中国通史』上海人民出版社、1979‐1999年版
中国大百科全書編委会『中国大百科全書・歴史学巻』中国大百科全書出版社、1990年版
張帆『中国古代簡史』北京大学出版社、2001年版
張豈之主編『中国歴史』高等教育出版社、2001年版
朱紹侯主編『中国古代史』福建人民出版社、2003年版
晁福林主編『中国古代史』（新世紀高等学校教材）、北京師範大学出版社、2005年版
袁行霈・厳文明等主編『中華文明史』北京大学出版社、2006年版
胡如雷『中国封建社会形態研究』三聯書店、1979年版
白鋼『中国政治制度史』天津人民出版社、2002年版
林甘泉『中国古代政治文化論稿』安徽教育出版社、2004年版
林甘泉主編『中国封建土地制度史』第一巻、中国社会科学出版社、1990年版
田昌五・朱大渭主編『中国封建社会経済史』斉魯書社・文津出版社、1996年版
呉承明・林甘泉等『中国経済通史』経済日報出版社、1999年版
鄭学檬主編『簡明中国経済通史』人民出版社、2005年版
歩近智・張安奇『中国学術思想史稿』中国社会科学出版社、2007年版
考古雑誌社編著『二十世紀中国百項考古大発現』中国社会科学出版社、2002年版
徐旭生『中国古史的伝説時代』科学出版社、1960年版
羅琨・張永山『原始社会』中国青年出版社、1995年版
田昌五『中華文化起源志』（『中華文化通志・第1典・歴代文化沿革』）上海人民出版社、
　1998年版
王玉哲『中華遠古史』上海人民出版社、2000年版
中国国家博物館編『文物中国史・史前時代』山西教育出版社、2003年版

金景芳『中国奴隷社会史』上海人民出版社、1983年版

詹子慶『先秦史』遼寧人民出版社、1984年版

晁福林『夏商西周的社会変遷』北京師範大学出版社、1996年版

中国社会科学院考古研究所編著『中国考古学・夏商巻』中国社会科学出版社、2003年版

楊寛『西周史』上海人民出版社、2003年版

楊寛『戦国史』上海人民出版社、2003年版

沈長雲『中国歴史・先秦巻』人民出版社、2006年版

李学勤『李学勤説先秦』上海科技文献出版社、2009年版

顧頡剛『漢代学術史略』東方出版社、1996年版

厳耕望『中国地方行政制度史――秦漢地方行政制度』上海古籍出版社、2007年版

傅楽成主編・鄒紀萬著『中国通史・秦漢史』九州出版社、2009年版

唐長孺『魏晋南北朝史論叢』三聯書店、1955年版

王仲犖『魏晋南北朝史』上海人民出版社、1979‐1980年版

陳寅恪『金明館叢稿初編』上海古籍出版社、1980年版

田余慶『東晋門閥政治』北京大学出版社、1989年版

朱大渭『六朝史論』中華書局、1998年版

祝総斌『材不材斎文集』三秦出版社、2006年版

羅宏曽『魏晋南北朝文化史』四川人民出版社、1988年版

張澤咸『唐代階級結構研究』中州古籍出版社、1996年版

呉宗国『唐代科挙制度研究』遼寧大学出版社、1997年版

銭大群『唐律研究』法律出版社、2000年版

王仲犖『隋唐五代史』上海人民出版社、2003年版

魏国忠等『渤海国史』中国社会科学出版社、2006年版

張国剛『唐代藩鎮研究』中国人民大学出版社、2010年版

周宝珠・陳振主編『簡明宋史』人民出版社、1985年版

侯外盧・邱漢生・張豈之主編『宋明理学史』人民出版社、1984年版

漆侠『宋学的発展和演変』河北人民出版社、2002年版

陳振『宋史』上海人民出版社、2003年版

王曽瑜『宋朝階級結構』（増訂版）、中国人民大学出版社、2010年版

李桂芝『遼金簡史』福建人民出版社、1996年版

杜建録『西夏経済史』中国社会科学出版社、2002年版

史金波『西夏社会』（上・下巻）、上海人民出版社、2007年版

周良霄・顧菊英『元代史』上海人民出版社、1993年版

李治安『元代政治制度研究』人民出版社、2003年版

李治安『忽必烈伝』人民出版社、2004年版

陳得芝『蒙元史研究叢稿』人民出版社、2005年版

韓儒林主編『元朝史』（上・下）、人民出版社、2008年版

陳高華・張帆・劉暁『元代文化史』広東教育出版社、2009年版

陳高華『陳高華説元朝』上海科学技術文献出版社、2009年版

韓振華編『南海諸島史地考証論集』中華書局、1981年版

李洵『明清史』人民出版社、1956年版

楊国楨・陳支平『明史新編』人民出版社、1993年版

湯綱・南炳文『明史』上海人民出版社、2003年版

遼寧『清史簡編』編写組『清史簡編』遼寧人民出版社、1980年版

戴逸主編『簡明清史』人民出版社、1984年版

王戎笙主編『清代全史』遼寧人民出版社、1993年版

劉大年主編『中国近代史稿』人民出版社、1978‐1984年版

胡縄『従鴉片戦争到五四運動』人民出版社、1983年版

張海鵬主編『中国近代通史』江蘇人民出版社、2006‐2007年版

胡徳坤・宋倹主編『中国近現代史綱要』武漢大学出版社・湖北人民出版社、2006年版

李侃・李時岳・李徳征・楊策・冀書鐸編著『中国近代史』（第四版）、中華書局、2008年版

訳者あとがき

　本書は、中国社会科学院歴史研究所「簡明中国歴史読本」編纂グループ編纂『簡明中国歴史読本』（中国社会科学出版社、2012年7月）の翻訳である。
　この『読本』は、中国通史の学術専門書ではなく、歴史学者によって執筆・編集された歴史の読物という位置づけで、党幹部や大衆向けの普及型歴史書として出版された。太古の人類と文明の起源から1911年の辛亥革命勃発と清王朝の滅亡までの歴史が奥深くも平明に叙述され、基礎知識がなくとも、一冊で一気に中国史を通読できることが、大きな特長である。ただし、日本の読者にとっては必ずしも「簡明」ではなく、入門書や概説書に近い充実した内容を備えている、というのが翻訳者としての実感である。
　また本書は、緒論と時代・王朝ごとに分かれた十一章で構成され、各章は、その時代の研究を代表する専門家が執筆している。各章では時代・王朝ごとに歴史、政治制度、社会経済、民族・対外関係、思想文化・科学技術の各項が叙述され、内容も完結しているので、読者は興味のある時代・王朝を個別に精読して学ぶこともできるようになっている。
　このように、背筋を正して読む専門書としてではなく、中国史の入門書や概説書として気軽に手に取っていただくことが第一の願いであるが、本書のもう一つの大きな特長は、中国の自国に対する歴史観を学べる点であろう。詳しくは卜憲群氏による緒論「中国史の発展の道筋」を読んでいただきたいが、例えば中華文明は多元一体であり、その起源である石器時代から本土性と多元性を兼ね備えていたこと、また中国は古より「華夏族」を中心とする一つの多民族国家として、様々な民族が融合・交流しながら発展してきたこと、などが述べられている。本書を通読すると、これらのことが一貫して辿られ、さらに現代中国へと続くよう描写されていることが分かる。
　また、近年の日本の歴史書ではほとんど見られなくなったマルクス主義の唯物史観に沿った叙述も多く、土地制度や生産関係、階級・階層関係の部分でその発展が描かれている。この他、各王朝の領域や、日本を含む周辺諸国との関係、列強の侵略により半封建・半植民地に陥った清代後期の歴史などがどのように描写されているか、読者自身で確かめていただきたい。
　この書を手に取っていただいた方が、中国史にさらなる興味を抱き、中国の過去と現在

を俯瞰し、やがては日中関係を考えていただくそのきっかけとなれば幸いである。

　2014年末に本書の翻訳に着手してから、ほぼ3年を経てしまった。当初は浅はかな過信でお話を受けたが、普及型読物といえども太古から近代までの通史を個人で翻訳するにはあまりに力不足で、思いのほか時間がかかってしまった。翻訳に際し、科学出版社東京株式会社向安全社長ならびに柳文子さん、また編集の松下久仁子さんには多大なるご迷惑をおかけしたが、辛抱強く見守っていただき、また心温まるご配慮と励ましをいただき、ようやく完成にこぎつけることができた。改めて皆様に厚くお礼を申し上げたい。

　　　　　　　　　　　　　　　　　　　　　　　2017年12月　谷口建速

翻訳者 略歴

谷口建速（たにぐち たけはや）

1981年（昭和56年）生まれ。2006年、早稲田大学文学研究科博士後期課程入学。2014年、博士（文学）取得。専門は中国古代史・地方行政制度史・簡牘学。日本学術振興会特別研究員、大東文化大学文学部非常勤講師を経て、現在は早稲田大学本庄高等学院非常勤講師。著書に『長沙走馬楼呉簡の研究』（早稲田大学出版部、2016年）、訳書に『曹操墓の真相』（河南省文物考古研究所編著・渡邉義浩監訳、国書刊行会・科学出版社東京、2011年）、論文に「長沙呉簡に見える佃客と限米」（伊藤敏雄・窪添慶文・關尾史郎編『湖南出土簡牘とその社会』汲古書院、2015年）などがある。

中国歴史読本

2018年5月22日　初版第1刷発行

編　　者	中国社会科学院歴史研究所「簡明中国歴史読本」編纂グループ
翻　訳　者	谷口建速
発　行　者	向安全
発　　行	科学出版社東京株式会社 〒113-0034　東京都文京区湯島2丁目9-10　石川ビル1階 TEL 03-6803-2978　FAX 03-6803-2928 http://www.sptokyo.co.jp
編　　集	松下久仁子
装　　丁	周　玉慧
組　　版	越郷拓也
印刷・製本	モリモト印刷株式会社

ISBN 978-4-907051-24-2　C0022

『簡明中国歴史読本』© Editorial Board of CASS institute of History, China Social Sciences Press, 2012.
Japanese copyright © 2018 by Science Press Tokyo Co., Ltd.
All rights reserved original Chinese edition published by China Social Sciences Press.
Japanese translation rights arranged with China Social Sciences Press.

Published with financial support of the Innovation Program of the Chinese Academy of Social Sciences.

定価はカバーに表示しております。乱丁・落丁本は小社までお送りください。送料小社負担にてお取り換えいたします。
本書の無断転載・模写は、著作権法上での例外を除き禁じられています。